DAS GROSSE BUCH DER GEBETE

Reinhard Kürzinger · Bernhard Sill

DAS GROSSE BUCH DER GEBETE

Über 800 alte und neue Gebetstexte für jeden Anlass

HOHE

Reinhard Kürzinger/Bernhard Sill (Hrsg.): Das große Buch der Gebete.
Über 800 alte und neue Gebetstexte für jeden Anlass

Lizenzausgabe für Verlag HOHE GmbH, Erftstadt

Die Verlag HOHE GmbH ist ein Gemeinschaftsunternehmen
der Herder GmbH & Co. KG, Freiburg, und
BMH Buch Medien Handel GmbH, Erftstadt.

Einbandgestaltung: sowiesodesign.de
Einbandabbildungen: picture-alliance/Godong; fotolia/Kenneth Sponsler;
picture-alliance/Godong; picture-alliance/dpa; picture-alliance/dpa/dpaweb;
fotolia/Yuri Arcurs; fotolia/Rob Marmion
Satztechnische Bearbeitung: Noch & Noch, Balve

Gesamtherstellung: Verlag HOHE GmbH, Erftstadt
Printed in Germany 2007

ISBN 978-3-86756-028-3

Inhalt

Vorwort

Es gibt Dinge, mit denen sich frühere Zeiten leichter taten als die heutige Zeit. Ganz gewiss zählt das Gebet zu diesen Dingen. Es ist wohl oder übel so: Menschen unserer Zeit tun sich schwer mit dem Gebet. Das ist vielleicht weniger eine Frage des guten Willens als eine des guten Könnens. »Beten will gekonnt sein!« – so schreibt der bekannte Schweizer Schriftsteller *Max Frisch* (1911–1991) in seinem 1954 erschienenen Roman »Stiller«. Dieser Satz ist ganz Plädoyer dafür, sich der Sache der Kunst des Betens – »Kunst« leitet sich ja ab von der Sprachwurzel »können« – wieder ernsthaft zu widmen.

Doch wie und wo ist die Kunst des Betens wieder zu lernen? Gibt es »Schulen«, in die lernwillige »Schüler« gehen könnten und in denen sie fähige »Lehrer« fänden, die es in dieser Kunst doch immerhin zu einer gewissen Meisterschaft gebracht haben? Ja, solche Schulen gibt es, und es gibt sie überall da, wo es Menschen gibt, die sich in der Kunst des Betens auskennen, da sie diese Kunst ausüben.

»Beten lernt man nur durch Beten« – sagt eine alte Weisheit. Dagegen ist nichts zu sagen, doch daneben dies: »Beten lernt man bei Betern.« Diese zweite Weisheit ist wohl nicht weniger gültig als die erste. Von einem der alten Mönchsväter wird erzählt, er habe einem Bruder, der zu ihm kam und klagte: »Ich kann nicht beten«, den Rat gegeben: »Wenn du nicht beten kannst, geh zu den anderen und hör ihnen zu!« In der Tat ist das ein weiser Rat, den der alte Mönchsvater da jemandem gab, der ihn um Rat bat in seiner Not, selbst nicht beten zu können. Zuhören, wie andere beten – das kann ein gangbarer Weg sein, (wieder) beten zu lernen.

Gute »Schulen« der Kunst des Betens wären demnach erst einmal »Gehörschulen« – Schulen, in denen alles darauf ankäme, das Gehör zu »schulen« und so das Hören zu lernen, und zwar das Hören auf die Stimme(n) derer, die es in dieser immer schweren Kunst doch zu etwas gebracht haben. Wie man sich bestimmte Fähigkeiten und Fertigkeiten bei einem darin Geübten »abschauen« kann, so lässt sich in den Dingen der Kunst des Betens dieses oder jenes durchaus »abhören«.

Die Leser dieses Buches sind eingeladen, die Probe aufs Exempel zu machen, dass die Formel »Beten lernen durch hören lernen« tatsächlich aufgeht. Das Buch will seine Leser bekannt machen mit dem gewaltigen Chor großer und kleiner Beterinnen und Beter aus Geschichte und Gegenwart und in diesem Sinn ein buchstäblich »vielstimmiges« Buch sein.

»Die Wahrheit ist symphonisch.« Geprägt hat dieses Wort *Hans Urs von Balthasar* (1905–1988), einer der großen Theologen des 20. Jahrhunderts, und was dieses Wort sagt, gilt für die Wahrheit des Betens allemal. Gerade auch diese Wahrheit ist symphonisch. Denn einzig der »Zusammenklang« der vielen einzelnen Stimmen lässt offenbar werden, was als (die) Wahrheit des Betens erkannt sein will.

Ganz unterschiedliche Klänge wird der Leser dieses Buches zu Gehör bekommen – eines Buches, das viel*seitig* und *viel*seitig sein muss, wenn es »vielstimmig« sein will.

Er wird den Klang der Stimmen biblischer Beter hören, darunter nicht an letzter Stelle den Klang der Stimme des maßgebenden Beters überhaupt: Jesu Christi, der der Welt das »Vaterunser«, das Gebet der Gebete, geschenkt hat.

Er wird hören, wie es klingt, wenn jene Frauen und Männer beten, die die Kirche als Heilige verehrt.

Er wird hören, wie es klingt, wenn Dichterinnen und Dichter beten.

Er wird hören, wie es klingt, wenn »Menschen wie du und ich« beten.

Und er wird – last, but not least – auch hören, wie es klingt, wenn die »young generation« von Studentinnen und Studenten der Fakultät für Religionspädagogik/Kirchliche Bildungsarbeit der Katholischen Universität Eichstätt-Ingolstadt betet.

Und das ist längst noch nicht alles, was der, der das Buch Seite für Seite durchblättert, an Klangwelten des Gebets entdecken kann.

Es ist wohl damit zu rechnen, dass gerade die besten Gebete nicht zu Papier gebracht wurden und werden. Gleichwohl ist es etwas Gutes, dass Menschen immer wieder Gebete, die vor dem Angesicht Gottes entstanden sind, ihren Mitmenschen zugänglich gemacht haben. Dank daher allen Beterinnen und Betern aus Geschichte und Gegenwart, deren Gebete Eingang fanden in diesen Band. Dank besonders jenen Beterinnen

und Betern aus jüngerer und jüngster Zeit, die sich damit einverstanden erklärt haben, dass ihre Gebete in diesem Band abgedruckt werden. Zu ihnen zählen: *Joseph Kardinal Ratzinger*, Rom; Bischof *Franz Kamphaus*, Limburg; Bischof *Franz-Josef Bode*, Osnabrück; *Pierre Stutz*, Priester und geistlicher Begleiter, Neuchâtel (Schweiz); Pfarrer *Andreas Westerbarkei*, Gütersloh; Kaplan *Andreas Lerch*, Braunschweig; *Paul Weismantel*, Leiter der Diözesanstelle Berufe der Kirche in Würzburg und geistlicher Begleiter, Würzburg; *Dr. Otto Betz*, emeritierter Professor für Allgemeine Erziehungswissenschaft und katholische Religionspädagogik an der Universität Hamburg, Thannhausen; *Dr. Wolfgang Oberröder*, Professor für Theorie und Praxis der Kirchlichen Gemeindearbeit an der Fakultät für Religionspädagogik/Kirchliche Bildungsarbeit der Katholischen Universität Eichstätt-Ingolstadt, München; *Dr. Irmela Mies-Suermann*, Diplompsychologin, Nürnberg; *Sabine Naegeli*, Pfarrerin, Niederteufen (Schweiz); Schwester *Dr. Lucida Schmieder* OSB, Maihingen; Pfarrer *Paul Martin Clotz*, Arbeitsstelle für die Angebote geistlichen Lebens in der Evangelischen Kirche Hessen-Nassau, Dachsenhausen, und – last, but not least – *Anton Rotzetter* OFMCap, Altdorf (Schweiz). Teils haben die Genannten Gebete eigens für diesen Band verfasst, teils haben sie uns bereits längst fertige Gebete aus ihrem Herzen und aus ihrer Feder gern überlassen.
Keineswegs der geringste Dank gebührt den Studentinnen und Studenten der Fakultät für Religionspädagogik/Kirchliche Bildungsarbeit der Katholischen Universität Eichstätt-Ingolstadt, deren nimmermüder Gebetseifer Semester für Semester wahrlich gute Früchte gezeitigt hat.

Zu danken ist jedoch nicht nur der stattlichen Zahl der Beterinnen und Beter, deren Gebete jedes Gebetbuch überhaupt erst wertvoll machen. Zu danken ist auch jenen guten Geistern, die dank ihrer Mitarbeit ein solches Gebetbuch überhaupt erst möglich gemacht haben.
Dank an Frau *Dr. theol. Elisabeth Jahrstorfer*, Donndorf, für die eigens für diesen Band gefertigte Übersetzung der Gebete der heiligen *Teresa von Avila*.
Dank an Pater *Gerhard Winkler* OCist und Pater *Gabriel Weinberger* OCist, Stift Wilhering, Arge St. Bernhard für die Erteilung der Abdruckrechte, die Gebete des heiligen *Bernhard von Clairvaux* betreffend.

Dank an Schwester *Bärbel Quarg* für die Erteilung der Abdruckrechte aus den Büchern der Gründerin der Christusbruderschaft Selbitz, *Hanna Hümmer*.
Dank für die Gewährung finanzieller Zuschüsse zum Erwerb der benötigten Abdruckrechte an Pater *Anselm Bilgri* OSB, Kloster Andechs; an die Finanzkammer des Bischöflichen Ordinariats Eichstätt; an die LIGA Bank eG, Eichstätt; an die Generaloberin Schwester *M. Marion Schnödt*, Kloster Mallersdorf.
Dank an die Studentinnen und Studenten der Katholischen Universität Eichstätt-Ingolstadt, die durch ihre vielfältige Hilfsbereitschaft zum Gelingen des ganzen Projektes beigetragen haben.
Dank ganz besonders an *Elke Uhl*, die im Rahmen ihrer Tätigkeit als studentische Hilfskraft über Monate durch verlässliches Engagement für den reibungslosen Ablauf der vielen zu koordinierenden Tätigkeiten sorgte.
Gebetbücher sind nicht dazu da, von der ersten bis zur letzten Seite durchgelesen bzw. – besser gesagt – durchgebetet zu werden. So auch dieses Gebetbuch nicht. Doch welchen Sinn haben Gebetbücher, hat dieses Gebetbuch dann? Wohl den, dass es gilt, darin Gebete zu entdecken, die wir uns zu Eigen machen können, da sie uns aus dem Herzen sprechen. Es mag sich dann empfehlen, solche Gebete, hat man sie einmal entdeckt, buchstäblich auswendig zu lernen – »to learn by heart«, wie die Engländer sagen. Denn sooft das gelingt, so oft werden diese Gebete uns dann im buchstäblichen Sinn zu »Herzensgebeten«, die das »Herz-Werk« *(Rainer Maria Rilke)* des Betens dann auch mehr und mehr gelingen lassen.
Jedem Leser des Buches sei gewünscht, dass er darin Gebete entdeckt, die er von Herzen lieb gewinnen kann. Immer ist es ja so: Gute Gebete kommen vom Herzen des Menschen, und darum gehen sie auch zum Herzen des Menschen. Immer jedoch erreichen sie das Herz Gottes, das stets bereit ist, sich erreichen zu lassen.
Die in diesem Gebetbuch wie auch in anderen Gebetbüchern gesammelten Gebete lassen uns wissen: Es wurde *vor uns* gebetet und es wird *mit uns* gebetet. So sind wir beheimatet in einer Welt des Gebets, die die Welt der Gemeinschaft der Beterinnen und Beter *vor uns* und *mit uns* ist. Eine große Schar von Betenden – sichtbar und unsichtbar – umgibt uns. Wir sind als Betende eingebettet in die Gemeinschaft jener Menschen, die immer wie-

der das »ewige Du« *(Martin Buber)* Gottes mal durch lobendes, mal durch dankendes, mal durch bittendes und mal durch klagendes Beten zu erreichen suchten und suchen. Diese Gemeinschaft der Betenden reicht über die ganze Erde, reicht durch die Epochen der Geschichte. Teil dieser Gemeinschaft zu sein und in die Sprache der Gebete einzustimmen, die Millionen Menschen halfen und helfen, darin ihren Glauben zur Sprache zu bringen, ist eine fantastische Sache und ein großes Glück.
Was die in diesem Band gesammelten Gebete sein wollen und wohl auch sein können, ist: Wegbegleiter und Wegbereiter unseres eigenen Betens zu sein. Mehr können, mehr brauchen uns an die Hand gegebene Gebete nicht zu leisten, als in einem ganz elementaren Sinn »Gebrauchsgegenstände« zu sein. Unsere Sache ist es, einen guten Gebrauch von ihnen zu machen, sei es dadurch, dass wir sie »nach-beten«, sei es dadurch, dass wir sie »weiter-beten« – immer jedoch mit ganzem Herzen.

Pfingsten 2003 Reinhard Kürzinger Bernhard Sill

Vorwort zur zweiten Auflage

»Sammler sind glückliche Menschen.« Gesagt haben soll diesen Satz einmal *Johann Wolfgang von Goethe.* Gern gestehen die Herausgeber dieser großen Gebete-Sammlung, dass sie dem größten Dichter deutscher Sprache uneingeschränkt Recht geben. Denn die Leidenschaft, Gebete zu sammeln, beglückt sie beide bis zum heutigen Tag.
2003 erschien im Pattloch Verlag (München) »Das große Buch der Gebete« in erster Auflage, was der Sammelleidenschaft der Herausgeber jedoch kein Ende setzte. Sie sammelten weiter und taten dies in der Hoffnung, die große Gebete-Sammlung werde eines guten Tages eine zweite, überarbeitete Auflage erleben. So war die Freude groß, dass sich der HOHE Verlag bereit erklärte, diese Neuausgabe auf den Buchmarkt zu bringen. Die beiden Herausgeber sagen dafür dem Verlag herzlichen Dank.

Pfingsten 2007 Reinhard Kürzinger Bernhard Sill

Eine kleine Gebetsschule

Bernhard Sill

Wer ist ein Mystiker bzw. eine Mystikerin? Das ist jemand, der im Geheimnis Gottes daheim ist. Das ist jemand, der im Geheimnis Gottes wohnt. Das ist jemand, der das Geheimnis Gottes nicht begreifen will, doch sich von diesem Geheimnis ergreifen lassen will. Eine Mystikerin ganz in diesem Sinn war Mechthild von Magdeburg (um 1207/10–1282/83), neben dem Schwesternpaar Gertrud und Mechthild von Hackeborn eine der großen gotteserfahrenen und wohl auch gebetserfahrenen Frauen des 13. Jahrhunderts. Geschrieben hat Mechthild von Magdeburg lediglich ein einziges Buch, und für das wurde ihr der Titel »Das fließende Licht der Gottheit« eingegeben. In diesem Buch findet sich auch ein kleiner Textabschnitt, der die Überschrift trägt »Vom zehnfachen Nutzen des Gebetes eines guten Menschen«, und dieser Textabschnitt lautet so:

> Das Gebet hat große Macht,
> das ein Mensch verrichtet mit ganzer Kraft.
> Es macht ein bitteres Herz süß,
> ein trauriges Herz froh,
> ein armes Herz reich,
> ein törichtes Herz weise,
> ein zaghaftes Herz kühn,
> ein schwaches Herze stark,
> ein blindes Herz sehend,
> eine kalte Seele brennend.
> Es zieht den großen Gott in ein kleines Herz,
> es treibt die hungrige Seele hinauf zu dem Gott der Fülle.

Es vereint die zwei Lieben, Gott und die Seele,
an einem wonnevollen Ort,
da reden sie viel von Liebe.
Wehe mir Unseliger in meinem gebrechlichen Leib,
daß ich dort nicht sterben kann![1]

Gute sieben Jahrhunderte trennen uns Heutige geschichtlich von der großen Mystikerin des 13. Jahrhunderts, die offensichtlich selbst wieder und wieder die »große Macht« des Gebets erfahren hat und überzeugt war, es sei jedem gegeben, die Erfahrung der »große(n) Macht« des Gebets zu machen, die sie ganz gewiß als »Macht« eines großen Segens begriffen sehen wollte. So hat die große Gottesfrau des 13. Jahrhunderts die Dinge des Gebets gesehen, und das wirft die Frage von uns selbst an uns selbst auf, wie es sich denn heute mit der »Macht« des Gebets in unserem Leben verhält, wie groß bzw. wie klein diese »Macht« ist, ob es sie überhaupt (noch) gibt und wenn ja, in welchem Umfang.

Leben und beten – Beten und leben

»Ich bete, weil ich lebe – Ich lebe, weil ich bete.«[2] Gesagt hat diesen Satz, der ein Bekenntnis ist, Pater Bernhard Häring C.Ss.R, der international bekannte und geschätzte Moraltheologie-Professor. Der Satz ist der Satz eines Mannes, der offensichtlich in seinem Leben die »Macht« und den Segen des Gebetes erfahren hat. Seine Aussage, die für ihn selbst gewiss gestimmt hat, ist ebenso gewiss keine Aussage, die den Gläubigen unserer Tage so einfach über die Lippen geht. »Macht« und Segen des Gebets

[1] *Mechthild von Magdeburg:* Das fließende Licht der Gottheit. Zweite, neubearbeitete Übersetzung mit Einführung und Kommentar von Margot Schmidt (Mystik in Geschichte und Gegenwart. Texte und Untersuchungen. Abteilung I: Christliche Mystik; Bd.11), Stuttgart – Bad Cannstatt 1995, 176 [V. Buch].

[2] *Häring, Bernhard:* Ich bete um zu leben. Einführung und Redaktion: V. Saboldi, Graz – Wien – Köln 1996. [Aus dem Italienischen von Josef Helmut Machovetz. Der Titel der Originalausgabe lautet: *B. Häring / V. Salvodi,* Prego perché vivo, vivo preché prego, Assisi 1994.]

werden gewiss auch heute erfahren, doch gibt es daneben und wohl auch dagegen Erfahrungen, die anders über das Gebet sprechen lassen als es Mechthild von Magdeburg getan hat.

»Von der Not und dem Segen des Gebetes« – so lautet der Titel eines kleines Taschenbuches, das ab September 1958 im Buchhandel erhältlich war. Geschrieben hat dieses Taschenbuch, das sich bislang in über 100.000 Exemplaren verkauft hat, der Jesuitenpater und wahrscheinlich bedeutendste Theologe des 20. Jahrhunderts Karl Rahner SJ. Der 1904 geborene und 1984 gestorbene Theologe hat bereits 1946, als er in der Kirche St. Michael in München Predigten zum Gebet hielt, aus denen dann sein »Gebet-Buch« entstand, geahnt: mehr und mehr haben Christen ihre »liebe Not« mit dem Gebet oder – besser gesagt – mit dem Beten. Und Theologen, die sich in den letzten Jahren zum Gebet geäußert haben, wagen sogar zu behaupten, dass die Not, die Menschen in diesen Tagen mit dem Gebet haben, ganz bestimmt größer ist als die Not, die es zu der Zeit gab, als Karl Rahner sein Taschenbuch zum Gebet schrieb.

Es melden sich heute Stimmen, die sagen: Das Gebet bzw. das Beten hat seine jahrhundertealte, ja seine jahrtausendealte Selbstverständlichkeit eingebüßt, und es sind keineswegs einzelne Stimmen, die solches sagen. Es heißt, dem Menschen dieser Zeit sei die Fähigkeit zum Beten doch spürbar abhanden gekommen. Und jetzt, wo das bemerkt wird, wird gleich auch gefragt, was das bedeutet. Bedeutet es, dass überall dort, wo den Menschen das Gebet bzw. das Beten abhanden kommt, sie sich auch als Menschen früher oder später abhanden kommen, weil es so ist, dass der Mensch letztlich Mensch nur als betender Mensch sein kann?

Beten ist menschlich, und Beten ist christlich. Diejenigen, die das sagen, wollen damit sagen: Mensch ist nur der, der auch betet, und Christ ist nur der, der auch betet. So oft Menschen und Christen daher das Beten verlernt haben, müssen sie es wieder erlernen, denn Mensch ist der Mensch nur als betender Mensch und Christ nur als betender Christ.

Jemand, der als Mensch und als Christ offensichtlich so gedacht hat, ist der 1880 in Berlin-Lichterfelde geborene und 1967 in Berlin gestorbene evangelische Bischof Otto Dibelius gewesen, der einmal diesen Gedanken zu bedenken gegeben haben soll:

»Ein Konzertpianist sagte: ‚Wenn ich einen Tag nicht übe, merke ich es. Wenn ich zwei Tage nicht übe, merken es meine Freunde. Wenn ich drei Tage nicht übe, merkt es das Publikum.' Mir geht es ähnlich mit dem Beten: Wenn ich einen Tag nicht bete, merkt es Gott. Wenn ich zwei Tage nicht bete, spüre ich es selber. Wenn ich drei Tage nicht bete, spürt es meine Umgebung.«

Die Gedanken des gerade auch als Theologen bedeutenden evangelischen Bischofs wollen wieder Mut machen zum Gebet, wollen Mut machen, wieder zu beten. Jemand, der das als Theologe unbedingt unterschrieben, unterstrichen und unterstützt wissen will, ist der frühere Münsteraner Theologe Johann Baptist Metz, der bereits 1977 den Satz gesagt hat, »daß es in dieser Zeit der Ermutigung zum Gebet bedarf«[3].
Dass ein Theologe wie Johann Baptist Metz zum Gebet bzw. zum Beten ermutigt, ist, so ließe sich einwenden, doch selbstverständlich. Denn das ist ja sozusagen sein Beruf. Doch sind die Theologen die einzigen, mag sich dieser und jener Zeitgenosse fragen, die in diesen Tagen das Gebet bzw. das Beten zu retten versuchen, wenn Gebet und Beten, was etliche ja bezweifeln, denn überhaupt noch zu retten sind? Tatsächlich ist die Stimme der Theologen definitiv nicht die einzige Stimme, die in unserer Zeit dafür plädiert, dass Beten überhaupt nicht überholt und damit unzeitgemäß ist. Denn da sind durchaus noch weitere Stimmen, die »Platzhalter« des Betens genannt zu werden verdienen, da sie dafür plädieren, dass das Beten seinen »Platz« im Leben der Menschen behält.
Einer dieser »Platzhalter« des Betens ist der frühere Münsteraner Philosoph Peter Wust gewesen, bekannt geworden nicht nur in der philosophischen Welt durch seine Schrift »Ungewißheit und Wagnis« aus dem Jahre 1937. In seinem auf den 18. Dezember 1939 datierten »Abschiedswort« schrieb der Philosoph wenige Monate vor seinem Tod – er starb am 3. April 1940 in Münster – seinen Schülern auch dieses Plädoyer für das Gebet und das Beten:

---

[3] *Metz, Johann Baptist:* Ermutigung zum Gebet, in: *Metz, Johann Baptist – Rahner, Karl:* Ermutigung zum Gebet, Freiburg – Basel – Wien 1977, 9–39, 11.

> »Und wenn Sie mich nun noch fragen sollten, bevor ich jetzt gehe und endgültig gehe, ob ich nicht einen Zauberschlüssel kenne, der einem das letzte Tor zur Weisheit des Lebens erschließen könne, dann würde ich ihnen antworten: »Jawohl«. – Und zwar ist dieser Zauberschlüssel nicht die Reflexion, wie Sie es von einem Philosophen vielleicht erwarten möchten, sondern das Gebet. Das Gebet, als letzte Hingabe gefaßt, macht still, macht kindlich, macht objektiv. Ein Mensch wächst für mich in dem Maße immer tiefer hinein in den Raum der Humanität – nicht des Humanismus –, wie er zu beten imstande ist, wofern nur das rechte Beten gemeint ist. (…) Die großen Dinge des Daseins werden nur den betenden Geistern geschenkt.« [4]

Den menschlichen Menschen – ohne das Gebet, ohne das Beten gibt es ihn nicht. Der Philosoph Peter Wust hat so gedacht, denn es war ihm elementare Gewissheit: In der Philosophie muss gedacht werden, doch gebetet werden muss da auch. Und wie ist es in der Theologie? Es ist da wohl ganz so wie in der Philosophie auch. Denn so gewiss in der Theologie gedacht werden muss, Theologie denkende Theologie sein muss, so gewiss muss in der Theologie gebetet werden, muss Theologie auch betende Theologie sein. Die Wahrheit, dass das Gebet die »Mutter der Theologie«[5] ist, war jedenfalls überall lebendig, wo echte Theologie getrieben wurde. Eigentlich ist es ja selbstverständlich, dass Theologie stets auch betende Theologie sein muss, denn die »Rede von Gott« stammt ja bekanntlich aus der »Rede zu Gott«.

Weil dem so ist, bilden eben auch Glauben und Beten eine ganz enge Einheit, und ein Wort, das trefflich geeignet ist, das deutlich zu machen, hat der jüdische Religionsphilosoph Martin Buber (1878–1965) einmal gesprochen. Es ist dieses Wort:

---

[4] *Wust, Peter:* Ein Abschiedswort, Münster [11]1984, 11–12.

[5] *Kasper, Walter:* Unsere Gottesbeziehung angesichts der sich wandelnden Gottesvorstellung, in: *Ders.:* Glaube und Geschichte, 1970, 101–119, 119.

> »Wenn an Gott glauben … bedeutet, von ihm in der dritten Person reden zu können, glaube ich nicht an Gott. Wenn an ihn glauben bedeutet, zu ihm reden zu können, glaube ich an Gott.«[6]

»Maxima ars est oratio« – »Die größte Kunst ist das Beten« –. Dieser Satz ist etlichen Kirchenvätern geläufig. Die Kirchenväter, die so sprachen, wussten: Leben, ohne zu beten, das geht nicht. Und weil sie das wussten, sprachen sie sich wieder und wieder dafür aus, dass die »größte Kunst« des Betens stets auch gelehrt und gelernt wird. Wie jede Kunst ist auch die Kunst des Betens da und nur da gekannt und gekonnt, wo sie auch geübt und gepflegt wird.

Eine leicht zu lernende und leicht zu lehrende Kunst ist die Kunst des Betens eher nicht. Gerade deshalb braucht sie dringend neue Meister und neue Schüler, damit sie bald wieder zu einer besser als bisher geübten und gepflegten Kunst wird. Es ist daher zu begrüßen, wenn in jüngerer und jüngster Zeit wieder ein Sinn dafür zu wachsen beginnt, die Kunst des Betens als eine Kunst, die zu kennen und zu können lohnt, zu begreifen. Initiativen, die sich Gedanken dazu machen, wie die Kunst zu beten unter den Bedingungen des Heute Gottes zu beschreiben und zu betreiben wäre, sind durchaus da, und so ist es gekommen, dass die Kunst des Betens tatsächlich wieder im Gespräch ist. Und dass sie das ist, hat gewiss sein Gutes, denn damit ist die Chance da, dass das Gebet nach und nach wirklich sein »Comeback« ins Leben hat – ein »Comeback«, das es einfach geben muss. Denn ohne das Gebet ist Religion nicht Religion[7], der Mensch nicht Mensch, der Christ nicht Christ, der Glaube nicht Glaube, und Theologie nicht Theologie.

---

[6] *Buber, Martin:* Begegnung. Autobiographische Fragmente. Mit einem Nachwort von Albrecht Goes, Heidelberg 3., verbesserte Auflage 1978, 56.

[7] Über das Gebet in den Religionen unterrichtet das Buch: *Hofmeister, Klaus – Bauerochse, Lothar (Hrsg.):* Viele Stimmen – eine Sprache. Beten in den Weltreligionen, Würzburg 2001.

Selbstbegegnung und Gottesbegegnung im Gebet

Was geschieht eigentlich, wenn wir beten? Es geschieht – so betonen die geistlichen Lehrmeister des Gebets bzw. des Betens immer wieder – Selbstbegegnung, und es geschieht Gottesbegegnung. Sich selbst begegnen, sich selbst finden und Gott begegnen, Gott finden – beides geschieht im Gebet. Sich zu finden und Gott zu finden – gerade auch die Dinge des Gebets taugen besonders dazu, denn dass Selbsterkenntnis und Gotteserkenntnis immer Hand in Hand gehen, erfahren (die) Beter Mal um Mal. Worauf es also ankommt, ist, sich darin zu üben, sich selbst auszuhalten, es bei und mit sich auszuhalten. Das Problem ist manchmal vielleicht gar nicht das, dass wir etwas nicht aushalten, wie wir ja sagen: »Das halte ich jetzt nicht mehr aus.« Eher ist es nicht nur ab und zu wohl eher so, dass wir uns auch als Erwachsene einfach selbst nicht mehr aushalten. Was ein kleiner Junge einmal zu seiner Mutter, als es ihm einmal nicht so gut ging, sagte: »Mama, ich halte mich nicht mehr aus!«, das ist uns Erwachsenen voll und ganz aus der Seele gesprochen. Denn wir kennen das Problem als unser Problem, dass wir bisweilen uns einfach selbst glauben nicht bzw. nicht mehr aushalten zu können.

Doch gerade darauf käme es an: sich wieder und wieder darin zu üben, das nachhaltige Können zu erlangen, sich selbst auszuhalten. Selbstbegegnung wird einzig dem geschenkt, der gewillt ist, sich selbst auszuhalten, der das Selbst auszuhalten bereit ist, das er ist. Letztlich gelingt es ohnehin nicht, sich selbst bzw. dem eigenen Selbst davonzulaufen. Wer vor sich selbst bzw. seinem Selbst davonläuft, der kann lange laufen. Denn er wird von sich selbst bzw. von seinem Selbst immer wieder eingeholt. Warum daher nicht gleich den Mut zur Selbsterfahrung und Selbsterkenntnis fassen, die ja, wie eine große geistliche Tradition lehrt, den Boden dafür bereiten kann, dass sich Gotteserfahrung und Gotteserkenntnis ereignen.

Das Gebet ist ein privilegierter »Ort« der Selbstbegegnung und der Gottesbegegnung. Zeiten des Gebets sind daher immer auch Zeiten, Selbsterfahrung und Gotteserfahrung sozusagen im »Doppelpack« zu machen, denn anders als so – im »Doppelpack« – gibt es sie nicht. Der Weg des Gebetes ist – so besehen – gleichermaßen Weg zu sich selbst und Weg zu Gott, ist als Weg zu Gott Weg zu sich selbst und als Weg zu sich selbst Weg zu Gott. Denn wieder und wieder gilt: Indem der Mensch auf sein eigentliches Ich zugeht, geht er auf Gott zu, und indem er auf Gott zugeht, geht er auf sein eigentliches Ich zu.

Wer sich redlich bemüht, gut zu beten, der weiß auch: zu Gott fliehen im Gebet und so sich selbst entfliehen zu wollen – das geht gar nicht. Das Gebet stellt uns vor Gott, indem es uns vor uns selbst stellt, und es stellt uns vor uns selbst, indem es uns vor Gott stellt. So ist das »Gebet als Begegnung« stets beides: Begegnung mit uns selbst und Begegnung mit Gott. Was dabei die Voraussetzung für was ist: die Selbstbegegnung die Voraussetzung für die Gottesbegegnung oder die Gottesbegegnung die Voraussetzung für die Selbstbegegnung, ist schwer zu sagen. Wichtig zu sehen ist jedoch, dass beides sich – unbedingt(!) – bedingt.

Der Mensch, der die innige Nähe Gottes will, muss wissen, dass diese sich an die Bedingung, innige Nähe auch zu sich selbst zu haben, knüpft. So jedenfalls hat ebenfalls der große Gottesgelehrte des 15. Jahrhunderts Nikolaus von Kues (1401–1464) die Dinge gesehen und sie gewiss richtig gesehen. Denn in dessen Schrift »De visione Dei« [»Über die Gottesschau«] aus dem Jahre 1453 findet sich auch ein Gebet, das des Rätsels Lösung bringt, wie denn die Innigkeit dessen, dass sich Gott dem Menschen zu eigen gibt, »realiter« möglich ist. Das Gebet, das im besten Sinn des Wortes betende Theologie ist, lautet:

> »Wie soll ich Dich bitten? Denn was ist sinnloser, als zu bitten, Du mögest Dich mir schenken, da Du doch alles in allem bist. Und wie wirst Du Dich mir geben, wenn Du mir nicht zugleich Himmel und Erde gibst und alles, was in ihnen ist? Ja, noch mehr: wie wirst Du Dich mir geben, wenn Du mich nicht mir selbst gibst? Und wenn ich so im Schweigen der Betrachtung verstumme, antwortest Du mir, Herr, tief in meinem Herzen und sagst: Sei du dein und ich werde dein sein.
>
> O Herr, Du Wonne aller Süßigkeit, Du hast es in meine Freiheit gelegt, daß ich mein sein kann, wenn ich es nur will. Gehöre ich darum nicht mir selbst, so gehörst du auch nicht mir. Du machst

die Freiheit notwendig, da Du nicht mein sein kannst, wenn ich nicht mein bin. Und weil Du das in meine freie Entscheidung gelegt hast, zwingst Du mich nicht, sondern erwartest, daß ich mein eigenes Sein erwähle. Es steht also bei mir und nicht bei Dir, Herr, der Du Deine übergroße Güte nicht einschränkst, sondern reichlich ausgießt in alle, die aufnehmen können. Du aber, o Herr, bist Deine Güte.«[8]

Der Mensch soll das Seine tun, sich näher zu sich selbst zu bringen, dann tut Gott auch das SEINE, sich näher dem Menschen zu bringen. So die »Logik« dieses Gebets, das in einmaliger »coincidentia oppositorum« [»Zusammenfall der Gegensätze«] den Gegensatz aufhebt, sich selbst zu eigen und Gott zu eigen zu sein. Immer aber bindet sich der göttliche Indikativ »Ich werde dein sein« an den göttlichen Imperativ »Sei du dein!«, denn dieser Bedingungszusammenhang ist stimmig und daher immer gültig.
»Komm Du zu Dir, so kommt auch Gott zu Dir.« – »Gelangst Du zu Dir, so gelangst Du auch zu Gott.« – auf diese Formel lässt sich die geistliche Einsicht des Cusaners bringen, die enormes existentielles Gewicht hat. Denn nichts hat der Mensch so nötig wie die Einsicht, dass eben dies, sein eigen zu sein, zu sich zu kommen, jetzt gefordert ist und daher nach Kräften jetzt auch gefördert sein will. Denn das und nur das schließt das Herz Gott gegenüber nicht zu, sondern auf und ist daher »conditio sine qua non« dafür, dass Gott unser aller eigen sein und zu uns allen kommen kann. Gott kommt bei uns an, wenn wir bei uns selbst ankommen. Der Pilgerweg zu sich selbst und der Pilgerweg zu Gott sind ein Weg.
Wir müssen das unsere tun, damit Gott dann auch das Seine tun kann. Was das Unsere ist, hat der heilige Bernhard von Clairvaux (1090–1153) in einer seiner Adventspredigten einmal so gesagt:

»Du mußt nicht über die Meere reisen, mußt keine Wolken durchstoßen und mußt nicht die Alpen überqueren.

---

[8] *Nikolaus von Kues:* Vom Sehen Gottes. Ein Buch mystischer Betrachtung. Aus dem Lateinischen übertragen von Dietlind und Wilhelm Dupré. Mit einem Nachwort von Alois M. Haas (Unbekanntes Christentum), Zürich – München 1987, 35.

Der Weg, der dir gezeigt wird, ist nicht weit.
Du musst deinem Gott nur bis zu dir selbst entgegengehen.«[9]

Gott bis zu uns selbst entgegengehen – das ist unsere Sache, die wir zu tun haben. Wir brauchen, um ein Gebet zu beginnen, nicht von da weggehen, wo wir uns gerade aufhalten. Ganz genau das Gegenteil haben wir zu tun. Auf uns zugehen sollen wir; denn so oft wir das tun, so oft geht auch Gott auf uns zu. Wir sollen bei uns selbst ankommen, denn so kommt auch Gott bei uns an. Der »Advent« – die »Ankunft« – von uns selbst bei uns selbst ist der »Advent« – die »Ankunft« – Gottes bei uns. Gehen wir auf uns selbst zu, (dann) sind wir die, die wissen dürfen, dass so oft wir das tun, so oft auch Gott auf uns zugeht. Gott kommt bei denen an, die bei sich selbst ankommen. Wieder und wieder ist es so: ganz bei sich (selbst) ist der Mensch bei Gott – ganz bei Gott ist der Mensch ganz bei sich (selbst).

Sich und sein Leben ins Gebet nehmen

Beten heißt: Gott beim Namen nennen – IHN, bei dem wir selbst einen Namen haben. In der Haltung derer, die Gott beim Namen rufen, weil sie bei IHM einen Namen haben, sollen wir beten. Es empfiehlt sich, sich das immer wieder in Erinnerung zu rufen, denn so oft wir das tun, so oft weiß jeder, so oft weiß jede von uns: »Das Gebet beginnt bei mir.«[10]
Beten ist Sprechen mit Gott, so heißt es, und das heißt eben auch: Gott alles sagen können, Gott alles sagen dürfen – ganz elementar. Wer sich vor Gott zur Sprache bringt, der betet. Einbringen kann und darf er dabei alles, was ihm einfällt. »Was soll ich Gott denn sagen?« fragt sich dieser oder jener, dem das Beten Schwierigkeiten bereitet, durchaus einmal von Zeit und Zeit. Gott buchstäblich alles zu sagen – dazu raten die Meister

---

9 *Bernhard von Clairvaux:* Adventspredigt 1,10; PL 183, 40A, abgedruckt in: Ein Lied, das nur die Liebe lehrt. Texte der frühen Zisterzienser. Ausgewählt, übersetzt und eingeleitet von Bernardin Schellenberger (Herderbücherei 904), Freiburg – Basel – Wien ²1984, 33.

10 *Schaller, Hans:* Wenn ich beten könnte (Topos Taschenbücher; Bd. 270), Mainz 1997, 24.

(in) der Kunst des Betens regelmäßig. Denn wer ist Gott – so werden sie nicht müde zu betonen –, wenn nicht auch der, dem wir mit allen Dingen unseres Lebens kommen können und kommen dürfen?!
Betend sich selbst vor Gott bringen – das besagt daher: die Dinge in Worte kleiden, die jetzt in der Situation, ich der ich mich befinde, die Dinge meines Lebens sind. Die Stufe, mit der wir ins Gebet eintreten, ist also die Stufe der Ehrlichkeit, die Stufe der Wahrhaftigkeit uns selbst gegenüber und damit auch Gott gegenüber. Wenn Gott etwas erwartet, wenn wir zu IHM beten, dann einfach das, dass wir die sind, die sich selbst und damit auch IHM nichts vormachen.
Wie soll ich denn also mein Gebet beginnen, in dem ich zu Gott sprechen will? Einfach so, wie es der Titel eines »Gebet-Buches« sagt, das der französische Theologe Michel Quoist geschrieben hat und das bereits über 60. Auflagen erlebt hat: »Herr da bin ich«.[11] Zu beten beginnen sollen wir so, dass wir sagen: »Herr da bin ich«.

> Herr, da bin ich,
> mit den Dingen meines Lebens, die mich glücklich sein lassen,
> mit den Dingen meines Lebens, die mich rat- und hilflos sein lassen,
> mit den Dingen meines Lebens, die mich traurig sein lassen,
> mit den Dingen meines Lebens, die mich zornig sein lassen usw. usf.

Dass uns die Dinge unseres Lebens wieder und wieder zu Dingen des Gebetes werden, das ist entscheidend. Denn so nehmen wir unser Leben buchstäblich ins Gebet. Und sooft das geschieht, sooft werden wir selbst zum Gebet. Klassisch gesagt hat das der 1868 geborene und 1955 gestorbene französische Dichter Paul Claudel in seinem 1929 erschienenen Hauptwerk, dem berühmten Drama »Der seidene Schuh«. Denn da lässt er eine der Personen des Dramas den Satz sprechen: »Der Heilige betet mit seiner Hoffnung, der Sünder mit seiner Sünde.«[12]

---

[11] *Quoist, Michel:* Herr da bin ich. Gebete, Graz – Wien – Köln [60]1978.

[12] *Claudel, Paul:* Le soulier des satin ou Le pire n'est pas toujours sûr, dt.: Der seidene Schuh oder Das Schlimmste trifft nicht immer ein. Deutsche Übertragung und Nachwort: Hans Urs von Balthasar, Salzburg 1939, 232.

Das ist ein einmaliger Satz, den es Mal um Mal zu wiederholen gilt. Denn was er sagt, kann besser nicht gesagt werden. Doch was ist das Besondere, das dieser Satz sagt? Das Besondere, das dieser Satz sagt, ist: Es gibt nichts in uns, mit dem wir nicht zu Gott beten dürf(t)en. Was uns Paul Claudel eigentlich sagen will, ist dies und immer wieder dies: Was immer Du auch bist, bete damit zu Gott! Bete mit Dir selbst zu Gott!

> Bist du ein Mensch der Verzweiflung, dann bete mit Deiner Verzweiflung zu Gott.
> Bist du ein Mensch der Verletzungen und Verwundungen, dann bete mit Deinen Verletzungen und Verwundungen zu Gott.
> Bist du ein Mensch der Rat-, Hilf-, Plan-, Lust- und Kopflosigkeit, dann bete mit Deiner Rat-, Hilf-, Plan-, Lust- und Kopflosigkeit zu Gott.
> Bist du ein Mensch der Einsamkeit, Dann bete mit Deiner Einsamkeit zu Gott.
> Hast Du als Mensch Grund zur Freude, dann bete mit Deiner Freude zu Gott.
> Hast Du als Mensch Grund zur Dankbarkeit, dann bete mit Deiner Dankbarkeit zu Gott.

Die Reihe lässt sich beliebig ergänzen um dieses und jenes Etwas. Was immer dieses Etwas sei, immer ist ein Etwas, das zu uns gehört, und dadurch, dass wir es vor Gott bringen, bringen wir uns selbst vor Gott. Wir können, sollen und dürfen im Gebet Gott alle Dinge unseres Lebens hinhalten. Denn wann immer wir das tun, sind wir die, die sich selbst Gott hinhalten.

Das »kleine Pfingsten« des Gebets

Wie wir unser Leben ins Gebet nehmen können, zeigen uns mustergültig zwei Strophen eines Gebets zum Heiligen Geist, das auch in Taizé gern singend gebetet bzw. betend gesungen wird. Es ist die bekannte Pfingstsequenz »Veni Sancte Spiritus« [»Komm herab, o Heilger Geist«], in deren 7. und 8. Strophe der Beter den Heiligen Geist bittet:

Wasche, was beflecket ist,
heile, was verwundet ist,
tränke, was da dürre steht.

Beuge, was verhärtet ist,
wärme, was erkaltet ist,
lenke, was da irre geht!

Das Gebet spricht Erfahrungen an, die immer wieder einmal im Leben von uns Menschen gemacht werden. So z. B. die Erfahrung, dass da Flecken und Wunden sind: die Flecken der Schuld, was ich anderen getan habe; die Wunden der Schuld, was andere mir getan haben. So z. B. die Erfahrung, in der Dürre ausgebrannten Lebens zu leben (Burn-out-Syndrom), oder die Erfahrung, innerlich und äußerlich (zu) hart zu sich und anderen geworden zu sein. So z. B. die Erfahrung, in Zeiten erkalteter Liebe zu Beruf und Berufung, zum ehelichen »Du« und zum »ewigen Du« (Martin Buber) zu leben, oder die Erfahrung, auf der Fahrt durchs Leben auf Irrfahrt zu sein.

Es sind – alles in allem – Erfahrungen der Trostlosigkeit, denen nur in der Kraft dessen beizukommen ist, der der »Tröster« ist: der Heilige Geist. Er kann den Trost spenden, den das befleckte, verwundete, verhärtete, erkaltete, verirrte Leben der Menschen lebensnotwendig braucht. Denn der Heilige Geist ist der Geist, der wäscht, der heilt, der tränkt, der beugt, der wärmt, der lenkt und damit erfahrbar macht, dass Gott alles Dunkel des Lebens in Licht wandeln kann. Wo Menschen betend den Heiligen Geist erfahren, da ereignet sich ein kleines »Pfingsten«, und das ist jedem und jeder zu wünschen, denn ein kleines »Pfingsten« braucht unser Leben immer wieder einmal, und zwar gerade da, wo wir des Trostes bedürfen. Da muss die »Dynamik« des Heiligen Geistes (Röm 15,13) in unser Leben kommen als trostspendende Kraft.

Wir können und dürfen unser Leben so ins Gebet nehmen, wie es eben ist: beflecktes, verwundetes, verdorrtes, verhärtetes, erkaltetes oder verirrtes Leben, sagen uns die beiden Strophen des Gebets zum Heiligen Geist, das um 1200 in England entstanden sein dürfte. Jeder »Stoff« des Lebens darf demnach zum »Stoff« des Betens werden. Dass uns Menschen der

»Stoff« zum Beten einmal ausgeht, ist daher wenig wahrscheinlich. Sind wir Menschen die, die begriffen haben, dass gerade auch das »Menschliche, Allzumenschliche« (Friedrich Nietzsche) in unserem Beten seinen Platz haben darf, dann sind wir auch die, denen genügend bewusst ist, dass ihnen jedes Ding ihres Lebens zu einem Ding ihres Betens werden kann und darf. Denn es gibt nichts, mit dem wir nicht betend Gott zu kommen dürften. Zu Gott dürfen wir betend mit allem und jedem kommen. Denn Gott ist kein Gott, der sagt: »Damit brauchst Du mir nicht zu kommen!«

Das Sprachspiel unseres Lebens als das Sprachspiel unseres Betens

Der Salzburger Theologieprofessor Gottfried Bachl hat betend Gott einmal gefragt, wie denn sprachlich »korrekt« zu beten sei. Sein Gott (be)fragendes Gebet lautet:

Dürfen wir
dir nur ausgesuchte Worte sagen,
nur teure Sätze
von Dichtern erfunden,
nur polierte Ausdrücke,
oder können wir dir auch kommen
mit den ranzigen Formeln,
aus denen
unsere Sprache meistens besteht?[13]

Jeden, der Ihn so (be)fragt wie der Gottesgelehrte Gottfried Bachl, wird Gott wissen lassen, dass wir in unserem Beten eben auch die Sprache sprechen dürfen, die wir in unserem Leben sprechen. Die Sprache unseres Lebens darf und soll die Sprache unseres Betens sein. Sie ist die beste, denn in dieser Sprache kommen wir selbst vor und in dieser Sprache sprechen wir uns selbst ganz aus.

[13] *Bachl, Gottfried:* Mailuft und Eisgang. 100 Gebete, Innsbruck – Wien 1998, 36.

Mit der Sprache unseres Lebens bringen wir uns wirklich vor Gott, denn einzig sie ist die Sprache unserer wirklichen Wirklichkeit. Mit der Sprache unserer wirklichen Wirklichkeit bringen wir uns selbst vor den wirklichen Gott. Das Gebet als Treffpunkt mit sich selbst und mit Gott selbst braucht eine Sprache, in der wir ganz »da« sind, und welche Sprache ist da geeigneter als die Sprache unseres Lebens?!

Wir müssen uns also überhaupt nicht sprachlich verrenken, wenn wir beten wollen. Das Sprachspiel unseres Lebens darf durchaus auch das Sprachspiel unseres Betens sein. Wir müssen kein von der Sprache unseres Lebens abgehobenes Sprachspiel pflegen, wenn wir beten wollen. Gott versteht uns auch so bestens. Er versteht uns durchaus, wenn wir in der Sprache unseres Lebens zu IHM sprechen. Denn diese Sprache – das sind wir bzw. das sind wir auch.

Wenn von der Sprache des Gebetes gesagt wird, sie sei eine Sprache ohne Tabus, dann stimmt das ja tatsächlich. Denn die Sprache, die die Sprache des Gebets ist, ist eine Sprache, die es uns gestattet, buchstäblich alles über die Lippen zu bringen, was einfach einmal gesagt werden muss.

Wir müssen nichts aussparen oder aussperren, wenn wir beten wollen. Dass wir nicht glauben können – betend dürfen wir es Gott sagen. Und dass wir nicht beten können, auch das dürfen wir – paradox genug – betend Gott sagen. Ja – selbst das dürfen wir betend Gott sagen, betont der frühere Bischof der Diözese Aachen Klaus Hemmerle, und erzählt auch dazu eine Geschichte, die er sich selbst erdacht hat. Die Geschichte lautet:

> Ein Jünger kommt zu einem Meister des Gebetes und klagt ihm: »Meister, ich habe mich so bemüht, mich zu sammeln versucht, über mich selbst nachgedacht, alle Gedanken, die mir kamen, still werden lassen – und doch habe ich nicht beten können. Was soll ich tun?« Der Meister antwortet: »Mach aus deinem Nicht-beten-Können ein Gebet.«[14]

[14] *Hemmerle, Klaus:* Dein Herz an Gottes Ohr. Einübung ins Gebet, Freiburg – Basel – Wien 1986, 17.

Beten beginnt bei mir. Bin ich ganz bei mir (selbst), dann bin ich bald auch ganz bei Gott (selbst). Beten darf, ja soll bei uns selbst beginnen. Und betend sprechen dürfen, ja sollen wir in der Sprache, die unsere Sprache ist. Denn sie ist die Sprache, in der wir die Dinge unseres Lebens am ehesten aussagen können und damit auch uns selbst. Es ist wichtig, diese unsere ureigenste Sprache des Lebens auch als unsere Gebetssprache zu pflegen, die Gottes Ohr erreichen soll.

Der betende Mensch und der hörende Gott

Wenn wir beten, dann wenden wir uns ja an einen Gott, den wir glauben als den, der »ganz Ohr« für uns Menschen ist. Betend bitten bzw. bittend beten wir, dass er sich uns wieder und wieder tatsächlich auch als hörender Gott erweist, ganz so, wie das der Exeget Norbert Lohfink einmal in der Sprachhandlung eines Gebetes, das er »Sei ein hörender Gott« betitelt hat, getan hat. Das Gebet lautet:

Erweis dich als ein hörender Gott.
Sei das große Ohr, in das ich alles hineinsagen kann.
Sei der Hörende, der auch das Ungesagte hört.
Sei der Verstehende, der da, wo ich mich selbst nicht mehr
begreife, noch den geheimen Sinn entdeckt.
Sei der Zuhörer, der mir überhaupt erst den Mut gibt,
den Mund zu öffnen.
Sei der Fragende, der endlich die richtigen Fragen stellt.
Sei das Wissen, das nicht wehtut.
Sei der Vorwurf, der brennt, aber nicht verzehrt.
Sei das Ja zu meiner ganzen Vergangenheit.
Sei der Blick, der die Hoffnung aufblühen läßt.
Sei die Antwort, die mich wirklich betrifft.
Sei die große, schweigende Antwort, die der Worte nicht mehr
bedarf.[15]

[15] *Lohfink, Norbert:* Sei ein hörender Gott, in: *Ders.:* Hinter den Dingen ein Gott. Meditationen, Freiburg – Basel – Wien 1978, 35–45, 45.

Für die Menschen des Ersten Testamentes war es selbstverständlich, Gott darum betend zu bitten, ein offenes Ohr für sie zu haben. Das erste Buch der Könige – 1 Kön 8,27-30 – hat ein solches Gebet bewahrt, das ganz Gebet um Gottes Gehör ist. König Salomo spricht es, und er spricht es so:

> »Wende dich, Herr, mein Gott, dem Beten und Flehen deines Knechtes zu! Höre auf das Rufen und auf das Gebet, das dein Knecht heute vor dir verrichtet. Halte deine Augen offen über diesem Haus bei Nacht und bei Tag, über der Stätte, von der du gesagt hast, daß dein Name hier wohnen soll. Höre auf das Gebet, das dein Knecht an dieser Stätte verrichtet. Achte auf das Flehen deines Knechtes und deines Volkes Israel, wenn sie an dieser Stätte beten. Höre sie im Himmel, dem Ort, wo du wohnst. Höre sie, und verzeih!« (1 Kön 8,28-30)

Beten – das heißt: aus der Erfahrung bzw. aus den Erfahrungen des Lebens zu Gott sprechen. Erfahrungsgeerdet sollen wir beten, denn es geht darum, dass unser Beten im Erdboden unserer Erfahrung(en) wurzelt. Einzig das in diesem Sinn erdnahe bzw. erdverbundene Beten, das in der Erfahrung bzw. in den Erfahrungen unseres Lebens gründet, bietet die Chance, tatsächlich da unser Leben auch »unterzubringen«.
Denn es scheint, als sei gerade das eine der Schwierigkeiten, die die Menschen in diesen Tagen mit dem Gebet haben, dass sie glauben, das Leben, das sie führen, da wenig »unterbringen« zu können. Wo und wann solche Schwierigkeiten geäußert werden, ist in der Regel an eine ganz bestimmte kirchliche Gebetssprache gedacht, in deren Sprachgestalt die Erfahrungsgestalt der Menschen dieser Tage immer weniger eingehen kann. Der 1927 in Wasserburg am Bodensee geborene Schriftsteller Martin Walser lässt eine der Figuren seines 1960 erschienenen Romans »Halbzeit« dazu diese Sätze sagen:

> »Mit Lissa in der Kirche. Konnte nicht beten. (...) Die feierliche Amtssprache in der Kirche klang fremd. Kunstgewerbe-Vokabular. Luft aus einem Föhn. Glauben die Frommen, Gott höre sie nur, wenn sie beten, er habe keine Ahnung von den Worten, die sie

sonst denken und sagen? Man kann sich nicht vorstellen, daß der Pfarrer erlebt hat, was er in der Predigt erzählt. Mein Leben ist in der Gebetssprache nicht mehr unterzubringen. Ich kann mich nicht mehr so verrenken. Ich habe Gott mit diesen Formeln geerbt, aber jetzt verliere ich ihn durch diese Formeln. Man macht einen magischen Geheimrat aus ihm, dessen verschrobenen Sprachgebrauch man annimmt, weil Gott ja von Gestern ist. Ich bin stumm, wenn ich beten will. Immer in Gefahr, abgelenkt zu werden von inneren Geräuschen. Die leiseste, unhörbarste Stimme in mir, ist meine Gebetsstimme. Traut sie sich nicht, lauter zu sein, oder hat sie nicht die Kraft?«[16]

Es stimmt bekanntlich: überlieferte und überkommene Gebetsformeln sind immer in der Gefahr, leicht zu Leerformeln zu werden. Es ist daher wichtig, dafür zu sorgen, dass auch die offizielle liturgische Gebetssprache stets eine geerdete Sprache bleibt. Eine gute, da taugliche Gebetssprache ist stets eine der Lebenserfahrung bzw. den Lebenserfahrungen von uns Menschen geöffnete Sprache – eben eine Sprache, in der wir Menschen unsere Erfahrung(en) mit dem Leben (gut) »unterbringen« können, wie der Schriftsteller Martin Walser betont.

Unser Gebet gelingt, so oft wir es schaffen, unser eigenes uns selbst oft genug doch unbegreifliches Leben vor den unbegreiflichen Gott zu bringen in einer Sprache, die die unsere ist. Es braucht, um mit betend mit Gott zu reden, keine religiöse »Sondersprache«. Gesondert von uns und unserem Leben beten sollen wir gerade nicht. Was wir sollen, ist buchstäblich wieder und wieder dies: buchstäblich unser Leben ins Gebet nehmen. Unser Leben soll sich in unserem Beten spiegeln, unser Leben soll in unserem Beten zur Sprache kommen.

Eine gute Orientierung dafür, wie das gehen kann, betend sein Leben vor Gott zur Sprache zu bringen, sind neben den Gebeten großer Beterinnen und Beter aus Geschichte und Gegenwart die Psalmen. Nirgendwo sonst kommt in der Heiligen Schrift das Leben vor Gott in solcher Bandbreite

---

[16] *Walser, Martin:* Halbzeit. *Roman* (suhrkamp taschenbuch 94), Frankfurt am Main 1973, 354–355.

zur Sprache wie gerade in den Psalmen. Da wird gelacht, da wird geweint, da wird gejubelt, da wird geklagt und da wird gezweifelt. Es gibt keine Erfahrung unseres Lebens, die nicht in einem der 150 Psalmen »untergebracht« wäre, und das ist dann wohl auch der Grund, weshalb die Psalmen durch die Jahrhunderte gebetet worden sind. Denn sie sprechen eine Sprache, in der die Erfahrungen des Menschen mit sich, seinem Leben und seinem Gott ganz elementar »geerdet« sind.

Jemand, in dessen Erfahrung sich bestätigt hat, wie geeignet die Psalmen doch sind, sein Leben da »unterzubringen«, ist der Dichter Rainer Maria Rilke (1875–1926) gewesen. »Ich … habe … die Psalmen gelesen, eines der wenigen Bücher, in denen man sich restlos unterbringt, mag man noch so zerstreut und ungeordnet und angefochten sein …«[17], bemerkte der Dichter am 4. Januar 1915 in einem in Berlin geschriebenen Brief gegenüber seinem Verleger Anton Kippenberg.

Wie der Psalmist dürfen und sollen wir Menschen uns trauen, die Dinge, die uns bewegen, zur Sprache zu bringen und sie in Gottes Ohr zu sagen, wissend, dass ER, Gott, »ganz Ohr« ist für uns und das, was wir IHM zu sagen haben.

Erzählend beten – betend erzählen

Die großen Dinge unseres Lebens sind einfach. Einfach ist damit auch das Gebet, das fraglos eines der großen Dinge unseres Lebens ist. Wenn wir wirklich glauben, dass Gott uns wirklich hört, wenn wir beten, dann wird es auch wirklich das Beste sein, einfach einmal damit zu beginnen, vor Gott betend zu erzählen bzw. erzählend zu beten, was wir empfinden, was uns beschäftigt – und sei es auch noch so banal oder noch so trivial. So oft wir so erzählen, so oft setzen wir uns so gegenwärtig vor Gott, gelangen wir in Gottes Gegenwart. Wissen dürfen wir: zu Gott dürfen wir mit allen Dingen des Lebens kommen.

---

[17] *Rilke, Rainer Maria:* Briefe. Herausgegeben vom Rilke-Archiv in Weimar in Verbindung mit Ruth Sieber-Rilke besorgt durch Karl Altheim, 3 Bände, Frankfurt am Main 1987, Band 2, 480.

Es gilt daher, eine Gebetsform wieder zu entdecken, die es eigentlich immer gab. Es ist eine Gebetsform, die darum einfach ist, weil es dabei einfach darum geht, Gott zu erzählen: von sich, seinem Leben und seinen Erfahrungen. Der Theologe Otto Hermann Pesch bezeichnet sie als »Erzählgebet« und hält sie neben dem Lob-, Dank- und Bittgebet für eine immer praktikable Gebetsform, die uns selbst dann, wenn wir Schwierigkeiten etwa mit dem Bittgebet haben oder nicht in »Stimmung« sind, ein Lob- oder Dankgebet zu sprechen, gelingen kann. Denn erzählend beten bzw. betend erzählen können wir eigentlich immer. Otto Hermann Pesch beschreibt die Charakteristik dieser Gebetsform, die aufs Erzählen aus ist, so:

> »Könnte nicht das einfache Erzählen eine Form sein, die der Schmucklosigkeit und Sachlichkeit heutigen Betens entspricht und dennoch die ganze Vielfalt des Lebens vor Gott hinträgt – in diesem Sinne also »reich« ist? Es gibt Gründe, die das sehr einleuchtend machen. Zunächst: Das Erzählen ist sachlich und daher auf keine Voraussetzung von seiten der »Stimmung« angewiesen. Zum Lobgebet fehlt uns der große Schwung, mit dem Bittgebet haben wir unsere verschärften Probleme – davon gleich noch. Das Dankgebet paßt nicht auf alles, was wir erleben. Die Schuld macht uns heutzutage eher stumm als zum Bekenntnis geneigt. Wenn wir statt dessen einfach erzählen, was geschehen ist, was unser Bewußtsein füllt, was uns beschäftigt, so wie ich davon auch einem guten Freund erzähle – ist das nicht eine Form, die auch bei ganz konkretem Gebet den sachlichen Stil unseres Lebens und unseres Glaubens durchhält?
>
> Weiter: Ich kann nicht erzählend beten, ohne dabei Gott mitten in mein Leben zu stellen. Wenn ich betend erzähle, rede ich Gott an, rechne mit ihm, glaube, daß er mich hört, daß ich mit ihm zu tun habe, daß ich ihn »interessiere«. Mit einem Wort: ich vollziehe den Grundvorgang dessen, was »glauben« heißt: Wissen und davon ausgehen, daß Gott mitten in dieser Welt nahe ist.
>
> Endlich: Wenn es richtig und etwas hilfreich ist, was wir oben über die Vielfalt der Situationen gesagt haben, die, im Licht des Ur-Gebetes »Ich glaube an dich« angeschaut, den »Reichtum« des

> Betens ausmachen, dann müssen wir ja fragen: Wie kommen denn der Ur-Satz »Ich glaube an dich« und die Situation, über die er gesprochen wird, im praktischen Vollzug des Gebets zusammen? Doch nur, indem man die Situation in Worte faßt. Etwa sagt: Herr, dies und das ist geschehen … beschäftigt mich ... macht mich ganz niedergeschlagen … macht mich unglaublich froh …: Ich glaube an dich. Es kommt also wieder auf den guten Sinn des Erzählens hinaus. Das »Erzählgebet« – wenn wir schon einen ähnlichen Ausdruck wie »Dankgebet«, »Bittgebet« usw. bilden wollen – ist das konkret gefüllte »Ich glaube an dich«.«[18]

Gott ist jedenfalls immer der, der »da« ist, wenn wir ihm etwas zu erzählen haben, ganz gleich, ob es ein Etwas ist, das uns beglückt, oder ob es ein Etwas ist, das uns bedrückt, oder was für ein Etwas auch immer. »Ich bin der ›Ich bin da‹« (Ex 3,14) – durch diesen Satz hat Gott Mose und uns gesagt, wer Er ist. Er, Gott, ist der, der »da« ist. Das war Seine Zusage an Mose und das ist Seine bleibende Zusage an uns, und Gott gibt uns diese Zusage so, dass Er sich jedem einzelnen Menschen als Seinem Geschöpf so mitteilt:

> In die Lichtblicke deiner Hoffnung
> und in die Schatten deiner Angst,
> in die Enttäuschungen deines Lebens
> und in das Geschenk deines Zutrauens
> lege ich meine Zusage:
> Ich bin da.
>
> In das Dunkel deiner Vergangenheit
> und in das Ungewisse deiner Zukunft,
> in den Segen deines Wohlwollens
> und in das Elend deiner Ohnmacht
> lege ich meine Zusage:
> Ich bin da.

[18] *Pesch, Otto Hermann:* Das Gebet (Topos Taschenbücher; Bd. 95), Mainz 1980, 40f.

In das Spiel deiner Gefühle,
und in den Ernst deiner Gedanken,
in den Reichtum deines Schweigens
und in die Armut deiner Sprache
lege ich meine Zusage:
Ich bin da.

In die Fülle deiner Aufgaben
und in deine leere Geschäftigkeit,
in die Vielzahl deiner Fähigkeiten
und in die Grenzen deiner Begabung
lege ich meine Zusage:
Ich bin da.

In das Gelingen deiner Gespräche
und in die Langeweile deines Betens,
in die Freude deines Erfolgs
und in den Schmerz deines Versagens
lege ich meine Zusage:
Ich bin da.

In das Glück deiner Begegnungen
und in die Wunden deiner Sehnsucht,
in das Wunder deiner Zuneigung
und in das Leid deiner Ablehnung
lege ich meine Zusage:
Ich bin da.

In die Enge deines Alltags
und in die Weite deiner Träume
und in die Kräfte deines Herzens

lege ich meine Zusage:
Ich bin da.[19]

Weil Gott der »Ich bin da« ist, ist Er auch immer »da«, wenn wir Ihm betend erzählen, was wir auf dem Herzen haben. Denn was tut eigentlich der, der erzählend zu Gott betet? Er tut etwas, was immer gut tut. Er schüttet Gott sein Herz aus, sagt IHM die beglückenden und die bedrückenden Dinge seines Lebens. Wer so zu Gott betet, dass er IHM sein Herz ausschüttet, gewinnt, wenn er das täglich tut, ein herzliches Verhältnis zu Gott, und gerade daraus lebt ein gutes Gebetsleben.

Betend schweigen – schweigend beten

Sich sprechend vor Gott bringen – das ist Gebet. Doch Gebet ist auch: sich schweigend vor Gott bringen. Warum ist neben dem sprechenden Gebet auch das schweigende Gebet so wichtig? Der Grund dafür ist ganz einfach: da, wo wir sprechend beten, ist Gott der hörende; da, wo wir schweigend beten, sind wir die hörenden. Und auch das ist wichtig.
Wenn wir Gott alles erzählt haben, was uns bedrängt und bedrückt, sollen wir es dabei belassen, sollen wir es damit gut sein lassen. Wir dürfen davon ausgehen, dass Gott es gehört hat und es bei ihm gut aufgehoben ist. Wir sollen jedoch Gott nicht nur als Zuhörer benützen, der selbst nichts zu sagen hat. Schweigend geben wir Gott die Chance, etwas zu sagen. Wo wir schweigende Menschen werden, wo wir die Stille des Schweigens zulassen, schaffen wir die optimale Bedingung dafür, hörende Menschen zu werden, die »ganz Ohr« sein wollen für das, was Gott (uns) zu sagen hat. Betend schweigen bzw. schweigend beten – so oft uns das gelingt, so oft öffnen wir unsere Ohren – oder – besser gesagt – lassen wir es zu, dass Gott unsere Ohren öffnet. Dass es einen ganzen und runden Sinn macht, Gott darum betend zu bitten, uns unsere Ohren zu öffnen, damit wir IHN

---

[19] *Weismantel, Paul:* An Weihnachen sagt Gott ganz leise, in: *Ders.:* In der Stille der Nacht. Gedanken und Gebete zu Advent und Weihnachten, Donauwörth 1991, 60–64, 60–61 (Zitat!).

hören können, ist gewiss. Der Kirchenlehrer Aurelius Augustinus (354–430) hat jedenfalls so gedacht, denn gleich im ersten Buch seiner »Bekenntnisse« schreibt er: »Siehe Herr, meines Herzens Ohr ist bei Dir; tu es auf und sag meiner Seele: ›dein Heil bin ich‹.«[20]
Damit wir Gott wirklich hören, wenn Er spricht, muss Er, Gott, unsere tauben Ohren öffnen, und es ist eine tolle Sache, Morgen für Morgen die Erfahrung zu machen, dass Gott der ist, der mir auch das Ohr weckt. Gott will, dass wir aufgeweckte Menschen sind, die Ohren haben zu hören, also auch mit aufgeweckten Ohren durchs Leben gehen, und darum weckt Er, wenn er uns Morgen für Morgen weckt, auch unser Ohr. Dass dem tatsächlich so ist, sagt uns der Prophet Jesaja im dritten Lied vom Gottesknecht. Da heißt es:

> Gott, der Herr, gab mir die Zunge eines Jüngers,
> damit ich verstehe, die Müden zu stärken durch ein
> aufmunterndes Wort.
> Jeden Morgen weckt er mein Ohr,
> damit ich auf ihn höre wie ein Jünger.
> Gott, der Herr, hat mir das Ohr geöffnet.
> Ich aber wehrte mich nicht
> und wich nicht zurück. (Jes 50,4-5)

Morgen für Morgen, wenn wir aufstehen, weckt uns also neben dem batteriebetriebenen Wecker noch ein anderer Wecker auf. Dieser Wecker, der auch eigens unser Ohr weckt, ist Gott. Er weckt uns und unser Ohr und macht uns so fähig, schweigend »ganz Ohr« zu werden für das, was Er uns den Tag über dann sagen will. Schweigend zu beten bzw. betend zu schweigen ist daher unerlässlich, um unser (durch) Gott-gewecktes Ohr auch Gottes Stimme unter den vielen Stimmen des Tages tatsächlich auch hören zu lassen. Wo wir schweigend beten bzw. betend schweigen, werden wir zu Hörenden, zu (Gott-)Hörenden. Und in dem Maße, wie das eigene Reden zu-

[20] *Augustinus:* Bekenntnisse. Lateinisch und deutsch. Eingeleitet, übersetzt und erläutert von Joseph Bernhart. Mit einem Vorwort von Ernst Ludwig Grasmück, Frankfurt am Main 1987, I, 5.

rücktritt, wie wir innerlich bereit und willig werden, uns etwas, ja das Entscheidende unseres Lebens sagen zu lassen, bemerken wir, dass unser Beten wesentlich auch daraus lebt, dass wir es schaffen, Gott (zu uns) reden zu lassen. Jemand, der selbst ein großer Beter war, der dänische Religionsphilosoph Sören Kierkegaard (1813–1855), hat das in einer seiner »Reden« einmal so zu Papier gebracht:

> »Und was widerfuhr ihm dann, wenn anders er wirklich innerlich betete? Etwas Wunderliches widerfuhr ihm; allmählich, wie er innerlicher und innerlicher wurde im Gebet, hatte er weniger und weniger zu sagen, und zuletzt verstummte er ganz. Er ward stumm, ja, was dem Reden vielleicht noch mehr entgegengesetzt ist als das Schweigen, er ward ein Hörender. Er hatte gemeint, beten sei reden; er lernte: beten ist nicht bloß schweigen, sondern ist hören. Und so ist es denn auch; beten heißt nicht, sich selber reden hören, sondern heißt dahin kommen, dass man schweigt, und im Schweigen verharren, und harren, bis der betende Gott hört.«[21]

Wie das sprechende hat auch das schweigende Gebet seine Zeit. Doch egal, ob wir mal mehr sprechend oder mal mehr schweigend beten, immer ist unser Beten sprechender Glaube, und so oft es das ist, ist das ein Segen.

Die »kinderschwere« Kunst des Betens

Es gibt Dinge, die sind »kinderleicht«, und es gibt Dinge, die sind »kinderschwer«. Zu den Dingen, die immer »kinderschwer« waren, es sind und es auch bleiben werden, gehört auch die Kunst des Betens. Die Sache dieser Kunst, die eine große Sache ist, war, ist und bleibt eine schwere Sache. Doch »daß etwas schwer ist«, so lehrte einst der Dichter Rainer Maria Rilke den

[21] *Kierkegaard, Sören:* Die Lilie auf dem Felde und der Vogel unter dem Himmel. Drei fromme Reden, Kopenhagen 1849, in: *Ders.:* Kleine Schriften 1848/49 (Gesammelte Werke. 21., 22. und 23. Abteilung), Köln 1960, 37–38.

jungen Dichter Franz Xaver Kappus in einem auf den 12. August 1914 datierten Brief, »muß uns ein Grund mehr sein, es zu tun«[22]. Treffend gesagt war das dem jungen Dichter, und ebenso treffend gesagt ist es jedem, der daran denkt, etwas, nur weil schwer ist, erst gar nicht zu versuchen.

Die Kunst des Betens ist eine »kinderschwere« Kunst; sie ist keine »kinderleichte« Kunst. Warum ist sie das? Wohl deshalb, weil es für uns Erwachsene so schwer ist, wieder wie ein Kind zu sein. Wer wissen will, was es heißt, wieder wie ein Kind zu sein, muss daher erst einmal wissen, was es heißt: ein Kind zu sein.

Ein Kind – das wäre ein erster Punkt – lebt im Hier und Jetzt. Seine Zeit ist die Gegenwart. Wieder werden wie ein Kind heißt demnach: wieder fähig werden, im Hier und Jetzt zu leben, die Gegenwart als die uns gegebene Zeit zu begreifen, was übrigens einen guten theologischen Grund hat. Denn »Gott umarmt uns« – so hat jemand einmal gesagt – »durch die Gegenwart«. Wieder wie ein Kind werden heißt darum, bewusst in der Gegenwart zu leben und sich da von Gott umarmen zu lassen.

Ein Kind – das wäre ein zweiter Punkt – wird nicht geliebt für das, was es tut, was es leistet. Es wird einfach dafür geliebt, dass es ist. Wieder werden wie ein Kind heißt demnach, sich als Seine, Gottes, geliebte Söhne und Töchter, sich als Seine Kinder zu begreifen, die wir sind und es auch bleiben, wenn wir längst erwachsen geworden sind, und die wissen dürfen: Sie werden von Gott nicht dafür geliebt, was sie tun, was sie leisten. Sie werden von Gott einfach dafür geliebt, dass sie sind.

Ein Kind – das wäre ein dritter Punkt – verfügt über die Kraft eines großen Vertrauens. Es lebt ganz aus der Kraft eines grenzenlosen Urvertrauens, in väterlichen und mütterlichen Händen behütet und beschützt zu sein. Wieder werden wie ein Kind heißt demnach, in sich wieder die Kraft zu entdecken, Gott grenzenlos zu vertrauen, denn Er, Gott, ist der, wie die Apostelgeschichte sagt, »in dem wir leben, uns bewegen und sind« (Apg 17,28).

Ein Kind – und das wäre ein vierter und letzter Punkt – lebt davon, dass es empfänglich dafür ist, sich das schenken zu lassen, was es zum Leben braucht. Es muss sich geben lassen, und es wird ihm auch gegeben. Wie-

[22] *Rilke, Rainer Maria:* Briefe an einen jungen Dichter (Insel-Bücherei Nr. 406), Frankfurt am Main 1981, 35.

der werden wie ein Kind heißt demnach, wieder offen dafür zu werden, sich beschenken lassen zu können mit dem, was man selbst nicht machen und selbst nicht kaufen kann: die Gabe der Gnade, in der sich Gott, der Geber alles Guten, selbst gibt.

Das also heißt es: wieder zu werden wie ein Kind:
* sich durch das Leben in der Gegenwart von Gott umarmen zu lassen,
* sich von Gott lieben zu lassen einfach dafür, dass man ist,
* sich darin zu üben, Gott grenzenlos zu vertrauen, und
* offen zu werden, sich durch die Gabe der Gnade und damit durch Gott selbst beschenken zu lassen.

Einfach (wieder) werden wie Kinder – ja, das müssen wir und das können wir. Gehen wir deshalb bei den Kindern in die Schule.

Lernen wir bei ihnen, den Kindern,
* wie das geht, in den Armen der Gegenwart zu leben, damit uns Gott durch eben diese Gegenwart umarmen kann.

Lernen wir bei ihnen, den Kindern,
* was es heißt, nicht dafür geliebt zu werden, dass ich etwas tue, dass ich etwas leiste, sondern einfach dafür geliebt zu werden, dass ich bin, dass es mich gibt, damit wir entdecken, dass wir auch als Gottes erwachsene Söhne und Töchter Seine geliebten Kinder sind und bleiben. Denn Gott liebt uns ja nicht, weil wir etwas Besonderes tun oder leisten; ER liebt uns, weil wir als Seine Kinder etwas Besonderes sind.

Lernen wir bei ihnen, den Kindern,
* wie es möglich ist, aus der Kraft eines grenzenlosen Urvertrauens zu leben und trauen wir uns wieder, aus der Haltung eines absoluten und unbedingten Vertrauens Gott gegenüber zu leben und uns in diesem Gottvertrauen als »wunderbar geborgen« zu erleben, wie es der 1945 von den damaligen braunen deutschen Machthabern ermordete evangelische Theologe Dietrich Bonhoeffer gegen Ende seines Lebens gedichtet hat.

Lernen wir bei ihnen, den Kindern,

* wie wichtig es ist, das, was wir zum Leben brauchen, gratis zu erhalten, damit wir begreifen, dass die Dinge, von denen wir wirklich leben, immer geschenkte Dinge sind und Gott die Gabe Seiner Gnade und damit sich selbst immer gratis [»gratia gratis data«] schenkt.

Jesus Christus, der ja unser eigentliche Lehrer auch in der Kunst des Betens ist, hat uns wissen lassen. Wir müssen einfach (wieder) werden »wie die Kinder« (Mt 18,3). Wenn uns das gelingt, dann fällt uns auch die »kinderschwere« Kunst des Betens, die eben darum so schwer ist, weil es so schwer ist, als Erwachsener wieder »kindlich« zu sein, in großen Stunden unseres Lebens, die immer Stunden großer Gnade sind, wieder »kinderleicht«.

Beten und handeln – Handeln und beten

Es kann keine Frage sein, dass das Gebet, wenn es »große Macht« hat, wie die große Mystikerin Mechthild von Magdeburg sagt, es auch Großes mit uns macht. Wo und wann jemand wirklich betet, bleibt dies nicht ohne Wirkungen. Ohne jetzt darüber zu streiten, was die Haupt- und was die Nebenwirkungen des Gebetes sind: Wirkungen des Gebets gibt es immer, und ganz gleichgültig, ob es Haupt- oder Nebenwirkungen sind, erwünschte Wirkungen sind es in jedem Fall, da es stets gute Wirkungen sind. Eine der spürbarsten Wirkungen des Gebets – jeder, der mag, kann das bei sich überprüfen – ist wohl die, dass der »Hörer« des Wortes Gottes dann auch zum »Täter« des Wortes Gottes wird.

»Gebete ändern nicht die Welt. Aber Gebete ändern Menschen, und Menschen verändern die Welt.« So soll einmal der bekannte Theologe, Musiker und Arzt Albert Schweitzer (1875–1965) gesagt oder geschrieben haben. Etwas Wichtiges und Richtiges ist damit bemerkt und beschrieben (worden). Das Beten dispensiert uns nicht vom Handeln, und einzig die Glaubenspraxis, die das begriffen hat, läuft nicht ins Messer der Religionskritik. Ganz im Gegenteil! Denn gemäß der »Logik«, deren Gesetze Albert Schweitzer gekonnt aufzeigt, wird ja nicht gebetet, obgleich eigentlich gehandelt werden müsste. Es wird gebetet, damit gehandelt werden kann. Und worauf, wenn nicht darauf, kommt es denn eigentlich an?! Gebete meinen es ernst mit der Änderung der Welt, da sie die Änderung des Beters betreiben. Tun wir darum also nicht das »Mund-Werk«, tun wir das »Herz-Werk« (Rainer Maria Rilke) des Betens! Denn Gebete verändern unsere Welt, da sie erst einmal uns Beter und durch uns dann auch die Welt dem Willen Gottes entsprechend verändern. Wieder und wieder ist es so: Wer das »Herz-Werk« des Betens betreibt, betreibt dann bald auch das »Hand-Werk«, den Willen Gottes zu erfüllen, also das zu tun, was Seinem Rat gemäß ist.

Es war der als evangelische Pfarrerssohn geborene christlich geprägte und engagierte Dichter Jochen Klepper (1903–1942), der in einem seiner Gedichte einmal auch eine Strophe zu Papier gebracht hat, die deutlich unterstreicht, was gemeint ist, wenn von der immer guten Verbindung zwischen Beten und Handeln die Rede ist. Die Strophe hat den Wortlaut:

> Die Hände, die zum Beten ruhn,
> die macht er stark zur Tat.
> Und was der Beter Hände tun,
> geschieht nach seinem Rat.[23]

Ein reifes Gebet ist immer Gebet, das zur Tat drängt und dann auch zur Tat wird. Es lässt uns wach und bereit sein dafür, wann, wo und wie uns Gott tätig sehen will. Wer recht zu beten weiß, der weiß auch recht zu handeln. War es jemals anders?

Dass es uns Mal um Mal gelingt, den Weg vom Beten zum Handeln und vom Handeln auch wieder zum Beten zu finden, das möge unser Gebet füreinander sein. Dazu gebe uns Seinen Segen der dreifaltige Gott: der Vater, der Sohn und der Heilige Geist.

---

[23] *Klepper, Jochen:* »Ziel der Zeit«. Die gesammelten Gedichte, Bielefeld 1980, 48–50, 49.

Wie die Erde den Himmel berührt

Last und Lust des Betens

Gebet

Wir bitten dich, Herr, gib uns die Gnade des Gebets: Wir bitten dich darum, weil wir sie nötig haben. Wir wissen, dass wir zum Beten nicht fähig sind, und deswegen bitten wir dich um das Geschenk, wirklich wir selbst sein zu können.
Herr, mach, dass wir gern beten, auch wenn unser Gebet noch so gering, armselig, schlicht und schmucklos ist und nicht große Worte macht. Lass unser Gebet wahr sein, Herr. Es bringe zum Ausdruck, wer wir sind: arme Sünder vor dir, und auch das, was wir kraft deiner Gnade sind.
Lass uns dich loben, Herr. Ehre sei dem Vater und dem Sohn und dem Heiligen Geist, wie im Anfang, so auch jetzt und in Ewigkeit. Amen.

Carlo M. Martini

Sehnsucht nach der Sehnsucht

»Es sprechen manche: Sie hätten's nicht!
Da erwidere ich: Das ist mir Leid!
Ersehnst du es aber auch nicht,
das ist mir noch leider.
Könnt ihr es denn nicht haben,
so habt doch ein Sehnen danach.
Mag man aber auch das Sehnen nicht haben,
so sehne man sich doch wenigstens nach einer
Sehnsucht.«
(Eckehart: Von der Stille)

Gott,
immer besser verstehe ich den großen Meister
der Gottessehnsucht Eckehart.
Manchmal taucht sie ja auf
aus den Tiefen meiner Seele,
die Sehnsucht nach Dir.
Doch dann gibt es lange Zeiten,
wo sie wie gestorben erscheint.
Dann bleibt mir nur noch die Sehnsucht nach der
Sehnsucht nach Dir.
Gott, lass diese Sehnsucht nicht ganz sterben.
Wecke sie dann und wann auf,
und öffne die Ohren meiner Seele,
dass ich sie dann nicht überhöre.
Paul M. Zulehner

Schenke mir die Gnade des rechten Betens

Heiliger Geist,
ich will nicht mehr in mir selbst verschlossen leben.
Die Tage, die mir noch bleiben, sollen dazu dienen,
Dich zu lieben und zu Deinem Wohlgefallen zu leben.

Darum meine große Bitte an Dich:
Gib mir das Geschenk des rechten Betens.
Komm in mein Herz und lehre mich zu beten,
wie es sich geziemt.
Schenk mir die Kraft,
das Gebet auch in Zeiten der Trockenheit
nie zu vernachlässigen.
Schenke mir den Geist des Betens:
die Gnade des Gebets immer von Dir zu erbitten
und Dich um das zu bitten,
was Deine Liebe mir am liebsten schenken möchte.
Alfons von Liguori

Stossgebet

Oh, Gott,
ich kann nicht mehr!
Ich kann nicht mehr beten.

Bete du für mich.
Bete um mich.
Bete um mein Leben.

Nimm mich in dein Gebet.
Peter Schott

Beten hat seine Zeit

Gott, wir bitten Dich um das Beten,
um wirkliches Beten,
um ein Herz, das sich erheben kann,
das sich emporschwingen kann
über die Sorge,
über den trüben Sinn,
den uns der Alltag immer wieder bereitet.

Wir bitten Dich um Worte,
die Kraft haben,
die uns emportragen,
Herr,
lehre uns beten. Amen
Josef Osterwalder

Herr,
lehre uns beten.
Lehre uns das Reden und das Schweigen,
das Bitten und das Hören.
Lehre uns den Umgang mit dir:
dass wir über alles beten können,
dass nichts uns hindern kann
auf dem Weg zu dir.
Aber lehre uns auch das:
dass wir uns ganz ins Gebet hineingeben müssen,
so vorbehaltlos,
wie du dich selbst in unser Beten hineingibst.
Josef Osterwalder

Herr, lehre mich beten

Herr, lehre mich beten,
wie die Schwalbe ihre Jungen fliegen lehrt,
wie die Ente ihre Küken schwimmen lehrt,
wie die Mutter ihr Kind sprechen lehrt.

Vergib mir, Herr:
Ich rede im Gebet viel,
anstatt auf dich zu hören.
Ich habe keine Geduld
auf deine Antwort zu warten.
Ich verstehe noch nicht,
dass du mir tausend Dinge,
die ich brauche,
gegeben hast,
ehe ich um sie bat.
Vergib mir, Herr!

Gib mir, Herr, einen Filter für mein Gebet,
der die Bitten abzieht,
die niemandem nützen,
der egoistische Bitten abhält,
der die Bitten kontrolliert,
die der Realität entfliehen wollen.

Nimm von mir, Herr, meine Heuchelei:
Ich bete für die Hungernden,
bin aber nicht bereit, mit ihnen zu teilen,
was du mir gegeben hast.

Ich bete für die Kranken,
nehme mir aber keine Zeit,
mich an ihr Bett zu setzen.
Ich bete um Freiheit von der Sünde,

bin aber nicht bereit, andern zu sagen,
dass du der Befreier bist.
Nimm von mir, Herr, meine Heuchelei!

Lass meine Gebete ein Gefährt sein,
das uns aus der Dunkelheit der Zweifel
in das Licht der Erkenntnis bringt,
das uns aus dem Sumpf der Schwäche
auf den Felsen der Kraft trägt,
das uns aus der Wüste der Traurigkeit
auf die Weiden der Freude befördert.
Lass meine Gebete ein Lift sein,
der aus der Tiefe verdorbener Gedanken,
verletzender Worte, unterlassener Hilfe
zu Taten der Liebe emporträgt.

Lass meine Gebete
ein Blumenstrauß der Dankbarkeit
für dich sein, Herr,
denn du hast uns geholfen,
als Geld uns nicht helfen konnte,
als Arznei nichts ausrichtete
und unsere Weisheit am Ende war.

Wenn ich mit dir über die Welt spreche,
ist das Gebet.
Wenn ich mit der Welt über dich spreche,
ist das Zeugnis.
Wenn ich den von dir empfangenen Segen
mit anderen teile, ist das Liebe.
Hilf uns Herr,
zum Zeugnis und zur Liebe.
Das ist mein Gebet.
Nimm es an.
Amen.

Aus Indien

Gott suchen

Ein letztes tiefes Verlangen nach Gott
ist immer Vorbereitung auf die Begegnung
mit ihm.

Herr, du mein Gott,
ich habe ein so starkes Verlangen,
mit innerster Hingabe beten zu können.
Einsinken möchte ich
in deine Gegenwart,
an nichts anderes denken
als an dich,
nichts anderes wollen,
als vor dir sein;
nicht behindert werden von meiner Müdigkeit,
nicht gelähmt werden
von dem Gefühl innerer Leere,
nicht gelenkt werden von meinen Wünschen,
nicht entmutigt werden von meinen Zweifeln.

Auf deinen Geist warte ich,
dass er mir zu Hilfe komme.
Komm, du mein Gott,
und bahne dir den Weg zu meinem Herzen,
dass es sich weite
zu grenzenlosem Vertrauen.
Ich danke dir,
dass ich mich danach sehne,
dir nahe zu sein,
denn meine Sehnsucht ist dein Ruf
an mich.

Sabine Naegeli

ANRUF

sag mir deine
Adresse
Gott
deine Anschrift plus
alle Nummern
wie ich dich erreichen kann
hören, sprechen
melde dich
hörst du mich?

Inis Mandl-Schmidt

SEHNSUCHT NACH GOTT

Wie zwei Menschen,
die einander lieben,
immer beisammen sind,
so sollten wir es lernen,
in ständigem Zwiegespräch
mit Gott zu leben.
Auf diese Weise vermag unser Gebet
unseren ganzen Alltag zu durchdringen.

Vergeblich versuche ich,
mir ein Gebet abzuringen.
Nichts bringe ich hervor
als ein paar dürre Worte.
Einem ausgetrockneten Bachbett
ist meine Seele gleich.
Eine Fessel von Müdigkeit und Leere
hat sich um mich gelegt.
Lass mich spüren, mein Gott,
dass du mich nicht verlassen hast.

Berühre mich mit deinem Geist,
dass er in mir bete.
Ich bin doch dein.
Lösch alles in mir aus,
was deinem Geist im Wege steht.
Geduldig will ich warten,
denn ich weiß,
dass ich dir nicht immer
in gleichem Maße nahe sein kann.
Auch die Seele
hat ihre Gezeiten.
Herr, mein Gott,
ich sehne mich nach dir.
Verlieren möchte ich mich
im Lobpreis deiner Herrlichkeit.
Freuen möchte ich mich
an deiner Gegenwart.
Komm, Herr, Heiliger Geist.
Sabine Naegeli

Gebet zum Betenlernen

Bitte zeige mir, was Beten heißt.
Bitte hilf mir beten.
Bitte bleib bei mir.
Bitte zeige mir den Weg zum hoffenden Gebet.
Jesus, Deine Jünger kamen einst zu Dir und baten:
»Herr, lehre uns zu beten.«
Lass mich so wie die Jünger sein:
»Herr, lehre mich zu beten.«
Herr, hilf mir einzusehen,
dass ohne das Gebet
mein Innerstes an Halt verliert,
denn im Gebet bin ich Dir nah.

Ich bitte Dich: um Kraft, Geduld und festen Mut.
Ich bitte Dich: um Wahrheit und um Liebe.
Ich bitte Dich: bei mir zu sein
im Alltag und Gebet.
Amen

Pater Eusebius Erlenspiehl

Kein Gebet

Herr, was ist mit
all den anderen Worten,
die ich denke und ausspreche
oder verschweige
und die du hörst?
Die verworrenen Gedanken
die Rachegelüste,
die Gemeinheiten,
die verzweifelten Hoffnungen
und heimlichen Sehnsüchte.
Das unaufhörliche
Ichsagen
und
Ichdenken
und der Bestechungsversuch
mit ein paar frommen Vokabeln.

Herr,
zerbrich mir die Worte im Munde.
Mach mein Gebet so einfach,
dass es nur der Stille bedarf.

Wolfgang Poeplau

Nun sind wir voll gebetet
und leer geredet,
und alles Reden
hat dir gegolten.
Wir wissen nicht,
wo das Wort fliegt,
ob du es fängst in deinem Ohr,
ob es der Wind schluckt.
Wir warten darauf,
dass du irgendwann einmal
antwortest.
Gottfried Bachl

Gott,
ich möchte beten,
die Gedanken sammeln,
die Gefühle,
ich möchte an Dich denken,
Deine Nähe erfahren,
Deine Gegenwart.

Du weißt,
wie schwer das für mich ist.
Meine Gedanken sind zerstreut
bei tausend Dingen,
nur nicht bei Dir;
und dann meine ich,
der Weg zu Dir sei weit,
dann meine ich,
Du seiest weit entfernt.

Gott,
für mich ist es schwer,
an Dich zu denken,

zu Dir zu kommen,
in Deine Nähe –
darum komme Du
und liebe mich,
so wie ich bin.

Zu Dir möchte ich gehen,
zu Dir,
dorthin, wo Du zu finden bist;
da zeigst Du mir,
wo Du wohnst:
ich finde Dich in mir.

Wenn ich zu Dir will,
muss ich zu mir gehen,
in mich;
denn in mir finde ich
nicht mich,
ich finde das Geheimnis,
Dich.
Josef Osterwalder

Gott,
unser Beten beginnt
mit der Bitte:
Herr, erbarme Dich.

Wir bitten um
Dein Erbarmen,
Deine Zuneigung,
um Dein offenes Antlitz
und bitten zugleich,
dass Du auch unser Antlitz öffnest
für Dich und füreinander.

Herr,
lass uns im Gebet
einen Schritt tun
aus unsern Grenzen hinaus,
aus allem hinaus,
mit dem wir uns so leicht
abgefunden haben.
Lass uns einen Schritt tun,
auch wenn es schmerzt
und an die wunden Stellen rührt.
Herr,
führe uns zur Hoffnung.

Vater,
Du hörst unsern Ruf
um Erbarmen,
Du hörst unser Lobgebet,
auch wenn wir es in Schuld
und mit gebrochener Stimme sagen.

Du bist uns Vater,
weil Du uns anhörst.
Gib uns Deinen Geist,
dass wir richtig beten,
dass wir uns betend
von allen Spannungen lösen
und auch die Lasten sehen,
die wir dem andern tragen müssen.
Josef Osterwalder

Gebet der Sinne

Gott, welchen Sinn hat mein Beten?
Ist es nicht sinnlos?
Besinne dich auf uns!, sagten meine Sinne.
Und lass uns für dich – statt deiner betend zu Gott treten.
Öffne uns! So begannen sie gemeinsam.
Öffne uns für Deine Gegenwart!
Öffne uns für Dein Wort!
Öffne uns für Dein Wirken!
Öffne uns füreinander!

Das Auge sprach zu Gott:
Herr, mach mich sehend!
Öffne mir die Sicht!
Damit ich die Schönheit der Schöpfung sehe
und dich hinter den Dingen meines Lebens erkenne.
Hilf mir, recht wahrzunehmen – meine Gaben und Aufgaben!
Im Umgang mit Menschen, ihren Fragen, Ängsten und Nöten
gib mir die nötige Umsicht!
Nachsicht bei der Begegnung mit Sünde und Schuld.
Einsicht, dass auch ich nicht schuldlos bin und deiner
Entschuldigung – Entschuldung bedarf.

Das Ohr sprach zu Gott:
Herr, mach mich hörend!
Öffne mir das Ohr!
Damit ich deine leise, unscheinbare Stimme aus den vielen lauten
heraushöre und hinhöre auf dein Wort.
Lass mich nicht weghören, sondern hellhörig werden,
wenn Ungerechtigkeit und Gewalt schreiend flüstern!
Hilf meiner Taubheit dir, mir und anderen gegenüber!
Gib mir ein Gehör, das die feinen Zwischentöne des Zwischen-
menschlichen zu vernehmen vermag!

Die Nase sprach zu Gott:
Herr, mach mich riechend!
Damit ich den Wohlgeruch der Liebe und des Wohlwollens wahrnehmen kann.
Lass mich auch mit Dingen und Menschen umgehen können, die ich nicht riechen kann!
Gib mir den richtigen Riecher in meinen Begegnungen und Beziehungen!
Öffne mich auch für den Gestank des Unrechts, der Unterdrückung!

Der Gaumen sprach zu Gott:
Herr, gib mir Geschmack!
Damit ich Geschmack finde an dir – am Gutsein.
Lass mich jede Geschmacklosigkeit merken und dagegen aufbegehren!

Die Hand sprach zu Gott:
Herr, gib mir Tastsinn!
Damit mich dein Wort anrührt.
Lass mich von der Not berührt sein!
Gib mir Feinfühligkeit und Offenheit!
Damit ich keine Angst habe, mir die Finger dreckig zu machen.
Für meine Gespräche schenke mir das rechte Fingerspitzengefühl!
Hilf mir, mich in Neuland vorzutasten!

Elke Uhl

BETEN UM BETEN ZU KÖNNEN

haargebete hautgebete
gebete mit haut und haar
und ungewaschenen fingern
unverblümte gebete
voll gier voll geld voll dummheit
    »was immer du auch zu sagen hast lass
    die wurzeln dran lass sie
    baumeln
    und den dreck«
    (charles olson dixit) –
gebete wie fische im sprung wie eier im nest
gebete die niemals flügge geworden
neben schamlos direkten
und solchen gebeten die keine gebete
und keinen gebeten die dennoch gebete sind
in kinotempeln bei kammermusik
auf stahlrohrgerüsten in telefonzellen
    »die wir geboren mit dem Auge des Körpers
    den körper zu betrachten und mit den händen
    die dinge zu ergreifen«
    (sprach der prinz von theben) –
gebete für gebete gegen
gebete die sich ohne amen verlieren
im frühling
gepfiffen im herbst
durch eine betonmaschine gedreht
gebete vor welchen weiße kirchen erröten
gebete derer die zeugen empfangen gebären und sterben
    »ich habe« fasst allahs prophet sein leben zusammen
    »frauen und wohlgerüche geliebt
    jedoch der trost meines herzens war das gebet« –
gebete brutzelnd im fett des eigenen namens
gebete um diesen namen vergessen zu können

gebete um fasten zu können
fasten um beten zu können im namen der andern
»behüte die niemanden haben der sie für sie betet
erlöse auch die die nicht zu dir beten« (dies ein
gebet das aljoscha karamasow lernte vom staretz) –
beten um beten zu können im namen von allen
um beten zu können im namen des Herrn
der betet für die die nicht beten können
Kurt Marti

Bittet, und ihr werdet empfangen
(Joh 16,24)

Herr und Gott, unsere Welt ist voll von unerhörten Gebeten. Menschen zu allen Zeiten haben sich in ihrer Not an dich gewendet. Sie haben auf dein Wirken gehofft, mit Wundern gerechnet. Dein Ratschluss zeigt sich oft aber anders als unser menschliches Wunschdenken.
Ich denke an die Mutter, die für ihr krankes Kind um Gesundung betet, aber nicht erhört wird. Da ist die Ehe, in der ein Partner meint, ausbrechen zu müssen, um sein Glück zu finden; Tränen und Verzweiflung bleiben als Ergebnis. Viele sprechen ihre Gebete, damit ein Angehöriger von seinem falschen Weg zurückkehrt. Doch sein Leben ändert sich nicht. Ungezählte hungern und dürsten nach Gerechtigkeit, möchten ihren Glauben frei ausüben können. Doch sie werden weiterhin unterdrückt. Das Heer der Beter ist unübersehbar, die um Bekehrung der Welt zu dir bitten, um Frieden und Verständigung zwischen den Völkern. Doch die Sünde bleibt eine schlimme Wirklichkeit. Echter Friede ist ferner denn je.
Herr, angesichts dieser vielen unerhörten Gebete frage ich mich, wie ich das Wort Jesu Christi verstehen kann: »Bittet, und ihr werdet empfangen.« Eines ist mir klar: Deine Weisheit ist größer als meine. Auch wenn für uns Unfassbares geschieht, du lässt es zu

und verbindest damit eine Botschaft an uns. So haben viele Menschen erst in ihrer Not zu beten gelernt. So wurde aus manchen Krankheiten Segen, weil erst dann eine Existenz dich finden konnte. So ist aus tiefer Trauer neue Zuversicht auf das Leben bei dir gewachsen.

Lass mich nicht aufhören zu beten. Am Anfang meines Gebets sollen Dank und Lobpreis für dich, den großen Gott, stehen. Jesus verheißt uns nicht die Erhörung eines jeden Anliegens. Vielmehr sollen wir in seinem Namen beten, dann werden unsere Bitten erhört. In seinem Namen zu beten heißt auch mit seinen Worten zu sprechen: »Doch Vater, nicht mein Wille geschehe, sondern der deine.« So seien alle meine Bitten an dich eine Frage nach deinem größeren Willen. Wenn ich meine Nöte vor dich hintrage, so lass mich dabei immer wissen, dass deine Wege nicht unsere Wege und deine Gedanken nicht unsere Gedanken sind. Hilf mir, Herr, dass ich mich im Gebet deines Willens versichere. Wenn ich deine Wege einsehe und verstehe, werden meine Nöte kleiner. Dann werde ich Erhörung empfangen, auch wenn mein eigener Wunsch nicht erfüllt wurde. Deinen Willen zu verstehen ist der größte Trost, den wir erhalten können, damit unsere Freude vollkommen werde.

Wolfgang Oberröder

Lippengebete

Herr, unser Gott,
der Wasserfall der Worte,
das Karussell der Formeln,
Lippengebete – wie leicht das ist!

Lehre uns tiefer beten,
von Herz zu Herz,
so wie Jesus, dein Sohn,
gebetet hat, der mit dir
und dem Geist
in einer Liebe lebt, die
größer ist als alle Ewigkeit.
Pierre Griolet

Gebet eines Berufsbeters

Beten gehört zu meinem Beruf.
Ich habe zu beten von Amtes wegen.
Auch dann, wenn mir nicht ums Beten ist.
Zugegeben: Der Zwang ist mitunter heilsam.
Plötzlich erwache ich in der Mechanik der Worte.
Plötzlich bist auch du vielleicht da.
Dennoch: Amts-Beten droht den Charakter zu krümmen.
Unvermerkt werde ich unaufrichtig.
Ich denke: Die Leute wünschen es, ich helfe ihnen damit.
Zuweilen mag das sein.
Doch warum nicht einmal auch zugeben: Liebe Leute, verzeiht,
heute kann ich nicht beten.
Es ist zum Lachen, aber ich hatte noch nie den Mut dazu.
Ja bitte, lach mich aus, aber gib, was mir fehlte
bis jetzt: fröhliche Unbefangenheit.

Kurt Marti

Schaff Raum deinem Wort,
Herr, Gott,
und streu es aus über die Welt.
Wir bitten dich,
es falle bei uns
auf gute Erde,
es finde überall Gehör,
wo Menschen leben.

Wende dich nicht ab von uns, Gott,
und geh uns nicht aus dem Weg,
da wir jetzt nach Worten suchen,
dass wir zu dir beten.
Wenn wir dich aussprechen
und nennen bei deinem Namen,
so tun wir es nur
in der Kraft der Verheißung,
du werdest nahe sein allen,
die dich rufen.

Huub Oosterhuis

Gebet

Gott, unser großes Du,
dem wir begegnen möchten.
Gott, unser großes Du,
du möchtest auch uns begegnen.
Du willst unser Leben verwandeln.
Du willst uns heilen.
Du willst, dass wir mit dir Berge versetzen.
Wir aber haben uns an dich gewöhnt.
Wir reden zu dir,
erwarten aber nichts mehr.
Vielleicht haben wir sogar Angst,

du könntest etwas verändern,
uns eine Veränderung zumuten.
Reiße uns aus der Schleife der Gewöhnung.
Reiße unser Gebet aus der Gewöhnung.
Lege in unser Herz einen Ruf zu dir,
der etwas erwartet.
Bete du selber in uns zu dir.
Damit wir mit dir Mauern überspringen.
Damit wir mit dir Mauern zum Einsturz bringen:
unser Gebet die Welt aus den Angeln hebt.
Amen.
Christoph Hürlimann

Gott loben – in welcher Sprache?

Ich möchte ein Loblied dir singen,
aber mir fallen nur Routine-Wörter ein,
fest überlieferte Formen:
»Du, mein Gott, ich will dich loben,
dich preisen, deine Größe rühmen…«
Doch, so rede ich nicht – normalerweise,
auch nicht, wenn ich allein bin vor dir.
In der Versammlung der Betenden,
da ist's zu ertragen – merkwürdige Erfahrung!

Wie ist das denn mit unserer Sprache?
Was sagt man, wenn man jemanden loben will?
Man sagt: Du bist Klasse; du bist ganz prima;
du bist mega-toll, du bist der Hit.
Man sagt: Du bist o.k., bist einsame Spitze –
und wie die Slogans alle heißen.
Das versteht jedermann und jedefrau,
und es kommt ganz leicht von den Lippen
und aus dem Herzen dann und wann auch.

Aber, kann man so reden von dir?
Was da gesagt wird, das passt sicher auf dich.
Doch wie viele würden sich
auf dem Absatz drehen,
mit Abscheu sich dem Ausgang zuwenden,
würden solche Töne in der Kirche angeschlagen.

Mein Gott, da ist irgendwas schief!
Wir reden von dir in fremder Sprache,
die nicht die unsere ist.
Wüssten wir doch, was du hören willst!
Was wir meinen, dass zu dir passt,
oder das, was zu uns passt
und was zu sagen uns wichtig ist?
Du, mein Gott, welch eine vertrackte Geschichte
mit unserer frommen Sprache.

Aber ich will dich dennoch loben,
dir sagen, dass du ein Schatz bist,
nein – ein Oberschatz!
Und dazu sage ich: »Amen«,
übersetzt nicht mit: »So sei es!«,
sondern: »So ist es!«
Gabriele Miller

Gebet für die Menschen, die nicht beten können

O Herr,
hilf dem Mann und der Frau,
die beten möchten,
es aber nicht fertig bringen.

Nimm ihren Wunsch zu beten
als ihr Gebet.

Höre auf ihr Schweigen
und gehe ihnen entgegen
in ihrer Wüste.

Du hast Menschen aus der Wüste geführt
und ihnen dein Gelobtes Land gezeigt,
du Herr der Herren,
König der Könige.
Amen.
Mutter Teresa

Einsicht und Bereitschaft zum Gebet

Jesus Christus, einst sind Deine Jünger zu Dir gekommen und haben verlangt: »Herr, lehre uns beten.« Du hast ihnen willfahrt und sie das Gebet gelehrt, dessen heilige Worte seitdem nie mehr auf den Lippen der Menschen verstummt sind und weiterhin aufsteigen werden bis an das Ende der Welt. Diese Lehre hast Du einmal gegeben für Alle und für immer; von ihr wird nichts weggenommen, noch wird ihr etwas zugefügt. Aber sie nützt nichts, wenn Du sie nicht immer neu gibst, jedem von uns und zu jeder Stunde. So sprechen denn auch wir: »Herr, lehre uns beten.«
Lehre mich einsehen, dass ohne Gebet mein Inneres verkümmert und mein Leben Halt und Kraft verliert. Nimm das Gerede von Erlebnis und Bedürfnis weg, hinter welchem sich Trägheit und Auflehnung verbirgt. Gib mir Ernst und festen Entschluss und hilf mir, durch Überwindung zu lernen, was zum Heil Not tut. Führe mich aber auch in Deine heilige Gegenwart. Lehre mich zu Dir zu sprechen im Ernst der Wahrheit und in der Innigkeit der Liebe. Bei Dir steht es, mir die innere Fülle des Gebetes zu gewähren, und ich bitte Dich, gib sie mir zur rechten Zeit. Zuerst aber ist das Gebet Gehorsam und Dienst: Erleuchte mich, dass ich den Gehorsam verstehe, und stärke mich, dass ich den Dienst in Treue tue. Amen.
Romano Guardini

Der Dienst des Gebetes

Herr und Gott, Du bist der Lebendige, der alles durchwohnt und durchwaltet. Die Gestalten der Dinge sind Bilder Deiner Herrlichkeit, und was geschieht, redet von Deinem Handeln. Unsere Augen aber sind gehalten und sehen nicht, was durch die Erscheinung leuchtet; und unsere Ohren vernehmen die Stimme nicht, die von Dir spricht.

Du bist der wahrhaft Wirkliche, überall gegenwärtig, und wo immer wir sind, sind wir vor Dir; unser Herz aber ist stumpf und empfindet nur selten Deine heilige Gegenwart. So ist es oft mühsam, o Herr, im Gebet vor Dir zu sein. Allzu oft geht unser Blick ins Dunkel und findet keine Stätte, wo er ruhen kann. Allzu oft sprechen wir ins Stumme und vernehmen keine Antwort. Und wenn wir uns aus dem Gedränge der Dinge lösen und vor Dich treten wollen, stehen wir meist im Leeren. Dann kommt unser Tun uns sinnlos vor, und es treibt uns, wieder zu den vertrauten Gegenständen zurückzukehren. Du aber, o Herr, lehrest uns, wir sollen diesen Empfindungen misstrauen. Das Gebet darf nicht der Ausdruck unseres Bedürfens sein wollen, sondern der heilige Dienst, den wir Deiner Ehre schulden und der unserer Seele Not tut. So bitte ich Dich, lehre mich, diesen Dienst in Treue zu tun. Ich will bei Dir eintreten und ausharren, auch wenn ich meine, ich sei allein. Ich will zu Dir hinsprechen und glauben, dass mein Wort Dein Herz findet, auch wenn nichts zu antworten scheint. Ich will die Mühsal des Gebetes tragen, solange es Dir gefällt – aber lass sie nicht zu lange währen. Lass mich erfahren, dass ich bei Dir bin. Die Offenbarung spricht von Deinem Angesicht, das über uns leuchtet; zeige es mir, o Herr, dieses heilige Angesicht, damit ich wisse, zu wem ich rede. Ich glaube, dass Du mich liebst: Lass mich Deines Herzens inne werden. Amen.

Romano Guardini

O heiliger Gott,
ich danke Dir,
dass Du mich für wert erachtest, mit Dir zu reden.
Du sprichst zu mir
wie ein Mann mit seinem Freund,
und Deine Worte
heilen und trösten mich.
Mein Leben wird leuchtend
durch Dein immer währendes Gespräch
mit mir.
Schenke es,
dass ich in dieser Spannung lebe
Tag um Tag
und alles,
was ich sage und tue,
erfüllt sei von Deinem Nahesein.
Hanna Hümmer

Ich will hören

Mit betenden Ohren will ich hören,
was du mir sagst in den vielfältigen Lockrufen
und Einladungen eines Tages.

Mit betenden Ohren will ich hören,
was du mir zu sagen hast
in den unterschiedlichsten Stimmen unserer Zeit.

Mit betenden Ohren will ich hören,
was du mir sagen willst in den beruhigenden
Worten und bedrängenden Fragen.

Mit betenden Ohren will ich hören,
was du mir sagst in den Begegnungen
und Gesprächen dieses Tages.

Mit betenden Ohren will ich hören,
was du mir zu sagen hast in den zaghaften
und schüchternen Tönen in mir selbst.

Mit betenden Ohren will ich hören,
was du mir sagen willst in dem,
was zwischen den Zeilen und Worten zu lesen ist.

Mit betenden Ohren will ich hören,
wie du, mein Gott, zu mir sprichst
in allem, was geschieht.
Paul Weismantel

GOTT
wenn ich
mit dir sprechen darf

werden alle tränen zu worten

ich höre meine stimme

ich bete und atme
werde im gebet ich selbst
Philippa Kalkbrenner

In einem Stück bitten wir besonders um deine Gnade, Anteil zu haben am Leben Jesu: Lass uns teilnehmen an Jesus dem Beter. Er ist der große Anbeter Gottes im Geist und in der Wahrheit, er ist der Mittler, durch den allein unser Gebet vordringen kann zum Thron der Gnade. In ihm wollen wir beten, vereint mit seinem Beten. Er, mit dem wir eins sind in seinem Geist, er lehre uns beten. Er lehre uns beten, wie er selbst gebetet hat: allzeit zu beten und nicht nachzulassen, beharrlich zu beten, vertrauensvoll, demütig, im Geist und in der Wahrheit, in wahrer Liebe zum Nächsten, ohne die kein Gebet vor dir wohlgefällig ist. Er lehre uns um das zu beten, wofür er gebetet hat: dass dein Name geheiligt werde, dass dein Wille geschehe, dein Reich zu uns komme, denn wenn wir so zuerst um deine Ehre beten, wirst du uns auch hören, wenn wir für uns, unsere irdische Wohlfahrt und irdischen Sorgen beten. Gib uns den Geist des Gebetes, der Sammlung und der Gottvereinigung. Herr, nimm mein armes Herz an. Es ist oft so fern von dir. Es ist wie wasserloses, dürres Land, verloren an die tausend Dinge und Nichtigkeiten, die meinen Alltag füllen. Herr, nur du kannst mein Herz auf dich hin sammeln, der du doch der Mittelpunkt aller Herzen, der Herr aller Seelen bist. Nur du kannst den Geist des Gebetes verleihen, nur deine Gnade vermag mir zu geben, dass ich durch alle Vielfalt der Dinge, durch alle Zerstreuung des Alltags hindurch dich finde, das eine Notwendige, das eine, in dem mein Herz ruhig werden kann. Dein Geist komme meiner Schwachheit zu Hilfe, und wenn wir nicht wissen, um was wir bitten sollen, dann trete er mit unaussprechlichem Flehen für uns ein, und du, der du die Herzen kennst, hörst, was dein Geist in uns begehrt, der für uns eintritt.

Karl Rahner

GOTT MEINER GEBETE

Von meinen Gebeten will ich zu dir reden, Herr. Und wenn es mir sonst scheinen will, dass du wenig achtest auf das, was meine Gebete dir sagen wollen, dann horch doch dieses eine Mal auf meine Worte. Ach, Herr Gott, ich wundere mich nicht, dass meine Gebete noch so weit von dir zu Boden fallen. Ich höre ja selber oft nicht auf das, was ich bete. Mein Beten ist mir so oft eigentlich nur eine »Aufgabe«, ein »Pensum«, das ich erledige, danach ich froh bin, wenn ich es hinter mir habe. Und darum bin ich beim Beten bei meiner »Aufgabe«, statt betend bei *dir* zu sein.

Ja, so ist mein Beten. Ich gestehe es ein. Aber, mein Gott, es will mir fast nicht gelingen, mein Beten, das keines ist, zu bereuen. Wie soll der Mensch mit dir reden können? Du bist so fern und unfassbar. Wenn ich bete, dann ist es mir, als fielen alle meine Worte in eine dunkle Tiefe, aus der kein Echo zurückkommt, das melden würde, dass meine Gebete den Grund deines Herzens gefunden haben. Herr, ein Leben lang beten, reden, ohne eine Antwort zu hören, ist das nicht zu viel für mich? Verstehst du, dass ich dir immer wieder davonlaufe und mit Menschen und Dingen rede und handle, die mir Antwort geben? Oder soll ich die Rührung, die mir beim Beten kommt, oder den Einfall, den ich bei der Betrachtung habe, als dein Wort und deine Erleuchtung ausgeben? O Gott, die Frommen sind da so schnell bei der Hand. Aber mir fällt es gar schwer, das zu glauben. Ich finde immer wieder mich selbst in all diesen Erlebnissen und nur das leere Echo meiner eigenen Rufe. Aber dein Wort, dich selber will ich. Ich selber und meine Einfälle sind mir höchstens für andere nützlich, selbst wenn diese Einfälle sich auf dich beziehen und die Leute sie am Ende noch für tief halten. Mir graut vor meiner »Tiefe«, die nur die Flachheit eines Menschen ist, und eines ganz gewöhnlichen noch dazu. Und eine »Innerlichkeit«, in der man nur sich selbst findet, macht das Herz noch leerer als alle Zerstreutheit und Verlorenheit in das Getriebe der Welt. Mich selber kann ich nur ertragen, wenn ich mich vergessen kann, indem ich von mir weg betend auf dich hin lebe. Aber wie soll ich dies können, wenn du dich mir nicht zeigst, wenn du so fern bleibst? Warum schweigst du also? Warum legst du mir auf, zu dir zu sprechen, wenn du nicht zuzuhören scheinst? Wenn du schweigst, ist das denn kein Zeichen, dass du mir nicht zuhörst?

Oder hörst du doch meinem Wort aufmerksam zu, hörst du vielleicht mein Leben lang zu, bis ich mich ganz dir gesagt habe, mein ganzes Leben herausgesagt habe? Schweigst du gerade, weil du stille lauschend zuhörst, bis ich wirklich fertig bin, um mir dann *dein* Wort zu sagen, das Wort deiner Ewigkeit, um dann endlich einmal den lebenslangen Monolog eines armen Menschen im lastenden Dunkel dieser Welt zu beenden mit dem leuchtenden Wort des ewigen Lebens, in dem du selber dich mir ins Herz hineinsagen wirst? Ist mein Leben im Grunde doch nur ein einziges kurzes

Stoßgebet – und alle meine Gebete nur seine Fassung in Menschenworte – und ist dein ewiger Besitz deine ewige Antwort darauf? Ist dein Schweigen, wenn ich bete, ein Reden voll unendlicher Verheißung, ein Wort, das unausdenkbar inhaltsschwerer ist als jedes laute Wort, das du jetzt in die Endlichkeit meines engen Herzens hineinsprechen könntest, sodass es selbst so arm und klein würde wie mein eigenes Herz?

(...)

Was soll ich tun? Du hast mir geboten zu beten, und wie sollte ich glauben, du gebötest mir etwas zu tun, was mir mit deiner Gnade zu tun unmöglich wäre? Ich glaube, dass du mir zu beten aufgetragen hast und dass ich es mit deiner Gnade auch vermag. Dann aber kann das Beten, das du von mir forderst, im letzten Grunde nur sein: das Warten auf dich, das schweigende Bereitstehen, bis du, der du schon immer in der innersten Mitte meines Wesens bist, mir von innen das Tor aufschließest, damit auch ich in mich selbst eintrete, hinein in das verborgene Heiligtum meines Lebens, um dort vor dir einmal wenigstens die Schale meines Herzblutes auszugießen. Das wird dann die Stunde *meiner* Liebe sein. Ob sie kommt in einem »Gebet« – was man im Alltag so nennt – oder in einer anderen Stunde der Entscheidung über das Heil meiner Seele, oder in meinem Sterben, ob sie mir *als* diese Stunde meines Lebens vernehmlich wird oder nicht, ob sie lange dauert oder kurz, das alles ist dir allein bekannt. Aber ich muss bereitstehen und muss harren, damit ich nicht, wenn du das Tor zur Entscheidung meines Lebens öffnest – vielleicht tust du es leise und unauffällig –, verloren an die Dinge dieser Welt, versäume einzutreten in mich und in dich. Dann werde ich in meinen zitternden Händen mich selber, jenes namenlose Etwas, halten, in dem noch alle meine Kräfte und Eigenschaften wie in ihrem Ursprung eins sind, und dieses Namenlose dir zurückgeben im Opfer der Liebe.

Ich weiß nicht, ob diese Stunde nicht schon angebrochen ist in meinem Leben, ich weiß nur, dass sie erst in meinem Tode endgültig ihr Ende findet. In dieser seligen und furchtbaren Stunde meiner Liebe wirst du noch schweigen und mich – mich selber sagen lassen. Nacht des Geistes nennen die Theologen solcher Entscheidung dein Schweigen in dieser Stunde, und jene, die sie erfahren, heißen gewöhnlich »Mystiker« – ein Wort, unter dem sich die Leute so viel Albernes vorstellen –, sie, die diese Stunde ewiger Liebesentscheidung nicht bloß wie alle Menschen durchlebten, sondern sich gleichsam dabei auch noch selber zusehen konnten. Und nach der Stunde *meiner* Liebe, die in dein Schweigen gehüllt ist, wird dann der Tag *deiner* Liebe kommen: visio beatifica, seliges Schauen.

Jetzt also, da ich nicht weiß, wann meine Stunde kommt und ob sie nicht schon angebrochen ist, muss ich warten auf dem Vorplatz vor deinem und meinem Heiligtum, muss ihn leeren von dem Lärm der Welt, muss die bittere Stille und Öde, die so entsteht – Nacht der Sinne – in deiner Gnade und im reinen Glauben aushalten. Das ist der letzte Sinn aller meiner alltäglichen Gebete. Nicht, was ich dabei denke, nicht, was ich dabei beschließe und fühle, nicht dieses Tun meines oberflächlichen Denkens und Wollens, nicht das in sich selbst ist es, was dir an meinem Gebet gefällt. Das alles ist ein Gebot und deine Gnade, damit die Seele bereit sei für die Stunde, da du ihr die Möglichkeit gibst, sich selbst in dich hineinzubeten. Gib mir, o Gott meiner Gebete, die Gnade, betend auf dich zu warten.

Karl Rahner

Vaterunser – das Gebet der Gebete

Polyglotter Reiseführer zu einem globalen Gebet

Πάτερ ἡμῶν
ὁ ἐν τοῖς οὐρανοῖς,
ἁγιασθήτω τὸ ὄνομά σου·
ἐλθέτω ἡ βασιλεία σου·
γενηθήτω τὸ θέλημά σου,
ὡς ἐν οὐρανῷ καὶ ἐπὶ γῆς·
τὸν ἄρτον ἡμῶν τὸν ἐπιούσιον δὸς ἡμῖν σήμερον·
καὶ ἄφες ἡμῖν τὰ ὀφειλήματα ἡμῶν,
ὡς καὶ ἡμεῖς ἀφήκαμεν τοῖς ὀφειλέταις ἡμῶν·
καὶ μὴ εἰσενέγκῃς ἡμᾶς εἰς πειρασμόν,
ἀλλὰ ῥῦσαι ἡμᾶς ἀπὸ τοῦ πονηροῦ.

Mt 6, 9–13

Griechisch

Unser Vater,
du im Himmel,
geheiligt werde dein Name.
Es komme dein Reich.
Es geschehe dein Wille
wie im Himmel auch auf Erden.
Unser tägliches Brot gib uns heute.
Und vergib uns unsere Schulden,
wie auch wir vergeben haben unseren Schuldnern.
Und führe uns nicht in Versuchung,
sondern erlöse uns vom Bösen.
Amen.

Pater noster,
qui es in caelis:
Sanctificetur nomen tuum:
Adveniat regnum tuum:
Fiat voluntas tua,
sicut in caelo, et in terra.
Panem nostrum quotidianum da nobis hodie:
Et dimitte nobis debita nostra,
sicut et nos dimittimus debitoribus nostris.
Et ne nos inducas in tentationem.
Sed libera nos a malo.
Amen.
Lateinisch

Our Father,
who art in heaven,
hallowed be Thy name.
Thy kingdom come.
Thy will be done
on earth as it is in heaven.

Give us this day our daily bread
and forgive us our trespasses
as we forgive those who trespass against us.
And lead us not into temptation,
but deliver us from evil.
Amen.
Englisch

Notre père qui est aux cieux
que ton nom soit sanctifié,
que ton règne vienne,
que ta volonté soit faite sur la terre comme au ciel.
Donne-nous aujourd'hui notre pain de ce jour.
Pardonne-nous nos offenses,
comme nous pardonnons aussi à ceux qui nous ont offensés.
Et ne nous soumets pas à la tentation,
mais délivre-nous du mal.
A toi, le règne, à toi la puissance et la gloire
pour les siècles des siècles!
Amen.
Französisch

Padre nostro che sei nei cieli,
sia santificato il tuo nome,
venga il tuo regno,
sia fatta la tua volontà,
come in cielo così in terra.
Dacci oggi il nostro pane quotidiano,
rimetti a noi i nostri debiti
come noi li rimettiamo ai nostri debitori,
non ci indurre in tentazione,
ma liberaci dal male.
Amen.
Italienisch

Отче наш,
сущий на небесах!
Да святится имя Твое,
да приидет царствие Твое,
да будет воля Твоя
и на земле, как на небе.
Хлеб наш насущный дай нам на сей день,
и прости нам долги наши,
как и мы прощаем должникам нашим,
и не введи нас в искушение,
но избавь нас от лукавого.
Аминь.

Russisch

我们,
在天上的父,
愿人都尊你的名为圣.
愿你的国降临.
愿你的旨意行在地上
如同行在天上.
我们日用的饮食今日赐给我们.
免我们的债,
如同我们免掉人的债.
不教我们遇见试探,
救我们脱离凶恶.
阿门.

Chinesisch

»Vaterunser«
Variationen aus Geschichte und Gegenwart

Vater unser im Himmelreich,
der du uns alle heißest gleich
Brüder sein und dich rufen an
und willst das Beten von uns han:
Gib, dass nicht bet allein der Mund,
hilf, dass es geh von Herzensgrund.

Geheiligt werd der Name dein,
dein Wort bei uns hilf halten rein,
dass auch wir leben heiliglich,
nach deinem Namen würdiglich.
Behüt uns, Herr, vor falscher Lehr,
das arm verführet Volk bekehr.

Es komm dein Reich zu dieser Zeit
und dort hernach in Ewigkeit.
Der Heilig Geist uns wohne bei
mit seinen Gaben mancherlei;
des Satans Zorn und groß Gewalt
zerbrich, vor ihm dein Kirch erhalt.

Dein Will gescheh, Herr Gott, zugleich
auf Erden wie im Himmelreich.
Gib uns Geduld in Leidenszeit,
gehorsam sein in Lieb und Leid;
wehr und steur allem Fleisch und Blut,
das wider deinen Willen tut.

Gib uns heut unser täglich Brot
und was man bedarf zur Leibesnot;

behüt uns, Herr, vor Unfried, Streit,
vor Seuchen und vor teurer Zeit,
dass wir in gutem Frieden stehn,
der Sorg und Geizens müßig gehn.

All unsre Schuld vergib uns, Herr,
dass sie uns nicht betrübe mehr,
wie auch wir unsern Schuldigern
ihr Schuld und Fehl vergeben gern.
Zu dienen mach uns all bereit
in rechter Lieb und Einigkeit.

Führ uns, Herr, in Versuchung nicht;
wenn uns der böse Geist anficht;
zur linken und zur rechten Hand
hilf uns tun starken Widerstand
im Glauben fest und wohlgerüst'
und durch des Heilgen Geistes Trost.

Von allem Übel uns erlös;
es sind die Zeit' und Tage bös.
Erlös uns von dem ewgen Tod
und tröst uns in der letzten Not.
Bescher uns auch ein selig's End,
nimm unsre Seel in deine Händ.

Amen, das ist: es werde wahr.
Stärk unsern Glauben immerdar,
auf dass wir ja nicht zweifeln dran,
was wir hiemit gebeten han
auf dein Wort, in dem Namen dein.
So sprechen wir das Amen fein.
Martin Luther

O heiligster *Vater unser:* unser Schöpfer, Erlöser, Tröster und Retter. Der *du bist in den Himmeln:* in den Engeln und in den Heiligen. Du erleuchtest sie zum Erkennen, weil du, Herr, das Licht bist. Du entflammst sie zur Liebe, weil du, Herr, die Liebe bist. Du wohnst in ihnen und erfüllst sie zur Seligkeit, weil du, Herr, das höchste Gut bist, das ewige Gut, von dem jegliches Gute kommt, ohne den nichts Gutes ist.

Geheiligt werde dein Name: aufleuchten soll in uns die Kenntnis von dir, damit wir erkennen die Breite deiner Wohltaten, die Länge deiner Verheißungen, die Höhe der Majestät und die Tiefe der Gerichte (vgl. Eph 3,18).

Dein Reich komme: damit du in uns durch die Gnade herrschst und uns in dein Reich kommen lässt, wo ist die unverhüllte Anschauung deiner selbst, die vollkommene Liebe zu dir, die selige Gemeinschaft mit dir, das ewige Genießen deiner selbst.

Dein Wille geschehe, wie im Himmel, so auf Erden: damit wir dich lieben aus ganzem Herzen (vgl. Lk 10, 27), indem wir immer an dich denken; aus ganzer Seele, indem wir immer nach dir verlangen; aus ganzem Gemüte, indem wir all unser Streben zu dir hinlenken und deine Ehre in allem suchen; und aus allen unseren Kräften, indem wir alle unsere Kräfte und Empfindungen der Seele und des Leibes zum Gehorsam gegen deine Liebe und für nichts anderes aufbieten. Und damit wir unsere Nächsten wie uns selbst lieben, indem wir alle nach Kräften zu deiner Liebe hinziehen, uns über das Gute der anderen wie über das unsrige freuen und in Widerwärtigkeiten Mitleid mit ihnen haben und niemanden irgendwie beleidigen (vgl. 2 Kor 6,3).

Unser tägliches Brot: deinen geliebten Sohn, unseren Herrn Jesus Christus, *gib uns heute:* zum Gedächtnis und Verständnis und zur Hochachtung der Liebe, die er zu uns gehabt hat, und dessen, was er für uns gesprochen, getan und erduldet hat.

Und vergib uns unsere Schuld: durch dein unsagbares Erbarmen und durch die Kraft des Leidens deines geliebten Sohnes und durch die Verdienste und Fürsprache der allerseligsten Jungfrau Maria und aller deiner Auserwählten.

Wie auch wir vergeben unseren Schuldigern: Und was wir nicht vollkommen vergeben, mach du, Herr, dass wir es gänzlich vergeben, damit wir die Feinde um deinetwillen wahrhaft lieben und für sie bei dir ergeben Fürsprache einlegen, niemandem Böses mit Bösem vergelten (vgl. 1 Thess 5,15) und in allen in dir nützlich zu sein uns bemühen.
Und führe uns nicht in Versuchung: in keine verborgene oder offenkundige, unvermutete oder ungestüme.
Sondern erlöse uns von dem Bösen: dem vergangenen, gegenwärtigen und zukünftigen.
Ehre sei dem Vater usw.
Franz von Assisi (1181/82–1226)

Vater
Papa * Vertrauen * Beziehung * Erzeuger * überflüssig * Mutter * …

unser
nicht allein * egoistisch * selbstsüchtig * Gemeinschaft * miteinander * …

im Himmel
oben * blau * Engel * durchsichtig * wo * unirdisch * schwer vorstellbar * Glückseligkeit * Geborgenheit * …

geheiligt
Heil * ganz * gesund * heilen * heile Welt * Jubel * Ehrfurcht * …

werde dein Name
kennen * Bekanntsein * Person * Du * vertraut * unbekannt * anonym * …

dein Reich komme
welches * wann * endlich * heute * Gegenwart * Großmacht *

wo * geistig * leiblich * König * Kaiser * Werbung * Drittes Reich * reich * arm * irdisch * Glück * Reichtum * Vollendung * Erfüllung * Friede * himmlisch * neue »Welt« * …

dein Wille geschehe
immer * wollen * begehren * Freiheit * Orientierung * Hilfe * Zusage * wünschen * wessen * wann * mein Wille * …

wie im Himmel, so auf Erden
bei uns * unten * oben * Glück * Trauer * überall * immer * täglich * morgen * unbegrenzt * …

unser tägliches Brot
Nahrung * Eucharistie * Güterüberschuss * Hunger * Durst * ohne Ausnahme * Lebensnotwendiges * Liebe * …

gib uns heute
bekommen * empfangen * Geschenk * Bitte * jeden Tag * immer neu * morgen * nächste Woche * Bedarf * erkaufen * beanspruchen * …

und vergib uns unsere Schuld
Sünde * Leid * Tod * Irrtum * welche * Kränkung * anderen * Gewissen * Besinnung * Umkehr * Buße * Hoffnung * Reue * Befreiung * Erwartung * Geschenk * …

wie auch wir vergeben unseren Schuldigern
wozu * Verbitterung * Egoismus * Gleichheit * Gerechtigkeit * verzeihen * versöhnen * Neuanfang * Gericht * Nächstenliebe * nachtragen * vergessen * Heilung * Verletzung * …

und führe uns nicht in Versuchung
Verführung * Hilfe * Führung * bewahren * Versuch * Teufel * erkennen * welche * leiten * …

sondern erlöse uns von dem Bösen
retten * warum * lösen * herausführen * alle * entfernen * heilen * gesund werden * Gute * besiegen * überwinden * befreien *
Sabine Otto – Anita Reichert – Schwester Franziska Gehring

WAS DAS VATERUNSER BEDEUTET

Unser aller Vater,
der im Himmel lebt,
hilf uns, deinen Namen zu lieben und zu ehren.
Lass dein herrliches Reich der Liebe sich über alle Welt ausbreiten
und hilf uns, hier auf Erden zu tun, was dir wohlgefällt, so wie es
im Himmel geschieht.
Gib uns alles, was wir heute brauchen.
Und vergib uns das Unrecht, das wir begehen, so wie wir denen
vergeben, die uns Unrecht tun.
Lass uns nirgends hingehen, wo wir sündigen könnten,
sondern schütze uns vor allem Schaden und aller Gefahr.
Denn dein ist das Reich der Liebe und alle Kraft und Herrlichkeit
in Ewigkeit. Amen.
Enid Blyton

Geheiligt werde Dein Name
nicht der meine,
Dein Reich komme
nicht das meine,
Dein Wille geschehe
nicht der meine,
Gib uns Frieden mit Dir
Frieden mit den Menschen
Frieden mit uns selbst
und befreie uns von Angst.
Dag Hammarskjöld

VATER UNSER

Vater unser!
Vater deines eingeborenen Sohnes
Jesus Christus,
Vater auch für uns alle,
die du in deinem Sohn vor dir siehst.

Vater,
ich darf als dein Kind vor dir stehen.
Es ist so wichtig,
dass ich das weiß
und auf dich schaue,
mich an dich anlehne,
damit das Licht,
das von dir
in mein kleines Ich hineinstrahlt,
mich aufwärts schauen lässt,
mich adelt
und mein ganzes Wesen emporbildet.

Vater unser,
unser Vater!
Wenn ich so bete,
fühle ich mich als Glied
einer großen Gottesfamilie.
Ich stehe dir nicht allein gegenüber,
ich bin Glied einer Familie,
viele sprechen mit mir zusammen: Vater.

Vater unser im Himmel!
Voller Geheimnisse ist dieses Wort:
im Himmel.
Du bist im Himmel;
das heißt, du stehst *über* allem,

was die irdische Wirklichkeit umfasst
und für uns begreifbar ist.
Du bist der allmächtige Gott,
vor dem ich mich in Ehrfurcht beuge.

Aber es gibt noch eine weitere große,
unfassbare Wirklichkeit:
Du wohnst auch in mir,
Vater unser,
im Himmel meines Herzensheiligtums,
du bist mir unvorstellbar nahe;
jede Faser meines Seins
ist mit dir verbunden,
ist an dich gebunden.
Vater unser im Himmel,
ich bete zu dir,
indem ich einfach verharre
im Bewusstsein dieser Wirklichkeit:
Ich bin seinsmäßig mit dir verbunden.
In der innersten Wohnung meiner Seele
kann ich dich finden und dir begegnen,
Vater unser im Himmel.

Geheiligt werde dein Name!
Um deine Ehre geht es, großer Gott,
um deine Ehre, Vater.
Nicht ob es mir gut geht, ist wichtig,
darauf kommt es nicht an,
sondern nur auf das eine,
ob es dir »gut geht«, ob du von den Menschen anerkannt wirst.
Das ist ja der letzte Sinn und das Ziel
der Schöpfung. Meine Arbeit, mein Gebet und Opfer
sollen diesem Zweck dienen:
dass dein Name geheiligt werde.
Das muss erreicht werden:
Du sollst anerkannt, geehrt werden,

großer Gott und Vater,
auch in mir.

Zu uns komme dein Reich,
das Vaterreich,
in dem du,
nur du,
über allem du
geehrt, anerkannt und geliebt wirst.
Zu uns komme dein Reich,
das Vaterreich:
zu den Völkern,
zu den Familien,
zu den Alleinstehenden, Alten, Kranken,
zu den Armen und Reichen,
zu den Verfolgten und den Verfolgern,
zu Freunden und Feinden,
zu allen Menschen,
auch zu mir.

Dein Wille geschehe
wie im Himmel, so auf Erden!
Dein göttlicher Wille über alles!
Denn nur so kann deine Ehre
vermehrt werden.
Um deine Ehre,
deinen Willen gehe es allezeit
wie im Himmel, so auf Erden.
Deswegen, lieber Vater:
Lass doch meinen Willen die Form deines
göttlichen Willens annehmen!

Unser tägliches Brot gib uns heute!
Gib uns, was wir brauchen zur gesunden
Entfaltung unserer Kräfte.
Gib uns das Notwendige,

gib uns nicht zu viel,
denn Überfluss ist für uns
ebenso gefährlich wie Armut.
Gib uns so viel,
dass wir leichter leben
und leichter Herz und Augen zu dir,
Vater, erheben können.
Gib uns, was wir brauchen,
um das Ziel unseres Lebens zu erreichen.

Vergib uns unsere Schuld,
wie auch wir vergeben unseren
Schuldigern.
Schuldig werden, wie oft geschieht mir das!
Und doch ist dies das größte Übel.
Schuldig werden
und schuld sein an der Schuld des andern.
Darum die Bitte:
Führe uns nicht in Versuchung,
sondern erlöse uns von dem Übel
aller Sünde und Schuld.

Vater unser,
mein Vater,
lass mich in der Schule dieses Gebetes
geformt werden
und hineinwachsen in das Leben,
das du mitteilen willst.
Dann werde ich befreit
vom Kreisen um mich selber
und nehme teil an deinen Eigenschaften,
deiner Größe,
deinem Wesen,
Vater.

Schwester Maripetra Süß

Vater unseres Freundes Jesus, Vater unser im Himmel.
Weil dein Name heilig ist, glaube ich, dass auch mein Name dir heilig ist. Ich bin bereit, weil du mich liebst, mich nicht wegzuwerfen, mich nicht zu verachten, sondern ja zu mir zu sagen.
Weil dein Reich kommt, glaube ich, dass auch ich Zukunft habe, dass auch wir Zukunft haben. Ich bin bereit, über Fragen und Ängste hinweg Zukunft zu wagen, Zukunft anzunehmen.
Weil dein Wille gut ist, glaube ich, dass es nicht sinnlos ist, das Gute zu wollen. Ich bin bereit, die Dinge nicht treiben zu lassen, sondern die Schritte zu tun, die deinem Willen entsprechen. Auf dein Wort hin! So kann ich ja sagen auch zu dieser Erde, zu dieser Stunde der Geschichte.
Weil du mir Brot gibst für heute, glaube ich, dass ich mit dem leben kann, was ich habe. Ich bin bereit, mit meinen Möglichkeiten, wie eng und unsicher sie auch sind, da zu sein für andere, damit alle dein Brot haben.
Weil du mir vergibst und mich vergeben heißt, glaube ich, dass deine Liebe auch in mir Anklage und Aggression überwinden und verwandeln kann. Ich bin bereit, neu anzufangen.
Weil du in Versuchung und Bedrängnis mich nicht fallen lässt, glaube ich, dass alles gut werden kann. Ich bin bereit, nicht vor den Widerständen zu kapitulieren und nicht zu sagen, es sei unzumutbar, was du mir zumutest. Du in mir kannst, was ich nicht kann.
Weil du Erlösung von allem Bösen verheißt, glaube ich, dass mein winziges Gutsein, mein bescheidener Dienst nicht umsonst sind. Ich bin bereit, Stützpunkt der Hoffnung zu sein für andere.
Denn dein ist das Reich und die Kraft und die Herrlichkeit – ganz groß und klar in Ewigkeit, aber hier und jetzt wirkt deine Kraft in meiner Schwäche. Amen.

Bischof Klaus Hemmerle

Vater unser

Vater im Himmel, wir sind deine Jüngergemeinde, dein Volk; deshalb dürfen wir es wagen, dich als unseren lieben Vater anzureden. Offenbare dich vor allen Völkern als der große, heilige Gott. Sammle dein Volk und mach es zum wahren Gottesvolk, damit dein Name vor der ganzen Welt geheiligt wird.

Lass deine Königsherrschaft anbrechen, damit endlich die Herrschaft von Menschen über Menschen aufhört und du allein unser Herr bist. Dein Reich komme. Bring deinen Plan zu Ende, den Traum, den du schon immer geträumt hast von einer wahrhaft menschlichen Welt, von einer Welt voll Glück und Schönheit, von einer neuen Gesellschaft, die in deiner Kirche Gestalt gewinnt. Das ist seit Ewigkeit dein Plan, das ist dein Wille; lass deinen Willen geschehen.

Weil du unser lieber Vater bist, bitten wir dich: Gib uns heute so viel, wie wir zum Leben brauchen. Unsere erste Sorge soll dein Reich sein. Es soll uns so erfüllen, dass wir gar keine Zeit haben, zu planen, zu sorgen und ständig an uns selbst und an das Morgen zu denken. Sorg du für uns. Gib uns heute, für den einen Tag, unser Brot.

Wir bitten dich aber auch: Vergib uns unsere Schuld. Wir können das, was wir dir schuldig geblieben sind und ständig schuldig bleiben, ja niemals bezahlen. Erlass uns all unsere Schuld. Du bist doch unser Vater. Wir sind uns bewusst, dass wir eine solche Bitte gar nicht aussprechen dürfen, wenn nicht auch wir unseren Brüdern und Schwestern alle Schulden, die sie bei uns haben, sofort und vollständig erlassen.

Gerade weil dein Reich mitten in unserer armseligen Geschichte anbrechen soll, droht auch die Versuchung; die Versuchung des Abfalls; die Versuchung, unsere Jüngerschaft aufzugeben; die Versuchung, die Menschen für unverbesserlich, die Welt für unveränderbar und die jetzigen Zustände eigentlich für ganz gut zu halten; die Versuchung, an deiner Kirche zu verzweifeln und an deinen Plan mit der Welt nicht mehr zu glauben. Mach, dass diese Versuchung

uns nicht überwältigt. Lass uns ihr nicht erliegen, sondern reiß uns heraus aus der tödlichen Macht des Bösen.
Denn dein ist die Macht und die Herrschaft und das Reich in alle Ewigkeit. Amen.

Gerhard Lohfink

VATER UNSER

Vater und Mutter unser,
gerechter und barmherziger Gott,
kraftvoll und zärtlich bist Du uns geworden
in der Gestalt Jesu,
in der Dynamik Deines Geistes.

Du wohnst im Himmel,
denn wir sind wir,
und Du bist Du,
keine ineinander verschmolzene Einheit.
Partner vielmehr in einem Bund
zwischen Dir und der Schöpfung.

Geheiligt werde Dein Name,
in dem Menschen geheilt werden,
die zerstörte Schöpfung neuen Frieden
finden kann mit den Menschen
und wir zum Segen werden füreinander.

Dein Reich komme
mehr zur Geltung,
entfalte seine Kraft zwischen den Menschen
und im ganzen Kosmos.

Dein Wille geschehe
wie im Himmel so auf Erden,

damit Himmel und Erde
verbunden werden, wie sich Frau und Mann
in Liebe verbinden können.

Unser tägliches Brot gib uns heute
und alles, was wir zum Leben brauchen.
Weil wir aber oft genug zum Leben haben,
gib uns unser tägliches Herz für die,
die unser Teilen brauchen.

Vergib uns unsere Schuld,
wie auch wir vergeben unsern Schuldigern,
denn das Maß,
nach dem wir gemessen werden,
ist das Maß, das wir anderen angelegt haben.

Und führe uns nicht in Versuchung
durch den Wohlstand,
in dem wir leben und der droht,
uns so satt, bequem und gierig zu machen,
dass wir uns nur noch selbst suchen.

Sondern erlöse uns von dem Bösen
und aus dem Kreislauf der Hartherzigkeit,
dass wir frei werden,
persönlich und gesellschaftlich barmherzig zu sein.

Denn Dein ist das Reich und die Kraft
und die Herrlichkeit
und die Fraulichkeit und die Zärtlichkeit,
die Gerechtigkeit und die Barmherzigkeit.

In Ewigkeit und jetzt und hier,
endgültig auf immer. Amen.

Norbert Copray

Vater unser im Himmel

Du bist Vater,
wir sind Geschwister,
der Kranke ist mein Bruder,
die Notleidende ist meine Schwester.

Geheiligt werde Dein Name

Du bist groß,
größer als alles,
und darum machst du dich klein,
um uns nahe zu sein.

Dein Reich komme

Du kommst,
deine Liebe kommt –
darum warten wir auf Dich,
heute und an jedem Tag.

**Dein Wille geschehe,
wie im Himmel so auf Erden**

Wenn alles nach Deinem Willen geht,
dann ist der Friede da,
die Freude,
dann gibt es keinen Krieg
und keine Not.

Unser tägliches Brot gib uns heute

Mein Brot und das Brot für
alle Hungernden in der Welt.
Meine Wohnung und eine Unterkunft

für alle Obdachlosen.
Meine Kleider und eine Decke
für alle Frierenden.

Vergib uns unsere Schuld,
wie auch wir vergeben unsern Schuldigern

Vergib, wenn wir das Brot nicht geteilt,
den Kranken nicht besucht,
den Einsamen nicht eingeladen haben.
Vergib, damit wir aufmerksam
werden für die Last des andern.

Und führe uns nicht in Versuchung

Lass nicht geschehen,
dass wir deine Nähe nicht mehr spüren.

Sondern erlöse uns von dem Bösen

Befreie uns von allem,
was böse ist in uns,
von Hass, Neid und Eifersucht.

Denn Dein ist das Reich
und die Kraft und die Herrlichkeit.
In Ewigkeit. Amen.

Josef Osterwalder

VATER UNSER DER STRASSE

Vater unser

die Straße gehört allen, du bist der Vater auch der Fußgänger, der Alten und der Kinder. Sogar Radfahrer haben Rechte.

Geheiligt werde dein Name

»Mensch ärgere dich nicht« – und wenn es wirklich Ärger gibt, so lass mich nicht fluchen, auch nicht bei Pannen und Stockungen oder wenn Anfänger ihre Zicken machen. Lass mich deinen Namen heiligen durch Ruhe und Anstand.

Dein Reich komme

dein Reich der Gerechtigkeit, Güte, Rücksichtnahme, Hilfsbereitschaft, Fairness. Lass mich bei einem Unfall nicht feige vorbeifahren.

Dein Wille geschehe

Du willst, dass Ordnung sei im Leben – auch im Verkehr. Lass mich die Verkehrsregeln beachten.

Unser tägliches Brot gib uns heute

Die meisten sind zum Brotverdienen unterwegs, beruflich und wegen ihrer Arbeit. Lass mich nicht den Führerschein aufs Spiel setzen. Bewahre mich davor, dass durch mich ein Mensch zu Schaden kommt.

**Vergib uns unsere Schuld,
wie auch wir vergeben unsern Schuldigern**

»Wer war schuld?« – nicht immer der andere! Lass mich vorsichtig fahren und lass uns nicht durch Schuld in Schulden geraten.

Und führe uns nicht in Versuchung

zu rasen, weil es eilt, zu protzen, weil ich angeben möchte, zu überholen, weil ich keine Geduld aufbringe, die Vorfahrt zu erzwingen, weil ich meine, immer im Recht zu sein, mich ans Steuer zu setzen mit Alkohol im Blut.

Sondern erlöse uns von dem Bösen

des Rausches der Geschwindigkeit, der Raserei, des Alkohols, der Droge, dem Bösen der Luftverschmutzung und dem Chaos des Verkehrs.

Alfonso Pereira

VATER UNSER IM HIMMEL, GEHEILIGT WERDE DEIN NAME

Abba, unser Vater und Vater unseres Herrn Jesus Christus, wir preisen dich; denn durch deinen viel geliebten Sohn hast du deinen Vaternamen kundgetan und verherrlicht vom Aufgang der Sonne bis zum Untergang.

Wir danken dir, dass du uns berufen hast, vereint mit Jesus deinen Vaternamen zu ehren durch ein großes Vertrauen auf deine Güte, durch dankbare Liebe, durch Demut und grenzenlose Ehrfurcht.

Durchströme uns durch den Heiligen Atem, den Geist der Wahrheit, der allein uns lehren kann, was es heißt, dich, den allheiligen Gott, »im Geist und in der Wahrheit anzubeten«.

Wir danken dir, dass wir das herzinnigste Du sprechen dürfen, sobald wir uns ganz mit deinem viel geliebten Sohn Jesus vereinen und teilnehmen an seinem liebenden Verlangen, deinen Vaternamen allen Menschen kundzutun und in allem zu verherrlichen.

Dein Reich komme

Allheiliger Gott und Vater, beim Gebet um das Kommen deines Reiches erschrecke ich bisweilen heftig. Ich muss mich fragen, ob es mir denn immer ernst war, wenn ich um das Kommen deiner Liebesherrschaft betete. Wie konnte es sonst immer wieder passieren, dass mich Kleinigkeiten aus der Ruhe brachten, als ob sie gar wichtiger wären als das Offenbarwerden der Grundgestalt deines Reiches der Liebe, der Gerechtigkeit und des Friedens. Ich muss mich richtig schämen. Und doch wage ich es, im Vertrauen auf deine Gnade, um dieses allumfassende Grundanliegen zu beten. Ja, ich bitte dich um die Gnade einer totalen Entschlossenheit, in Zukunft in allem und über allem zuerst das Reich deiner Liebe zu suchen. Gib mir den Mut, die unabdingbaren Konsequenzen dieses Gebetes zu sehen und dementsprechend zu leben. Wüsste ich nicht durch deinen viel geliebten Sohn, dass auch deine göttliche Geduld und Langmut zum Kommen deines Reiches gehören, ich würde es nicht mehr wagen, dieses kühne Gebet zu sprechen.

Dein Wille geschehe wie im Himmel so auf Erden

Vater, dein viel geliebter Sohn Jesus Christus hat uns nicht nur deinen wunderbaren Heilsplan kundgetan und uns gelehrt, uns ganz deinem Liebeswillen anzuvertrauen. Er hat uns vor allem durch sein Beten angesichts des Todes bis zum letzten Atemzug die siegreiche Macht ebendieses Gebets »Dein Wille geschehe« spürbar gemacht. Er hat uns gezeigt, dass wir wahrhaft und für immer frei sind, wenn wir uns ganz dir und deinem heiligen Willen übergeben.
Immer wieder, wenn ich dieses grundlegende Gebet »Dein Wille ge-

schehe« mit dem Mund und im Herzen ausspreche, kommt mir die bange Frage, ob ich es wirklich ganz wahrhaftig ausspreche. Ich fürchte, dass mir mein Eigenwille immer wieder einen bösen Streich spielen möchte. Gib uns allen den Mut, zusammen die Tugend der Unterscheidung, der echten Kritik zu pflegen, auf dass wir alle so weit kommen, wirklich nur deinen Willen zu suchen, und auch jeweils treffsicher verstehen, was du von uns erwartest.

Vergib mir gnädig, dass ich doch sehr oft dieses Gebet gedankenlos gesagt habe oder doch oberflächlich, ohne das Suchen nach dem liebevollen Kennen deines Willens wirklich zum Hauptanliegen zu machen.

Unser tägliches Brot gib uns heute

Gütiger Gott, Geber aller guten Gaben, ich bin erschüttert, dass die Brotbitte und die Feier des Brotes des Lebens mein Leben, unser Leben nicht nachhaltig beeinflusst haben. Allzu oft habe ich einfach unandächtig die Formel dahergesagt. Andere Male habe ich wohl mehr an »mein« Brot als an unser Brot gedacht. Bin ich nicht stecken geblieben bei den bloßen Brotsorgen, den irdischen Gütern? Ja, jedes Mal, wenn ich das Vaterunser, insbesondere die Brotbitte, im Licht des ganzen Evangeliums und im Blick auf die ganze Menschheitsfamilie gründlich überdenke, kann ich mich selbst nicht mehr richtig verstehen und wage nicht mehr, nach Entschuldigungen zu suchen. Hilf mir, hilf uns allen, umzudenken, umzukehren und ein Leben, das unserem Beten und Glauben entspricht, zu wagen, koste es, was es wolle.

Und vergib uns unsere Schuld, wie auch wir vergeben unseren Schuldigern

Leider muss ich vor dir, unserem Vater, bekennen, dass ich dieses Gebet sehr oft oberflächlich, wenn nicht gar gedankenlos gesprochen habe. Darum konnte es bislang auch nicht mein ganzes Leben, mein Denken und Tun und all meine Lebensbezüge prägen, zu meinem Schaden, zum Schaden von Welt und Kirche. Schenke uns allen ein dankbares Herz und ein dankbares Gedächtnis. Dann wird es uns allmählich ganz selbstverständlich, dass wir deiner Entfeindungsliebe, deiner heilenden Gewaltfreiheit treu anhängen. Dann könnten wir in Jubel und Lobpreis ausbrechen in der Zuversicht, dass du uns als deine echten Söhne und Töchter erkennst und anerkennst.

Und führe uns nicht in Versuchung

O Gott! Wenn ich all das ernst bedenke, dann muss ich erschrecken. Wie oberflächlich habe ich so manches Mal gebetet »und führe uns nicht in Versuchung«, ohne überhaupt ernst zu bedenken, wie tief und umfassend diese Bitte des Vaterunsers ist! Wie oft habe ich nun den Sieg gegen die Versuchungen gebetet, ohne allem »Wenn und Aber« den Abschied zu geben, ohne ein volles Ja zur Heilssolidarität und Wachsamkeit zu sagen. Herr, öffne uns allen die Augen, dass wir nicht wie Blinde und Taube in die Versuchungen hineinschlittern!

Sondern erlöse uns von dem Bösen

Gott, unser Vater, wir preisen dich für die überreiche Erlösung, die du uns in deinem geliebten Sohn Jesus Christus bereitet hast. Gib, dass uns aus diesem Lobpreis die Kraft zuwächst, uns mit der Erlöserliebe, der Entfeindungsliebe Jesu zu vereinen und allüberall, wo es nötig ist, den guten Kampf zu kämpfen mit den Waffen der Liebe, der verzeihenden und heilenden Gewaltfreiheit. Befreie uns von aller Engherzigkeit und Selbstverschlossenheit. Lass uns immer besser verstehen, dass unser eigenes Heil umschlossen und geborgen ist in der Heilssolidarität, im gemeinsamen Kampf durch die »Waffen« des Guten, um das Böse zu entlarven und zu entmachten. Amen.

Bernhard Häring

UNSER VATER

1
unser vater
der du bist die mutter
die du bist der sohn
der kommt
um anzuzetteln
den himmel
auf erden

2
dein name werde geheiligt
dein name möge kein hauptwort
bleiben
dein name werde bewegung
dein name werde in jeder zeit konjugierbar
dein name werde tätigkeitswort

3
bis wir
loslassen lernen
bis wir
erlöst werden können
damit
im verwehen des wahns

komme
dein reich

4
in der liebe
zum nächsten
in der liebe
zum feind
geschehe
dein wille –
durch uns

5
unser tägliches brot
gib uns heute
damit wir nicht nur
für brot uns abrackern müssen
damit wir nicht
von brotgebern erpresst werden
können
damit wir nicht
aus brotangst gefügig werden

6
vergib
uns
unsere schuld
und die schuld derer
die schuldig geworden sind
an uns
und was
wie niemandes schuld ist:
sachzwänge verhängnis ignoranz
und unseren verdacht

du selber könntest schuldig geworden sein
an so viel elend an zu viel leiden
vergib
wie auch wir

7
und führe uns nicht
wohin wir wie blind
uns drängen
in die do-it-yourself-apokalypse
sondern erlöse uns
von fatalität und sachzwang
damit das leben
das du geschaffen
bleibe auf diesem kleinen
bisher unbegreiflich erwählten
planeten
im schweigenden all

8
und zu uns
lass wachsen
den baum des glaubens
        wurzelnd in dir
        entfalte sich seine krone
auf erden:
        dein reich
das unsere freiheit
        deine kraft
die ohne gewalttat
        deine herrlichkeit
durch die wir gelingen können
        in ewigkeit

Kurt Marti

Vater unser im Himmel / im Himmel bist du / weit weg / oft erfahren wir nichts von Dir / Du bist der Heilige, vor dem alle Welt sich beugt... Scharen, Lichtgestalten, Mächte, Gewalten / unzählige Strahlen und Lichter umgeben Dich / und die ganze Welt wirft sich vor Dir nieder / und ruft / und schreit: / Herr, erbarme Dich / Kyrie, Kyrie...

Geheiligt werde Dein Name / Offenbare Dich / zeige Dich / Lass Dein Licht leuchten. – Sende uns Deinen Engel Uriel / den Engel, der nur Licht ist / den Engel mit den sieben Farben des Regenbogens / das warme und das kalte Licht: / die Sonne / und den Mond und die Sterne / Mache die Nacht zum Tag / und den Tag zum Lied: / Heilig, heilig, heilig...

Dein Reich komme / die Liebe vertreibe den Hass / das Leben den Tod / Küssen sollen sich / der Friede und die Gerechtigkeit. – Sende uns den Engel Gabriel / den Engel der Freude / des Lebens und der Kraft / den Engel, der Leben zeugt / den Heiligen Geist verkündet / einen neuen Menschen schafft / Lass den Menschen erstehen, in dem Du wohnst / die Gemeinschaft, in der Du die Mitte bist / Sei Du ein Gott, der uns nahe ist / in menschlichen Worten / Gebärden / Taten: / Ehre sei Gott in der Höhe.

Dein Wille geschehe / Dein Friede komme / Deine Gerechtigkeit breite sich aus / Deine Liebe setze sich durch / Deine Liebesmacht erfülle / Tag und Nacht / Morgen und Abend / Jung und Alt / gestern und heute. – Sende deinen Erzengel Michael / den Engel, der das Gute will / den Engel mit dem Schwert in der Hand / den Engel, der Mut macht und zum Ziel führt / Richte den auf, der gefallen ist / Stärke den Rücken denen, die gebeugt sind / Lass uns aufstehen / in Leben und Kraft / in Zuversicht und Freude: / Die Himmel rühmen die Herrlichkeit Gottes.

Gib uns heute unser tägliches Brot / Heute / täglich / immer / Gib uns Brot / einen Kuss, eine Hand / ein Lächeln / heute / täglich /

immer / unser Brot. – Sende uns Deinen Engel Rafael / den Engel, der uns rette / den Engel, der uns heilt / Verwandle den Stein in Brot / in Wasser und Wein / in ein Lachen, einen Kuss, eine Umarmung: / Menschen, die schenken, künden von Gott.

Vergib uns unsere Schuld / wie auch wir vergeben unseren Schuldigern / Kein Versagen soll andauern / kein Fehler Folgen haben / keine Schuld soll zur Last werden / Zerreiße die Kette des Versagens / verbrenne den Strafzettel / blase den Fluch in den Wind. – Sende uns Deinen heiligen Engel Sariel / den Engel, der vergibt und neues Leben schafft / Lass uns unsere Sünde bekennen / unsere Schuld anerkennen / unseren Schatten bejahen / Und nimm uns auf in Dein Erbarmen: Lamm Gottes, der Du hinwegnimmst die Schuld der Welt.

Führe uns nicht in Versuchung / sondern erlöse uns von allem Bösen / Nimm uns die Angst vor der Zukunft / die Angst vor Hölle und Tod / die Angst vor Gewalt und Zerstörung / die Angst, dass die Grundfesten der Erde zerfallen / und alles verschlingen / die Angst, dass der Himmel einstürzt und alle zermalmt / Verschone uns vor Katastrophen / vor verpestetem Öl und dem tödlich kalten Winter. – Sende uns Deinen Engel Remiel / den Engel der Auferstehung / den Behüter der Seelen zwischen Tod und Leben / den Freund des aufrechten Ganges / und der unzerstörbaren Würde: / Denn Dein ist das Reich / die Kraft / die Herrlichkeit / in alle Ewigkeit / Amen / Amen / Amen.

Anton Rotzetter

VATER UNSER, DER DU BIST IM HIMMEL

Vater! Unser Vater!
So rufen wir Gott.

Groß ist Gott:
Im Himmel ist er,
Er ist auf der Erde.
Droben und drunten ist er,
Er ist drinnen und draußen.
Er ist überall da.

Er hat alles gemacht:
Die Sonne, den Mond, die Sterne,
Die Wolken, das Land, das Wasser,
Die Bäume, die Tiere, die Menschen.
Dich und mich.

So groß ist Gott.
Und ist doch unser Vater,
Wir Menschen seine Kinder.

Jesus, sein Sohn, den er lieb hat,
Er hat gesagt, so sollen wir beten:
Unser Vater im Himmel.

GEHEILIGT WERDE DEIN NAME

Unser Vater heißt Gott,
Das ist sein Name.

Sein Name sagt:
Der Himmel ist hoch,
Er ist höher.

Die Erde ist tief,
Er ist tiefer.
Die Engel sind stark,
Er ist stärker.

Die Welt ist schön,
Er ist schöner.
Nichts ist ihm gleich,
Er ist anders als alles.

Mehr schafft Gott,
als alle Menschen schaffen.
Mehr hebt Gott,
als alle Menschen lieben.

Heilig ist Gott.
So sagt sein Name.

Jesus, sein Sohn sagt,
So sollen wir beten:
Unser Vater, komme und zeige Dich uns,
Lass uns sehen und hören, singen und sagen:
Du bist der Heilige,
Du, Gott, unser Vater!

Zu uns komme Dein Reich

Gott, unser Vater, ist der König.
Himmel und Erde sind sein Reich.
Den Engeln sagt er:
Kommt, und sie kommen!
Der Sonne sagt er:
Geh auf und geh unter!
Den Bäumen sagt er:

Wachset und blühet!
Der Schwalbe sagt er:
Flieg und maure dein Nest!

Sie tun, was er sagt:
Das ist sein Reich.

Den Menschen sagt er:
Tut dies und lasst jenes!
Wenn alle tun, was er sagt,
Kann kommen sein Reich.

Wenn Gottes Reich kommt,
Wird alles anders und neu:
Dann hungern die Hungernden nicht mehr.
Dann weinen die Weinenden nicht mehr.
Dann wird kein Mensch mehr krank.
Dann muss kein Mensch mehr sterben.
Alles ist gut:
Das ist sein Reich!

Jesus, sein Sohn sagt,
Wir sollen beten:
Unser Vater und König,
Mache,
Dass Dein Reich zu uns kommt.

Dein Wille geschehe, wie im Himmel also auch auf Erden

Gott unser Vater, der König will:
Alles, was er will, soll geschehen.
Im Himmel geschieht sein Wille.
Ihm folgen die Engel,

Sie hören, was er sagt,
Sie tun, was er will.

Auch auf Erden soll geschehen sein Wille.

Sein Wille ist, wir sollen ihn lieben.
Sein Wille ist, wir sollen lieben wie er:

Alle hat Gott, unser Vater lieb.
Er liebt die Kleinen und die Großen,
Die Schwarzen liebt er und die Weißen.
Er liebt die Guten.
Er liebt auch die Bösen.

Denn seine Kinder sind alle.

Wir tun, was er will,
Wenn wir lieben wie er.

Das ist sein Wille.

Jesus sagt, wir sollen beten:
Gott, unser Vater, mache Du,
dass überall geschehe Dein Wille,
Im Himmel und auf Erden.

Unser tägliches Brot gib uns heute

Groß ist der Tisch unseres Vaters.
Er ist so groß wie die Welt.
Alle brauchen das Brot,
Die Kleinen und die Großen,
Tag um Tag.
Woher kommt das Brot?

Es wächst aus der Erde,
Gott lässt es wachsen.
Der Halm trägt die Ähre,
Gott füllt sie mit Korn.
Das Korn wird reif in der Sonne,
Gott macht, dass die Sonne es reift.
Das Brot wird gemacht aus dem Korn.

So gibt uns Gott das Brot,
So deckt uns der Vater den Tisch.
Aber,
Wenn der Halm nicht wächst,
Aber,
Wenn die Sonne nicht scheint,
Aber,
Wenn die Ähre nicht reift:
Dann gibt es kein Korn,
Dann gibt es kein Brot,
Dann müssen wir hungern.

Menschen hungern in fernen Ländern,
Ihre Kinder weinen nach Brot.

Darum sagt Jesus, wir sollen beten:
Unser tägliches Brot gib uns heute.

Und vergib uns unsere Schuld, wie auch wir vergeben unseren Schuldigern

Wenn wir nicht tun, was Gott will,
machen wir, dass das Reich Gottes nicht kommt.

Wenn wir einander wehe tun,
Wenn wir lügen und stehlen,

Wenn wir neidisch sind aufeinander,
Wenn wir die Kleineren plagen und schlagen,
Wenn wir quälen die Tiere:

Dann kann das Reich Gottes nicht kommen zu uns.
Dann sind wir schuldig, dass es nicht kommt.

Verzeihe uns, Vater, bitten wir dann,
Vergib uns, beten wir, unsere Schuld!
Aber, der Vater vergibt sie uns nicht,
Wenn wir nicht selber dem andren vergeben.

Dann, wenn uns wehtut der andere,
Dann, wenn er über uns lügt,
Dann macht sich der andere schuldig an uns.

Dann müssen wir ihm vergeben,
Sonst vergibt der Vater uns nicht.

Darum, sagt Jesus, wir sollen beten:
Vergib uns unsere Schuld,
Wie auch wir vergeben unseren Schuldigern.

Und führe uns nicht in Versuchung, sondern erlöse uns von dem Übel

Die Engel loben den Vater im Himmel:
Ja – Du bist unser Herr!

Die Sonne, der Mond und die Sterne loben:
Ja – Du hast uns gemacht!

Und Menschen loben:
Ja – unser Vater bist Du!

Wer aber nein sagt zu Gott:
Nein – Gott liebt uns ja nicht!
Nein – Gott sieht uns ja nicht!
Nein – Gott ist gar nicht da!

Wer nein sagt zu Gott, in dem ist das Böse.
Das Böse geht um in der Welt:

Komm, sagt das Böse, komm folge mir!
Komm, ich mach es dir schöner als Gott!
Komm, ich mach dir mehr Freude!
Komm, sagt es, ich bin ja nicht böse,
Komm, ich tu dir ja gut!

So spricht das Böse:
Es lockt und lügt,
Es probiert und versucht uns,
Ob wir tun, was es will:

Weg von Gott will das Böse uns haben,
Weg vom Reich Gottes die Versuchung uns ziehen.

Fridolin Stier

Gedanken zum Vaterunser

Vater unser im Himmel!
Großer, verborgener, geheimnisvoller Gott!
Sei nicht fern von uns!
Sei täglich bei uns und mit uns!
Geheiligt werde dein Name!
Heilige du, o Herr, selber deinen Namen unter uns!
Lass leuchten dein Licht!
Lass uns spüren deinen heiligen und heilig machenden Geist in unserem täglichen Leben!
Dein Reich komme!
Ja, lass es kommen!
Lass es jetzt schon Wirkung haben für uns dürftige Menschen!
Lass deine Gabe des Friedens und der Liebe wachsen und alles Trennende überwinden!
Dein Wille geschehe, wie im Himmel so auf Erden!
Ja, mache hell deinen Willen in unseren Herzen!
Und lass dieses dein helles Licht mächtiger sein unter uns als das täuschende Gerede und den billigen Markt der Meinungen!
Unser tägliches Brot gib uns heute!
Vergiss nicht die Hungernden und das Brot, das sie brauchen!
Erleuchte auch die Reichen, die Mächtigen und Wissenden,
dass sie willens werden,
Armut und Hunger zu überwinden auf dieser Erde
und allen Brot zu geben zur Nahrung und Wein für die Freude!
Und vergib uns unsere Schuld, wie auch wir vergeben unsern Schuldigern!
Vergib uns unseren Egoismus!
Unsere Blindheit für die Not der anderen.
Und lehre uns Worte der Vergebung und der Versöhnung.
Und führe uns nicht in Versuchung, sondern erlöse uns von dem Bösen!
Befreie uns aus den Verwirrungen unserer eigensinnigen Interessen

und aus dem betäubenden Spiel der Kräfte des Hochmuts und der Herrschaft und der Angst, die in unserer Welt umgehen!
Denn dein ist das Reich und die Kraft und die Herrlichkeit in Ewigkeit!
Du allein bist groß! Denn dein ist das Reich.
Du allein kannst uns und die Welt erlösen und erneuern.
Wirke dein versöhnendes Reich unter uns!
Entfalte deine Kraft unter uns, denn dein ist die Kraft, dass wir nicht schwach werden im Glauben und in der Liebe!
Und lass leuchten über uns deine Herrlichkeit,
Denn dein ist die Herrlichkeit,
dass wir Menschen ein wenig heller und ein wenig fröhlicher werden. Amen.
Bernhard Welte

Vater unser, der Du bist im Himmel meines Herzens, wenn es auch eine Hölle zu sein scheint; geheiligt werde Dein Name, er werde angerufen in der tödlichen Stille meines ratlosen Verstummens; zu uns komme Dein Reich, wenn alles uns verlässt; Dein Wille geschehe, auch wenn er uns tötet, weil er das Leben ist und, was auf Erden wie ein Untergang aussieht, im Himmel der Aufgang Deines Lebens ist; gib uns heute unser tägliches Brot, lass uns auch darum bitten, damit wir uns nie mit Dir verwechseln, selbst nicht in der Stunde, da Du uns nahe bist, sondern wenigstens an unserem Hunger merken, dass wir arme und unwichtige Geschöpfe sind; befreie uns von unserer Schuld, und behüte uns in der Versuchung von der Schuld und Anfechtung, die eigentlich nur eine ist: nicht zu glauben an Dich und an die Unbegreiflichkeit Deiner Liebe; sondern erlöse uns – erlöse uns von uns selbst, erlöse uns in Dich hinein, erlöse uns in Deine Freiheit und in Dein Leben …
Karl Rahner

Vater

Du Vater, Mutter, Freund, Freundin, Bruder …
du letztes Geheimnis meines Daseins,
abgründig-verborgen in mir,
mir näher als ich selbst,
und doch so ferne.
Du mein Gott.

Ich kenne dich nicht – und darf doch Du sagen.
Ich spüre dich nicht – und doch ist es gut bei dir.
Du tust mir weh – und doch suche ich deine Nähe.

Abba, du mein guter Gott.

Vater unser

Ich bin nicht allein auf meinem Weg zu dir.
Viele sind ihn vor mir gegangen.
Viele suchen und finden ihn neben mir,
auch wenn ich sie nicht kenne.
Jahrhunderte und Jahrtausende,
Völker und Zeiten sind auf dem Weg wie ich.

Ich bin nicht allein.
Weil es sie alle gibt.
Weil es euch alle gibt.
Ihr seid nicht allein.
Weil wir einander begleiten auf unserem Weg zum Vater.

Abba, du unser guter Gott.

Vater unser im Himmel

Ich höre nicht deine Stimme.
Ich finde dich nicht in meinem Leben.
Der Himmel ist fern.

Ich möchte sehen, horchen lernen.
Ich werde deinen Himmel in meinem Leben
und in meiner Welt entdecken.

Geheiligt werde dein Name

In deinem Namen hast du dich uns anvertraut.
Heilige deinen Namen:
Sei unser Gott, sei mein Gott!
Mach dich erfahrbar als jener heilige Gott,
der sich der Unheiligen erbarmt,
um sie heil zu machen.

Ich darf zu dir kommen im Wissen um mein Unheilsein.
Du wirst mich heilen.
Ich möchte in der Nachfolge deines Sohnes zu allen gehen,
auch zu jenen, die mir unsympathisch, unappetitlich sind.
Alle sollen deine heilende Kraft erfahren.

Dein Reich komme

Werden wir ersticken an Ungerechtigkeit und Hass,
werden einige Mächtige die Zukunft aller beherrschen?

Oder wird dein Reich wachsen?
Die Welt der Freiheit und Ordnung, jene Atmosphäre,
in der alle, nicht nur einige Privilegierte, leben können?

Werden wir einander leben lassen?
Wird der wunderbare Anfang, den du gesetzt hast,
zur Entfaltung kommen?

Öffne die Augen meines Herzens,
dein Licht in dieser oft so dunklen Welt zu sehen.
Öffne meine Hände – damit es heller wird!

Dein Wille geschehe,
wie im Himmel, so auf Erden

Vieles verstehe ich nicht,
was mir in meinem Leben begegnet.
Soll es einen Plan der Liebe geben,
auch für mich?

Ich möchte Ja sagen.
Ja – im Schönen und im Bitteren.
Ja – auch wenn dieses Ja nur mühsam über die Lippen
und noch schwerer aus dem Herzen kommt.
Ja – im Aufbäumen der Angst.
Ja – wie Jesus, dein Sohn.

Damit dein Wille geschieht, an mir und durch mich,
im Himmel und auf Erden.

Unser tägliches Brot gib uns heute

Viele Gestalten des Brotes begegnen mir in meinem Leben.
Ich preise dich dafür.

Danke für die Gaben deiner Schöpfung.
Danke für die Menschen, die mir vertraut sind,

die du mir anvertraut hast.
Danke für meine Arbeit.
Danke für die Kraft auf meinem Weg –
besonders wenn ich spüre,
wie die eigenen Kräfte versiegen.
Danke, dass ich Freude bereiten kann.
Danke, dass ich selbst Geschenk bin für andere.

Danke für alles, was mir geschenkt ist.
Danke, dass ich dir in diesem »Brot« begegnen darf.

Mach uns noch mehr zum Brot füreinander, Herr.
Lass uns teilen.
Es soll weniger Hunger sein in der Welt.
Viele sollen Brot erhalten.
Viele sollen Brot erfahren –
und dich, den Geber, darin preisen.

Gib uns dein Brot,
damit wir nicht erlahmen auf dem Weg zu dir.

Vergib uns unsere Schuld,
wie auch wir vergeben unseren Schuldigern

Mühsal, Last, Unordnung beherrscht mein Leben.
Oft habe ich neu angefangen.
Oft bin ich rückfällig geworden!

Ich bin belastet mit einer Hypothek
eigener und fremder Ohnmacht und Schuld.

Danke, dass du mich nicht allein lässt mit meiner Last.
Du hast sie auf dich genommen.
Du trägst sie mit mir.

Du trägst mich.
Manchmal darf ich sogar spüren, dass du mich auf die Arme nimmst und heimholst, wie der gute Hirte des Evangeliums (Joh 10).

Ich darf deine vergebende Liebe weiterschenken.
Andere, viele andere
sollen weniger schwer an ihrer Last tragen.
Ich möchte auch fremde Schuld wieder gutmachen.
Damit Wunden verbunden, Verletzungen geheilt werden:
damit Kraft zu neuem Anfang wächst.

Und führe uns nicht in Versuchung,
sondern erlöse uns von dem Bösen

Ich habe Angst.
Vor mir selbst, vor meinem Leben, vor anderen.
Manchmal auch vor dir:
Gibt es dich doch nicht?
Bist du anders, als ich dich erhoffe?

Sei bei mir in meinen Ängsten.
Lass mich in meiner Angst dir begegnen, wie dein Sohn.
Hilf mir in den Bedrohungen meines Daseins.

Brich Hartes in mir auf.
Bring das Herz zum Sprechen.

Sei auch für mich der Erlösergott –
der Gott, der in die Freiheit führt.
Auch wenn der Weg ins Freie
ein Leben lang zu gehen ist.
Viele sollen den Weg zum Leben finden, nicht nur ich!
Ich möchte ihnen beistehen,

wenn sie müde werden
und das Ziel aus dem Auge verlieren.

Denn dein ist das Reich und die Kraft
und die Herrlichkeit in Ewigkeit

In Ewigkeit gilt unser Lobpreis.
Du hast das letzte Wort.
Dir sind alle Mächte unterworfen, die mich bedrohen.
Noch im Tod gibst du Leben.

Deine Treue gibt mir Halt und Zuversicht in meiner
unzuverlässigen und unbeständigen Welt.
Lass deine Herrlichkeit in unserer Finsternis leuchten.

Ich stelle mich auch deinem Anspruch.
Mach mich zum Zeichen und Werkzeug, zum
Sakrament deiner Treue unter den Menschen.

Wird unsere so wenig herrliche Welt ein bißchen
wärmer werden?

Amen

Ich stehe zu dir.
Du kannst mit mir rechnen.
Ihr alle, die Nahen und Fernen,
wer immer ihr seid,
so weit meine Kraft, die Kraft meiner Liebe reicht:
Ihr alle dürft mit mir rechnen.

Mein Beten soll wahr werden in meinem Leben.
Auch wenn ich selbst nur wenig davon merke.

Weil Gott unser aller Vater ist.
Maria Riebl

– Vater,
du bist nicht an erster Stelle unser Richter und Herr,
sondern
– unser Vater,
denn du hörst das Schreien deiner unterdrückten
Kinder.
– Du bist im Himmel,
wohin wir im Kampf unseren Blick richten.
– Geheiligt
werde dein befreiendes Eingreifen gegen die, die in
deinem Namen die Menschen unterdrücken.
– Es komme zu uns,
angefangen mit den Verarmten, deine Gerechtigkeit.
– Es geschehe
die Befreiung durch dich, angefangen auf der Erde
bis hin zum Himmel
– Das tägliche Brot,
das wir gemeinsam bereiten, gib du es uns und lass
es uns gemeinsam essen.
– Vergib uns
unseren Egoismus – in dem Maße, in dem wir den kollektiven
Egoismus bekämpfen.
– Und führe uns nicht in Versuchung,
die Menschen auszubeuten, um Reichtum anzuhäufen.
– Sondern befreie uns
von der Rache und vom Hass gegen den Bösen, der
unterdrückt und erdrückt.
Amen.

Leonardo Boff

Vater unser

der Du verbannt bist
in den Himmel –
beschmutzt ist Dein Name.

All Deine Güte
wurde missbraucht.

Deinen Willen
hat man zertrampelt.

Deine Liebe
wurde geschmäht.

Im Himmel
bist Du gerühmt,
aber auf Erden
erdrosselt.

Unser Brot
wird verschimmeln,
weil unsere Schuld
uns erwürgt
und nur noch Schuldige
auf Erden sind.

Denn schuldig
wurden wir alle.

Wir sind der Versuchung
nicht nur erlegen,
wir haben sie
offen und schamlos gezüchtet.

Und das Übel ward
ohne Grenzen.

Ob Dir Erlösung
noch gelingt –
Vater,
ich will darum beten!

So vollziehe sich
das Geschehen!

Amen.
Peter Coryllis

Vom Leben ins Gebet

Begegnung mit der eigenen Biographie

Lebenslauf und Lebensphasen

Kind sein

Zwei kleine Augen, dich zu sehen, mein Gott.
Zwei kleine Ohren, zu hören dein Gebot.
Zwei kleine Füße, zu gehn auf deinen Wegen.
Zwei kleine Hände, die für dich sich regen.
Eine kleine Zunge, zu loben dein Erbarmen.
Ein kleines Herz, auszuruhn in deinen Armen.

Du in unserer Mitte. Ökumenisches Gebetbuch

Lieber Gott,
das ist doch so:

Wenn Jakob in der Steppe
im Traume eine Treppe
zum Himmel
führen sah,
ist das für uns ein Zeichen,
Du lässest Dich erreichen,
der Himmel
ist ganz nah.

Lieber Gott,
wie bin ich froh.

Amen.
Silja Walter

Morgengebete für Kinder

Vom Schlaf bin ich gesund erwacht.
Dir, lieber Gott, sei Dank gebracht.
Lass mich heut' gut und fröhlich sein.
Schütz alle Menschen, groß und klein.

*

In Gottes Namen steh ich auf.
Herr Jesus, leite meinen Lauf,
begleite mich mit deinem Segen,
behüte mich auf allen Wegen.

*

Hilf, lieber Gott, und steh uns bei,
dass dieser Tag gesegnet sei.

*

Der neue Tag bricht an.
Die Nacht ist nun vergangen.
Herr, alles, was ich kann,
will ich mit dir anfangen.
Den Menschen helfen alle Zeit,
den Frieden lieben, nicht den Streit.
Auf allen guten Wegen,
Herr, hilf mit deinem Segen.

*

Wenn die Sonn' ist aufgegangen
und der Tag hat angefangen,
will ich Gott im Himmel droben
fröhlich und von Herzen loben.

*

Ich danke, guter Vater, dir
für das Ruhen und das Schlafen.
Segne nun die Hände mir
zum Spielen und zum Schaffen.

*

Gelobt sei Gott, des Vaters Macht,
Gelobt sei seine Treue.
Er schenkte eine gute Nacht,
er schenkt den Tag aufs Neue.
Lass deinen Segen auf mir ruhn
an allen meinen Tagen.
Und lehre mich das Gute tun,
nach deinem Willen fragen.

*

Lieber Vater im Himmel mein,
lass mich dir befohlen sein.
Auch diesen Tag, ich bitte dich,
beschütze und bewahre mich.

*

Mein Gott, du hast in dieser Nacht
so väterlich für mich gewacht.
Ich lob' und preise dich dafür
und dank' für alles Gute dir.

*

Bewahre mich auch diesen Tag
vor Sünde, Tod und jeder Plag';
und was ich denke, red' und tu',
das segne, bester Vater, du.

*

Wie fröhlich bin ich aufgewacht!
Wie hab ich geschlafen so sanft die Nacht.
Hab Dank, im Himmel du Vater mein,
dass du hast wollen bei mir sein.
Behüte mich auch diesen Tag
dass mir kein Leid geschehen mag.

*

Abendgebete für Kinder

Lieber Gott, kannst alles geben,
gib auch, was ich bitte nun:
schütze diese Nacht mein Leben,
lass mich sanft und sicher ruhn.
Sieh auch von dem Himmel nieder
auf die lieben Eltern mein,
lass uns alle morgen wieder
fröhlich und dir dankbar sein.

*

Müde bin ich, geh' zur Ruh',
schließe meine Augen zu.
Vater, lass die Augen dein
über meinem Bette sein.

Hab' ich Unrecht heut getan,
sieh es, lieber Gott, nicht an.
Deine Gnad' und Christi Blut
macht ja allen Schaden gut.

Alle, die mir sind verwandt,
Herr, lass ruhn in deiner Hand;
alle Menschen groß und klein
sollen dir befohlen sein.

Kranken Herzen sende Ruh,
nasse Augen schließe zu.
Gott im Himmel halte Wacht.
Gib uns eine gute Nacht.
Luise Hensel (1798–1876)

Schön, dass es mich gibt

Kindergebet

Mein Tag geht nun zu Ende,
ich schließ mein Türchen zu,
falt zum Gebet die Hände,
bevor ich schlaf und ruh.

Du lieber Gott, erhöre
mein kleines Nachtgebet,
dass ich nur dir gehöre,
wohin mein Weg auch geht.

Ich hab gespielt und viel gelacht,
und du hast mich gelenkt,
gib allen eine gute Nacht,
die mich heut reich beschenkt.

Ein Tag wird neu geboren,
ich freue mich so sehr,
du hast mich auserkoren,
ich danke dir, o Herr.
Uwe Maria Natus

Eh' der Tag zu Ende geht,
spreche ich mein Nachtgebet,
danke Gott für jede Gabe,
die ich heut' empfangen habe,
bitte Gott für diese Nacht,
dass er mich im Schlaf bewacht,
dass kein böser Traum mich weckt
und das Dunkel mich nicht schreckt.
Kommt der helle Morgenschein,
lass mich wieder fröhlich sein.

*

Herr, der Tag ist nun zu Ende.
Dankend falte ich die Hände.
Du allein kannst alles geben;
schütze diese Nacht mein Leben.

Mutter sein, Vater sein

Vater im Himmel, du hast uns unsere Kinder anvertraut. Wir freuen uns, dass wir sie haben. Wir freuen uns über alle guten Anlagen, die wir an ihnen entdecken.
Wir freuen uns, wenn sie gesund sind und heranwachsen. Wir freuen uns, wenn wir miterleben dürfen, wie sie sich entfalten.
Herr, wir danken dir für unsere Kinder. Wir wollen ihnen helfen, so zu werden, wie du sie haben willst. Wir wollen Geduld haben, wenn sie uns Sorgen machen. Darum bitten wir dich, Herr, segne unsre Kinder. Lass sie von Tag zu Tag mehr lernen, ihr Leben selbst in die Hand zu nehmen.
Gib ihnen einen Glauben, der ihr Denken und Tun durchdringt. Führe sie einmal zu dem Beruf, der ihnen Freude macht. Schenke ihnen Freunde, die sie verstehen und ihnen helfen. Und wenn sie auf die falschen Wege geraten, dann führe sie wieder zurück. Bleib in unserer Familie; wir alle brauchen dich.

Du in unserer Mitte. Ökumenisches Gebetbuch

Gebet der Eltern für das Kind

Guter Gott, du Schöpfergott, du hast uns dieses Kind geschenkt. In seinem Gesicht birgt es Spuren von dir. Wir danken dir für dieses Wunder der Schöpfung. Tiefe Freude und Staunen begleiten uns, aber auch Unsicherheit und Ohnmacht. Du hast uns dieses Kind anvertraut; aber es bleibt dein Kind. Mach uns fähig, ihm seine persönliche Freiheit zuzugestehen, wenn es im Lauf der Zeit immer mehr seine eigenen Wege gehen muss.
Begleite du es und lass uns dir vertrauen, dass du immer bei uns bist. Amen.

Gesang- und Gebetbuch der deutschsprachigen Schweiz

Herr, du allein weißt,
was dieser Tag wert war.
Ich habe viel getan
und viel versäumt.
Ich habe vieles versucht
und vieles nicht vollendet
und bin den Menschen um mich her
viel Liebe schuldig geblieben.

Ich möchte allen vergeben,
die mir Unrecht getan haben.
Vergib du auch mir
alle meine Schuld.
Dir überlasse ich
all mein Versagen,
auch an meinem Kind.

Ob dieser Tag Frucht gebracht hat,
weiß ich nicht.
Du allein siehst es.
Du kannst meine Mühe segnen.

Herr, ich kann dir nichts geben
zum Dank für diesen Tag,
als dass ich den kommenden
aus deiner Hand nehme.
Gib mir einen neuen Tag
und verlass uns nicht. Amen.
Heidi und Jörg Zink

Segen für ein neugeborenes Kind

Der Herr segne und behüte dich,
dass du aufwächst in einem Raum der Geborgenheit
und dass Vertrauen immer dein Zuhause ist.
Dass du immer eine Hand findest,
die dich leitet, wenn du sie suchst,
die dich auffängt, wenn du fällst,
die dich trägt, wenn dir dein Weg zu schwer wird.
Dass du bewahrt bleibst in der Liebe deiner Eltern
und aller derer, die es gut mit dir meinen.

Der Herr lasse sein Angesicht leuchten über dir und sei dir gnädig,
dass du immer in Augen sehen kannst,
in denen sich die Freude an dir spiegelt.
Dass du dich unter den Blicken liebevoller
und verstehender Menschen entfalten kannst
mit all deinen Gaben und Kräften zu deiner
und vieler Menschen Freude.
Dass du mit deinen Augen durch Äußeres hindurchsiehst
und das Dunkel anderer heller machen kannst.

Der Herr erhebe sein Angesicht über dich
und gebe dir Frieden,
dass du in allem, was dir gelingt und was dir begegnet,
Leben als Geschenk verstehst.

Dass du ein Mensch der offenen Hände sein kannst.
Dass Frieden in dir wohne,
Frieden sich durch dich ausbreite,
Menschen bei dir Frieden finden:
Brot und Worte, Verständnis und Zuwendung,
Güte und Vergebung.
Dass dir immer unverrückbar feststeht:
Ich bin ein einmaliger Liebesgedanke Gottes.

Helge Adolphsen

Gebet eines Grossvaters zur Taufe seines Enkelkindes

HERR, Du hast uns in diesem Kind neues Leben geschenkt.
Du zeigst uns auf diese Weise, wie großartig Deine Schöpfung ist.
Wir danken Dir ganz besonders dafür,
dass dieses Kind gesund die Welt erblickt hat.

HERR, lass uns immer bewusst sein,
dass uns dieses Kind von Dir anvertraut wurde,
dass es Gabe und Aufgabe zugleich ist,
dass wir es als eigenständige Person betrachten,
die von uns ins Leben geführt werden will.

HERR, gib, dass wir ihm Zärtlichkeit und Zuwendung schenken,
dass wir auf seine Bedürfnisse und Wünsche eingehen,
uns dabei immer bewusst sind, dass es eine eigene Persönlichkeit ist,
die von Dir geschaffen und Dein Ebenbild ist.

HERR, lass es durch die Taufe, die es heute empfangen hat
und durch die es in die Gemeinschaft der Gläubigen aufgenommen ist,
noch mehr in Deine Gotteskindschaft kommen
und lass die Eltern und Taufpaten die Verantwortung erkennen,
die sie heute hierfür übernehmen.

HERR, lass uns alle, die wir hier um dieses Kind versammelt sind,
diesem so viel Liebe und Aufmerksamkeit schenken,
dass es jederzeit spürt, dass es von uns angenommen und geliebt wird,
dass es in dieser Liebe und Geborgenheit wachsen und reifen kann,
somit auch Deine Liebe und Güte erfährt und auf Dich vertrauen kann.

Lass uns ihm immer vermitteln, dass Du Gott der Schöpfer der Welt bist
und willst, dass Deine Schöpfung gut und erhalten bleibt;
dass Du Deine Hände über es hältst und es vor allem Schaden bewahren wirst.

HERR, wir bitten nun um Deinen väterlichen Segen:

Segne dieses Kind und bewahre es allezeit vor allem Übel,
Lass es zur Freude aller Menschen heranwachsen und gedeihen.
Erfülle sein Herz mit Ruhe und Wärme,
seine Seele mit Gnade und hellem Licht, seinen Verstand mit Weisheit,
seine Augen mit Klarheit und Lachen, seinen Blick mit Güte,
seine Ohren mit wohltuender Musik, seinen Mund mit Fröhlichkeit,
seine Nase mit Wohlgeruch, seine Hände mit Zärtlichkeit,
seine Arme mit Kraft, seine Beine mit Schwung, seine Füße mit Tanz,
seinen ganzen Leib mit Wohlbehagen.

HERR, so lasse Deinen Segen allezeit auf diesem Kind ruhen.

Amen.

Heinz Pangels

Gott, segne dieses Kind,
behüte dieses junge Leben
und segne uns,
dass wir ihm das,
was es an Liebe braucht,
behutsam und verlässlich geben,
damit es in Frieden wachsen kann
und sich frei entfaltet
und durch das Gute,
das es durch uns erfährt,
sein Leben später selbst
segensreich gestaltet.
Christa Spilling-Nöker

Segenslied über ein Kind

Segne dieses Kind und hilf uns, ihm zu helfen,
dass es sehen lernt mit seinen eignen Augen
das Gesicht seiner Mutter
und die Farben der Blumen
und den Schnee auf den Bergen
und das Land der Verheißung.

Segne dieses Kind und hilf uns, ihm zu helfen,
dass es hören lernt mit seinen eignen Ohren
auf den Klang seines Namens,
auf die Wahrheit der Weisen,
auf die Sprache der Liebe
und das Wort der Verheißung.

Segne dieses Kind und hilf uns, ihm zu helfen,
dass es greifen lernt mit seinen eignen Händen
nach der Hand seiner Freunde,
nach Maschinen und Plänen,
nach dem Brot und den Trauben
und dem Land der Verheißung.

Segne dieses Kind und hilf uns, ihm zu helfen,
dass es reden lernt mit seinen eignen Lippen
von den Freuden und Sorgen,
von den Fragen der Menschen,
von den Wundern des Lebens,
und dem Wort der Verheißung.

Segne dieses Kind und hilf uns, ihm zu helfen,
dass es gehen lernt mit seinen eignen Beinen
auf den Straßen der Erde,
auf den mühsamen Treppen,
auf den Wegen des Friedens,
in das Land der Verheißung.

Segne dieses Kind und hilf uns, ihm zu helfen,
dass es lieben lernt mit seinem ganzen Herzen.
Lothar Zenetti

Gebet für ein krankes Kind

Maria, liebste Mutter,
ich bete zu dir für dieses kranke Kind.

Du bist unsere Mutter,
wir alle sind deine Kinder.
Du kennst uns
und unsere Nöte.

Dieses Kind ist so krank.
Bitte nimm es auf deinen Schoß
und sei ihm Mutter.

Im Namen Jesu
gib ihm Gesundheit,
und segne es
jetzt und für alle Zeit.
Amen.
Mutter Teresa

Jung sein und alt sein

Ein neues Leben

Ein neues Leben
hast du – Herr – uns geschenkt.

Danke für dieses kleine Wesen.
Danke für dieses große Wunder.
Wir haben es wachsen gesehen
und seine Bewegungen gespürt.
Wir haben seinen ersten Schrei gehört
und sein erster Blick galt uns.
Alles, was wir ihm geben können,
wollen wir ihm auch geben.
Die Wärme unserer Haut,
den Rhythmus unserer Herzen,
die zarte Berührung unserer Hände,
die beruhigenden Worte
aus unserem Mund
und den liebenden Blick unserer Augen.

Ein neues Leben
hast du – Herr – uns geschenkt.
Es ist das größte Geschenk unseres Lebens
es ist dein Geschenk an uns.

Frank Greubel

Herr Jesus Christus, sei Du der Einende zwischen Jung und Alt,
dass Alter und Reife nie trennend sein dürfen.
Lass die Ältesten doch wirklich Vorbilder sein
in allen Stücken, in der Liebe und Weisheit,
in der Demut, Sanftmut und Geduld.
Schenke ihnen die innere Weite
und heilige Enge im Umgang mit den Jüngeren.
Herr, lehre durch Deinen Heiligen Geist
die Jungen, dass sie ihr Leben hingeben
aus Liebe zu Dir und die Demut annehmen,
sich von den Ältesten leiten und segnen zu lassen.
Hanna Hümmer

Für alle Lebensalter

Lasst uns beten
für alle Menschen aller Lebensalter,
für alle, die jung oder alt
zueinander gehören
oder mitsammen durchs Leben gehen.

Lasst uns beten
um Sorge und Achtung füreinander,
dass wir nicht voneinander getrennt werden,
dass wir eines Sinnes versuchen,
glücklich zu sein.

Lasst uns beten
für alle Kinder, für sie, die in unserer Mitte
klein und wehrlos sind:
Um eine glückliche Jugend,
dass ihnen nichts Böses zustoße;
dass sie gerade wachsen
und nicht verbildet werden.

Lasst uns beten,
dass wir ihnen kein Ärgernis geben,
sie nicht lehren zu hassen,
sondern sie hineinführen in die Wahrheit
und dass wir den Mut finden mögen,
einzutreten für alles Verwundbare,
Unsichtbare und Unausgereifte.

Lasst uns beten
für die Jungen,
die das Leben noch vor sich haben;
dass sie offen und empfänglich
ihrer Zukunft entgegentreten,
dass sie mit Unsicherheiten zu leben wagen
und den Enttäuschungen gewachsen seien,
dass sie sich selbst hinzunehmen lernen
und nicht mutlos werden.

Bitten wir für alle jungen Menschen,
dass sie ruhig und aufrecht
mit ihren Eltern verkehren,
dass sie das Vergangene achten,
ihre Vorfahren nicht hassen,
eine ältere Generation nicht abschreiben;
dass sie vor allem
ihren Freunden treu seien
und selbstlos in ihrer Liebe;
dass sie sich nicht ausliefern
an die formlose Plattheit;
das Leben der anderen nicht zerstören,
sondern bereit seien,
diese Erde bewohnbar zu machen,
das erbitten wir für sie beim Herrn,
unserem Gott.

Lasst uns beten
für alle, die in der Kraft ihres Lebens stehen,
dass sie fruchtbar werden mögen,
dass sie nicht sich selbst suchen,
sondern das Wohl der anderen;
beten wir für alle erwachsenen Menschen,
dass sie, ob in der Ehe oder ehelos, nicht einsam seien,
nicht selbstgenügsam oder abgekapselt,
sondern dass sie einander immerfort
in Freundschaft suchen –
und so zunehmen an Menschlichkeit.

Lasst uns beten
für alle, die sich nicht zurechtfinden können;
für alle an ihrer Arbeit oder ihrem Stand
Unerfüllten oder Gescheiterten,
dass sie ihre Hoffnung auf die Zeit setzen,
dass sie den Glauben bewahren an Gott, unseren Vater,
der nicht will, dass wir verloren gehen.

Lasst uns beten
für alle betagten Menschen,
dass ihr Herz jung bleibe.
Um Weisheit und Offenheit bitten wir für sie,
dass sie nicht neidisch seien und rechthaberisch,
sondern ihren Kindern Raum zur Entfaltung lassen.

Lasst uns beten
für alle an Jahren Alten,
dass sie nicht trostlos zurückblicken,
dass sie mit ihrer Lebenserfahrung vielen dienstbar seien,
dass sie Achtung und Zuneigung erfahren mögen.
Wir bitten auch für jene,
die sich abmühen mit Krankheit,
und für alle Furchtsamen

und denen bang ist vor dem Tod.
Licht und Glauben, den Geist der Hingabe.
Ruhe und Friede erbitten wir für sie.

Lasst uns beten für uns selbst,
dass wir, jung oder alt, durch Gottes Gnade
neue Menschen werden mögen
immer von neuem:
dass wir Zwietracht und Misstrauen
aus unserer Mitte verbannen;
dass wir die Liebe nicht abbrechen,
wenn uns auch viele Jahre trennen;
dass Gott der Herr uns beieinander bewahre
als Vater und Sohn,
als Mutter und Tochter,
als eine einzige Familie, ein einziges Volk,
darum bitten wir.

Huub Oosterhuis

Die Schönheit des Alters

Manchmal wär ich gerne wieder jung, Herr.
Ich weiß, dass die Erinnerung mich trügt,
die sagt, dass früher alles besser war.
Und doch fühl ich die Sehnsucht nach jugendlicher Torheit.

Lass mich in Würde altern, Herr.
Hilf mir sehn, dass auch im Alter Schönheit ist.
Erfahrung, Weisheit und Verstehn,
Einheit von Werden und Vergehn,
das tun, was wirklich wichtig ist.

Ich danke Dir, dass Du mir zeigst,
wie wunderbar das Leben ist,

wie wundervoll das Leben war,
wie wunderbar es sein wird,
wenn ich das tue, was Du von mir willst.

Ich werde nicht klagen über mein Alter,
ich werde fröhlich sein und älter werden,
denn mit dem Alter kommt die Weisheit,
und mein Herz öffnet sich Dir, mein Gott.

Amen.
Pater Eusebius Erlenspiehl

Vater, manchmal habe ich Angst vor dem Altwerden.
Wie wird es sein, wenn ich meinen Alltag nicht mehr alleine meistern kann?
Wenn andere Menschen mir helfen müssen und ich nicht einmal »Danke« sagen kann.
Die Hilflosigkeit, die ich schon am Anfang meines Lebens spürte, zieht ihren Kreis,
und am Ende werde ich wieder in deiner Hand liegen.
Genauso nackt und hilflos,
aber doch mit der Zuversicht,
dass gerade dann eine unsichtbare Hand
mit Wärme und Güte meinen Weg leitet.
Barbara Berndt

O Herr, bitter ist das Brot des Alters und hart.
Wie erschien ich mir früher reich – wie arm bin ich nun, einsam, und hilflos.
Wozu tauge ich noch auf Erden?
Schmerzen plagen mich Tag und Nacht,
träge rinnen die Stunden meiner schlaflosen Nächte dahin;
ich bin nur noch ein Schatten dessen, der ich einmal war.

Ich falle den anderen zur Last.
Herr, lass genug sein.
Wann wird die Nacht enden und der lichte Tag aufgehen?
Hilf mir, geduldig zu sein.
Zeig mir dein Antlitz, je mehr mir alles andere entschwindet.
Lass mich den Atem der Ewigkeit verspüren, nun, da mir aufhört die Zeit.
Auf dich, Herr, habe ich gehofft, lass mich nicht zugrunde gehen in Ewigkeit.
Michelangelo Buonarotti (1475–1564)

Gebet mit älteren Menschen

Du guter und treuer Gott,
wir sind heute beisammen,
um deinen Zuspruch und deinen Trost zu erfahren.
Vieles haben wir in unserem Leben erlebt:
Gutes, das unser Leben froh und hell gemacht hat.
Schweres, das uns viel Kraft gekostet hat
und das wir teilweise im Nachhinein nicht missen möchten.
Und jetzt sind wir hier und spüren,
dass wir immer neu lernen möchten loszulassen.
Es fällt uns schwer.
Schwer ist es anzunehmen,
wie unsere Kräfte uns verlassen,
wie Krankheit unser Leben prägt.
Nicht einfach ist es, unsere Kinder ihr Leben leben zu lassen.
Du weißt um unsere Not, und darum bitten wir:
Komm uns mit deiner Güte entgegen,
damit wir all das Gute nie vergessen,
das uns geschenkt war und heute jeden Tag geschenkt wird.
Komm uns entgegen,
stärke uns im Vertrauen,
dass du uns im Leben und im Sterben

beim Namen rufst und all unser Stückwerk vollenden wirst.
So versuchen wir vertrauensvoll unser Leben in deine Hände zu legen.
Denn da ist es gut aufgehoben und geborgen.
Dafür danken wir dir durch Jesus Christus, unseren Heiland,
und in seinem tröstenden Geist.

Pierre Stutz

Wenn meine Kräfte schwinden

Nach Psalm 70

Herr, in den Tagen des Alters
stoße mich nicht beiseite.
Verlass mich nicht,
wenn meine Kräfte schwinden.

Ich höre über mich tuscheln,
die das Alter nicht verstehen.
Sie stecken die Köpfe zusammen und halten Rat,
was mit mir geschehen soll.

Gott, bleib bei mir, ja, komm und hilf!

Denn die, die mich entmündigen wollen,
sollen nicht Recht bekommen.
Die mich in ein Heim stecken möchten,
sollen nicht ans Ziel
ihrer Wünsche gelangen.

Ich verlasse mich auf dich, o Herr,
du wirst ihnen ihre dunklen Gedanken nehmen.

Lass mich deine Gerechtigkeit rühmen,
den ganzen Tag deine Hilfe.

Deine Macht will ich preisen
und dein gerechtes Walten.
Seit Kindesbeinen vertraue ich dir,
so ist es geblieben bin ins hohe Alter.
Gott, verlass mich nicht!

Du hast mir in meinem Leben
manche Mühsal auferlegt,
manche Last habe ich geduldig getragen.
Nun verleihe mir Kraft,
richte mich wieder auf,
gib mir meine Ehre zurück,
damit die nicht das letzte Wort behalten,
die nichts Gutes für mich planen.

Ich möchte dir danken, Herr,
meine Seele jubelt,
denn du hast sie erlöst.
Hermann Multhaupt

GEBET EINER ALTEN GEBRECHLICHEN FRAU

barmherziger gott!
komm mit auf die straßen hinaus
behüte mich wacklige alte
dass ich nicht über einen randstein stolpere
nicht stufen hinauf- oder hinunterfalle –
du weißt: meine knochen sind zerbrechlich geworden!
so schütze mich hinten wie vorne und rundherum
vor automobilen
vor fahrrädern die lautlos flitzen
vor rollschuh- und rollbrettfahrern
vor achtlosen ellbogenstößen
vor remplern und rüpeleien

vor schnellen entreißdieben natürlich
und bitte schön auch
vor abschätzigen blicken
vor schnippischen verkäufern verkäuferinnen
und vor der anrede »gute frau«!
komm mit
du mir stecken und stab
verlässlicher als der krückstock –
falls dies nicht etwa zu viel verlangt ist von dir
der du als gott aller menschen
ja längst schon genug
arbeit und plage hast mit uns

Kurt Marti

Werde ich auch einmal sagen dürfen am Feierabend meines Lebens: Es ist vollbracht; ich habe den Auftrag erfüllt, den du mir gegeben hast –? Werde auch ich dein hohepriesterliches Gebet dir nachbeten dürfen, wenn die Schatten des Todes auf mich fallen: Vater, die Stunde ist gekommen … ich habe dich auf Erden verherrlicht, indem ich das Werk vollbracht, das zu vollbringen du mir aufgetragen hattest. Vater, verherrliche mich nun bei dir (Joh. 17,1) –? O Jesus, mag der Auftrag, den der Vater mir gegeben hat, sein, wie er will – groß oder klein, süß oder bitter, Leben oder Tod –: gib, dass ich ihn vollbringe wie du, der du alles, auch mein Leben, schon vollbracht hast, damit ich es vollbringen könne.

Karl Rahner

Gebet eines Greises

Herr und Gott, gerechter Richter, schade um das Leben, doch es ist Zeit zu sterben. – Wenige von meinen Altersgenossen sind noch auf Erden zurückgeblieben – die Friedhöfe sind mit ihnen bevölkert. – Zuerst gingen die Meister und Verehrungswürdigen dahin, dann die älteren Brüder, dann die Freunde. Die einen traf es wie aus heiterem Himmel, den anderen schloss der Schlaf die müden Lider für immer. Von den einen sagt man: Das ist Gottes Wille. Von den anderen: Nun, es war auch längst Zeit für den Alten.

Ich weiß: Man muss Platz machen für die, die geboren werden und heranwachsen – sie sind reif geworden und hungern nach Taten. Für uns Alte bleibt die Stille. Und wo ist Stille stiller als im Grab?

Oft führe ich mit ihnen lange Gespräche – ich Lebender plaudere zu den Toten von alten Zeiten. Waren es gute Zeiten? Möchte ich die Wanderung noch einmal, von neuem beginnen? Es sei denn aus unmännlicher Furcht?

Herr und Gott, gerechter Richter – es ist schade um das Leben, um diesen Rest seiner erlöschenden Wärme und Freude. Ich mache nur noch kurze Schritte, lange brauche ich, um das Essen zu kauen, ich spreche ganz leise, ganz langsam kreist das Blut in meinen Adern – vielleicht reicht es noch für etwas länger? – Und es ist so schön, auf das Grün und die Sonne zu schauen; ringsum ist alles so tief und voll, so wichtig und weise.

Sonne und Grün – verstehen das die Jungen? – Ihnen scheint es, als müsste das so sein, als könnte es gar nicht anders sein. Sie begreifen nicht, was das bedeutet: der Tod *mäht;* sie kennen keine Demut, sie wissen nicht, was das heißt – das *Ende.* Sie kennen nur unwichtige Gefühle des Stolzes und des Trotzes, sie kennen ihre eigenen Bemühungen und Abrechnungen – sie wissen nicht, was das bedeutet: der Tod mäht dahin, was es bedeutet – das Ende.

Wir sind dir näher, gerechter Gott – sie haben es eilig, haben keine Zeit. Aber auch wir wissen nichts, bevor du uns nicht im ersten Augenblick des Todes das letzte Geheimnis des Lebens sagst; wir sind Kinder gegenüber dem kleinsten Sarg eines Säuglings. – Es eilt mir nicht damit, es kennen zu lernen; es wird von selber kommen – recht bald.

Ich habe keine Angst, es tut mir nur Leid: Ich hätte so gerne noch geschaut, gelesen, gesehen, erlebt, so interessant und neu ist alles, denn es kann das Letzte sein.

Ich danke dir, gerechter Richter, für mein hohes Alter. Ich habe die

Abschiedsstrahlen der Sonne kennen gelernt, das Gezwitscher der Vögel, ich habe die Liebe des alten Menschen kennen gelernt und die Hoffnung. Wieder ist alles Frühere anders, weil auf andere Weise neu. Auch du, mein Gott, bist anders, verkündest andere Frohbotschaften. – Gott, du gerechter Richter, es ist Zeit – ich weiß – ich möchte nur den herzlichen Händedruck des Abschieds hinauszögern – vor dieser neuen, unbekannten Pilgerfahrt.

Janusz Korczak

Beglückende und bedrückende Dinge des Lebens

Gib mir,
Herr,
die Gelassenheit,
die Dinge hinzunehmen, die ich nicht ändern kann!

Gib mir,
Herr,
den Mut,
die Dinge zu ändern, die ich ändern kann!

Und gib mir,
Herr,
die Weisheit,
das eine von dem andern zu unterscheiden!

Verfasser unbekannt

Beglückende Dinge des Lebens

Choral

Nun wird es Zeit zu danken
eh Herz und Auge bricht
für alle Gottesgaben
für Leben, Luft und Licht –

Zu danken für die Eltern
die mir in dieser Welt
die blinden Kinderfüße
auf graden Weg gestellt –

Zu danken für die Freundschaft
die mir zur Seite ging
und oft mit starken Armen
den Taumelnden umfing –

Zu danken für die Liebe
die ich so oft verriet
sie aber sang, die Treue
das ewge Lebenslied –

Zu danken für den Sohn
den die Liebe uns gebar:
er machte meinem Leben
kein einzges graues Haar –

Zu danken für die Enkel:
wie blüht das Leben fort!
Wie mir sei Gott euch gnädig
an jedem Lebensort –

Zu danken für die Freuden:
Wie war die Welt so schön
um staunend voll Entzücken
von Glück zu Glück zu gehn –

Zu danken für die Leiden
sie sühnten dunkle Schuld
und prüften Herz und Nieren
im Abgrund der Geduld –

Zu danken für die Tränen
des Lachens wie der Not:
die Not, ach, bittre Speise
das Lachen gut wie Brot –

Zu danken für die Gaben
der Kunst, der ich gehört
die mich seit Knabenjahren
besessen und betört –

Zu danken für die Vielen
die meinen Sinn erfühlt
und meine Sprache liebten:
für sie hab ich gespielt –

Dank für die Welt von Träumen
Dank für die Wirklichkeit
Dank, dass ich nie dem Nichts erlag
in dieser schwarzen Zeit –

Nun wird es Zeit zu danken…
Das Wort vermag es nicht!
Doch Du nimm den Verstummten
Herr, wortlos heim ins Licht.

Ernst Ginsberg

Aus Dankbarkeit

du sonnenaufgang
in meinen augen

du sonnenstrahl
im fließenden sein

du frühlingssonne
aus meinem herzen
Christian Hies

Ich danke Dir, mein Gott,

für alles Leben,
das ich aus Deiner Hand empfangen darf,

für all die Liebe,
mit der Du mir begegnest,

für all die Güte,
die Du mich spüren lässt.

Ich danke Dir, mein Gott,
ich bin Dein Kind.

Amen.
Kathrin Karban

*

Danke, dass ich Dir begegnen darf, o Gott!
Danke, dass Du mir den Weg zum Leben zeigst.
Danke, dass ich Dir vertrauen darf, und Du mich in die Freiheit meines Herzens führst.

Danke, dass Du im Leben – wie bei einem Mosaik –
liebevoll ein Steinchen zu dem anderen fügst.
Danke, dass Du mir für Augenblicke dieses Licht gewährst.
Danke, dass ich Dich jeden Tag erfahren kann.
Danke für die unendliche Sehnsucht; sie ist es,
die mich vorangehen lässt.
Danke für meine Familie, für alle, die mir begegnen.
Danke, dass ich meine Freude weiterschenken darf.
Danke für die Fröhlichkeit meines Herzens –
Dein Geschenk aus dem Glauben.
Danke für die Gabe, unter Tränen noch lachen zu können.
Danke, dass ich im Miteinander dieser Gemeinde leben darf.
Danke, dass wir in Deinem Sohn Jesus Christus Deiner Liebe so
nahe und unaufhörlich begegnen dürfen.
Danke, dass wir in Ihm Lebensnahrung empfangen können.
Danke, dass Du mitgehst mit uns
und uns birgst in Deinem liebenden Herzen.

Ja, Herr, wie könnte ich anders als mich aus
tiefster Seele freuen in Dir –
Deine Herrlichkeit preisen und
Dir dienen in Fröhlichkeit!
Amen.
Martin Thurner

Guter Gott,
bei dir zur Ruhe kommen – wie gut ist das!
Bei dir Abstand gewinnen von der Hektik des Alltags – wie
heilsam ist das!
Bei dir können wir das.
Dank sei dir dafür.
Dank sei dir für Jesus, der will, dass wir heil werden,
der will, dass wir wach werden
für dich und füreinander.

Seine tröstende und stärkende Gegenwart begleite uns heute,
alle Tage unseres Lebens.
Amen.
Andreas Lerch

Ich lebe

Mein Gott und Schöpfer.
Ich lebe.
Ich bin.
Ich bin Geschenk.
Ich bin ein mir Gegebener.
Ich bin Geschenk von dir.
Doch ich gehöre nicht mir.
Ich kann mich nicht besitzen.
Erst als Gabe für andere,
als Schenkender, gebe ich,
was in mir
nicht von mir,
sondern Geschenk ist von dir.
So werde ich zum Geschenk,
bin ich,
lebe ich.
Erst so bin ich bei mir
und gehöre zu dir;
denn so gibst du mir,
gibst du dich mir,
bist du bei mir,
bist du in mir,
bin ich eins mit dir,
du mein Gott.

Amen.
Stephan Wisse

Glück

Guter Gott,
du kennst unsere Sehnsucht nach Glück und Freude,
unser Ausschauhalten nach den Annehmlichkeiten des Lebens,
und du willst auch unsere Freude.
Öffne du unsere Augen, unsere Ohren und unser Herz,
damit wir die kleinen Freuden des Lebens nicht übersehen.
Lass sie uns Zeichen deiner Liebe sein,
Blumen im Geröll des Alltags.
Amen.

Andreas Lerch

Anfrage wegen Glück

I

Nicht das Glück, das Schweingehabt heißt, nicht das Los aus der Trommel, das Klopfen auf Holz: toi toi toi, nicht drei Schritte rückwärts, wenn die Katze schwarz über den Weg läuft, nein, kein Glückspilz, auch kein glücklich Davongekommener, kein Ritter des Glücks, keine rollende Kugel, kein Glück aus Karten, aus zerbrechlichem Glas, keine Strähne aus Glück, kein Zittern: das ging noch mal gut ab, toi toi toi – nein, nicht das Glück, das Schweingehabt heißt, das dich mundtot macht, Gott, doch ich frage, glücklos frage ich: welches Glück dann?

II

Hab ich dir eigentlich schon mal gesagt, Gott, wie glücklich ich war (wie soll ich's sonst nennen), als die hölzerne Eisenbahn, die Großvater mir schenkte, er war ein schweigsamer Mann, durch unser Wohnzimmer rollte, fast von selbst, sie fuhr von Rotkäppchens Haus zu Frau Holle oder nach Stedten, wo des Großvaters Schmiede, in Weinlaub versteckt, nach Kohlen, nach glühender

Asche roch und nach Schmieröl und wo ich die Hennen, die ihre Eier legten in die Spreukästen der Dreschmaschinen, zum ersten Mal gackern hörte? Hab ich das Himbeerwasser der Tante Walle erwähnt, das ich trank im Garten des Ichtershausener Gasthofs? Vergaß ich das stolze Gefühl, als ich, von Lehrer Lembcke geleitet, den ersten Satz: Das Gras ist grün, mit Tinte ins Klassenheft schrieb? Solltest du da mir nicht über die Schulter geschaut haben, Gott? Auch wenn ich früh gegen sieben nach Schnepfenthal ging, an den Klosterteichen vorbei, und den Grauspecht lachen hörte im dämmrigen Waldgrund? Ach, und das Mädchen, kurzrockig, in wollenen Strümpfen, das ich verehrte, doch niemals ansprach? Die Apfelernte, das Kühehüten mittags in Vockerodts Garten? Die Geigenstunde? Die Gänge zum Blumengeschäft Evers, wo ich Rosen verkaufte? Des Vaters Spiel auf der Orgel, sein Urlaub, als er verwundet, doch lebend kam aus der Panzerschlacht am Berg Kemmel, als er die Brahmslieder sang, die Löwe-Balladen – du erinnerst dich, Gott, es war das letzte Mal, dass er sang, doch ich war glücklich, auch wenn das Auge der Mutter, die deinen Engel, den strengeren Abschiedsengel, im Türschatten stehn sah, sich dunkler färbte. Entzückte das Rauschen der Fichten mich nicht, der Ausblick vom Hermannsstein, der Wirbel von Schnee, die frische Skispur am Rennsteig, Bechsteins Märchen und ach, das erste Gedicht? So, Gott, in deiner Obhut mich wähnend, gingen die Kindertage mir hin, und ich spürte den Hauch deines Atems nahe am Ohr, auch wenn ich Schmutzstiefel putzte im Waschhaus oder die Milch der Hungerjahre erbettelte zaghaft im Dorfe Ernstroda – immer den Schritt deiner Füße hörte ich neben mir dicht, und öfter noch, wenn ich stolperte, hobst du mich auf und sagtest: Geh doch, was kann dir passieren? Übermütig war ich und furchtlos, auch wenn die kindische Angst mich umtrieb, war dennoch unwandelbar froh, in deiner Nähe zu sitzen, von dir, wie der Pfarrer sagte, beim Namen genannt, und glücklich, sekundenweis glücklich – hab ich dir, Gott, doch du weißt es, das eigentlich schon mal gesagt?

III

Genügt nicht das Kleine, das Unscheinbare (oder wäre es groß, Gott, in deinen Händen): der Halm, der ohne zu fragen grün wird, der dunkle Weckruf der Ringeltaube, die Seife, die Dusche, das Prickeln der Haut, die Wolke am Morgenhimmel, die heitere Zeitung: Geschrei der Spatzen, das Hundegebell, das Rumpeln und Scheppern der Kübelmänner, Kaffeegeruch, das offene Fenster, Luft in den Lungen, kein Asthma, kein Kopfschmerz, kaltes Wetter, Schnee auf den Fichten, die Uhr, der Postkartenbote: Gruß aus Colombo, die Stimmen der Kinder, Stimme der Frau, ihr Lächeln, ihr Auge, ihr furchtloses Wort?

IV

Kann ich »Glück« sagen, Gott, ohne einzuschließen das Glück der Hungerskelette, zum Beispiel in Bangladesch, das Glück der Babys, getroffen von Bomben im Libanon gestern? Kann ich »Glück« sagen unbekümmert, ohne das Glück zu bedenken der Fische im Fluss, ohne das salzige Glück auch des mit der Keule erschlagenen Seehunds? Kann ich »Glück« sagen, leiser schon, ohne gleichzeitig zu meinen das Glück der gefolterten Hühner, ohne das Glück der Insekten, die, den Rüssel eintauchend arglos, am Nektar der Chemie-AG sterben? Nicht zu reden vom »Glück«, das der Mensch seinesgleichen antut: Kriege, Terror, Atom? Ach, und der Nachbar, der Krebs hat, kann ich sein langsam magerndes Glück übersehn, überhören sein Seufzen, sein Stöhnen, sein letztes Geschrei? Welcher Rest denn von Glück, Gott, das du gewollt hast, kommt mir noch zu? Wer bestimmt das? Kann ich ihn, selbst diesen Rest, im windstillen Winkel, ängstlich über den Teller gebückt, den Himmel absuchend nach dem Blitz des apokalyptischen Engels, kann ich, in deinem Kyrieleison versteckt, Gott, in deinem Absconditus-Schatten, den Rest verzehren wie eine mir zugeteilte, bekömmliche Speise?

Rudolf Otto Wiemer

Leben im Heute der Liebe Gottes

Heute

Heute,
ein gewöhnlicher Tag,
mit gewöhnlichen Menschen,
mit gewohnter Arbeit,
mit gewohnten Kleinigkeiten,
mit dir, dem Gott meines Lebens.

Heute,
ein guter Tag,
mit guten Ideen,
mit guten Gesprächen,
mit guten Gefühlen und Gedanken,
mit dir, dem Gott meines Lebens.

Heute,
ein schwerer Tag,
mit schweren Sorgen,
mit schweren Belastungen,
mit schweren Niederlagen,
mit dir, dem Gott meines Lebens.

Heute,
ein schöner Tag,
mit schönen Überraschungen,
mit schönen Begegnungen,
mit schönen Erinnerungen,
mit dir, dem Gott meines Lebens.

Heute,
ein All-tag,
ein Tag mit dir, dem Gott meines Lebens.
Paul Weismantel

Tag und Nacht

In jedem Funken Hoffnung,
in jedem winzig kleinen Lichtblick,
in jeder noch so scheuen Zuneigung
bist du, mein Gott, bei Tag und Nacht.

In allem Bemühen um Frieden,
in allen Gedanken der Versöhnung,
in allen Worten der Vergebung
wirkst du, mein Gott, bei Tag und Nacht.

In jeder Sehnsucht noch Wahrheit,
in jedem Versuch der Befreiung,
in jedem Dienst für Gemeinschaft
hilfst du, mein Gott, bei Tag und Nacht.

In allem guten Willen,
in allen Neuanfängen,
in allem Unscheinbaren
waltest du, mein Gott, bei Tag und Nacht.

In jeder Höhe und Tiefe,
in jeder Frage und Antwort,
in jedem Herz und Gesicht
bleibst du, mein Gott, bei Tag und Nacht.
Paul Weismantel

Du Leben meines Lebens

Wie gut,
in Deinen Augen kostbar zu sein
und in Dir, dem Leben meines Lebens,
leben zu dürfen …

Wie gut,
innezuhalten und da zu sein
und in Deiner Gegenwart zu verweilen …

Wie gut,
dass Du uns »Leben und Atem und alles« gibst
und wir staunend und dankend leben können …

Wie gut,
mit all meinen Grenzen von Dir umfangen zu sein
und bittend mich von meiner Sehnsucht leiten zu lassen …

Wie gut,
offenen Auges meine Wirklichkeit zu sehen,
sie von Dir anschauen zu lassen
und wahr und frei zu werden …

Wie gut,
so wie ich bin, von Dir angenommen zu werden
und versöhnt neue Lebensmöglichkeiten
zu entdecken …

Wie gut,
immer neu meinen Alltag liebend gestalten zu dürfen
und Dich in allem und alles in Dir
zu suchen und zu finden … Amen.
Willi Lambert SJ

O
Herr

könnte ich sie nur öfters sehen
DEINE
unbegrenzte liebe

nur manchmal
lasse ich den himmel
mein dach sein

einen schirm aufgespannt
weit über dem was ich sein darf

schau hinauf
den kopf im nacken
und lass meine seele zu dir fliegen

Philippa Kalkbrenner

Welch grosser Trost, Herr,

zu wissen,
dass Du keine Erfolge forderst,
keine Erträge eintreibst.
Aber Du verlangst,
dass wir uns nicht schonen,
dass wir unser Bestes geben,
ohne Überheblichkeit,
ohne Eitelkeit,
ohne Stolz,
die alles zunichte machen.
Vielleicht zählt für Dich
in unserem Leben
vor allem der Wunsch,

froh, gelassen, glücklich
zu Dir zu gelangen
ohne den Ruhm des Siegers.
Dom Helder Camara

In Sehnsucht nach dir

Berühre du, o Gott,
die Gipfel meiner
Gedanken, damit in
den Tälern und Tiefen
meiner Seele deine
Saat wachse und reife.

Belebe du, o Gott,
die Kräfte meines
Herzens, damit darin
all das bewahrt bleibe,
womit du mich so reich
beschenkst.

Verwandle du, o Gott,
das Dickicht meiner
Trübsal, damit ich dein
heilsames Licht ausstrahle,
dort, wo ich
stehe.

Besiege du, o Gott, die
bösen Geister und
Gedanken in mir,
damit ich freimütig und
aufrichtig dir und den
Menschen diene.

Beflügle du, o Gott,
die Schwingen meiner
Fantasie, damit ich
nicht müde werde,
über dein Wirken zu
staunen.

Bestärke du, o Gott,
das Schwache in mir,
damit ich behutsam
und tatkräftig mich
einsetze für die Bewahrung
des Lebens.

Paul Weismantel

Ursprung des Lichtes

Gott des unvergänglichen Lichtes,
erleuchte die Tiefen meiner Seele
und durchdringe die Finsternis meines Herzens.

Entfache in mir das Feuer deiner heiligen Liebe,
damit durch mich ein wenig mehr Wärme und Güte
zu den Menschen meiner Umgebung kommt.

Entzünde in mir jene Glut, die beständig leuchtet,
damit die Asche des Alltags sie nicht erstickt.

Belebe in mir das Feuer der Begeisterung,
damit die Trägheit mich nicht schwerfällig macht.

Erneuere in mir die Kräfte deines Geistes,
damit die Schwachheit mich nicht lähmt.

Entsorge in mir allen Unrat,
damit ich mehr Raum für dich habe.

Durchströme mich mit deinem göttlichen Glanz,
damit er sich in meinen Augen widerspiegelt.

Befreie mich aus dem Zwielicht der Zerrissenheit,
damit ich ein ganzer Mensch werden kann.

Ergreife mich hinein bis in die verborgenen Dunkelheiten,
damit ich entschieden und lauter meinen Weg gehe.

Tauche mich ein in den Ursprung deines Lichtes,
damit ich niemals vergesse, daraus zu leben.
Paul Weismantel

DU MEINE SONNE

Schritt für Schritt,
ich genieße
jeden Augenblick.
Rosen lüften
das Geheimnis
deiner Nacht.
In deiner Stille
schau ich
tausend Sterne.
Mit dir spring ich
über die Hemmschwelle
ins Licht.
Christian Hies

Auf dem Weg zu Dir

Über Berge und Wälder
dem Himmel
nahe gegangen –
gestärkt
Deines göttlichen Odems –
versunken
im Licht Deines Antlitzes
glauben
vertrauen –
spüren
Du hältst mich fest
in Deinen Armen –
ich falle tief
in Deine gütigen Hände –
Geborgenheit
Christian Hies

Heiterkeit

Ich blicke dem Himmel
ins trübe Angesicht

Du meine Hoffnung
durchbrichst meine Einsamkeit

Deine Sonnenstrahlen
erden mich durch Heiterkeit
Christian Hies

Bedrückende Dinge des Lebens

Quälende Angst

Du kennst unsere verborgensten Ängste

Psalm 139

Barmherziger Gott,
von allen Seiten umgibst du uns mit deiner Güte
und hältst deine Hand liebevoll über uns.
Warum können wir das nicht begreifen,
warum scheinst du uns manchmal so bedrohlich,
dass wir deine Nähe fliehen
und uns losreißen wollen von dir?

Gott,
du kennst unsere verborgensten Ängste.
Du verstehst,
was wir oft nicht einmal selbst verstehen,
du wirbst um uns,
bis wir zur Besinnung kommen,
bis wir dich suchen
und uns deiner Zärtlichkeit
endlich überlassen.
Hab noch Geduld mit uns, Gott,
gib uns nicht auf!

Sylvia Bukowski

STIMME UND STIMMEN

ich werde ganz still vor dir
ich höre in mich hinein
denn ich weiß dass du mit mir redest

doch dann kommt mit der stille
auch die angst
und mit deiner stimme
kommt auch das durcheinander

herr ich höre dinge in mir
ich höre vorschläge und überlegungen
die nicht von dir sind
ich weiß es
denn ich höre auch deine stimme
die mir sagt
dass das andere nicht von dir kommt

aber herr
da hinein kommt meine angst
denn oft weiß ich nicht
was nun wirklich von dir ist
und was ich abtun soll

herr ich habe keine angst
deinen willen zu tun
aber ich will nicht das tun
worüber ich ein schlechtes gewissen habe
und was mir darum zuerst in den kopf kommt
denn auch mein gewissen
ist nicht immer von dir geprägt

mach mich fähig zu unterscheiden

Ulrich Schaffer

ICH HABE MEINE ANGST VERLOREN

gott
du nichts
du alles
du in allem der rest
du lücke
du bruchstelle in einer perfekten welt
du in meiner letzten wüste verdunstet

gott
du irrsinn
du wahnsinn
du sinn

gott
du irrsinn
du wahnsinn
du sinn

gott
du irrsinn
du wahnsinn
du sinn

du jenseits unserer sinne

ich habe
die angst verloren
nicht plötzlich gestern
im supermarkt

ich habe
die angst verloren
nicht stehen lassen

wie meinen schirm
in der straßenbahn

ich habe
die angst verloren
nicht hängen lassen
wie meinen hut
beim friseur

ich habe
die angst verloren
nicht verlegt
wie meine brille

ich habe
die angst verloren
nicht wie mein geld
bei der inflation

ich habe
meine angst verloren
mit der zeit
meine angst vor dem tod
meine angst vor dem leben
meine angst vor den menschen
meine angst vor meinem gott

gott hat angst
vor so viel macht
und übermacht

die macht ist nicht mehr
göttlich
die macht ist
zum teufel gegangen

jetzt sitzt sie zur rechten
des teufels

ich habe
meine angst verloren
als ich menschen fand
Wilhelm Willms

FÜRCHTET EUCH NICHT!
(Joh 6,20)

Viele Ängste, Herr, belasten mein Leben. Da ist die Angst, ob ich mein Leben richtig vor dir geführt habe; was du am Tage der Rechenschaft über die vielen versäumten Gelegenheiten zum Guten sagen wirst; wie du das Mangelhafte und Böse aus meinem Erdenleben wägst.

Da sind Ängste, die meine irdische Zukunft betreffen. Wie wird es weitergehen, wo so vieles ungesichert ist? Wie wird mein Lebensabend aussehen? Wie wird es um meine Gesundheit stehen? Werde ich Alter und Beschwerden, Schmerzen und vielleicht das Gefühl, nicht mehr gebraucht zu werden, verkraften können?

Ängste betreffen natürlich auch die Menschen um mich. Habe ich mich ihnen gegenüber wirklich richtig verhalten? Durften die Meinen, die du mir anvertraut hast, durch mein Leben deine Nähe erfahren und so sicheren Halt finden? Viele bereiten mir Sorgen über die Weise, wie sie ihr Leben führen und deuten. Entfernen sie sich von dir, Herr? Zählen für sie andere Werte mehr als das Vertrauen auf dich? Legen sie nicht auf Vergängliches mehr Wert als auf dich?

Auch die Zukunft unserer Welt bereitet mir Sorge. Werden Menschen es lernen, in Frieden zusammenzuleben und Ungerechtigkeiten abzubauen? Wird unsere Erde immer mehr Menschen ernähren können? Finden alle Arbeit, Brot und Menschenwürde? Werden wir in der Lage sein, unseren Lebensraum zu erhalten, oder programmieren wir eine frühere oder spätere Selbstzerstörung vor?

Du, Herr, kennst meine Ängste. Auch die Jünger im Boot meinten, du würdest sie untergehen lassen. Deine Nähe aber schenkte ihnen Sicherheit und Rettung. Jesus Christus, auch mir rufst du zu, dass ich alle meine Sorgen auf dich werfen soll. Mit dir brauche ich mich nicht zu fürchten. Du wirst mich und alle deine Geschöpfe retten. Du bist mit mir. Wer könnte dann gegen mich sein?

Danke, Herr.
Wolfgang Oberröder

Herr, du weißt,
wie oft wir verschlossen und verriegelt sind.
Meine Augen sind blind für dich, für die Menschen um mich.
Meine Ohren sind taub – mein Herz ist stumm!

Herr, ich komme heute zu dir, um in deinem Licht,
mit deiner Hilfe meine Verschlossenheit zu lösen.
Denn *du* stehst vor meiner Tür, um mich zu erlösen.

Herr, du kennst mich, du weißt um mich:
Ich habe mich eingeschlossen in meine Bedürfnisse und Wünsche,
in meine Sorgen und meinen Ärger,
meine enttäuschten Hoffnungen, mein vergebliches Mühen.
Herr, ich vergesse so oft, dass du es bist, der mir Heil schenkt,
dass du es bist, der meine Hoffnung erfüllt.
Herr, öffne du meine Verschlossenheit,
damit dein Friede bei mir einziehen kann.

Herr, du kennst mich, du weißt um mich:
Wir haben die Türen zueinander versperrt.
Unseren Gesprächen und Begegnungen fehlt die Liebe.
Wir haben verlernt, aufeinander zu hören,
den anderen gelten zu lassen.
Wir haben oft zu wenig Geduld füreinander.

Herr, ich vergesse immer wieder,
dass wir alle ein Gedanke deiner Liebe sind,
dass du es bist, der jeden von uns beim Namen ruft.
Herr, hilf uns, die Türen zueinander zu öffnen,
damit dein Heil und dein Friede bei uns wohne.
Martin Thurner

Schwindender Sinn

Gebet

Herr,
verstrickt in viele
Netze, Notwendigkeiten
und Pflichten,
erkennen wir oft nicht mehr
den roten Faden Sinn.

Herr,
gebunden an viele
Kreuze, Sorgen
und Ängste,
suchen wir oft vergeblich
nach dem roten Faden Sinn.

Herr,
geblendet von vielen
Bildern, Verführung
und Reklame,
finden wir kaum noch
den roten Faden Sinn.

Herr,
zerrissen von vielen
eigenen Wünschen und
Anforderungen von außen,
suchen wir verzweifelt
nach dem roten Faden Sinn.

Schenk Du ihn uns,
schenk ihn aus Deinem Wort.
Amen.
Alois Albrecht

GEBET

Herr,
dass unser Leben
mehr werde als
ein hektischer Ablauf
von Stunden, Tagen,
Jahren und Jahrzehnten,
danach sehnen wir uns:
nach Sinn und Erfüllt-sein.

Herr,
dass unser Leben
mehr werde als
ein ungeordneter Haufen

von Gedanken, Wünschen,
Begierden und Erwartungen,
danach sehnen wir uns:
nach Sinn und Ziel.

Herr,
dass unser Leben
mehr werde als
eine zufällige Reihe
von Handlungen, Taten,
Werken und Leiden,
danach sehnen wir uns:
nach Sinn und Gelingen.

Herr,
dass unser Leben
mehr werde als
ein verworrenes Knäuel
von Beziehungen, Sympathie,
Miteinander und Gegeneinander,
danach sehnen wir uns:
nach Sinn und Liebe.

Herr,
dass unser Leben
mehr werde,
die Erfahrung von Sinn
darin sei,
danach sehnen wir uns,
darum bitten wir.
Amen.
Alois Albrecht

Sieh hinter die Masken, die wir tragen

Psalm 42

Gott, es gibt so viel ungestillte Sehnsucht,
Sehnsucht nach Beachtung,
nach Anerkennung, nach Liebe,
Sehnsucht nach dir.

Es gibt so viele unbeantwortete Fragen,
Fragen nach dem Sinn des Lebens
und nach dem Sinn unbegreiflichen Sterbens,
Fragen nach unserer Zukunft.
Fragen nach dir.

Es gibt so viel Schuld,
Schuld, von der wir wissen,
Schuld, die wir verdrängen,
Schuld, die uns verzweifeln lässt,
weil sie uns trennt
von anderen Menschen
und von dir.

Gott,
wir bitten dich,
sieh uns an,
sieh hinter die Masken, die wir tragen,
und still unsere Sehnsucht.
Antworte auf unsere Fragen
und vergib uns unsere Schuld.

Sylvia Bukowski

Gesuchter Weg

Wenn ich keinen Weg erkenne

Es gibt keine Ausweglosigkeit
für die, die zu Christus gehören.
Was sich unserem Auge
als unüberwindliches Hindernis darstellt,
kann von ihm be-wegt werden.

Ich weiß nicht,
was ich tun soll.
Ich bin gänzlich überfordert.
Ich kann mich der Entscheidung
nicht länger entziehen,
mein Gott,
und das ängstigt mich,
denn ihre Folgen
sind nicht überschaubar.
Mein Leben wird in ganz tiefer Weise
geprägt werden
von diesem Entschluss.
Ich trage eine so schwere Verantwortung,
denn immer wird meine Entscheidung
das Schicksal anderer Menschen mit betreffen.

Ich kann nicht stehen bleiben,
und doch erkenne ich
keinen Weg.
Ich muss eine Richtung einschlagen,
ohne zu wissen,
ob sie sich zum Weg öffnen
oder sich als Irrweg erweisen wird.

Wie ich auch entscheide,
es wird kein Zurück geben.

Mein Gott,
ich bitte dich,
hilf mir zurecht
im Chaos meiner Gedanken.
Zerrissen bin ich
und weiß nicht ein noch aus.
Gib mir ein weises Herz.
Lass mich tapfere Schritte tun.
Du weißt den Weg.
Leite mich.
Ich vertraue dir.
Sabine Naegeli

Wohin soll ich gehen, Herr?

wohin soll ich gehen, herr?

meine gedanken irren umher
sie haben den weg verloren
sie suchen aus dem inneren gestrüpp auszubrechen
sich einen weg zu bahnen
wohin führt mein weg?
über wüstenstreifen hinweg in fruchtbares, blühendes land?
über steinige, staubige wege
durch dunkle wälder
durch einöden und gestrüpp
auf wiesen, die im sonnenglanz stehen
führt dahin mein weg?

wohin soll ich gehen, herr?

meine gedanken stocken und kommen nicht weiter
sie stehen still
sie stoßen an grenzen meiner selbst
sie stoßen sich an widerständen
sie wollen weiter
sie wollen zur klarheit
ins licht
zur sonne

wohin soll ich gehen, herr?

ich weiß nicht weiter herr
ich habe angst wider alle widerstände meinen weg zu gehen
ich habe angst wider alle widerstände gegen den strom zu schwimmen
ich habe angst dich zu verpassen, den augenblick
in dem du mir sagst
kehr um oder geh weiter, hab keine angst, ich bin bei dir
herr ich wanke wie petrus als er über das wasser ging
herr ich habe angst über wasser zu gehen
mich auf glatteis zu begeben
mich total in frage stellen zu lassen

wohin soll ich gehen, herr?

ich suche fühle horche warte auf zeichen hin-weise
wohin führt dieser weg?
wohin
in welche richtung
auf wen zu
auf dich vielleicht?
ich will sicherheit, aber es gibt sie nicht
ich will dass andere sich für mich entscheiden
aber auch das gibt es nicht
ich weiß es

aber ich bin in mir gefangen
aber ich bin in mir eingeschlossen
habe angst neuland zu betreten
habe angst mich auf dich einzulassen
ganz auf dich auf deine führung
habe angst an dieser weggabelung der entscheidung
zu stehen und sagen zu müssen
ich will, ich muss
mich so entscheiden!
vater nimm von mir alle traurigkeit
alle beklemmung, alles was mich einengt
mich zu erdrücken sucht
vater nimm von mir alle schuld
alles versagen all meine fehler
all meine armseligkeit und begrenztheit
vater gib mir mut und kraft
zu warten, mich in geduld zu üben
lass mich einsehen dass meine schwachheit
auch eine stärke sein kann
mach mich immer mehr offen und frei für den weg
den du mich gehen lassen willst
den du mir zeigst
lass mich nicht verzweifeln
oder gar an mir zugrunde gehen
lass mich vielmehr erkennen lernen
dass ich ver-rückt bin
aus der bahn der gewohnheit geworfen bin
aus der bahn der sicherheit –
vater – aber es wird die frage bleiben
warum?
es wird der zweifel bleiben und an mir nagen
warum mit mir
warum gerade jetzt
lass mich doch in ruhe und frieden
dann muss ich glauben

dass du mich hältst und trägst
dass du ganz bei mir bist
auch in meiner schwachheit
ja gerade erst in meiner schwachheit
denn erst wenn ich unten bin
kannst du mich aufrichten
dann muss ich glauben
dass du mich verstehst trotzdem oder gerade weil
dass du mich nicht ablehnst und unverständnis zeigst
dass du mit mir mitgehst
bis hin zur entscheidung und noch viel weiter
dass du mein freund bist
ein freund der immer da ist
ein freund der mich niemals aufgeben wird
der immer und immer und immer wieder für mich da ist
in meiner schwachheit
der mich *ganz* liebt
der mich *ganz* annimmt
der mich *ganz* versteht
ja – glauben muss ich lernen
jeden tag von neuem
immer wieder von vorn beginnen
nie am ende sein
sondern immer am anfang
nie *auf-geben*
vielmehr mich *hin-geben*
lass mich in meiner schwachheit stark sein
lass mich froh sein
über die menschen die mir brot sind
auf meinem weg durch die wüste
die mir licht sind in meiner dunkelheit
die mir wasser sind auf dem weg durch die dürren
die mir zeichen sind dass ich nicht allein gelassen bin
die mir hilfe, stütze und korrektiv sind
für meine unzulänglichkeit

und meine begrenztheit
ja – ich will froh sein
ja – ich will froh werden
ver-suchen will ich es
ausbrechen aus mir
aus mir heraus
aus meiner enge und kurzsichtigkeit
klarer sehen will ich
dunkelheit erleuchten
sehen dass es einen weg gibt der mich herausführt
aus mir heraus zu dir
aus mir heraus zu den menschen
ver-suchen will ich es
suchen will ich dich
suchen die entscheidung
lernen will ich anzunehmen zu empfangen
leben will ich
einfach leben
nicht allein
nein
mit der liebe
mit dir
mit dem menschen den ich liebe
mit mir
danken will ich
für dich
für die menschen
für die liebe
Manfred Langner

Mangelndes Selbst- und Gottvertrauen

Sein, der ich bin

Unerbittlich
zu immer neuen Leistungen dich antreibend:
der Richter in dir.
Tag für Tag
wirst du verklagt, entwertet.
Tag für Tag:
du musst, du sollst.
Vernichtigt wird,
was dir gelang,
gebrandmarkt dein Versagen.

Gerichtet ist der Richter.
Weißt du es nicht?
Der aller Richter Richter ist,
der hat dich freigesprochen.

Mein Gott,
ich stelle so überhöhte Ansprüche an mich.
Nie kann ich ihnen gerecht werden.
Immer bleibe ich weit hinter dem zurück,
der ich gern sein möchte.
Meine Erschöpfung wächst von Tag zu Tag.
Heile mich von allem falschen Ehrgeiz.
Weil ich dir wichtig bin,
muss ich mich nicht wichtig machen.
Weil ich dir wert bin,
muss ich mir nicht selber einen Wert geben.
Ich darf sein, der ich bin.
Dank sei dir.

Sabine Naegeli

Mit Liebe will ich annehmen

Hilf mir, Herr, Einsicht zu gewinnen
und dem, was Du mir zeigen magst,
nicht mit Abwehr und Vorurteil zu begegnen,
nicht mit Verwirrung und Enttäuschung,
nicht mit Bitterkeit und Schuldgefühlen,
nicht mit Selbstzweifel und Selbstverleugnung.

Mit Deiner Hilfe werde ich
voll Liebe und voll Freude, voll Offenheit und Neugier,
voll Vertrauen und Vergebung, voll Verständnis und voll Mut
Dich und mich selbst und das Leben
aus ganzem Herzen annehmen.

Durch Dich werde ich lernen,
meine Kraft, die von Dir kommt, anzunehmen,
der Sicherheit, die Du mir gibst, zu vertrauen,
die Aufgaben, die Du mir stellst, mutig anzugehen.

Denn Du bist die Wahrheit, die Liebe und das Licht,
das mir mein Herz mit Heiterkeit und Freude erleuchtet.
Du, Gott, bist mein Weg.

Amen.

Pater Eusebius Erlenspiehl

Lass unsere Seele aufatmen
Psalm 31

Barmherziger Gott,
nicht nur Feinde von außen bedrohen uns,
der schlimmste Feind
verbirgt sich manchmal in unserem Innern,

flüstert uns Angst ein,
untergräbt unser Selbstbewusstsein
und verbietet uns die Sehnsucht nach Glück.
Du bist nichts wert,
macht er uns glauben,
du kannst nichts,
du taugst nichts,
du hast kein Recht, stolz zu sein auf deine Erfolge.
Mit vielen Stimmen
redet er uns unsere Lebensfreude kaputt,
und fromme Sprüche benutzt er gerne,
um unsere Seele niederzuhalten.
Gott, wir sind diesem Feind so wenig gewachsen!
Wir schaffen oft nicht einmal,
ihn zu enttarnen,
geschweige denn,
ihn zu besiegen.
Bis in die Träume verfolgt er uns,
und selbst in Augenblicken des Glücks
gelingt es ihm manchmal,
uns zu überfallen.

Gnädiger Gott, wir bitten dich:
Befrei uns aus seinem Würgegriff.
Lass unsere Seele aufatmen
unter deinem Zuspruch.
Denn du sagst doch ja zu uns.
Dir sind wir recht
auch mit unseren Schwächen,
du vergibst uns unsere Schuld,
damit wir leben können
aufrecht und fröhlich.
Gott, stärke uns
durch dein Erbarmen.

Sylvia Bukowski

Gott, es gibt Menschen,
die fast ihre gesamte Anstrengung
aufs Haben-Müssen richten.
Sie wollen mit den anderen mithalten,
doch sie merken: Das geht nicht.
Und darunter leiden sie sehr.
Sie haben deren Klugheit nicht.
Sie haben deren Chancen nicht.
Sie haben deren Image nicht.
Sie haben deren Finanzen nicht.
Sie haben deren Raffinesse nicht.
Gott, es gibt überall um uns her
Menschen, die deswegen leiden.
Sie leiden darunter,
nicht versagen zu dürfen.
Sie leiden darunter,
ein Versagen nicht zeigen zu dürfen.
Sie leiden darunter,
sich bei einer Schwäche
nicht ertappen lassen zu dürfen.
Sie leiden darunter,
immer siegen zu müssen.
Es sind Kinder und Eltern.
Es sind Lehrer und Schüler,
Lehrling und Meister.
Es sind Freundin und Freund.
Ein jeder meint,
sich dem anderen beweisen zu müssen
durch das, was er hat.
Gott, mitschuldig daran sind wir alle:
wir mit unserem »Geist des Habens«.
Uns gilt bloß der etwas,
der voll und ganz hat,
und wer einmal nicht hat und versagt,
der ist uns nicht liebenswert.

Gott, hilf uns erkennen,
was Augustinus erkannte:
Quia amasti me, fecisti me amabilem!
Liebenswert bin ich allein deswegen,
weil ich ein von dir, Gott, Geliebter bin.
Du liebst mich,
und das ist es, was mich liebenswert macht.
Du liebst meine Mitmenschen,
und das macht sie liebenswert.
Gott, hilf uns,
das, was wir erkannt haben, auch zu leben!
Es geht dir um unser Freisein
für jenes Lieben, mit dem du angefangen hast,
unsere kalte schwerfällige Welt
in Bewegung zu bringen.
Es geht dir um unser freies
und eben dadurch ungehindertes Mitmachen
in dieser Bewegung.
Dir, Gott, liegt daran,
in diese unsere oft so harte Welt hinein
dein Liebeslied zu spielen.
Engelbert Groß

DIE ARME KOMMUNION

Mein Gott, ich liebe Dich nicht, ich wünsche es nicht einmal, ich langweile mich mit Dir. Vielleicht glaube ich nicht einmal an Dich. Aber blicke mich an im Vorübergehen.
Tritt einen Augenblick in meine Seele, bring sie in Ordnung mit einem Hauch, unauffällig, ohne mir etwas zu sagen.
Wenn Du möchtest, dass ich an Dich glaube, bring mir den Glauben. Wenn Du möchtest, dass ich Dich liebe, bring mir die Liebe mit. Ich, ich habe sie nicht, und ich kann nichts dafür. Ich gebe Dir, was ich habe: meine Schwäche, meinen Schmerz. Und diese Zärtlichkeit, die mich quält und die Du so gut siehst… Und diese Verzweiflung… Und diese verwirrte Scham.
Marie Noël

KOMMUNION

Da bist Du, mein Gott. Suchtest Du mich? Was willst Du von mir? Ich habe nichts, was ich Dir geben könnte. Seit unserem letzten Zusammensein habe ich nichts für Dich auf die Seite gelegt.
Nichts, nicht eine gute Tat. Ich war zu träge.
Nichts, nicht ein gutes Wort. Ich war zu traurig.
Nichts als den Überdruss am Leben, die Langeweile, die Unfruchtbarkeit.
Gib!
Die Hast, an jedem Tage das Ende des Tages zu sehen, ohne zu etwas zu nützen; die Sehnsucht nach Ruhe, weit weg von aller Pflicht und Arbeit, das Lossagen vom Wohltun, der Überdruss an Dir, o mein Gott!
Gib!
Die Starre der Seele, die Gewissensbisse wegen meiner Schlaffheit, die größer ist als alle Gewissensbisse…
Gib!
Das Verlangen nach Glück, die Sehnsucht, die erschöpft, den

Schmerz, ich zu sein ohne Hilfe...
Gib!
Verwirrungen, Schrecken, Zweifel...
Gib!
Herr! Da sammelst Du wie ein Lumpensammler Abfall und Unrat.
Was willst Du daraus machen?
»Das Himmelreich.«
Marie Noël

Herr, unser Gott! Du bist groß, hoch und heilig über uns und allen Menschen. Und nun bist du gerade darin so groß, dass du uns nicht vergessen, nicht allein lassen und trotz allem, was gegen uns spricht, nicht verwerfen wolltest. Nun hast du uns in deinem lieben Sohn Jesus Christus, unserem Herrn, nicht weniger als dich selbst und alles, was dein ist, geschenkt. Wir danken dir, dass wir am Tisch deiner Gnade deine Güte sein dürfen unser Leben lang und in Ewigkeit. Wir breiten jetzt vor dir aus alles, was uns Mühe macht: unsere Fehler, Irrtümer und Übertretungen, unsere Betrübnisse, unsere Sorgen, auch unsere Auflehnung und Bitterkeit – unser ganzes Herz, unser ganzes Leben, das du besser kennst als wir selber. Wir legen alles in deine treuen Hände, die du in unserem Heiland nach uns ausgestreckt hast. Nimm uns, wie wir sind, richte uns Schwache auf, mach uns Arme reich aus deiner Fülle.
Karl Barth

Herr, unser Gott! Wenn wir Angst haben, dann lass uns nicht verzweifeln! Wenn wir enttäuscht sind, dann lass uns nicht bitter werden! Wenn wir gefallen sind, dann lass uns nicht liegen bleiben! Wenn es mit unserem Verstehen und unseren Kräften zu Ende ist, dann lass uns nicht umkommen! Nein, dann lass uns deine Nähe und deine Liebe spüren, die du ja gerade denen verheißen hast, deren Herz demütig und zerschlagen ist und die sich fürchten vor deinem Wort.
Karl Barth

Lebensbrüche

Schuld, Umkehr, Verzeihung

Herr, ich habe meine Schuld
heruntergeredet und sie geleugnet,
sie verdrängt und anderen angedichtet;
ich habe sie als Droge verwendet,
mit ihr kokettiert und gespielt,
sie gepriesen und verehrt;
sie hat mich verwundet,
gezeichnet und müde gemacht.
Da wusste ich noch nicht,
dass Du sie geschenkt haben wolltest.

Bernhard Meuser

Gegen Ausflüchte

Klebe mir, Gott, den Mund nicht zu mit
Unmut oder mit kindischem Trotzen,
öffne, der du die Stammelnden liebst,
ihn der geläufigen Rechtfertigung
nicht, lass mich sagen unter allen, die
schuldlos sich wähnen, die Gründe haben,
die hinter den Argumenten wie hinter
Liguster, der ständig nachwächst, dreist
sich verstecken, lass mich, ausgesetzt dem
Gezeter, den zeigefingrigen Pfeilen,
auch wo ich sie fürchte, heraustreten
aus dem Gestrüpp, lass mich nicht sagen:
Gesellschaft, nicht: Vater und Mutter, nicht:

Verführung, lass mich, wohl wissend, dies alles
ist zu bedenken, lass mich sagen, Gott:
Ich bin schuld.
Rudolf Otto Wiemer

Schuld

Herr, es ist so unendlich schwer,
Gut und Böse zu erkennen.
Wir bemühen uns täglich.
Und wir erleiden es jeden Tag,
dass man die Schuldigen nicht unterscheiden kann
von den Unschuldigen.
Wer in Schuld gerät,
braucht nicht böse zu sein,
wer unschuldig ist, nicht gut.

Wer kennt deinen Willen?
Wer hilft uns, zu unterscheiden
zwischen deinem Willen und dem unseren?

Vieles, was unseren Vätern heilig war,
was sie für deinen Willen hielten,
ist für uns nichts weiter
als eine überholte Meinung unserer Väter.
Manches, was unsere Väter bekämpften,
weil sie meinten, es sei böse,
könnte heute unser Auftrag sein.
Herr, was ist dein Wille?

Viele Menschen wollen deinen Willen tun
und dienen doch, ohne es zu wissen,
sich selbst.
Wie sollen wir unsere Schuld erkennen,

wenn wir uns um deinen Willen bemühen
und unsere Tat doch aus Unglauben erwächst?

Wir haben uns diese Verwirrung nicht gewählt.
Du hast uns hineingestellt.
Wir klagen dich nicht an,
sondern beugen uns vor dir
und bitten dich um Klarheit.

Handle du durch uns.
Du allein weißt, was gut ist
in dieser verwirrten Welt
und in unserem ratlosen Herzen.

Herr, wir prüfen uns.
Wir bekennen dir unsere Schuld.
Wir bereuen, was wir getan haben,
und du vergibst uns.

Und doch bleibt alles beim Alten.
Das, Herr, ist es,
was uns den Mut nimmt.
Wir werden nicht besser vor uns selbst
und nicht glaubwürdiger in den Augen der anderen.

Wir reden von Freiheit und bleiben gebundene Menschen.
Wir halten uns fest an unserer eigenen Moral
und erstarren in unseren Grundsätzen.
Wir verkaufen unsere Freiheit
um das Linsengericht der Rechtschaffenheit.

Immerfort denken wir an unsere Sünden
und werden sie gerade dadurch nicht los.
Wir wühlen in unserer Vergangenheit
und bringen, was gewesen ist,
nur noch mehr in Verwirrung.

Herr, wir haben diese Last nicht gesucht.
Du hast sie uns auferlegt.
Damit klagen wir dich nicht an,
sondern beugen uns dir.
Wir glauben nicht mehr an unseren Fortschritt,
sondern an dich und deine Liebe.

Du hast gesagt:
Kommt her zu mir, die ihr mühselig und beladen seid.
Herr, wir sind beladen mit uns selbst.

Du hast gesagt:
Wer zu mir kommt, den werde ich nicht hinausstoßen.
Herr, urteile nicht über uns.
Nimm uns auf.
Jörg Zink

Was soll ich dir sagen, mein Gott, als dass ich ein Sünder bin? Aber das weißt du besser als ich, und ich würde es ja doch nicht glauben und nicht wahrhaben wollen, stände nicht dein Wort gegen mich auf. Herr, geh nicht weg von mir, denn ich bin ein sündiger Mensch. Ist's nicht besser so als anders zu sagen? Wohin sollte ich mit meiner Schwäche, meiner Herzensträgheit, mit der Zweideutigkeit und Fragwürdigkeit selbst noch des Besten in mir hinflüchten, wenn nicht zu dir? Gott der Sünder, Gott der gewöhnlichen, der alltäglichen, der feigen und durchschnittlichen Sünder! O Gott, meine Sünde ist nicht großartig; sie ist so alltäglich, so durchschnittlich, so das Übliche, dass man sie auch übersehen kann. Freilich nur dann, wenn man dich, den Allheiligen, übersieht und wenn man vergisst, dass du unser Herz ganz und ungeteilt, brennend und zu allem bereit besitzen willst in eifersüchtiger Liebe. O Gott, wohin sollte ich flüchten? Die großen Sünder könnten sich vielleicht noch eine Zeit lang an der dämonischen Größe ihrer Sünde sättigen. Aber welchen Überdruss erregt meine Armseligkeit, meine satte Herzensträgheit, die erschreckende Mittelmäßigkeit meines »guten Gewissens«. Nur du erträgst noch ein solches Herz, nur du hast noch für mich geduldige Liebe. Nur du bist größer als mein armes Herz (1 Joh 3,20). Gott der Sünder, o Gott selbst der Lauen, der Herzensträgen, erbarme dich meiner!

Siehe, o Gott, ich trete vor dein Antlitz: heiliger Gott, gerechter Gott, Gott, der du die Wahrheit, die Treue, die Lauterkeit, die Gerechtigkeit, die Güte bist. Wenn ich vor dich hintrete, muss ich wie Moses vor dir niederfallen und wie Petrus sprechen: Geh weg von mir, denn ich bin ein sündiger Mensch (Lk 5,8). Ich weiß, ich kann dir nur eines sagen: Erbarme dich meiner. Ich bedarf deiner Barmherzigkeit, denn ich bin ein Sünder. Ich bin deiner Barmherzigkeit unwürdig, denn ich bin ein Sünder. Aber ich habe demütiges Verlangen nach deiner grundlosen Barmherzigkeit, denn ich bin kein Verlorener, sondern ein Mensch dieser Erde, der noch Sehnsucht nach den Himmeln deiner Güte trägt, der gerne demütig mit Tränen der Freude das grundlose Geschenk deines Erbarmens entgegennimmt.

Herr, siehe her, sieh mein Elend. Zu wem sollte ich fliehen, wenn nicht zu dir? Wie sollte ich mich ertragen, wenn nicht im Gedanken, dass du mich erträgst, wenn nicht in der Erfahrung, dass du noch gut mit mir bist. Schau auf mein Elend. Schau an deinen Knecht: den trägen und störrischen, den oberflächlichen. Schau an mein karges Herz: Es gibt dir nur das Notwendigste, es will sich nicht in deiner Liebe verschwenden. Schau an meine Gebete: Wie widerwillig und mürrisch werden sie dir gezollt, und meistens ist mein Herz froh, wenn es vom Reden mit dir wieder zu etwas anderem übergehen darf. Schau an meine Arbeit: Sie ist recht und schlecht erzwungen durch den Zwang des Alltags, selten eingegeben von der treuen Liebe zu dir. Höre meine Worte: selten sind es Worte der selbstvergessenen Güte und Liebe.

Schau her, o Gott: Du siehst keinen großen Sünder, nur einen kleinen. Nur einen, bei dem selbst noch die Sünden klein, kärglich und alltäglich sind, dessen Wille und Herz, Sinn und Kraft nach allen Seiten mittelmäßig sind, selbst in seinen bösen Werken. Aber mein

Gott, wenn ich das recht bedenke, werde ich tief erschrocken: Ist, was ich von mir sagen müsste, nicht gerade das Eigentümliche der Lauen? Und hast du nicht gesagt, es sei dir ein Kalter lieber als ein Lauer (Offb 3,16)? Ist meine Mittelmäßigkeit nicht die Tarnung, hinter der sich das Schlimmste versteckt, um undurchschaut zu bleiben: das selbstsüchtige und feige Herz, das träge und unempfindliche Herz, das Herz, das keine Großmut und keine Weite kennt?
Karl Rahner

Selig, wem Unrecht vergeben,
wem Sünde zugedeckt ist!
Selig der Mensch, dem der Herr die Schuld nicht anrechnet,
in dessen Geist kein Trug mehr ist!
Solange ich schwieg, zerfielen meine Glieder
bei meinem Stöhnen den ganzen Tag.
Denn Tag und Nacht lag schwer auf mir deine Hand.
Mein Mark zerschmolz wie in Sommersgluten.
Da bekannte ich dir meine Sünde,
und meine Schuld verbarg ich nicht.
Ich dachte: »Ich will dem Herrn mein Unrecht gestehen!«
Und du vergabst meine Sündenschuld.
Deshalb bete jeder Fromme zu dir in Zeiten der Not!
Eine donnernde Flut vieler Wasser wird ihn nicht erreichen.
Du bist mein Schutz, bewahrst mich vor Drangsal,
umhegst mich als Retter.
Psalm 32,1–7

Bekenntnis der Schuld

O Gott, Du hast uns erforscht und erkannt,
und alles, was wir sind, ist Dir offenbar.
Wir bekennen, dass wir gesündigt haben:
Wir haben unsere Macht benutzt,
um zu beherrschen,
und unsere Schwäche, um zu erpressen.
Wir sind der Verantwortung ausgewichen
und haben uns dem Bösen nicht entgegengestellt.
Wir haben unsere Würde
und die unserer Schwestern verleugnet
und sind in Verzweiflung gefallen.

Dir wenden wir uns zu, o Gott;
wir widersagen dem Bösen;
Deiner Liebe geben wir uns anheim,
sodass wir Ganzheit erlangen.
Janet Morley

Du hast um unsere Hände gebeten

Du hast um unsere Hände gebeten
damit du sie für deine Sache
nutzen kannst.
Wir gaben sie dir nur
für einen kurzen Augenblick –
und zogen sie zurück,
denn der Auftrag war uns zu schwer.

Du hast um unseren Mund gebeten,
um gegen die Ungerechtigkeit
zu protestieren.
Wir waren nur

zu einem Flüstern bereit,
damit man uns nicht anklagt.

Du hast um unsere Augen gebeten,
um die Qual der Armut
wahrzunehmen.
Aber wir haben
sie geschlossen,
weil wir das nicht sehen wollten.

Du hast um unser Leben gebeten,
damit du dein Werk
durch uns tun kannst.
Aber wir haben dir
nur einen ganz kleinen Teil
zur Verfügung gestellt,
damit wir nicht zu sehr
beansprucht werden.

Vergib uns
unsere beschränkten Versuche,
dir zu dienen:
nur wenn es ohne Mühe möglich war,
es zu tun;
nur an Orten, an denen es harmlos war,
es zu tun;
und nur mit denen zusammen,
die es leicht machten,
dir zu dienen.

Vater,
vergib uns,
erneuere uns,
sende uns aus
als brauchbare Instrumente,

damit wir den Sinn
deines Kreuzes begreifen.
Aus Südafrika

Ein umgekehrtes Schuldbekenntnis

Gibt es nicht manchmal andere Sünden zu bekennen als die,
welche wir den Menschen aufgeschwatzt haben?
Christus, ich bekenne vor dir,
dass ich keinen Glauben
an meine eigenen Möglichkeiten gehabt habe.
Dass ich in Gedanken, Worten und Taten
Verachtung für mich und für mein Können gezeigt habe.
Ich habe mich selbst nicht gleich viel geliebt
wie die andern, nicht meinen Körper,
nicht mein Aussehen,
nicht meine Talente, nicht meine eigene Art zu sein.
Ich habe andere mein Leben steuern lassen.
Ich habe mich verachten und misshandeln lassen.
Ich habe mehr auf das Urteil anderer vertraut
als auf mein eigenes
und habe zugelassen, dass Menschen
gleichgültig und bösartig mir gegenüber gewesen sind,
ohne ihnen Einhalt zu gebieten.
Ich bekenne, dass ich mich nicht im Maße meiner vollen Fähigkeiten entwickelt habe,
dass ich zu feige gewesen bin,
um in einer gerechten Sache Streit zu wagen,
dass ich mich gewunden habe,
um Auseinandersetzungen zu vermeiden.
Ich bekenne,
dass ich nicht gewagt habe zu zeigen,
wie tüchtig ich bin,
nicht gewagt habe, so tüchtig zu sein,

wie ich es wirklich sein kann.
Gott, unser Vater und Schöpfer,
Jesus, unser Bruder und Erlöser,
Geist, unsere Mutter und Trösterin,
vergib mir meine Selbstverachtung,
richte mich auf,
gib mir Glauben an mich selbst und Liebe zu mir selbst.
Aus einem Gottesdienst schwedischer Frauen, Lena Malmgren

Erbarme dich meiner, o Gott, nach deiner Huld;
nach deiner großen Güte tilge meine Missetaten!
Wasche meine Sünde völlig von mir ab
und mach mich rein von meiner Schuld!
Denn ich erkenne meine Missetaten,
meine Schuld steht dauernd mir vor Augen.
Gegen dich allein hab' ich gesündigt
und getan, was dir missfällt,
sodass du Recht behältst in deinem Urteilsspruch
und unanfechtbar bleibst in deinem Rechtsentscheid.
Sieh doch, in Sünde wurde ich geboren,
in Schuld empfing mich meine Mutter.
Siehe, du liebst die Wahrheit auch im Verhüllten,
und über Verborgenes lehrst du mich Weisheit.
Entsündige mich mit Ysop, dass ich rein werde,
wasche mich, dass ich weißer werde als Schnee!
Lass mich frohlocken und Freude vernehmen,
dann jubeln die Glieder, die du zermalmt hast!
Verbirg dein Antlitz vor meiner Schuld
und tilge all meine Sünden!
Ein reines Herz erschaffe mir, Gott,
und gefestigten Geist mach neu in meiner Brust!
Psalm 51,3–12

Sag ja zu mir
Gott sei mir Sünder gnädig

Psalm 51

Sag ja zu mir, wenn alles nein sagt,
weil ich so vieles falsch gemacht.
Wenn Menschen nicht verzeihen können,
nimm du mich an trotz aller Schuld.

In Jesus ist uns Heil gegeben,
denn er war ganz für andre da.
An ihm muss ich mein Leben messen,
doch oft setz ich allein das Maß.

Gib mir den Mut, mich selbst zu kennen,
mach mich bereit zu neuem Tun.
Und reiß mich aus den alten Gleisen:
ich glaube, Herr, dann wird es gut.

Denn wenn du ja sagst, kann ich leben,
stehst du zu mir, dann kann ich gehn,
dann kann ich neue Lieder singen
und selbst ein Lied für andre sein.

So ist mein Leben nicht vergeblich:
für andre kann es Hilfe sein.
Ich darf mich meines Lebens freuen
und anderen Grund zur Freude sein.

Tu meinen Mund auf, dich zu loben,
und gib mir deinen neuen Geist.

Max Seidel – Diethard Zils

Herr, unser Gott,
schuldbeladen stehen wir vor dir.
Und doch dürfen wir erhobenen Hauptes zu dir emporschauen,
denn du willst nicht unsern Tod, sondern unser Leben,
du willst, dass wir in unserem Leben Heil bringen,
für unsere Gemeinde und unsere Lieben.
Dafür danken wir dir,
wenn wir dich anrufen als unseren Kyrios, unsern Herrn:
Kyrie eleison
Christe eleison
Kyrie eleison
Andreas Lerch

Herr, sieh an meine Schuld,
weil du mir oft so unwichtig bist.
Ich nehme mir zu wenig Zeit,
um dir mein Leben auszubreiten,
meine Wünsche und Sehnsüchte,
meine Nöte und Ängste.
Du könntest so vieles heilen,
wenn ich nur mit dir redete.
Ich aber bin festgebunden
an meine Aufgaben,
an meine Gewohnheiten,
an Menschen –
bin ich noch frei für dich?
Herr, erbarme dich!

Herr, sieh an meine Schuld,
weil ich an meinen Schwestern und Brüdern
so vieles auszusetzen habe.
Ich ärgere mich über ihre
Unzuverlässigkeit und Säumigkeit,
über ihre Gleichgültigkeit und Ungeduld,

über ihre Gewohnheiten
und Besonderheiten.
Und doch bin ich wie sie,
ich überhöre Hilferufe,
sehe an der Not vorbei,
bin träge und kapsele mich ab.
Christus, erbarme dich!

Herr, sieh an meine Schuld,
weil ich deine Geschenke
so selbstverständlich annehme.
Jeder Tag ist ein Geschenk von dir.
Und doch beginne ich viele Tage so lustlos,
sehe nur die Pflichten und Aufgaben,
vergesse den Dank,
den Dank, dass du mir Kraft für alles gibst,
den Dank, dass du mich leben lässt,
den Dank, dass du mir Freunde schenkst
und selbst fähig zur Freundschaft machst.
Herr, erbarme dich!

Irmela Mies-Suermann

LOBPREIS UND BITTE

Lob sei dem ursprungslosen Vater!
Ruhm dem eingeborenen Sohn!
Preis und Ehre dem Heiligen Geist!

Heilige und vollkommene Dreifaltigkeit,
unzerteilte Einheit,
erbarme dich über uns Sünder!
Zwar sind wir schwache und unstete Menschen,
doch haben wir den festen Willen, standhaft zu bleiben
bis zum Tod, in jenem Glauben, in dem wir dich glauben

als den einen und wahren Gott, unsern Schöpfer,
in dem wir dich, ohne zu zweifeln, bekennen als den Einen und Dreifaltigen:
dreifaltig in den Personen,
ein einziger in der Gottheit.

Erbarme dich unser,
befreie und beschütze uns vor allem Übel der Seele und des Leibes,
vergib uns unsere Schuld
und lass uns teilhaben an den ewigen Freuden.

Gebete aus St. Thomas, einer mittelalterlichen Zisterzienserinnenabtei des Trierer Landes

Litanei

Gott, Vater vom Himmel.
Erbarme dich meiner und vergib mir meine Schuld;
lass mich nicht in meinen Sünden untergehen
und denke in deinem gerechten Zorn
nicht bis zum Ende an mein Vergehen.

Heiliger Geist.
Erbarme dich meiner und errette mich vor allem Bösen,
das sich häuft über meinem Haupt.

Heiliger, dreifaltiger Gott.
Erbarme dich meiner in deiner Barmherzigkeit
und wandle alle Trauer in Freude.

Der du dreifaltig bist und doch ein Gott.
Erbarme dich meiner und wende mein Leid in Freude;
gib dein Erbe nicht dem Untergang preis.

Christus, gütiger Gott.
Erbarme dich meiner, nimm hinweg die Schuld und deinen Groll,
übe Schonung mit meinem Versagen.

Christus, Gotteslamm, der du zur Rechten des Vaters sitzt.
Erbarme dich meiner, und was dir in mir missfällt,
nimm es in deiner Barmherzigkeit von mir.

Schöpfer der Welt.
Komm mir zur Hilfe und stürze nicht ins Verderben.

Erlöser der Welt.
Hilf mir und lass über mich kommen deine Barmherzigkeit.

Befreier der Welt.
Befreie mich von all meinen sichtbaren und unsichtbaren Feinden,
damit ich unter deiner Führung auf dem Weg deiner Gebote bleibe.

Allmächtiger Gott.
Eile mir zur Hilfe und rufe nicht eher meine Seele zu dir,
bevor du mir nicht alle meine Sünden verziehen hast.

Heiland der Welt.
Nimm mein Gebet an auf die Fürsprache
der heiligen und immer währenden Jungfrau Maria
und schick mir in deinem Erbarmen ein Zeichen deines Wohlwollens.

Gott, Heiliger über allen Heiligen.
Erbarme dich meiner und befreie mich von meinen Sünden.

Die heilige Gottesmutter Maria,
die Jungfrau über allen Jungfrauen, trete ein für mein Heil.

Heilige Maria,
unversehrte Jungfrau, wende mir deine Hilfe zu.

Heiliger Michael, Erzengel Christi.
Steh du mir bei.

Heiliger Gabriel, Himmelsbote,
der du hohe Freude der Welt verkündigt hast.
Erwirke mir Freude in diesem und im künftigen Leben.

Heiliger Raphael, Gottes Heilsspender.
Heile die Wunden meines Leibes und meiner Seele.

Ihr tausend und abertausend himmlischen Geister,
die ihr vor dem Thron Gottes steht.
Um des Namens und der Liebe des Gottessohnes
und seiner heiligen Mutter willen steht mir bei mit eurer Hilfe.

Heiliger Johannes der Täufer.
Komm mir zur Hilfe in allen Nöten und Bedrängnissen.

Alle heiligen Patriarchen und Propheten.
Kommt mir zur Hilfe.

Alle heiligen Diener des Herrn und alle Büßer.
Kommt mir zur Hilfe.

Ihr alle, die ihr reingewaschen habt eure Kleider,
die ihr in Unschuld dem Herrn das neue Lied singt
und dem Lamm folgt, wo immer es hingeht.
Kommt mir zur Hilfe.

Ihr heiligen vierundzwanzig Ältesten.
Kommt mir zur Hilfe.

Heiliger Petrus, Apostelfürst.
Komm mir zur Hilfe.

Alle heiligen Apostel, die ihr einst die Welt richten werdet.
Kommt mir zur Hilfe; und zusammen mit allen Dienern
und Dienerinnen des Herrn sei euer Schutz über mir,
sodass der Feind nichts gegen mich vermag,
weder an meinem Leib noch an meiner Seele.

Alle heiligen Märtyrer, ihr tapferen Krieger.
Tretet ein für mich,
dass ich im Schmutz dieser Welt nicht versinke.

Alle heiligen Bekenner und die ganze Schar der heiligen Priester.
Tretet ein für mich vor dem Angesicht des ewigen Richters.

Ihr heiligen Makkabäischen Brüder; heilige Einsiedler und Mönche.
Legt mit eurem Gebet Fürsprache ein für mich,
damit ich das, was ich meinem Gott versprochen habe,
auch immer mit frohem Herzen erfülle.

Alle Engel und alle Seelen der Gerechten.
Tretet für mich ein,
dass der Herr mir die rechten und freundliche Worte in den Mund lege,
damit mein Reden meinem ewigen Richter und Herrn gefällt.

Die ganze große Zahl und Gemeinschaft der Bürger im Himmelreich.
Tretet für mich ein, dass der Herr mich befreie
von allem Sündenmakel an Leib und Seele.
Amen.

Gebete aus St. Thomas, einer mittelalterlichen Zisterzienserinnenabtei des Trierer Landes

Gebet einer Sünderin zur heiligen Maria Magdalena

Sprich du für mich! Ich nahe mich den Reinen
nicht gern. Sie sind so langsam im Verstehn.
Was wissen die, wie nachts ein Kinderweinen
mich manchmal aufschreckt beim Nachhausegehn.

Die Menschen kennt man erst, wenn man mit ihnen
geschlafen hat. Mich rührt's so kinderklein
und hilflos an aus den entblößten Mienen:
Verworfenes will oft nur geborgen sein.

Sprich auch für sie! Mir ist nicht dran gelegen,
dass ich in einen fremden Himmel geh.
Schick, wenn ich sterbe, mich als linden Regen
zur Erde wieder und als kühlen Schnee.

Christine Busta

Agnus Dei

Lamm Gottes,
Du nimmst hinweg die Sünden der Welt:
erbarme Dich unser.

Lamm Gottes,
Du nimmst hinweg die Sünden der Welt:
erbarme Dich unser.

Lamm Gottes,
Du nimmst hinweg die Sünden der Welt:
gib uns Deinen Frieden.

Nur einen Schritt Dir entgegen
und Du kommst zwei Schritte auf uns zu.
Einen einzigen Blick erwiderst Du
mit unwiderruflicher Liebe.
Du sehnst Dich
nach der Wehmutssekunde des Sünders,
in der er der verlorenen Liebe nachtrauert,
und Du lässt hundert Gerechte stehen,
um einen Schuldigen zu empfangen,
der es arm und zögerlich wagt,
trotz allem und noch immer
einen liebenden Gott
zu suchen.

Bernhard Meuser

Ich will umkehren

Umkehren
– erwartet sein,
Umkehren
– der Umarmung des Vaters entgegenlaufen,
Umkehren
– der Freude die Tür aufstoßen,
Umkehren
– sich der Erfahrung öffnen, dass ich um meiner selbst willen geliebt bin,
Umkehren
– gemessen werden an meiner Bedürftigkeit und nicht an meinem Tun,
Umkehren
– ohne Maß beschenkt werden.

Zu dir zurückkehren,
wenn ich mich verirrt

und letzte Erfüllung
in Vorläufigem gesucht habe.
Zu dir zurückkehren,
wenn ich das Dürsten meiner Seele
zu betäuben gesucht habe,
indem ich mein Herz an Dinge hängte
und meinen Wünschen zu besitzen
keine Grenzen setzte.
Zu dir zurückkehren,
wenn ich mich aufgelehnt habe
gegen deinen Willen
und dir insgeheim unterstellte,
du wollest mir Begehrtes nicht gönnen.
Zu dir zurückkehren,
wenn mein Gebet verstummt ist
und ich mich glauben gemacht habe,
du nähmest keinen Anteil an meiner Not.
Zu dir zurückkehren,
wenn ich dem Alltag erlaubt habe,
mich zu versklaven,
und keine Zeit mehr fand
für die Stille vor dir.
Zu dir zurückkehren,
wenn ich den Sorgen und Ängsten
die Herrschaft überlassen habe,
statt dir zu vertrauen
und mich dir zu lassen.
Zu dir zurückkehren, Herr,
nicht, um wieder und wieder zu fliehen,
sondern um endlich zu bleiben.
Das erbitte ich.

Sabine Naegeli

Herr, unser Gott,
wer auch mit dir gebrochen hat,
er kann zu dir zurück,
denn nichts ist unheilbar vor dir,
unwiderruflich allein ist deine Liebe.
Wir bitten dich,
erinnere uns deines Namens,
damit wir uns zu dir bekehren,
und sei unser Vater,
immer von neuem
schenk uns das Leben
wie ein unverdientes Glück
von Tag zu Tag
und für alle Zeiten.

Herr, unser Gott, dein Wort,
wir müssten anderen
die Schuld vergeben,
bringt uns in Verlegenheit.
Denn wir bestehn im Gegenteil ungnädig
auf unserm Recht –
wie werden wir da jemals hingelangen
zu Jesus Christus, deinem Sohn?
Wende uns auf ihn hin,
darum bitten wir dich,
denn er ist leibhaftige Gnade,
Vergebung der Sünden
und größer als alle denkbare Schuld.
Recht und Gerechtigkeit ist er
für diese Welt und für alle Zeiten.

Nicht um zu richten,
bist du gekommen, Gott,
sondern zu suchen, was verloren ist,
und zu befreien, was in Schuld und Angst gefangen liegt,

um uns zu retten,
wenn unser Herz uns anklagt.
Nimm uns,
so wie wir hier zugegen sind,
mit der ganzen sündigen Vergangenheit der Welt.
Du bist doch größer als unser Herz,
größer als alle Schuld,
du bist der Schöpfer
einer neuen Zukunft,
ein Gott der Liebe bis in Ewigkeit.

Du leugnest und verkleinerst unsere Sünden nicht,
du vergibst uns, Herr, Gott,
und das ist deine Wahrheit,
so tust du uns recht.
Wir können wieder weiter mit unserer Schuld,
weil du uns nicht verurteilt hast,
wir wagen wieder von neuem zu beginnen,
weil du uns annimmst,
wie wir sind.
Wir danken dir
für die neue Lebensmöglichkeit,
wir bitten dich,
gib uns die Kraft,
nicht mehr zu sündigen. Amen.
Huub Oosterhuis

Bitte um Sündenvergebung

Herr Jesus Christus, eingeborener Sohn und Wort Gottes, des Vaters,
durch dein Leben spendendes Heilsleiden
hast du alle Fesseln unserer Sünden zerbrochen.
Du hast deine heiligen Jünger und Apostel angehaucht und ihnen gesagt:
Empfangt den Heiligen Geist!
Welchen ihr Sünden nachlasst, denen sind sie nachgelassen,
und welchen ihr sie behaltet, denen werden sie behalten sein.
Unser Herr, du hast durch deine heiligen Apostel auch denen,
die zu jeder Zeit in deiner heiligen Kirche das Priesteramt verwalten,
die Gnade gegeben, Sünden auf der Erde nachzulassen
und alle Fesseln der Ungerechtigkeit zu lösen.
Wir flehen zu deiner Güte, Menschen Liebender, für deine Diener,
unsere Eltern und Verwandten und für meine Schwachheit,
da wir das Haupt vor deiner heiligen Herrlichkeit beugen:
Gewähre uns deine Barmherzigkeit und löse alle Fesseln unserer Sünden,
wenn wir gegen dich mit Wissen oder ohne Wissen oder aus Angst,
in Tat oder in Wort oder durch Kleinmut gesündigt haben.
Als guter, Menschen liebender Gott kennst du die Schwachheit der Menschen;
gewähre uns die Verzeihung unserer Sünden.
Segne uns und heilige uns in der Furcht vor dir
und lenke uns zu deinem guten und heiligen Willen.
Denn du bist unser Gott; dir gebührt der Ruhm und die Anbetung
zusammen mit deinem guten Vater
und dem Leben spendenden und dir wesensgleichen Heiligen Geist,
jetzt und zu jeder Zeit und bis zur Ewigkeit der Ewigkeiten. Amen.

Ägyptische Gregoriosanaphora

Lässliche Sünden

Dreimal beim Beten
unandächtig gewesen.
Am Freitag Fleisch gegessen.
Unkeusche Gedanken gehabt.
Den Gottesdienst geschwänzt.
Einmal mit achtzig durch die Ortschaft.
Den Wirt um zwei Pils betrogen.

Unser Gewissen
reicht für den Hausgebrauch.
Die Kleinigkeiten sind es,
die uns beunruhigen.
Das schlägt auf den Magen.
Das verdirbt den Appetit.

Wir streichen
die Schreckensworte aus dem Duden.
Wir reißen
einige Seiten aus dem Erdkundebuch.
Wir pflanzen
Heckenrosen und Stacheldraht.
Wir lassen Gras darüber wachsen.
Wir stellen die Schelle ab.
Langsam igeln wir uns ein
mit unseren unkeuschen Gedanken,
mit Kabelfernsehen
und zwei Pils im Kühlschrank.

Vater, vergib uns nicht,
denn wir wissen nur zu gut,
was wir tun.

Wolfgang Poeplau

Gott,
Du vergibst,
heißt es,
und ich soll
um Vergebung bitten;

und es gibt in meinem Leben
genug, das zu vergeben ist,
dass ich Talente nicht entwickelt habe,
Fähigkeiten schlummern ließ,
Menschen enttäuschte,
Freundschaften nicht entfaltete.

Gott,
Du vergibst,
heißt es,
aber ich brauche mehr;

ich brauche Dich,
weil Du ja zu mir sagst;
ich suche Dich,
weil Du mich frei machst.
Josef Osterwalder

Herr, vergib mir

Herr, ich bin schuldig geworden.
Schon wieder.
Es ist immer dasselbe.
Wie soll das weitergehen?
Hundertmal nehme ich mir vor,
mich zu bessern;
und hundertmal breche ich mein Wort.

Ich enttäusche dich so oft!
Und du vergibst mir immer wieder.
Tausendmal. Ich kann es kaum glauben:
Deine Geduld ist so umwerfend,
so unglaublich unendlich.
Dabei hättest du allen Grund,
mir eine Lektion zu erteilen.
Und was machst du?
Du liebst mich.
Immer wieder liebst du mich.
Wartest auf mich,
rechnest mit mir,
willst mich, den Sünder, gebrauchen.

Herr, lass mich nicht verzweifeln
an meiner Schwachheit!
Hilf mir wieder auf,
damit ich endlich einmal aus dem
Teufelskreis meiner Schatten
heraustreten kann.
Bewahre mich vor der Resignation.

Danke,
dass du mich immer von neuem annimmst.
Danke, dass du mir vergeben hast.
Gib mir jetzt die Kraft und die Demut,
mir auch selber zu verzeihen.
Und loszulassen, nach vorne zu schauen.
Du willst keine Opfer, sondern Vertrauen.
Jörg Müller

Herr, ich bitte um Vergebung

Altlast bedrückt mich.
Neue Last ist dazugekommen.
Ich gestehe meine Versäumnisse
und Lieblosigkeiten ein.
Ich habe andere schlecht gemacht,
sie ins falsche Licht gerückt.
Ich wollte sie anders haben,
als sie sind,
mich selber aber nicht verändern.
Ich habe deiner Barmherzigkeit
Grenzen gesetzt, indem ich
an dir zweifelte.

Zu oft war ich Haar in der Suppe
statt Sauerteig in der Welt,
zu oft Axt im Walde
statt Licht auf dem Berg,
zu oft Made im Speck
statt Salz der Erde.

Doch du bist ein gnädiger Gott;
du erbarmst dich des reuigen Sünders
und reichst ihm deine Hand.
Da du mir verzeihst,
verzeihe ich auch mir selber
und jedem, der mich verletzt hat.
Du machst alles neu.
Keine Schuld ist zu groß für dich.
Du kamst zu denen,
die verzweifelt waren,
und heiltest all ihre Gebrechen.
Ich darf deiner Vergebung sicher sein
und neu anfangen, froh und dankbar.

Jörg Müller

Unsere Schuld

Vater, vergib uns unsere Schuld,
wie wir denen vergeben,
die an uns schuldig geworden sind.

Nein, Vater, das kann nicht das Maß sein!
Vergib uns unsere Schuld,
auch wenn wir tausendfach
unfähig sind zu vergeben.

Wir nehmen einander die Liebe weg,
die du uns geschenkt hast, damit wir glücklich seien.
Wir machen einander das Leben zur Hölle,
wir fügen einander Gewalt und Leid zu,
wir belügen und missachten einander,
wir beuten einander aus und missbrauchen einander.
Wir bleiben einander das Vertrauen schuldig,
das du in uns gesetzt hast.
Wir trennen uns voneinander
und zerreißen das Vertrauen,
das unser Leben glücklich machen sollte.
Vergib uns unsere Schuld.

Vater, so oft sind es Kleinigkeiten.
Ich ärgere mich über eine Rechthaberei.
Ich lasse mich stören durch eine Eitelkeit.
Ich werde unwillig über eine Bequemlichkeit.
Und mein Ärger bleibt stehen wie eine Wand
zwischen jenem anderen und mir.
Ich spreche mein Urteil und lege ihn fest,
und er ist gefangen von meiner Meinung,
bestraft durch meine Selbstgerechtigkeit.
Und jeder Tag, den ich vergehen lasse,
macht die Wand fester und höher.

Du hast uns verboten zu richten.
Wir aber verbringen unsere Tage
mit unserem Urteilen und Verurteilen,
mit Strafen und Nachtragen;
obwohl wir doch das Wort kennen,
das seit dem Tag von Golgatha in der Welt steht:
»Vater, vergib ihnen. Sie wissen nicht, was sie tun.«
Das Wort eines Gequälten über seine Henker.

Vater, ich will vergeben.
Hilf mir, das nicht zum Schein zu tun.
Nicht so, dass ich großmütig auf Rache verzichte.
Nicht so, dass ich mattherzig vergesse.
Nicht so, dass ich meine Güte damit beweise.
Sondern so, dass ich zum anderen hingehe,
dorthin, wo er steht, jenseits seiner Schuld.

Ich will mein Recht aufgeben
und neu mit ihm anfangen.
Ich will kein Misstrauen bewahren,
sondern alles hinter mir lassen, was mich hemmt,
und nur deine Freundlichkeit mitnehmen.
Ich will den ersten Schritt tun,
wehrlos und ohne Vorwurf,
und keine Bitterkeit soll übrig bleiben.

Vater, dein Reich wollen wir abbilden
in unserem kleinen Lebenskreis:
Den Schuldigen von Herzen annehmen.
Mit ihm leben. Ihm vertrauen.
Uns seine Freundschaft gefallen lassen.
Wir wollen dein Haus gemeinsam bewohnen
und bitten dich um deinen Frieden.

Vergib uns, Vater, mehr,
als wir einander vergeben.
Erbarme dich unser.
Jörg Zink

Heile meine Schuld

Mich plagen Schmerzen, Gott,
ich weiß, auch Du erlittest Schmerzen,
größer wohl als meine.
Doch größer bist auch Du
in Deiner Güte und Vergebung.
Wenn ich in Deinen Augen schuldig bin,
so weiß ich doch, Du wirst verzeihn.
Heile meine Schuld,
wenn ich mir selbst nicht mehr vergeben kann.
Ich weiß doch: Nur Du, Gott, bist der Weg,
Du kannst verzeihn,
damit ich selbst verzeihe.
Du kannst mich lehren,
die Vergangenheit zu lassen
und nun die Zukunft freudig zu umfassen.
Du, Gott, gibst mir meine Freiheit wieder,
Du, Gott, bist mir Liebe, bist mir Halt.
Du heilst meine Schuld.
Und jeder Schmerz wird Licht und Freude
unter Deiner warmen Hand.
Amen.
Pater Eusebius Erlenspiehl

Verzeih mir

Barmherziger Gott.
Ich bin vor dir schuldig geworden.
Mein Ich war stärker als deine Liebe.
Du wolltest mir begegnen in dem Hilfsbedürftigen,
dem ich ausgewichen, ohne zu wissen,
was er wollte:
vielleicht nur ein Zuhören,
vielleicht nur ein ermunterndes Wort,
...

Barmherziger Gott.
Ich habe wieder meine ganze Schwäche gespürt,
trotz aller gut gemeinten Vorsätze,
trotz der klaren Kenntnis deines Gebotes:
einander zu lieben, wie du uns geliebt
und immer noch liebst.

Barmherziger Gott.
Verzeih mir,
nicht nur noch dieses eine Mal!
Mir tut es Leid,
dass ich deine grenzenlose Liebe
mit Undank vergolten habe.
Gib auch mir Kraft,
Verzeihung denen zuzusprechen,
die mir zu nahe getreten.

Ich könnte mit Paulus sprechen:
Ich will zwar das Gute,
tue aber so oft das Böse.
Lass mich auch mehr Verständnis haben
für die Schwächen anderer.
Lass auch in meinem Schwachsein

die Macht deiner Gnade deutlich werden.
Lass mich in ihrer Kraft meinen Weg weitergehen,
auf dem du – nicht nur an seinem Ende –
mir als Ziel vor Augen stehst.

Amen.
Stephan Wisse

Preise, meine Seele, den Herrn
und alles in mir seinen heiligen Namen!
Preise, meine Seele, den Herrn
und vergiss all seine Wohltaten nicht!
Er vergibt deine ganze Schuld,
heilt alle deine Gebrechen.
Er rettet dein Leben vor dem Grab,
krönt dich mit Huld und Erbarmen.
Er sättigt dich mit Gutem, so viel du brauchst,
dass deine Jugend dem Adler gleich sich erneut.
Milde Gerechtigkeit übt der Herr
und Recht für alle Bedrängten.
Moses hat er seine Wege kundgetan,
den Söhnen Israels seine Werke.
Barmherzig und gnädig ist der Herr,
langmütig und reich an Huld.
Er will nicht immerdar streiten
und nicht für dauernd zürnen.
Er handelt nicht an uns nach unsren Sünden,
vergilt uns nicht nach unsren Missetaten.
Nein, so hoch der Himmel über der Erde,
so groß ist über denen, die ihn fürchten, seine Huld.
So fern der Aufgang ist vom Untergang,
so weit entfernt er unsre Frevel von uns weg.
Wie ein Vater über seine Kinder sich erbarmt,
so erbarmt der Herr sich derer, die ihn fürchten.

Er weiß es ja, woraus wir gebildet,
er denkt daran, dass wir nur Staub sind.
Die Tage des Menschen sind wie Gras,
wie die Blume des Feldes, so blüht er.
Fährt der Wind über sie, dann ist sie dahin,
und ihre Stätte weiß nichts mehr von ihr.
Doch ewig währt die Huld des Herrn
über allen, die ihn fürchten,
und seine Treue noch bei Kindeskindern,
bei denen, die an seinen Bund sich halten
und seiner Satzungen gedenken, um sie zu erfüllen.
Der Herr hat seinen Thron im Himmel aufgerichtet,
und seine Königsmacht beherrscht das All.
Preiset den Herrn, ihr, seine Engel,
ihr starken Helden, die ihr sein Wort vollstreckt,
da ihr auf die Stimme seines Wortes hört!
Preiset den Herrn, all seine Heerscharen,
seine Diener, die seinen Willen vollziehen!
Preiset den Herrn, all seine Werke,
an jeglichem Ort seiner Herrschermacht!
Preise, meine Seele, den Herrn!
Psalm 103

Im Ringen um Verzeihenkönnen

Meine Unfähigkeit zu vergeben
macht offenbar,
dass die Wunde, die mir zugefügt wurde,
nicht geheilt ist.
Wenn ich bereit bin,
mein Verletztes von Gott heilen zu lassen,
dann steht der Weg
zum Vergebenkönnen
offen.

Diesem Menschen vergeben,
nein, Herr,
das vermag ich nicht.
Zu schwer
trage ich
an der Zerstörung,
die er angerichtet hat
in mir.
Nie wird er
mich um Verzeihung bitten
in seiner Selbstgerechtigkeit.
Ich bin nicht nur zornig,
nein, ich hasse ihn.
Was er mir angetan hat,
ist unverzeihlich.
Im Grunde meines Herzens weiß ich,
dass ich mit meiner Unversöhnlichkeit
den Schaden
nur noch größer mache,
denn Hass
vergiftet die Seele.
Wo der Hass wohnt,
kann dein Geist nicht sein.
Herr, ich bitte dich,
befreie mich von der Unfähigkeit
zu vergeben.
Mach mich bereit und fähig,
zu sehen,
dass das Böse
auch in meinem Herzen wohnt
und dass wir alle
davon leben,
dass du uns immer wieder
einen neuen Anfang schenkst.
Sabine Naegeli

Leid, Schmerz, Krankheit

Warum?

Gott
Eine einzige Frage bin ich

Warum?
Warum gerade jetzt?
Warum gerade hier?
Warum gerade das?
Warum gerade ich?

Anton Rotzetter

Psalm 21 (22)

(1965)

Mein Gott, mein Gott – warum hast Du mich verlassen?
Ich bin zur Karikatur geworden,
das Volk verachtet mich.
Man spottet über mich in allen Zeitungen.

Panzerwagen umgeben mich,
Maschinengewehre zielen auf mich,
elektrisch geladener Stacheldraht
schließt mich ein.
Jeden Tag werde ich aufgerufen,
man hat mir eine Nummer eingebrannt
und mich hinter Drahtverhauen fotografiert.
Meine Knochen kann man zählen wie auf einem Röntgenbild,
alle Papiere wurden mir weggenommen.
Nackt brachte man mich in die Gaskammer,

und man teilte meine Kleider und Schuhe unter sich.
Ich schreie nach Morphium, und niemand hört mich.
Ich schreie in den Fesseln der Zwangsjacke,
im Irrenhaus schreie ich die ganze Nacht,
im Saal der unheilbar Kranken,
in der Seuchenabteilung und im Altersheim.
In der psychiatrischen Klinik ringe ich schweißgebadet mit dem Tod.
Ich ersticke mitten im Sauerstoffzelt.
Ich weine auf der Polizeistation,
im Hof des Zuchthauses,
in der Folterkammer
und im Waisenhaus.

Ich bin radioaktiv verseucht,
man meidet mich aus Furcht vor Infektion.

Aber ich werde meinen Brüdern von Dir erzählen.
Auf unseren Versammlungen werde ich Dich rühmen.
Inmitten eines großen Volkes werden meine Hymnen angestimmt.
Die Armen werden ein Festmahl halten.
Das Volk, das noch geboren wird,
unser Volk, wird ein großes Fest feiern.
Ernesto Cardenal

Halte aus, woran wir zerbrechen

Psalm 22

Gott,
für immer ist der Verzweiflungsschrei
aus diesem Psalm
mit dem Sterben deines Sohnes verbunden.
Aber in seine Klage
hat sich auch der Schmerz

unzähliger anderer gemischt,
die allein und ausgeliefert fürchten,
auch du könntest sie verlassen haben.

Wir bitten dich, Gott,
hör nicht weg,
auch wenn das Leid keine Stimme mehr hat,
sieh nicht weg,
auch wenn kein andrer das Elend mehr ansieht,
geh nicht weg
von den Orten des Jammers auf unserer Erde.
Halte aus,
woran wir zerbrechen.

Gott, unser Gott,
verlass uns nicht!
Sylvia Bukowski

Gebet

Bist du oder bist du nicht?
Hast du mich geschlagen?
Oder hast du es zugelassen?
Vielleicht hast du deine Allmacht preisgegeben,
als du zu dir selber schriest:
»Mein Gott, mein Gott,
warum hast du mich verlassen?«
Hast du dich ins ewige Schweigen zurückgezogen?
Ich will laut schreien –
und doch vor dir bleiben.
Ich will verstummen –
und doch vor dir bleiben.
Verborgener Gott.
Leidender Gott?
Christoph Hürlimann

Aus der Tiefe rufe ich zu dir, o Herr.
Höre, Herr, auf meine Stimme!
Mögen deine Ohren lauschen auf mein lautes Flehen!
Wolltest du auf Sünden achten,
Herr, wer könnte dann, o Herr, bestehen?
Ja, Vergebung ist bei dir,
auf dass man dir in Ehrfurcht diene.
Ich hoffe auf den Herrn;
es hofft meine Seele;
ich harre auf sein Wort.
Meine Seele harrt auf den Herrn
mehr als die Wächter auf den Morgen.
Mehr als die Wächter auf den Morgen
harre Israel auf den Herrn!
Denn beim Herrn ist Huld,
und bei ihm Erlösung in Fülle.
Er wird Israel erlösen
von allen seinen Sünden.
Psalm 130

De profundis – das ist mein Gebet aus dieser Wahrheit:

Aus den Tiefen
rufe ich,
in die Tiefen hinein
schreie ich
zu dir:

Ob du bist,
und wenn,
ob du du,
und wenn,
ob ein Wer,
ob ein Herz dir,

und wenn –
dann hör mich!

Wenn aber ein Was nur,
das wesende All-Was,
dann hör' ich nicht auf,
vor dem Antlitz des Monstrums zu schreien,
das Was um den Sinn,
um das Du anzuschreien –
hör' ich nicht auf.
Und stürzend hinein
in den Rachen des Drachens
sterbe ich,
schaudernd.

Und wenn das Was »wast«
und wenn das Was rast,
dann reiß' ich aus dem Was ich,
aus dem wasenden Chaos
den Gott,
meinen Gott,
aus Wahn und Was
einen gütigen Götzen,
aus den edelsten Stoffen
des Hirns und des Herzens…
Und dann lasst uns singen
in Kirchen und Klöstern,
über tornadoverwüstete Länder voll Leichen,
über Schlachtfelder hin,
über Heldenfriedhöfe,
zerrissene Leiber,
zerfetzte Kinder
lasst uns dann singen den Cantus
Laudate!

Fridolin Stier

Sehnsucht nach Heilung

Verdunkelt
hat sich mein Inneres
unerträglicher Schmerz holt mich ein
was ich mir Jahre lang aufgebaut habe
zerfällt in sich zusammen
wie nach einem großen Erdbeben

Verunsichert
stehe ich da
in den Trümmern meiner Willenskraft
und schreie mit letzter Lebenskraft zu Dir

Du
mutest mir diesen schmerzvollen Durchgang zu
damit ich in der Tiefe meiner Seele
echte Heilung erfahren kann

Du
führst mich hinaus
aus den Zwängen der Fremdbestimmung
aus meinen irrealen Ängsten
und lässt mich erfahren
dass ich angenommen bin
so wie ich bin

Zweifellos
ich habe zu dir geschrien
und du hast mich geheilt
im langjährigen Prozess meiner Selbstwerdung

Nach Psalm 30,3

Pierre Stutz

Herr, strafe mich nicht in deinem Zorn,
schlage mich nicht in deinem Grimm!
Denn deine Pfeile haben mich getroffen,
und deine Hand liegt schwer auf mir.
Nichts mehr ist heil an meinem Leib ob deines Grolls,
nichts mehr gesund an meinen Gliedern ob meiner Sünde.
Ja, meine Vergehen wachsen mir über den Kopf,
wie eine schwere Last erdrücken sie mich.
Meine Wunden riechen und eitern
ob meiner Torheit.
Verstört bin ich, gebeugt gar sehr;
den ganzen Tag geh' ich betrübt einher.
Ach, meine Lenden sind voll von Brand,
nichts mehr ist heil an meinem Leib!
Ich bin ermattet und ganz zerschlagen,
ich schreie vor tobender Qual in der Brust.
Herr, all mein Sehnen liegt offen vor dir,
mein Seufzen ist dir nicht verborgen.
Ruhelos pocht mir das Herz, die Kraft hat mich verlassen,
selbst das Augenlicht ist mir geschwunden.
Meine Freunde und Nachbarn nehmen Abstand
von meiner Plage,
und meine Nächsten halten sich fern.
Die mir nach dem Leben trachten, legen Schlingen;
die mein Unglück suchen, reden Schlimmes,
sinnen auf Trug die ganze Zeit.
Ich aber bin wie taub und höre nichts;
ich bin wie ein Stummer, der seinen Mund nicht auftut.
Ja, ich bin wie ein Mann, der nicht hört,
in dessen Mund keine Widerrede ist.
Denn ich harre deiner, o Herr;
du wirst Antwort geben, mein Herr und mein Gott.
Ich denke nämlich, sonst könnten sie jubeln über mich
und gegen mich prahlen, wenn mein Fuß wankt.
Ich bin ja auf den Sturz gefasst,

und mein Leid steht mir immer vor Augen.
Wahrlich, ich bekenne meine Schuld,
bin bekümmert ob meiner Sünde.
Die mich anfeinden ohne Grund, sind gar stark,
und zahlreich sind, die zu Unrecht mich hassen.
Sie vergelten Gutes mit Bösem,
befehden mich trotz meiner besten Absicht.
Verlass mich nicht, Herr! Mein Gott, entferne dich nicht von mir!
Eile mir zu Hilfe, Herr, mein Heil!
Psalm 38

MITLEIDEND

Du
nimmst das Leiden nicht aus unserem Leben
weil es scheinbar keine Liebe ohne Leiden gibt
Du gehst mit uns hindurch
verheißt uns die Kraft
Leere auszuhalten
Verunsicherung anzunehmen
Krise als Chance zu sehen

Im Nachhinein kann ich sehen
wie Du mich begleitet hast
wie sich Dein Wohlwollen
wie ein roter Faden durch mein Leben zieht

Staunenswert ist Dein Tun an den Menschen

Du verwandelst
Resignation in Hoffnung
Misstrauen in Zuversicht
Ohnmacht in Widerstand

Aggression in Versöhnung
Unterdrückung in Freiheit

Dir
vertraue ich weiterhin mein Leben an
Nach Psalm 66,5
Pierre Stutz

Dann bleibe du dennoch bei mir

Psalm 73

»Dennoch bleibe ich stets an dir.«
Gott, das fällt mir schwer nachzusprechen,
wenn mir das Leben wie ein Rätsel erscheint,
wenn eigenes oder fremdes Leid
alles in Frage stellt,
was einmal Halt bot,
oder wenn mir andere schnelle Lösungen
für meine Probleme versprechen.
Dennoch bei dir bleiben
gegen die Zweifel,
gegen den Zeitgeist,
gegen meine Ungeduld,
Gott, das möchte ich versuchen.
Aber wenn ich damit scheitere,
dann bleibe du
dennoch bei mir!
Sylvia Bukowski

Psalm 102

Herr, höre mein Gebet!
Mein Schreien dringe zu Dir.
Gott, zeig Dich mir, damit ich weiß,
ob Du da bist.
Meine Tage plätschern dahin ohne Ziel,
mein Körper ist wie ausgelaugt.
Vor lauter Angst kann ich nicht mehr essen.
Ich fühle mich so einsam, so fehl am Platz.
Vor lauter Angst kann ich nicht schlafen.
Keiner meiner Mitmenschen kann mich verstehen,
sie nehmen meine Angst nicht ernst.
Es gibt keine Minute, in der ich nicht traurig bin,
sogar mein Kaffee schmeckt salzig vom Weinen.
Gott, wo bist Du?
Du hast gesagt, Du verlässt mich nicht,
aber wo bist Du, jetzt brauche ich Dich.
Meine Tage plätschern dahin.
Du aber, Gott, wirst immer sein, für alle Ewigkeit.
Du schenkst uns Dein Erbarmen und Deine Liebe.
Du wirst mich tragen, wenn ich in Trümmern bin.
Gelobt sei Dein Name.
Du wirst Dich den Verlassenen zuwenden, wenn sie Dich bitten.
Dann wirst Du Dich zeigen,
wirst die Gefangenen befreien.
Darum bitte ich Dich,
lass meine Angst vergehen und die Fröhlichkeit zurückkehren.
Du bleibst, der Du bist, und das in Ewigkeit.
Lass uns versuchen, diesen Weg zu gehen.
Leg Deine Hand auf uns.
Amen.

Yvonne Landefeld

August-Psalm

Herr ich bin krank
Und trau mich nicht ans Licht
Mein Schmerz lässt mich nicht glauben
Ich fluche von Kopf bis Fuß
Und meine Haut zerspringt
Die Zeit frisst mein Gesicht
Mein Fuß ist lahm
Und meine Seele wund
Lass mich zur Ruhe kommen Herr
Gib mir die alte Mitte wieder
Mein Gleichgewicht
Ich überwinde jedes Drahtseil
Von Turm zu Turm gespannt
Doch heute bin ich schwach und schwindlig
Komm Herr und leg mir Kühle auf die Stirn
Hol mir den Schüttelfrost aus meinem Schädel
Ich sehe schlecht und will gesunden
Du warst es der mich immer heilte
Ich lieg zu deinen Füßen
Und warte auf dein Wort

Hanns Dieter Hüsch

»Selig sind, die da Leid tragen, denn sie sollen getröstet werden.« (Mt 5,4)

Wir hören das Trostversprechen
und bleiben dennoch ungetröstet.
Wir sehen Menschen unter uns,
die zu Boden gedrückt werden
von unerträglicher Last.
Ihre Seele verkümmert,
ihr Körper wird krank.
Viele vereinsamen,
weil nahe Menschen fehlen,
weil sie müde werden,
an die Grenze des Verstehens kommen,
innerlich fortgehen.
Wir erkennen die Not,
dass gebeugte Menschen
wieder und wieder zu Opfern werden
und sich nicht befreien können
aus ihren Verstrickungen.
Wir sehen die Scham in den Augen der Ungeliebten.
Wir spüren die Angst derer,
die ihrer selbst nicht sicher sind.
Wann erfahren wir Verstummten,
wann die zu Tode Erschöpften Trost?
Wir fragen, klagen für alle,
die am Ende sind.
Sie können nicht warten,
haben schon viel zu lange gewartet.
Warum schweigst du?

Sabine Naegeli

Schreien könnte ich,
klagen, schimpfen und fluchen,
gerade jetzt,
Gott des Himmels und der Erde.

Gerade jetzt
bin ich außer mir
vor Ohnmacht und Zorn,
die mich auf den Weg bringen zu Dir,
Gott des Himmels und der Erde.

Unerträglich hast Du
unser Leben werden lassen,
nur manchmal durchbrochen
von Augenblicken der Liebe, der Schönheit,
der Wahrheit und des Guten,
doch zumeist entsetzlich entstellt
zu einer Ewigkeit
des langsamen Niedergangs.

Schreien könnte ich,
klagen, schimpfen und fluchen,
gerade jetzt,
aber zustande bringe ich nur
ein Gewimmer, ein Gestammel, ein Seufzen.
Reicht es Dir,
damit Du der Gott
des Himmels und der Erde bleibst?

Norbert Copray

Warum hilfst Du uns nicht, Gott, warum?

Würden wir Deine Hilfe überhaupt annehmen können,
wo wir uns doch mit den Gedanken tragen,
alles selber wissen und regeln zu können?

Würden wir nicht Deine Hilfe
binnen Tagesfrist ins Gegenteil verkehren?
Und würdest Du uns helfen können,
ohne andere in Not zu bringen?

Es fragt sich so leicht nach Hilfe von oben,
von daher, wo Macht vermutet wird,
Stärke und Heilung ohne Ende.

Dabei bist Du doch schon
die Innenseite der Hilfe,
die wir einander gewähren,
die Innenseite des Beistands,
mit denen die Bedürftigen und Leidenden
zur Gemeinschaft finden.

Wie gut, dass Du auf unser Drängen hin
nicht einfach als Hilfe von oben herabkommst,
als Rechtfertigung der Hierarchien,
die sich als Dienst von oben
für die da unten ausgeben.

Du kommst von unten,
aus Erde und Boden,
wie Wurzel und Same,
wächst empor,
breitest Dich aus in Millionen von Leben.

Dass wir uns in unserer Liebe zum Leben
Deiner Hilfe, Deiner Weisheit,

Deiner Dynamik von unten nach oben
anvertrauen,
hilf uns!
Norbert Copray

Den Schmerzen ausgeliefert

Wie berauben wir uns selbst,
wenn wir das heilende Tun Jesu eingrenzen
auf die Zeit seines Erdenlebens.
Das Evangelium will uns nicht berichten,
was Jesus vorzeiten tat,
sondern wer er für uns ist
und was er hier und heute an uns tun kann.

Gott,
ich fühle nur die unablässigen Schmerzen,
die meinen Leib durchbohren.
Ich kann keinen klaren Gedanken mehr fassen.
Es ist kein Gebet in mir.
Nimm mein Stöhnen als Gebet an.
Sabine Naegeli

In schlaflosen Nächten

Nicht vor dem Schmerz fliehen,
sondern wissen,
wohin wir mit dem Schmerz fliehen können,
darin liegt die Befreiung.

Der Schlaf verweigert sich mir.
Dunkle Schatten
legen sich über die Gedanken.
Wie der Nebel dem Boden entsteigt,
so steigt der Schmerz auf
aus den Tiefen der Seele
und deckt alle Getrostheit zu.
Ich bekämpfe ihn nicht.
Ich fliehe mit ihm zu dir,
mein Gott,
und bette mich in deine Arme.
Geborgen bin ich
an deinem Herzen.
Auch wenn ich es jetzt nicht fühle:
Du bist da.
Es ist nicht wichtig,
dass ich auf alle Fragen eine Antwort finde.
Du wachst über mir.
Du entmächtigst meine Ängste.
Du löst mich behutsam los von mir.
Bei dir kommt mein unruhiges Herz
zur Ruhe.
Mein Gott, ich danke dir.

Sabine Naegeli

HERR, DEIN FREUND IST KRANK
(Joh 11,3)

Herr Jesus, immer wieder hast du menschliche Nähe gesucht. Gerne bist du bei deinen Freunden in Betanien zu Gast gewesen, bei Lazarus und seinen Schwestern Maria und Marta. Ins Innerste hinein hat es dich getroffen, als du von der Krankheit deines Freundes hörtest.

Herr, die Krankheit ist die große Belastung meines Lebens. Die vielen Schmerzen, die Ungewissheit, das Alleinsein, manchmal ist es zu schwer, um es zu ertragen. Ich weiß, dass viele Menschen leiden, auch dass es Ungezählte gibt, die es schwerer haben als ich. Und doch bleibt das Kranksein mein Kranksein und bleiben die Schmerzen meine Schmerzen.

Herr und Gott, ich glaube daran, dass du das Leid in der Welt nicht erschaffen hast. Deine Schöpfung war gut. Erst als die Menschen sich von dir entfernt hatten, zogen Leiden und Tod in die Welt ein. Schmerzen, Krankheit, Schicksalsschläge, das Sterben lassen viele Menschen an deiner Vaterliebe zweifeln und manche verzweifeln.

Dennoch stehst du unserem Schicksal nicht blind gegenüber. Alle diese Fragen, auf die wir keine Antwort finden, hast du beantwortet, als du uns Jesus geschenkt hast. Er ging nicht am Leiden der Menschen vorüber. Er selber hat Schmerzen und Tod auf sich genommen, um uns die Richtung zu weisen, die Richtung, die auch für mich lautet: Nur durch das Kreuz kommt Heil.

Herr und Gott, lass mich meine Krankheit annehmen. Lass mich sie ertragen in der Verbundenheit mit den vielen, die leiden wie ich. Schenke mir in aller Not und allem Dunkel aber auch die Erfahrung, dass mein Leiden nicht vergebens ist. Du führst nicht am Leid vorbei, wohl aber führst du durch das Leid hindurch. Nach Krankheit, nach Leiden und Sterben schenkst du neues Leben ohne Schmerzen und Plage.

Darum lässt du Jesus im Angesicht der Krankheit seines Freundes Lazarus sprechen: »Diese Krankheit wird nicht zum Tode führen, sondern dient der Verherrlichung Gottes.« Daran möchte ich festhalten und so meiner Krankheit den Sinn geben, der allein von dir kommt.

Wolfgang Oberröder

Am Abend eines leidvollen Tages

Nun sind sie vorüber, die heißen Stunden dieses Tages. Ich habe gelitten – Leiden war mein Tagewerk. Ich will auch noch ferner leiden, will kein Wort dagegen sagen, wenn auch die Stunden der Nacht Leidensstunden sein sollten. Denn der mir Kraft gab, die Last des Tages zu tragen, der gibt mir auch Kraft, die Last der Nacht zu tragen. Wenn ein neues Leiden kommt, so liegt die Kraft zum Tragen nicht fern: Der Herr hat sie gesendet.

Gott – du bist mein Hüter Tag und Nacht, du schläfst und schlummerst nicht; und wenn der Schlaf alle Menschenaugen überwältigt, dein Vaterauge wacht über mir. Dein Vaterauge wacht über mir, ich mag in dieser Nacht Schlaf finden oder nicht, ich mag am Morgen in dieser trüben Zeit wieder erwachen oder in der lichten Ewigkeit. Dein Vaterauge wacht ewig über mir, ich mag vor ihm auf Erden wallen oder mit den Bürgern des Himmels daheim anbeten …

In allem, was dies Leben Herbes hat, sehe ich den Finger deiner Huld, die nicht vergisst, Honig in den bittern Kelch zu mengen. In den Verirrungen des Lebens sehe ich die verborgene Hand, die mich durchführt. Der Führung dieser Hand empfehle ich mich in dem ganzen übrigen Leben, in dieser Nacht und in der letzten – die Tod heißt.

Johann Michael Sailer

Kreuzweg

Du kreuzt meinen Weg, Herr,
meinen Traum von meinem Weg,
du kreuzt ihn mit Balken,
an denen ich mich stoße,
über die ich stolpere,
die mich zu Fall bringen,
diese Balken von Argwohn und Streit,
von Angst und Einsamkeit,
von Abgrund und Nacht.

Du kreuzt meinen Weg, Herr,
und mein Weg wird zum Kreuzweg.
Muss das sein?
Willst du nicht,
dass wir glücklich unseren Weg gehen?
Hast du nicht deinen Engeln befohlen,
mich zu behüten?
Wo sind deine Engel, Herr?

Mein liebes Kind,
sieh doch auf mich, deinen Herrn,
bin nicht auch ich
meinen Kreuzweg gegangen,
bin dreimal gefallen,
fragte meinen Vater,
warum er mich verlassen habe.
Ich habe gelitten, wie du leidest,
und jetzt leide ich mit dir.

Aber du wirst sehen,
wie du durch das Leiden hindurch
zur Vollkommenheit findest,
durch den Tod hindurch zum Leben.

Habe nicht Angst vor den Kreuzen,
erkenne in ihnen auch die Erlösung.

Ich bleibe an deiner Seite
Und helfe dir,
dein Kreuz zu tragen,
helfe dir,
nach jedem Fall wieder aufzustehen
und nehme dich am Ende in meine Arme.

Irmela Mies-Suermann

Lass mich,

Lass mich
dich verstehen, o Gott,
auch wenn ich oft nicht
begreifen kann, warum
etwas geschieht.

Lass mich
dich erkennen, o Gott,
auch wenn ich oft nicht
ahne, wie gegenwärtig
du in allem bist.

Lass mich
an dich glauben, o Gott,
auch wenn ich oft auf
viele Fragen keine
Antwort finde.

Lass mich
auf dich hoffen, o Gott,
auch wenn ich oft nicht

weiß, ob ich noch
Hoffnung habe.

Lass mich
dich lieben, o Gott,
auch wenn ich oft so
fern mich fühle von dir
und deiner bergenden
Nähe.

Lass mich
dich suchen, o Gott,
auch wenn ich oft die
Sehnsucht tief in mir
viel zu wenig achte.

Lass mich
dich finden, o Gott,
auch wenn ich meine,
längst schon alles zu
haben.

Lass mich
nicht los, o Gott,
auch wenn ich dich
vergesse und viel zu
selten an dich denke.

Paul Weismantel

Bei dir

In deiner Gegenwart
wandelst du
das Leid in ein Lied,
das Furchtbare
in Fruchtbares,
das Grauen in Vertrauen.

In deiner Gegenwart
wird das Ende zur Wende
der Zusammenbruch
zum Aufbruch,
der Schmerz zum Schatz.

In deiner Gegenwart
lässt du die Wüste
erblühen,
das Schwache
erstarken,
die Verletzungen heilen.

In deiner Gegenwart
schenkst du
Leben in Fülle,
Erbarmen
ohne Ende,
Gnade über Gnade.

In deiner Gegenwart
will ich sein
und bleiben,
mich verwurzeln
und Frucht bringen.

Paul Weismantel

In allem

In der Bedrängnis
der vielen offenen Fragen
willst du mich bewahren
und mit mir ertragen, was ich
nicht zu ändern vermag.

In der Schwere
so vieler Belastungen
willst du mich stärken
und mir beistehen,
damit ich standhalten kann.

In der Trübsal
der vielen Traurigkeiten
willst du mich trösten
und bei mir sein,
damit ich nicht verzweifle.

In der Sehnsucht
nach geglücktem Leben
willst du mich ermutigen
und mir helfen, damit ich
das Leben in Fülle finde.
Paul Weismantel

Gebet der Klage

Verlassen hast du mich, mein Gott, womit bin ich an dir schuldig geworden?
Jetzt bin ich einsam, und ich weiß keinen Weg.
Verirrt habe ich mich in trüber Dämmerung, verirrt im düsteren Dickicht des Lebens.
Verlassen hast du mich, mein Gott; habe ich dir denn Ärgernis gegeben?
Einsam irre ich und voller Sorgen.
Ein Licht blinkt auf; weiß ich denn, ob es ein Haus ist oder ein Irrlicht.
Ich sehe eine Quelle; aber weiß ich denn, ob das kein Trugbild meiner Sinne ist.
Vertrocknet sind meine Lippen, wenngleich Finsternis herrscht, die wie die Sonne brennt oder vielleicht gefrieren macht; vielleicht kommt das Feuer, das in mir ist, ihr von innen entgegen. Ich weiß es nicht.
Wodurch habe ich mich schuldig gemacht an dir, mein Gott, dass du gerade jetzt nicht da bist, wenn meine Füße sich in Dornen verschlingen und Hände und Herz mir bluten?
Ich rufe: »Ihr Menschen!« – Keine Antwort.
Ich rufe: »Mutter.« Auch nichts.
Mit meinem letzten Ruf schreie ich hinaus: »Gott.« Und was ist? Nichts – ich bleibe allein. Gib mir den Engel der Trauer. Nicht um Freude bitte ich, nicht um grüne Gipfel, nicht um blaue Träume, noch um geflügelte Strahlengarben. Wenigstens Trauer, denn ich bin wieder so allein, so ganz allein, soll ich denn weiter umherirren, mich durch das Dickicht hindurchschlagen und im Dunkeln bluten?
Ich beklage mich bei mir selbst, meiner eigenen Seele vertraue ich meinen Groll gegen dich an, meinen Groll gegen dich, Gott. Ich bitte nicht – ich mahne, Gott.
Mit dir hab ich den Weg begonnen, soll ich jetzt – verlassen – alleine weitergehen, wenn ich müde, geplagt bin und in dem Dickicht den Weg nicht finde?

Erinnerst du dich, Gott, ich habe dir vertraut. Hast du, Gott, mein naives Flüstern vergessen, das ich zu dir sandte, das stille Bekennen meiner Geheimnisse, die wehmutsvollen Tränen, die ich zu dir strömen ließ?
Nicht Groll empfand ich, sondern Erstaunen, nicht Zweifel, sondern Unruhe, nicht Zorn, sondern eine Bitte, als ich sah, dass du mich verlässt, dass du dich entfernst, dass du entschwindest.
Ohne ein Wort.
Ich suche nach einer Schuld in mir, aber keine ist so groß, dass nicht eine Rüge, eine Drohung genügt hätte, musstest du denn gleich ganz von mir gehen.
Wenn du jetzt zurückkehrst, wie soll ich dich ansprechen, was wirst du sagen?
Verirrt habe ich mich in trüber Dämmerung, Gott aber ist irgendwo weit weggegangen, er hat mich allein gelassen.
Meine Klage hängte ich an die Perlen der Tränen auf meiner Brust.
Es ist deine Schuld, Gott.

Janusz Korczak

Gebet in besonderer Not

Herr Gott,
großes Elend ist über mich gekommen.
Meine Sorgen wollen mich erdrücken.
Ich weiß nicht ein noch aus.
Gott sei gnädig und hilf.
Gib Kraft zu tragen, was Du schickst.
Lass die Furcht nicht über mich herrschen,
sorge Du väterlich für die Meinen,
für Frau und Kinder.

Barmherziger Gott, vergib mir alles,
was ich an Dir
und den Menschen gesündigt habe.

Ich traue Deiner Gnade und gebe mein
Leben ganz in Deine Hand.
Mach Du mit mir, wie es Dir gefällt und
wie es gut für mich ist.
Ob ich lebe oder sterbe, ich bin bei Dir
und Du bist bei mir, mein Gott.
Herr, ich warte auf Dein Heil
und auf Dein Reich.
Amen.

Dietrich Bonhoeffer

Wenn alles versandet

Herr, mein Gott, es gibt Tage, an denen alles versandet ist: die Freude, die Hoffnung, der Glaube, der Mut. Es gibt Tage, an denen ich meine Lasten nicht mehr zu tragen vermag: meine Krankheit, meine Einsamkeit, meine ungelösten Fragen, mein Versagen. Herr, mein Gott, lass mich an solchen Tagen erfahren, dass ich nicht allein bin, dass ich nicht durchhalten muss aus eigener Kraft, dass du mitten in der Wüste einen Brunnen schenkst und meinen übergroßen Durst stillst. Lass mich erfahren, dass du alles hast und bist, dessen ich bedarf. Lass mich glauben, dass du meine Wüste in fruchtbares Land verwandeln kannst.

Gesang- und Gebetbuch der deutschsprachigen Schweiz

Sammle meine Tränen

Manchmal verliere ich die Kraft
an das Gute im Menschen zu glauben
Ekel steigt in mir empor
ob all der Grausamkeiten
die Menschen einander zufügen

Halt
los
Boden
los
komme ich dann zu Dir mein Gott

Du weichst meiner Verzweiflung nicht aus
mein Elend ist aufgezeichnet bei Dir
sammle meine Tränen in einem Krug
zeichne sie auf in Deinem Buch
Nach Psalm 56,9
Pierre Stutz

Jede einzelne Träne mündet in deine Fülle,
du sorgst dich auch um jene, die in aller Stille
verzweifelt fragen: »Ist das Gottes Wille?«
Du lässt niemanden fallen,
auch wenn wir blind sind für dich.
Wir müssen dir nicht gefallen.
Du liebst uns so – wie wir sind.
Wir sollen nicht verzweifeln.
Für dich ist nichts zu schwierig,
du lässt uns niemals allein,
durch alle Not führst du uns.
Cornelia Oischinger

ICH FALLE

Irgendwo
ins Nichts
einer dunklen Schlucht

Ich falle

Immer tiefer
durch Tag und Nacht

Ich falle

Letztendlich geborgen
in deine gütigen Hände –
und erlebe den Aufbruch des Lichts
Christian Hies

auf die ebbe der verzweiflung
folgt die flut

ozean meiner tränen
gott
du mond der gezeiten
deine gegenwart macht heil
Philippa Kalkbrenner

Herr, ich kenne
den Maßstab nicht,
nach dem Du die Lasten verteilst.
Ich weiß nicht,
warum Du es zulässt,
dass Kindern die Mütter
und Müttern die Kinder
genommen werden.
Ich habe Fragen, Herr.
Geh an ihnen nicht achtlos vorüber.
Bernhard Meuser

Das Eingeschlossensein überdauern

Die Befreiung liegt nicht immer darin,
dass verschlossene Türen sich öffnen,
sondern darin, dass wir in der Enge
nicht allein gelassen werden.

Mein Gott,
ich weiß nicht,
wie dein Geist zu mir kommen soll,
wenn die Schwermut
alle Türen
mit eisernen Riegeln verschließt.
Ich weiß nicht,
wie ich dir vertrauen soll,
wenn nicht du selbst
mich dazu bereit und fähig machst.
Ich weiß nicht,
wie ich dich wahrnehmen soll,
wenn meine Augen von Tränen blind sind.
Ich weiß nicht,
wie ich deine Stimme hören soll,
wenn in meinen Ohren
die Schreie der Verzweifelten dröhnen.
Ich weiß nicht,
wie ich dich lieben soll,
wenn ich dein Nahesein nicht erfahre.
Einst kamst du zu den Deinen
durch verschlossene Türen.
Komm auch zu mir.
Zerbrich meine Ketten.

Sabine Naegeli

Wenn die Last zu schwer wird

Dein Leid,
Schwester,
verschließt mir
den Mund.
Ein falsches Trostwort,
und deine Einsamkeit
wächst ins Unendliche.
Deine Hand,
Schwester,
halte ich,
und mein Herz
schreit für dich
zu ihm.
Lästig
will ich ihm werden
mit meinem Schreien,
bis dass er dir
den Tröster
sende.

Gott,
mein Leben ist mir zu einer Last geworden,
die ich kaum noch zu tragen vermag.
Am Tage warte ich,
dass es endlich Abend wird,
und in schlaflosen Nachtstunden
warte ich auf den Morgen.
Herr,
du weißt, dass ich schon längst
an den Grenzen meiner Belastbarkeit
angekommen bin,
dass meine Lebenskraft gebrochen ist.
Lange habe ich versucht,

mir deine Verheißungen vorzusprechen,
aber sie erreichen mich nicht mehr.
In unendliche Fernen gerückt
bist du mir.
Ich kann nicht mehr in mir zurückrufen
die Zeiten, da dein Wort
mir Hilfe, Trost und Freude war.
Und doch habe ich ein unermessliches Verlangen,
dich neu zu erfahren
als den, der mich auffängt,
als den, der mich tröstet,
als den, der mich wieder atmen lässt,
als den, zu dem ich gehören darf.
Herr, mein Gott,
warte nicht länger.
Ich kann nicht mehr.
Ich bitte dich: Komm!

Sabine Naegeli

Litanei vom Leiden Jesu

Herr, erbarme Dich unser!
Christus, erbarme Dich unser!
Herr, erbarme Dich unser!
Christus, höre uns!
Christus, erhöre uns!

Auf die folgenden Anrufungen antworten alle mit dem Ruf:
Alle: Erbarme Dich unser!

Vorbeter: Gott Vater vom Himmel
Gott Sohn, Erlöser der Welt
Gott, Heiliger Geist
Heilige Dreifaltigkeit, ein einiger Gott

Jesus, Du ewige Weisheit
Jesus, Du Fleisch gewordenes Wort
Jesus, gehasst von der Welt
Jesus, für dreißig Silberlinge verkauft
Jesus, der Du in der Todesangst Blut geschwitzt hast
Jesus, von Judas verraten
Jesus, von den Jüngern verlassen
Jesus, auf die Wange geschlagen
Jesus, von falschen Zeugen angeklagt
Jesus, ins Angesicht gespien
Jesus, von Petrus verleugnet
Jesus, von Herodes verspottet
Jesus, von Pilatus gegeißelt
Jesus, dem Barabbas nachgesetzt
Jesus, mit dem Kreuz beladen
Jesus, mit Dornen gekrönt
Jesus, der Kleider beraubt
Jesus, ans Kreuz genagelt
Jesus, von den Juden geschmäht
Jesus, vom Übeltäter verspottet
Jesus, dessen Seite durchbohrt wurde
Jesus, den letzten Tropfen Blut vergießend
Jesus, verlassen vom Vater
Jesus, gestorben für unsere Sünden
Jesus, vom Kreuze abgenommen
Jesus, ins Grab gelegt
Jesus, glorreich erstanden
Jesus, in den Himmel aufgefahren
Jesus, der Du den Tröster gesandt hast
Jesus, unser Opfer
Jesus, unser Mittler
Jesus, unser Richter

Vorbeter: Sei uns gnädig, verschone uns, o Herr!
Alle: Sei uns gnädig, erhöre uns, o Herr!

Auf die folgenden Anrufungen antworten alle mit dem Ruf:

Alle: Erlöse uns, o Herr!

Vorbeter: Von aller Sünde
Von allem Bösen
Von Zorn und Hass
Von Bosheit und Rachsucht
Von Unglauben und Herzenshärte
Von Gotteslästerung und Gottesraub
Von Heuchelei und Habsucht
Von Verblendung des Geistes
Von der Verachtung Deiner Gebote
Von dem Rückfall in die Sünde
Von aller Gefahr des Leibes und der Seele

Auf die folgenden Anrufungen antworten alle mit dem Ruf:

Alle: Wir bitten Dich, erhöre uns!

Vorbeter: Wir armen Sünder
Dass Du uns verschonest
Dass Du uns verzeihest
Dass Du Deine Kirche beschützen wollest
Dass Du die Deinen segnen wollest
Dass Du Deine Feinde bekehren wollest
Dass Du die Wahrheit ausbreiten wollest
Dass Du den Irrtum zerstören wollest
Dass Du die falschen Götter vernichten wollest
Dass Du Deine Auserwählten vermehren wollest
Dass Du die heiligen Seelen im Fegfeuer erlösen wollest
Dass Du uns in die Zahl Deiner Heiligen aufnehmen wollest

Vorbeter: Lamm Gottes, das Du hinwegnimmst die Sünden der Welt.

Alle: Verschone uns, o Herr!
Vorbeter: Lamm Gottes, das Du hinwegnimmst die Sünden der Welt.
Alle: Erhöre uns, o Herr!
Vorbeter: Lamm Gottes, das Du hinwegnimmst die Sünden der Welt.
Alle: Erbarme Dich unser, o Herr!

Christus, höre uns!
Christus, erhöre uns!
Herr, erbarme Dich unser!
Christus, erbarme Dich unser!
Herr, erbarme Dich unser!

Vorbeter: Wir beten Dich an, o Herr Jesus Christus, und preisen Dich, denn durch Dein heiliges Kreuz hast Du die Welt erlöst.

Lasset uns beten!
O Gott, Du wurdest für die Erlösung der Welt geboren und beschnitten, verworfen, verraten, mit Stricken gebunden und zum Tode geführt, frechen Blicken preisgegeben, fälschlich angeklagt, gegeißelt und zerfleischt, angespien, mit Dornen gekrönt, beschimpft und geschmäht, gestoßen, mit Ruten gestrichen, entblößt, ans Kreuz genagelt und daran erhöht, unter die Übeltäter gezählt und mit Galle und Essig getränkt, und Deine Seite wurde mit einer Lanze durchbohrt: durch Dein hochheiliges Leiden, dessen wir, Deine schuldbeladenen Diener, gedenken, und durch Dein heiliges Kreuz und Deinen gnadenreichen Tod, befreie uns von den Peinen der Hölle und geleite uns dorthin, wohin Du den mit Dir gekreuzigten Schächer geführt hast, wo Du mit dem Vater und dem Heiligen Geist lebst und regierst, Gott von Ewigkeit zu Ewigkeit! Amen.
John Henry Newman (1801–1890)

Der leidende Christus im Leiden der Welt

Todesangst-Christi-Litanei

In dieser Litanei werden all die ungezählten Menschen, die jemals zum Opfer des Menschen geworden sind und bis zum heutigen Tage noch werden, mit dem zusammen-gesehen, der für uns gelitten hat, was er durch uns litt.

Nicht also um Anklage anderer geht es, sondern um die Einsicht, angesichts des leidenden Herrn die schrecklichen Möglichkeiten des eigenen Herzens vor Gott wahr-zu-nehmen, um sich von Seiner unbegreiflichen Liebeskraft umschmelzen und verwandeln zu lassen. Solches Beten, wenn es aufrichtig geschieht, verpflichtet zu brüderlichem Einsatz »aus dem Einsatz Gottes« für uns.

Vorbeter: Jesus unser Bruder
Alle: Steh ihnen bei!

Vorbeter: Du Bruder aller Bespitzelten
Du Bruder aller Gemiedenen
Du Bruder aller Verdächtigten
Du Bruder aller (bei Nacht) Verhafteten
Du Bruder aller (von den Ihren) Verratenen
Du Bruder aller ungerecht Gefangenen
Du Bruder aller vor Gericht Verleugneten
Du Bruder aller Ausgepeitschten und Geschlagenen
Du Bruder aller Ausgehöhnten und Verlachten
Du Bruder aller Gebrandmarkten und Geohrfeigten
Du Bruder aller Angespienen und Entkleideten
Du Bruder aller Alleingelassenen und Isolierten
Du Bruder aller Entehrten und Entrechteten
Du Bruder aller Gefolterten und Geschundenen
Du Bruder aller (von Menschen) aufs Kreuz Gelegten

Du Bruder aller (von Menschen) zu Tode Gequälten
Du Bruder aller Opfer der Unmenschlichkeit
Du Bruder aller Umgebrachten
Du Bruder aller auf die Seite Geschafften
Du Bruder aller wie Verbrecher Behandelten
Du Bruder aller von ihren Bewachern Verhöhnten
Du Bruder aller von ihren Henkern Verspotteten

Vorbeter: Jesus, du Knecht Gottes
Alle: Schmelze uns um! (Glühe uns aus!)

Vorbeter: Im Feuerofen deiner Passion
Im Feuerofen deiner Verlassenheit
Im Feuerofen menschlicher Bosheit
Im Feuerofen der Unmenschlichkeit
Im Feuerofen deines ausgebrannten Leibes (»Mich dürstet«)
Im Feuerofen deiner Todes-Angst
Im Feuerofen deiner Gott-Verlassenheit
Im Feuerofen deines Ausgestoßenseins
Im Feuerofen deines menschlichen Scheiterns

Alle: Erbarme Dich, Herr!

Vorbeter: Durch deine Tränen und dein Geschrei (Hebr 5,7)
Durch dein Zittern und Zagen vor Gott
Durch deine Wehr-losigkeit
Durch deine Gewalt-losigkeit
Durch deine Unnachgiebigkeit
Durch deine Unüberwindbarkeit
Durch dein Ringen mit dem Willen des Vaters
Durch deine Ergebung in den Willen des Vaters
Durch dein Bleiben unter unserer Last
Durch deine tödliche Entschiedenheit für uns
Durch dein unverbrüchliches Ja zu uns

Durch deinen Todesgehorsam für uns
Durch deinen Todesschrei
Durch deinen Todessturz (in die Hände des Vaters)
Durch deine rettende Gefährtenschaft
Durch deine brüderliche Solidarität bis zum Ende

Vorbeter: Du Neuer Mensch
Alle: Bekehre uns zu Dir!

Vorbeter: Du Bild des Menschen inmitten der Un-menschlichkeit
Du Barmherziger inmitten der Un-barmherzigkeit
Du Versöhnender inmitten der Un-versöhnlichkeit
Du Bejahender inmitten der Ver-neinung
Du Liebender inmitten des Hasses
Du Gewaltloser inmitten der Gewalt(tätigkeit)
Du Freier inmitten der Un-freiheit
Du (»im Namen Gottes«) Exkommunizierter
Du (»im Namen Gottes«) Beseitigter
Du Auswurf der Welt
Du Abfall der Welt (vgl. Mk 15,45)
Du Letzter der Menschen
Du Mensch ohne Ansehen und Gestalt
Du Schauspiel der Welt
Du Narr der Liebe Gottes
Du Tor der Liebe Gottes
Du Ecce-homo: Das ist der Mensch!

Vorbeter: Du Anführer des Lebens
Alle: Bitte für uns!

Vorbeter: Vom Vater im Tode bejaht
Vom Vater im Untergang gehalten
In den Händen des Vaters geborgen
Durch das Feuer hindurch gerettet

Durch alles Nein hindurch bejaht
Du Brückenbauer über den Abgrund der Bosheit
Du Brückenbauer über den Abgrund des Leidens
Du Brückenbauer über den Abgrund des Todes
Du Brückenbauer zwischen Mensch und Gott
Du Fürbitter deiner angeklagten Brüder beim Vater
Du unser Friede mit Gott
Du unser Versöhner mit Gott

Alle: Geh uns voran!

Vorbeter: Du Anführer unseres Glaubens
Du Gefährte an unserer Seite
Du Mitgeher auf allen Straßen
Du Ich-bin-da in Feuer und Wasser
Du Weg in die Freiheit Gottes
Du Weg in die Fülle des Lebens

Vorbeter: Lasset uns beten:

Vater, Du hast in Deinem gekreuzigten Sohn, den Du durch den Tod hindurch ins Leben genommen hast, Dein Ja hineingebaut in unser sündiges Nein.

Im Auferweckten ist Deine Liebe stärker als alle Lieblosigkeit der Welt.

Werde nicht müde mit uns! Halte uns aus: Forme uns um in Deiner unnachgiebigen Geduld! Lass den Ja-Geist Deines Sohnes, den er uns sterbend überliefert hat, übermächtig werden in uns. Überwinde Du uns zum Guten, Du vermagst es allein.

Paul Ringseisen

Vater im Himmel, ich bitte weder um Gesundheit noch um Krankheit, weder um Leben noch um Tod, sondern darum, dass du über meine Gesundheit und Krankheit, über mein Leben und meinen Tod verfügst zu deiner Ehre und zu meinem Heil. Du allein weißt, was mir dienlich ist. Du allein bist der Herr; tue, was du willst. Gib mir, nimm mir, aber mach meinen Willen dem deinen gleich.

Blaise Pascal (1623–1662)

GEBET

Herr! schicke, was du willst,
Ein Liebes oder Leides;
Ich bin vergnügt, dass beides
Aus Deinen Händen quillt.

Wollest mit Freuden
Und wollest mit Leiden
Mich nicht überschütten!
Doch in der Mitten
Liegt holdes Bescheiden.

Eduard Mörike (1804–1875)

HERR, WIE DU WILLST

HERR
wie du willst, soll mir geschehn,
und wie du willst, so will ich gehn,
hilf deinen Willen nur verstehn.

HERR
wann du willst, dann ist es Zeit,
und wann du willst, bin ich bereit,
heut und in alle Ewigkeit.

HERR
was du willst, das nehm' ich hin,
und was du willst, ist mir Gewinn,
genug, dass ich dein Eigen bin.

HERR
weil du's willst, drum ist es gut,
und weil du's willst, drum hab ich Mut.
Mein Herz in deinen Händen ruht.
Pater Rupert Mayer SJ

Heilige Maria, Mutter Gottes,
mein Sohn ist krank!
Sieh mich hier sitzen, hilflos,
ratlos, die Knie an die Bettkante gedrückt.
Sein Kopf glüht vom Fieber,
die Lippen sind trocken und spröde,
der Atem fliegt.
Schlage ich die Bettdecke zurück,
kommt ein Frösteln über die Arme
Decke ich ihn zu,
treten Schweißperlen auf die Stirn.
Ich tupfe sie ab,
ich befeuchte mit dem Waschlappen
die Lippen,
die Augenlider flattern,
Unruhe schüttelt ihn.
Ich höre »Mama«.
Mamma mia, heilige Maria,
siehst du mich in meiner Angst und Not?
Ich will beten, dich rufen…
aber mir fehlen die Worte…
außer: Bitte für uns Sünder,
jetzt und in der Stunde unseres Todes. Amen.

Todes? – Nein!
Die Ärzte haben gesagt,
diese Nacht müssen wir durchstehen,
und dann sehen wir weiter.
Ich habe meine Hände nicht gefaltet,
weil sie sonst aneinander kleben.
Ich habe sie zu Fäusten geballt,
die Knöchel aneinander gedrückt,
dass es wehtut.
Ich spüre die Knöchel
wie Rosenkranzperlen.
Rosenkranz – Heilige Maria
Mutter Gottes,
die du unter dem Kreuz gestanden bist,
ohnmächtig, etwas zu tun,
außer auszuhalten, da zu sein.
Bitte für uns Sünder jetzt
und in der Stunde unseres Todes. Amen.
Sünder? – Wieso soll ich bei meinem Kind
Sünde und Krankheit und Tod zusammenbringen?
Heilige Maria Mutter Gottes,
in meinem Kopf geht alles durcheinander.
Soll ich ans Telefon gehen und den Arzt rufen?
Der Puls rast – ich muss das Fieber nicht messen,
es ist immer noch hoch.
Keine Besserung bis Mitternacht!
Ich möchte mich hinlegen, schlafen,
aber ich will bereit sein,
wenn ich gebraucht werde,
auf den Atem hören.
»Unter deinen Schutz und Schirm ...«,
betete meine Großmutter immer.
»Hilf, wenn die Not am größten ist ...«
Heilige Maria Mutter Gottes.

Waltraud Boelte

Als die Sonne unterging, brachten alle, die Kranke hatten mit Gebrechen verschiedener Art, diese zu ihm, und er legte einem jeden von ihnen die Hände auf und machte sie gesund. (Luk 4,40)

Herr, so bringe ich in meinem Gebet Menschen vor dich:

Die mit den leeren Händen
weil niemand etwas hineinlegt
Brot, Verantwortung, Aufgaben
weil niemand seine Hand hineinlegt

Die mit den kalten Herzen
weil niemand Herzenswärme gibt
Liebe, Geduld, Verständnis
weil niemand sich ein Herz fasst

Die mit den wunden Füßen
weil niemand sie der Sehnsucht entgegenträgt
Geborgenheit, Sicherheit
weil niemand die Träume mitträgt

Die mit den misstrauischen, verängstigten Augen
weil niemand sagt hab Vertrauen
Vertrau auf dich, auf andere, auf Gott
weil niemand sagt trau dich

Die mit den kranken Seelen
weil niemand spricht werde heil
werde rein, werde gesund
weil niemand spricht sei heil

Die vielen Niemand(e)
weil…

Elke Uhl

Bittgebet für alle Bedrängten

Bittet für unsere Schwestern und Brüder, die an einer
Krankheit leiden,
dass Christus, unser Gott,
uns und ihnen Gesundheit und Heilung schenke!
Herr, pflege sie mit Barmherzigkeit und Gnade; heile sie!
Entferne von ihnen und uns jede Krankheit und jedes Leiden
und vertreibe aus ihnen den Hauch von Krankheiten.
Richte auf und tröste die,
die schon lange durch Krankheiten behindert sind,
und befreie die, die von unreinen Geistern gequält werden.
Befreie alle und habe Erbarmen, Herr, mit denen,
die sich in Gefängnissen,
in Verbannung, in Kriegsgefangenschaft
oder in bitterer Sklaverei befinden.
Denn du löst die Gebundenen und erhebst die Gefallenen.
Du bist die Hoffnung derer, die keine Hoffnung haben,
die Hilfe derer, die keinen Helfer haben,
der Tröster derer, die kleinmütig sind,
und der Hafen derer, die von Stürmen heimgesucht werden.
Herr, schenke Erbarmen den Seelen aller Menschen,
die bedrängt sind,
verleihe ihnen Ruhe und Erfrischung, Unterstützung und Gnade,
gewähre ihnen die Vergebung ihrer Sünden und ihrer Schuld.
Heile auch uns, Herr, unsere Krankheiten an Seele und Leib,
du wahrer Arzt unserer Seelen und Leiber, du Versorger unseres Körpers!
Führe die, die auf Reisen sind,
in einen ruhigen Hafen, zum Hafen des Heils.
Sei ihnen ein Segelfreund und Wegefreund!
Nimm Anteil an der Arbeit deiner Diener bei jedem guten Werk.
Bewahre unser Fremdsein in dieser Lebenszeit
ohne Schaden, ohne Stürme und Sorgen bis ans Ende.
Kröne das Jahr mit deiner Güte wegen der Armen in deinem Volk,
der Witwen und Waisen, der Fremden und der Gäste,

wegen uns allen, die wir auf dich hoffen
und deinen heiligen Namen anrufen!
Kyrie, eleison!

Großes Bittgebet in der Tauffeier des koptischen Christentums

auf der intensivstation
zwischen apparaturen
liegt einer
beinahe kein mensch

gib herr dem pfarrer
der durch die station geht
gib ihm die idee
und die demut
dem patienten die hände aufzulegen
hände die dich empfangen
dich weitergeben

gib hände für menschen
die keine hand mehr rühren können
gib hände zum heil und zur heilung

Rudolf Bohren

Ich bin krank von Kopf bis Fuss

Heile meine Füße,
dann werden sie das,
was sie haben,
mit anderen teilen.

Heile meine Ohren,
dann werden sie den Schrei
der Not Leidenden hören.

Heile meine Augen,
dann werden sie die Wunden
der Kranken sehen.

Heile meine Zunge,
dann wird sie dein Lob singen
und freundliche Worte sprechen.

Heile meinen Verstand,
dann wird er über Gutes
und Edles nachsinnen.

Heile mein Herz,
dann wird mein Glaube gestärkt.

O mein Jesus, nur du kannst mich heilen.
Du bist mein Arzt und keiner sonst.
Ich bin krank von Kopf bis Fuß.
Heile mich, Herr.
Amen.
Aus Indien

Für eine unheilbar Kranke

Manchmal, Gott, weiß ich nicht, ob du sie siehst, zusammengesunken im Bett, die Hände gekrümmt, die keiner mehr drücken darf zur Begrüßung, sie schmerzen, die Finger, die noch vor zwei Jahren den Klingelzug fassten, die umblättern konnten im Buch, sie werden zu Krallen, der Körper stirbt ab, seit zwanzig Jahren stirbt er, die Füße zuerst, die Beine, die Hüften, das Rückgrat, die Muskeln, jetzt ist ein Dauerkatheter gelegt, du weißt das, Gott, nehme ich an, du schaust gelegentlich, wenn es schneit, durchs Fenster, du siehst, was du hier, Bergstraße dreizehn, eingebrockt hast, das langsame, schrittweise Verdorren, denn, Gott, die Meise, die gelb gefleckte, die mittags ans Fenster pickt, sieht es nicht – was könnte ich tun, wo Bitten aussichtslos ist, ich bitte: sei wenigstens, Gott, kein Vogel, sei, der du bist, und geh nicht vorüber, geh durch die Tür, die du kennst, und setze dich drei Minuten ans Bett und wende die Buchseiten um, nimm den Hörer ab, wenn jemand anruft, sorge, dass er nicht reißt, der himmlische Klingelzug, und wenn ein Laut, ein kaum hörbarer, kommt aus dem Mund, der einstweilen noch nicht gelähmt ist, ein Fluch, ein Schrei, ein leises Warum – ich bitte dich, Gott, verstecke im Schatten dich nicht, als wäre er leer, der Stuhl, als hättest du nie da gesessen, und zucke wie ich die Achseln nicht, Gott, und bleibe nicht stumm.

Rudolf Otto Wiemer

EUER KUMMER WIRD SICH IN FREUDE WANDELN
(Joh 16,20)

Gott, himmlischer Vater, ich denke an die vielen Menschen in Trauer, Sorge, Not und Kummer. Zu Recht haben frühere Zeiten unsere Erde als ein Jammertal bezeichnet. Mich bedrückt die Trauer von Menschen, die den Ehemann, die Ehefrau, das Kind, die Eltern, den Vertrauten und Anvertrauten durch ein schlimmes Schicksal verloren haben. Ich sorge mich mit denen, die keine Grundlage für ihr Leben mehr erkennen. Mein Gedenken gilt den vielen, die bei Verkehrsunfällen und anderen Unglücken für ihr ganzes Leben verstümmelt wurden. Viele unter uns sind es, deren Gemüt schwer ist, die die Sonne am Himmel nicht wahrnehmen und die Freude des Daseins nicht empfinden können. Mein Gedanke geht auch zu denen unter uns, die ihren Tagen selber ein Ende bereiten möchten, weil sie keinen Ausweg für sich mehr sehen. Dann aber werden mir auch jene bewusst, die durch ihr Verhalten und ihre Taten anderen Kummer bringen, deren Leben zerstören.

Gott und Vater, unsere Welt ist voll des Leids. Ich weiß, du hast es nicht geschaffen. Aber du lässt es zu. Du möchtest jedoch auch, dass ich Jesus höre, der mir und allen anderen sagt: »Ihr werdet weinen und klagen, aber die Welt wird sich freuen. Ihr werdet bekümmert sein, aber euer Kummer wird sich in Freude verwandeln.« Jetzt ist unser Weinen und Klagen traurige Wirklichkeit und schlimmer noch deshalb, weil es in einer Welt ohne dich Menschen gibt, die sich darüber noch freuen. Unser Kummer aber soll in Freude verwandelt werden, lautet deine froh machende Botschaft. »Wenn die Frau gebären soll, ist sie bekümmert, weil ihre Stunde da ist; aber wenn sie das Kind geboren hat, denkt sie nicht mehr an ihre Not über der Freude, dass ein Mensch zur Welt gekommen ist.«

Die Hoffnung auf dich, den Gott meines Lebens, möge neu in mir geboren werden. Bei aller Trauer und in jedem Kummer lass mich wissen, dass dein Lohn für alle irdische Plage die unvergängliche Freude bei dir sein wird. Aus diesem Glaubenswissen heraus tröstest du meine Trauer, linderst du meinen Schmerz, erhellst du alles Dunkel, hilfst du meinen Kummer tragen.

Höre jedoch mein Gebet für alle, die deinen Trost nicht verspüren. Mit deinem Beistand lass sie ihr Schicksal bewältigen und einmal erfahren, dass die Botschaft Jesu auch ihnen gilt: »Jetzt seid ihr bekümmert, aber ich werde euch wiedersehen; dann wird euer Herz sich freuen, und niemand nimmt euch eure Freude.«

Wolfgang Oberröder

Wunden

Du berührst
meine Wunden

Sie bleiben

Aber geheilt
Trotz Narbenschmerz

Dereinst
verklärt
Theresia Hauser

Ich brauche innere Heilung

Geweint oder ungeweint,
alle deine Tränen
sind gezählt.
Von Anbeginn
sind alle deine Leiden
mitgelitten,
deine Einsamkeiten
geteilt.
Aufgehoben
ist dein Verwundetes
am Herzen
des Herrn.

Du bist ein Gott,
der das Zerbrochene heilt.
Herr, in meinem Leben
ist so vieles zerbrochen.
Schon als Kind

musste ich erfahren,
dass ich nicht so geliebt war,
wie ich es gebraucht hätte.
Es gibt Erinnerungen
an meine Kindheit, Herr,
die mir bis heute
schwer zu tragen geben.
Vor dir möchte ich sie aussprechen,
damit du sie heilen kannst. –

Herr, du weißt,
dass ich als junger Mensch
von so großen und starken Erwartungen
an das Leben
erfüllt war.
Du kennst
meine Lebensgeschichte.
Du weißt,
dass sie immer wieder
eine Geschichte zerbrochener Hoffnungen war,
dass vieles in mir
leer blieb,
was doch nach Erfüllung schrie.

O Herr, ich habe Angst
hart und bitter zu werden.
Ich bitte dich,
erfülle du mich
mit dem Vertrauen,
dass du auch meiner Lebensgeschichte
einen unverlierbaren Sinn
verliehen hast.
Heile alles Enttäuschte,
alles Erschreckte und Verwundete
in den Tiefen meiner Seele.

Heile mich
von allen trügerischen Erwartungen,
von dem Drang,
meine Mitmenschen
durch überhöhte Ansprüche zu überfordern.
Lass mich alles,
was mir im tiefsten Not tut,
von dir erwarten.
Lass mich nicht an mich reißen wollen,
was mir doch
keine letzte Erfüllung
geben kann.
Herr, erfülle du mich,
dann werde ich
heil.
Sabine Naegeli

Jesus – mein Arzt

Diese kleine Jesus-Litanei ist – von ihrer Entstehung her – vor allem für den einzelnen Beter gedacht, der unter der Last des Lebens stöhnt, etwa in einer schweren Krankheit. Die Anrufungen sind ganz dem Heilandswort bei Mt 11,28–30 abgelauscht und abgeschaut: »Unser Herr im Elend«, inmitten der Mühseligen und Beladenen, die er einlädt, zu sich zu kommen. …
Die Litanei meditiert den »erquickenden«, den erfrischenden Herrn, der Zeit und Platz und ein Herz für mich hat in meiner Not.

Zu Mt 11,28–30:

»Kommt her zu mir, alle die ihr euch plagt und unter der Last des Lebens stöhnt – ich will euch ausruhen lassen.
Nehmt mein Joch auf euch und lernt von mir: Ich bin sanftmütig und von Herzen demütig.

Und ihr werdet Erquickung finden für eure Seelen. Mein Joch drückt nicht, und meine Last ist leicht.«

Du rufst mich (uns) zu dir
Du sagst: Komm her!
Du lädst mich ein
Du erwartest mich bei dir
Du empfängst mich bei dir
Du weißt, wo mich das Leben drückt
Du weißt, wo ich mir selber Last bin
Du weißt, worunter ich stöhne
Du weißt, woran ich mich wund reibe
Du weißt, was mich so müde macht

Du Rastplatz aller Mühseligen
Du Sammelplatz aller Beladenen
Du Gast-Haus der Liebe (camera caritatis)
Du Herberge Gottes
Du Lager und Ruhstatt
Du Ruhe und Rast
Du Tisch und du Stuhl
Du Brot und du Wein
Du Erquickung und Labsal
Du Re-creation
Du Kur-Ort Gottes

Du kommst vom Herzen des Vaters (Joh 1,18)
Du ruhst am Herzen des Vaters
Du bist ein Herz mit dem Vater
Dein Herz ist offener Durch-lass für den Vater (Mt 11,29)
Du lässt dir alles vom Vater geben
Du vertraust dich in allem dem Vater an
Ganz ihm gehorsam, bist du ganz frei
Ganz für ihn da, bist du ganz du
Wer dich sieht, sieht den Vater (Joh 14,9)

Wer dich hört, hört den Vater (Lk 10, 16)
Wer auf dich baut, baut auf den Vater

Vom Vater her kommst du zu uns
Vom Vater her bist du mir herzlich zugewandt
Du lässt mich dir vom Vater geben
Du siehst mich mit den Augen des Vaters
Du hörst mich mit den Ohren des Vaters
Du umarmst mich mit den Armen des Vaters (vgl. Lk 15)
Du erbarmst dich mit der Liebe des Vaters

Du Heiland und Arzt
Du Helfer und Hilfe
Du gibst mir nicht etwas
Du gibst mir dich selbst
Du bist für mich da (Ex 3,14; Mt 28,20)
Du hast für mich Platz (Ex 33, 21)
Du hast für mich Zeit
Du lässt mich aus-ruhen
Du lässt mich aus-reden
Du lässt mich aus-weinen
Du lässt mich auf-atmen (re-spirare)
Du lässt mich so gelten
Du stehst zu mir (gibst mir Stand)
Du hältst zu mir (gibst mir Halt)
Du gibst mich mir
Du birgst und gibst frei

Paul Ringseisen

Der du gesagt hast:
»Selig sind die Leidtragenden, denn sie sollen getröstet werden«,
segne uns mit dem Segen, der das Leid erträgt,
dem wir nicht ausweichen können,
Schmerzen, Krankheit und Tod,
segne uns mit dem Segen, der das Leid mitträgt,
dem andere nicht ausweichen können,
Schmerzen, Krankheit und Tod,
segne uns mit dem Segen, der dem Leiden wehrt
und Leid abwendet
im Leben anderer und im eigenen Leben.
Hilf uns, das Leid und die Leiden der Welt so zu tragen,
dass sie uns und anderen zum Segen werden.
Andreas Lerch

Tägliches Gebet in langer Krankheit

Ich bitte Dich, Herr, um die große Kraft
diesen kleinen Tag zu bestehen
um auf dem großen Wege zu Dir
einen kleinen Schritt weiterzugehen.
Ernst Ginsberg

Gott, der Ursprung und Vollender aller Dinge,
von dem du herkommst und auf den du zugehst,

segne dich, erhelle deinen Leib und deine Seele,
gebe dir Gedeihen und Wachstum,

und behüte dich vor allen dunklen Gedanken.
Er sei deine Zuflucht, wenn dir angst ist.

Er lasse sein Angesicht leuchten über dir,
wie die Sonne über der Erde Wärme gibt
und Licht allem, was lebt,

und sei dir gnädig, wenn du leidest unter Schuld
und Versäumnis, und mache dich frei.

Der Herr erhebe sein Angesicht auf dich.
Er sehe dein Leid und deine Schmerzen,
er höre deine Stimme und tröste dich.

Er gebe dir Frieden,
das Wohl des Leibes und das Heil der Seele
und die tiefe Ruhe in seiner Gegenwart.
Für diese Zeit und für immer – in Gott.
Jörg Zink

Sterben, Tod, Trauer

O Herr, gib jedem seinen eignen Tod.
Das Sterben, das aus jenem Leben geht,
darin er Liebe hatte, Sinn und Not.
Rainer Maria Rilke

Herr,
wir können den Tod
nicht verstehen.
Es ist so schwer einfühlbar,
dass das Leben plötzlich abbricht,
seine Bewegung
unvermittelt ausläuft;
dass unser Herz
aufhört zu wünschen,
zu hoffen, zu lieben.
Wir stehen betroffen,
hilflos da,
wenn ein Mensch stirbt.
Ohnmächtig, ohne zu begreifen,
dass alles, was an ihm lebt,
plötzlich erstarrt,
und nichts an ihm mehr
Antwort geben kann.
Du, Herr, hast einmal
toten Menschen die Hand gegeben,
bist ihnen begegnet,
und ihr Leben ist nochmals aufgebrochen;
Dein Leben hatte ihren Tod umschlossen.
Du selbst hast Dich sterbend
dem lebendigen Gott in die Hand gegeben.

Dein Schrei am Kreuz
war ein Ruf nach dem Leben.
Josef Osterwalder

Herr,
hörst Du die Stimme der Sterbenden,
die Worte,
die sie kaum mehr sprechen können?
Siehst Du ihre Hilflosigkeit;
ausgeliefert,
suchen sie sich
ins Dunkel des Todes zu ergeben.
Hörst Du den Schrei der Menschen,
die viel zu früh
aus dem Leben gerissen werden,
die Verunfallten, die Krebskranken?
Siehst Du, wie früh
die Ahnungen und Schatten des Todes
in jedes Leben fallen,
seine Freude trüben,
seine Leichtigkeit zerstören?
Siehst Du die Menschen,
die hilflos einem Sterbenden zusehen müssen;
die Lücke, die jeder Tod
ins Leben der Mitmenschen reißt?
Hörst Du
die stumme Klage der Toten?
Josef Osterwalder

Um eine gute Todesstunde

Herr über Leben und Tod, Jesus Christus, dem wir leben und sterben, ich bitte Dich bei Deinem hochheiligen und bitteren Tod am Kreuz, verleih mir, dass Deine Ankunft bei meinem Tode mich nicht als schlafenden, unvorbereiteten und trägen, sondern als wachen und guten Knecht antreffe.
Verleihe mir in jener Stunde lebendigen Glauben, festes Vertrauen, brennende Liebe und große Geduld.
Gib, dass ich mich mit vollem Bewusstsein in Deine Hände empfehle und im heiligen Frieden entschlafe, dass ich sicher in Dein Reich eingehe, das Du uns um so einen teuren Preis erworben hast. Du hast dem Schächer selbst bei später Reue Dein Reich verheißen und in Deiner überaus großen Güte vergeben.
Gedenke auch meiner, o Herr. Amen.

Petrus Canisius SJ (1521–1597)

*

Bleibe hier bei uns,
wenn Dunkelheit uns befällt,
wenn der Tod unsere Wege kreuzt,
wenn Schatten fallen.

Bleibe hier bei uns,
sei Du uns nah,
sei Du unser Halt, unsere Hoffnung, unser Licht!

Geh mit uns,
durch alle Dunkelheit und leuchte uns.

Amen

Kathrin Karban

Du lässt den Menschen zum Staub zurückkehren
und sprichst: »Kehret zurück, ihr Menschenkinder!«
Denn tausend Jahre sind vor dir
wie der gestrige Tag, der vorüber ist,
und wie eine Wache in der Nacht.
Du säst sie aus von Jahr zu Jahr,
sie gleichen dem Gras, das nachwächst.
Am Morgen sprießt es und wächst,
am Abend welkt es und verdorrt.
Auch wir vergehen ob deines Zornes,
durch deinen Grimm sind wir erschüttert.
Du stellst unsre Sünden dir vor Augen,
unsre geheimen Fehler ins Licht deines Antlitzes.
Wahrlich, all unsre Tage schwinden ob deines Zornes;
wir vollenden unsre Jahre wie einen Seufzer.
Die Zeit unsres Lebens währt insgesamt siebzig Jahre,
wenn es hoch kommt, achtzig Jahre,
und ihr Gehetze ist Mühsal und Unheil.
Ja, eilends ist es dahin, im Fluge vergangen.
Wer nimmt Kenntnis von der Gewalt deines Zornes und deines Grimmes,
wie es der Furcht vor dir entspricht?
Unsre Tage zu zählen, das lehre uns,
damit wir ein weises Herz erlangen!
Psalm 90,3–12

Offen für alles

Heute,
am ersten Tag
meines restlichen Lebens,
erschreck' ich.
Was heckt wohl der Tod
still für mich aus?

»Lass uns bedenken, dass wir sterben müssen«,
heißt's in der Bibel.
Daran freilich erinnern die Flucht der Zeit,
der Altersabbau, die Depressionen
mich ohnehin schon.

Warum, barmherziger Gott,
füllst Du meine Gedanken und Sinne
nicht Tag für Tag
mit leuchtender Gegenwart?

Nichts anderes aber erbitt' ich von Dir!
Und danach: nichts als Du.
Und danach: Du, mein Nichts,
offen für alles.

Kurt Marti

Herr, lehre uns bedenken, dass wir sterben müssen, auf dass wir klug werden! Du hast uns Lebenszeit gegeben. Lass uns menschlich damit umgehen: dass wir uns Zeit nehmen für die Sorgen des Nächsten, für ein Wort der Liebe, für eine hilfreiche Tat; dass wir uns Zeit nehmen, zuzuhören, nachzudenken und da zu sein, wo es nötig ist. Bewahre uns davor, dass wir unsere Zeit nur für uns selbst verbrauchen, sie anderen stehlen oder unsere Tage zubringen wie ein Geschwätz. Ewiger Gott, Du nimmst Dir Zeit für uns. Gib uns den Mut, dass wir uns Zeit nehmen für die Ewigkeit, indem wir auf Dich hören und Dich anrufen …
Herr. Du hast uns gehört. Nun rede mit uns. Amen.

Eberhard Jüngel

Kommt der Engel
an meine Schwelle
Das Leben aushauchen

Wie wird es sein
an dem Tag
der mein letzter sein wird?

Kommt der Engel
an meine Schwelle
mich abzuholen
will ich den Abgrund
nicht fürchten

Wirst Du selbst da sein?
Wird Dein Auge mir leuchten
Du Licht der Welt
im dunklen Geheimnis des Seins?

Schlag jetzt schon die Brücke
durch Deine Nähe
Darin das Vertrauen mir wächst
solang ich noch lebe
Theresia Hauser

Herr, ich habe nicht gesehen,
was auf der anderen Seite des Todes ist.
Aber ich fühle ein rätselhaftes Vertrauen,
das die Angst vor der letzten Stunde
überwächst.
Ja, ich werde nicht am Ende sein,
wenn ich am Ende bin.
Wenn der Tod kommt, kommst Du.
Und wenn Du mich gefangen nimmst,
beginnt die Stunde der Freiheit.
Ja, Herr, ich glaube:
Wenn ich sterbe, falle ich Dir zu.
Bernhard Meuser

Herr, steh mir bei im Sterben,
wenn ich alles loslassen muss.
Du hast mich einst
ins irdische Leben gerufen,
weil du mich liebst und gebrauchen wolltest.
Bald wirst du mich wieder rufen.
Lass es ein Ruf zum himmlischen Leben sein.
Es fällt mir nicht leicht loszulassen.
Da sind Ängste und Ungewissheiten.
Da sind viele Verletzungen, die ich
meinen Mitmenschen zugefügt habe,
und viele Wunden, die andere
mir geschlagen haben.
Vergib mir, Herr,
so wie auch ich ihnen vergebe.

Ich danke dir für dieses Leben
und die Gaben,
die du mir geschenkt hast.
Ich gebe dir alle heiteren und alle
schmerzlichen Begegnungen,
die Erfolge und die Versäumnisse,
die genutzten und ungenutzten Chancen.
Ich vertraue dir die Menschen an,
die mir nahe stehen, und bitte dich,
sie zu beschützen.

Erweise dich gnädig in meiner Todesstunde
und schenke mir ein Sterben,
das dir Ehre macht.
Deine Engel
und die Fürsprache deiner Heiligen
mögen mich begleiten.
Jörg Müller

Gebet um eine gute Sterbestunde

Von allen Seiten umgibst du mich!
(Psalm 139)

Guter Gott,
lass mich dieses Wort auch in meiner Sterbestunde spürbar erfahren.
Ich bitte dich,
dass du mir im Angesicht des Todes deine Hand entgegenstreckst,
dass ich dann dir, dem Gott meiner Sehnsucht, meiner Hoffnung und meines Glaubens begegnen darf.
Lass mich darum erkennen,
wie nahe du mir bist und immer schon warst,
wie groß und barmherzig deine Güte ist,
und öffne meine Augen für das Licht deiner unendlichen Liebe.
Guter Gott, ich bitte dich,
schenke mir ein großes Vertrauen in diese deine unendliche Liebe und Treue,
und wenn Ängste mich bedrängen,
dann lass es mich spüren, dein
»FÜRCHTE DICH NICHT! ICH BIN BEI DIR!«
Barmherziger Gott, lege deine lindernde Hand auf mich,
wenn Schmerzen mich peinigen, wenn ich in einem tiefen Erschrecken
meine Herzlosigkeiten erkenne und armselig und nackt vor dir stehe.
Erbarme dich dann meiner, o Gott.
Durch Jesus Christus öffnest du uns das Tor zum Himmel,
zur endgültigen Begegnung mit dir.
Hand in Hand und Seite an Seite mit dir
darf ich durch das Dunkel des Todes hindurch hineingehen in dein Licht.
Schenke mir einen tiefen Glauben daran.

Maria, du Mutter der Sterbenden, ich bitte auch dich,
hilf mir in der Stunde meines Todes.
Martin Thurner

Am Ende meiner Tage
werde ich eingestehen müssen,
dass der Weg schwer war
und die Hoffnung
mich oft verlassen hat.
Müde werde ich sein vom Leben
mit all seiner Last.
Dennoch, keinen Zweifel
wird es geben,
dass ich dem Wunderbaren
begegnet bin,
dem Glanz der Sonne
auf dem weiten Meer,
dem Rauschen der Wellen,
dem Duft der Heckenrosen,
der Zärtlichkeit,
dem Lachen
und mehr noch, vieles mehr.
Dies will ich bitten,
großes Du,
dass das Bittere
mit meinem Leib
zu Staub zerfalle,
die Freude aber
lass zurückbleiben
in den Herzen derer,
die ich lieb habe.
Sabine Naegeli

Jesus,
niemand will den Tod,
weder plötzlich mitten im Leben,
noch langsam auf dem Pflegebett,
weder hochbetagt
und schon gar nicht jung.
Wer gehen will,
hält die Last nicht mehr aus,
kann nicht mehr an Zuwendung
und Zukunft glauben.
Die aber möchte der Vater schenken
jeder Tochter, jedem Sohn,
und er hat dir aufgetragen, uns alle
herauszunehmen aus der Angst
vor dem ewigen Nichts,
uns Halt zu geben in der Stunde
endgültigen Abschieds.
Jesus,
sei die Hoffnung der Sterbenden,
sei das Leben der Toten.

Alexander Holzbach SAL

*

Wir danken Dir, lieber Vater, dass Du ewiges Leben in diese vergängliche Welt gebracht hast. Lass auch uns davon leben! Gib uns Worte, die dem Tod standhalten, und einen Geist, der unseren Ungeist vertilgt. Und gib uns nicht nur, sondern lass uns auch nehmen, was Du uns gibst. Herr, Du hast Worte ewigen Lebens. Lass uns nehmen, lass uns hören, lass uns leben – durch Jesus Christus, der mit Dir und dem Heiligen Geist lebt und regiert in Ewigkeit. Amen.

Eberhard Jüngel

Das unaufschiebbare Ende

Verdrängen
hat keinen Zweck, Herr.
Wir werden älter.
Es nutzt nichts zu sagen: Ich noch nicht!
Die schwarzumrandeten Traueranzeigen
in den Zeitungen
weisen auf das unaufschiebbare Ende hin.

Die Einschläge kommen näher,
sagt ein Bekannter,
als handle es sich beim Tod
um einen Bombenangriff.

Ja, eines Tages wird es mich treffen.
Eines Tages steht der Tod
vor der Tür.
Komm, es ist Zeit.

Ich habe das Vertrauen, Herr,
dass du deinen Boten
nicht zu einem Zeitpunkt schickst,
an dem er mich
nicht bereit findet,
an dem ich die begonnene Arbeit
abbrechen und aufgeben muss.

Ich möchte den Tod empfangen
wie einen erwarteten Gast.
Mit bestelltem Haus,
mit hochzeitlichem Gewand.

Dazu verhilf mir, Herr.
Das ist die letzte aller meiner Bitten.
Amen.

Hermann Multhaupt

Gebet

Erschreck mich.
Suche mich heim mit Gesichten.
Tritt nicht hinter die Breitwand
kolorierter Zerstreuung zurück.
Lasse mich nicht in diesem Wald
aus Fernsehantennen verkommen.
Durchbreche mit meinem Ende die
Reihen genormter Statistik
und schicke einen Tod, dem Terror
und Technik verhasst sind, der frei
auf mich zutritt, in der Gloriole
des Grauens, doch um die Stirn auch
einen Hauch von Bedauern.
Wolfdietrich Schnurre

Wenn es so weit ist,
brauche ich einen Freund:
Geh du dann mit mir,
wie du immer an meiner Seite
gegangen bist mein Leben lang.
Schau mich an
mit den Augen des Bruders,
der bei mir bleibt,
mit den Augen der Schwester,
die meine Lippen anfeuchtet.
Berühre mich
mit einer Menschenhand. Amen.
Andreas Lerch

Tod, schleudere mich nicht in dein Feld, damit nicht von dem Unkraut, das in mir wuchert, dein Acker mit Dornen angefüllt werde und das Unkraut darauf überhand nehme! Gewähre mir lieber Aufschub, bis ich guter Weizensame geworden bin, damit dein Feld durch mich gesegnet werde und dein Werk Gott wohl gefalle! (…) Lass mich nicht vor dein Angesicht kommen, bevor ich heilig bin! (…) Gnade, gib mir dein Wort, dass ich wenigstens eine Stunde bußfertig sein möge! Denn von einem Augenblick zum andern werde ich von hundert Winden umgetrieben – Minute für Minute, Stunde für Stunde bin ich bald im Stande der Gerechtigkeit, bald im Stande der Sünde. Einmal bin ich im Himmel, ein andermal krieche ich wieder im tiefsten Abgrund. (…) An einem einzigen Tage ändere ich mich tausendmal und noch öfter; wie ein Rad drehe ich mich unzählige Male herum. Mit meinem Weizen ist Unkraut vermischt und mit dem Unkraut Spreu, und der gute Same ist unter den Dornen auf dem Acker deines Knechtes. Beständig wechsle ich in der Gesinnung des Knechtes und des Herrn, täglich und stündlich spiele ich bald die Rolle des Königs, bald die des Bettlers. Bald bin ich der Herr der Seele, bald der Sklave ihres Gefährten, des Leibes, bald erscheine ich als König mit dem Diadem, dann wieder im tiefsten Elend!

Gott, dem die Lebenden und die Toten in gleicher Weise unterstehen, ich verlange nichts außer Dich, tue mit mir nach Deiner Barmherzigkeit! Niemand anderem außer Dir will ich meine Not erzählen. Durch Deine vollkommene Gabe möge mir das Heil zuteil werden, um das ich Dich bitte! (…) O Herr, verwandle erst meine Ähre in Brot, und dann möge der Schnitter an mich herantreten! Fülle meine Traube mit Wein, dann möge der Winzer sich nahen! Dein Wort ist inhaltsreicher als das Meer; wie wenig vermag die Zunge davon zu schöpfen!

Isaak von Antiochien

Wenn ich sterben werde

Herr, ich komme zu Dir, denn ich habe in Deinem Namen den Acker bestellt. Dein ist die Saat.
Ich habe diese Kerze gebildet. An Dir ist es, sie anzuzünden.
Ich habe diesen Tempel gebaut. An Dir ist es, sein Schweigen zu bewohnen.

Antoine de Saint-Exupéry

verwoben

leben im tod
tod im leben

das leben ist eine reihe von sterbetagen
damit der sterbetag
für uns zum leben werde

herr du bist uns vorgestorben
und in deinem sterben
liegt verborgen unser leben
aber nur wenn wir sterben

als du zwischen himmel und erde hingst
und qualvoll starbst
da brauchte keiner mehr zu sterben
außer den kleinen täglichen tod
der den großen tod entkräftet

aber wir müssen das sterben
wie unser leben lernen
denn nur wenn sterben unser leben ist
und nicht nur unterbrechung des lebens
sondern leben des lebens

nur dann
wird leben wirklich leben sein
Ulrich Schaffer

Bitte im Sterben

Lass uns nicht fallen
wie die Blätter im Herbst
nicht versinken ins
Nichts, ins Vergessen
lass uns nicht untergehn
denn du bist der Herr

Hebe die Hand
unseretwegen hebe
die Schwerkraft auf
halte uns hoch
halte uns über Wasser
denn du bist der Herr

Doch wenn du es willst
dann lass uns fallen
wie den Regen aufs Land
dann lass uns fallen
in deine Hand
denn du bist der Herr
Lothar Zenetti

Nun entlässt du, Herr, deinen Knecht
nach deinem Wort in Frieden;
denn meine Augen schauten dein Heil,
das du bereitet hast vor allen Völkern,
als ein Licht zur Offenbarung für die Heiden
und zur Verherrlichung deines Volkes Israel.
Lukasevangelium 2,29–32

*

Mein Herr und mein Gott, nun weiß ich, dass die Tage bis zu meinem Tode gezählt sind. Die Schmerzen, die mich Tag und Nacht begleiten, erinnern mich unaufhörlich daran, dass das Sterben begonnen hat.
Ich danke dir, dass du mein letztes Lebensjahr zur Gnadenzeit hast werden lassen; dass ich die Erfahrung im Glauben machen durfte, die der hl. Paulus mit dem Wort ausgesagt hat: »Wenn auch unser äußerer Mensch aufgerieben wird, der innere wird Tag für Tag erneuert« (2 Kor 4,16).
Herr, ich danke dir für die Gnade des Glaubens, das kostbarste Gut meines Lebens. Ich danke dir für die Berufung zum Priestertum: »Auf schönem Land fiel mir mein Anteil zu.
Ja, mein Erbe gefällt mir gut« (Ps 16,6).
Wenn ich auf mein Leben zurückschaue, dann preise ich deine wunderbare Führung. Aber zugleich erschrecke ich über die Eigenwege, die ich gegangen bin; über die Liebesverweigerungen meines Lebens; über die Verschattungen der Lebenswahrhaftigkeit; über all das Versäumte, das ich hätte sehen und tun sollen und nicht wahrgenommen habe. Jetzt kann ich das alles nicht mehr gutmachen und aufholen.
Jetzt kann ich nur im letzten Vertrauen sprechen: Herr, du allein! Und mich fallen lassen in den seligen Abgrund deiner barmherzigen Liebe.
Herr, ich bitte dich für die ungezählten Menschen, denen ich in meinem priesterlichen Dienst begegnet bin: Schenke du ihnen dein gutes Weggeleit!

Heiliger dreieiniger Gott, ich lege mein Leben in demütigem Vertrauen in deine Hände. Ich bete dich an mit der ganzen Kraft meines Herzens. Amen.

Von Johannes Bours, geschrieben im Oktober 1987, wenige Wochen vor seinem Tod am 1. Februar 1988.

*

Seele Christi, heilige mich.
Leib Christi, rette mich.
Blut Christi, tränke mich.
Wasser der Seite Christi, wasche mich.
Leiden Christi, stärke mich.
O guter Jesus, erhöre mich.
Birg in deinen Wunden mich.
Von dir lass nimmer scheiden mich.
Vor dem bösen Feind beschütze mich.
In meiner Todesstunde rufe mich,
zu dir zu kommen heiße mich,
mit deinen Heiligen zu loben dich
in deinem Reiche ewiglich. Amen.

*

Herr, wie gut wäre es,
könnte ich eines Tages
mit schmutzigen Händen vor Dir stehen.
Du würdest sagen: »Es war gut.
Du hast Dich eingemischt.
Du hast angepackt.
Du hast auch Fehler gemacht,
hast verletzt, hast verdorben.
Aber Du hast Deine Hände
nicht im Schoß versteckt.
Du gibst sie mir
gebraucht zurück.«

Bernhard Meuser

Segen für den Tod

Ich bete darum, dass dir der Segen zuteil werde, deinem Tod getröstet und gefestigt entgegenzugehen.
Mögest du dir in deiner Seele gewiss sein, dass keinerlei Grund zur Angst besteht.
Kommt deine Zeit, möge dir jeder Segen und Schutz gewährt werden, dessen du bedarfst.
Möge dir im ewigen Haus, zu dem du unterwegs bist, ein herzliches Willkommen bereitet werden.
Du gehst nicht in die Fremde. Du bist auf dem Weg zurück in die Heimat, die du niemals verlassen hast.
Möge dich der unbändige Drang beseelen, dein Leben vollkommen zu verwirklichen.
Mögest du mitfühlend und schöpferisch leben und alles, was in dir und um dich an Negativem ist, verwandeln und verklären.
Möge der Tod dir am Ende eines langen Lebens begegnen.
Mögest du ihn friedvoll und heiter empfangen, von den Menschen umgeben, die dich wirklich lieben.
Möge deine Reise gefahrlos und deine Ankunft beglückend sein.
(...)

John O'Donohue

Segen beim Abschiednehmen

Angesichts des Sterbens
wünsche ich dir
Hände
die dich zärtlich halten
Ohren
die deine kargen Worte hören
Lippen
die dir erzählen vom Leben
das stärker ist als der Tod

Herzen
die im Puls des Lebens
die göttliche Zuwendung erahnen

Zärtlich-aufrichtende Freundschaftsgesten wünsche ich dir
die du als Segenszeichen Gottes erkennen darfst

Gott
der uns im Leben und Sterben beim Namen ruft
sei unsere verbindende Mitte
über den Tod hinaus
Pierre Stutz

Abschiedssegen für eine Freundin/einen Freund

Liebe Freundin und Schwester
Lieber Freund und Bruder
Gott unser Herr über Anfang und Ende
Gestern heute und morgen
Möge dir auf deiner großen Reise in die
Zukunft stets nahe sein
Sosehr wir dich vermissen werden
Genau so wissen wir aber auch
Dass in den neuen Gegenden Gottes
In denen du nun leben und arbeiten wirst
Deine Güte dein Humor und deine
Sprache willkommen sein wird
Möge der Herr Krankheit und Gewalt von
Dir fern halten
Deine Gabe Feinde in Freunde zu
Verwandeln weiterhin segnen
Und dich in deiner Sanftmut bestärken
Möge er uns noch oft an deine
Freundlichkeit

Und deine Geduld erinnern
Und uns allen ein fröhliches Wiedersehen
Bescheren.
Hanns Dieter Hüsch

Es segne dich Gott,
der Vater,
der dich nach seinem Bild geschaffen hat.
Es segne dich Gott,
der Sohn,
der dich durch sein Leiden und Sterben
erlöst hat.
Es segne dich Gott,
der Heilige Geist,
der dich zum Leben gerufen
und geheiligt hat.

Gott, der Vater und der Sohn
und der Heilige Geist,
geleite dich durch das Dunkel des Todes.
Er sei dir gnädig im Gericht
und gebe dir Frieden und ewiges Leben.

So spricht der Herr:
Fürchte dich nicht,
denn ich habe dich erlöst.
Ich habe dich bei deinem Namen gerufen,
du bist mein.
Sterbesegen

Tod und Liebe

Die Toten,
die in der Erde zerfallen sind
und die zerstreut sind im Wind
ganz unauffindbar,

die aus dem Haus Gerissenen,
die Unfertigen,
alle, die weggegangen sind
ohne Gruß,

was hast du mit ihnen gemacht,
der du niemals aufgibst
das Werk deiner Hände?

Leg sie wie ein Siegel
auf dein Herz,
wie ein Siegel auf deinen Arm,

denn stark wie der Tod
ist die Liebe.
Huub Oosterhuis

Gebet für die Verstorbenen

Das ewige Licht
leuchte denen,
die ihre irdische Pilgerschaft
im Glauben schon
vollendet haben.
Mögen sie in diesem Licht
Gott schauen, »wie er ist«.
Möge ihnen das Antlitz dessen
zugänglich sein,
der in unzugänglichem Lichte wohnt.
Möge das Licht
der göttlichen Herrlichkeit
sie umfangen und durchdringen!
Amen.

Johannes Paul II.

In paradisum deducant te angeli

DU WIRST NICHT ALLEIN SEIN
auf dem Weg in die Freude!
Man wird auf dich warten!
Man wird dich geleiten!
Es wird herrlich sein!

DU WIRST NICHT ALLEIN SEIN
auf dem Weg in die Freude!
In dieser Gemeinschaft
bist du nicht mehr elend!
Dein Glück hört nicht auf!

Josef Dirnbeck

Bitte um Vollendung der Verstorbenen

Die Seelen aller Entschlafenen, Herr,
deren wir gedacht und deren wir nicht gedacht haben,
lasse ruhen im Schoß unserer heiligen Väter
Abraham und Isaak und Jakob.
Ernähre sie an einem Ort des Grüns über einem Wasser der Ruhe,
im Paradies des Wohllebens,
am Ort, aus dem Herzeleid und Trauer und Seufzen geflohen sind,
in dem Licht deiner Heiligen.
Erwecke aber auch ihren Leib an dem Tage,
den du nach deinen wahrhaftigen Verheißungen bestimmt hast.
Schenke ihnen deine guten Verheißungen,
welche kein Auge gesehen und kein Ohr gehört haben
und welche nicht in das Herz der Menschen gedrungen sind,
welche du denen bereitet hast, die deinen heiligen Namen lieben.
Denn keinen Tod gibt es für deine Diener,
sondern es ist ein Hinübergehen (in eine andere Welt).
Wenn sie aber gefehlt haben oder vergesslich waren in einer Sache
als Menschen, die Fleisch tragen und in der Welt leben,
geruhe du als guter und Menschen liebender Gott, ihnen
zu vergeben.
Denn niemand ist rein von Sünde,
auch wenn sein Leben nur einen Tag auf dieser Erde währt.
Uns aber, Herr, gewähre ein Ende
in vollendetem und dir wohlgefälligem christlichem Leben!

Kyrillosliturgie

Für einen kürzlich Verstorbenen

Der Chor der Engel möge dich empfangen und dich geleiten in Abrahams Schoß; und mit Lazarus, dem einst so Armen, soll ewige Ruhe dich erfreuen.

Gütiger Vater, erhöre uns. In deiner göttlichen Allmacht hast du dem menschlichen Leib eine Seele, die nach deinem Bild geschaffen ist, einhauchen wollen. Um der Liebe deines Eingeborenen und um der Liebe der gütigsten Gottesmutter willen, sowie durch die Verdienste aller deiner Heiligen bitte ich dich: Da nun auf deinen Befehl Staub zu Staub zurückkehrt, gib, dass dein Ebenbild deinen Heiligen und Auserwählten in den ewigen Wohnungen zugesellt werde; lass die Seele dieses Verstorbenen (dieser Verstorbenen) mit deinen Heiligen Anteil erhalten an der Herrlichkeit der Auferstehung.
Amen.

Gebet aus St. Thomas, einer mittelalterlichen Zisterzienserinnenabtei des Trierer Landes

Soeben ist jemand gestorben

Mutter, ich habe erfahren,
dass ein Mann von dieser Erde schied,
er war beladen mit vielen Makeln.
Mutter, du weißt,
dass nichts in den Himmel gelangt,
was unrein ist.
Du bist die Zuflucht der Sünder.
Der Staub der Erde
ist hässlich und schmutzig,
aber sobald er im Licht
zu tanzen beginnt,
funkelt er wie Gold.
Komm zu Hilfe, Maria;
damit der Staub,
der von der Erde schied,
Heimat finde bei dir.

Dom Helder Camara

Gott, wir wachen bei diesem Toten
und beten für ihn,
denn wenn sein Leib auch erstarrt,
so wollen wir doch seinen Namen
lebendig halten in unserer Mitte.
Wir wissen aber,
wie selbst dies unmöglich ist:
er wird noch tiefer in uns sterben,
einschlafen wird sein Name
in unserer Erinnerung,
und auch die Trauer
wird verblassen,
wir werden weiterleben
ohne ihn.
Wir bitten dich,
dass er, lebend bei dir,
über uns wache;
dass er unsere Fürsprache
und unser Gebet bei dir sei;
dass er dir unsere Namen
in Erinnerung bringe
unaufhörlich,
wie es Jesus Christus tut,
ein Mensch in deiner Nähe
in alle deine Ewigkeit.
Huub Oosterhuis

Für einen Verstorbenen

Wir danken dir, Herr, Gott,
für diesen Menschen, der so nahe und kostbar war
und der uns plötzlich entrissen ist
aus unserer Welt.
Wir danken dir

für alle Freundschaft, die von ihm ausgegangen,
für allen Frieden, den er gebracht hat;
wir danken dir, dass er durch sein Leiden
Gehorsam gelernt hat
und dass er bei aller Vergänglichkeit
ein liebenswerter Mensch geworden ist.

Wir bitten dich,
nichts von diesem Menschenleben
möge verloren gehen,
was er gelebt und getan hat,
komme der Welt zugute;
damit alles, was ihm heilig war,
geehrt werde
von den Menschen, die nach ihm kommen,
und dass er in allem, worin er groß war,
auch weiter zu uns spreche,
gerade jetzt, da er gestorben ist.
Wir bitten dich,
dass er fortlebe in seinen Kindern,
in ihrem Herzen und im Wagnis ihres Lebens,
in ihrem Denken und Gewissen.

Wir bitten dich,
dass wir, die alle mit ihm verbunden waren,
jetzt auch, gerade wegen seines Todes,
tiefer miteinander verbunden seien.
Und erkennen mögen wir gemeinsam
in Freundschaft und Frieden auf Erden
deine Verheißung:
Im Tod wirst du uns treu sein.
Huub Oosterhuis

Herr, ich danke dir für diesen Menschen,
den du zu dir geholt hast.
Du kennst meinen Schmerz,
meine Ohnmacht, meine Trauer, meine Wut.
Meine Gefühle sind durcheinander geraten,
tausend Fragen stehen im Raum.
Ich vertraue dir diesen lieben Menschen an.
Erbarme dich seiner und vergib ihm alles,
was er gefehlt hat.
Lass ihn bei dir sein
im Reich der ewigen Liebe und Freude.

Ich danke dir,
dass du ihn uns geschenkt hast.
Gib mir die Kraft, ihn loszulassen,
in der Gewissheit
seiner endgültigen Geborgenheit bei dir.
Dein heiliger Wille geschehe.

Mach auch mich bereit für den Tag,
an dem du mich rufst,
wo wir uns sehen werden
und vereint sind bei dir.

Jörg Müller

Mit den Auferstehenden lass sie auferstehn

Nimm auf, o Herr, die Seele deines Dieners N. (deiner Dienerin N.) und die Seelen aller verstorbenen Gläubigen in die ewige Wohnung. Gib ihnen die Ruhe und das Reich im himmlischen Jerusalem; weise ihnen einen Platz an in der Gemeinschaft deiner Patriarchen Abraham, Isaak und Jakob und lass sie teilhaben an der Auferstehung am jüngsten Tag. Mit den Auferstehenden lass sie auferstehen, in der Gemeinschaft derer, die ihren Leib verklärt zurückerhalten, lass auch sie den Leib der Auferstehung empfangen, und mit den Gesegneten, die sich auf die rechte Seite des Richters stellen, lass auch sie hinzutreten, und mit denen, die das ewige Leben als Erbteil erhalten, lass auch sie das Leben besitzen. Ewige Ruhe schenke ihnen, o Herr. Es leuchte ihnen das ewige Licht!

Gebete aus St. Thomas, einer mittelalterlichen Zisterzienserinnenabtei des Trierer Landes

Am Grab

Nimm unsre Schwester auf!
Herr,
sie lebt, auch wenn sie starb,
Herr,
sie lebt im Glauben an dich.
    In dir ist die Ewigkeit,
    Christus,
    in dir ist Seligkeit,
    Christus,
    du strömendes Leben und Licht.

Sie lebt aus deinem Tod,
Herr,
sie lebt, auch wenn sie starb,
Herr,
sie hat dein Leben in sich.
    In dir ist Ewigkeit,
    Christus,
    zur Gnad' und Barmherzigkeit,
    Christus,
    du Abgrund von Liebe und Licht.

Sie lebt durch deinen Geist,
Herr,

Sie lebt, auch wenn sie starb,
Herr,
sie lebt aus dir und für dich.
Du preisest uns selig heut,
Christus,
in unserer Traurigkeit,
Christus,
du unser Leben im Licht.

Silja Walter

Totengedächtnis

Herr, unser Gott,
wir bitten dich durch Jesus Christus,
unseren Bruder, deinen Sohn,
der mit dir lebt und für uns einsteht
der kommen wird,
um alles neu zu machen.

Dann wird es keine Trübsal
und keinen Tod mehr geben.
Du wirst uns alle, Lebende und Tote
bei unserem Namen rufen,
an jenem Tag, den du bestimmt hast.

Inzwischen
gib uns von deiner Lebenskraft,
von deinem Heiligen Geist,
dass wir voll Hoffnung
weitergehen auf unserem Weg,
den unsere lieben Toten
im Glauben uns vorangegangen sind,
den Weg zu dir.

Gabriele Miller

Stiller Gott, Gott der stillen Toten, lebendiger Gott der Lebendigen, Rufer durch Schweigen, Gott derer, die durch ihr Schweigen mich in dein Leben hineinrufen wollen, lass mich meine Toten, meine Lebendigen nicht vergessen. Meine Liebe zu ihnen, meine Treue zu ihnen sei Beweis meines Glaubens an dich, Gott des ewigen Lebens. Lass mich ihr Schweigen nicht überhören, das Schweigen, das das innigste Wort ihrer Liebe ist. Dieses ihr innigstes Wort begleite mich, wenn sie darum von mir scheiden, damit ihre Liebe, eingehend in dich, mir am nächsten sei. Seele, vergiss nicht der Toten. Sie leben. Sie leben dein eigenes Leben, das dir noch verborgen ist, schleierlos im ewigen Licht. Deine Lebendigen, Gott der Lebendigen, mögen mich Toten nicht vergessen. Gewähre ihnen, Gott, der du ihnen schon alles, dich selbst gewährt hast, auch dies, dass ihr Schweigen zum beredtesten Wort ihrer Liebe zu mir werde, zum Wort, das auch meine Liebe zu ihnen heimgeleitet in ihr Leben und ihr Licht.

Wenn mein Leben ist und immer mehr wird ein Leben mit den Toten, die mir vorausgegangen sind in die dunkle Nacht des Todes, da niemand mehr wirken kann, dann werde es durch deine Gnade immer mehr ein Leben des Glaubens an dein Licht in der Nacht meines Lebens. Dann lebe ich mit den Lebendigen, die mir vorausgegangen sind im Zeichen des Glaubens, hinein in den lichten Tag des Lebens, da niemand mehr wirken muss, weil du dieser Tag selber bist, du Fülle aller Wirklichkeit, du Gott der Lebendigen.

Wenn ich spreche: Herr, gib ihnen die ewige Ruhe und das ewige Licht leuchte ihnen, dann sei mein Gebet nur der Widerhall des Wortes der Liebe, das *sie* selbst in der Stille ihrer Ewigkeit für mich sprechen: Herr, gib ihm, den wir in deiner Liebe lieben wie noch nie, gib du ihm nach seines Lebens Kampf die ewige Ruhe, und dein ewiges Licht leuchte auch ihm wie uns. Seele, vergiss nicht der Toten. Gott aller Lebendigen, vergiss nicht mich Toten, damit du einmal auch mein Leben seist.

Karl Rahner

Für die Menschen, die Leid ertragen müssen

(auf einem Friedhof gesprochen)

Barmherziger Vater,
Herr des Lebens und des Todes.
Unser Schicksal liegt in deinen Händen.
Blicke gütig auf uns
und leite unser Dasein
mit deiner weisen und liebevollen Vorsehung.
Belebe, o Herr, in uns
das Licht des Glaubens,
damit wir das Geheimnis
dieses großen Schmerzes annehmen
und glauben, dass deine Liebe
stärker ist als der Tod.
Schaue, o Herr, voll Güte
auf den Schmerz derer,
die den Tod ihrer Lieben beweinen:
Söhne, Väter, Brüder, Verwandte, Freunde.
Sie mögen die Gegenwart Christi spüren,
der die Witwe von Nain
und die Schwestern des Lazarus tröstete,
denn er ist die Auferstehung und das Leben.
Sie mögen den Trost
des Heiligen Geistes erfahren,
die Fülle deiner Liebe,
die Hoffnung deiner Vorsehung,
die Wege der geistlichen Erneuerung eröffnet
und denen, die ihn lieben,
eine bessere Zukunft zusichert.
Hilf uns, aus diesem Geheimnis
des Schmerzes zu lernen,
dass wir Pilger auf Erden sind,
dass wir immer vorbereitet sein müssen,
weil der Tod unvermutet eintreten kann.

Erinnere uns daran,
dass wir auf Erden säen müssen,
was wir vielfältig in der Herrlichkeit ernten wollen.
Lass uns in unserem Leben immer auf dich schauen,
Vater und Richter über Lebende und Tote,
der du uns am Ende in Liebe richten wirst.
Wir danken dir, Vater, weil im Glauben
der Schmerz uns dir näher bringt und in ihm
die Brüderlichkeit und Solidarität aller wächst,
die ihr Herz dem bedürftigen Nächsten öffnen.
Von diesem Ort aus, der die sterblichen Überreste
so vieler unserer Brüder bewahrt,
höre unser Gebet:
Gewähre ihnen, o Herr, die ewige Ruhe
und lass für sie das ewige Licht leuchten.
Sie mögen ruhen in Frieden.
Und uns, die wir weiterleben,
Pilger in diesem Tal der Tränen,
gewähre die Hoffnung,
uns mit dir zu vereinen
in deinem Vaterhaus,
wo dein Sohn Jesus uns
einen Platz bereitet hat
und dic Jungfrau Maria uns
zur Gemeinschaft mit den Heiligen
geleitet.
Amen.

Johannes Paul II.

Trauern hat seine Zeit

Herr, erbarme dich unser
und unserer Verstorbenen.
Du allein weißt,
welche Worte ungesagt blieben,
wo wir aneinander schuldig wurden.
Du allein hast aber auch die Kraft, zu vergeben,
über den Tod hinaus zu vergeben.
Darum bitten wir,
nimm unser Beten an,
vollende Du,
was wir Menschen nie ganz vollenden können.
Nimm unsere Schwachheit,
aber auch unsern guten Willen an.
Gib Friede unseren Verstorbenen,
Gemeinschaft in Deinem Reich,
mit Dir und Deinem Sohn.
Josef Osterwalder

GOTT
meines wunderbaren Weges
hilf mir trauern
hilf mir mit dir zu sprechen
hilf mir aufstehen
mach dass ich wieder tanze
Philippa Kalkbrenner

Im Angesicht des Todes

Gewiss
ist es richtig,
dass in der Ewigkeit
Gemeinschaft mit Gott
das einzig Wesentliche ist.
Doch Richtigkeiten
sind oft kalt und lieblos.
Das wäre nicht
ein Gott der Liebe,
der Menschenliebe
so gering achtete,
dass er dem Tod erlaubte,
Liebende auf ewig
auseinander zu reißen.
Nicht groß genug
können wir denken
von der Barmherzigkeit
des Herrn.
In Ewigkeit
ist sie Zuflucht
allen Liebenden.

Mein Gott,
allein zurückzubleiben
nach so viel Jahren
geteilter Freuden,
geteilter Nöte,
geteilter Hoffnungen,
geteilten Lebens,
ist grausam.
Mein Herz will es
nicht begreifen,
dass der Tod

uns, die wir zusammengehören,
auseinander riss.
Einem waidwunden Tier
bin ich gleich,
das keine Zuflucht findet.
In unermessliche Tiefen
falle ich.
Fang mich auf, Gott;
fang mich auf!
Sabine Naegeli

Gebet der Trauer

So eine Trauer, Gott, mein Gott, so eine Trauer.
Graue Trauer, Gott, mein Gott, die Trauer so grau. Weder Töne noch Farben, mein Gott, weder Farben noch Töne.
Trauer, mein Gott, Trauer.
Ich hab mein Herz aus der Brust gerissen, Gott, mein Gott, es schlägt still, ganz still, mein Gott, still, ganz still schlägt das Herz, Gott, mein Gott, aus der Brust habe ich mein Herz gerissen.
Tränenvolles, trauriges Herz, trauriges Herz voller Tränen.
Der schwarze Vogel hat weiße Schwingen, mein Gott, weiße Schwingen hat der schwarze Vogel.
Der Nebel ist dicht, der Vogel ist schwarz, die Schwingen weiß, mein Gott, weiße Schwingen, ein schwarzer Vogel, dichter Nebel, o Gott.
Trauer, mein Gott, Trauer.
Es schien die Sonne, sie schien, sie ist verschwunden, mein Gott, ist verschwunden, verschwunden, sie schien, die Sonne, sie schien, mein Gott.
Still, traurig, traurig, still.
Still, traurig, auf schwarzer Welle wiegt sich der Sarg. Schwarzen Tau aus schwarzen Blumen trinken schwarze Falter. Nie wird der Mensch zu singen anfangen, das Kind wird nicht mehr lächeln, ge-

borsten ist die letzte Glocke, alle Uhren auf Erden stehen still, der letzte Turm ist zerfallen, gestern erlosch der letzte Stern – für wen soll er leuchten?
Es gibt nichts, nichts, mein Gott, es gibt nichts.
Weit öffnete ich die Augen – ich schaue, ich schaue, ich schaue, mein Gott, es gibt nichts, ich sehe nichts, höre nichts, weder ein Flüstern noch einen Seufzer.
Grauer Herrscher der stillen Welt, mein Gott, ich fühle ringsum schwarze Vögel mit weißen Schwingen, schwarze Falter trinken aus schwarzen Kelchen schwarzen Tau.
So eine Trauer, mein Gott, so eine Trauer.
Weder Farben noch Töne, mein Gott, weder Töne noch Farben noch Tränen.
Janusz Korczak

Trauerräume

Unaufhaltsam
sind meine Tränen der Trauer
meine Seele ist tief verstört
nach dem schrecklichen Amoklauf in Erfurt

Zerstört meine Hoffnung
gemeinsam einen Weg zu gehen
zerschlagen mein Vertrauen
miteinander Zukunftsperspektiven zu entwickeln
zerronnen meine Lebensfreude
einander in der Kraft der Liebenden zu bestärken

Unaufhaltsam
sind meine Tränen der Angst
meine Seele ist tief verstört
verwundet und gezeichnet
komme ich zu Dir

tastend nach Sinn
in aller Sinnlosigkeit
Nach Psalm 6,4
Pierre Stutz

ANLÄSSLICH EINES TODES

In Karlsruhe läuft, wie du weißt, Gott, eine Straßenbahn seit achtzehnhundertsiebzig ohne Unfall, diese bestieg am ersten März, bestieg genau den Waggon, den du ausgesucht hattest, Gott, der Musikstudent G.B., du kennst ihn, er kam öfter ins Haus, heiter, begabt, Bild eines Menschen, liebenswert machtest du ihn, und pünktlich bestieg er die Bahn, die dann aus unerklärlichen Gründen, doch du kennst sie, nehme ich an, entgleiste und den Studenten, dem du als einzigem Fahrgast abzuspringen befahlst, in der Sekunde genau, als der Anhänger kippte, erschlug samt seiner Geige, ihn, keinen andern, du weißt es, doch was sag ich der Mutter, die das Bündel schwarzgeränderter Karten nach Ursachen abklopft, soll ich sagen, du hättest das eingefädelt, genau nach Plan, soll ich sagen, dass alles Sinn hat, verborgenen Sinn meinetwegen, oder, was meinst du, ich sage schwarzgerändert das Wort, das dich ausschließt, das dich zur Hilfskonstruktion macht, Gott, das Wort, das die Tröster entlarvt, das Wort, das bleibt, wenn du fortgehst, wenn du sagst, du kenntest die Karlsruher Straßenbahn nicht, nicht den Studenten G.B., das Wort, das einzige, das dich ersetzt, das, falls du tot bist, stehen muss auf dem Grabstein: PECH GEHABT – soll ich's sagen, das Wort, dem toten Studenten G.B., soll ich's sagen der Mutter?
Rudolf Otto Wiemer

Wir können es nicht fassen und begreifen,
du,
unser Herr und unser Gott.
Dies furchtbare Geschehen!
Es kann doch nicht sein,
dass so viele Menschen
nicht mehr da sind.
Dass sie weg sind,
tot sind.
Und jetzt?
Niemand!
Nichts!
Das kann und darf doch nicht wahr sein,
dass Menschen anderen so Grausames antun.
Lass das alles nicht stimmen,
du, unser Gott!
Hilf uns!
So viel Trauer umfängt uns.

*

Nicht Auge um Auge!
Nicht Zahn um Zahn!
Gott, bewahre uns davor.
Gib uns die Kraft, den Hass zu überwinden.
Glaube, Hoffnung, Liebe,
diese drei.
Die Liebe aber ist die Größte von allen.
Ich trauere um die vielen Toten.
Lieber Gott, sei bei uns.

*

Gott, sag uns,
wie wir diese schrecklichen Bilder vom 11. September verkraften sollen?

Gott, sag uns, wo ist der Sinn des Todes von Manhattan?

Gott, sag uns, wie du so etwas zulassen konntest?

Gott, sag uns, wie wir den Glauben an diese Welt nicht verlieren und nicht irre werden?

Gott, sag uns, ob dies der Anfang ist von einer neuen Erde voller Blut und Leid?

Gott, sag es uns, sag es uns…

Wir trauern um die Opfer des Terrors.

Gebete aus Kondolenzbüchern zum 11. September 2001

Wenn die einmal sterben,
die mir lieb sind,
dann gib mir den Mut,
sie Dir in die Hände zu legen
wie letzte, äußerste Gaben.
Und dann gib mir die Kraft,
zu hoffen mit glühender Hoffnung
über alle Grenzen hinweg,
dass Du am Morgen eines neuen Lebens
mir begegnest mit allen,
die ich in Dich verlor.
Bernhard Meuser

Wer an mich glaubt, wird leben

Herr, Jesus Christus,
der du gesagt hast:
Wer an mich glaubt, der wird nicht sterben in Ewigkeit!
Ich bitte dich um deines großen Namens willen:
lass es den Seelen aller verstorbenen Gläubigen
auf ewig zugute kommen, dass sie auf dich gehofft
und an dich geglaubt haben.
Führe sie zur Gemeinschaft deiner Heiligen
und gib ihnen teil am ewig währenden Frieden der Seligen.
Der du lebst und herrschst in Ewigkeit.
Amen.

Gebet aus St. Thomas, einer mittelalterlichen Zisterzienserinnenabtei des Trierer Landes

Gebet

Manchmal wurde es mir bewusst in den Augenblicken des Glücks und in den Stunden des Leidens, dass meine ungestillte Sehnsucht dich meinte und suchte, unbegreiflicher Gott.

Jetzt, da jede Erfüllung zerbricht, mutest du mir die letzte Leere zu und den Glauben, dass im endlichen Tod unendliches Leben ist.

Tröste und stärke mich, wenn ich mich festhalte an dir, gekreuzigter Jesus. Wandle meine Verlassenheit, schenk mir Geborgenheit, sodass ich mich loslassen kann, weil du mich in deiner Liebe umfängst, die mich schon immer umhüllte – es ist alles erfüllt.

Ich warte auf dich, der du immer schon bei mir warst.

Wenn du jetzt kommst, hast du die Wohnung bereitet, damit ich endlich dort bin, wo du bist, und mit dir schaue den Unbegreiflichen, den schon immer Gesuchten, Geliebten – von Angesicht zu Angesicht.

Klemens Jockwig

Die gute Ewigkeit

In unserem dahingehenden Leben, o Herr, ahnen wir Deine stille Ewigkeit. Die Dinge beginnen, und haben ihre Zeit, und enden. Im Anfang des Tages fühlen wir voraus, wie er im Abend sinken wird. In jedem Glück mahnt schon das kommende Leid. Wir bauen unser Haus und schaffen unser Werk und wissen, dass es zerfallen muss. Du aber, o Herr, lebst, und keine Vergänglichkeit rührt an Dich.

Du bist Deines heiligen Daseins froh, und weder Not noch Ende bedrängen Dich. Du bist von Wesen neu und weißt von keinem Überdruss. Keines Dinges bedarfst Du. Nichts entbehrst Du. Alles bist Du. Aller Herrlichkeit Inbegriff ist Dein.

Deiner Ewigkeit Mitte ist dort, wo Du, o Vater, und Du, o Sohn, einander nahe seid in der Innigkeit des Heiligen Geistes. In jener Stille ist Deine Liebe und Dein Friede. In ihr ist Deine Heimat, o seliger Gott.

Von dort bist Du, Jesus Christus, zu uns gekommen und hast uns Kunde gebracht von dem, »was kein Auge gesehen hat, und kein Ohr vernommen und was in keines Menschen Herz gedrungen ist«. Wenn die Zeit vollendet ist, soll dort auch meine Heimat sein. Mache mich dessen gewiss. Lass das Verlangen dorthin in meinem Herzen nie sterben, damit ich im Wandel des Lebens dessen inne bleibe, was allem Leben erst Maß und Sinn gibt. Lass mein Gemüt vom Hauch Deiner Ewigkeit berührt sein, damit ich das Werk der Zeit richtig tue und es einst hinübertragen dürfe in Dein ewiges Reich.
Amen.

Romano Guardini

Der
Tod
hat
uns.
Aber
Du
hast
den
Tod.

Bernhard Meuser

Herr, die Dich in ihrer Nähe wissen, haben die tiefste Angst überwunden. Sie sehen in jeder Nacht die Stelle, wo es Tag wird – und sind getrost. Herr, wir kommen aus Deiner Hand, wir gehen an Deiner Hand, wir fallen in Deine Hand. Wo Du bist, ist das Leben. Du verewigst uns in Dir; denn wir – sind geliebt.

Ulrich Lüke

Begegnung mit Gott als dem Geheimnis unseres Lebens

Gott in dir ruht mein Leben.

Gott alles Unvollendete und Unausgesprochene
lege ich dir ans Herz.

Gott alles Misslungene und Zerstörte
lege ich dir ans Herz.

Gott alle Verletzungen und Verwundungen
lege ich dir ans Herz.

Gott alle Konflikte und Auseinandersetzungen
lege ich dir ans Herz.

Gott alle Aggressionen und Depressionen
lege ich dir ans Herz.

Gott alle Sorgen, Nöte und Ängste
lege ich dir ans Herz.

Gott alle Traurigkeiten und jede Sehnsucht
lege ich dir ans Herz.

Gott alle Schuld und jedes Versagen
lege ich dir ans Herz.

Gott alle Freude, Hoffnung und Zuversicht
lege ich dir ans Herz.

Gott alle guten und wertvollen menschlichen Begegnungen
lege ich dir ans Herz.

Gott alle geschenkten Zeichen menschlicher Verbundenheit
lege ich dir ans Herz.

Gott nimm alles auf in Dein Herz –
jeden Schatten und jedes Licht.

Segne alles Gute und heile alles Dunkle –
verwandle mich. Amen.

Caritas-Konferenzen im Erzbistum Paderborn e.V.

Wer bist Du, wo bist Du, wie bist Du, Gott?

Gott
Du bist ein Gott des Weges
Beweg uns

Du bist der Anfang
Beginn mit uns

Du bist das Ende
Vollende uns

Du bist die Mitte
Sammle uns

Du bist der Boden
Trag uns

Du bist der Himmel
Lock uns

Du bist alles in allem
Erfüll uns

Darum bitten wir
Durch Christus unseren Herrn
Anton Rotzetter

Spuren im Sand

Meer, diesiger Himmel, die
Schreie des Regenpfeifers,
man sagt, du bist tot, Gott,
hier glaub ich's, bei leeren Netzen,
du kommst nicht mehr übers Wasser,
wir müssen den Fisch ohne dich essen,
trocken das Brot der Fünftausend –
warum nur mustere ich
die frischen Spuren im Sand,
unruhig, als wärest du
eben vorübergegangen?
Rudolf Otto Wiemer

Kann ich etwas einen Namen geben,
das nicht existiert?
Oder existiert etwas nur,
weil es einen Namen hat,
weil es erdacht wurde?
Beweise mir deine Existenz
und ich werde dich verlieren.
Verliere dich in mir,
und meine Existenz
wird durch dich
begründet sein.
Barbara Berndt

Gott, wohin gehörst Du?
In der Kirche sprechen sie von Dir –
in Worten
Die Natur lebt und preist Dich –
im Wachstum

Das Wetter verändert sich und zeigt sich –
in Deinem Temperament
Die Technik vollführt Wunder und weist zu Dir –
im Ursprung
Die Wissenschaften schaffen Theorien und erkennen Dich –
in Formeln an
Und manchmal gibt es Menschen,
die in ihrem Wesen
eine einzige Erfahrung
deiner Herrlichkeit
sind.
Barbara Berndt

Mein Gott, hast du mich verlassen?
Oder erkenn ich dich bloß nicht mehr?
In meinem Stress wurde der Platz für Dich immer kleiner.
Immer seltener fand ich Zeit, um dich bewusst wahrzunehmen.
Denn da warst du immer
wie ein treuer Begleiter, dessen Stimme im Lärm der Zeit unterging.
Nur ich war nicht immer bereit,
deine Stimme zu hören.
Oft kam ich vom Weg ab,
da es um mich herum so laut wurde,
dass ich deine Weisung nicht mehr verstand.
Barbara Berndt

Gottesnot I

Von Dir kann ich nicht mehr reden
Gott
Du hast mich ins Schweigen geschickt
ins Abseits gestellt
Dorthin, wo nicht gejubelt wird
gefeiert nicht und nicht gedankt
Ich bin, wo geklagt wird
und wo einem die Worte auch
dafür noch ausgehn
Meine Seele
durchforsche ich
Ob Du nistest in einem der Abgründe
die ich selbst nie betreten
Nicht aufzufinden bist Du
anzutreffen nirgends
Nicht zu fühlen, zu spüren nicht
im Würgegriff der Ohnmacht

Gib mir wenigstens wieder
den Schrei
Erbarme Dich, Gott, hilf mir!
Aus dem Dunkel hinaus
ins Licht führe mich
Bevor mich der Unglaube einholt
Herr, hilf meinem Glauben

Theresia Hauser

Gottesnot II

Mir zieht es die Haut vom Leib
mein Atem stockt
wenn Du ausziehst aus Geist
Seele und Leib
Als würde das Leben entweichen
ausfließen aus allen Zellen
in die Leere Deiner mich
plötzlich überfallenden Abwesenheit

Erschreckender Sturz
in das schwarze Loch des Zweifels
OB DU BIST
Die Eingeweide voller Übelkeit
mit der Qual der Fragen

Warst Du ein Trugbild nur
Gott nicht, dem ich glaubte?
Auf den ich setzte?
War es Deine Berührung nicht
die mich taufte mit dem Wasser
der alles wandelnden Erfahrung
Du bist!

Warst Du es nicht?

In der Kältezelle
Deiner anwesenden Abwesenheit
unvergleichbare Verlassenheit

Bis in Herz und Niere
brennt sich die Erkenntnis ein
Wie kann ich leben ohne Dich

Theresia Hauser

Wer bist du, Gott?

Wer bist du, Gott?
Immer schon haben Menschen
darauf eine Antwort gesucht.

Bist du der Gewaltige,
der Gerechte, Strenge,
Ferne, Unnahbare,
Unbegreifliche?
Bist du ein Gesetzesgott,
der Vorgeschriebenes einfordert?
Viele, auch gläubige Menschen
haben es so gesehen,
viele gründen ihr Leben
auf dieses Gottesbild.

Jesus kündet uns eine andere Botschaft:
Gott, du bist Vater,
und väterlich, grundgütig
ist deine Gesinnung.
Das ist die Frohbotschaft des Heilandes.

Jesus,
ich möchte den Vater kennen lernen,
deswegen komme ich zu dir,
denn: Niemand kennt den Vater,
nur der Sohn und der,
dem es der Sohn offenbaren will (Mt 11,27).

Jesus,
du enthüllst uns den Vaternamen Gottes.
Du tust es mit Wärme und Ergriffenheit,
sodass ich mich gedrängt fühle,
mit dem Apostel auszurufen:

Zeige mir doch den Vater (Joh 14,8),
und es ist gut.

Gott meines Lebens,
ich suche dich.
Ich suche das wahre,
das richtige Gottesbild zu entdecken.
Wer bist du für mich?
Welchen Gott habe ich bis jetzt gefunden?
Den Gott,
dem ich doch nicht ganz trauen kann,
den ich letztlich fürchten muss?
Ich spüre, das ist nicht die echte,
katholische Weltanschauung
oder wenn,
dann haftet ihr noch viel Verwirrtes,
Krankhaftes an.

Gott meines Lebens,
du willst keine freudlose Religion.
Du willst, dass ich froh
durch das Leben gehe.
Du willst, dass ich mich über alles Gute
und Schöne freue,
weil alles von dir kommt.

Gott, mein Vater!
Du bist kein Gott,
der nur Gesetzesbeobachtung will.
Wenn du strafst, dann tust du es,
um uns zu dir hinzulenken,
um uns auf deine väterlichen Absichten
aufmerksam zu machen.
Und wenn du lohnst,
dann tust du es nicht nach Maß

und Verdienst.
Du gibst hundertfältig.
Allen ohne Ausnahme willst du Vater sein.

Abba, lieber Vater,
so sprichst du selbst in mir
durch deinen Heiligen Geist.
Lass mich immer mehr lernen,
dass du nicht nur den Vaternamen trägst,
sondern wirklich auch Vater bist,
ganz und gar durchdrungen
von väterlicher Gesinnung.
Alles, was mich trifft,
kommt aus deiner väterlichen Hand.
In allem, aber auch in allem
kann ich das erfahren.
Du weißt, was ich brauche,
und du gibst es mir,
noch bevor ich darum gebeten habe.

Was erwartest du von mir,
lieber Vater?
Kindeshingabe,
liebevolles Eingehen auf deine Absichten,
dass mein Herz den Schlag aus dem Herzen
des Heilandes aufnimmt
und immerzu spricht:
Abba, lieber Vater.
Dann, kann ich ein Freudenapostel für
meine Umgebung sein
und ein wenig die Not des modernen
gottsuchenden Menschen lindern helfen.
Dann kann ich froh durch mein Sein und
Leben bezeugen:
Gott, du bist Vater

und väterlich ist alles,
was du tust.
Schwester Maripetra Süß

Wer bist du, Gott?

Du bist da für mich,
du Gott meiner Sehnsucht.

Du wartest auf mich,
du Gott meiner Ungeduld.

Du bist, wo ich bin,
du Gott meiner Wege.

Du bist für mich,
du Gott meiner Selbstzweifel.

Du bist größer als ich,
du Gott meiner Grenzen.

Du bist in mir,
du Gott meiner Tiefe.

Du bist neben mir,
du Gott meiner Nähe.

Du bist über mir,
du Gott meiner Ferne.

Du bist unter mir,
du Gott meiner Angst.

Du bist vor mir,
du Gott meiner Zukunft.

Du bist hinter mir,
du Gott meiner Geschichte.

Du kommst zu mir,
du Gott meiner Hoffnung.

Du gehst mit mir,
du Gott meiner Treue.

Du atmest in mir,
du Gott meines Geistes.

Du bleibst bei mir,
du Gott meiner Zeit und
Ewigkeit.
Paul Weismantel

Du bist mein Gott

Du bist mein Gott,
der nach mir fragt,
der nach mir schaut,
der mir vertraut.

Du bist mein Gott,
der um mich weiß,
der mit mir geht,
der zu mir steht.

Du bist mein Gott,
der mit mir spricht,
der sich mir neigt,
der sich mir zeigt.

Du bist mein Gott,
der mich beschenkt,
der an mich denkt,
der mich stets lenkt.

Du bist mein Gott,
auf den ich schau',
auf den ich bau',
dem ich vertrau'.
Paul Weismantel

Wo bleibst du?

Wo bleibst du Trost der ganzen Welt?
Wo bleibst du Licht, das uns erhellt?

Wo bleibst du Rat, der sich uns gibt?
Wo bleibst du Gott, der uns doch liebt?

Wo bleibst du Kraft, die uns geschenkt?
Wo bleibst du Geist, der uns jetzt lenkt?

Wo bleibst du Wort, das uns befreit?
Wo bleibst du Gott in dieser Zeit?

Wo bleibst du Tau, der uns erfrischt?
Wo bleibst du Licht, das nicht erlischt?

Wo bleibst du Weg, der sich uns bahnt?
Wo bleibst du Gott, so ungeahnt?

Wo bleibst du Kind, das mit uns geht?
Wo bleibst du Mensch, der zu uns steht?

Wo bleibst du Heil, das wir erflehn?
Wo bleibst du? Lass dich bei uns sehn!

Wo bleibst du, fragen wir so bang.
Lass uns nicht warten allzu lang!
Paul Weismantel

Nachtaktiv

Mitten
in der tiefsten Nacht
suche
ich nach dem Lichtschalter.

Wo bist du, mein Gott?
Peter Schott

Versteckspiel

Gott,
komm wir lassen
heute mal das Versteckspielen.

Zeig dich so
wie du bist.

Ich will es auch tun.
Versprochen ist versprochen!
Peter Schott

Verschüttet du,
begraben unter der Last der Fragen,
die ohne Antwort bleiben.
Keinen Namen mehr
weiß ich für dich,
keinen, der wärmt und heilt,
keinen, der aus Verlassenheit befreit.
Ich höre sie reden von dir,
als kennten sie dich
wie ihren Nachbarn nebenan
(Heinz hat gesagt ..., Heinz will mit dir ...).
Ich höre sie beten,
als gäbe es keinen Zweifel,
Billigtrost liegt griffbereit im Regal.
Draußen stehe ich mit stummen Lippen,
mit leeren Händen,
verletzt von deiner Verborgenheit.

Dennoch Sonntag morgens am Radio
Johann Sebastian Bach.
Das Gespräch mit ihm
hat nicht aufgehört.
Manchmal fällt ein Hoffnungswort.
Sabine Naegeli

Dein Wille geschehe

Gott,
ist es dein Wille,
dass wir krank werden?
Und warum
lässt du es zu,
dass Menschen
und Menschen
Jahr um Jahr
durch Katastrophen
umkommen?
Hast du denn
Freude daran,
dass Taube und Stumme,
Blinde und Lahme
geboren werden
und dass sie
am Straßenrand
und an den dunklen Ecken
der Slums der Stadt
das arme Schicksal
ihres Lebens
trostlos
verbringen?
Warum sorgst du
dich nicht darum,
dass die Güter
in der Welt
gerechter verteilt werden?

Aus Korea

Zeitungsgebet

Statt zu beten, lese ich Zeitung:
Die Schlagzeilen,
die Kleinanzeigen,
den Stellenmarkt,
den Börsenbericht.
Eifersüchtiger Mann
erschlug Frau und Kinder.
Jumbojet prallte gegen Berghang.
Die kleine Biggi kann wieder lachen.
Ehepaar sucht Gleichgesinntes.

Zwischen Rotz und Tränen,
Gefühlsduselei und Brutalität,
Sensationslust und Gleichgültigkeit
bringen wir Menschenopfer,
waschen wir Autos und Hände
in Unschuld,
üben wir beten und fluchen,
spannen wir die Hoffnung
auf die Folter.

Ich blättere in den Seiten
des Lebens und denke:
Das kann doch nicht
dein Ernst sein, Herr,
dass diese Welt in Ordnung ist.

Oder liest du
eine andere Zeitung?
Wolfgang Poeplau

Ich bin bei euch alle Tage

Wo hast du
deine Wohnung genommen, Gott?
In der Vorstadt?
Im Villenviertel?
Im Hotel am Bahnhof?
In einer Studentenbude?
In der Sozialwohnung?
Im Asylantenheim?

Ich möchte bei dir anschellen,
ich habe mit dir zu reden.
Die Preise sind gestiegen,
meine Tochter ist krank,
die Miete zu hoch,
der Lohn zu niedrig.
Verstehst du,
das ist mir wichtig,
das macht mein Leben aus,
das sind meine Probleme.

Warum hast du mir deine Adresse
verschwiegen, deine Telefonnummer?
Ich suche und kann dich nicht finden,
ich klopfe an,
und es wird mir nicht aufgetan.
Mitten unter uns bist du
unauffindbar.

Wolfgang Poeplau

(AN-)KLAGEPSALM

Gott,
siehst du nicht
die Not der Welt?

Siehst du nicht
das Leid und den Tod?

Siehst du nicht
den Hass und
diese verdammte
Ungerechtigkeit?

Sag mal,
bist du blind
auf dem Herzen?

Peter Schott

FRAGE DES WEGWERFERS

Wäre es möglich, Gott, bei dir (wie es früher so hieß) wieder Hoffnung zu schöpfen, einfach zu glauben, dass du alles zum Guten wendest, vielleicht auch nur, dass du da bist? Mich langweilt, ich gebe es zu, die Resignation, die rasch ermüdete Kraft, dich festzuhalten, mich schreckt die Aussicht, wir könnten, da wir doch Wegwerfer sind, bei leeren Flaschen und Plastikbeuteln, bei »Bild am Sonntag« im Müll dich wiederfinden, plötzlich allein auf einem verglühenden Stern, in sprachloser Mondwelt – ach, nimm doch den Staub des Wohlstands von unseren Stirnen, lass uns im Blech nicht verkommen, nicht auf den rasanteren Autostraßen, öffne die Kübel, darin wir uns selber verstecken, zerknülltes Papier, darauf sonst dein Name gedruckt war – wäre es möglich, Gott, dass wir, die Weggeworfenen, ihn wieder lesen?

Rudolf Otto Wiemer

Euer Herz lasse sich nicht verwirren!
(Joh 14,1)

Wo bist du, Gott? Oft frage ich so in einer Welt, die sich immer mehr von dir entfernt.
Wo bist du, Gott, wenn ein Drittel der Menschheit in Überfluss lebt und Lebensmittel vernichtet, während zwei Drittel der Erdbevölkerung nicht das Notwendige für ihre Ernährung finden?
Wo bist du, Gott, wenn alle vom Frieden reden, die Konflikte zwischen den Rassen aber größer werden, die Ungerechtigkeiten zum Himmel schreien, die Würde der Menschen mit Füßen getreten wird, Unfriede weit mächtiger ist als Verständigung, wenn Menschen stets neu in Kriege gehetzt werden?
Wo bist du, Gott, wenn das menschliche Leben so wenig zählt, dass ungeborenes Leben massenweise getötet wird, dass das Leben eines Einzelnen nichts mehr gilt, wenn für einen geringen Profit Menschen über den Haufen geschossen werden?
Wo bist du, Gott, wenn wir auf dem besten Wege sind, deine Schöpfung zu zerstören und unbewohnbar zu machen, wenn unsere Waffenarsenale so groß sind, dass sie in vielfacher Weise unsere Erde mit allem Sein auslöschen können?
Wo bist du, Gott, wenn immer mehr Menschen nach dem Sinn ihres Daseins fragen, weil sie keine Arbeit und kein Brot finden, weil sie nicht wissen, wozu sie da sind, weil sie von niemandem angenommen werden, weil sie Schmerzen leiden und Ungerechtigkeiten aushalten müssen?
Wo bist du, Gott – so könnte ich die Fragen unserer Zeit weiterführen ohne Ende. Im Glauben an dich fest zu bleiben fällt angesichts dieser leidvollen Gegebenheiten schwer. Doch ich suche eine Antwort, und ich bin bereit zu hören. Wenn ich still werde und nicht in meiner eigenen Empörung bleibe, höre ich das Wort Jesu: »Euer Herz lasse sich nicht verwirren. Glaubt an Gott und glaubt an mich.«
Herr und Gott, ich will daran festhalten, dass du da bist und auch in unserer Zeit wirkst. Du hast mich in diese Zeit gestellt und mir damit einen besonderen Auftrag für mein Leben anvertraut. Aus

dieser Zeit der Verwicklungen heraus soll ich dich finden, hinter allem Unrecht deine Gerechtigkeit, nach allem Leid die Freude bei dir, nach den ungelösten Fragen die Antworten von dir, nach der Niederlage den Sieg, hinter dem Sterben das Leben.

Wolfgang Oberröder

WO BIST DU, GOTT?

Ich suche dich, mein Gott,
in der Weite des Meeres,
in der Tiefe des Himmels,
suche dich in der Unendlichkeit.

Ich suche dich, du Ursprung allen Seins
In der Schönheit des Sonnenunterganges,
in der leichten Brise und im brausenden Wind,
in der Vielfalt der Muscheln und im Lockruf der Möwen.
Ich suche dich und finde dich,
Gepriesen bist du,
der du dies alles erschaffen hast.

Aber, mein Gott,
ich sehe auch das unermessliche Leid dieser Welt,
die geschändeten und zerfetzten Leiber,
sehe Not und Elend, Hass und Habgier,
sehe Golgatha und Auschwitz.
Wie kannst du dies alles zulassen,
ohne uns zu Hilfe zu eilen?

Ich begreife so vieles nicht,
zu klein ist mein Geist und Herz,
ich kann nur dankbar für alles Schöne sein
und das Elend in deine Barmherzigkeit legen,
dass du es segnest und heilst.

Irmela Mies-Suermann

Guter Gott,
manche Ereignisse, die uns in unserem Leben begegnen,
machen uns sprachlos
und nehmen unsere Selbstsicherheit.
Wir kommen zu dir mit unseren Fragen
und mit unseren unerfüllten Hoffnungen.
Wir bitten dich um ein Wort,
das uns Mut macht und aufrichtet
und unser Vertrauen in jene Zukunft stärkt,
die du uns eröffnest.
Andreas Lerch

Wann, Herr, habe ich
zu lesen verlernt in Dir?
Wann habe ich zum ersten Mal
das offene Buch gemieden?
Wann wurde ich zum Analphabeten
Deiner Gegenwart?
Wann zerriss ich die Lesezeichen?
Wann wurdest Du mir
zur Fremdsprache?
Bernhard Meuser

Ich weiß nicht,
wer Du bist,
Ich weiß nicht,
wie Du bist.
ich weiß nicht,
wo Du bist.
Aber ich weiß, o Gott,
dass ich mir
abhanden komme,

wenn ich Dich
nicht suche.
Bernhard Meuser

KLAGE

Geläng's, ach geläng's nur,
meine Gedanken zu schmücken
mit Dir,
Dein Wort zu vermählen
mit mir!
Doch zerschlagen sind
die Knochen meiner Knochen,
verdrossen welkt
das Fleisch meines Fleisches.
Dein Wort ist weit weg,
es findet mich nicht.
Meine Gedanken sind blind,
sie erkennen Dich nicht.
Ob ich Dich einmal noch sehen werde
in meiner Finsternis?
Vielleicht, ach vielleicht
durch Tränen hindurch,
die mir fehlten bisher
(so versteinert bin ich)?
Kurt Marti

Bist du lieber im Hirn?
Hältst du dich
lieber im Herzen auf?
Wir fallen
vom einen ins andere,
bald bist du in uns ein Messer,

bald ein lauwarmer Wind,
und selten sind wir geeignet
für deine klare Wärme,
für deine innige Helle,
für das scharfe Licht
der Liebe.

Gottfried Bachl

Vor Gott

Allmächtiger, heiliger Gott, zu dir will ich in diesen Tagen kommen und zu dir beten. Ich will dich bekennen, dich, Vater, Sohn und Heiliger Geist, dich loben, dich preisen, dich anbeten. Ich will dir danken ob deiner großen Herrlichkeit.
Was soll ich zu dir sagen, mein Gott? Soll ich alle Worte zusammensuchen, die deinen heiligen Namen rühmen, soll ich dir alle Namen dieser Erde geben, dir, du Namenloser? Gott meines Lebens dich nennen, Sinn meines Lebens, Ziel meiner Wege, Weihe meiner Taten? Bitterkeit meiner bitteren Stunden, Heimat meiner Einsamkeit, du mein geheimstes Glück? Soll ich sagen: Schöpfer, Erhalter, Begnadiger, Naher, Ferner, Unbegreiflicher, Gott der Blumen und der Sterne, Gott des sanften Windes und der fürchterlichen Schlachten, Weisheit, Macht, Treue du und Wahrhaftigkeit, Ewigkeit und Unermesslichkeit, du Allbarmherziger, Gerechter und Liebender?
Was soll ich zu dir sagen, mein Gott? Soll ich dir klagen, dass du mir so ferne bist, dass dein Schweigen so unheimlich ist und so lebenslang? Dass du mir zu langmütig bist und dass deine Wege, auf denen doch wir gehen müssen – nicht du –, so unbegreiflich verwirrt und unabsehbar sind? Aber wie sollte ich so klagen? Wie über deine Ferne, wo doch deine Nähe mir ebenso unheimlich ist. Wie über deine Langmut, wo ich doch von ihr mein sündiges Leben friste. Wie über die Unbegreiflichkeit deiner Wege, wo sie doch von meinem bösen und wirren Willen verwirrt wurden.

Was soll ich zu dir sagen, mein Gott? Soll ich versuchen, mich dir zu weihen? Soll ich sagen, dass ich dir gehöre mit allem, was ich bin und habe? Mein Gott, wie kann ich mich dir übergeben, wenn deine Gnade mich nicht nimmt? Wie in deinen Dienst mich begeben, wenn du mich nicht rufst? Ich danke dir, dass du mich berufen hast. Doch dein Dienst fällt mir schwer. Aber mein mattes und feiges Herz soll schweigen und sich nicht über deinen Dienst beklagen. Mein Mund soll lieber gegen mein Herz – das aufbegehren will – lügen, weil er dann deine Wahrheit sagt, die wichtiger ist als meine: O ja, Herr, dein Dienst ist gut, dein Joch ist leicht, deine Bürde sanft.

Ich danke dir für alles, was du in meinem Leben von mir gewollt hast. Sei gelobt für die Zeit, in die ich geboren wurde. Sei gepriesen für meine guten Stunden und für meine bitteren Tage. Sei gebenedeit für alles, was du mir versagt hast. Herr, entlass deinen störrischen und faulen Knecht nie aus deinem Dienst. Du hast Macht über mich selbst in jener Tiefe, wo ich allein über mich und mein ewiges Geschick verfüge. Deine Gnade ist die Gnade ewiger Allmacht. Weiser, barmherziger, liebender Gott, verwirf mich nicht vor deinem Angesicht. Behalte mich in deinem Dienst alle Tage meines Lebens. Verlange, was du willst. Nur gib, was du befiehlst. Wenn ich müde werde in deinem Dienst, dann wirst du nicht müde in deiner Geduld mit mir. Du kommst, mir zu helfen, du gibst die Kraft, immer wieder neu anzufangen, zu hoffen wider alle Hoffnung, an deinen Sieg in mir zu glauben in allen Niederlagen, die meine sind.

Was soll ich dir sagen, mein Gott, als dass ich ein Sünder bin? Aber das weißt du besser als ich, und ich würde es ja doch nicht glauben und nicht wahrhaben wollen, stände nicht dein Wort gegen mich auf. Herr, geh nicht weg von mir, denn ich bin ein sündiger Mensch. Ist es nicht besser so als anders zu sagen? Wohin sollte ich mich mit meiner Schwäche, meiner Herzensträgheit, mit der Zweideutigkeit und Fragwürdigkeit selbst noch des Betens in mir hinflüchten, wenn nicht zu dir? Gott der Sünder, Gott der gewöhnlichen, der alltäglichen, der feigen und durchschnittlichen Sünder! O Gott, meine Sünde ist nicht großartig; sie ist so alltäglich, so durchschnittlich, so das Übliche, dass man sie auch übersehen kann. Freilich nur dann, wenn man dich, den Heiligen, übersieht und wenn man vergisst, dass du unser Herz ganz und ungeteilt, brennend und zu allem bereit besitzen willst in eifersüchtiger Liebe.

O Gott, wohin sollte ich flüchten? Die großen Sünder könnten sich vielleicht noch eine Zeit lang an der dämonischen Größe ihrer Sünden sättigen. Aber welchen Überdruss erregt meine Armseligkeit, meine satte Herzensträgheit, die erschreckende Mittelmäßigkeit meines »guten Gewissens«. Nur du erträgst noch ein solches Herz, nur du hast noch für mich geduldige Liebe. Nur du bist größer als mein armes Herz. Gott der Sünder, Gott selbst der Lauen, der Herzensträgen, erbarme dich meiner!

Damit ich dir dienen kann, mach mich weise und gelassen. Gib mir den Mut, an vielem vorbeizugehen, schenke die Kraft zu entsagen, weil solcher Verzicht die Leere schafft, die du erfüllst. Ich bitte dich um die Gabe der Weisen, die alt sind. Man braucht sie zu deinem ungeteilten Dienst. Und mit diesem kann man nicht warten, heute weniger denn je, bis man alt an Jahren geworden ist und die Welt von selbst vor einem versinkt.

Man wird mich bald als Priester den »Alten« nennen. Viele Tugenden des Alters brauche ich noch nicht zu besitzen, aber die Tugend weiser und tapferer Gelassenheit, die Tugend heiliger Indifferenz und der Entsagung muss ich haben. Denn dazu hast du mich berufen, da du mich zum Amt der »Ältesten« in deiner Kirche berufen hast, die da pilgert, ausziehend aus dem Sichtbaren in das Reich, das der Glaube erhofft und die Liebe ersehnt. Da muss ich meinen Brüdern und Schwestern vorangehen als der, der durch sein Leben glaubhaft macht, dass der Verzichtende erlangt, der Weggebende findet und der Arme reich ist. Mach mein Herz zu einem priesterlichen Herzen. Amen.

Karl Rahner

Du anwesend-abwesender Gott!

Gott
Du sagst: Ich bin da!

Aber wo bist Du?
Wo bist Du,
    wenn es Nacht wird?
Wo bist Du,
    wenn die Erde bebt?

Und bist Du da
    In Not und Tod?
    In Leid und Schmerz?
Bist Du wirklich da
    Wenn die Wasser kommen?
    Wenn die Raketen fliegen?

Wo bist Du,
    Wenn uns der Nachbar plagt?
    Wenn wir nicht mehr weiterwissen?

Zeig uns doch, dass Du da bist.
Darum bitten wir durch Christus unseren Herrn.
Anton Rotzetter

Herr, du bist wie die Radiowellen

Radiowellen gibt es überall in der Welt.
Ich kann sie zwar nicht sehen,
aber ich weiß, dass sie da sind.

Ich brauch nur mein Radio einzuschalten,
einen Knopf zu drehen,

und schon habe ich sie eingefangen
und kann sie hören.

Herr, du bist wie die Radiowellen.
Deine Liebe und Fürsorge sind überall am Werk,
denn du bist mir gegenwärtig.
Wo ich auch bin: Du bist ebenfalls dort.

Ich brauche nie ängstlich zu sein,
denn ich weiß dich stets in meiner Nähe.
Ich brauche mich nur auf dich einzustellen,
dann finde ich deine Liebe
und väterliche Fürsorge.
Meistens aber vergesse ich,
dass du mir so nahe bist.
Aus Papua-Neuguinea

Du bist Gott

Gott bist du,
in beglückender Nähe
und bedrückender
Ferne.

Gott bist du,
in guten Worten
und in ewigem
Schweigen.

Gott bist du,
in unzugänglichem
Licht und abgrundtiefer
Finsternis.

Gott bist du,
in unbegreiflicher
Größe und schmerzlicher
Armseligkeit.

Gott bist du,
in spürbarer Gegenwart
und tiefster Verborgenheit.

Gott bist du,
in unergründlichem
Glanz und menschlicher
Trübsal.

Gott bist du,
für uns,
mit uns,
in allem,
heute
und immer.
Paul Weismantel

Entzugserscheinung

Woran liegt es, Gott,
dass ich gestern
deine Nähe fühlte
wie Wind im Haar
wie Sonne auf der Haut
wie Hand in meiner Hand
und heute
spüre ich
nichts –
heute sprech ich

zu einer Wand
ohne Ohr
ohne Stimme

Hab ich selber
die Mauer gebaut,
hab ich nicht bemerkt,
dass andre es taten,
willst du,
dass ich warte,
suche?

Ich traue dir,
dass du mich doch hörst,
dass du wiederkommst
wie die Sonne
aus der Wolkenwand
und mich wärmst.
Christa Peikert-Flaspöhler

Deine Nähe suchen wir

Wer darf in Deiner Nähe sein
und Dein Gast sein

Jene
die trotz Rückschlägen versuchen
sich für die Rechte der Unterdrückten einzusetzen
jene
die Dich in sich selber entdecken
im Hunger und Durst nach Deiner Gerechtigkeit

Wer wird Deine Nähe erfahren
jene

die sich umarmen und trösten lassen
jene
die sich zärtlich begegnen
jene
die tanzen und feiern
Brot und Wein teilen

Da bist
Du Gott
ganz nah
Nach Psalm 15,1
Pierre Stutz

www.Gott.de

Surfe mit mir
durch die
unendlichen Weiten
meines Lebens.

Hilf mir,
meinen Joystick
so zu halten,
dass mein Lebensspiel
gelingt.
Peter Schott

SMS an Gott

Hallo Du,
hab gerade Stress –
hab kurz an Dich gedacht –
schön zu wissen,

dass Du da bist –
wo ich bin. DANKE
@—>—
Corinna Fahnroth

Hallo, jemand da?

– BlödSINN
DU bist ja immer da
Du bist in mir
Du bist um mich
Du bist mit mir
– SINNreich
Ich bin nur ich
Ich bin ein Du
Ich bin in Dir
– REICHtum
DANK DEINEM **MEHR**
Corinna Fahnroth

und plötzlich, GOTT,
bist du wieder da …
seit langem habe ich ihn nicht mehr gehört,
den »soundtrack« meiner Geschichte mit
DIR –
unser Lied!
Philippa Kalkbrenner

Ich denke an DICH
und weiß
dass DU unerreichbar bist.

Ich denke an DICH
und weiß,
dass Du unfassbar bist.

Ich denke an DICH
und bin davon überzeugt,
dass es DICH gibt.

Ich denke an DICH
und hoffe,
dass DU immer bei mir bist.

Ich glaube an DICH
und würde am liebsten
jeden Menschen
umarmen
und rufen:
»Schön, dass es Dich gibt!«
Dagmar Hoffmeier

Du Andersartiger, der immer ganz andere.
An Dir erlebe ich, was es heißt, Trennungsschmerz auszuhalten,
Dich in meiner alten Vorstellung und besitzergreifenden Hab-Sucht
loszulassen – loszulassen, um Dich neu zu gewinnen … und wieder loszulassen …
Du bist so vielfältig, so unbe-greiflich.
Wenn ich schon keinen Menschen je ganz kennen kann,
wie könnte ich dann Dich ganz erkennen?
Du bist mir so vertraut, gleichzeitig so unerreichbar weit weg
– wer soll dich je begreifen, mein Gott!
Isabelle Stablo

Ich höre den Lärm der Straße.
Ich höre den Wind in den Bäumen.
Aber dich, Gott, höre ich nicht.
Sprich mich an
und zeige mir den Weg –
damit ich ständig dich vernehme,
vernehmlich
wie den Lärm der Straße,
hörbar
wie den Wind in den Bäumen.

Bernhard Lang

Ewiger Gott,
mit neuen und alten Namen,
rufen wir dich an und tasten
uns durchs Dickicht unserer Sprache
vor zu dir, in dich hinein.
Gegenwärtiger Gott,
in vertrauten und fremden
Bildern suchen wir dich
und wissen doch, dass wir dich
niemals erfassen, weil du der
immer viel tiefere und unergründliche,
der immer noch geheimnisvollere und unbegreifliche
Gott unseres Lebens bleibst, größer als unser Begreifen.
Doch all unser Stammeln und Formulieren, unser Suchen und Sprechen
bleibt umfangen und geborgen von deiner alles umfassenden Gegenwart.

Paul Weismantel

Wessen ich bedarf

Der Du bist
die Nähe der Nächsten,
die Fremdheit in Fremden:
hilf mir zuhören,
damit Verstehen beginnt,
lehre mich schweigen,
gesammelt,
geöffnet.
Kurt Marti

Wirf ein Auge auf mich

Du
Herr
warst nah
unendlich
nah

Kurz aber nur
von ferne
und doch
so nah

Ferner Herr
lass
deinen Blick
nicht
von mir

Wirf
ein Auge
auf mich
sei mir nah
Michael Albus

Du bist innen und außen,
oben und unten,
links und rechts,
diesseits und jenseits,
schwer und leicht,
nah und fern,
in der Seele und an der Haut.
Überall können wir von dir sagen:
hier!
Niemals können wir sagen:
dort nicht!

Gottfried Bachl

Gott, Du unser großes »ewiges Du«!

Das Lied »Du«

Der Berditschewer pflegte ein Lied zu singen, in dem es heißt:

»Wo ich gehe – du!
Wo ich stehe – du!
Nur, du, wieder du, immer du!
Du, du, du!
Ergeht's mir gut – du!
Wenn' s weh mir tut – du!
Nur, du, wieder du, immer du!
Du, du, du!
Himmel – du, Erde – du,
Oben – du, unten – du,
Wohin ich mich wende, an jedem Ende
Nur du, wieder du, immer du!
Du, du, du!«

Martin Buber

DU
Unerkannter
Unerkennbarer
Undenkbarer
Unvorstellbarer
Unerreichbarer
Unbegreifbarer
Unaussprechbarer
Unnennbarer
Unsagbarer
Unsichtbarer
Unhörbarer
Unmessbarer
Unteilbarer
Unbeschreibbarer
Unfassbarer

Kein Ding
Keine Sache
Kein Gegenstand
Kein Objekt
Kein Thema
Kein Problem
Kein Über
Kein Unter
Kein Neben
Kein Außen
Kein Innen
Kein Es
Kein Er

Du

Lothar Zenetti

du
im geheimnis

du
gott
du bist

dreimal
du
Rudolf Bohren

Du bist groß,
denn wir können nicht
um dich herumgehen,
du bist groß,
denn es gibt keine Sprache
für deinen Namen,
du bist groß,
denn du atmest die Sterne,
du bist groß,
denn aus deiner Freude
wächst das Gras
unter unseren Füßen.
Gottfried Bachl

Du, der über uns ist,
Du, der einer von uns ist,
Du, der *ist* –
auch in uns;
dass alle dich sehen – auch in mir,
dass ich den Weg bereite für dich,
dass ich danke für alles, was mir widerfuhr.
Dass ich dabei nicht vergesse der anderen Not.

Behalte mich in deiner Liebe,
so wie du willst, dass andere bleiben in der meinen.
Möchte sich alles in diesem meinem Wesen zu deiner Ehre wenden,
und möchte ich nie verzweifeln.
Denn ich bin unter deiner Hand,
und alle Kraft und Güte sind in dir.

Gib mir einen reinen Sinn – dass ich dich erblicke,
einen demütigen Sinn – dass ich dich höre,
einen liebenden Sinn – dass ich dir diene,
einen gläubigen Sinn – dass ich in dir bleibe.
Dag Hammarskjöld

Erbarme dich
unser.
Erbarme dich
unseres Strebens,
dass wir
vor dir,
in Liebe und Glauben,
Gerechtigkeit und Demut
dir folgen mögen,
in Selbstzucht und Treue und Mut
und in Stille
dir begegnen.

Gib uns
reinen Geist,
damit wir dich sehen,
demütigen Geist,
damit wir dich hören,
liebenden Geist,
damit wir dir dienen,

gläubigen Geist,
damit wir dich leben.

Du,
den ich nicht kenne,
dem ich doch zugehöre.

Du,
den ich nicht verstehe,
der dennoch mich weihte
meinem Geschick.
Du –

Dag Hammarskjöld

Du

Du öffnest Augen,
wo jetzt noch Blindheit lastet.

Du schaffst Schweigen,
wo jetzt noch Lautstärke erschlägt.

Du begründest Hoffnung,
wo jetzt noch Verzweiflung um sich greift.

Du bahnst den Weg,
wo jetzt noch Enttäuschung lähmt.

Du wendest das Los,
wo jetzt noch Unterdrückung quält.

Du spendest Trost,
wo jetzt noch Trauer schmerzt.

Du heilst Herzen,
wo jetzt noch Wunden offen sind.

Du bringst den Frieden,
wo jetzt noch Zwietracht herrscht.

Du schenkst Versöhnung,
wo jetzt noch Gewalt zuschlägt.

Du kommst zu uns Menschen,
damit wir das Leben in Fülle finden
und in allem dich,
den ewigen Gott!
Paul Weismantel

Du mein Leben

mit jedem Herzschlag
unaustauschbar
unersetzbar

für jedes
empfindende Wesen

bringst Du
einen Stein
ins Rollen

damit wir
als deine Schöpfung
zur wahren Liebe finden
Christian Hies

DU MEINE HOFFNUNG

morgendwindböen streuen
mir feuerfarbene blüten
übers haar

wolkenkratzer polieren
mein antlitz auf
hochglanz
du bringst mir
den duft des frühlings
deine spuren im sand
zeichnet der himmel

ich gotteskind
in stiller erwartung
hoffe auf ein
wunder unter der sonne

du meine hoffnung

reich mir deine hand
als inschrift der liebe
Christian Hies

Du Wasser des ewigen Lebens

Sprudle in mir
wie eine erfrischende Quelle

die das Leuchten
meiner Augen
sonnenklar macht

Du Wasser
des ewigen Lebens

stille meinen Durst
Christan Hies

Du meine Frühlingssonne

Du hast mir Hoffnung
ins Herz gelegt

jetzt lebe ich auf
beschenkt mit Deinen
strahlenden Blicken
und tanze
voller Freude
im Spiegel der Zeit
Christian Hies

Du bist die Antwort nicht

Du bist die Antwort nicht
auf unsere Fragen, Gott,
du bist kein Trost,
wenn wir nicht weiterkönnen
und an die Mauern
unseres Daseins stoßen.
Auch keine Zuflucht bist du
für unsere Unwissenheit,
du bist kein Lückenbüßer,
du bist für uns kein Weg
zu irgendeinem Glück
und keine Quelle guten Lebens.

Du bist kein Grundsatz, Gott,
du bist uns kein Gesetz,
du mutest uns nichts zu,
du weißt nicht alles,
du bist nicht makellos,
nicht unbescholten,
du bist du selbst nicht,
du wehrst dich nicht.
Du lässt die Dinge laufen,
dahinleben lässt du uns,
du bist nicht hier,
nicht dort, nicht überall,
du bist nicht alles, Gott,
du sagst so wenig.
Huub Oosterhuis

Du –
keine der Antworten,
die wir uns selbst geben könnten,
Du –
keine der Erfindungen,
auf die wir noch kommen müssten.
Du –
keiner der Wege,
in die der Fortschritt mündet.
Du –
keine der Befreiungen,
die wir uns eigenhändig verschaffen könnten.
Du Kind,
das der Vater uns erfunden hat
als Antwort, als Weg,
als Befreiung.
Bernhard Meuser

Du bist das Lächeln
in den Tränen der Trauer.
Du bist die Wehmut
im Eis der Gefühle.
Du bist die Wiederkehr
im Schmerz des Abschieds.
Du bist die Heimat
im Treiben der Fremde.
Du bist die Herrlichkeit
im Grauen der Verwüstung.

Bernhard Meuser

Du, o Gott, der uns mit Seiner Liebe zuvorgekommen ist – ach, wir reden davon wie von etwas Vergangenem, als ob Du uns nur ein einziges Mal mit Deiner Liebe zuvorgekommen wärest! – und Du tust es doch stets, viele Male, jeden Tag, unser ganzes Leben hindurch, immer kommst Du uns mit Deiner Liebe zuvor!
Wenn wir am Morgen erwachen und dann unsere Gedanken Dir zuwenden – Du warst schon da, Du bist uns mit Deiner Liebe zuvorgekommen! Wenn ich beim Morgengrauen aufstehe und im gleichen Augenblick meine Gedanken betend Dir zuwende – Du bist mir zuvorgekommen, Du hast mich schon früher geliebt! Wenn ich meinen Sinn der Zerstreuung entreiße und an Dich denke, so bist Du mir schon zuvorgekommen!
Und so ist es immer. – Und dann reden wir undankbar, als ob es nur ein einziges Mal geschehen wäre, dass Du uns so mit Deiner Liebe zuvorgekommen bist!

Sören Kierkegaard

Gott – Du in mir und ich in Dir

Zigeunergebet

Gott, und bist du nichts
als ein Loch
dann lass mich
durch, verflucht!

Gott, und bist du nichts
als ein Brot
dann komm in
meinen Bauch

Gott, und bist du nichts
als ein Schluck
dann fließ durch
meinen Hals

Gott, und bist du nichts
als ein Licht
dann mach mich
an, verflucht!

Wolf Biermann

Der Psalm vom Gottsucher

Gott, ich suche Dich.
Ich machte mich auf, Dich zu suchen.
Aber ich fand Dich nicht.

Ich suchte Dich auf belebten Plätzen und Märkten.
Und dachte Dich dort zu finden.

Da mir gesagt wurde, Du seiest der Lebendige.
Also muss ich Dich doch finden, wo das Leben pulsiert.
Aber ich fand Dich nicht.
Du warst unauffindbar.

So suchte ich dich auf den Straßen.
Wo die Menschen unterwegs waren von hier nach dort.
Hier dachte ich dich zu finden.
Da mir gesagt wurde, Du seiest ein Gott, der unterwegs ist –
Mit und zu den Menschen.
Aber meine Hoffnungen wurden enttäuscht.
Du warst gerade nicht unterwegs.

Also suchte ich Dich in einsamen Gegenden.
Weit weg von Menschen und Lärm.
Hoffend, Dich wenigstens hier zu finden.
Da mir gesagt wurde, Du seiest ein Freund der Stille und Ruhe.
Aber ich fand Dich nicht.

Traurig und erfolglos kehrte ich zurück.
Und als ich bei mir ankam, warst Du bereits da.
Elke Uhl

Herr, beruhige die Wogen in dieser Brust, besänftige die Stürme! Sei ruhig, meine Seele, damit Gott in dir wirken kann! Sei ruhig, meine Seele, damit Gott in dir weilen, Sein Friede dich überschatten kann! – Ja, Vater im Himmel, oft genug haben wir erfahren, dass die Welt uns den Frieden nicht geben kann; oh, so lass uns fühlen, dass Du den Frieden geben kannst; lass uns erkennen, dass die Verheißung zutrifft: dass nichts in der Welt imstande ist, Deinen Frieden von uns zu nehmen.
Sören Kierkegaard

Herr, wenn du anklopfst bei mir,
dann rechne damit:
Ich werde nicht zu Hause sein.
Mach Dich darauf gefasst,
dass Du einen anderen antriffst,
einen, der nicht ich bin:
meinen Stellvertreter vielleicht,
– eine flüchtige Kopie –
jedenfalls nicht das Original,
jedenfalls nicht mich.
Bernhard Meuser

Gott,
ich suchte mich
und fand meine Abgründe.
Da ließ ich mich gehen.
Gott,
Du suchtest mich
und fandst meine Abgründe.
Da klopftest Du an
und wolltest darin wohnen.
Warum ließ ich Dich gehen?
Bernhard Meuser

Keine Sekunde, o Gott,
gibt es in meinem Leben,
in der Du mir nicht näher gewesen wärest,
als ich mir selber bin.
Denn ich bin oft in der Fremde,
bin fern von Dir und mir.
Lass mich heimkehren in den Punkt,
an dem alles zusammenfällt.
Lass mich wohnen bei Dir,
der Du wohnst in mir.
Bernhard Meuser

Gott,
ich will Dir
Stille halten,
dass Du auf den Grund meiner Seele
Dein Bild malen kannst
in größter Ruhe.
Dass Du Zeit findest,
mich zu beschenken
mit den unauslöschlichen Zeichen
Deines Daseins.
Bernhard Meuser

Die Seele in uns
ist oft ein Hügel,
manchmal ein Berg
und meistens ein Tal.
Aber in allen Höhenunterschieden
bewohnst du sie,
als käme es dir
auf dieses Gefälle an,
das uns zu schaffen macht.
Gottfried Bachl

Befreiende Selbsterkenntnis

Der erste Schritt
Dir Gott zu begegnen
ereignet sich in meiner Selbsterkenntnis

Der Gedanke ewig hinter
meinen Möglichkeiten zu bleiben
die mir zur Menschwerdung gegeben sind
macht mich unruhig

Ich verstecke mich vor mir
Selbsterkenntnis wird zum Labyrinth ohne Ausgang
schwer fällt es mir der Wahrheit ins Gesicht zu schauen
die Angst vor Veränderung ist zu groß
ich verstricke mich in Ausreden
die längst nicht mehr stichhaltig sind

Wer bemerkt seine eigenen Fehler
sprich Du mich frei von Schuld
die mir nicht bewusst ist

Durch Menschen
die an mich glauben
die mir mit Wohlwollen begegnen
und in mir die beharrliche Geduld wecken
um mir und meiner Verwandlung
nicht zu sehr im Wege zu stehen
durch Dich
die versöhnende Kraft in meinem Leben
Nach Psalm 19,13
Pierre Stutz

du
von erzengeln
umgebener
umgibst mich
wie die vier wände
meines zimmers

du bist da
und ich

komm
in mir wohnen

dreieiniger
dass ich eins werde
eins mit dir

lehre mich erkennen
wie du
wohnst in denen
die mit mir wohnen

in allen gläubigen
lehre mich
ehren
deine gegenwart
Rudolf Bohren

Grosser Gott klein

grosser gott:
uns näher
als haut
oder halsschlagader
kleiner
als herzmuskel
zwerchfell oft:
zu nahe
zu klein –
wozu
dich suchen?

wir:
deine verstecke
Kurt Marti

Du in mir und ich in Dir

Näher als ich mir nahe bin
bist DU
Du in mir

Lock mich in mich hinein
Sammle mich in meiner Tiefe
Lass mich nicht fortgehen von mir
damit ich Dich finde in mir
und mich in Dir

Anton Rotzetter

Ich wende meine Augen nach innen

Du
Tiefe und Abgrund

Ich wende meine Augen nach innen
um Dich zu suchen in mir
Ich lausche in mich hinein
um Deine Stimme zu hören in mir
Ich sammle mich um meine Mitte
um Dich anzubeten in mir

Du
Tiefe und Abgrund
in mir

Anton Rotzetter

Gott, der ist

Gott, der ist, wo du bist,
gebe dir die Kraft zum Leben,
die Zeit zum Staunen
und ein Herz für die Menschen.

Gott, der ist, wo du bist,
segne dich mit guten Gedanken,
mit tröstlichen Worten
und in all deinen Werken.

Gott, der ist, wo du bist,
gebe dir Hoffnung und Zukunft,
segne dich mit Glück und Freude,
erhalte dir das Vertrauen und den Mut.

Gott, der ist, wo du bist,
erhalte dir die Treue deiner Freunde,
dich in den Gefahren dieser Zeit
und in deiner Liebe lebendig.
Paul Weismantel

Gebet

Was können wir anders, Herr,
als dich zulassen.
Dich in unser Herz,
dich in unsere Worte,
dich in unsere Hände.

Was können wir anders, Herr,
als uns loslassen.
Uns in dein Herz,

uns in deine Worte,
uns in deine Hände.

Was wollen wir anders, Herr,
als tief eins werden.
Eins mit dem Quell,
eins mit unserem Ursprung,
eins mit unserer Zukunft.

Was wollen wir anders, Herr,
als ganz neu werden.
Neu aus dem Quell,
neu aus unserem Ursprung,
neu aus unserer Zukunft.

Alois Albrecht

Wieder und wieder
nimmst Du mich an der Hand
führst mich an einen anderen Ort
in mir selbst,
in Dir
und lässt mich dort zurück.

Wieder und wieder
ziehst Du mich hinaus
aus mir,
aus Dir?
und lässt mich liegen,
ganz außer mir, im Freien.

Wieder und wieder ziehe ich mich zurück
ins Planhaus meiner Gewohnheit
und vergesse
Deine Außergewöhnlichkeit
in mir.

Andreas Schreib

Deine Ruhe

herr ich merke wie du mir nahe trittst
wie du mit deiner ruhe zu mir kommst
du guter freund
du zeigst mir wieder
was wirklich wichtig ist

ich ruhe mich aus
und kann all die kleinigkeiten vergessen
die in deiner abwesenheit
immer zu groß werden

das erlebnis dieser stunde
eine kostbarkeit
in meinen vergänglichen händen

du trittst ein durch das gefühl
durch den verstand
und durch den geist
überall bist du mit deiner beruhigenden sanftmut
selbst uns gegenüber noch demütig
und zögernd
weil du unsere freiheit respektierst
und eingeladen werden willst
dich nicht aufdrängst
mehr als alle worte
mehr als jede möglichkeit des ausdrucks:
deine nähe
deine hand
deine augen die uns leiten

Ulrich Schaffer

Manchmal
bin ich verschlossen
Zu
Verriegelt ist die Tür
nach Innen
Dorthin
wo Du wohnst
komme ich nicht
Selbst das Warten
gelingt nicht
Unruhe
treibt mich aus mir hinaus
Wohin?

Berührt der Tau Deiner Gegenwart
meinen Geist
finde ich – endlich
zu mir
zu Dir
Theresia Hauser

Du, o Gott, bist die Wahrheit und das Urbild. Und jene Kraft des Samens, welche verschränkt ist, ist die Kraft der Natur der Eigengestalt, welche zur Eigengestalt verschränkt ist und ihr gleichsam als verschränkter Ursprung innewohnt. Aber DU, mein Gott, bist die absolute Kraft und darum die Natur aller Naturen. Mein Gott, Du hast mich dahin geführt zu sehen, dass Dein absolutes Aussehen das natürliche Aussehen jeder Natur ist; dass es das Angesicht ist, das die absolute Seiendheit jedes Seins ist; dass es die Kunst und Wissenschaft alles Wissbaren ist. Wem es also vergönnt ist, Dein Angesicht zu schauen, sieht alles offen, und nichts bleibt ihm verborgen. Er weiß alles. Alles hat jener, o Herr, der Dich hat, und alles hat der, der Dich sieht. Denn niemand sieht Dich als nur derjenige, der Dich besitzt; niemand vermag sich Dir zu nahen, da Du unnahbar

bist. Niemand also wird Dich erfassen, außer Du schenkst Dich ihm.
Wie aber habe ich Dich, o Herr, der ich nicht wert bin, vor Deinem Angesicht zu erscheinen? Wie gelangt mein Gebet zu Dir, der Du auf keine Weise erreichbar bist? Wie soll ich Dich bitten? Denn was ist sinnloser, als zu bitten, Du mögest Dich mir schenken, da Du doch alles in allem bist. Und wie wirst Du Dich mir geben, wenn Du mir nicht zugleich Himmel und Erde gibst und alles, was in ihnen ist? Ja, noch mehr: wie wirst Du Dich mir geben, wenn Du mich nicht mir selbst gibst? Und wenn ich so im Schweigen der Betrachtung verstumme, antwortest Du mir, Herr, tief in meinem Herzen und sagst: Sei du dein und ich werde dein sein.
O Herr, Du Wonne aller Süßigkeit, Du hast es in meine Freiheit gelegt, dass ich mein sein kann, wenn ich es nur will. Gehöre ich darum nicht mir selbst, so gehörst du auch nicht mir. Du machst die Freiheit notwendig, da Du nicht mein sein kannst, wenn ich nicht mein bin. Und weil Du das in meine freie Entscheidung gelegt hast, zwingst Du mich nicht, sondern erwartest, dass ich mein eigenes Sein erwähle. Es steht also bei mir und nicht bei Dir, Herr, der Du Deine übergroße Güte nicht einschränkst, sondern reichlich ausgießt in alle, die aufnehmen können. Du aber, o Herr, bist Deine Güte.
Wie aber soll ich mir selbst gehören, wenn nicht Du, Herr, es mich lehrst? Du lehrst mich, dass der Sinn dem Verstand gehorchen und der Verstand herrschen soll. Wenn also die Sinnlichkeit dem Verstand dient, dann gehöre ich mir selbst. Der Verstand aber hat nichts, das ihn leitet, es sei denn Dich, o Herr, der Du das Wort und der Verstand des Verstandes bist.
Daraus ersehe ich nun, dass ich, wenn ich Dein Wort, das unaufhörlich in mir spricht und ständig in meinem Verstand leuchtet, höre, mir selbst als Freier und nicht als Sklave der Sünde gehöre. Und Du wirst mein sein und mich Dein Angesicht schauen lassen. Dann werde ich gerettet sein.
Sei darum gepriesen, o Gott, in Deinen Gaben, der Du allein mächtig bist, meine Seele zu trösten und aufzurichten, sodass sie hofft,

Dich zu erreichen und sich Deiner als des ihr bestimmten Geschenkes und des unendlichen Schatzes allen dessen, was wir nur ersehnen können, lebendig zu erfreuen.

Nikolaus von Kues (1401–1464)

Beheimatet in Deinem Geheimnis, Gott

Geheimnis
über uns
über allem, was oben ist
größer als der größte Mensch
die mächtigste Macht
Herr, erbarme dich

Geheimnis
unter uns
unter allem, was unten ist
kleiner als der kleinste Mensch
die ohnmächtigste Ohnmacht
Christ, erbarme dich

Geheimnis
nah' bei uns
nah' bei allem, was nahe ist
näher als der nächste Mensch
die wirklichste Wirklichkeit
Herr, erbarme dich

Lothar Zenetti

Ewiges Geheimnis

Ewiges Geheimnis, du bist verborgen und
unergründlich
unsichtbar und dennoch vernehmbar
im Herzen eines jeden Menschen.

Ewiges Geheimnis, du bist so nahe und unerreichbar,
unfassbar und zugleich sichtbar
in der Liebe zweier Menschen.

Ewiges Geheimnis,
du bist so wirksam und übersehbar
unscheinbar und dennoch erfahrbar
als Zeichen der Hoffnung unter den Menschen.

Ewiges Geheimnis,
du bist so wunderbar und verwundbar
unbeirrbar und unendlich treu
wie ein guter Freund für die Menschen.

Ewiges Geheimnis
göttlicher Liebe
Gott und Mensch:
Jesus Christus
Paul Weismantel

Grund meiner Hoffnung

Du Gott
bist der Grund meiner Hoffnung
Du lebst als tiefes Geheimnis in mir

Kommen auch Tage des Zweifels
der Ungewissheit

wo vieles wie eine große Lebenslüge erscheint
so versuche ich vertrauensvoll zu Grunde zu gehen

Weil Du
mich durch diese Verunsicherung
zur Quelle des Lebens führen wirst
damit in mir auch Schwäche und Ohnmacht leben darf

So wird mir nichts mehr fehlen
und ich finde neue Geborgenheit in Dir
Nach Psalm 23,1
Pierre Stutz

Gottes Heiligkeit

Du bist der Heilige, o Gott. Du bist das lebendige Geheimnis. Alles hast Du erschaffen und alle Dinge erfüllest Du. Alle Gestalten sind Gleichnisse Deiner Herrlichkeit, und was überall Sinn und Wert hat, hat ihn als wie einen Abglanz Deines Lichtes. So bist Du der wahrhaft Gegenwärtige und Offenbare. Und dennoch bist Du verhüllt, denn unser Blick ist gehalten und unser Herz verwirrt. Du entschwindest unseren Augen, und Dein Licht wird zur Unzugänglichkeit, in die wir nicht eintreten können, Du entziehst Dich unseren Gedanken, und zu allem, was wir von Dir sagen mögen, sprichst Du: Das bin ich nicht.
Aber wir ahnen Dich überall, o Herr. In Dir ist die Antwort auf alle Fragen. Du bist uns vertrauter als der nächste Mensch. Und wenn Du das Herz berührst, weiß es: wahrhaft wissen kann es nur um Dich.
Du bist der Heilige, o Gott, Reinheit, und Gutheit, und Gerechtigkeit, und Adel sind Namen, die in Dein Wesen deuten. Nichts Unlauteres kommt in Deine Nähe. Auf das Böse antwortet Dein Zorn, und es ist ein Geheimnis Deiner Großmut, dass die böse Tat den, der sie vollbringt, nicht vernichtet.

Wenn ich Deine Heiligkeit empfinde, muss ich wie Petrus sprechen: »Herr, geh weg von mir, denn ich bin ein sündiger Mensch.« Sofort aber fügt mein Herz hinzu: Tu es nicht, o Herr, denn was sollte aus mir werden, wenn Du weggingest? Ich bin Deiner Nähe nicht würdig; aber »zu wem sollte ich gehen«, wenn nicht zu Dir? Denn Du bist mein Heil und meine Heimat.
So bitte ich Dich, lehre mich, mit Dir umzugehen. Lehre mich die Ehrfurcht und das Vertrauen, die Reue und die Liebe, die Furcht und das Verlangen. Lehre mich, Dich zu suchen und im Suchen auszuharren – und lass es nicht zu lange währen, o Herr, bis ich Dich finde.
Amen.

Romano Guardini

Geborgen in Deiner Liebe, Gott

Treuer Gott

In ewiger Weisheit
hast du mich nach deinem
Bild geschaffen
und ins Dasein geliebt.

Mit schöpferischer Liebe
hast du mir deine Züge
ins Herz geschrieben.

Mit größter Sorgfalt
hast du auf mich geachtet
und immer treu
zu mir gehalten.

In unbeschreiblicher Geduld
hast du mir mein Versagen
verziehen
und mir die Schuld vergeben.

Mit göttlicher Sehnsucht hast
du nach mir verlangt
und einen Bund geschlossen.

Mit staunendem Herzen
stehe ich vor dir
und sage dir
meinen innigsten Dank,
du treuer Gott.
Paul Weismantel

WESSOBRUNNER GEBET

Das erfragte ich unter den Sterblichen
als der Wunder Größtes,
dass die Erde nicht war, noch oben der Himmel,
noch ein Baum, noch ein Berg nicht war,
noch irgend etwas, noch die Sonne schien,
noch der Mond leuchtete, noch das Meer war.
Als da nichts war an Enden und Wenden,
da war der eine allmächtige Gott,
der mildeste aller Männer.
Und da waren mit ihm viele göttliche Geister,
und der heilige Gott…

Allmächtiger Gott, der du Himmel und Erde geschaffen
und der du den Menschen so viel Gutes gegeben hast,
verleihe mir in deiner Gnade den rechten Glauben
und guten Willen, Weisheit und Klugheit und Kraft,

den Teufeln zu widerstehen, das Böse zu meiden
und deinen Willen zu vollbringen.
entstanden um 800

Und staunend fasse ich,
dass Du allezeit mein Alles sein willst
dass Du in mir bist,
selbst wenn ich nicht in mir bin
dass du gar nicht fern von mir sein kannst.

Gott, Du gibst mir Kraft,
Du verstößt mich nicht.
Du kommst, um bei mir zu sein.
Ich bin offen für Dein Kommen, für Deine Gegenwart.

Du umfängst mich,
umhüllst mich,
birgst mich in deinen Händen.

Du bist das Leben,
bei Dir ist die Fülle,
bei Dir ist die Ewigkeit.

Amen
Kathrin Karban

Am Ufer des Meeres
streift mein leuchtender Blick
den Horizont

und durch Deine unendliche Liebe
weitest Du mein Herz

zu einem Leben
in Fülle
Christian Hies

Deinem Wort vertrauen

Jeden Tag
kann ich deine Liebe
zur Sprache bringen
die Wirklichkeit
deines göttlichen Du

mit den Augen
meines Herzens sehen

voller Freude über den Segen
deines strahlenden Lichts:

Deinem Wort vertrauen
Christian Hies

Geborgenheit bei Gott

Heitere Strahlen sind dein Wesen,
Herr, wie die Sonne,
wenn der Tag anbricht
und in deinen Augen leuchtet,
was du uns versprichst:
Geborgenheit bei Dir.
Christian Hies

Ich
lege
meine
Hände
in Deine Hände,
dass
Deine Hände
meine Hände
bergen.
Bernhard Meuser

Mein Himmel, Gott,
ist Deine Hand.
Sie schützt mich vor allem –
sogar vor mir selbst.
Sie birgt mich in allem –
sogar im Tod.
Sie trägt mich über alles –
sogar zu Dir.
Mein Himmel, Gott,
ist Deine Hand.
Bernhard Meuser

Gabe und Geber zugleich bist du, mein Gott.

Du schenkst und bist
Geschenk für alle,
die bereit sind,
zu empfangen.

Du zeigst dich
und gibst Zeichen,
damit wir Menschen
diese erkennen und
deuten als eine Botschaft
von dir.

Du liebst und
bist selbst die
Liebe in Person
für alle, die sich
davon beschenken
lassen.

Du Gott des Lebens,
der Anfänge und
der Aufbrüche.
Du Gott des Schweigens,
der Worte und der
Tiefe.

Du Gott des Lebens,
der Hoffnung
und der
immer neu
sich mitteilenden
Gnade.

Du, mein Erbarmen.
Du, mein Heil.
Du, meine Rettung.
Du, meine Hoffnung.
Du, mein Vertrauen.
Du, mein Segen.
Du, mein Friede.
Du, meine Seligkeit.
Paul Weismantel

Ansehen

Gott,
lass Dein Angesicht über uns leuchten!
Wie oft habe ich schon mit anderen so zu Dir gerufen.

Was wäre unser Leben,
würdest Du nicht auf uns schauen.
Wir hätten am Ende kein Ansehen,
würdest Du uns nicht ansehen.

Du hast angesehen Deine niedrige Magd,
so freut sich Maria, die Deine Mutter wurde.

Du hast ein Auge für uns Menschen.
Wo Du hinschaust,
wird Leben.
Wo Du hinblickst,
wächst Würde.
Auf wen Du schaust,
ist gut unterwegs in seinem Leben.
Dein Ansehen ist Gnade.
In dem Blick, den Du uns zuwirfst,
gibst Du Dich selbst an uns.

Gott,
lass Dein Angesicht über mir leuchten
und sei mir gnädig.
Paul M. Zulehner

Gott, Du bist da

Ungenügen

Gott
Allein Dir kann mein
Über-mich-selbst-hinaus-Wollen
gelten
Auf wen sonst
verwiese mich mein Herz
von Sehnsucht heimgesucht

Was wir lieben lernten
kann uns nie voll genügen
den Durst nicht stillen
der in uns brennt

Du hast uns ein Herz gegeben
das zur Ruhe kommt
nur durch Dich selbst
Theresia Hauser

Trockenzeit

Du verbirgst Dich
Zu lange, Herr
Wirst fremd
meinem Herzen
Ich irre umher

Doch immer
die Sehnsucht
der verborgene Strom
zu Dir hin

Dass er in Trockenzeiten
nicht gänzlich versiegt
Achte darauf

Sandig und steinig gewordene
Bäche im Südland
Du füllst sie mit Wasser

Gib auch mir
wieder Leben
Theresia Hauser

Einfach so

Sprachlos
schweige ich mich
an dich heran,

suche nach Worten,
die das sagen,
was mich bewegt

und entdecke dein Wort
zwischen meinen Zeilen.

Danke Gott,
für die Stille,
in der wir uns verstehen …
Peter Schott

Aus dem Dunkel ins Licht

Gott, du willst sie neu wecken,
die Sehnsucht in uns, wenn wir
sie haben einschlafen lassen
und zugedeckt mit den
Billigangeboten unserer Zeit.

Gott, du willst sie neu schaffen,
die Freude in uns, wenn wir sie
vernachlässigt und eingefroren
haben in der Kälte unserer
Tagesordnungen.

Gott, du willst sie neu beleben,
die Hoffnung in uns, wenn wir ihr
gekündigt und gemeint haben,
wir könnten auch ohne sie ganz
gut zurechtkommen.

Gott, du willst es ergreifen,
das müde Herz in uns, damit wir
es in deine Hände legen und du
uns führen kannst aus dem Dunkel
in dein wunderbares Licht.
Paul Weismantel

wie die vier himmelsrichtungen
umgibst du mich

von allen seiten
umgibst du mich

du umgibst mich
wie die vier wände
meines zimmers

so rede dass ich dich höre
sprich dass ich dich sehe

kein glück
hab ich
außer dir

Rudolf Bohren

Ohne dich
bleibt Freundschaft ungedeutet,
Trauer unerträglich,
Lachen höhnisch,
Erfolg erfolglos.
Ohne dich
bleibt alles zufällig.
Ohne dich
bleiben die Wörter leer
und die Fragen verzweifelt.
Ohne dich
taugen die Werkzeuge nichts.
Ohne dich
beten wir nur uns selber an.

Bernhard Lang

Superlativ

Gott
im Zeitalter der Superlative
bist du
die superlative Frage
und wir
mit unserer mittelmäßigen Hoffnung
mit unserem minimalen Glauben
haben keine Chance
ohne deine
superlative Liebe
Iris Mandl-Schmidt

Wir haben manchmal Gedanken,
die dich nicht mögen, Gott,
weil du nicht hörbar redest,
wie die Mutter redet,
weil du alles passieren lässt,
weil du ein Zuschauer bist,
weil du den Tod erfunden hast,
weil wir niemand anderen haben,
dem wir das sagen können,
nur dich.
Gottfried Bachl

Vater im Himmel! Auf viel Arten sprichst Du zu dem Menschen. Du, dem allein Weisheit und Verstand gehören, Du willst Dich doch ihm verständlich machen. Ach, und auch wenn Du schweigst, sprichst Du ja doch noch mit ihm; denn auch der redet, der schweigt, um den Geliebten zu prüfen; auch der redet, der schweigt, damit die Stunde des Verstehens, wenn sie kommt, desto inniger werde.

Vater im Himmel! Ist es nicht so?
Oh, in der Zeit des Schweigens, wenn der Mensch allein und verlassen dasteht; wenn er Deine Stimme nicht hört, wenn es den Anschein hat, als sollte er für immer von Dir getrennt sein … Oh, in der Zeit des Schweigens, wenn der Mensch in der Wüste verschmachtet, weil er Deine Stimme nicht hört, da ist es ihm wohl so, als sei er ganz ausgelöscht.
Vater im Himmel! Das ist ja doch nur ein Augenblick des Schweigens im innigen Gespräch. So lass auch dieses Schweigen gesegnet sein, wie jedes Wort, das Du dem Menschen sagst! Lass ihn nie vergessen, dass Du auch redest, wenn Du schweigst! Schenke ihm den Trost, dass Du aus Liebe schweigst, wie Du aus Liebe redest; dass Du, ob Du nun schweigst oder redest, doch der gleiche Vater bist; und dass Du ihn mit der gleichen Vatergüte durch Deine Stimme leitest oder durch Dein Schweigen belehrst!
Sören Kierkegaard

Du, Herr,
bist das große Schweigen,
Du bist so still, dass ich mich erst daran gewöhnen muss,
weil es so laut ist um mich herum und in mir.
Wenn ich aber aufmerksam geworden bin,
dann spüre ich Deinen Atem aus Ruhe,
er glättet die Wogen meiner Unrast
und bietet einen Schutzwall gegen den anbrandenden Lärm.
Allmählich werden die Abgründe der Zerrissenheit überbrückt
und ich werde umfangen von heilenden Strömen.
Behutsam schaffst Du das Versehrte um
und ordnest das Verworrene.
Ich sehne mich nach einem neuen Ohr für Dein geheimes Wort,
damit ich in den Kraftbereich Deines Schweigens gezogen werde.
Voller Staunen entdecke ich in mir unbekannte Zonen,
es gibt noch Tiefen in meinem Innern, die mir unzugänglich
sind.

Hol mich heim in das Reich Deines Schweigens,
lass mich die Botschaft Deiner Stille hören,
Du süßer Abgrund des Lichts.

Otto Betz

Du sprichst zu uns in allen Dingen. Wir wollen immer nur unsere eigenen Reden hören. Selbst wenn wir dich zu hören versuchen, fangen wir selbst an zu reden. Lehre uns, dich zu hören. Lehre uns, deine einfachen Worte zu hören. Zeig dich in der Freude und in der Bedrückung, in der Mühe und in der Leichtigkeit, in der Überraschung und im lange Vorausgeplanten. Nicht an den Dingen vorbei komm zu uns, sondern sprich zu uns in allen Dingen.
Antworte uns. Zeig uns, dass du immer schon dabei bist, uns zu antworten. Zeig uns, dass wir in allem von dir umfangen sind und dass es in der Welt nichts gibt, vor dem wir angesichts deiner Angst haben müssten.

Norbert Lohfink

Wir danken Dir, Herr, dass Du kein stummer Gott bist, sondern mit uns redest. Wir danken Dir, dass Du kein verborgener Gott bist, sondern als ein Mensch unter Menschen bei uns warst und bei uns bleiben willst. Wir danken Dir, dass Du kein tauber Gott bist, sondern von uns hören willst, was uns Freude und was uns Kummer macht, was uns begeistert und was uns empört, was wir uns wünschen und wovor wir uns fürchten. Wir bitten Dich: Gib uns den Geist, der alles neu macht, damit wir lernen, neu zu hören, was Dein Wort uns zu sagen hat; und neu zu sehen, was wir zu tun haben; und aufs Neue vor Dich zu bringen, was uns bewegt…
Herr, Du hast uns gehört. Nun rede mit uns. Amen.

Eberhard Jüngel

Dich loben im Abfall

Gott, der du sprichst in vielerlei Sprachen,
lehre mich dein Esperanto.
Der du einlädst, deine Vorstellungen zu besuchen,
verschaffe mir eine Platzkarte.
Der du die Zeitungen voll schreibst täglich,
verrate mir dein Alphabet.
Der du immer neue Anschläge ersinnst,
mache mich zu deiner Plakatwand.
Der du schreien lässt deine Leuchtreklamen,
lass mich aufmerken im Dunkel.
Der du fliehst aus den Kirchen,
stärke meine Hartnäckigkeit, dich einzuholen.
Der du dich hinter Masken versteckst,
lass mich deinen Karneval nicht verachten.
Der du ankommst auf den Bahnsteigen,
zeige mir deinen Fahrplan.
Der du dich zählen lässt im Portemonnaie,
korrigiere meine Berechnungen.
Der du dich aufhältst an den Grenzen,
bringe meinen Pass in Ordnung.
Der du lachst hinter den Fernsehschirmen,
mache lächerlich meine Melancholie.
Der du die Müllkübel durchwühlst, Gott,
verschließe meinen Mund nicht, dich zu
loben im Abfall.

Rudolf Otto Wiemer

Gott, da bin ich! Wo bist du?
Du bist, wo ich bin? Sagst du.
Ich will darauf vertrauen.
Und darum sage ich:
Da bin ich mit meinen Freuden.

Da bin ich mit meinen engen Grenzen.
Da bin ich mit den Menschen, die mir lieb sind.
Da bin ich mit den Menschen, die für mich so schwierig sind.
Da bin ich mit allem, was mich bewegt.
Da bin ich – mit dir.
Öffne meine Augen dafür, dass du in allem bist.
Wandle mein Leben durch deinen Geist,
damit ich in dir leben und atmen und lieben kann.
Amen.
Willi Lambert SJ

lebendiger gott
wir danken dir
dass wir sehen
wie lebendig das leben ist
das leben
an dem wir ablesen können
wie lebendig du bist
du der du verborgen bist
hinter dem was du gemacht hast
wir danken dir
lebendiger gott
dass du in immer neuen verwandlungen
das leben immer neu erblühen lässt
auf unserer erde
die sich mit uns dreht
auf der wir uns dem licht entgegen drehen
auf der du uns für stunden
in den schatten stellst
zum ausruhen und schlafen
in der nacht
wir danken dir
lebendiger gott
für unsere träume

die uns mehr tragen
als alles was fest ist
und wieder zerfällt
wir danken dir für alle hoffnungen
Wilhelm Willms

Das Schattengebet

Du Gott des Lichtes.
Der du Licht und Schatten kennst.
Höre des Schattens Stimme.

Schuld.
Flüstert der Erste.
Ich bin die Schuld.
Ungesühnt, unversöhnt, unbekannt, unerkannt, unbereut.
Ich bin schuldig – geworden, gewesen, gemacht an dir, an mir, am Leben, am Tod.

Angst.
Gesteht der Zweite.
Ich bin die Angst.
Verborgen, verdrängt, unterdrückt, unterdrückend, sich schämend, beschämt.
Ich bin ängstlich vor dem Leben, vor dem Tod, Leben verhindernd, lebenshinderlich.

Not.
Spricht betrübt der Dritte.
Ich bin die Not.
Menschen oft näher als das täglich' Brot. Mit vielen Gesichtern: Erdbeben, kriegerische Auseinandersetzungen, Slums, Obdachlosigkeit, Arbeitslosigkeit.
Bin ungeachtet, verächtlich betrachtet.

Einsamkeit.
Meldet sich der Vierte.
Ich bin die Einsamkeit.
Krank, alt, ungeliebt geworden.
Ich lebe am Rand und führe dort hin. An den Rand der Gesellschaft und des Lebens.

Hass.
Wütet der Fünfte.
Ich bin der Hass.
Wütend, die Liebe störend, zerstörend, selbstzerstörend.
Mir selbst verhasst.

Gefangen.
Gibt der Sechste zu.
Ich bin gefangen.
Hinter Schloss und Riegel, verschlossen, gebunden, festgebunden, festgelegt.
Ich bin ein Gefangener meiner Worte, Taten, Gedanken, Gefühle, Rechte und Pflichten, Aufgaben.
Bin aufgegeben.

Tod.
Sagt der Letzte selbstbewusst.
Ich bin der Tod.
Verunsichernd, erschreckend, nehmend, einnehmend, gewiss, unausweichlich, ehrlich, ungerecht.

Ich komme zu früh, zeitig.
Ich bin das Letzte, der Letzte, das Ende oder …

Gott, lass uns heraustreten aus den Schatten in Dein Licht, das
der Schuld Deine Vergebung, Deine Barmherzigkeit,
der Angst Deine Nähe, Dein Dasein,
der Not helfende Menschen,
der Einsamkeit Gemeinschaft mit Dir,
dem Hass Deine verwandelnde Liebe,
dem Gefangenen Dein befreiendes, freisprechendes Wort,
dem Tod den Anfang des Lebens in und mit Dir
verspricht.
Elke Uhl

Jedes Mal, wenn du uns rufen hörst:
»Erhöre uns, o Herr!«,
deute es gütigst,
dass wir dir sagen wollen:
Öffne unsere Ohren,
damit wir deine Stimme hören.
Öffne unsere Augen,
damit wir dich überall sehen.
Öffne unsere Lippen,
damit wir dein Lob verkünden.
Bernhard Häring

Herr, ich habe Schulden bei Dir.
Gratis erhielt ich das Leben,
gratis die Freiheit,
gratis die Sonne und den Regen,
gratis die Freunde,
gratis die Luft zum Atmen.
Und wenn Du die Rechnung machst,

schulde ich Dir dafür nicht mehr
als ein Lächeln, ein fühlendes Herz
und das kleine Wort »danke«.

Bernhard Meuser

Empfänger unbekannt – *Retour à l'expéditeur*

Vielen Dank für die Wolken.
Vielen Dank für das Wohltemperierte Klavier
und, warum nicht, für die warmen Winterstiefel.
Vielen Dank für mein sonderbares Gehirn
und für allerhand andre verborgne Organe,
für die Luft, und natürlich für den Bordeaux.
Herzlichen Dank dafür, dass mir das Feuerzeug nicht ausgeht,
und die Begierde, und das Bedauern, das inständige Bedauern.
Vielen Dank für die vier Jahreszeiten,
für die Zahl e und das Koffein,
und natürlich für die Erdbeeren auf dem Teller,
gemalt von Chardin, sowie für den Schlaf,
für den Schlaf ganz besonders,
und, damit ich es nicht vergesse,
für den Anfang und das Ende
und die paar Minuten dazwischen
inständigen Dank,
meinetwegen für die Wühlmäuse draußen im Garten auch.

Hans Magnus Enzensberger

Litanei von der Herzlichkeit Gottes

Nach dem Zeugnis der Heiligen Schriften ist es der entscheidende, weil rettende »Augen-Blick« für uns Menschen, dass wir »auf den schauen, den sie durchbohrt haben« (vgl. Sach 12,10 und Joh 19,37). Ihn also gilt es ins Auge zu fassen und in den Blick des Glaubens zu nehmen, damit sich seine Herzlichkeit uns »ein-bilde«.
Im gläubigen Hin-Blick auf den für uns durchbohrten Herrn meditiert die Litanei das unauslotbare Geheimnis unserer »herz-lichen« Erlösung:

»Gott hat ein Herz für den Menschen.
Jesus ist dieses Herz« (Gotteslob Nr. 552)

Vorbeter: Jesus
Auf die folgenden Anrufungen antworten alle mit dem Ruf:
Alle: Wir huldigen dir.

Vorbeter: Du Sohn, der am Herzen des Vaters liegt
Du Sohn, der vom Herzen des Vaters kommt
Du Herz des Vaters zu unserer Welt
Du Herz des Vaters zu unserer Not
Du Herz des Vaters zu unserem Leid
Du Herz des Vaters zu unserer Schuld
Du Herz des Vaters zu unserer Misere
Du ganz vom Vater erfülltes Herz
Du ganz zum Vater hin offenes Herz
Du ganz für den Vater durch-lässiges Herz

Du ein-fältiges Herz
Du un-geteiltes Herz
Du menschen-freundliches Herz
Du dien-mutiges Herz
Du mit-fühlendes Herz
Du mit-leidendes Herz
Du weg-geschenktes Herz

Du aus-geliefertes Herz
Du vereinsamtes Herz
Du schutz-loses Herz
Du wehr-loses Herz
Du ent-täuschtes Herz
Du verwundetes Herz
Du ausgeronnenes Herz

Vorbeter: Dein Herzens-Anliegen: der Mensch
Alle: Verwandle uns, Herr!

Vorbeter: Durch dein herzliches Umgehen mit den Menschen
Durch dein herzhaftes Zu-gehen auf die Ungeliebten
Durch dein herzhaftes Stehen zu den Unerwünschten
Durch dein herzhaftes Eintreten für die Mühseligen
Durch dein herzhaftes Ja zu den Unglücklichen
Durch dein herzhaftes Bestehen auf der Treue Gottes
Durch dein herzliches Erbarmen für uns alle

Dem ich als Mensch am Herzen liege
Dem ich als Einzelner (!) am Herzen liege
Dem ich als Versager am Herzen liege
Dem ich als Sünder am Herzen liege
Dem ich als Un-barmherziger am Herzen liege
Dem ich als Eng-herziger am Herzen liege
Dem ich als Freund am Herzen liege

Vorbeter: Brunnen(stube) des Heils
Alle: Erfrische uns, Herr!

Vorbeter: Du für uns alle durchbohrtes Herz
Du entsiegelter Brunnen aller Wasser des Heils
Du Brunnen des Geistes, aus dem wir schöpfen

Du Brunnen des Geistes, aus dem wir trinken
Du Brunnen lebendiger Wasser
Du Jakobsbrunnen des Bades der Taufe
Du Jakobsbrunnen, der unseren Lebensdurst stillt
Du Jakobsbrunnen, an dem sich uns das Heil offenbart
Du hochgezogenes Wehr der Liebe
Du Sturzbach der Liebe aus dem Herzen Gottes
Du Sturzbach der Liebe in unsere Verödung
Du Sturzbach des Erbarmens in unser Unheil
Du Strom, der fortwächst ins ewige Leben

Du verströmst dich für uns in Strömen des Heils
Du verströmst dich für uns in Wasser und Blut
Du verströmst dich für uns im Wasser der Taufe
Du verströmst dich für uns im Kelch (Blut), den (das) wir trinken

Vorbeter: Offene Tür
Alle: Lass uns herein!

Vorbeter: Du für uns eröffnetes Herz
Du offene Tür
Du Tür, die jedermann offen steht
Du Tür, die niemand mehr schließen kann
Du offene Tür, die ins Leben führt
Du offene Tür, die zum Vater führt
Du offene Tür zur Her-berge Gottes
Du offene Tür ins Paradies

Vorbeter: Stätte der Begegnung
Alle: Wir hoffen auf dich!

Vorbeter: Du Ort der Begegnung von Gott und Mensch
Du Ort der Versöhnung von Himmel und Erde
Du Ort der Anbetung des Vaters im Geist
Du Ort, da wir »Abba-Vater« sagen
Du Ort, da wir einstimmen in Gottes Willen
Du Ort, da wir nicht mehr be-greifen wollen
Du Ort, da wir uns endlich er-greifen lassen
Du Ort, da wir Deine Un-begreiflichkeit preisen
Du Ort, da wir verwandelt werden in das Bild des Sohnes
Du Ort der Verwandlung des alten Menschen

Du Zuflucht der Sünder
Du Heimstatt aller Heimat-losen
Du Hoffnung aller Hoffnungs-losen
Du Herberge aller Herbergs-losen
Du Geborgenheit aller Un-geborgenen
Du Sammelpunkt der zerstreuten Kinder Gottes
Du einende Hürde der Herde Gottes
Du Schnittpunkt aller Straßen des Glaubens
Du Bethaus aller Völker der Erde
Du Schatzkammer aller Geheimnisse Gottes
Du Inbild des Mensch gewordenen Gottes
Du Inbild des Menschen nach Gottes Herz
Du ewiger Lieblingsgedanke Gottes
Du Sinngeheimnis der ganzen Schöpfung
Du Anruf zur Heimkehr in die Arme des Vaters

Vorbeter: Um den Preis deines Herzens
Alle: Rette uns, Herr!

Vorbeter: Um den Preis deines blutenden Herzens
Um den Preis deines ent-äußerten Herzens
Um den Preis deines ausgelieferten Herzens

Um den Preis deines weggeschenkten Herzens
Um den Preis deines verschwenderischen Herzens
Um den Preis deines überbordenden Herzens
Um den Preis deines schutz-losen Herzens
Um den Preis deines wehr-losen Herzens
Du herz-licher Herr
Du herr-licher Herr
Du Herz-Mitte des neuen Menschen
Du Herz-Mitte der Neuen Welt Gottes
Du Herz-Mitte der Neuen Schöpfung

Vorbeter: Um ein neues Herz
Alle: Nimm uns, o Herr

Vorbeter: Das alte Herz
Das Herz aus Stein
Das verhärtete Herz
Das herz-lose Herz
Das verschlossene Herz
Das un-barmherzige Herz
Das geteilte Herz
Das zwiespältige Herz
Das Gewohnheits-Herz

Alle: Gib uns, o Herr

Vorbeter: Ein neues Herz
Ein Herz aus Fleisch
Ein offenes Herz
Ein aufgeschlossenes Herz
Ein barmherziges Herz
Ein geduldiges Herz
Ein Herz füreinander

Ein Herz für die andern
Ein Herz gebildet nach deinem Herzen

Diese »Herz-Gottes-Litanei« eignet sich auch für die Herz-Jesu-Freitage.
(Vgl. auch Gertrud von le Fort: Litanei zum Fest des Allerheiligsten Herzens in den »Hymnen an die Kirche«!)
Paul Ringseisen

Jesus Christus – Mensch gewordener Gott

Kommt und seht!
(Joh 1,39)

Herr Jesus Christus, du hast uns die Nähe deines Vaters vermittelt. Mit dir ist das Reich Gottes zu uns gekommen. Es ist schon da, wenn auch noch nicht vollendet.

Als die ersten Jünger dir nachfolgen wollten, fragten sie nicht nach deiner Lehre, sondern: »Meister, wo wohnst du?« Deine Antwort war zugleich eine Einladung: »Kommt und seht!« Dieses Wort gilt auch uns. Wir sollen kommen und sehen, wie du bist, wie du auf die Menschen zugehst, wie du glaubst und betest, wie die Nähe zu dir gesund und heil macht.

Jesus, mein Freund und Bruder, ich will in deiner Nähe wohnen. Ich darf sehen, wie du dich gerade der Kleinen, Schwachen und Benachteiligten angenommen hast. Auch mich führst du heraus aus meiner Verlorenheit, weil dein Wort auch mir gilt: »Nicht die Gesunden brauchen den Arzt, sondern die Kranken.« Von mir nimmst du die Lähmung meiner Glaubensträgheit, wenn du zu mir sprechen kannst: »Steh auf und geh, dein Glaube hat dir geholfen.« Du wirst auch bei mir zu Gast sein, wenn ich bereit bin, mein Leben mehr nach dir auszurichten, weil du auch mir zusagst: »Diesem Hause ist heute Heil widerfahren.« Du öffnest auch mir die Augen zum Sehen des Wichtigen und Entscheidenden, so wie du damals Blinde geheilt hast. Auch mich führst du heraus aus meinen Zukunftsängsten, wenn du zu mir sprichst: »Im Hause meines Vaters gibt es viele Wohnungen.«

Herr Jesus Christus, deine Worte und Taten sind Wegweisung für mich. Ich darf kommen und sehen, was du Großes auch an mir wirken willst. Ich danke dir für die Worte des Lebens. Ich danke dir für das Beispiel deines Dienens, dafür, dass wir einander annehmen sollen, wie du uns angenommen hast. Dank dir für die Vergebung, die du gewährt hast und die wir üben sollen nach deiner Weisung: »Wie ihr einander vergebt, so wird auch euch vergeben werden.« Dank dir, dass ich nicht alleine bin im Tragen der schweren Lasten dieses Lebens. Auch du hast darum gebetet, dass der Kelch des Leidens an dir vorübergehen solle. Doch du hast dein ganzes Leben unter den Willen des Vaters gestellt. Deshalb danke ich besonders für dein Beispiel des Gebetes der Hingabe: »Doch, Vater, nicht mein Wille geschehe, sondern der deine.«

Wenn ich bereit bin, in deine Nähe zu kommen und deine großen Taten zu sehen, dann darf ich Anteil haben an dem, was kein Auge gesehen, was kein Ohr gehört hat und was in keines Menschen Herz gedrungen ist.

Wolfgang Oberröder

Gebet

Du heruntergekommener Gott,
Du bist aufgebrochen aus deinem Himmel.
Du bist mir nahe gekommen.
Nicht in der Ferne muss ich dich suchen,
sondern in der Nähe.
Nicht nach oben muss ich mich ausstrecken,
um dich zu finden,
ich kann mich nach unten beugen
um deine Spur zu finden:
auf dem Boden,
im Unscheinbaren
bei den Kleinen,
bei denen, die »ganz unten« sind,
bei den »Herunter-Gekommenen«.
Je länger ich hinschaue, mein Gott,
staune ich
über deine Größe im Kleinen.

Heribert Arens ofm

Lass mich dein Antlitz schauen

Jesus,
lass mich in dein Antlitz schauen.
Ich möchte wissen, wie du aussiehst;
denn ich möchte genauer wissen,
wie mein Antlitz aussehen soll,
welche Eigenschaften darin aufleuchten sollen.

Wie sehen deine Augen aus?
Wenn du die Menschen angeschaut hast,
haben sie alles stehen und liegen gelassen
und sind dir nachgefolgt.

Dein Blick weckt Vertrauen, du ziehst die Herzen in Bann.

Wie nah du den Menschen kommst!
Sie spüren, dass du ihnen gehörst.
Doch empfinden sie auch, dass du anders bist als sie.
Göttliche Majestät umgibt dein Wesen.
Petrus, der dir ganz nahe steht,
spürt es am deutlichsten und ruft aus:
»Herr, geh weg von mir; ich bin ein Sünder« (Lk 5,8).

Unter deinen Augen beginnen sich Menschen zu wandeln.
Sie erkennen ihre Armseligkeit, ihre Schwäche,
und in der Liebe zu dir, die in ihnen aufbricht,
wird ihr eigenes Wesen umgeformt.
Dein Blick bringt fertig,
was alle Erziehertätigkeit nicht zuwege bringt.

Jesus,
lass mich in dein Antlitz schauen,
damit ich weiß, wie ich selbst aussehen muss.

Müsste nicht auch von mir
ein großer Einfluss auf die Menschen ausgehen?
Ein Einfluss, der nicht gemacht ist,
sondern aus dem überfließenden Reichtum
meines Inneren kommt.
Müsste ich nicht ein wenig mehr
auch in meinem Äußeren dir angeglichen sein?
Wie Maria, deine und meine Mutter.

Jesus, der du in meinem Herzen wohnst,
leuchte aus mir heraus,
lass mich wie Maria Christusträgerin sein,
lass mich wie Maria Christusbringerin sein.

Schwester Maripetra Süß

Herr, enthülle uns das Geheimnis Gottes

Herr Jesus Christus,
ewiger Sohn des ewigen Vaters,
geboren von der Jungfrau Maria.
Wir bitten dich:
Enthülle uns immer wieder
das Geheimnis Gottes,
damit wir in dir,
in deiner göttlichen Person,
in der Wärme deiner Menschlichkeit,
in der Liebe deines Herzens,
das Abbild des unsichtbaren Gottes
erkennen können.
Herz Jesu,
in dem die ganze Fülle
der Gottheit wohnt!
Herz Jesu,
von dessen Fülle
wir alle empfangen haben!
Herz Jesu,
König und Mittelpunkt
aller Herzen
in alle Ewigkeit!
Amen.

Johannes Paul II.

Anregungen zu einem persönlichen Jesus-Gebet

Die folgenden Gebetssätze wollen dazu anregen, aus durchmeditierten Schriftsätzen (hier zum Thema: »Die Hand Jesu«) das persönliche Gebet zum Herrn aufzufrischen. Man kann so ein »Gesätz« entweder einfügen in den üblichen Rosenkranz, oder man betet statt der zehn Ave-Maria das nachstehende Christusgebet:

»Sei gepriesen, Herr Jesus Christus,
Sohn des Lebendigen Gottes.
Du bist der Erlöser der Welt,
unser Heiland und Herr, …
Komm, Herr Jesus, und steh uns bei,
dass wir an deiner Hand
in das Reich Deines Vaters gelangen. Amen.«
(nach Klemens Tilmann)

Heilende Hände
Der einem jeden (persönlich) die Hände auflegt (Lk 4,40)
Dessen Hand mich fassen und aufrichten kann (Mt 8,15)
Dessen Berührung mir die Angst nehmen kann (vgl. Mt 17,7)
Der mir mit seiner Hand die Augen öffnen kann (Mk 8,22 ff)
Der mir mit seinem Finger die Ohren er-schließt (Mk 7,31–37)
Von dessen Berührung eine heilende Kraft ausgeht (Lk 6,19)
Dessen Berührung mich zum Leben erweckt (vgl. Mt 9,25)

Rettende Hände
(zu Mt 14,28–31)
Der mich übers Wasser zu gehen heißt
Der mir Mut machen möchte: »Komm!«
Der mein Schreien hört: »Rette mich, Herr!«
Der seinen Arm ausstreckt und mich fasst
Der mich vor dem Untergehen bewahrt
Dessen Hand mich aus der Tiefe zieht
Der mich im Schwankenden auf festen Boden stellt

Dienende Hände
(zu Joh 13: Fußwaschung)
Dem der Vater alles in die Hände gelegt
Der sich zu unseren Füßen niederbeugt
Der vor seinen Dienern auf den Knien liegt
Der uns mit seiner Hand die Füße wäscht
Der uns so hand-greifliche Liebe erweist

Der uns so Anteil an sich selber gibt
Der unsre Hände in (denselben) Dienst nehmen will
(»ein Beispiel habe Ich euch gegeben, damit auch ihr…«)

Helfende Hände
(zu Mt 15,32–37)
Der niemanden mit leeren Händen heimschicken will
Der unser Weniges in seine Hände nimmt
Der unser Weniges in seinen Händen segnet
Der uns ermuntert, davon auszuteilen
Der unsere leeren Hände braucht
Der unsere leeren Hände mit seiner Güte füllt

Gebundene Hände
(zur Passion Jesu)
In dessen Händen alle Vollmacht des Vaters liegt (vgl. Joh 3,35)
Der seine Hände für uns binden lässt (Joh 18,12; Mt 26,50)
Der sich uns Sündern in die Hände gibt (Mt 26,45)
Der sich dem (unbegreiflichen) Vater in die Hände gibt
Der uns gebunden in die Freiheit führt

Bergende Hände
(Ostern)
Der noch im Zeichen der Umarmung stirbt
Der am Kreuz (erhöht) alle an sich zieht (Joh 12,32)
Der sich sterbend in Gottes Hände fallen lässt (Lk 23,46)
Der seinen Jüngern die durchbohrten Hände zeigt (Joh 20,20)
Aus dessen Hand uns niemand reißen kann (Joh 10,28, vgl. v 29)
In dessen Händen wir gut aufgehoben sind
Dem alle Macht der Liebe in die Hand gegeben ist (vgl. Mt 28,18)

Segnende Hände
(zu Lk 24,50 ff)
Der segnend seine Hände auf uns legt
Der uns allzeit segnend zugewandt ist

Dessen Hand all unsere Wege segnet
Dessen Segen uns die Kirche spendet (vgl. Sakramente)
Dessen Hand auch heute noch Wunder tut (vgl. Apg)
Unter dessen Segen die Welt ihrem Ziel entgegenreift
Paul Ringseisen

Jesu, nostra redemptio

JESUS, DER UNS ERLÖST!
Du, den wir lieben!
Du, den wir brauchen!
Du wurdest ein Mensch!

JESUS, DER UNS ERLÖST!
Wie kam es, dass Du kamst,
um so bitter zu sterben,
damit wir leben!

JESUS, DER UNS ERLÖST!
Nur Du warst imstande,
uns der Gefährdung
hier zu entreißen!

JESUS, DER UNS ERLÖST!
Du, der uns half,
lass uns auch jetzt
nicht im Stich!

JESUS, DER UNS ERLÖST!
Du, den wir suchen,
lass uns Dich finden
für alle Zeit!
Josef Dirnbeck

Folge mir nach!

(Joh 1,43)

Jesus Christus, unser Herr und Bruder, deine Sendung in unserer Welt hast du immer mit deiner Person verbunden. Den Willen des Vaters im Himmel zu erfüllen bedeutet, auf dich zu schauen, deine Lehre zu hören und zu befolgen, in der Bezogenheit zu dir zu leben. Die ersten Jünger haben auf dein kurzes Wort »Folge mir nach!« ihr ganzes Leben verändert. Sie ließen ihren Beruf zurück, ihre angestammte Heimat, Freunde und Sicherheiten. Sie erklärten sich bereit, dein beschwerliches Wanderleben zu teilen und schließlich ihren eigenen Kreuzweg zu gehen.

Jesus Christus, auch ich bin in deine Nachfolge gerufen. Ich vernehme diesen Auftrag als die wichtigste Botschaft in meinem Leben. Zunächst danke ich dir, dass ich dir so viel bedeute, dass du mich persönlich ansprichst. Dann danke ich auch dafür, dass es viele Menschen gibt, die mir vorleben, was es heißt, Christ zu sein. Es sind große Gestalten der Geschichte, unsere Heiligen. Es sind Menschen meiner Gegenwart, durch deren Leben ich vieles vom Glauben an dich und vom Befolgen deines Nachfolgerufes erfahre. Es sind gläubige Menschen in unserer Kirche, die mir helfen, meinen Glauben und mein Leben zu deuten.

Dazu aber, Herr, muss ich gestehen, dass ich mich immer noch schwer tue, dein Wort der Nachfolge in meinem Leben konsequent durchzuhalten. So vieles hält mich an mir selber fest. Dein Ruf ist radikal, geht an die Wurzeln meines Seins: Alles soll ich zurücklassen, Eltern und Geschwister, den Lebenspartner, Hab und Gut. Zwar hast du mir vorgelebt, was es bedeutet, alles hinzugeben, einschließlich des eigenen Lebens. Doch ich bin zu schwach dafür. So kann ich nur bitten, dass du meine bescheidenen Versuche annimmst, dein Jünger zu sein. Du weißt, dass ich dir nachfolgen möchte. Nimm mich an, wie ich bin, aber gestalte mich mehr nach deinem Willen.

Stärke, so bitte ich dich, meinen Glauben in mir, dass ich mehr erreichen kann, als ich selber für möglich halte. Schließlich führt der Weg deiner Nachfolge hinein in die unbegreifbare Liebe des Vaters. Du verheißt allen, die dir folgen, hundert-, ja tausendfachen Lohn. Lass mich dein Jünger sein, frei von Feigheit und Angst, geborgen in deiner Nähe, verbunden mit dir und den vielen, die dein Wort verwirklicht haben: »Folge mir nach!«

Wolfgang Oberröder

Jesus Christus – dein Wort in meinem Wort

Herr Jesus Christus.
Du hast gesagt: Wer euch hört, hört mich!

Willst du damit sagen:
In meinem Wort sprichst du zu andern,
in meinem Wort begegnest du,
in meinem Wort sprichst du dich zu? –

Das überwältigt und ängstigt mich zugleich.
Wie kann ich dieser Anforderung entsprechen?

Herr Jesus Christus.
Mein Wort beschäftigt sich mit vielem.
Oft sucht es weniger den andern als mich selbst.
Manchmal drückt der Ton Verärgerung aus.
Bisweilen ist es scharf oder sachlich,
dann wieder arrogant oder spöttisch
oder jeder Ant-wort die Möglichkeit nehmend.
Wann ist es deinem Wort entsprechend?

Herr Jesus Christus.
Dennoch erfahre ich selbst:
das Grußwort, das mich erfreut,

das Trostwort, das mich stärkt,
das ermutigende Wort, das mir hilft,
das freundschaftliche Wort, das mir Einsamkeit nimmt,
das liebende Wort, das mir Tiefen erschließt.
Bist nicht du's, der darin spricht?

Herr Jesus Christus.
Auch ich möchte mit meinem Wort heilen statt verletzen;
ich möchte verzeihen statt nachtragen;
ich möchte helfen statt ängstigen;
ich möchte freudig stimmen statt traurig machen;
ich möchte Hoffnung wecken statt entmutigen;
ich möchte Richtung weisen statt irreführen;
ich möchte aufschließen statt blockieren …

Herr Jesus Christus.
Suche ich dabei doch wieder mich selbst?
Nur wenn ich zunächst schweigend auf dich höre,
mich von deinem Wort ergreifen lasse,
wenn ich zurücktrete und dir meinen Mund leihe,
wenn ich dennoch mit meinem ganzen Einsatz
deinem Wort Ausdruck und Klang verleihe,
kann es mit deiner Hilfe gelingen. –

Ja, sei du selber in meinem Wort!
Sei du mein Wort!

Amen.
Stephan Wisse

Meine Mitte

Jesus,
sei die Mitte all meiner Gedanken –
von dir lasse ich mich begeistern;
sei die Mitte meines Wollens –
du sollst in mir wachsen;
sei die Mitte meines Lebens –
von dir lasse ich mich führen;
sei die Mitte meines Herzens –
von dir lasse ich mich entzünden.

Jesus,
du bist für mich der große Gedanke:
Alles, was ich denke
und bedenke,
soll mit dir verknüpft sein.

Jesus,
mit dir will ich denken und nicht ohne dich.
An dich will ich denken,
sooft ich kann.
Ich will denken,
wie du denkst und wie die Heilige Schrift es
mir nahe legt.
In ihr finde ich deine Gedanken.
Lass sie mein Innerstes erleuchten.

Jesus,
du bist der Mittelpunkt meines Lebens.
Ich kann und darf mit dir
Hand in Hand durch den Alltag gehen,
wenn ich es nur will.
An mir liegt es,
deine Hand zu ergreifen.

Du reichst sie mir entgegen,
bietest sie mir an.
Du sprichst zu mir:
Komm,
wir gehen gemeinsam
in diese Freude hinein,
auf diese Schwierigkeit zu,
zu der Begegnung, die du ersehnst oder fürchtest,
zu der Arbeit, die du nicht magst, nicht kannst.

Jesus,
Mittelpunkt meines Lebens!
In allen kleinen und großen Fragen
kann ich mich an dir orientieren.

Jesus,
du sollst der Mittelpunkt meines Herzens sein,
an dich binde ich mich ganz.

Die Liebe zu dir soll das Charakteristische
meines Ringens und Strebens sein.
Durch mein Leben soll durchscheinen,
dass ich dich liebe.

Was hast du nicht alles getan,
um mir deine Liebe zu zeigen!
Du hast die menschliche Natur angenommen,
um mein Weggefährte zu sein.
Wie groß ist das!
Dadurch gibst du mir die Möglichkeit,
dass ich mehr und mehr an deiner verklärten
Natur teilhaben kann.

Jesus,
du willst Menschenantlitz tragen

die ganze Ewigkeit hindurch.
Wie nahe werde ich dir deswegen auch
einmal im Himmel sein können!

Jesus,
lass mich doch ein wenig verspüren,
dass du mich in dich hineinziehen willst.
Du musst die große Liebe meines Herzens werden,
du und niemand anders.

Maria,
in dir begegnet mir Christus auf vollkommene frauliche Weise.
Du bist mein Vorbild.
Wenn ich bei dir bin,
bin ich bei meinem Herrn und Meister.

Maria, Mutter des Herrn!
Wecke in mir die Christusliebe,
Führe mich zur Christusgebundenheit,
ja, zur Christusinnigkeit.
Schwester Maripetra Süß

Ich bin das Brot des Lebens
(Joh 6,35)

Jesus, mein Freund und Bruder, ich danke dir, dass du zu mir nicht in komplizierten Zusammenhängen sprichst, sondern in Bildern, die ich verstehen kann. Deine Beispiele kommen aus dem Alltag von uns Menschen. Du bezeichnest dich selbst als das Brot des Lebens. Brot brauchen wir jeden Tag; es ist unser Grundnahrungsmittel. Wir nehmen es ganz selbstverständlich hin, dass wir immer ausreichend, ja in Überfülle, dieses Brot zu uns nehmen können. Erst wenn wir nachdenken, wird uns bewusst, dass der Großteil der Menschen unserer Erde sich sehr um sein Überleben mühen und plagen muss und dass es ihm dabei nicht einmal sicher ist, ob er genügend Brot für das tägliche Leben finden wird.

Wenn du von dir als dem Brot des Lebens sprichst, willst du uns darauf hinweisen, dass wir mit dir jeden Tag rechnen sollen, so wie wir mit dem täglichen Brot rechnen. Nicht zu besonders festlichen Zeiten unseres Lebens nur willst du uns begegnen, sondern jeden Tag aufs Neue, wie wir jeden Tag zum Brot greifen. Nicht für wenige Auserwählte ist deine Botschaft bestimmt, sondern für alle Menschen mit ihren Grundbedürfnissen.

In der Wirklichkeit deiner Gegenwart, im Nachvollzug deines Todes und deiner Auferstehung, dürfen wir dich in unseren Gottesdiensten in der Gestalt des Brotes empfangen. Dieses Brot bildet eine Gemeinschaft untereinander und mit dir. Dieses Opfer vergegenwärtigt dein Tun vom letzten Abendmahl bis hin zum Ostermorgen.

Immer aber ist das Brot das Zeichen deiner Gegenwart. Herr, ich danke dir für das tägliche Brot, das ich ohne große Mühe empfange. Ich danke für dein Wort, dass der nie mehr hungern wird, der zu dir kommt. Ich danke für deine eucharistische Gabe und deine Anwesenheit unter uns Menschen.

Ich bitte um Brot für alle Welt. Ich bitte, dass alle erkennen: Du bist das lebendige Brot. Wer von diesem Brot isst, wird in Ewigkeit leben.

Wolfgang Oberröder

wir danken dir verborgener gott
lebendiger gott
wir danken dir für jesus
in dessen leben uns eine ganz neue
dimension des lebens
sichtbar geworden ist
er ist das brot
das unsere hoffnung nährt
die hoffnung über den tod hinaus

er ist der mensch
der die wände der welt
durchbrochen hat
die wände die menschen
von menschen trennen

er ist der mensch
der diesseits und jenseits
miteinander verband
und der um eines jenseits willen
das diesseits nicht verraten lassen will

er ist der mensch
an dem gemessen
wir menschen
noch nicht menschen sind

er ist der mensch
der zum maßstab
der welt geworden ist

er ist uns weit voraus
und uns doch nahe
er ist uns weg
und ziel
er ist unsere unruhe
und unser friede

er ist unsere nahrung
unser licht
um seinetwillen
preisen wir dich
um seinetwillen
glauben wir an dich
der dich bis aufs blut glaubhaft bezeugte
Wilhelm Willms

Bist du ein König?

Du kommst als Diener aller,
lebst als Mensch unter Menschen
und wirst durch deine wehrlos-verwundbare
Liebe ein verlassener letzter Mensch.

Du wählst die Karriere nach unten,
durchbrichst das uralte Schema
von Herren und Knechten,
erntest dafür Spott und Hohn,
bis zum bitteren Ende.

Du trägst die Dornen,
die Schläge ins Gesicht
das Unrecht, das Kreuz,
damit für uns Unerträgliches
und Unsägliches
tragbar werden.

Du gehst den Weg des Verlierers,
des Verrats, des Scheiterns,
der gebundenen Hände,
des schweigenden Leidens,
den Kreuzweg als Königsweg.

Du erlöst die Menschen
zwischen der überheblichen
Verachtung des einen
und der reuigen Bitte
des anderen Schächers.
Du versöhnst die Welt
im Kampf auf Leben und Tod,
zwischen Erbarmen und Härte
durch den Sieg der Auferstehung.

Du ziehst alle an dich
als der Erhöhte,
der durch die Erniedrigung gegangen
und dessen Herrschaft
nicht von dieser Welt ist.

Du wirst wiederkommen
in deiner Macht als König,
damit wir dort sind,
wo auch du bist,
für eine ganze Ewigkeit
in königlicher Würde.
Paul Weismantel

LITANEI VON DER TREUE GOTTES

Die frohe Botschaft von unserer Erlösung heißt: Gott hat sich in der Auferweckung seines gekreuzigten Sohnes Jesus Christus ein für allemal für uns entschieden. Er hat sein end-gültiges Ja zu uns gesagt. Dieses Ja hat einen Namen und ein Gesicht: Jesus Christus.

2 Kor 1,19 f: »Christus ist nicht Ja und Nein zugleich. In ihm sind alle Verheißungen Gottes reines Ja geworden.«

Diese zunächst abstrakte Aussage lässt sich von den Evangelien her sehr konkret auffüllen.
Wir sind »erlöst« heißt: Ja, du giltst!
Du giltst end-gültig bei Gott!

Das ist die »positive (!) Vor-Gegebenheit« unseres Lebens: der Gekreuzigte, der lebt! Das ist der feste Boden, auf den uns Gottes Treue gegründet hat. Die Litanei will helfen, auf diesem Boden immer wieder neu und immer tiefer »Stand zu fassen«, um so den ver-neinenden Mächten und Gewalten in unserem Leben, die leicht die Oberhand gewinnen, kraftvoll zu widerstehen.

Du Mensch gewordenes Ja
Auf die folgenden Anrufungen antworten alle mit dem Ruf:

Alle: Wir loben dich

Vorbeter: Du weihnachtliches Ja
Du menschenfreundliches Ja
Du Ja, das bei uns wohnen will
Du Ja, das mit uns leben will
Du Ja, in dem sich Gott (mit) uns verbündet
Du Ja zu uns Suchenden
Du Ja zu uns Fragenden

Du Ja zu uns Zweifelnden
Du Ja zu uns Skeptischen
Du Ja zu uns Mißtrauischen
Du Ja zu uns Verneinenden
Du Ja zu uns Schuldiggewordenen
Du Ja, das uns Mut zu uns selber macht
Du Ja, das uns Mut zum Mensch-sein macht
Du Ja, das uns Mut zum Mensch-werden macht

Schöpferisches Ja
Alle: Wir preisen dich

Vorbeter: Du reines Ja Gottes
Du entschiedenes Ja Gottes
Du entschlossenes Ja Gottes
Du brüderliches Ja Gottes
Du Ja zu denen, die niemand bejaht
Du Ja zu denen, die sich selbst verneinen
Du Ja zu denen, die niemand (mehr) mag
Du Ja zu denen, die niemanden haben
Du Ja zu allen Mühseligen und Beladenen
Du Ja zu den Verlorenen
Du Ja zu den Verachteten
Du Ja zu den Verstoßenen
Du Ja zu den Verzweifelten
Du Ja zu den Namen- und Geltungslosen
Du Ja zu den Macht- und Einflusslosen

Du Ja zu den Kranken
Du Ja zu dem Blinden, der um Erbarmen schrie
Du Ja zu dem Tauben, den dein Effatha-Wort aufschloss
Du Ja zu dem Stummen, dem du die Sprache gabst
Du Ja zum Gelähmten, der keinen Menschen hatte

Du Ja zu der Frau, die voller Hoffnung heimlich dein Gewand berührte
Du Ja zu dem Heiden, dessen Knecht große Schmerzen litt
Du Ja zu der Mutter, die dich für ihre kranke Tochter bat
Du Ja zu dem Vater des epileptischen Knaben, der sich verzweifelt dir zu Füßen warf
Du Ja zu Jarius, dessen Töchterlein im Sterben lag
Du Ja zu der Witwe, die ihre Zukunft zu Grabe trug

Du Ja zu den Sündern
Du Ja zu Zachäus, den alle mieden
Du Ja zur Sünderin, vom Pharisäer verachtet
Du Ja zur Ehebrecherin, die du nicht verurteilt hast
Du Ja zur Samariterin, der du dich zu erkennen gabst
Du Ja zu Petrus, der dich dreimal verleugnet hat
Du Ja zu Judas, den du noch als Verräter »Freund« genannt hast
Du Ja zu Thomas, der dich mit Händen begreifen wollte
Du Ja zu den Jüngern, die blind für dich waren
Du Ja zu uns Sündern, die wir blind für dich sind
Du verstehendes Ja
Du geduldiges Ja
Du getreues Ja
Du unnachgiebiges Ja

Gekreuzigtes Ja
Alle: Wir beten dich an!

Vorbeter: Ja Gottes, das noch im Leid auf uns besteht
Ja Gottes, das noch im Schmerz für uns bittet
Ja Gottes, das noch im Sterben an uns glaubt

Ja Gottes, das uns aushält mit unserem Nein
Ja Gottes, das uns trägt, wo sonst nichts mehr trägt
Ja Gottes, das uns hält, wo sonst nichts mehr hält
Ja Gottes, das uns liebt, wo sonst niemand mehr liebt

Du Ja zu uns Versagern
Du Ja zu uns Sündern
Du Ja zu uns Verneinern
Du Ja zu uns Verleugnern
Du Ja zu uns Verrätern
Du Ja zu denen, die dich schmähen
Du Ja zu denen, die dich aufs Kreuz legen
Du Ja zu denen, die dich ans Kreuz schlagen
Du Ja zu denen, die den Kopf über dich schütteln
Du Ja zu denen, die dich am Kreuz lästern
Du Ja zu Deinen Feinden
Du Ja zu Deinen Peinigern
Du Ja zu Deinen Henkern
Du Ja zu allen, die du am Kreuz umarmst
Du Ja zu allen, die du vom Kreuz an dich ziehst
Du vergebendes Ja
Du versöhnendes Ja
Du erlösendes Ja
Du befreiendes Ja
Du entschiedenes Ja
Du zum Letzten entschlossenes Ja
Du Ja ohne Nein
Du grund-loses Ja
Du vorbehalt-loses Ja
Du rückhalt-loses Ja
Du grenzen-loses Ja
Du rest-loses Ja
Du end-gültiges Ja

Du Ja zu uns im Zeichen des Kreuzes
Du Ja zu uns im Zeichen des Scheiterns
Du Ja zu uns im Zeichen wehr-loser Liebe
Du Ja zu uns im Zeichen der Umarmung

Auferwecktes Ja

Alle: Wir verherrlichen dich!

Vorbeter: Du österliches Ja (Gottes)
Du leises Ja
Du leicht überhörbares Ja
Du (oster)nächtliches Ja
Du Ja, das der Vater ins Nichts hinein sagt
Du Ja, das der Vater ins Nein hinein baut
Du Ja, das sich aus der Nacht erhebt
Du Ja, das sich aus dem Tod erhebt
Du Ja – wie ein Licht in der Finsternis
Du Ja – wie ein Lied inmitten der Angst
Du Ja – wie die Sonne über der Gruft
Du Ja aus dem Mund des Boten am Grab
Du Ja, das uns zuruft: »Fürchtet euch nicht!«
Du Ja, das uns zuruft: »Friede mit euch!«
Du Ja, das von Mund zu Munde geht
Du Ja, das unsere Enttäuschung besiegt
Du Ja, das unsere Furcht besiegt
Du Ja, das unsere Feigheit besiegt
Du Ja, das unsere Treulosigkeit besiegt
Du Ja, das all unser Nein besiegt
Du Ja, das die Macht des Bösen besiegt
Du Ja, das die Macht des Todes besiegt

Du Ja, das der Vater für immer bestätigt
Du Ja, das für alle Zeiten gilt
Du Ja, das für jeden Menschen gilt

Du Ja, das für alle Schöpfung gilt
Du Ja, in dem wir für immer gelten
Du Ja, das beim Vater eintritt für uns
Du Ja, das uns in Gottes Zukunft weist
Du Ja, das uns voran-geht auf unserem Weg
Du Ja, das bei uns bleibt bis zum Ende der Welt

Pfingstliches Ja

Alle: Wir danken dir!

Vorbeter: Du Ja der Liebe im Heiligen Geist
Du leidenschaftliches Ja des Herrn
Du feuriges Ja
Du stürmisches Ja
Du alle Furcht verbrennendes Ja
Du alle Grenzen sprengendes Ja
Du unsre Verschlossenheit öffnendes Ja
Du alle Völker umgreifendes Ja
Du über jeden Menschen ausgerufenes Ja
Du Ja, das in unseren Herzen brennt
Du Ja, das uns zu Kindern Gottes macht
Du Ja, das unsere Herzen ergreift
Du Ja, das unser Leben verwandelt
Du Ja, das unsere Welt erneuert
Du Ja, das Himmel und Erde vereint
Du Ja, das alles vollenden wird

Du ewiges Ja
Du Ja zu uns vor Erschaffung der Welt
Du Ja, das gilt von Geschlecht zu Geschlecht
Du Ja, in das jede Zunge einstimmen wird
Du Ja, dem sich jedes Knie beugen wird
Du Ja, das sich allen offenbaren wird
Du Ja, in dem Gott triumphieren wird

Ja-Geist, in unser Herz ausgeschüttet
Ja-Geist, der in uns »Abba« ruft
Ja-Geist, der unsern Leib bewohnt
Ja-Geist, der unsere Sinne klärt
Ja-Geist, der unser Herz entfacht
Ja-Geist, der uns zu Zeugen macht
Ja-Geist, der uns als Boten braucht
Ja-Geist, durch den du Frieden wirkst
Ja-Geist, durch den du Versöhnung schenkst
Ja-Geist, durch den du Vergebung schaffst
Ja-Geist, durch den du Einigkeit gibst
Ja-Geist, der uns zu Brüdern macht
Ja-Geist, der uns auf festen Boden stellt
Ja-Geist, durch den du alles erneuerst

Paul Ringseisen

Jesus, Heiland, Freund und Bruder

ich lege …
meine Angst – in dein Vertrauen,
meine Wunden – in deine heilenden Hände,
meine Scham – in dein Verstehen,
meinen Zwang – in deine große Freiheit,
meine Schuld – in dein Erbarmen,
meine Sehnsucht – in deinen Traum vom Leben,
meine Grenzen – in deinen Blick voll Liebe,
mein Zögern und Zaudern – in deine Entschlossenheit,
meine faulen Kompromisse – in deinen aufrechten Gang,
meine Unsicherheit – in deinen festen Schritt,
mein schnelles Urteilen – in deine Nachdenklichkeit,
meine Masken – in deine Ehrlichkeit,
mein Dunkel – in dein Versöhnen,
meine Unruhe – in deine Stille,
meine Armut – in deine Fülle.

Jesus, Heiland, Freund und Bruder,
ich lege mein Herz,
das sich nach Liebe sehnt,
in dein Herz, das die Liebe ist
und das Leben
und die Lebendigkeit.
Alfons Gerhardt

Gott,
schon immer hat dein Name
auf dieser Erde gewohnt
und hielt uns in Atem,
verhieß und bedeutete vieles.
Aber in Leben und Tod Jesu Christi
hast du endgültig geoffenbart,
wer du bist.
In ihm finden wir dich,
unseren Vater,
er ist dein ganzes Wort
und deine ganze Verheißung.
Wir bitten dich,
dränge uns hin zu ihm,
damit wir mehr und mehr
vertraut werden mit dir.
Huub Oosterhuis

Jesus Christus – du Wort des Lebens

Herr Jesus Christus.
Du bist das ewige Wort des Vaters.

Du bist das Wort,
das mir Bruder geworden ist.

Du bist das Wort,
in dem Gott sich mir zuspricht.

Du bist das Wort,
in dem ich – hörend –
Gott aufnehme in mich.

Du bist das Wort,
das mich mit dir verbindet.

Du bist das Wort,
durch das ich nie mehr allein bin,
selbst wenn keiner sonst zu mir spricht.

Du bist das Wort,
das sich mir zumutet
und mir zugleich Mut gibt.

Du bist das Wort,
das mir Kraft gibt
und mich ermächtigt.

Du bist das Wort,
das mir verzeiht
und mich frei macht.

Du bist das Wort,
  durch das ich bin,
  was ich bin.

Ohne dich,
  ewiges und menschgewordenes Wort,
  wäre ich nichts.

Ich danke dir,
  dass ich dich hören
  und dadurch leben darf.

Amen.

Stephan Wisse

JESUS – ZEUGE DER WAHRHEIT

Diese Litanei entstand ursprünglich im Gedenken der Frauen und Männer des 20. Juli, die im gläubigen Widerstand gegen angemaßte unmenschliche Gewalt ihren Mund auftaten und ihr Leben gaben.
Ungezählte Unbekannte in vielen Ländern unserer Erde sind bis zur Stunde in ähnlicher Weise Zeugen der Wahrheit: bereit, dafür alles auf sich zu nehmen. Das verweilende Schauen auf Jesus als den Ur-Zeugen (Martys) der Wahrheit Gottes hilft nicht nur, sie vor Gott nicht zu vergessen, sondern auch die Kraft zum Widerstehen in sich selbst wach zu halten.

Vorbeter: Jesus
Auf die folgenden Anrufungen antworten alle mit dem Ruf:
Alle: Wir danken Dir!

Vorbeter: Du Zeuge der Wahrheit Gottes
Du gewaltloser Zeuge (der Wahrheit)

Du furchtloser Zeuge
Du wehrloser Zeuge
Du selbstloser Zeuge
Du eindeutiger Zeuge
Du anstößiger Zeuge
Du befreiender Zeuge
Du unbestechlicher Zeuge
Du unerschütterlicher Zeuge
Du verdächtigter Zeuge
Du bespitzelter Zeuge
Du verfolgter Zeuge
Du verkannter Zeuge

Alle: Erbarme Dich, Herr!

Vorbeter: Du vor Gericht gestellter Zeuge
Du vom Gericht der Menschen verworfener Zeuge
Du von Gottes Gericht bestätigter Zeuge
Du im Namen der Wahrheit (= Gottes) verurteilter Zeuge
Du als Schädling des Volkes vernichteter Zeuge
Du verkaufter Zeuge
Du verratener Zeuge
Du von allen im Stich gelassener Zeuge
Du Zeuge der Wahrheit »unter Tränen und Geschrei« (Hebr)
Du zu Tode geängstigter Zeuge
Du um den Todesgehorsam ringender Zeuge
Du bis in den Galgentod gehorsamer Zeuge
Du erniedrigter Zeuge
Du wie ein Verbrecher hingerichteter Zeuge
Du mit einem Schrei nach Gott verstorbener Zeuge
Du durchbohrter Zeuge

Alle: Lass uns Deine Zeugen sein.

Vorbeter: Du Zeuge der Wahrheit im kleinen Kreis deiner Freunde
Du Zeuge der Wahrheit in der großen Öffentlichkeit
Du Zeuge der Wahrheit in der Zeit des Erfolges
Du Zeuge der Wahrheit in den Tagen des Scheiterns
Du Zeuge der Wahrheit im Reden
Du Zeuge der Wahrheit im Schweigen
Du Zeuge Gottes, der die Wahrheit ist
Du Zeuge Gottes, der die Liebe ist
Du Blut-Zeuge dessen, den du deinen Vater nennst

Alle: Sei ihre Kraft!

Vorbeter: Du Bruder aller der Lüge Widersprechenden
Du Bruder aller um der Wahrheit willen Widerstehenden
Du Bruder aller wegen ihres Widerstandes Verfolgten
Du Bruder aller wegen ihres Widerstandes Entrechteten
Du Bruder aller wegen ihres Widerstandes Entehrten
Du Bruder aller wegen ihres Widerstandes Gequälten und Gefolterten
Du Bruder aller wegen ihres Widerstandes Gefangenen
Du Bruder aller um der Wahrheit willen Hingerichteten
Du Bruder aller Blutzeugen der Wahrheit (von Abel bis heute)

Alle: Wir bauen auf Dich!

Vorbeter: Du Zeuge, der durch seinen Geist in allen Zeugen lebt

Du Zeuge, der durch seinen Geist in allen Zeugen wirkt
Du Zeuge, der durch seinen Geist aus allen Zeugen spricht
Du Zeuge, der durch seinen Geist ihr Widerstand und ihre Ergebung ist
Du Zeuge, der durch seinen Geist die Macht in ihrer Ohnmacht ist
Du Zeuge, der durch seinen Geist ihr Zeugnis unbesiegbar macht
Du Siegesgewissheit aller Märtyrer der Wahrheit im Angesicht des Todes

Paul Ringseisen

Herr Jesus Christus,
wir kommen zu Dir
voll Hunger und Durst
nach dem Leben in Dir.
Unser Land ist dürr geworden
und ohne Wasser.
Wir selbst haben
das lebendige Wasser
nicht angenommen
in unserer törichten Art
und unserem Begehren,
in unserer Ichhaftigkeit
und unserer Lieblosigkeit.
Wir haben eigene Brunnen gehauen,
die doch kein Wasser geben.
Herr, wir kommen zu Dir,
gib uns zu trinken!
Denn Du allein bist die Quelle,
und ein Tropfen Deiner Gnade
ist die Fülle.

Hanna Hümmer

Dich möchte ich haben, o Jesu,
dass Du mich korrigierst
und heilst und ordnest.
Dein Wirken geschieht
im Raum der Einkehr und Stille,
den Du mir bereitest
mitten unter der Arbeit,
mitten unter den Menschen,
ja, oft mitten im Gewühl des Tages.
Habe Dank,
dass Du mir diesen Raum täglich schenkst
und mir Deine Gesinnung
durch Deinen Heiligen Geist
ins Herz schreibst.
Hanna Hümmer

Habe Dank,
Herr Jesus Christus,
dass es keinen Augenblick gibt,
der ohne Dich gelebt werden muss.
Du bist immer da, wo wir sind,
in allen Höhen
und Tiefen des Lebens.
Es gibt
keinen Augenblick der Freude,
in dem ich ohne Dich bin.
Es gibt
keinen Augenblick des Schmerzes,
den ich ohne Dich durchleiden muss.
Du bist alle Zeit der Gegenwärtige,
der mich liebt.
Hanna Hümmer

Herr Jesus Christus, Du selbst hast mir einen Weg zu einem wirklichen, mein Leben bestimmenden Glauben gewiesen. Es ist der Weg der alltäglichen und tätig hilfsbereiten Liebe zum Nächsten. Auf diesem Weg begegne ich Dir, unbekannt und erkannt. Führe mich, Licht des Lebens, diesen Pfad. Lass mich ihn in Geduld gehen, immer weiter und immer neu. Gib mir die unbegreifliche Kraft, mich selbst an den Menschen zu wagen, in der Gabe mich selbst zu geben. Dann trittst Du selbst in unbegreiflicher Einheit mit denen, die meine Liebe empfangen, im Nächsten mir entgegen: Du bist der, der das *ganze* Leben der Menschen annehmen kann, und Du bleibst zugleich der, in dem es, weggegeben an Gott, nicht aufhört, Liebe zum Menschen zu sein.
Mein Glaube an Dich ist unterwegs, und ich sage mit dem Mann im Evangelium: »Ich glaube; Herr, hilf meinem Unglauben.« Führe mich Deinen Weg, Du der Du Weg zum Nächsten, unbekannt gesuchter Bruder und darin Gott bist, jetzt und immer. Amen.
Karl Rahner

Heiliger Geist – Geschenk der Gegenwart Gottes

Wer bist du, Heiliger Geist? Du, Gottes Schöpferkraft;
du, meines Betens Innerlichkeit;
du, Geist Jesu Christi, unseres Herrn,
der uns die Liebe des Vaters geoffenbart hat;
du, das Geheimnis, das tröstet und beseligt,
weil es mir Gottes liebendes Du schenkt!
Josef Sudbrack SJ

Gottes Geist
Schwebt
Über dem Abgrund
über dem Chaos
über Urwassern

und

alles wird schön
sehr gut
Feuer und Flamme
Bewegung und Tanz

Komm
Flammenwerfer
Liebesglut
Meister des Tanzes
Allesbeweger
Anton Rotzetter

Pfingstlied
(Joh. 16, 13–14)

Komme, geheimnisvoller Atem,
leiser zärtlicher Wind,
hauche uns an, damit wir leben,
ohne dich sind wir tot!

Komme, in Feuer und in Flammen,
zünd uns an wie ein Licht,
mache uns trunken von der Liebe,
wir sind starr, tau uns auf!

Komme, Erfinder neuer Sprachen,
gieß dich aus über uns,

rede in uns mit neuen Zungen,
komm, begeistere uns!

Komme, du Hoffnung aller Armen,
schaff den Wehrlosen Recht,
dass die Gebeugten sich erheben,
dass sich Völker befrein!

Komme, du Tröster aller Müden,
Stille mitten im Lärm,
in den Terminen schaff uns Pausen,
lass uns ausruhn in dir!

Komme, du Taube übers Wasser,
bring den Ölzweig herbei,
bring uns das Zeichen für den Frieden,
den die Erde ersehnt!

Komme vom Vater und vom Sohne,
komm du schaffende Kraft,
mache uns neu, und unsre Erde
hat ein neues Gesicht!
Lothar Zenetti

Veni, Sancte Spiritus

Komm herab, o Heiliger Geist,
der die finstre Nacht zerreißt,
strahle Licht in diese Welt.

Komm, der alle Armen liebt,
komm, der gute Gaben gibt,
komm, der jedes Herz erhellt.

Höchster Tröster in der Zeit,
Gast, der Herz und Sinn erfreut,
köstlich Labsal in der Not,

in der Unrast schenkst du Ruh,
hauchst in Hitze Kühlung zu,
spendest Trost in Leid und Tod.

Komm, o du glückselig Licht,
fülle Herz und Angesicht,
dring bis auf der Seele Grund.

Ohne dein lebendig Wehn
kann im Menschen nichts bestehn,
kann nichts heil sein noch gesund.

Was befleckt ist, wasche rein,
Dürrem gieße Leben ein,
heile du, wo Krankheit quält.

Wärme du, was kalt und hart,
löse, was in sich erstarrt,
lenke, was den Weg verfehlt.

Gib dem Volk, das dir vertraut,
das auf deine Hilfe baut,
deine Gaben zum Geleit.

Lass es in der Zeit bestehn,
deines Heils Vollendung sehn
und der Freuden Ewigkeit.

Amen. Halleluja.

Stephan Langton, † 1228

Übertragung ins Deutsche: Maria Luise Thurmair und Markus Jenny 1971

Veni Creator Spiritus

Komm, Heilger Geist, der Leben schafft,
erfülle uns mit deiner Kraft.
Dein Schöpferwort rief uns zum Sein:
nun hauch uns Gottes Odem ein.

Komm, Tröster, der die Herzen lenkt,
du Beistand, den der Vater schenkt;
aus dir strömt Leben, Licht und Glut,
du gibst uns Schwachen Kraft und Mut.

Dich sendet Gottes Allmacht aus
im Feuer und in Sturmes Braus;
du öffnest uns den stummen Mund
und machst der Welt die Wahrheit kund.

Entflamme Sinne und Gemüt,
dass Liebe unser Herz durchglüht
und unser schwaches Fleisch und Blut
in deiner Kraft das Gute tut.

Die Macht des Bösen banne weit,
schenk deinen Frieden allezeit.
Erhalte uns auf rechter Bahn,
dass Unheil uns nicht schaden kann.

Lass gläubig uns den Vater sehn,
sein Ebenbild, den Sohn, verstehn
und dir vertraun, der uns durchdringt
und uns das Leben Gottes bringt.

Den Vater auf dem ewgen Thron
und seinen auferstandnen Sohn,

dich, Odem Gottes, Heilger Geist,
auf ewig Erd und Himmel preist. Amen.
Hrabanus Maurus, † 856
Übertragung ins Deutsche: Friedrich Dörr 1969

Heiliger Geist,
wo Du nicht zwischen uns bist,
fällt Gift in die Leere
unserer Beziehungen.
Heiliger Geist,
wo Du nicht in uns bist,
richtet sich ein anderer,
ein Zerstörer,
bei uns ein.
Komm, Heiliger Geist!
Bernhard Meuser

Komm, Heiliger Geist,
erleuchte unser Denken
und entzünde in uns
das Feuer deiner Liebe.
Führe uns in deinem Licht,
damit der Wille
des Vaters geschehe
und sein Reich komme
durch Christus,
unseren Herrn.
Amen.
Schwester Lucida Schmieder OSB

Komm uns zu Hilfe

Mit deiner Hilfe, Geist Gottes, werden wir
von einer machenden zu einer wachenden Kirche,
von einer ratlosen zu einer Rat gebenden Kirche,
von einer hartherzigen zu einer gnädigen Kirche,
mit deiner Hilfe, Geist Gottes, werden wir das,
wozu du uns gewollt und geschaffen hast.

Mit deiner Unterstützung, Geist Gottes, werden wir
von einer geschwätzigen zu einer hörenden Kirche,
von einer geistlosen zu einer geistreichen Kirche,
von einer verängstigten zu einer vertrauensvollen Kirche,
mit deiner Unterstützung, Geist Gottes, werden wir
deinen Ruf als unsere Berufung erkennen.

Durch deine Kraft, Geist Gottes, werden wir
von einer wankelmütigen zu einer starkmütigen Kirche,
von einer eigennützigen zu einer absichtslosen Kirche,
von einer selbstherrlichen zu einer dienstbereiten Kirche,
durch deine Kraft, Geist Gottes, werden wir das,
wozu du uns berufen und gesandt hast.

Durch deinen Atem, Geist Gottes, werden wir
von einer selbstgerechten zu einer umkehrwilligen Kirche,
von einer veralteten zu einer erneuerten Kirche,
von einer geschäftigen zu einer betenden Kirche,
durch deinen Atem werden wir glaubwürdige Zeugen
deiner befreienden Wahrheit.

Paul Weismantel

Ohne dich Heiliger Geist
lesen wir Bücher
und werden nicht weise,
ohne dich Heiliger Geist
reden wir lange
und werde nicht eins.

Ohne dich Heiliger Geist
sehen wir nur Fälle, Zahlen und Fakten.
Ohne dich Heiliger Geist
zerfällt unser Leben in eine Reihe von sinnlosen Tagen.

Ohne dich Heiliger Geist
werden wir treulos.
Ohne dich Heiliger Geist
endet unser Denken in Verwirrung.
Ohne dich Heiliger Geist
anfangen heißt, sich verlieren.

Ohne dich Heiliger Geist
werden unsere Kirchen Museen.
Ohne dich Heiliger Geist
wird unser Beten Geschwätz.
Ohne dich Heiliger Geist
wird unser Lächeln erstarren.
Ohne dich Heiliger Geist
bleiben wir einsam.

Komm, Heiliger Geist!
Andreas Lerch

Das Kommen des Heiligen Geistes

Als unser Herr Jesus Christus am Abend zum letzten Mal mit den Seinen zusammen war und »ihnen seiner Liebe letzte Vollendung gab«, versprach Er ihnen, sie sollten nicht allein zurückbleiben, sondern Er werde ihnen »einen anderen Fürsprecher« senden, Dich, den »Geist der Wahrheit«. Du bist denn auch gekommen im Brausen und Flammen des Pfingstfestes und bist nun bei uns.

Du führst einen jeden von uns auf dem Wege zum Heil. Du lenkst Gottes Reich durch das Dunkel und die Verworrenheit der Zeiten. Und durch alles hin, was geschieht, wirkst Du das Werk der neuen Schöpfung, die einst offenbar werden soll, wenn »der Herr wiederkommt, zu richten die Lebendigen und die Toten«.

O Heiliger, Du bist uns gegeben nach der Weise des Geistes. Du bist bei uns in einem immer neuen Kommen. Du stehst uns zur Seite in einem immer neuen Herantreten. Und das neue Leben haben wir, indem Du es uns immer aufs Neue gibst. So bitten wir Dich, erfülle an uns die Sendung, zu welcher der Sohn Dich gesandt hat.

»Nimm«, o Geist Jesu Christi, »was sein ist, und gib es mir«, damit es mein werde. Lass Dein Licht in mir aufleuchten, damit ich seine Wahrheit erkenne. Binde mein Herz zu der Treue des Glaubens, damit mich nichts von ihr abwendig mache. Und lehre mich lieben, denn ohne die Liebe ist die Wahrheit tot. »Nicht darauf steht ja die Liebe, dass wir aus uns Gott zu lieben vermöchten, sondern dass Er uns zuerst geliebt hat.« Überzeuge mein Herz von Gottes Liebe, und gib mir die Kraft, Ihn wieder zu lieben, damit »ich in Gott bleibe und Er in mir«.

Du, o Geist, führst die neue Schöpfung herauf in der alt gewordenen Welt: erfülle mich mit Zuversicht in Deine heilige Macht. Sie ist nicht irdischer Art, und unter den Gewalten und Klugheiten der Erde scheint sie oft töricht und schwach. So gib meinem Herzen die Hoffnung auf »die Freiheit der Herrlichkeit der Kinder Gottes«.

Aus Dir, o Heiliger Geist, hat unser Herr gelebt, und in Deiner Kraft hat Er »die Welt überwunden«. Die Welt aber sind wir selbst: unser

selbstsüchtiges, blindes, törichtes Herz. Nimm es in Deine Macht, mach es willig und weit, damit Er in uns leben könne und wir in ihm.
Amen.
Romano Guardini

Ja, komm, Herr Heiliger Geist! Komm zu uns, Du Wohltat Gottes des Vaters, und bring zu uns die herrliche Kraft Jesu Christi, der den himmlischen Vater zu sich zog in den Tod, auf dass er uns zu sich ziehe ins Leben.

Komm, Heiliger Geist, und störe uns auf! Mit heiliger Unruhe störe uns auf aus unserer Trägheit. Setz uns in Bewegung zum Dienst Deiner Kirche, zum Nutzen des Nächsten, zum Wohle der Welt.

Komm, Heiliger Geist, und rühre uns an! Mit Kraft aus der Höhe rühre uns an. Gib Deinem Wort Leuchtkraft in unseren Worten, dass es zum Glauben erweckt, zur Hoffnung ermuntert und zur Liebe verlockt alle Deine Kinder. Gib Leuchtkraft Deinem Wort in unserem Gewissen, dass die Wahrheit aufstrahlt und die Lüge verblasst, dass der Friede an Kraft gewinnt und der Hass sich verzehrt, dass die Freiheit zum Siege kommt und zum Versiegen das Unrecht!

Komm, Heiliger Geist, und rüste uns aus! Mit Frieden und Mut, Herr, rüste uns aus! Gib dem Werk, das ein jeder ausrichten soll, einen guten Ausgang und zum neuen Werk einen mutigen Anfang: dass die Regierenden weise entscheiden und dann entschieden regieren; dass die Mächtigen über ihre Macht barmherzig verfügen und die Ohnmächtigen Barmherzigkeit finden. Gib den Einsamen Freunde, den Verlotterten Halt und den Versteinerten gib ein Lächeln zurück.

Komm, Heiliger Geist! Bei uns bist Du nötig. Wir brauchen Dich. Auf den Höhen der Macht, im traurigen Abgrund und auf alltäg-

lichen Wegen – überall brauchen wir Deinen Impuls. Wir brauchen Deinen Mut zum Leben und wir brauchen Deinen Frieden zum Sterben.
Wir brauchen Dich an allen Enden. Komm, Heiliger Geist!
Eberhard Jüngel

Komm, Geist, Geist des Vaters und des Sohnes. Komm, Geist der Liebe, Geist der Kindschaft, Geist des Friedens, der Zuversicht, der Kraft und der heiligen Freude. Komm, du geheimer Jubel in den Tränen der Welt. Komm, du siegreiches Leben im Tod der Erde. Komm, du Vater der Armen, du Beistand der Bedrängten. Komm, du Licht der ewigen Wahrheit. Komm, du Liebe, die in unseren Herzen ausgegossen ist. Wir haben nichts, das dich zwingen könnte. Aber darum sind wir zuversichtlich. Unser Herz fürchtet im Geheimen, dass du kommst, weil du selbstlos bist und fein, weil du anders bist als unser Herz. Aber das ist uns eigentlich die festeste Verheißung, dass du dennoch kommst. So komm, komm täglich neu und mehr. Auf dich vertrauen wir. Worauf könnten wir sonst vertrauen? Dich lieben wir, weil du die Liebe selber bist. In dir haben wir Gott zum Vater, weil du in uns rufst: Abba, lieber Vater. Wir danken dir, du Lebendigmacher, du Heiliger Geist, der du in uns wohnst, dass du selbst das Siegel des lebendigen Gottes in uns hast sein wollen, das Siegel, dass wir sein Eigentum sind. Bleib bei uns. Verlass uns nicht. Nicht im bitteren Kampf des Lebens. Und nicht am Ende, wo uns alles verlässt. Veni, Sancte Spiritus.
Karl Rahner

Komm, Heiliger Geist, bekehre uns, reinige und heilige uns, dass wir fähig werden, das Rechte zu sehen und zu tun. Befreie uns von Oberflächlichkeit und Zerstreutheit, die zu allzu vielen unbedachten Worten und Handlungen führen. Weite unseren Blick, dass wir die Nöte der anderen und die Erfordernisse des Gemeinwohls sehen und spüren. Zeige uns, wie wir unsere Fähigkeiten und die uns anvertrauten Güter am sinnvollsten einsetzen können. Schenke uns die Gnade, wachsam und feinfühlig zu werden für das Angebot des Hier und Heute, bereit zu werden, es weise und hochherzig zu nutzen.

Erleuchte alle, die in Kirche, Staat, Politik, Kultur und Wirtschaft hohe Verantwortung tragen. Steh vor allem jenen bei, die sich ganz der Sache des Friedens geweiht haben. Hilf allen, die Zeichen der Zeit richtig zu deuten, auf dem Guten weiterzubauen, sich von den alarmierenden Zeichen der Zeit wachrütteln zu lassen und weise nach Heilmitteln zu suchen.

Ohne dich vermögen wir nichts, fallen in tausend Torheiten und werden mitschuldig an den Dummheiten vieler anderer. Darum beten wir von ganzem Herzen: Schenke uns die Gaben der Weisheit und der Klugheit.
Bernhard Häring

Geist Gottes, wir suchen Dich
in der Einsamkeit.
In die Stille hinein rufen wir Deinen Namen.
Du gibst keine Antwort.
Bist Du nur ein flüchtiger Schatten,
ein Geist wie die vielen Geister, die Zeitgeister?
Hast Du Dich davongeschlichen?
Vielleicht sind wir auf der Flucht vor Dir,
einem zeitweise unbequemen Geist,
der uns keine Ruhe lässt.
Rüttle uns auf!
Setze uns in Bewegung!

Geist Gottes, wir suchen Dich,
der Du so verschiedene Gesichter hast:
Sturm, Feuerzungen,

gewaltig und stark;
ein Hauch,
sanft und leise,
kaum wahrnehmbar
Lass Dich wahrnehmen
in Deinen Gesichtern.

Geist Gottes, wir suchen Dich,
der Du Himmel und Erde verbindest,
Gott und Mensch.
Du bist die Brücke.
Durch Dich wird Begegnung möglich.
Bring Du uns in die Nähe Gottes,
uns Gott nahe.

Geist Gottes, wir suchen Dich
Elke Uhl

Rufe uns, du heiliger Geist,
wir bitten dich:
Durchbrich das Schweigen.
Lass uns spüren,
dass du bei uns bist.
Wir glauben an dich:
Höre unser Rufen in Stunden,
in denen du uns ferne scheinst,
und stärke uns in der Hoffnung,
wenn wir warten auf dich!
In deine Hände ist unser Leben gegeben.
Hilf uns, darauf zu vertrauen,
auch wenn wir dein Licht nicht sehen;
auch wenn es schlecht geht und wir meinen,
du hast uns verlassen.
Lass deine Liebe wieder brennen in unserem Herzen!

Lass an uns sichtbar werden die Verheißung deines Friedens.
Komm zu uns, du heiliger Geist, wir bitten dich.

Atme in uns, du heiliger Geist,
sonst halten wir uns selbst für klug
und bleiben verschlossen für deine Weisheit.
Du aber möchtest, dass wir immer tiefer eindringen in Gottes Plan,
dass unser Herz, unser Verstand, unser Fühlen
für das wahre Leben und die wahre Freude offen werden.

Rufe uns, du heiliger Geist,
sonst flüchten wir vor der Bindung an den Glauben.
Im Verschenken und Dienen,
im Verstehen und Versöhnen
lass uns Zeugen deiner Liebe sein!

Bete in uns, du heiliger Geist,
nicht nur in Worten,
sondern in unserem ganzen Mensch-Sein.
Hilf uns, Dein Wort zu hören
und davon »begeistert« zu sein.

Denke in uns, du heiliger Geist,
wenn Unsicherheit und Fragen uns bedrängen.
Brich unsere Gedanken auf,
dass wir in Frieden und Gerechtigkeit
miteinander leben können.

Stärke uns, du heiliger Geist,
denn du bist unsere Kraft, wenn wir müde sind.
Du hilfst uns,
in schweren Zeiten unseren Weg zu gehen.

Tröste uns, du heiliger Geist,
wenn Ängste vor Krankheit und Tod uns heimsuchen.

Du bist das offene Tor zwischen Himmel und Erde
und wirst uns heimführen zum Vater.

Komm, du heiliger Geist,
und bleibe bei uns,
denn unserem gemeinsamen Unterwegs
bist du die göttliche Begleitung,
halleluja.
Martin Thurner

Brenn in unseren Herzen

Du
Heiliges Feuer
Brenn in unseren Herzen

Du
Heiliges Wasser
Fließ in unseren Beziehungen

Du
Heiliger Geist
Beflügle unsere Gedanken

Du
Heiliger Fürsprecher
Sprich in unserem Innern

Du
Heilige Taube
Flieg durch unsere Welt

Du
Heilige Liebe
Begeistere alle Menschen
Anton Rotzetter

Atme in mir,
Du Heiliger Geist,
dass ich Heiliges denke!

Treibe mich,
Du Heiliger Geist,
dass ich Heiliges tue!

Locke mich,
Du Heiliger Geist,
dass ich Heiliges liebe!

Stärke mich,
Du Heiliger Geist,
dass ich Heiliges hüte!

Hüte mich,
Du Heiliger Geist,
dass ich das Heilige nimmer verliere!
Aurelius Augustinus (354–430)

Heiliger Geist,
berühre meine Augen,
dass sie leuchten vom göttlichen Licht;
berühre meine Hände,
dass sie aufgehen und austeilen;
berühre meine Füße,
dass sie Wege zu den Vergessenen finden;
berühre mein Herz,
dass mein ganzes Wesen
von Deiner Güte erzählt.
Bernhard Meuser

Pfingsten

Ich brauche dich, du Geist Gottes,
damit du mich stärkst,
wenn meine Kraft nachlässt,
damit du mich ermutigst,
mich für dein Reich einzusetzen,
damit du mich aufrüttelst,
wenn ich in Gewohnheiten erstarre,
damit du mich zögern lässt,
wo ich allzu sicher die Wahrheit sehe,
damit du mich bremst,
wo ich egoistisch nur meinen Vorteil suche,
damit du mich zärtlich sein lässt,
wo ich meinen Wunden begegne und
den Verletzungen anderer Menschen.

Ich brauche dich, heiliger Geist,
damit ich so werde, wie du, o Gott,
uns Menschen erschaffen hast,
als dein Abbild.

Irmela Mies-Suermann

Heiliger Geist – Zärtlichkeit im Sturm der Zeit

Dort, wo Du mir
Auf steinigem Weg
Eine heilbringende
Richtung weist.
Du, der mich durch
Das Dunkel der Stunden
Zum hellen
Sommertage führt.
Dein frischer Wind

Ist erquickende Kraft,
Die mein Gemüt
Gedeihen lässt.
Du gibst mir das labende Brot,
Welches mein Herz
In Freude versetzt.
Auf deinen Adlerschwingen
Bin ich in Liebe geborgen,
Sehe mein Dasein
Von Hoffnung geleitet –

Zauber der Verwandlung.
Bin ich dazu bereit?
Christian Hies

Dein Geist weht
wirbelt auf
braust hinweg
unfassbar
unbegreifbar
Windhauch
Brise
Abendwind
Sturmflut
nicht haltbar
oft nicht gespürt
weil wir uns verstecken
in Häusern und
eingemauert
die Fenster verschlossen
aus Angst,
etwas von uns könnte
weggeweht werden

Nur manchmal,
wenn Du mir auf den Fersen bist,
kann ich ihn spüren:
Deinen Atem im Nacken.

Simone Kammermeier

Sei du die Kraft

Wenn uns die Kräfte verlassen,
Sei du die Kraft, Heiliger Geist.
Wenn uns die Krankheit schwächt,
Sei du die Heilung, Heiliger Geist.
Wenn uns die Fragen plagen,
Sei du die Antwort, Heiliger Geist.
Wenn uns die Sorgen quälen,
Sei du die Zuversicht, Heiliger Geist.
Wenn alles hoffnungslos erscheint,
Sei du ein neuer Anfang, Heiliger Geist.
Wenn der Tod uns naht,
Sei du das Leben, Heiliger Geist.

Anton Rotzetter

Heiliger Geist

Wenn du mich nicht rufst, Heiliger Geist,
erliege ich falschen Verlockungen,
unterscheide ich die Geister nicht,
bleibe ohne jeden Antrieb.

Wenn du mir nicht beistehst, Heiliger Geist,
stehe ich ratlos vor meinen Entscheidungen,
verstehe ich deine Winke nicht,
stehe ich mir selbst im Weg.

Wenn du mir nicht hilfst, Heiliger Geist,
überhöre ich deine leise Stimme,
übersehe ich deine versteckten Fingerzeige,
übergehe ich deine behutsamen Eingebungen.

Wenn du mich nicht führst, Heiliger Geist,
werde ich hinters Licht geführt,
erkenne ich deine Wahrheit nicht,
bin ich mir selbst überlassen.

Wenn du mich nicht tröstest, Heiliger Geist,
bin ich von allen guten Geistern verlassen,
irre ich ziellos und heillos überfordert umher,
fehlt mir jegliche Zuversicht.

Wenn du mich stärkst, Heiliger Geist,
bin ich dem Leben gewachsen.
Paul Weismantel

Litanei vom heiligen Geist

DU bist für uns eine ständige Provokation.
DU Aufrüttler.
DU Verwirrer.
DU Erschütterer.
DU Schmerzender.
DU Durcheinanderwerfer.
DU Bedränger.
DU mich aus meiner Gewohnheit Reißender.
DU mich aus meiner Sicherheit Reißender.
DU mich aus meiner Trägheit Reißender.
DU willst mich ganz haben.
DU willst mich nicht teilweise.
DU Frucht bringender, alles neu Machender, treibender Geist.

DU Infragesteller.
DU, der du nie hören willst:
Lass mich doch in Ruhe!
Lass mich doch in Frieden!
DU Unruhestifter.
DU Revolutionär.
DU Sehnsüchtiger.
DU mich immer mehr Wollender.
DU willst, dass ich endlich auf-gebe,
meinen Widerstand brechen lasse,
dich in mich einlasse,
mich von dir durchdringen lasse.
DU provozierender Geist.
DU heiliger Geist.
DU willst dich mit mir vereinigen.
DU sehnsüchtiger Liebhaber:
DU heiliger Geist.
Komm!
Manfred Langner

Heilig-Geist-Litanei

Herr, erbarme dich.
Christus, erbarme dich.
Herr, erbarme dich.

Christus, höre uns.
Christus, erhöre uns.

Vorbeter: Gott, Vater im Himmel
Auf die folgenden Anrufungen antworten alle mit dem Ruf:
Alle: Erbarme dich unser!

Vorbeter: Gott Sohn, Erlöser der Welt

Gott, Heiliger Geist
Heiliger dreifaltiger Gott

Vorbeter: Geist der Liebe und Treue
Alle: Komm und führe uns!

Vorbeter: Geist des Friedens und der Versöhnung
Geist des Humors und der Freude
Geist der Offenheit und der Fairness
Geist der Toleranz und Achtung

Vorbeter: Geist, den uns Gottes Sohn verheißt
Alle: Wir bitten dich, belebe uns!

Vorbeter: Geist, der uns neue Wege weist
Geist, der Verhärtetes aufbricht
Geist, der uns neuen Mut zuspricht
Geist, der uns stets Kraft zusagt
Geist, der immer Neues wagt
Geist, der alles Leben schenkt
Geist, der unser Denken lenkt
Geist, der uns zu Geschwistern macht
Geist, der uns die Lieb(e) entfacht
Geist, der niemals stehen bleibt
Geist, der uns zu Taten treibt
Geist, der beflügelt und ergreift
Geist, der auf alte Zöpfe pfeift

Vorbeter: Für den Papst, die Bischöfe und Priester, lasset zum Herrn uns beten:
Alle: Komm, o heiliger Geist!

Vorbeter: Für die Politiker in allen Völkern, Ländern und Gemeinden, lasset …
Für die Manager in Industrie und Wirtschaft, lasset …

Für die reichen Länder des Nordens und die armen des Südens, lasset …
Für die Kinder, die alles haben, lasset …
Für die Kinder, die sich selbst überlassen sind, lasset …
Für die Kinder, die täglich ums Überleben kämpfen, lasset …
Für die Kinder, die misshandelt und missbraucht werden, lasset …

Für die nach Sinn suchenden jungen Menschen, lasset …
Für die jungen Menschen, die auf deine Stimme hören, lasset …
Für die Jugendlichen ohne Beschäftigung, lasset …
Für die Jugendlichen, die zu Gewalt neigen, lasset …

Für die in Liebe Verbundenen, lasset …
Für die in der Liebe Gescheiterten, lasset …
Für die Einsamen und Singles, lasset …

Für die von Hoffnungslosigkeit Erfüllten, lasset …
Für die körperlich und geistig Behinderten, lasset …
Für die von Krebs und Aids Gezeichneten, lasset …
Für die an Leib und Seele Erkrankten, lasset …

Für die Arbeitslosen und Entlassenen, lasset …
Für die Alten und Gebrechlichen, lasset …
Für die Verunglückten und Vermissten, lasset …
Für die Trauernden und Toten, lasset …

Sende aus deinen Geist und das Antlitz der Erde wird neu.

Gebet

Vorbeter: Lasset uns beten. Fantasiereicher, erfrischender Gott, wo Dein Geist weht, geschieht Gewaltiges, Revolutionäres und Neues. Öffne uns für Deinen Geist, damit er uns von Grund auf umkehrt und erneuert und wir in der Kraft dieses Geistes neue Wege in Kirche und Welt beschreiten. Darum bitten wir durch Christus, unsern Herrn. Amen.

Bernhard Kirchgessner

Erfüllt von Gottes Geist

Bausteine für eine pfingstliche Herren-Litanei

Die Anrufungen dieser Litanei richten sich, getreu biblischer und liturgischer Tradition, nicht an den Heiligen Geist selbst, sondern an den erhöhten Herrn, der Quelle und Spender des Geistes ist.

Jesus, erfüllt von Gottes Geist (nach Lk)

Auf die folgenden Anrufungen antworten alle mit dem Ruf:

Alle: Sei gepriesen, o Herr!

Vorbeter: Jesus
Vom heiligen Geist empfangen
Mit der Kraft (dynamis!) des Geistes gesalbt (vgl. Lk 4,18!)
Vom Geist in die Wüste hinausgetrieben
In der Kraft des Geistes dem Versucher widerstehend
In der Kraft des Geistes Gottes Herrschaft verkündend
In der Kraft des Geistes Krankheiten heilend
In der Kraft des Geistes Dämonen bannend
In der Kraft des Geistes Sünden vergebend

Im heiligen Geist vom Vater be-geistert
Im heiligen Geist den Vater preisend
Im heiligen Geist dem Vater gehorchend
Im heiligen Geist gehorsam bis zum Tod
Im heiligen Geist sich zum Opfer darbringend
Im heiligen Geist sich dem Vater (im Sterben) überlassend

Christus, die eröffnete Quelle des Geistes (Joh 19,20)
Alle: Gib uns den Geist!

Vorbeter: Christus
Am Kreuze erhöht
Zum Vater erhöht
Vom Vater verherrlicht
Der du im Sterben den Geist über-gibst (19,31)
Von des Soldaten Lanze durchbohrt (19,34)
Der sich verströmt in Wasser und Blut
Der sich verströmt im heiligen Geist (vgl. 7,39)
Du dich in Liebe verströmender Herr
Du grenzen-los dich verströmender Herr
Du rückhalt-los dich verströmender Herr
Du ohne Maß dich verströmender Herr
Du herr-licher Herr
Du österlicher Herr
Du siegreicher Herr
Du pfingstlicher Herr
Du verschwenderischer Herr
Du schöpferisch liebender Herr
Du offen-herziger Herr
Du Herr des Geistes
Du Quelle des Geistes
Du Spender des Geistes
Du Spender des Geistes der Vergebung

Du Spender des Geistes der Versöhnung
Du Spender des Geistes der Anbetung Gottes
Du Spender des Geistes der brüderlichen Liebe

Der Schöpfer-Geist Christi in uns

Alle: Schaffe uns neu!

Vorbeter: Dein Geist macht uns aus Knechten zu Söhnen
Dein Geist macht uns aus Knechten zu Freunden
Dein Geist macht uns aus Knechten zu Freien
Dein Geist macht uns zu Kindern des Vaters
Dein Geist lässt uns rufen »Abba-Vater«
Dein Geist macht uns zu Brüdern und Schwestern
Dein Geist lässt dich wohnen in unserer Mitte
Im Geist machst du uns zu deiner Kirche
Im Geist machst du uns zum Ort deiner Nähe
Im Geist machst du uns zum Ort deiner Güte
Im Geist machst du uns zum Ort deiner Liebe
Dein Geist lässt uns mit dir den Vater preisen
Dein Geist lässt uns in dir den Brüdern dienen
Dein Geist lässt uns aus dir dein Werk bezeugen

Schöpferisch in der Liebe Christi, die sein Geist in uns wirkt (nach 1 Kor 13)

Alle: Ohne Liebe sind wir nichts.

Vorbeter: Liebe wie deine ist langmütig und gütig
Liebe wie deine bläht sich nicht auf
Liebe wie deine ereifert sich nicht
Liebe wie deine lässt den anderen gelten
Liebe wie deine hat alles für den anderen übrig
Liebe wie deine kommt dem Bruder zuvor
Liebe wie deine will nichts für sich

Liebe wie deine lässt sich nicht erzürnen (provozieren)
Liebe wie deine rechnet nicht
Liebe wie deine rechnet nicht vor
Liebe wie deine rechnet nicht nach
Liebe wie deine rechnet nicht auf
Liebe wie deine leidet am Un-recht
Liebe wie deine freut sich an der Wahrheit
Liebe wie deine lässt sich nicht (v)erbittern
Liebe wie deine trägt nicht(s) nach
Liebe wie deine trägt alles mit
Liebe wie deine trägt alles aus
Liebe wie deine glaubt alles
Liebe wie deine hofft alles
Liebe wie deine duldet alles
Liebe wie deine hält alles aus
Liebe wie deine ist stärker als alles
Liebe wie deine hört niemals auf

Im Geist Christi berufen zu fruchtbarem Leben (nach Gal 5, 22f)

Alle: Lass wachsen in uns!

Vorbeter: Die Frucht deiner Liebe
Die Frucht deiner Freude
Die Frucht deines Friedens
Die Frucht deiner Geduld
Die Frucht deiner Freundlichkeit
Die Frucht deiner Güte
Die Frucht deiner Treue
Die Frucht deiner Milde
Die Frucht deiner Lauterkeit

Die einzelnen Abschnitte dieser Litanei sind, je nach Absicht des (der) Betenden, austausch- oder auch weglassbar.

So wäre z. B. denkbar, dass sich eine solche Kurzform auf die Abschnitte 2, 4, und 5 beschränkt: auf das Verweilen bei der geisterfüllten Liebe des Herrn, verbunden mit der inständigen Bitte, in ebendieser Liebe wachsen und fruchtbar werden zu dürfen.
Paul Ringseisen

Hier sind wir, Herr, Heiliger Geist. Hier sind wir, mit Sünden beladen, aber versammelt in deinem Namen. Komm in unsere Mitte, sei unter uns, komm in unsere Herzen mit deiner Gnade! Lehre uns, was wir tun sollen, weise uns, wohin wir gehen sollen, zeige uns, was wir wirken müssen, damit wir durch deine Hilfe dir in allem wohl gefallen! Du allein sollst unsere Urteile wollen und vollbringen, denn du allein trägst mit dem Vater und dem Sohn den Namen der Herrlichkeit. Der du die Wahrheit über alles liebst, lass nicht zu, dass wir durcheinander bringen, was du geordnet hast. Unwissenheit möge uns nicht irreleiten, Bestechlichkeit und falsche Rücksichten mögen uns nicht verderben! Deine Gnade allein möge uns binden an dich! In dir lass uns eins sein und in nichts abweichen vom Wahren! Wie wir in deinem Namen versammelt sind, so lass uns auch in allem, vom Geist der Kindschaft geführt, festhalten an der Gerechtigkeit des Glaubens, dass unser Denken nie uneins werde mit dir. Lass uns in der Welt, die da kommt, bei dir·sein in Ewigkeit und deinen Namen rühmen ohne Unterlass.

Dieses Gebet (aus einem in Mainz um 950 gebräuchlichen Pontificale) wurde von den Vätern des Zweiten Vatikanischen Konzils (1962–1965) zu Beginn jeder Sitzung gesprochen.

Gebete um die Gaben des Heiligen Geistes

Im Außergewöhnlichen sehen wir Dich,
kraftvoller, mächtiger Heiliger Geist,
in Sturm und Feuer, in Verwandlung und Aufbruch,
im Leben außergewöhnlicher Menschen.

Hilf uns, Dich im Verborgenen zu finden,
stiller, beständiger Heiliger Geist,
Hilf uns, Deine leisen Gaben zu entdecken
in unseren Mitmenschen und in uns selbst:

die Gabe, Frieden zu stiften,
die Fähigkeit, andere zu begeistern,
die Kunst, die Wahrheit auszusprechen,
das Talent, gut zuhören zu können,
die Kunst, Kompliziertes einfach zu sagen,
die Gabe, ein ruhender Pol zu sein,
die Fähigkeit, sich einzufühlen,
die Gabe der bergenden
Mütterlichkeit und Väterlichkeit,
die Gabe des kindlichen Staunens,
das Charisma des Humors.

Du bist die Chance zum Leben
für jeden von uns.
Entfalte Dein Wirken in uns,
das mächtige und das leise,
damit wir uns selber entdecken.
Amen.

Andreas Lerch

Der Geist weht, wo er will
(Joh 3,8)

Heiliger Geist, ich glaube an dich. Wie eine Leitung ohne elektrischen Strom tot ist, so wäre mein Leben tot ohne dein Wirken. Mit unseren Gedanken können wir dich nicht fassen, mit unseren Worten nicht beschreiben. Ob wir dich Hauch, Atem, Sturm oder Feuer nennen, immer bedeutet dies, dass du dich keiner menschlichen Planung unterwirfst. Du entziehst dich der willkürlichen Verfügung. Du wehst, wo du willst.

Heiliger Geist, mit deinem Wirken verbinden wir die Hoffnung auf eine neue Welt. Unser menschliches, eigenmächtiges Handeln ist niemals imstande, diese neue Schöpfung herbeizuführen. Sie ist dein Geschenk.

So bitten wir um deine Gaben:
Schenke uns den Geist der Weisheit, damit wir hinter allen Dingen unseren Schöpfer erkennen.
Gib uns den Geist der Einsicht, damit wir erfahren, worin das wirkliche Leben besteht.
Wir brauchen deinen Geist des Rates, damit wir deinen Eingebungen gegenüber wachsam und gelehrig sind.
Vermittle uns deinen Geist der Stärke, damit wir gegen unsere Schwächen ankämpfen und uns mehr von dir leiten lassen.
Entziehe uns nicht den Geist der Wissenschaft, damit wir in unserem Forschen und Denken nicht ohne dich zu handeln versuchen.
Bewahre in uns den Geist der Frömmigkeit, die Freude ausstrahlt und andere Menschen froh machen kann.
Lass uns feststehen im Geist der Gottesfurcht, die in uns das Bewusstsein vom unendlichen Abstand zwischen Schöpfer und Geschöpf wach hält.

Heiliger Geist, wenn du wirkst, dann verändert sich mein Leben, dann verändert sich die Welt. Mit dir lass mich wirken in dem Wissen, dass erst durch dich das Neue und Unerwartete kommt. Dein Geist weht, wo er will. Er erneuere das Angesicht der Erde und mache auch mich zu einem neuen Menschen.

Wolfgang Oberröder

Komm, Heiliger Geist

Wenn du nur in den Herzen wohnst,
die treu sind,
wie kann ich dann durch dich gesegnet werden?
O Heiliger Geist, komme
in mein untreues Herz
und wandle es in ein Herz, das Treue hält.

Wenn du nur in den Herzen wohnst,
die rein sind,
wie kann ich dann durch dich gesegnet werden?
O Heiliger Geist, komme
in mein schmutziges Herz
und wandle es in ein reines Herz.

Wenn du nur in den Herzen wohnst,
die barmherzig sind,
wie kann ich dann durch dich gesegnet werden?
O Heiliger Geist, komme in mein unbarmherziges Herz
und wandle es in ein barmherziges Herz.

Wenn du nur in den Herzen wohnst,
die gerecht sind,
wie kann ich dann durch dich gesegnet werden?
O Heiliger Geist, komme in mein ungerechtes Herz
und wandle es in ein gerechtes Herz.

Wenn du nur in den Herzen wohnst,
die glauben,

wie kann ich dann durch dich gesegnet werden?
O Heiliger Geist, komme in mein ungläubiges Herz
und wandle es in ein Herz, das glaubt.

O Heiliger Geist,
wenn du in mein Herz kommst,
werde ich reich gesegnet werden.

Meine Freude wird dann
die eines Blinden sein,
der sein Augenlicht wiedererhält,
die eines Tauben, der sein Gehör wiederempfängt,
die eines Stummen,
der seine Sprache wiedergewinnt.
So groß wird meine Freude sein.
O Heiliger Geist,
komm in mein Herz.
Amen.
Aus Indien

Credo – Ich glaube

Ich glaube

Ich glaube an Gott
aus liebe zu den 15 millionen leprakranken
den pferdestarken die vom morgen bis in die nacht packen
schleppen
den 30 millionen schwachsinnigen
den tanten denen das haar über ihre lange güte weiß wurde
denen die so beharrlich ins unrecht starren um keinen sinn zu
sehen

den verschwiegenen – denen die mit der trompete des erzengels
unterm kissen schlafen
dem mädchen nicht ganz bei trost
denen die herztropfen erdenken
denen die vom weißen christen gemordet wurden
denen die einen beichtvater mit ohren zu beiden seiten erwarten
den augen des schizophrenen
denen die sich darüber freuen dass sie beständig erhalten und
beständig geben müssen
denn glaubte ich nicht
so glitten sie ab ins nichts
Jan Twardowski

Ich glaube...

Ich glaube an Gott –
den Göttern, Götzen, aller Gottlosigkeit zum Trotz.

Ich glaube an Gott, den Vater –
ungekannten, unbekannten Vätern, mißhandelnden Vätern und Müttern zum Trotz.

Ich glaube an Gott, den Allmächtigen –
allem Machtmissbrauch von Mächtigen, »Allmächtigen« zum Trotz.

Ich glaube an Gott, den Schöpfer des Himmels und der Erde –
den Laborgöttern und aller menschlichen Zerstörungswut zum Trotz.

Ich glaube an Gott und an Jesus Christus, seinen eingeborenen Sohn, unseren Herrn –
bestimmten Herren, Herrschaften zum Trotz.

Ich glaube an Gott, empfangen durch den Heiligen Geist –
gebenden, angebenden Zeitgeistern, allem Geistlosen zum Trotz.

Ich glaube an Gott, geboren von der Jungfrau Maria –
unerwünschtem, ungeschütztem, schutzlosem Leben zum Trotz.

Ich glaube an Gott, gelitten unter Pontius Pilatus –
Mitleidlosem zum Trotz.

Ich glaube an Gott, gekreuzigt, gestorben und begraben –
der Gewalttätigkeit, Gewaltverherrlichung, gestorbenen und begrabenen Hoffnungen zum Trotz.

Ich glaube an Gott, hinabgestiegen in das Reich des Todes –
Todesreichen, Auschwitz, Hiroshima …, allen Totenreichen zum Trotz.

Ich glaube an Gott, am dritten Tage auferstanden von den Toten –
Christen, die nicht an eine Auferstehung glauben zum Trotz.

Ich glaube an Gott(es) Vergebung der Sünden –
aller Schuld- und Sündhaftigkeit zum Trotz.

Ich glaube an Gott –
aller Ungläubigkeit, all meinen Fragen und Zweifeln zum Trotz.

Ich glaube an …
allem … zum Trotz.

Ich glaube an Gott.

Amen.
Elke Uhl

Ich glaube an Gott, den Vater, die Allmacht der Liebe.
Er ist der Schöpfer des Himmels und der Erde;
dieses ganzen Universums,
mit all seinen Geheimnissen;
dieser Erde, auf der wir leben,
und der Sterne, zu denen wir reisen.
Er kennt uns von Ewigkeit, nie vergisst er,
dass wir aus dem Staub der Erde gemacht sind
und einmal aus Staub zu ihr zurückkehren werden.
Ich glaube an Jesus Christus,
den einziggeliebten Sohn Gottes.
Er hat aus Liebe zu uns allen
unsere Geschichte, unser Dasein mit uns teilen wollen.
Ich glaube, dass Gott auf menschliche Weise
auch Gott für uns sein wollte.
Er hat als Mensch unter uns gewohnt,
ein Licht in der Finsternis.
Aber die Finsternis hat ihn nicht begriffen.
Wir haben ihn ans Kreuz geschlagen.
Und er ist gestorben und begraben worden.
Aber er hat auf Gottes letztes Wort vertraut
und ist auferstanden, ein für allemal,
er sagte, er werde uns einen Platz bereiten
im Haus seines Vaters, in dem er jetzt wohnt.
Ich glaube an den Heiligen Geist,
der Herr ist und Leben schenkt.
Und den Propheten unter uns
ist er Sprache, Kraft und Feuer.
Ich glaube, dass wir gemeinsam unterwegs sind, Pilger,
gerufen und versammelt,
um Gottes heiliges Volk zu werden,
denn ich bekenne die Befreiung vom Bösen,
den Auftrag zur Gerechtigkeit
und den Mut zur Liebe.
Ich glaube an das ewige Leben,

an die Liebe, die stärker ist als der Tod,
an einen neuen Himmel und eine neue Erde.
Und ich glaube, dass ich hoffen darf
auf ein Leben mit Gott und miteinander
bis in alle Ewigkeit:
Herrlichkeit für Gott und Friede für die Menschen.
Andreas Lerch

Credo

Ich glaube an Gott, den Allmächtigen,
der allmächtig ist,
nicht weil er Naturgesetze sprengt,
jeden Krieg und Mord verhindert
oder uns unsere eigene Kreuzigung erspart,
sondern weil er in seiner Allmacht
uns Menschen nach seinem Bild erschaffen hat,
damit unser Geist sich anstrengt,
die Weltprobleme zu lösen,
damit unser Herz sich weitet
für das Elend unserer Schwestern und Brüder.
Gott sprengt unsere menschlichen Grenzen
des Glaubens, der Hoffnung und der Liebe,
wenn wir erkennen, dass wir von Gott
unendlich und bedingungslos geliebt werden
und diese Liebe weitergeben können,
ja müssen.
So überwindet er unseren Tod
und führt uns durch unsere Kreuzigung
Zum ewigen Leben.

Ich glaube an Jesus Christus,
an jenen Menschen,
der ganz aus Gott seinen Ursprung nahm

und aus ihm lebte,
der uns den Weg zur Gotteskindschaft gezeigt hat,
selbst wenn er Anstoß und Ärgernis erregte.
Jesus Christus hat den Tod am Kreuz auf sich genommen
und ist doch nicht gescheitert am Hass der Menschen.
Er ist lebendig geworden damals und heute.
Mit ihm können wir immer wieder aufstehen,
auferstehen.

Ich glaube an den Heiligen Geist,
an jene unbegreifliche Macht,
die die Kraft zur Liebe gibt,
die die Einsicht in Gottes Willen
und unser menschliches Herz vermittelt,
die unsere Trägheit wachrüttelt
und uns immer wieder neu beginnen lässt.

Ich glaube an die christliche Kirche,
weil ich den Weg der Gotteskindschaft
nicht alleine gehen kann,
sondern die Gemeinschaft brauche.
Ich glaube, dass mein Leben nicht umsonst war
und dass Gott einst alles vollenden wird,
was mir in diesem Leben nicht gelang.
Ich glaube, dass das ewige Leben
schon jetzt angefangen hat,
wo Gottes Liebe weitergegeben wird.

Irmela Mies-Suermann

Credo

Ja, ich glaube,
dass nichts in dieser Welt geschieht
ohne deinen Willen, o Gott,
auch wenn ich so vieles nicht verstehe.

Ja, ich glaube,
dass du einen jeden Menschen von Ewigkeit her
gewollt und ins Dasein geliebt hast,
auch wenn nicht alle das so sehen.

Ja, ich glaube,
dass du viel mehr Geduld mit uns hast
und endlose Nachsicht übst,
auch wenn wir noch so kurzsichtig sind.

Ja, ich glaube,
dass du in Jesus Christus Mensch geworden bist
und seither in jedem Menschen auf uns wartest,
auch wenn wir dich so oft nicht erkennen.

Ja, ich glaube,
dass dein Geist auch heute die Herzen
vieler Menschen bewegt und befähigt,
auch wenn viele böse Geister am Werk sind.

Ja, ich glaube,
dass du inmitten deiner Kirche lebst,
dass du sie am Leben erhältst,
auch wenn viele ihr den Rücken kehren.

Ja, ich glaube,
dass du niemals aufhörst
in der Ohnmacht deiner Liebe
deine Allmacht zu offenbaren.

Ja, ich glaube,
dass du allein uns Menschen
Zukunft und Hoffnung gibst
über alle Grenzen weit hinaus.

Paul Weismantel

EIN CREDO

Ich glaube an Gott,
Schöpfer des Lebens,
Vater und Mutter,
Leben spendende Kraft,
Himmel und Erde.

Ich glaube an einen Gott,
dem jedes Geschöpf kostbar ist,
Tiere, Pflanzen und Menschen.
Alles hat einen Wert,
nichts ist ohne Bedeutung, ohne Sinn,
nichts ist zu unterschätzen.

Unfassbar Jesu Menschwerdung,
Gottes Liebe, greifbar für eine Zeitspanne,
Gottes Barmherzigkeit, menschlich nah,
Gottes Weite – auf dieser Erde.
Unbegreiflich Jesu Sterben,
Sein Aufstehn gegen den Hass,
sein Auftreten gegen die Gleichgültigkeit,
sein Sieg über das Böse.
Ohne ihn würde etwas fehlen
zwischen Himmel und Erde.
Ohne ihn würden wir verlieren,
was am Leben hält,
mit ihm kann ich immer wieder neu entdecken,
was wichtig ist
und was dem Leben dient.

Ich glaube,
Gottes Geist wirkt auch heute,
wo immer Menschen menschlich leben,
wo immer Menschen die Hand zur Versöhnung reichen,

aufstehn gegen Hass und Gewalt,
eintreten für Recht und Gerechtigkeit.

Gottes Geist,
wo immer das Wort der Schrift zum Maßstab meines Handelns wird,
Einheit wächst und Vielfalt möglich ist.

Ich glaube,
dass Gottes Liebe mein Leben prägen und wandeln kann,
stärkt und ermutigt in guten und in schwierigen Zeiten,
dass Seine Barmherzigkeit auch mich barmherziger macht,
Seine Weite auch an mich die Einladung ist,
zu leben,
dem Leben zu dienen
und weiter
zu gehen.
Amen.

Andreas Westerbarkei

Glaubensbekenntnis

Ich glaube
an dich.

Du glaubst
an mich.

Ich glaube
das genügt.

Peter Schott

Glaubensfrage

Glaube ich
an dich, Gott
weil es dich gibt?

Oder gibt es dich,
weil ich an dich glaube?
Peter Schott

Begegnung von Mensch zu Mensch

O Gott, gib, dass ich keines Menschen Feind,
aber der Freund alles Ewigen und Bleibenden sei.
Dass ich nie Schlechtes gegen jemand ersinne,
und wenn mir solches geschieht, so soll ich verschont werden,
ohne den zu verletzen, der mir solches tun wollte.
Dass ich nur das Gute liebe, suche und erlange.
Dass ich das Glück aller Menschen wünsche und niemanden beneide.
Dass ich niemals darauf warte, andere gescholten zu sehen,
wenn ich etwas Schlechtes gesagt oder getan habe,
sondern immer mich selbst tadele, bis ich mich bessere.
Dass ich nie einen Sieg davontrage, der mir oder meinem Gegner wehtut.
Dass ich Freunde, die einander zürnen, wieder versöhne.
Dass ich nach meinen ganzen Kräften allen Hilfe leiste,
die sie brauchen.
Dass ich nie einen Freund in Gefahr aufgebe.
Dass ich mich selbst achte.

Dass ich immer alles das zügele, was in mir wüten kann.
Dass ich nie darüber spreche, wer böse ist oder wer Böses getan hat,
sondern gute Menschen suche und ihren Fußstapfen folge.
Eusebius von Caesarea (nach 260–339)

Liebe, Partnerschaft, Ehe

LIEBENDE

Du bist nicht der erste meiner Gedanken, Gott, denn die Gedanken sind dort, wo mein Herz schlägt: Ich spüre ein Herz, das für mich schlägt; ich blicke in Augen, die mich suchen; ich höre eine Stimme, die mich wärmt; ich genieße die Hände, die mir Halt geben.
Du bist nicht der erste meiner Gedanken, Gott, denn die Gedanken sind dort, wo mein Herz schlägt. Doch mittendrin in der Zärtlichkeit dieser Hände, im Klang dieser Stimme, im Blick dieser Augen, im Schlag dieses Herzens, da spür ich deine Liebe, mein Gott.
Gesang- und Gebetbuch der deutschsprachigen Schweiz

GEBET FÜR DAS JUNGE PAAR, DAS HEIRATEN WILL

Lieber Gott,
hilf diesem Paar,
ein einziges Herz voll von Liebe zu sein.
Gib ihnen ein Leben, in dem sie eins sein können
in guten wie in schlechten Tagen,
in Krankheit und in Gesundheit.
Gib ihnen Liebe
für die Kinder, die sie haben werden.

Und lass sie in ihrem Heim
immer eine offene Tür
für die Armen haben.

Lehre sie, o Herr,
zusammen zu beten,
damit sie immer zusammenstehen können.
Amen.
Mutter Teresa

Lied für Trauungen

Wir preisen Dich, Gott,
der Du Frau und Mann
zur Liebe füreinander geschaffen.
Der Liebe lass
Treue entsprießen,
die ausstrahlt auch auf andere Menschen.

Wir preisen Dich, Gott,
der Du Frau und Mann
zur Liebe füreinander geschaffen.
So mache uns willig, im Leiden
und in der Not zusammenzuhalten.

Wir preisen Dich, Gott,
der Du Frau und Mann
zur Liebe füreinander geschaffen.
Zerstrittenen
schenke Versöhnung
und wecke ihre Zärtlichkeit wieder.

Wir preisen Dich, Gott,
der Du Frau und Mann

zur Liebe füreinander geschaffen.
Der Einsamen
Traurigkeit wandle
in Zuwendung, die furchtlos sich öffnet.

Wir preisen Dich, Gott,
der Du Frau und Mann
zur Liebe füreinander geschaffen.
Er-wecke uns,
Schöpfer der Liebe,
stets wieder neu zur Lust und zur Treue.
Kurt Marti

Gebet von Partnern

Das Ja, gesprochen aus Liebe, hat sich verwandelt in Treue. Gott, erhalte uns im Versprechen, das wir einander gegeben, in guten und bösen Tagen, in Gesundheit und Krankheit uns zu lieben, zu achten und zu ehren. Treten wir uns zu nahe, dann schaffe Raum, bewegen wir uns auseinander, dann führ uns zusammen, werden wir einander zum Rätsel, dann gib uns Vertrauen, von dir gehalten zu sein. Die Freude aber, die wir aneinander haben, werde zum Zeichen, dass es sich lohnt, auf die Liebe zu bauen, durch die wir ein Abbild sind von dir, unserm Gott.
Gesang- und Gebetbuch der deutschsprachigen Schweiz

In schweren Stunden der Ehe

Vater im Himmel, ich hätte nie gedacht, dass wir einander so wehtun können. Ich erkenne immer mehr, wie schwer es ist zu lieben und wie schwach wir sind. Hilf uns, dass wir einander verzeihen können. Lass uns erkennen, was wir falsch gemacht haben. Lass uns immer wieder einen Weg finden, der uns zueinander führt. Lass unsre Liebe nicht untergehen, sondern reifer werden. Hilf uns, Herr!

Gesang- und Gebetbuch der deutschsprachigen Schweiz

SEGEN

es segne euch
der lebendige und gute gott
er lasse euer beider leben
zu EINEM zusammenwachsen

seid gesegnet in euren kindern
und die liebe
die ihr ihnen erweist
möge hundert- und tausendfach
auf euch zurückkommen

wahrer friede
sei das fundament
eures hauses
treue freunde
mögen euch in freude
und leid
zur seite stehen
und ihre sympathie
gehe neben euch her
als schutzengel

wer in not ist
finde bei euch
rat trost und hilfe
und so
komme segen über euch

die sorge soll euch nicht
im übermaß quälen
eure arbeit nehme nicht
überhand
und das ergebnis
eurer arbeit
soll euch erfreuen
und lange erhalten bleiben

das vergängliche
verführe euch nicht
denkt vielmehr an die dinge
die im wechselnden vielerlei
der welt und eures lebens
unvergänglichen wert behalten

der lebendige gott
erhalte eure liebe lebendig
und fantasievoll
bis ins hohe alter
und ob euer leben kurz oder lang
gott möge
euer unvollendetes leben
zur vollendung führen

habt keine angst vor dem tod
und keine angst vor dem leben
gott ist treu
und er wird alles zum guten lenken
und was er verheißen hat
das wird er euch über alles hoffen
und begreifen hinaus
auch geben
durch christus unsern herrn

amen!

Wilhelm Willms

Menschen als Geschwister

DEIN REICH KOMME

Dein Reich komme,
weil Reichtum bunt erblühen will
in der Gerechtigkeit für alle,
in Schwesterlichkeit, Brüderlichkeit,
in segensvollen Erfindungen,
in unserer Freundschaft mit der Natur,
in Anbetungen jeder Art,
in Entfaltungen des Geistes,
in Erleuchtungen der Sinne
(mystisch, tantrisch, wie auch immer),
in der Allgegenwart und Allmacht der Liebe
– damit Du, unendlich reich schon immer,
schließlich auch unter uns wirst
alles in allem.
Kurt Marti

LASS UNS DEINE NÄHE SPÜREN — PSALM 34

Gott,
du weißt,
woran unser Herz zerbricht:
an der Kühle im Umgang miteinander,
an der Unbeständigkeit
von Liebe und Freundschaft,
an den vielen alltäglichen Lügen.
Unser Gemüt ist zerschlagen,
unsere Seele hungrig
und Unruhe treibt uns
in die Erschöpfung.

Gott,
lass uns deine Nähe spüren.
Schenk uns Geborgenheit
und verlässlichen Halt.
Erlöse uns aus der Verlorenheit unseres Lebens.
Sylvia Bukowski

FÜLLE UNSERE ÄNGSTLICHE SEELE — PSALM 112

Barmherziger Gott,
wir danken dir
für deine Liebe,
mit der du nicht geizt.
Wir machen uns manchmal nicht klar,
wie reich du uns gemacht hast
an Fähigkeiten,
die wir für andere einsetzen können,
an Zeit,
die wir anderen schenken können,
an Hab und Gut,
mit dem wir fremde Not stillen können.
Die Angst,
mit allem zu kurz zu kommen,
macht uns unersättlich in unserer Gier,
und es gelingt uns viel zu selten,
wirklich freigiebig zu sein
mit dem, was wir empfangen haben.

Barmherziger Gott,
befrei uns mit deiner Großzügigkeit
von der ständigen Sorge
um uns selbst.
Fülle unsere ängstliche Seele
reichlich mit Vertrauen zu dir

und öffne uns Herz und Hand
für die, die uns brauchen.
Sylvia Bukowski

Wenn es läutet,
wenn Massen strömen –
gereizt, hastig, wortlos, fremd –
wenn das Fabriktor zufällt,
dann wird man wieder Mensch,
so sagt man.
Ich will ausruhen, Kraft sammeln,
um Mensch zu sein
für die Menschen.
Ich will mich um sie kümmern
trotz der Abfälle des Werktags,
die meinen Spielraum beengen.
Ich will handeln,
auch wenn der Berg der Unmenschlichkeit
morgen noch gleich hoch erscheint.
Mit dir, Gott,
breche ich die Kruste auf,
die mich umgibt,
und finde in mir wieder:
die Liebe.
Bernhard Lang

HERR, ICH HABE KEINEN MENSCHEN

(Joh 5,7)

Viele Menschen sind um mich: solche, die kommen und gehen, Bekannte, Kollegen, Familienangehörige, auch Freunde sind dabei. Manchmal sehne ich mich nach menschlicher Nähe. Manchmal bin ich lieber allein. Nicht alle in meiner Umgebung bedeuten mir gleich viel. Nur manchen stehe ich nahe. Das ist wohl natürlich so. Dennoch sehne ich mich nach mehr Angenommensein, Verständnis, Geborgenheit, Wärme.

Es gibt Zeiten, in denen ich einsam bin, auch wenn andere sich bei mir aufhalten. Ich spüre, im Grunde meines Herzens brennt eine Sehnsucht, die Menschen nicht stillen können. Mein Verlangen geht weiter. Ich fühle, nur du, Herr, kannst diese Leere füllen.

Herr, lass mich das Alleinsein aushalten. Zeige mir, dass es mich gerade in deine Nähe verweist. Lass mich daran glauben, dass solche Stunden und Tage notwendig sind, damit ich dich nicht aus den Augen verliere. Denn jede Suche nach Erfüllung und Geborgenheit ist im Letzten eine Suche nach dir.

Gib mir aber auch, Herr, die Offenheit, Menschen in mein Leben hineinzulassen. Allein vermag ich nichts. Schenke mir stets neu die Erfahrung, dass jede gute menschliche Begegnung auch ein Zusammensein mit dir bedeutet. Lass mich nicht abweisend werden, nicht eigenbrötlerisch, nicht selbstherrlich. Hilf mir, die Fehler der anderen zu ertragen, so wie auch sie mich mit meinen Schwächen annehmen müssen.

Wenn ich dich suche, dann bin ich nicht allein. Wenn ich mich dem Mitmenschen öffne, werde ich wohl selten abgewiesen. Wenn ich mutig bin und auf den anderen zugehe, wird auch er mir entgegenkommen. Wenn ich dich suche, darf ich dich finden und zugleich den Menschen, der mich aus meiner Abgeschlossenheit herausführt.

Wolfgang Oberröder

HERR, schenke uns
offene Augen, dass wir den Nächsten sehen,
offene Ohren zu hören, wo uns der Nachbar braucht,
offene Hände, die weitergeben, was wir empfangen haben,
starke Arme, die zupacken können, wo man uns braucht;
feste Füße, die uns befähigen, weite Wege zu gehen;
ein offenes Herz, das mitempfindet;
Liebe, die sich ohne Gegenliebe verschenkt;
Hoffnung, die Zuversicht auslöst;
Glauben, der alles überwindet;
Deinen Geist, der uns frei macht!
Heinz Pangels

*

Es sind zu viele, Herr!
Sie haben kein Brot,
sondern sterben grausam an Hunger.
Sie haben kein Wasser, noch weniger Wein,
sie verdursten vertrocknet.
Und viele berührt, sterbend,
keine tröstend bergende Hand.
Das ist kein Leben, Herr,
sondern todschwangeres Sterben auf Raten,
unaufhaltsam, mitten unter uns in der einen Menschheit.
Und wir?
Wir haben zu viel an Brot
und drohen am Überfluss zu ersticken.
Wir sind so trunken von unserem Reichtum,
dass wir den klaren Blick verlieren.
Tatenlos stecken wir unsere Hände
in die gefüllten Taschen.
Doch eingestreut in unser sattes Leben
holst Du uns an deinen Tisch.

Du willst uns wandeln:
dass Brot wir werden füreinander, damit der Hunger weicht, und Wasser des Lebens teilen, damit niemand verdurstet, und dass unsere Hände frei werden, damit wird endlich handeln.
Herr, brich unseren Widerstand,
wenn du uns wandeln willst.
Es wäre ein Segen für die Welt.
Paul M. Zulehner

gott
einmal muss das fest kommen
bei dem wir insgesamt
uns auftischen
als speise einer dem andern
als wein uns darreichen einer dem andern
das fest der großen trunkenheit
das fest der großen einigkeit
das fest der großen vielfalt
einmal muss das fest kommen
an dem großen tisch der welt
der zum himmel wurde
an dem großen tisch an dem niemand fehlt
bei dem mahl
von dem keiner sich abmeldete
weil er was besseres und wichtigeres
zu tun hatte
einmal muss der tag doch kommen
von dieser hoffnung leben wir
gott
und darum sind wir hier zusammen
weil wir auf diesen tag hin
verwandelt werden wollen
fähig werden wollen für dieses fest

einig werden wollen zu diesem mahl
schritt für schritt einander entgegen
gott
woran liegt es
dass so viele sich
entschuldigen und wegbleiben
gott
weil wir nicht schmecken
oder weil du nicht schmeckst?
Wilhelm Willms

Begegnung mit der Zeit

Von guten Mächten wunderbar geborgen

Von guten Mächten treu und still umgeben,
behütet und getröstet wunderbar,
so will ich diese Tage mit euch leben
und mit euch gehen in ein neues Jahr.

Noch will das alte unsere Herzen quälen,
noch drückt uns böser Tage schwere Last,
ach, Herr, gib unsern aufgescheuchten Seelen
das Heil, für das Du uns bereitet hast.

Und reichst Du uns den schweren Kelch, den bittern
des Leids, gefüllt bis an den höchsten Rand,
so nehmen wir ihn dankbar ohne Zittern
aus Deiner guten und geliebten Hand.

Doch willst Du uns noch einmal Freude schenken
an dieser Welt und ihrer Sonne Glanz,
dann wolln wir des Vergangenen gedenken,
und dann gehört Dir unser Leben ganz.

Lass warm und still die Kerzen heute flammen,
die Du in unsere Dunkelheit gebracht,
führ, wenn es sein kann, wieder uns zusammen.
Wir wissen es, Dein Licht scheint in der Nacht.

Wenn sich die Stille nun tief um uns breitet,
so lass uns hören jenen vollen Klang
der Welt, die unsichtbar sich um uns weitet,
all Deiner Kinder hohen Lobgesang.

Von guten Mächten wunderbar geborgen,
erwarten wir getrost, was kommen mag.
Gott ist mit uns am Abend und am Morgen
und ganz gewiss an jedem neuen Tag.
Dietrich Bonhoeffer

Morgengebete

Wecke mein Ohr, damit ich Dich höre.
Wecke meine Augen, damit ich Deine Schönheit sehe.
Wecke meinen Mund, damit ich die Dinge von innen schmecke.
Wecke meine Nase, damit ich in Vertrautheit Dich rieche.
Wecke mein Herz, damit ich mit Deinem Herze liebe.

Wecke mich, mein Gott, er-wecke mich,
damit ich er-wache und wach bin für das Leben!
Isabelle Stablo

Morgengebet

Wisch weg die Spuren der Nacht.
Verjag den Tod aus mir.

Mach mich heller
als der Tag, der erschienen ist.

Lass mich dich sehen,
der selbst erschienen ist,
eingehüllt in das Licht dieses Tages.

Dass ich beharrlich bin
in Erbarmen und Aufmerksamkeit.

Dass mich Schmerz und Sorgen
nicht abstumpfen.

Dass sich die Kraft zur Liebe
mir nicht versagt.
Huub Oosterhuis

Die Himmel rühmen die Herrlichkeit Gottes;
vom Werk seiner Hände kündet das Firmament.

Tag gibt dem Tag die Botschaft weiter,
Nacht verkündet der Nacht die Erkenntnis.

Ohne Rede und ohne Worte,
man hört ihre Stimme nicht.

Dennoch ergeht über alles Land ihr Schall,
bis ans Ende der Welt ihre Sprache.
Er schuf für die Sonne ein Zelt daselbst.

Sie ist wie ein Bräutigam, der aus seinem Gemache hervorkommt,
läuft freudig wie ein Held die Bahn.

Vom Ende des Himmels geht sie aus,
und ihr Umlauf reicht wieder bis an sein Ende.
Nichts kann sich ihrer Glut entziehen.
Psalm 19,2–7

Getrost ist mein Herz, o Gott, getrost ist mein Herz;
ich will singen und spielen!
Wach auf, mein Gemüt, wach auf, Harfe und Zither!
Ich will das Morgenrot wecken.
Vor den Völkern will ich dir danken, Herr,
vor den Nationen dich preisen!
Denn groß bis zum Himmel ist deine Huld,
und bis zu den Wolken reicht deine Treue.
Zeige deine Hoheit am Himmel, o Gott,
auf der ganzen Erde deinen herrlichen Glanz!
Psalm 57,8–12

So rufe ich denn zu dir, o Herr;
jeden Morgen steigt mein Gebet zu dir empor.
Warum, Herr, verwirfst du mein Sehnen,
verbirgst du dein Antlitz vor mir?
Psalm 88,14–15

Kehre um, o Herr! Wie lange noch?
Hab wieder Erbarmen mit deinen Dienern!
Sättige uns am Morgen mit deiner Huld,
dass wir frohlocken und jubeln unser Leben lang!
Erfreue uns so viele Tage, wie du uns niederbeugtest,
so viele Jahre, wie wir Leid erfuhren!

Dein Walten zeige sich an deinen Dienern,
an ihren Kindern deine Herrlichkeit!
Die Güte des Herrn, unseres Gottes, sei über uns!
Das Werk unsrer Hände lenke über uns, ja, lenke das Werk unsrer Hände!

Psalm 90,13–17

Bitte um Schutz und Beistand

O Gott, du hast in dieser Nacht
so väterlich für mich gewacht;
ich lob' und preise dich dafür
und dank' für alles Gute dir.
Bewahre mich auch diesen Tag
vor Sünde, Tod und jeder Plag,
und was ich denke, red' und tu',
das segne, liebster Vater, du!
Beschütze auch, ich bitte dich,
o heil'ger Engel Gottes, mich!
Maria, bitt' an Gottes Thron
für mich bei Jesus, deinem Sohn,
der hochgelobt sei allezeit
von nun an bis in Ewigkeit.
Amen.

Altes deutsches Gebet

Mach uns würdig, Herr,
unseren Mitmenschen in der ganzen Welt zu dienen,
die in Armut und Hunger leben und sterben.
Gib ihnen durch unsere Hände heute
ihr tägliches Brot,
durch unsere verstehende Liebe Frieden und Freude.
Herr, gewähre,

dass ich eher zu trösten suche, als getröstet zu werden;
zu verstehen, als verstanden zu werden;
zu lieben, als geliebt zu werden;
denn durch Selbstvergessen findet man;
durch Verzeihen erlangt man Verzeihung;
durch Sterben erwacht man zum ewigen Leben.
Morgengebet der Ordensgemeinschaft von Mutter Teresa

Gott, am Beginn dieses Tages reiche ich
dir meine Hände und verspreche dir,
nichts Böses zu tun oder zuzulassen.
Dir weihe ich diesen neuen Tag.
Ich will halten, was ich versprach,
und meine Leidenschaften zügeln.
Ich schäme mich meines Alters,
weil ich immer noch lau bin;
zögernd nur wage ich,
hinzutreten zu deinem Tisch.
Herr, hilf, dass meine Vorsätze
in Erfüllung gehen.
Gregor von Nazianz (um 300–390)

Wir schenken Dir, Herr, diesen Tag.
Lass uns denen helfen, die zu uns kommen;
denn Du bist es, der kommt.
Lass uns eins sein
mit allen Brüdern und Schwestern,
die Verantwortung tragen in Deinem Namen.

Lass uns liebevoll und offen sein und bereit,
jede Form Deines Willens anzunehmen.

Lass uns gerne im Leben stehen,

Du schenkst es uns täglich neu.
Lass uns Vertrauen schenken
in die Erde und den Himmel und
in den Menschen – trotz seiner Gebrechlichkeit.

Lass uns alles ablegen,
was nicht Du bist
und deine Kinder, die Menschen.

Gib unserer Liebe Klarheit
durch die Gabe des Vaters,
des Sohnes und des Heiligen Geistes.
Gebet der Kleinen Schwestern und Brüder von Charles de Foucauld

Morgensegen

Das walte Gott Vater, Sohn und Heiliger Geist! Amen.

Ich danke dir, mein himmlischer Vater,
durch Jesus Christus, deinen lieben Sohn,
dass du mich diese Nacht
vor allem Schaden und Gefahr behütet hast,
und bitte dich,
du wollest mich diesen Tag auch behüten
vor Sünden und allem Übel,
dass dir all mein Tun und Leben gefalle.
Denn ich befehle mich, meinen Leib und Seele
und alles in deine Hände.
Dein heiliger Engel sei mit mir,
dass der böse Feind keine Macht an mir finde.

Herr, unser Gott, wir danken dir
für die Ruhe der Nacht
und für das Licht dieses neuen Tages.

Lass uns bereit sein, dir zu dienen.
Lass uns wach sein für dein Gebot.
Sei mit uns in allen Stunden dieses Tages.
Martin Luther (1483–1546)

Morgengebet

Gott, zu Dir rufe ich in der Frühe des Tages.
Hilf mir beten
und meine Gedanken sammeln zu Dir;
ich kann es nicht allein.

In mir ist es finster,
aber bei Dir ist das Licht;
ich bin einsam, aber Du verlässt mich nicht;
ich bin kleinmütig, aber bei Dir ist die Hilfe;
ich bin unruhig, aber bei Dir ist der Friede;
in mir ist Bitterkeit, aber bei Dir ist die Geduld;
ich verstehe Deine Wege nicht,
aber Du weißt den Weg für mich.

Vater im Himmel,
Lob und Dank sei Dir für die Ruhe der Nacht,
Lob und Dank sei Dir für den neuen Tag.
Lob und Dank sei Dir für alle Deine Güte
und Treue in meinem vergangenen Leben.
Du hast mir viel Gutes erwiesen,
lass mich nun auch das Schwere
aus Deiner Hand hinnehmen.
Du wirst mir nicht mehr auflegen,
als ich tragen kann.
Du lässt Deinen Kindern alle Dinge zum
Besten dienen.

Herr Jesus Christus,
Du warst arm
und elend, gefangen und verlassen wie ich.
Du kennst alle Not der Menschen,
Du bleibst bei mir,
wenn kein Mensch mir beisteht,
Du vergisst mich nicht und suchst mich,
Du willst, dass ich Dich erkenne und mich zu Dir kehre.
Herr, ich höre Deinen Ruf und folge,
hilf mir!

Heiliger Geist,
gib mir den Glauben,
der mich vor Verzweiflung, Süchten und Laster rettet,
gib mir die Liebe zu Gott und den Menschen,
die allen Hass und Bitterkeit vertilgt,
gib mir die Hoffnung,
die mich befreit von Furcht und Verzagtheit.

Heiliger, barmherziger Gott,
mein Schöpfer und mein Heiland,
mein Richter und mein Erretter,
Du kennst mich und all mein Tun.
Du hasst und strafst das Böse
in dieser und jener Welt ohne Ansehen der Person,
Du vergibst Sünden dem,
der Dich aufrichtig darum bittet,
Du liebst das Gute und lohnst es
auf dieser Erde mit einem getrosten Gewissen
und in der künftigen Welt
mit der Krone der Gerechtigkeit.

Vor Dir denke ich an all die Meinen,
an die Mitgefangenen und alle,
die in diesem Hause ihren schweren Dienst tun.

Herr, erbarme Dich!
Schenke mir die Freiheit wieder, und lass mich derzeit so leben,
wie ich es vor Dir und vor den Menschen verantworten kann.
Herr, was dieser Tag auch bringt –
Dein Name sei gelobt!
Amen.
Dietrich Bonhoeffer

Lass es Tag werden

Heiliger und barmherziger Gott! Wie groß ist deine Güte, dass du uns auch diesen Tag erleben lässest und uns hier zusammenbringst, um dich anzurufen und dein tröstliches und mahnendes Wort zu hören. Was sind wir Menschen vor dir? Wie viel Einbildung, Härte und Lüge ist in unseren Gedanken, Worten und Taten! Und darum hier und auf der ganzen Erde wie viel Verirrung und Verwirrung, wie viel Leid und Not! Aber über dem allen ist dein väterliches Herz offen für uns und bleibt deine Hand stark, uns zu halten, zu führen, zu befreien. Du vergissest und verstößest keinen von uns. Du bist uns allen nahe. Du rufst nach uns allen.
Lass uns das auch an diesem Sonntagmorgen merken! Sieh du selbst zum Rechten, dass, was wir hier tun mit Beten und Singen, Predigen und Hören, nicht umsonst geschehe, sondern dir zur Ehre und zu unserer aller Erweckung, Erleuchtung und Erhebung – um Jesu Christi willen. Amen.
Karl Barth

Herr, ich möchte vertrauen können –
gib mir die Kraft dazu.
Ich möchte vertrauen können,
dass ich in Deiner Hand geborgen bleibe,
wenn ich zweifle, weil die Last zu schwer geworden ist.

Ich möchte vertrauen können,
dass Deine Liebe mir das Herz zu öffnen vermag,
wenn es sich aus Kummer und Bitterkeit verschließen will.
Ich möchte vertrauen können,
dass Du auch dort einen Ausweg weißt,
wo ich nicht mehr weitersehe.
Ich möchte vertrauen können,
dass Du versöhnst und vergibst,
wo Schuld und Sünde mich bedrücken.
Ich möchte vertrauen können,
dass Du mir Deine heilende Nähe schenkst,
wenn ich mit Angst und Dunkelheit alleine bin.
Ich möchte vertrauen können,
dass Du mir Menschen zur Seite gibst,
die es gut mit mir meinen
und die mich das auch erfahren lassen.
Ich möchte vertrauen können,
dass Du mir die Kraft gibst,
die ich brauche, um den Tag zu bestehen.

Herr, ich möchte vertrauen können – gib mir die Kraft dazu.
Alfons Gerhardt

Unter Deinem Blick
dem liebenden
frei werden und atmen

Unter Deinem Blick
dem schützenden
lassen können und vertrauen

Unter Deinem Blick
dem bergenden
Boden finden und wachsen

Unter Deinem Blick
dem zärtlichen
Wärme spüren und geben

Unter Deinem Blick
dem wahrhaftigen
heil werden und wagen

Unter Deinem Blick
mich stellen
der Herausforderung dieses Tages
und leben
Veronika Pabst

Herr,
schau herab auf uns und leite uns.
Lass leuchten über uns dein Antlitz.
Lass unserer
Hände Werk gelingen;
ja, lass gelingen, was wir tun.

Lass mich aufstehen
mit deinem Segen
und unter deinem Schutz
meinen Weg gehen.
Christus,
durch mich zeige den Menschen,
was deine Kraft und Güte vermag.
Bleibe mir zur Seite, steh mir bei.
Walther von der Vogelweide (um 1170 – um 1230)

O wunderbares, tiefes Schweigen,
Wie einsam ist's noch auf der Welt!

Die Wälder nur sich leise neigen,
Als ging der Herr durchs stille Feld.

Ich fühl mich recht wie neu geschaffen,
Wo ist die Sorge nun und Not?
Was mich noch gestern wollt' erschlaffen,
Ich schäm mich des im Morgenrot.

Die Welt mit ihrem Gram und Glücke
Will ich, ein Pilger, frohbereit
Betreten nur wie eine Brücke
Zu dir, Herr, übern Strom der Zeit.

Und buhlt mein Lied, auf Weltgunst lauernd,
Um schnöden Sold der Eitelkeit:
Zerschlag mein Saitenspiel, und schauernd
Schweig ich vor dir in Ewigkeit.

Joseph von Eichendorff (1788–1857)

Morgenlied

Der Morgenstrahl steht auf dem Tal,
die Nebel ziehen drunter her.
Und auf der Au liegt still der Tau
wie Perlen in dem weißen Meer.
Wie ich nun alles recht beschaut,
da wird mir's rege im Gemüte,
dass alles nur ein Wort, ein Laut,
o Gott, von deiner Lieb und Güte!

Die Erd' in Pracht hast du gemacht
für mich, dein ungetreues Kind,
und den Azur der Wolkenflur,
für mich den frischen Morgenwind.

Ach, alle Worte sind zu schwach,
um deine Liebe zu verkünden,
und dennoch lässt mein Streben nach,
und jeder Tag sieht mich in Sünden.

Herr, steh mir bei, der du aufs Neu
mir einen jungen Tag verliehn;
der Geist ist wach, das Fleisch ist schwach,
und ohne Frucht ist mein Bemühn.
Doch deine Hand ist stark und fest,
will ich nur willig sie umfassen;
ach, wer nicht selber dich verlässt,
den hast du nimmermehr verlassen.

O Herr, wenn oft und unverhofft
mich kleine Kränkungen bedrohn,
sei mein Gesicht zu dir gericht',
und mein Gedanke sei dein Lohn!
Ach, manches Leiden groß und schwer
gabst du mir Gnade zu besiegen,
und vor der kleinen Sorgen Heer
sollt' meine Stärke unterliegen?

Herr, mich befrei von falscher Scheu,
von Hoffart und von Ungeduld.
Und all mein Sinn sich wende hin
zu deinem Kreuz und meiner Schuld.
Wer diesen Tag mich schmäht und kränkt,
dem lass mich gern und treu verzeihen,
und ihn lass, eh die Nacht sich senkt,
vor dir sein Unrecht still bereuen.

Zu deinem Preis, auf dein Geheiß
will ich an meine Pflichten gehen;
wie auch die Welt sie rings umstellt,

ich will nur deinen Willen sehn.
Mein Wirken über Haus und Kind,
das ruht in deinen weisen Händen,
was sich mit deinem Preis beginnt,
das muss zu deinem Ruhme enden.
Annette von Droste-Hülshoff (1797–1848)

Morgengebet vor dem Badezimmerspiegel

Der verschlafene Kerl da: Bin ich das?
O Gott, o Gott, was für ein Anblick.
Ein Gesicht, das über sich selber erschrickt und dennoch rasiert sein will.
Im Traum war ich eben noch heiter und relativ jung.
Jetzt aber dieser vorwurfsvoll alte Körper.
Wer, um Himmels willen, wird noch Gefallen finden können an ihm?
Ich nicht. Im Moment jedenfalls nicht.
Eher hätte ich Lust, die grauen Stoppeln stehen und mich ungewaschen vergammeln, verwildern zu lassen.
Das wenigstens könnte noch einigermaßen lustig sein.
Mädchen würden kichern, Kinder mit Fingern auf mich zeigen, Frauen fürsorglich blicken.
Aber schon sind die Stoppeln fast weg.
Ich schneide die letzten Grimassen.
Beim Rasieren ist das erlaubt, mit Lust lässt man alle Gesichtszüge entgleisen.
Danach verfällt alles wieder in Normalität.
Zähneblecken, Zähneputzen, aus Angst vor dem Zahnarzt.
Das Grauhaar, das ich bürste, wird immer dünner.
Ein Mann im Herbst, nur ist dieser bei weitem nicht so farbenreich und verklärt wie in der Natur.
Auf, auf jetzt!
Das Leben ruft, das Ungeheuer.

Verzeih, o Gott, das senile Geschwätz.
Gib mir ein Lachen für diesen Tag!
Wenn's nicht anders geht: über mich selber.
Kurt Marti

Tag wie jeder andere

Weil kein Tag wie der andere ist,
will ich mich heute freuen
über die Lichtblicke im Dunkeln
und die Augenblicke des Glücks.

Weil kein Tag wie der andere ist,
will ich mir heute vornehmen,
das Schöne auch im Schweren
zu sehen und anzunehmen.

Weil kein Tag wie der andere ist,
will ich heute hellwach sein
für die Berührungspunkte
und Fingerzeige Gottes.

Weil kein Tag wie der andere ist,
will ich heute so leben,
dass ich allen und allem
liebevoll begegnen kann.

Weil kein Tag wie der andere ist,
will ich heute das tun,
was mir möglich,
und lassen, was unnötig ist.

Weil kein Tag wie der andere ist,
will ich heute alles
zur größeren Ehre Gottes tun.
Paul Weismantel

Morgen

Herr, Du hast die Welt gestaltet,
Dir sei Lob!
Dass sie sich in Dir entfaltet,
Dir sei Dank!
Was ersteht,
was vergeht,
was sich jauchzend
um Dich dreht,
ist Dein!

Herr, du bist zur Welt gekommen;
Dir sei Lob!
Hast sie in Dich aufgenommen,
Dir sei Dank!
Bliebest hier,
wohnst in ihr,
um ein armer
Mensch wie wir
zu sein.

Herr, lass unser Werk gelingen,
Dir zum Lob!
Lass den Geist die Welt durchdringen,
Dir zum Dank!
Dann erblüht
sie und glüht,
denn der ganze
Himmel zieht
herein.

Silja Walter

Gott,
du hast am Anfang gesprochen:
»Es werde Licht!«,
und so geschah es.
Du sprichst dieses dein
Schöpfungswort neu in
jede Nacht meines Lebens.
Du lässt den neuen Tag
beginnen nach dem
langen Dunkel.
Du schenkst den neuen
Anfang nach jedem Ende.
Du wirst niemals müde,
neue Kräfte in mir zu wecken
und mir Träume einzugeben,
die nicht von dieser Erde sind.
Du hast mein Herz geschaffen
und deine Sehnsucht in mich
hineingeatmet, damit ich
lebe aus deiner Liebe,
jeden Tag und jede Nacht.
Paul Weismantel

Morgen-Segen

Diesen heutigen Tag,
Gott meines Lebens,
darf ich im Vertrauen
auf deinen reichen Segen beginnen,
auch dort, wo ich mir so arm vorkomme,
willst du dich
als der immer noch Liebevollere erweisen.

Diesen heutigen Tag,
Gott meiner kleinen Schritte,
darf ich aus deiner Segenshand empfangen
und bewusst annehmen,
auch wo ich noch unsicher bin
und Angst habe vor dem,
was wohl noch alles auf mich zukommen wird.

Diesen heutigen Tag,
Gott meiner Geschichte,
darf ich dir anvertrauen
mit all seinen Rätseln und Fragen,
mit all seinem Glück und Glanz.

Diesen heutigen Tag,
Gott meiner Zukunft,
darf ich neu wagen, mit gespannter Hoffnung,
weil du mir das heute schenken wirst,
was mich am Leben erhält.

Paul Weismantel

Du hast den Tag
für uns anbrechen lassen,
o Gott, zum Lob Deines Namens.
Du willst unser Wirken.
Du willst unseren Dienst.
Du bestimmst unser Ruhen.
Herr Jesus Christus, wir bitten Dich:
Lass uns wach sein für Dich.
Lass alles in uns zur völligen Reife kommen
und unsere Tage nicht glanzlos dahingehen.
Du willst bei uns sein in allem Schaffen,
dass unser Tun nicht umsonst sei,
sondern dass das Zeugnis Deines Wortes
und Deiner Liebe darin erfunden werde.
Die Kraft Deines Sieges und Deiner Liebe
erleuchte unsere Tage.
(…)
Hanna Hümmer

Herr, wir wissen:
Jeden Tag leben wir von dem Wort,
das aus Deinem Munde kommt.
Dein Reden ist heilig und absolut,
Dein Reden ist Gnade und Gericht.
Du weißt, wie oft wir unser Ohr
dem Gerede der Menschen leihen.
Wir sind so begierig,
den Pulsschlag der Zeit zu vernehmen.
Wir sind noch so abhängig von allem,
was wir hören.
Herr, lass unser Ohr verschlossen sein
für alles, was nicht von Dir kommt.
Lass uns hören.
Lass Dein Reden in uns sein,

dass wir diesen Tag
nach Deinem Willen leben.
Hanna Hümmer

Wenn der Morgen graut
aus Dunkelheit und Nacht
und der Tag beginnt zu leben,
weiß ich es genau;
er ist für mich,
und du bist bei mir.
Wenn der Tag wie Blei
die grauen Stunden zählt,
nebelnass die Straßen glänzen,
weiß ich es genau,
auch das vergeht,
und du bist bei mir.
Wenn die Zeit zerbricht
im Alter und im Leid,
Schmerzen meine Schritte lähmen,
weiß ich es genau,
dein Morgen kommt,
und du bist bei mir.
Dieser Tag ist ein Geschenk für mich.
Der Dank an dich,
er sei ein Stück des Wegs,
der zu dir führt.
Heinz Perne

Tausend Dinge sind es, Herr, große und kleine, die mein Leben schön machen. Sie sind Sonne aus deiner Hand.
Wenn ich am Morgen erwache, stehe ich in deinem Licht. Leg ich mich am Abend nieder, berge ich mich in deine Hand. Immer lebe ich in der hellen Freude am Heute, dem großen Geschenk deiner Güte.
Der Vogel, der singt, jubelt dein Lob. Das Kind, das mich anlacht, verschenkt deine Fröhlichkeit. Das junge Paar, das vor mir hertanzt, lebt aus deiner Liebe. Schön hast du die Welt gemacht.
Doch neben dem Lachen höre ich das Weinen. Dem leichten Fuß der Tanzenden folgt der schwere Schritt des alten Mannes. Das Lied der Freude erstickt in Leid und Not.
Lass mich dennoch von der Freude singen, Herr. Lass mich das Helle und Schöne sehen, nicht weil ich das Dunkle und Schwere nicht wahrhaben will, sondern weil du gesagt hast: Ich bin bei euch alle Tage bis ans Ende der Welt.
So hast du als Auferstandener gesagt und lebst nun beim Vater und trittst für uns ein.
Herr, du bist bei mir. Welch frohe Botschaft für mich! Deine Auferstehung ist mein Leben. Deine Herrlichkeit beim Vater ist meine Freude hier auf Erden. Daran will ich glauben. Daraus will ich leben, auch wenn die dunklen Schatten in meine Tage fallen.
Gib, Herr, dass auch andere erfahren, dass du da bist. Erinnere mich oft an dein Wort: Lasst euer Licht vor den Menschen leuchten. Nimm meine Worte und Taten, meine Bereitschaft und Liebe, damit sie Licht seien für die Menschen. Ich danke dir, Herr, du Ursache meiner Freude. Amen.

Heinz Perne

Heiliger Gott, gütiger Vater! Ein neuer Tag hat angefangen. Du schenkst ihn mir als ein neues Stück meines Lebens. Ich danke dir, dass ich ihn leben darf, ich danke dir, dass ich dich kenne. Ich danke dir, dass du mir alles gegeben hast, was ich zum Leben brauche, am meisten aber danke ich dir, dass du immer und über-

all an mich denkst und mich allzeit liebst. Das macht mich von Herzen froh. Darum schenke ich dir diesen Tag; all mein Denken und Tun, all mein Reden und Schweigen, all mein Arbeiten und Kämpfen, alles, was mich froh macht, und alles, was mir schwer fällt.
Zeige mir heute, was recht und unrecht ist, was gut und was böse, damit ich nicht irre. Sei bei mir mit deiner Führung, damit ich nach deinem Willen handle. Sei in mir mit deiner Gnade, damit ich heute an dich denke und treu und unbeirrt das vollbringe, was mir das Gewissen gebietet. Gib mir Kraft in der Versuchung, bewahre mich vor der Sünde, hilf mir heraus aus aller Halbheit und Trägheit...

Klemens Tilmann

Am Morgen

So wahr der Herr lebt,
in dessen Dienst ich stehe. *1. Könige 17,1*

Herr, mein Gott,
auch heute will ich den Tag mit dir beginnen,
auch heute weiß ich, ich stehe vor dir,
du bist gegenwärtig in meinem Leben, du begleitest mich
mit deinem wohlwollenden und barmherzigen Blick,
mit deinem Segen.

Manchmal weiß ich darum,
und dann erfüllt Freude mein Herz.
Ich weiß mich gehalten von dir.
Im Vertrauen darauf,
im Glauben daran kann ich mein Leben gestalten.
Du bist kein toter Götze, du bist lebendig

und nimmst lebendigen Anteil an meinem Leben,
weil du mich liebst.
In Jesus, deinem Sohn,
hast du diese Liebe zu mir anschaulich gemacht,
er ist der Zeuge deiner Lebendigkeit und mein Bruder,
der Anteil genommen hat an meinem Leben bis in den Tod.
Ihn hast du auferweckt und mir die Hoffnung gegeben,
dass die Lebendigkeit meines Lebens im Tod nicht endet,
sondern in dir auf ewig aufgehoben ist.

Manchmal geht dieses Bewusstsein in meinem Alltag verloren,
dann erinnere mich an deine Gegenwart, Herr, mein Gott.
Michael Plattig O. Carm.

Jeden Morgen
entdecke ich die Hoffnung neu auf der Suche nach Dir.
In tausend Augenblicken,
die nach Gerechtigkeit, Liebe und Licht dürsten,
erlebe ich den Aufbruch zu neuem Leben.
Christian Hies

Ich erhebe mich heute
    durch eine gewaltige Kraft,
    die Anrufung des dreieinigen Gottes,
    und bekenne den Schöpfer der Schöpfung.

Ich erhebe mich heute
    kraft der Geburt Christi und seiner Taufe,
    kraft seiner Kreuzigung und Grablegung,
    kraft seiner Auferstehung und Himmelfahrt,
    kraft seiner Wiederkunft am Ende der Tage.

Ich erhebe mich heute
kraft der Hoffnung auf die Auferstehung,
kraft der Gebete der Patriarchen,
kraft der Weissagungen der Propheten,
kraft des Glaubens der Bekenner…

Ich erhebe mich heute
durch die Kraft der Himmel:
Licht der Sonne,
Glanz des Mondes,
Leuchten des Feuers,
Eilen des Blitzes,
Sausen des Windes,
Tiefe des Meeres,
Festigkeit der Erde,
Härte der Felsen.

Ich erhebe mich heute
durch die Kraft Gottes, die mich lenkt.
Gottes Macht halte mich aufrecht,
Gottes Weisheit führe mich,
Gottes Auge schaue für mich,
Gottes Ohr höre mich,
Gottes Wort spreche für mich,
Gottes Hand schütze mich,
Gottes Weg liege vor mir,
Gottes Schild schirme mich…
vor jedem, der mir übel will,
nah und fern, allein und in der Menge.

Christus sei mit mir,
Christus vor mir,
Christus hinter mir.

Christus sei in mir,
Christus unter mir,
Christus über mir,

Christus sei mir zur Rechten,
Christus mir zur Linken,

Christus sei, wo ich liege,
Christus, wo ich sitze,
Christus, wo ich stehe,
Christus sei im Herzen eines jeden,
der meiner gedenkt,
Christus sei im Munde eines jeden,
der von mir spricht,
Christus in jedem Auge, das mich sieht,
Christus in jedem Ohr, das mich hört,
durch eine gewaltige Kraft,
die Anrufung des dreieinigen Gottes,
und bekenne den Schöpfer der Schöpfung.
Irisches Morgengebet aus dem 8. Jahrhundert

Vom Himmel

auf die finsternis der nacht
wartet ein neuer morgen

sonnenaufgang meines herzens
gott
Du licht im dunkeln
Deine liebe umarmt uns
durch die zeit
Christian Hies

Morgensegen

In aller Frühe bitte ich dich,
heiliger Gott:
Segne mit Freude die Traurigen,
mit Klarheit die Zweifelnden,
mit Rat die Unentschlossenen,
mit Treue die Wankenden,
mit Trost die Alleingelassenen,
mit Leben die Müden,
und schenke von allem
ein wenig auch mir.
Roland Breitenbach

Abendgebete

Gewissenserforschung

Haben wir diesen Tag gelebt, Herr,
wie es dir gefällt?
Sind wir geduldig, schlicht und liebevoll gewesen?
Haben wir jenen genug Zeit gegeben,
die zu uns kamen?
Haben wir ihre Hoffnung beantwortet,
wenn sie fragten?
Haben wir sie umarmt, wenn sie weinten?
Haben wir sie zärtlich aufgemuntert,
bis ihr Lachen wieder da war?
Haben wir Blumen gegeben mit dem Brot?
Haben wir deine Freude zum Blühen gebracht?
Sind wir unseren Brüdern immer Brüder gewesen?
Wenn das alles nicht so war, Herr, verzeihe uns.

Und selbst wenn es so war, es genügt nicht.
Umgib uns jeden Tag mit mehr Liebe.
Abendgebet der Kleinen Brüder und Schwestern von Charles de Foucauld

Jeden Tag

Jeden Tag
schenkst du mir einen neuen Morgen,
damit ich wieder anfangen kann,
mir dein Vertrauen schenken zu lassen
und dir darauf zu antworten.

Jeden Tag
lässt du die Sonne aufgehen
und mir einen Strahl deines
göttlichen Lichtes zufallen,
damit ich dich in allem finden kann.

Jeden Tag
findest du Wohlgefallen an mir
und überraschst mich
mit deinem Entgegenkommen,
damit ich mich darüber freuen kann.

Jeden Tag
hast du ein gutes Wort für mich,
um es mir mitzugeben,
damit ich im Gespräch bleibe
mit dir und den Menschen.

Jeden Tag
lässt du es Abend werden
und die Sterne am nächtlichen
Himmel leuchten,
damit ich durch sie zu dir aufschaue.

Jeden Tag
führst du mich in die Ruhe der Nacht,
um auch in der Dunkelheit des Lebens
mit mir zu sein
und bei mir zu bleiben.

Paul Weismantel

Am Abend dieses Tages

Am Abend dieses Tages
suche ich Ruhe und Frieden bei dir,
meinem Gott und Schöpfer.
Zu dir kann ich kommen
mit allem, was ich auf dem Herzen habe.
Bei dir muss ich mich nicht besser und größer,
aber auch nicht schlechter und kleiner machen,
als ich wirklich bin.
Du nimmst mich mit all dem,
was zu mir gehört,
was ich mit mir herumschleppe
und was ich vor mir herschiebe.
So wie ich bin, so nimmst du mich an,
ohne jede Vorleistung und Rechtfertigung.

Vor dir kann ich meine Lasten ablegen,
nichts ist für dich unwichtig oder zu gering.
Du siehst, wie mir zumute ist,
was mich ängstigt und ärgert,

was mich freut und mir hilft,
was mir weh- und was mir gut tut.

Dir kann ich alles sagen und ans Herz legen.
Meine unsichtbaren Habseligkeiten,meine ganze
Erbärmlichkeit und Armseligkeit darf ich dir bringen.
Meine Unzufriedenheit und meine Dankbarkeit,
meine Ungeduld und meinen Missmut,
auch meine Schuld möchte ich dir überlassen.

So berge ich mich in die Obhut deiner Güte
und in den Schutz deines Erbarmens.
Da bin ich getrost und geborgen.
Paul Weismantel

Segne, Herr, in Deinem Kreuz alle Menschen unserer Erde!

Zeichne Dein Kreuz auf die Herzen aller, die einander lieben.
Schenke ihnen herzliche Gemeinschaft, Versöhnung und Frieden!
Schreibe das Zeichen Deines Lebens auf die Stirn aller,
die in unserer Gemeinde leben.
Beschütze mit Deinem Hoffnungszeichen alle Kinder
und jungen Menschen, die voll Freude, oft aber auch
ganz bedrückt auf das Leben zugehen.
Segne die Ehen unserer Gemeinde in ihrer Liebe,
dass sie wachse Tag für Tag.
Drücke Dein Kreuz in die Hände aller, die diese
Nacht nicht wissen, warum sie leiden.

Segne unsere Nacht, schütze uns in Traum und Schlaf
und lass Dein Licht leuchten über uns.
Danke für den Tag, der schon zu Ende ist und für den,
den Du kommen lässt.
Martin Thurner

Bevor des Tages Licht vergeht,
o Herr der Welt, hör dies Gebet:
Behüte uns in dieser Nacht
durch deine große Güt und Macht.

Hüllt Schlaf die müden Glieder ein,
lass uns in dir geborgen sein,
und mach am Morgen uns bereit
zum Lobe Deiner Herrlichkeit.

Dank Dir, o Vater, reich an Macht,
der über uns voll Güte wacht
und mit dem Sohn und Heilgen Geist
des Lebens Fülle uns verheißt.
Amen.

Friedrich Dörr, 1969, nach »Te lucis ante terminum« (5./6. Jahrhundert)

Lieber Herr.
Wache mit denen,
die in dieser Nacht wachen und weinen,
und gebiete deinen Engeln die Wacht über denen,
die da schlafen.
Nimm die Kranken in deine Hut, o Herr Christe.
Bringe die Müden zur Ruhe.
Segne die Sterbenden.
Schenke Linderung den Leidenden.
Erbarme dich der Angefochtenen.
Schirme die Fröhlichen und uns alle
um deiner Liebe willen.

Aurelius Augustinus (354–430)

Mein Herr und mein Gott,
schenke mir einen ruhigen Schlaf.
Mein Mund, der dich preist,
bleibe nicht lange still,
und die Schöpfung, dein Werk, höre nicht auf,
den Chören der Engel zu antworten.
Lass mich in dir ruhen,
und gib mir heilige Gedanken ein.
Die Nacht breite einen Schleier über die Fehler,
die ich tagsüber begangen habe.
Lass nicht zu, dass Alpträume
mich in Unruhe versetzen.
Mein Geist soll dich lobpreisen,
auch wenn mein Leib schläft.
Gott, Vater, Sohn und Heiliger Geist,
dein ist die Ehre, die Kraft
und die Herrlichkeit in Ewigkeit.

Gregor von Nazianz (um 300–390)

Beim Schlafengehen

Ich bin ein Sünder – lass mich fromm und gut werden! Denn das ist dein Wille. Ich bin müde, lass mich sanft ruhen. Denn du bist ein Vater, voll Gnade für uns, deine Kinder. Lass meinen kranken Nachbarn auch Ruhe finden. Denn du bist die Barmherzigkeit, die Allmacht und ein Vater für alle. Amen.

Johann Michael Sailer (1751–1832)

Abendsegen

Das walte Gott Vater, Sohn und Heiliger Geist! Amen.

Ich danke dir, mein himmlischer Vater,
durch Jesus Christus, deinen lieben Sohn,
dass du mich diesen Tag gnädiglich behütet hast,
und bitte dich,
du wolltest mir vergeben alle meine Sünde,
wo ich Unrecht getan habe,
und mich diese Nacht auch gnädiglich behüten.
Denn ich befehle mich, meinen Leib und Seele
und alles in deine Hände.
Dein heiliger Engel sei mit mir,
dass der böse Feind keine Macht an mir finde.
Martin Luther (1483–1546)

Herr, mein Gott, ich danke Dir,
dass Du diesen Tag zu Ende gebracht hast;
ich danke Dir,
dass Du Leib und Seele zur Ruhe kommen lässt.
Deine Hand war über mir
und hat mich behütet und bewahrt.
Vergib allen Kleinglauben
und alles Unrecht dieses Tages
und hilf, dass ich allen vergebe,
die mir Unrecht getan haben.

Lass mich in Frieden unter Deinem Schutz schlafen
und bewahre mich
vor den Anfechtungen der Finsternis.
Ich befehle Dir die Meinen,
ich befehle Dir dieses Haus,
ich befehle Dir meinen Leib

und meine Seele.
Gott, Dein heiliger Name sei gelobt.
Amen.
Dietrich Bonhoeffer

Bleibe bei uns, Herr, denn es will Abend werden
und der Tag hat sich geneigt.
Bleibe bei uns und bei deiner ganzen Kirche.
Bleibe bei uns am Abend des Tages,
am Abend des Lebens,
am Abend der Welt.
Bleibe bei uns mit deiner Gnade und Güte,
mit deinem heiligen Wort und Sakrament,
mit deinem Trost und Segen.
Bleibe bei uns, wenn über uns kommt
die Nacht der Trübsal und Angst,
die Nacht des Zweifels und der Anfechtung,
die Nacht des bitteren Todes.
Bleibe bei uns und allen deinen Gläubigen
in Zeit und Ewigkeit.
Georg Christian Dieffenbach (1822–1901)

Wenn ich rufe, erhöre mich,
Gott, der mir zum Recht verhilft!

In der Enge verschaffe mir Weite!
Sei mir gnädig und vernimm mein Gebet!

Ihr Mächtigen, wie lange bleibt meine Ehre geschmäht,
liebt ihr Nichtiges und trachtet nach Lüge?

Erkennt doch: Der Herr erweist sich wunderbar an seinem Frommen;
es hört der Herr, sooft ich zu ihm rufe.

Zittert und sündigt nicht!
Denkt ruhig nach auf eurem Lager und schweigt!

Bringt rechte Opfer dar
und vertraut auf den Herrn!

Viele sprechen: »Wer lässt uns noch Gutes schauen?
Erhebe über uns das Licht deines Angesichts, o Herr!«

Du hast mir größere Freude ins Herz gegeben
als zur Zeit, da man Korn und Most in Fülle erntet.

In Frieden lege ich mich nieder und schlafe sogleich;
denn du, Herr, allein lässt mich sorglos wohnen.
Psalm 4

HEUTE ABEND

Heute Abend
Durch Dich, mein Gott,
war dieser Tag von Licht erfüllt,
von deinem Segen begleitet,
mit deiner Gnade beseelt.

Heute Abend
Mit Dir, mein Gott,
habe ich diesen Tag erlebt,
von deiner Vorsehung geführt,
durch dein Wohlwollen getragen.

Heute Abend
In Dir, mein Gott,
will ich jetzt auch zur Ruhe kommen,
von deinem Frieden umhüllt,
durch dein Erbarmen versöhnt.

Heute Abend
Bei Dir, meinem Gott,
kann ich getrost alles loslassen,
das Gelungene und das Unvollkommene,
das Geschenkte und das Entbehrte.

Heute Abend
Du, mein Gott,
nimmst alles an, du wandelst es
und erneuerst mir die Kräfte
in dieser kommenden Nacht.

Paul Weismantel

Beschenkt

Beschenkt mit den Schätzen des Tages,
beladen mit den Lasten der Menschen,
gestärkt durch so viel Gutes,
gebeugt von all dem Schweren,
versöhnt mit Üblem und Bösem
lässt du mich schlafen in deinem Frieden.

Gesegnet von so viel Wohltat,
gekränkt durch manche Verleumdung,
begleitet von deinem Segen,
enttäuscht von meinem Versagen,
bewahrt in deiner Treue
lässt du mich schlafen in deinem Frieden.

Getröstet durch dein Erbarmen,
geläutert in mancher Not,
gehalten von deiner Liebe,
getragen von deiner Stärke,
geborgen in deiner Nähe
lässt du mich schlafen in deinem Frieden.

Begabt von deiner Gnade,
erschreckt durch bitteres Leid,
geführt auch auf dunklem Pfade,
geliebt seit Ewigkeit,
erfüllt von Dankbarkeit
lässt du mich schlafen in deinem Frieden.
Paul Weismantel

Nun dann in Gottes Namen
legt sich mein Leib zur Ruh.
Herr Jesu, Amen! Amen!
Drück mir die Augen zu.

Wen deine Flügel decken,
dem ist kein Bett zu hart,
und vor der Nächte Schrecken
schützt deine Gegenwart.

Wenn neben mir ein armer
gefangener Freund noch wacht,
so stärk ihn du, Erbarmer,
mit einer guten Nacht.

Gib allen sorgenschweren,
beklemmten Herzen Rast;
wisch ab des Elends Zähren,
und nimm des Müden Last.

Sollt ich im Schlafe sterben,
so sei mein schneller Tod
nicht Hinsturz ins Verderben,
es sei ein Flug zu Gott!

Und nun in Gottes Namen
leg ich mein Leib zur Ruh.

Herr Jesu, Amen! Amen!
Mein letztes Wort bist du.

Christian Fürchtegott Gellert (1715–1769)

Der Abend

Wie so leis die Blätter wehn
in dem lieben, stillen Hain,
Sonne will schon schlafen gehen,
Lässt ihr goldnes Hemdelein
sinken auf den grünen Rasen,
wo die schlanken Hirsche grasen
in dem roten Abendschein.

In der Quellen klarer Flut
treibt kein Fischlein mehr sein Spiel,
jedes suchet, wo es ruht,
sein gewöhnlich Ort und Ziel
und entschlummert überm Lauschen
auf der Wellen leises Rauschen
zwischen bunten Kieseln kühl.

Schlank schaut auf der Felsenwand
sich die Glockenblume um;
denn verspätet über Land
will ein Bienchen mit Gesumm
sich zur Nachtherberge melden
in den blauen, zarten Zelten,
schlüpft hinein und wird ganz stumm.

Vöglein, euer schwaches Nest,
ist das Abendlied vollbracht,
wird wie eine Burg so fest;
fromme Vöglein schützt die Nacht

gegen Katz- und Marderkrallen,
die im Schlaf sie überfallen,
Gott, der über alle wacht.

Treuer Gott, du bist nicht weit,
dir vertraun wir ohne Harm
in der wilden Einsamkeit
wie in Hofes eitlem Schwarm.
Du wirst uns die Hütte bauen,
dass wir fromm und voll Vertrauen
sicher ruhn in deinem Arm.

Clemens von Brentano (1778–1842)

Gebet

Du, der über allem wacht,
Leicht die Erde rollt in Händen:
Diesen Tag lass leise enden,
Gib mir eine gute Nacht!

Gott, du weißt, was ich ertrug.
Niemals bat ich dich um Gnaden,
Ging mit meinem Leid beladen,
War mir selber stark genug.

Doch lass heut mit meiner Last
Nah mich deinen Füßen betten,
Um dies Stäubchen Glück zu retten,
Das du mir gegeben hast.

Eugen Roth

Abendlob

Mein Gott,
ich lege meinen Tag
in Deine Hände,
alle Freude und alles Leid,
um loszulassen
was mir das Heute gebracht.

Der Glaube an Dich
schenkt mir innere Hoffnung
meinen Weg zu gehen
gestärkt durch eine ruhige Nacht
den neuen Morgen
mit tiefem Sinn zu füllen
Christian Hies

Heute Abend

Mit der Schwere
meines Herzens
komme ich zu dir,
um dir alles
zu überlassen
was mich belastet,
du mein Gott.

Mit dem Lärm
dieses Tages
verabschiede ich all
das, was mich beunruhigt
und lege es in
deine Hände,
du mein Gott.

Mit den Eindrücken
meiner Seele
bringe ich dir all das,
was mich bewegt und
bedrängt, um es dir zu
übergeben,
du mein Gott.

Mit der Ruhe dieses Abends
ersehne ich den Trost,
der mich heilt
und den du
allein schenkst,
du mein Gott.

Mit den Worten
meines Betens
erwarte ich von dir
alles, was mir zum
Frieden dient und
Hoffnung bringt,
du mein Gott.

Mit der Stille
dieser Nacht
suche ich
die Geborgenheit
deiner Nähe,
damit sie mich umgibt,
du mein Gott.

Paul Weismantel

Abend-Segen

Treuer Gott,
deinen Segen erbitten wir an diesem Abend,
in diesem Augenblick: für die Völker
in Ost und West, aller Rassen und Religionen,
aller Sprachen und Hautfarben,
die sich nach Frieden sehnen.

Treuer Gott,
deinen Segen erbitten wir an diesem Abend,
in diesem Augenblick: für die vielen Kinder
dieser Erde, die ins Bett gebracht werden,
aber auch für jene, die keine Nestwärme erfahren,
die nicht wissen, wo sie heute Nacht
schlafen werden.

Treuer Gott,
deinen Segen erbitten wir an diesem Abend,
in diesem Augenblick: für die Menschen,
die nicht mehr aus noch ein wissen,
die mit ihrem Leben ringen,
die Enttäuschungen nicht verkraftet haben.

Treuer Gott,
deinen Segen erbitten wir an diesem Abend,
in diesem Augenblick: für alle, die traurig oder
vereinsamt sind, die krank sind,
die leiden unter ihren Schmerzen,
für alle, die den Tod vor Augen haben.

Paul Weismantel

Am Abend

O ewiger, menschenfreundlicher Gott,
hör' mein Gebet an diesem Abend
für alle, die nicht zu dir beten,
und sei es auch nur, weil sie's vergaßen
und nicht daran dachten.
Wozu auch, sagt mancher, es geht mir ja gut.
Und aus Liebe zu beten, mit ganzem Herzen
und ganzer Seele und aller Kraft,
wie es heißt – bin ich denn so weit?

Und dennoch, hilf mir zu bitten
für die, die dich noch nicht kennen,
und alle, die niemals mehr beten,
weil sie nicht mehr daran glauben,
dass es dich gibt und dass du sie hörst.
Wundert es dich, der du immer nur schweigst,
dass sie sagen, verzeih:
Niemand ist da, der mir hilft?

Und darum, du unbegreiflicher Gott,
hör mein Gebet für uns alle.
Wir müssen es mühsam erst lernen,
auch nur das Vaterunser ehrlich zu sagen
und dies: dein Wille geschehe, nicht meiner.
Erbarme dich aller,
die niemand' mehr haben, der für sie betet.
Und segne die Menschen,
die meiner heute gedenken!

Lothar Zenetti

Wecke unser Herz, o Gott, und wache mit denen,
die weinen in dieser Nacht!
Setz dich ans Bett unserer Kranken und halte ihre Hand.
Lass ausruhen die Müden und steh bei den Lebensmüden.
Nimm die Trauernden an deine Brust und tröste sie mit deiner Hand.
Segne die Sterbenden und erbarme dich aller.
Sei mit den Fröhlichen und lass uns von Herzen Kinder sein,
Kinder unter der Sonne deiner Liebe,
lass uns das Leben zufallen wie ein Spiel,
das uns eine neue Tür öffnet dorthin, wo du uns verborgene
Schätze und versteckte Kostbarkeiten zeigen wirst,
bei dir, wo unsere Heimat ist, wo wir zu Hause sind.
Amen, Halleluja.
Martin Thurner

Abend

Herr, unser Gott, du bist das Licht.
Die Nacht kommt gegangen.
Wir haben Verlangen nach deinem Gesicht,
heiliger, herrlicher Gott.

Herr, unser Gott, du bist die Ruh.
Was immer wir tragen
in einsamen Tagen, das trägt uns dir zu,
heiliger, herrlicher Gott.

Herr, unser Gott, lass uns herein,
zu ruhn und zu singen
im Schutz deiner Schwingen, wir alle sein dein,
heiliger, herrlicher Gott.
Silja Walter

Abendlied

Danke, Herr, für diese Nacht!
Arbeit hat uns müd gemacht.
Hilf, dass Gutes aus ihr werd'
für die Menschen, für die Erd'.

Gabst uns, Herr, das täglich Brot.
Viele leiden Hunger, Not.
Wehr dem Unrecht, wehr der Plag,
dass aus Nacht bald werde Tag.

Schenke, Herr, den Kranken Schlaf,
allen auch, die Unglück traf.
Mach uns morgen neu bereit,
andern beizustehn im Leid.

Wache, Herr, wenn wir jetzt ruhn,
leucht uns durch die Träume nun.
Gib, dass morgen Arbeit find',
die jetzt ohne Arbeit sind.

Mond und Sterne überall,
ruhig kreist Dein Erdenball.
Lass ihn, Herr, auch weiterhin
kreisen und lebendig blühn.
Kurt Marti

Nun hat sich der Tag geendet,
mein Herz sich zu dir wendet
und danket inniglich;
dein holdes Angesichte
zum Segen auf mich richte,
erleuchte und entzünde mich.

Ein Tag, der sagt dem andern,
mein Leben sei ein Wandern
zur großen Ewigkeit.
O Ewigkeit, du schöne,
mein Herz an dich gewöhne,
mein Heim ist nicht in dieser Zeit.
Gerhard Tersteegen (1697–1769)

Komm zur Ruhe

Jeden Abend
die Kraft des Loslassens einüben
die gemeinsamen Erfahrungen des Tages vertiefen

Jeden Abend
das Hoffnungsvolle des Tages
und das Schwierige und Unerledigte
Dir überlassen

Jeden Abend
spüren wie ich mit dem Bruchstückhaften
da sein kann
und sich Deine uralten Vertrauensworte
konkretisieren in meinem Mitsein:

Komm wieder zur Ruhe
mein Herz
denn Gott hat dir Gutes getan

Hier und jetzt
Nach Psalm 116,7
Pierre Stutz

Zum Abend

Ich bin leer, Gott, und ausgepumpt.
Ruhe brauche ich und Träume,
die mich anfüllen und satt machen
für die Kämpfe von morgens bis abends,
die die Ehrfurcht vor dem Leben mit sich bringt.
Auch der Schlaf ist ein Ort Deiner Gegenwart.
Auch der Traum vermittelt Botschaften von Dir.
Lass mich, was ich oft schon so erfahren habe,
auch in dieser Nacht empfinden von Dir.
Norbert Copray

Stossgebete für die Nacht

I.
Segne die für uns leiden,
tröste die wir heut kränkten,
wir sind so schwach und vergeßlich.
Fülle die Brunnen wieder,
halte die Bäcker wach,
daß unser Brot nicht verbrennt,
wir sind so bedürftig.

II.
Zeig den Schlaflosen Deine Sterne,
ruf den Verlassenen zu als Heimchen,
schick den Kranken den Hauch der Linde
und eine Brise Salzwind den Toren.

III.
Was Du auch vorhast
mit Deiner Welt,
die kleinen Felle der Liebenden

laß ungeschoren,
daß sie einander wärmen
wider den Tod.

IV.
Mache die Mütter stark und zärtlich,
mache die Väter geduldig und treu,
und den Kindern
gib Ohren wie Gras und Laub,
Dein Licht zu erhören.

V.
Schenke den Alten Schlaf,
leicht wie zerbrechlichen Eiern
die Wärme der Vogelmutter,
daß ihrem Tod
von innen Flügel und Schnabel wachsen,
Gesang fürs andere Leben.
Christine Busta

Mein Gott und Herr,
aus der Hetze des Tages
falle ich in Deine Stille.
Ich bette mich
in der Ruhe Deines Atems.
Ich öffne meine Poren
der fließenden Freude.
Ich höre auf den Klang
Deines Wesens.
Und fühle: Du tust gut.
Bernhard Meuser

Mein Gott, nun kehr ich heim zu mir,
mein Gott, nun kehr ich heim zu dir.
Des Tages Stunden
des Tages Wunden,
all meine Weiten
und Armseligkeiten
leg ich in deine Hände hinein:
Herr, wie ich bin, bin ich dein!
Und willst du mich fragen,
was ich ward,
so muss ich klagen:
Mein Herz ist noch hart,
ist noch nicht geschmolzen,
noch nicht geschmiedet,
ist noch nicht gehämmert,
noch nicht genietet
in deinen Schöpfergedanken hinein.
Doch, wie ich bin, bin ich dein!
Herr, hilf mir weiter! Die Zeit verrinnt.
Lass mich werden ein Gnadenkind!
Hilf mir weiter – ein Tag ist vorbei.
Gib, dass ich morgen besser sei!
Ignaz Klug (1877–1929)

Senke den Frieden
der Nacht, Herr, über mein Haus,
lass den Zauber der Sterne meine Träume begleiten
und schütte deinen Trost in mein Haar.
Lass die unendlichen Stimmen der Dunkelheit
von deinem Wort sprechen,
dass nicht mehr die Angst des Tages
in mir brennt und lärmt,
nur Schlaf und Genesung meine wunden
Glieder kühlen.
Olga Hellmich-Brixner und Wolf Brixner

Hier bin ich, Vater,
der Tag hat mich müde gemacht.
Ich bin schuldig geworden
an den Menschen und an Dir.
Ich bringe Dir alles.
Du bist größer als mein Versagen.
Du bist größer als meine Not.
Hanna Hümmer

Am Abend

Mit allem Gebet und Flehen betet zu jeder Zeit im Geiste,
und seid hierzu wach mit aller Beharrlichkeit und Fürbitte
für alle Heiligen. *Epheser 6,18*

Wieder geht ein Tag zu Ende, Herr, wieder wird es Abend.
Ich halte Rückschau und erkenne,
es ist nicht so leicht, vor dir und mit dir zu leben.
Vieles lenkt mich ab,
tausend Kleinigkeiten beanspruchen meine Aufmerksamkeit,
eine Vielzahl von Informationen und Meinungen
stürmt auf mich ein.
Und dann ist da die tägliche Routine, die einschläfert,
die oft unveränderbar und unverrückbar scheint.
An vieles habe ich mich gewöhnt,
mit manchem mich abgefunden.
Doch ich merke,
dass Gewöhnung und scheinbare Notwendigkeiten
mein Leben lähmen.

Herr, halte mich wach, rüttle mich immer wieder auf,
gib, dass ich mich nicht an die Not in der Welt gewöhne,
nicht abfinde mit dem Zustand unserer Erde.
Lass mich auf der Hut sein und wachsam gegenüber allen,

die mich mit schönen Worten
und glatten Lösungen kaufen wollen,
die mir Sündenböcke präsentieren für ihre und meine Fehler,
die es mir bequem machen,
mich rauszuhalten und mich zu entschuldigen.

Rüttle mich auf, Herr, und halte mich wach.
Michael Plattig O. Carm.

Herr, ich halte dir meine Hände hin,
alles, was sie heute in die Hand genommen haben,
alles, was mir gelungen und misslungen ist.
Ich halte dir die Menschen hin,
denen ich heute die Hand gereicht habe,
und die, denen ich sie verweigert habe.
Ich halte dir hin,
was ich geformt und gestaltet habe
und was mir aus der Hand geglitten ist.

Ich halte dir in meinen Händen diesen Tag hin,
so wie er war.
Ich verzichte darauf, zu beurteilen
und zu bewerten, was war.
Ich überlasse dir das Urteil.
Ich vertraue dir, dass du alles verwandeln kannst,
was heute war.
Ich übergebe dir den Tag.
Anselm Grün

Abendgebet

Am Abend sammle
ich mich ein

vor dir Gott bin ich da
mit meinen Gedanken, Gefühlen
Enttäuschungen und Hoffnungen
des Heute

ich erinnere
die Begegnungen des Tages
halte inne und horche
was in mir noch spricht

ich schaue die Bilder an
die in mir vorbeiziehen

ich spüre
die Wege und Umwege
die ich gegangen bin
noch einmal unter meinen Füßen

angekommen bei mir
spreche ich meine Gegenwart
in deine Nähe hinein
und bitte um Wandlung

Almut Haneberg

NIMM ALLES ZURÜCK

Für alles Gelungene
Danke, guter Gott
Für alles Schöne
Danke, guter Gott
Für alle Worte
Danke, guter Gott
Für jede Begegnung
Danke, guter Gott
Für meine Familie
Danke, guter Gott
Für meine Freunde
Danke, guter Gott
Für alles, was diesen Tag abrundet
Danke, guter Gott

Alles Unfertige
Nimm in Deine Hände, guter Gott
Alles Unausgesprochene
Nimm in Deine Hände, guter Gott
Alles Verkehrte
Nimm in Deine Hände, guter Gott
Alles Zerstörte
Nimm in Deine Hände, guter Gott
Alles Verwundete
Nimm in Deine Hände, guter Gott
Alle Konflikte
Nimm in Deine Hände, guter Gott
Alle Sorge
Nimm in Deine Hände, guter Gott
Alle Traurigkeit
Nimm in Deine Hände, guter Gott
Alles, was falsch war an diesem Tag
Nimm in Deine Hände, guter Gott

Nimm alles zurück,
guter Gott
Das Gute und das Böse
Entbinde mich für ein
paar Stunden aller Verantwortung
und lass mich geborgen
in Dir schlafen
guter Gott
Anton Rotzetter

Schutz in der Nacht

»Sei unser Heil, o Herr,
wenn wir wachen,
und unser Schutz, wenn wir schlafen:
damit wir wachen mit Christus
und ruhen in Deinem Frieden.«

Gott,
es ist ein altes Gebet,
in das mich das Stundengebet Deiner Kirche
einwebt.

Wie wehrlos und schutzbedürftig
bin ich doch in der Nacht.
Das Dunkel der Nacht
kommt über mich.
Abend für Abend
löse ich mich vom Tag,
den ich meinte im Griff zu haben.
Wenn ich mich nicht lösen kann,
kommt auch nicht der Schlaf.

So bete ich weiter
mit dem alten Gebet Deiner Kirche:
Herr, bleibe bei uns in dieser Nacht,
und wenn wir uns am Morgen erheben,
dann lass uns in Freude
der Auferstehung Deines Sohnes gedenken.
Paul M. Zulehner

Todesübung

Er ist des Schlafes Bruder,
so Robert Schneider.
Vielleicht beängstigt deshalb die Nacht,
in die wir Tag um Tag hineingleiten.

Und so unerbittlich, wie es bei uns Nacht wird,
so unerbittlich kommt auch die große Nacht,
die Nacht des Todes.

Jeder Abend, Gott,
ist mir eine kleine Todesübung.

Unwiderruflich geht jeden Abend ein Tag zu Ende,
der nicht wiederkehrt.
Unwiderruflich gehen am Lebensabend
die Lebenstage zu Ende,
die nicht wiederkehren.
So nehme ich jeden Abend ein wenig
Abschied vom Leben, das ich liebe.
Der Gang in die Nacht ist mir Todesübung.

Und jeden Abend vertraue ich darauf,
dass ein neuer Morgen kommt.
Herr, ich vertraue darauf,

dass auch die letzte Nacht des Todes
in einen Morgen übergeht:
in die Auferstehung in Dich hinein.
Paul M. Zulehner

auch wenn ich schlafe
träume ich
hoffe ich
liegt meine seele wach

nicht einmal ich weiß was sie redet
du allein
GOTT
hörst
mein stummes nachtgebet
Philippa Kalkbrenner

Tischgebete

Tisch-Segen

Der Segen des täglichen Brotes,
um das wir bitten, erhalte uns
ein dankbares Herz und
die Bereitschaft zum Teilen.

Der Segen des gedeckten Tisches,
an den wir uns setzen dürfen,
erneuere unsere Lebenskräfte
und vertiefe unsere Lebensfreude.

Der Segen des Tischgebetes
erinnere uns daran, dass wir die guten
Gaben des Schöpfers genießen dürfen,
um lebensfroh zu bleiben.

Der Segen der Gastfreundschaft
bewahre uns auch in Zukunft davor,
habgierig oder selbstsüchtig
zu werden.

Paul Weismantel

Aller Augen warten auf dich, o Herr;
du gibst uns Speise zur rechten Zeit.
Du öffnest deine Hand und erfüllst alles,
was lebt, mit Segen.

*

Segne, Vater, unser Essen.
Lass uns Neid und Hass vergessen,
schenke uns ein fröhlich Herz.
Leite du so Herz wie Hände,
führe du zum guten Ende
unsre Freude, unsern Schmerz.

*

O Gott, von dem wir alles haben,
wir preisen dich für deine Gaben.
Du speisest uns, weil du uns liebst.
O segne auch, was du uns gibst. Amen

*

Dir sei, o Gott, für Speis und Trank,
für alles Gute Lob und Dank.
Du gabst, du willst auch künftig geben.
Dich preise unser ganzes Leben. Amen.

*

Wir danken dir, Herr, Gott, himmlischer Vater,
dass du uns Speise und Trank gegeben hast.
Lass uns teilhaben am ewigen Gastmahl.

*

Wir bitten dich,
Gott und Vater,
segne dieses Essen.
Auch diejenigen,
die es uns zubereiteten,
und uns,
die wir Hunger haben.

Wer satt ist,
dem fällt es leicht zu danken.

Unser Dank sei darum
eine Bitte
für die hungernden Menschen.
Lass sie uns zur Verpflichtung werden,
in deinem Namen. Vater!

Werner Schaube

Du Schöpfer aller Gaben

Gott, du Vater aller Menschen,
du gibst uns täglich das, was wir zum Leben brauchen.
Du lässt die Früchte der Erde gedeihen,
um unseren Hunger zu stillen.
Du bist der Schöpfer aller Gaben.
Wir danken dir für deine Güte.
Dir sei Lob und Ehre in Ewigkeit.
Amen

Reinhard Abeln und Anton Kner

Du erhältst unser Leben

Guter und großer Gott,
wir haben gegessen und getrunken.
Für alles, was du uns gegeben hast,
sagen wir dir Dank.
Du stärkst und erhältst unser Leben.
Wir bitten dich:
Bleibe stets bei uns und sorge auch morgen für uns!
Lass uns in deiner Liebe und Güte
für immer geborgen sein!

Reinhard Abeln und Anton Kner

Fast ein Gebet

Wir haben ein Dach
und Brot im Fach
und Wasser im Haus,
da hält man's aus.

Und wir haben es warm
und haben ein Bett.
O Gott, dass doch jeder
das alles hätt'!
Reiner Kunze

Bitte um Erhaltung der Genussfähigkeit

Loben.
Danken.
Ist nicht aber die Fähigkeit, deine Gaben genießen
zu können, das überzeugendste Lob,
der einleuchtendste Dank?
Dennoch räume ich ein: Wenn ich dich bitte, mir die
Genussfähigkeit zu erhalten, dann steckt
in dieser Bitte ziemlich viel Egoismus.
Aber der, glaube ich, steckt auch noch in anderen,
frömmeren Bitten.
Weißt du eigentlich, wie unerbittlich uns Freude und
Genuss vermiest worden sind?
Und das im Namen deiner Religion, seit Jahrhunderten
bereits?
Falls das nicht in deinem Sinne war, dann bitte: wann,
wo, durch wen hast du uns in der Kunst
unterwiesen zu genießen?
Epikur, Rabelais, Wieland & Co.!
Aber das sind ja nicht gerade deine Apostel gewesen.

Oder doch?
Bei dir weiß man nie so recht.
Woher haben unsere farbigen Schwestern und Brüder
ihre Lachlust, Tanzlust, Genussfähigkeit?
Dabei geht's ihnen viel schlechter als uns.
Und ist nicht dein Wortführer
ebenfalls als »Fresser und Weinsäufer«
verschrien worden?
Wir aber, scheint es, sind genussunfähig, deshalb auch
ungenießbar geworden.
Wir konsumieren bloß, oft wahllos, meist hastig.
Produktion und Konsum geilen sich gegenseitig auf.
Damit richten sie alles zugrunde, zerstören
das Genießbare, ruinieren den Genuss.
Ich glaube nicht, dass das in deinem Sinne ist.
Hilf, dass ich besser als bisher genießen kann und
dadurch selber genießbarer werde.
Für meine Mitmenschen.
Auch für dich.
Kurt Marti

Unser tägliches Brot

Gib uns heute,
aber auch unseren täglichen Hunger,
damit wir nicht allzu selbstverständlich
von deinen Gaben essen und trinken,
sondern dass wir auch
einen Sinn dafür behalten,
wie weh Hunger tut.
Der Hunger nach Brot,
nach Liebe und Verstehen,
nach Gerechtigkeit und Verzeihen.
Wecke in uns Fantasie und Kraft,

den Hunger unserer Schwestern und Brüder
zu stillen.
Gib uns den täglichen Hunger,
damit wir unsere eigene Bedürftigkeit spüren
und unsere Angewiesenheit
auf die Hilfe anderer Menschen
und auf deine Gnade, o Gott.
Irmela Mies-Suermann

Begegnung mit Wegen und Orten der Kraft

Weg und Wandlung

Möge Vergangenes
dich nicht mehr beschweren,
wenn du aufbrichst
zu neuen Ufern.
Möge dein Vertrauen wachsen
mit jedem Schritt,
den du tun wirst.
Möge dein Weg
dich in die Weite führen,
Hoffnung deine Gefährtin sein.
Sabine Naegeli

Gott,
wir möchten
auf den Weg gehen zu Dir –
aber werden wir
ihn nicht verfehlen?

Wir möchten
nach Dir fragen –
aber werden unsere
Fragen nicht verstummen
vor dem Leid der Welt?

Wir möchten Dich suchen –
aber wissen wir,
was wir finden werden?
Wir möchten auf den Weg
und zugleich zaudern wir.

Gott,
zeige uns Deinen Weg,
den Weg,
der uns frei macht
von unserem Zögern.
Zeig uns den Weg Christi,
der durch
Not und Freude der Welt geht.
Zeig uns den Weg,
der hinführt zu Dir
und zugleich zu
den Brüdern.
Josef Osterwalder

Auf tausend Wegen
werden wir geführt,
getrieben,
geschleppt
und gegängelt,
dass wir einmal die Kraft haben,
in deinem Atem
zu tanzen.
Gottfried Bachl

Millionen Wege, Gott,
gibt es zu Dir.
Keiner ist wie der andere.
Auch mein Weg, Gott,
ist ganz allein
für mich gemacht.
Du hast ihn abgemessen,
hast ihn abgeschritten,
hast jede seiner Biegungen ersonnen.
Ich will ihn lieben, Gott,
keinen anderen.
Bernhard Meuser

Aufbrechen

Oft wissen wir nicht
wohin wir den Fuß setzen
Dennoch gehen wir

Allein so
zeigt sich der Weg

Und mit dem Gehenden
gehst Du
Theresia Hauser

Brich auf,
lass los, mach dich auf!
Beginne, deine Wege zu verändern.
Sei unterwegs
mit Leib und Seele,
mit ganzem Herzen.
Sammle auf dem Weg zum fernen Ziel
die Hoffnung
für dich
für alle Menschen
für die Schöpfung.
Und du wirst
ankommen.
Paul Martin Clotz

Du Gott der Anfänge, segne uns,
wenn wir Deinen Ruf hören,
wenn Deine Stimme uns lockt
zu Aufbruch und Neubeginn.

Du Gott der Anfänge, behüte uns,
wenn wir loslassen und Abschied nehmen,
wenn wir dankbar zurückschauen
auf das, was hinter uns liegt.

Du Gott der Anfänge,
Lass Dein Gesicht leuchten über uns,
wenn wir in Vertrauen und Zuversicht
einen neuen Schritt wagen
auf dem Weg unseres Glaubens.

Du Gott der Anfänge, schenke uns Frieden,
wenn der eigene Weg uns aufwärts führt,
wenn wir Lebewohl sagen.
Lass Deine Blumen blühen für jeden von uns,
Lass Wind uns den Rücken stärken
und die Sonne warm auf das Gesicht schauen,
wo immer wir gehen.
Aus Irland

Nähe

Herr,
wir nennen dich
den unendlichen,
geheimnisvollen
und unfassbaren Gott.

Und doch bist du nicht
ferne und unnahbar.
Du willst,
dass wir Menschen
den Weg suchen zu dir.

Herr, wir wissen nicht,
wo der Weg beginnt.
Zeig du uns
den ersten Schritt.
Josef Osterwalder

O Gott,
du hast Abraham aus seinem Land herausgeführt
und ihn auf allen seinen Wegen behütet.
Gewähre auch uns diesen Schutz.
Stärke uns in Gefahr,
behüte unseren Schritt.
Sei uns ein kühler Schatten in der Hitze des Tages,
schützender Mantel gegen die Kälte.
Trag uns in Ermüdung,
und verteidige uns in jeder Not.
Sei uns ein fester Stab gegen den Sturz
und ein Hafen, der die Schiffbrüchigen aufnimmt.
Lass uns unter deiner Führung
mit Sicherheit unser Ziel erreichen.
Lass uns unsere Heimat finden,
Lass uns ankommen bei dir.
Altes Pilgergebet

Jesus, Sohn Davids,
erbarme dich meiner.

Erleuchte du meine Augen,
dass ich den Weg zu dir finde.

Mach du meine Schritte fest,
dass ich vom Weg nicht abirre.

Öffne du meinen Mund,
dass ich von dir spreche.

Du willst, dass ich meine Mitmenschen liebe.
Lass mich ihnen so dienen,
dass sie ihr Heil finden
und in deine Herrlichkeit gelangen.
Alkuin von Tours (730/735–804)

Gott, du, die Mitte.
In dir allein finden wir Ruhe.
In dir allein finden wir Sammlung.
Du rufst uns zu dir.

Wir wollen uns auf den Weg machen.
Ausgerichtet auf dich,
immer tiefer ausgerichtet auf dich,
wollen wir loslassen:
Loslassen, was wir festhalten.
Fallen lassen, was uns festhält.
Wir wollen frei werden,
auf dich zuzugehen,
unsere Mitte.
In dir allein finden wir Ruhe.
In dir allein finden wir Sammlung.
Christoph Hürlimann

Herr, geh mit uns auf die Reise. Behüte uns bei Tag und Nacht. Gib deine Engel uns zum Geleit. Lass uns Heimat finden bei guten Menschen, lass uns einander gute Freunde sein. Alles, was uns geschenkt wird, geben wir in deine Hand. Du magst es segnen und fruchtbar machen: Für uns selbst und für die Welt. – Dir, Herr, sei die Ehre, dir die Lobpreisung, dir gehört unser Dank, jetzt und zu allen Stunden. Amen.
Bayerisches Pilgerbüro

Unterwegs

Wir gehen, Herr.
Oft wissen wir nicht, wohin.
Wir sind unterwegs, Herr.
Oft wissen wir nicht, wozu.
Wir sind auf der Suche, Herr.
Oft wissen wir nicht, warum.

Wir gehen und schreiten aus.
Unser Leben spult ab wie ein Faden.
Meter um Meter.
Schritt für Schritt.
Nur du kennst das Ende.

Herr, zeige uns die Richtung.
Weise uns den Weg,
den wir gehen müssen.
Bewahre uns vor Umwegen.
Verschone uns vor Irrwegen.

Ermuntere uns, wenn wir müde sind.
Hilf uns auf, wenn wir fallen.
Und sei am Ziel unseres Weges,
Herr, wenn wir ankommen.

Amen.

Hermann Multhaupt

Du bist bei mir

Wenn ich beschwingt
neue Schritte wage,
bist du bei mir.

Wenn ich bedrückt
meine Lasten ertrage,
bist du bei mir.

Wenn ich erfüllt
von Lebensfreude singe,
bist du bei mir.

Wenn ich verzweifelt
nach dem Sinn frage,
bist du bei mir.

Wenn ich dankbar
auf deine Fügungen schaue,
bist du bei mir.

Wenn ich heute Abend
den Tag beschließe,
bist du bei mir, mein Gott.
Paul Weismantel

Liebe

Auf Deinen Spuren
Herr
bildet mein Lebensweg

die Zielgerade
zur Ewigkeit.
Christian Hies

Langsam!
Folge deiner Sehnsucht.
Was muss anders werden?
Wie komme ich heraus aus dem
Irrgarten des Alltags?

Die Macher treiben durchs Leben:
Schneller! Schneller!
Heute schon im Morgen leben und doch gefesselt vom Gestern.

So wächst die Sehnsucht.
Ja, sehend möchte ich werden.
Tiefer und klarer sehen.

Worauf kommt es an im Leben?
Nur auf die göttliche Langsamkeit, sagt Jesus.
Wende dich nach innen und höre die Stimme der Stille.
Und mach' es wie ich:
Setz' einen Fuß vor den andern
und üb' dich
im einfachen Leben
auf der Straße.
Paul Martin Clotz

Gebet um Gottes Führung

Gott, erfülle mich mit Deiner Liebe
und wecke in mir Vertrauen in Deine Führung.
Sende mir Deinen Geist und Dein Licht.
Mache hell meine Wege und klar meine Augen,
damit sie den Weg sehen,
den Du mit mir gehen willst.

Nimm mich an Deine Hand,
führe, begleite mich und gebe mir Halt.
Sei Licht meinem Fuße,
damit ich Schritt für Schritt den Weg erkenne.

Schenke mir Geduld, Ausdauer und Gelassenheit,
damit ich auch auf schweren und dunklen Strecken
nicht strauchle und nicht zu Boden stürze.
Bleibe stets an meiner Seite,
selbst dann, wenn ich Deine Hand nicht spüre.

Schenke mir Deine Gnade und Kraft,
damit ich erkenne oder zumindest erahne,
dass Du es gut mit mir meinst
und Du nur mein Heil willst.
Lass mich dabei Deine Liebe und Güte spüren.

Pflanze in mir Hoffnung und Zuversicht,
dass ich meinen Weg mit Deiner Hilfe schaffe.
Sei mit Deinem Segen alle Zeit um mich herum
und bewahre mich vor allem Unheil.

Sende auch Deine Engel aus,
dass sie die Menschen begleiten und beschützen,
die ich lieb habe und die mir nahe stehen.

Heinz Pangels

Herr Jesus Christus,
Du hast wahrhaft
Großes an mir getan
von Anfang bis heute.
Du hast mich durch das Tal
mancher Tränen gehen lassen
und mich durch dürre Strecken geführt,
aber immer wieder hast Du mich
mit Deinen unendlichen Wohltaten
erquickt.
Ich bin mitten auf der Wanderung.
Du gehst vor mir her
und leitest mich,
dass kein Schritt ohne Dich sei
auch in der kommenden Zeit.
Du gehst hinter mir her
und bist die Nachhut.
Ich preise Deinen heiligen Namen,
dass Du mitten im trockenen Land
Verheißungen schenkst,
die das Herz stillen
und erquicken.
Du lässt in Deiner Güte
den Tau Deiner Liebe
des Nachts über meinen Zweigen.
Ich danke Dir,
dass Du mich nicht einen Augenblick
ohne den Anblick Deiner Güte lässt.
Ich preise Deinen Namen,
denn Deine Hand tut große Wunder.

Hanna Hümmer

Behüte meinen Weg

Behüte meinen Weg.
Richte mich,
dass ich nicht festlaufe.

Dass ich mich nicht füge
in den Kreislauf des Schicksals,

dass ich nicht, völlig ratlos,
mich der Verzweiflung überlasse,
mich ergebe ins Böse,
mich der Ungerechtigkeit füge

und nicht mehr hören will
vom Neubeginn.

Lass mich ausschauen
nach einer Zukunft –
der neuen Erde.

Erinnere mich daran,
was du gewollt hast.

Rufe mich, heute noch.
Weise mich zurecht.
Huub Oosterhuis

Herr, wenn Du redest,
dann wird mein Leben erfüllt
in Gericht und Gnade.
Und wenn Du zu mir kommst
in Deinem Wort,
dann bin ich nicht allein
auf meinem Wege.
Ich bitte Dich,
begegne mir,
wie Du den Deinen
in aller Zeit begegnet bist
in Deiner Herrlichkeit
und Unerbittlichkeit.
Schenke mir ein bereites Herz,
damit Du nicht umsonst redest.
Kyrie eleison!
Hanna Hümmer

Dich suchen, auf dem Weg sein,
mit Menschen Dir entgegengehen.

Ein Leben lang unterwegs sein zu Dir.

Du allein gibst meinem Leben Sinn,
du allein bist mein Ziel.

Mag ich auch Umwegen folgen,
mein Weg führt zu Dir.
Kathrin Karban

Österliche Weg-Litanei

Gehen, Unter-wegssein ist so etwas wie das Wasserzeichen im Pergament unseres christlichen Glaubens. Alle großen Glaubens-Geschichten der Bibel sind Weg-Geschichten: Nur unterwegs stellt sich alles heraus, unter-wegs stellt sich Gott ein.
Im Spiegel der vielleicht schönsten aller Weg-Erzählungen, der so genannten Emmaus-Geschichte (Lk 24,13 ff.), könnte uns betend wieder aufgehen, wer der ist, der uns in seine Nachfolge ruft, und welchen Preis das glaubende Unterwegs-sein im Volk Gottes, von Abraham bis zu uns, kostet.

Göttlicher Weggefährte
Alle: Geh mit uns!

Vorbeter: Jesus

Du Weggefährte deiner Jünger
Du verborgener Weggefährte
Du unerkannter Weggefährte
Du verstehender Weggefährte
Du besorgter Weggefährte
Du ziel-bewusster Weggefährte
Du geduldiger Weggefährte
Du brüderlicher Weggefährte
Du göttlicher Weggefährte

Wenn wir (von) Gott nicht(s) mehr begreifen
Wenn wir enttäuscht sind von Gottes Wegen
Wenn unser Glaube (an Gott) erstirbt
Wenn unsere Hoffnung (auf Gott) erlischt
Wenn unsere Liebe (zu Gott) verstummt
Wenn der Zweifel an uns nagt
Wenn die Verzweiflung nach uns greift

Wenn es ausweg-los wird
Wenn es hoffnungs-los wird
Wenn es sinn-los wird

Wenn wir rat-los geworden sind
Wenn unsere Augen nicht mehr weiter-sehen
Wenn unsere Füße nicht mehr weiter-gehen
Wenn unsere Herzen ausgebrannt sind
Wenn wir nieder-geschlagen sind
Wenn wir alles aufgeben wollen
Wenn alles zum Davonlaufen ist

Brüderlicher Teiler
Alle: Höre uns an!

Vorbeter: Herr

Du hast Raum für unsere Not
Du hast Zeit für unsere Not
Du hast ein Ohr für unsere Not
Du gehst ein auf unsere Not
Du fragst uns, was uns rat-los macht
Du fragst uns, was uns hilf-los macht
Du fragst uns, was uns traurig macht
Du hörst dir unser Klagen an
Du hörst dir unser Enttäuschtsein an
Du hörst dir unser Verzagtsein an
Du hörst dir unser Am-Ende-Sein an
Du hörst dir unseren Kleinglauben an
Du nimmst uns an mit unsrer Not
Du hältst uns aus mit unsrer Not

Alle: Sprich zu uns, Herr!

Vorbeter: Dein Wort holt uns ab in unsrer Not
Dein Wort holt uns aus uns selber heraus
Dein Wort führt uns über uns (selber) hinaus
Dein Wort ist wie ein Licht auf dem Weg
Dein Wort rührt unsre Herzen an
Dein Wort lässt uns nicht stehen bleiben
Dein Wort tut uns die Augen auf
Dein Wort erschließt uns Gottes Plan
Dein Wort erschließt uns Gottes Absicht
Dein Wort erschließt uns Gottes Geduld
Dein Wort erschließt uns Gottes Torheit
Dein Wort erschließt uns Gottes Leiden
Dein Wort erschließt uns Gottes Geheimnis
Dein Wort erschließt uns Gottes (andere) Art
Dein Wort erschließt uns den Sinn der Schriften
Dein Wort erschließt uns des Vaters Herz
Dein Wort erschließt uns den Weg nach vorn
Dein Wort bringt uns ans Ziel unsres Weges

Alle: Bleibe bei uns!

Vorbeter: Du kommst herein ins Haus unsres Lebens
Du bleibst bei uns, wenn es Abend wird
Du teilst wie ein Bruder alles mit uns
Du teilst mit uns Dach und Haus
Du teilst mit uns Tisch und Brot
Du teilst mit uns Wort und Zeit
Du teilst mit uns Liebe und Leben
In deiner Nähe wird uns warm ums Herz
In deiner Nähe gehn uns die Augen (des Herzens) auf
In deiner Nähe wird unsere Finsternis hell
In deiner Nähe bekommen wir Mut
In deiner Nähe brechen wir auf
In deiner Nähe werden wir (zu) Zeugen
In deiner Nähe wird alles neu

Anführer unseres Glaubens

Alle: Geh uns voran!

Vorbeter: Du Anführer unserer Tage
Du Anführer unseres Vertrauens
Du Anführer unseres Glaubens
Du Anführer unserer Hoffnung
Du Anführer unserer Liebe
Du Anführer unserer Jüngerschaft
Du Anführer unserer Zeugenschaft
Du Anführer deiner Gemeinde (Kirche)
Du Anführer von vielen Schwestern und Brüdern
Du Anführer des Lebens

Auf dem Weg durch die Wüste(n)
Auf dem Weg in die Freiheit
Auf dem Weg durch die Enge (Ängste)
Auf dem Weg in die Weite
Auf dem Weg durch das Dunkel
Auf dem Weg in das Licht
Auf dem Weg durch das Leiden
Auf dem Weg in die Freude
Auf dem Weg durch das Scheitern
Auf dem Weg in die Herrlichkeit
Auf dem Weg durch unsere vielen Tode
Auf dem Weg in unsere Auferstehung
Auf dem Weg von uns selber weg
Auf dem Weg zu unseren Brüdern
Auf dem Weg zu deinem und unserem Vater

Du Mitgeher auf unseren Wegen
Du Mitgeher auf unseren Abwegen
Du Mitgeher auf unseren Irrwegen
Du Mitgeher auf unseren Umwegen
Du unser einziger Weg zum Ziel

Lasset uns beten.

Auferweckter Herr, allezeit bist du mit uns, deinem Volk, unterwegs. Du gehst all unsere Wege mit, aber oft ist unser Herz wie blind: Wir erkennen dich nicht.
Nimm uns das alte Gewohnheits-Herz, gib uns ein neues Überraschungs-Herz.
Lass uns die leisen Zeichen deiner Gegenwart erspüren: dass du da bist, wenn wir unterwegs miteinander unsere Not ausreden, wenn wir dich suchen in den Schriften, wenn wir einander Gastfreundschaft gewähren und unseren Glauben an dich einander mitteilen.
Lob sei dir und Dank, Mit-geher unseres Glaubens, jetzt und in Ewigkeit.

Anmerkung: *Einzelne Abschnitte sind, je nach Intention des (der) Betenden, ohne weiteres weglassbar. Die Anrufungen wollen den Beter mitnehmen in die Bewegung Jesu hinein, offen zu werden für das Geheimnis des Vaters und für die Hingabe an die Brüder.*
Paul Ringseisen

Unsere Liebe Frau vom Wege

Auf den Wegen der Erde
bist du gegangen, Mutter,
auf Straßen und Pfaden.
Du standest an Scheidewegen.
In Begleitung Josefs
hast du drei Tage und Nächte
überall den gesucht,
der der Weg, die Wahrheit
und das Leben ist.

Heute, Mutter,
gehst du auf den Wegen des Himmels
und hinterlässt Spuren von Licht.
Wo immer du dich auch bewegst,
höre auf meine Bitte,
Unsere Liebe Frau vom Wege.

Breite deinen Mantel
über alle Wege,
denn ich kenne niemanden,
der deinen Beistand nicht nötig hätte.

Auf steilen und mühsamen Wegen
sind Zeichen der Hoffnung nötig,
braucht es Freude, Mut und Glauben.
Auf den breiten und gefährlichen Wegen,
die in die Irre führen,
ist eine Stimme nötig,
um die aufzuwecken,
die das Glück anderswo suchen.
Nur Gott weiß, warum …
Und wenn mir noch
ein ganz persönlicher Wunsch gewährt sei,
so möchte ich dich bitten, Mutter,
schenke uns die Kunst und das Glück,
uns selbst zu finden.
Hilf uns mitten
in der Verwirrung der Stimmen,
der maskenhaften Gesichter,
der Irrwege,
der tausend und abertausend Wege
und der vielen Einflüsterungen des Satans.
Gib, Mutter,
dass ich immer mehr
die von Gott vorgezeichneten Wege

entdecke und finde.
Lass mich auf ihnen wandeln.

Kennst du viele Wörter,
die so schön sind wie das Wort »finden«?
Dom Helder Camara

Segne uns, Gott, und segne die Erde,
die unsere Füße trägt.

Und segne, Gott, den Weg, den wir gehen.

Segne, Gott, die Menschen,
die uns begegnen.
Amen.
Deutscher Evangelischer Kirchentag 1999

Unterwegs mit Dir,
bin ich auf meinem Weg durchs Leben.

Unterwegs in Dir,
bin ich in Gesprächen, Stille und Gebet.

Unterwegs zu Dir,
bin ich in Zweifeln, Nöten und Ängsten.

Unterwegs durch Dich,
bin ich in allen Lebenslagen,
überall dort, wo mich das Geheimnis
Deines Lebens berührt.

... immer bewegt von Dir.
Kathrin Karban

Ich bin der Weg und die Wahrheit und das Leben
(Joh 14,6)

Mein Gott und Vater, viele Wege führen durch mein Leben. Da sind Strecken, die schön für mich waren, einfach und gut zurückzulegen. Du hast mir Gefährten mitgegeben, Menschen, die mich begleitet haben und denen ich Weggeleit sein durfte. Es waren auch mühsame Etappen, schmale und steile Pfade im Laufe meines Lebens. Manchmal stand ich vor Weggabelungen und wusste nicht, wie ich mich zu entscheiden hatte. Dann habe ich Wege eingeschlagen, von denen ich am Anfang oder zumindest später wusste, dass es Irrwege waren. Gelegentlich aber war ich einfach zu müde oder träge, um überhaupt weitergehen zu wollen.

Von den vielen Wegen ist mir bekannt, dass nur einer zu dir führt. Die breite, bequeme Straße führt ins Verderben, der schmale, steile Pfad geht hin zu dir, sagt mir Jesus Christus. Er zeigt mir nicht nur den Weg. Er ist mir nicht nur vorangegangen. Er selber ist der Weg, den ich beschreiten soll, damit ich am Ziel nicht vor verschlossenen Türen stehe.

Mit Hilfe deiner Wahrheit kann ich deine Wege zum Leben gehen. Doch mit Pontius Pilatus und vielen Suchenden aller Jahrhunderte frage ich: Was ist Wahrheit? Die Wahrheit besitzt viele Gesichter. Menschen verdrehen gerne die Wahrheit oder begnügen sich mit Halbwahrheiten. Unwahrheiten und Lügen zählen zu den traurigen Erscheinungen menschlichen Lebens. Es kommt vor, dass ich selber die Augen vor der Wahrheit über mich selber verschließe. Die Wahrheit aber wird mich frei machen. Jesus Christus ist die Wahrheit und Wirklichkeit meines Lebens. Wer sich ihm anvertraut, wird nicht im Dunkel der Lüge und des Trugs leben, sondern frei werden können.

Herr und Gott, lass mich dir danken für den, der Weg und Wahrheit und Leben ist. Denn wer den Weg seines Lebens richtig einschlägt, wer nach seiner Wahrheit fragt, der wird Jesus von Nazareth zum Wegbegleiter haben. Er wird nicht allein seiner Wege gehen müssen. Er wird sich nicht verirren. Er wird nicht auf Holzwegen umkehren müssen. Er wird den Weg bis zum Ziel gehen können und das Leben erlangen.

Jesus Christus, mit dem Glaubenszweifler Thomas, der nicht glauben, sondern sehen wollte, frage auch ich: »Herr, wir wissen nicht, wohin du gehst. Wie sollen wir dann den Weg kennen?« Schenke mir aber die gelebte Einsicht aus deiner Antwort: »Ich bin der Weg und die Wahrheit und das Leben. Niemand kommt zum Vater außer durch mich.« An dich will ich mich halten und mit Thomas sprechen: »Mein Herr und mein Gott.«
Wolfgang Oberröder

Guter Abschied – gesegnete Zukunft
oder: Gebet um einen guten Abschied

Schreibe mir gott ins herz diese landschaft
die berge und wiesen
das moor und den see
den föhnsturm, den wind
den sonnenuntergang und den regenbogen
und regen und nebel

schreibe mir gott ins herz die menschen
mit denen ich leben geteilt
und begegnung erlebt
mit denen ich lachen und weinen
sprechen und streiten konnte
die mit mir fröhlich gefeiert haben
und schwere wege mitgegangen sind

schreibe mir gott ins herz all die träume
dieser stunden und tage

die begeisterung und die spuren lebendiger kirche
und die glückende gemeinschaft von christen

schreibe mir gott ins herz all die wege
die ich hier gegangen
die umwege und rundwege
die irrwege und umkehrwege
schweigende wege und weite, lange, steinige wege

schreibe mir gott ins herz all die worte
die helfen zu leben
die ich gewechselt, gegeben, empfangen
was ich versprochen, vertan
und die worte
die zur versöhnung mich führten

schreibe mir gott ins herz all die erlebnisse
von fest und feier
begegnung und dank
von nachdenken und hoffen
diskussion und auseinandersetzung

schreibe mir gott ins herz deine nähe
die ich hier erfahren
und die mich begleitet
von dir geliebt
lass mich liebe verschenken
erlöst leben und befreiung bringen

schreibe mir gott ins herz all die sehnsucht nach dir
die ich spüre und die mich zum aufbruch treibt
die mir mut gibt zu gehen
und unterwegs zu bleiben

schreibe mir gott ins herz alles was war

und lass mich gehen
in eine zukunft, die du segnest.
Almut Haneberg

MEIN WUNSCH FÜR DEINE LEBENSREISE

Möge Gott auf dem Weg,
den du gehst,
vor dir hereilen,
das ist mein Wunsch
für deine Lebensreise.
Mögest du die hellen Fußstapfen
des Glücks finden
und ihnen auf dem ganzen Weg folgen.
Irischer Segensspruch

Heilige Stätten

Hab oft des Lebens Kreuz und Plagen
zum heiligen Berg heraufgetragen.
Den Blick zum Gnadenbild gewandt,
ich wundersame Tröstung fand.
Tat nicht umsonst die Hände ringen,
Du, Mutter, konntest Hilfe bringen.
Wenn krank die Gattin, krank das Kind,
Du reichtest uns die Hand so lind.
Und immer wieder halfst Du tragen
Familienkreuz und Sorg und Plagen.
Du nahmst uns treu in Deine Hut,
und alles wurde wieder gut.

Darum komm ich heute Dir zu danken,
Du Christenhilf, Du Heil der Kranken.
Dies Weihebild soll künden hier:
Kein Pilger fleht umsonst zu Dir!

Votivtafel Wallfahrt »Maria Heil der Kranken«, Habsberg/Oberpfalz

Lourdes/Frankreich

Ave Maria

Ave, Ave, Ave Maria!
Ave, Ave, Ave Maria!

Die Glocken verkünden
mit fröhlichem Laut
Das Ave Maria
so lieb und so traut.

Am Felsen erscheinet,
von Lichtglanz umhüllt.
Dem Kind Bernadette
ein himmlisches Bild.

Maria wir pilgern
zum heiligen Ort.
Hier strahlte dein Antlitz
ertönte dein Wort.

Du bittest uns mahnend
mit sorgendem Blick.
Tut Buße und betet,
zum Herrn kehrt zurück.

Dein Wunderquell brach aus
dem steinigen Grund.
O mach uns an Leib und
an Seele gesund.

Dass in Prozessionen,
wir ziehen einher.
Dem Herren lobsingend,
so war's dein Begehr.

*

Gott, unser Vater,
durch die allerreinste Jungfrau Maria
ist Dein Sohn für uns Mensch geworden,
die Quelle lebendigen Wassers.

Lass uns auf seinen Anruf antworten
und uns an der Quelle reinigen,
die seinem Herzen entspringt;
denn diese Quelle hier ist uns
dafür Zeichen und Erinnerung,
damit in uns die neue Schöpfung werde,
zu der wir durch die Taufe berufen sind.

Heilige Bernadette,
du hast das Antlitz der seligen Jungfrau Maria gesehen,
und die Quelle unter Schutt und Dreck gefunden.
Erbitte uns dein Glaubenslicht,
deine Demut, Liebe und Ausdauer
in unseren Sorgen und Leiden,
damit wir die wahre Quelle des Lebens finden,
Christus, unseren Herrn.
Amen!

Gebet zu unserer lieben Frau von Lourdes

Maria, du hast dich der Bernadette
in der Nische des Felsens gezeigt.
In die Kälte und in das Dunkel des Winters
hast du die Wärme, das Licht und die Schönheit
deiner Gegenwart gebracht.

In die Leere unseres Lebens, das oft so dunkel ist,
in die Leere der Welt, wo das Böse mächtig ist,
bring Hoffnung,
schenk neues Vertrauen!

Du bist die Unbefleckte Empfängnis,
komm uns Sündern zu Hilfe.
Gib uns die Demut der Umkehr,
den Mut der Buße.
Lehre uns, für alle Menschen zu beten.

Führe uns zu den Quellen des wahren Lebens.
Mach uns zu Pilgern in deiner Kirche.
Stärke in uns den Hunger nach der Eucharistie,
dem Brot für den Weg, dem Brot des Lebens.

An dir, Maria, hat der Heilige Geist Großes vollbracht:
in seiner Macht hat er dich vor den Vater gestellt,
in der Herrlichkeit deines für immer lebenden Sohnes.
Schau voll Zärtlichkeit
auf die Erbärmlichkeiten unseres Leibes und unserer Herzen.
Leuchte für alle, wie ein mildes Licht,
im Augenblick des Todes.

Mit Bernadette bitten wir dich, Maria,
mit kindlicher Schlichtheit.
Lass uns, wie sie, eintreten in den Geist der Seligpreisungen.

Dann werden wir beginnen,
schon hier die Freuden des Königreiches Gottes kennen zu lernen
und mit dir zu singen:
Magnificat!

Ehre sei dir, Jungfrau Maria,
du glückliche Dienerin des Herrn,
Mutter Gottes,
Wohnstatt des Heiligen Geistes!
Amen.

Gebet an unsere liebe Frau von Lourdes

Heilige Jungfrau, in deiner himmlischen Glorie
vergiss doch nicht das Elend dieser Erde.
Blicke erbarmungsvoll hernieder auf alle, die leiden,
die sich abmühen im Kampf mit den
Widerwärtigkeiten und Bitternissen dieses Lebens.
Habe Mitleid mit all denen,
die sich lieben und die getrennt sind!
Habe Mitleid mit all denen, die einsam und verlassen sind!
Habe Mitleid mit unserem schwachen Glauben!
Erbarme dich derer, die wir lieben!
Erbarme dich derer, die weinen, die beten, die zagen!
Gib allen Hoffnung und Frieden.
Amen.

Aparecida/Brasilien

Aparecida (wörtlich: die Erschienene) ist der bekannteste Wallfahrtsort Brasiliens. Unsere Liebe Frau von Aparecida ist die Patronin des Landes.

Wer dich am meisten braucht …

Ich rief zu Unserer Lieben Frau von Aparecida.
Sie antwortete nicht.
Ich rief zu Unserer Lieben Frau von Fatima.
Sie hat mich nicht gehört.
Ich rief zu Unserer Lieben Frau von Lourdes.
Nicht einmal das Echo kam zurück.
Ich rief zu Unserer Lieben Frau von Vietnam.
Da hörte ich Weinen …
Mutter, wie wahr ist es doch,
dass du am meisten liebst,
wer dich am meisten braucht.
Dom Helder Camara
(Recife, 4./5.1.1973)

Wallfahrt nach Aparecida

Gibt es wohl eines
von deinen berühmten Heiligtümern,
von deinen Wallfahrtszentren,
das armseliger ist als dieses hier?
In Lourdes hast du
zu Bernadette gesprochen.
In Fatima hast du dich
mit den Hirtenkindern unterhalten.
In La Salette hast du geweint,

als du dich an die Schlechtigkeit
der Menschen erinnertest…
In meinem Lande
erschien ein Bild von dir –
klein, armselig, unscheinbar
und ohne jeden Glanz.
Mehr brauchte es nicht.
Von weither kamen pilgernd die Wallfahrer,
denn es reicht nicht dein Schatten,
dein Bildnis bewegt uns.
Glücklich, die nicht sehen
und dennoch glauben…
Heilige Maria, Mutter Gottes,
belohne unseren Glauben
in der Stunde des Todes.
Sei uns nahe, Mutter von Aparecida,
und führe uns auf unserem Pilgerweg
zu den Heiligtümern des Himmels.
Dom Helder Camara

Loreto/Italien

Heilige Jungfrau von Loreto…

O Maria, unbefleckte Jungfrau, um Deines heiligen Hauses willen, das Engelshände auf die Höhen von Loreto übertrugen, wende Deine gütigen Augen uns zu.
Um der heiligen Mauern willen, zwischen denen Du geboren wurdest und als Mädchen in Gebet und in der erhabensten Liebe lebtest, wegen der glücklichen Wände, die den Gruß des Engels hörten, der Dich nannte »gebenedeit unter allen Frauen« und die uns an die Menschwerdung des Ewigen Wortes in Deinem reinen, jungfräu-

lichen Leibe erinnern. Gewähre uns die Gnaden, um die wir Dich demütig bitten, und verhilf uns zum Glück, dass wir nach diesem Erdenleben Dir im Himmel den Engelsgruß wiederholen dürfen:
Gegrüßet seist Du Maria.
Heilige Jungfrau von Loreto, bitte für uns!

Gebet in Krankheit

Herr Jesus, die Krankheit hat an die Türe meines Lebens geklopft: eine harte Erfahrung, eine schwer zu akzeptierende Wirklichkeit. Dennoch danke ich Dir für diese Krankheit. Sie hat mir die Zerbrechlichkeit und Unsicherheit der menschlichen Existenz handgreiflich gemacht. Jetzt sehe ich alles mit anderen Augen: Das, was ich bin und habe, gehört nicht mir. Es ist Dein Geschenk.
Ich habe entdeckt, was es heißt abhängig zu sein, alles und alle nötig zu haben, nichts alleine tun zu können.
Ich habe Einsamkeit und Angst erfahren, aber auch Zuneigung und Freundschaft so vieler Menschen.
Herr, auch wenn es mir schwer fällt, wiederhole ich: »Dein Wille geschehe!« Ich opfere Dir mein Leid und füge es dem Leiden Christi hinzu. Wenn es Dein Wille ist, mache mich wieder gesund und schenke mir Heil und Leben. Segne alle, die mir beistehen, und alle, die wie ich leiden müssen. Maria, Mutter von Loreto, du Heil der Kranken und Trösterin der Betrübten, ich bitte dich: Tritt für mich ein bei deinem Sohn. Amen.

Gebet der Flugreisenden

Herr, unser Gott, »der du auf den Flügeln des Windes dahinfährst«, von dessen Herrlichkeit die Himmel erzählen: Wir preisen und verherrlichen dich in all deinen Werken, denn in deiner unendlichen Weisheit hast du dem Menschen die Aufgabe gegeben, schöne und große Werke zu vollbringen.

Höre das Gebet, das wir auf die Fürbitte Marias, der Jungfrau von Loreto, an dich richten:
Die Flugzeuge, die am Himmel dahinfliegen, verkünden im weiten Luftraum das Lob deines Namens und dienen den Menschen, damit sie sich schneller bewegen und ihre Aufgabe erledigen können. Mit deinem Segen mögen die Piloten, Techniker und alle Hilfskräfte mit großer Klugheit tätig sein, damit alle in der Luft Reisenden glücklich das Ziel erreichen, zu dem sie aufgebrochen sind, und alle Gefahr ihnen fern bleibe.

Die Lauretanische Litanei

Vorbeter: Herr, erbarme dich.
Alle: Herr, erbarme dich.
Vorbeter: Christus, erbarme dich.
Alle: Christus, erbarme dich.
Vorbeter: Herr, erbarme dich.
Alle: Herr, erbarme dich.

Auf die folgenden Anrufungen antworten alle:
Alle: Bitte für uns.

Vorbeter: Heilige Maria
Heilige Mutter Gottes
Heilige Jungfrau
Mutter Christi
Mutter der Kirche
Mutter der göttlichen Gnade
Mutter, du Reine
Mutter, du Keusche
Mutter ohne Makel
Mutter, du viel Geliebte
Mutter, so wunderbar

Mutter des guten Rates
Mutter der schönen Liebe
Mutter des Schöpfers
Mutter des Erlösers
Du kluge Jungfrau
Jungfrau, von den Völkern gepriesen
Jungfrau, mächtig zu helfen
Jungfrau, voller Güte
Jungfrau, du Magd des Herrn
Du Spiegel der Gerechtigkeit
Du Sitz der Weisheit
Du Ursache unserer Freude
Du Kelch des Geistes
Du kostbarer Kelch
Du Kelch der Hingabe
Du geheimnisvolle Rose
Du starker Turm Davids
Du elfenbeinerner Turm
Du goldenes Haus
Du Bundeslade Gottes
Du Pforte des Himmels
Du Morgenstern
Du Heil der Kranken
Du Zuflucht der Sünder
Du Trost der Betrübten
Du Hilfe der Christen
Du Königin der Engel
Du Königin der Patriarchen
Du Königin der Propheten
Du Königin der Apostel
Du Königin der Märtyrer
Du Königin der Bekenner
Du Königin der Jungfrauen
Du Königin aller Heiligen
Du Königin, ohne Erbschuld empfangen

Du Königin, aufgenommen in den Himmel
Du Königin vom heiligen Rosenkranz
Du Königin der Familie
Du Königin des Friedens

Vorbeter: Lamm Gottes, du nimmst hinweg die Sünde der Welt.
Alle: Herr verschone uns.
Vorbeter: Lamm Gottes, du nimmst hinweg die Sünde der Welt.
Alle: Herr erhöre uns.
Vorbeter: Lamm Gottes, du nimmst hinweg die Sünde der Welt.
Alle: Herr erbarme dich.
Vorbeter: Lasset uns beten:
Gütiger Gott, du hast allen Menschen Maria zur Mutter gegeben; höre auf ihre Fürsprache, nimm von uns die Traurigkeit dieser Zeit, dereinst aber gib uns die ewige Freude. Durch Christus, unsern Herrn.
Amen.

Rom/Italien

Gebet für das Heilige Jahr 2000 von Papst Johannes Paul II.

Sei gepriesen, Vater, in Deiner unendlichen Liebe
hast Du uns Deinen eingeborenen Sohn geschenkt.
Er hat Fleisch angenommen durch den Heiligen Geist
im reinsten Schoß der Jungfrau Maria.
Er wurde geboren zu Bethlehem vor 2000 Jahren.
Als Weggefährte der Menschen
hat Er der Geschichte einen neuen Sinn gegeben:
Sie ist ein gemeinsamer Weg
in Ängsten und Leiden, in Treue und Liebe.

Sie führt zum neuen Himmel und zur neuen Erde,
wo der Tod überwunden ist und Du alles in allem sein wirst.

Lob und Ehre sei Dir; dem einzigen und höchsten Gott,
der Allerheiligsten Dreifaltigkeit.

Durch Deine Gnade, Vater, werde das Jubeljahr
eine Zeit radikaler Umkehr
und freudiger Rückkehr zu Dir:
eine Zeit, in der die Menschen sich versöhnen
und die Völker zur Eintracht finden;
in der man die Lanzen zu Winzermessern schmiedet,
in der dem Getöse der Waffen Gesänge des Friedens folgen.
Vater, lass uns im Jubeljahr
der Stimme des Geistes gehorchen und
Christus in Treue nachfolgen.
Gib, dass wir unablässig auf Dein Wort hören
und aus den Quellen der Gnade schöpfen.

Lob und Ehre sei Dir; dem einzigen und höchsten Gott,
der Allerheiligsten Dreifaltigkeit.

Trage, Vater, mit der Kraft des Geistes die Kirche,
beim Einsatz für die neue Evangelisierung.
Lenke unsere Schritte auf den Straßen der Welt,
damit wir durch unser Leben Christus verkündigen.
Richte unseren irdischen Pilgerweg auf die Stadt des Lichtes aus.
Schenke den Jüngern, den Geschwistern Jesu,
Ausstrahlung durch ihre Liebe
zu den Armen und Bedrückten.
Lass sie solidarisch sein mit den Bedürftigen,
großzügig in Werken der Barmherzigkeit;
gegenüber den Brüdern und Schwestern
seien sie nachsichtig, um selbst Nachlass
und Vergebung zu erlangen.

Lob und Ehre sei Dir; dem einzigen und höchsten Gott,
der Allerheiligsten Dreifaltigkeit.

Vater, reinige das Gedächtnis der Jünger,
der Geschwister Deines Sohnes.
Gib, dass sie ihre Schuld erkennen.
Lass sie eins sein, dass die Welt glaube.
Der Dialog unter den großen Religionen weite sich.
Alle Menschen mögen die Freude entdecken,
Deine Söhne und Töchter zu sein.
In die Fürsprache Marias, der Mutter der Kirche,
stimmen die Apostel und Märtyrer ein,
die Gerechten aus allen Völkern und zu allen Zeiten.
Jeder einzelne und die ganze Kirche
sollen im Heiligen Jahr neue Hoffnung schöpfen
und sich freuen im Heiligen Geist.

Lob und Ehre sei Dir, dem einzigen und höchsten Gott,
der Allerheiligsten Dreifaltigkeit.

Dir, dem allmächtigen Vater,
dem Ursprung des Alls und des Menschen,
durch Christus, der lebt und herrscht
über Zeit und Geschichte,
im Heiligen Geist, der die ganze Welt heiligt,
sei Lob und Ehre und Herrlichkeit
heute und in Ewigkeit. Amen

Heiliges Land

SHALOM

Gebet für Frieden und Versöhnung im Heiligen Land

Du einziger Gott, Gott unseres Lebens, unserer einen Welt, unserer gemeinsamen Zukunft: Mit den Brüdern und Schwestern aus allen Religionen beten wir zu Dir.

Wir wissen uns besonders verbunden mit den Menschen und Religionen, die im Heiligen Land ihre heiligen Stätten haben. Uns alle hast Du nach Deinem Bild und Gleichnis geschaffen, alle sind Dein Ebenbild. Allen, die Dich in Wahrheit suchen, hast Du den Hunger und Durst nach Gerechtigkeit und die Sehnsucht nach Frieden eingegeben. Alle, Muslime, Juden und Christen, trauern um die Opfer des Hasses und der Gewalt.

Aber alle sind nach Deinem Plan auch berufen, an einer neuen Welt zu bauen und Werkzeuge des Dialogs und des Friedens zu werden. So bitten wir Dich heute: Schenke dem Nahen Osten und dem Heiligen Land einen dauerhaften Frieden. Lass die Kräfte der Versöhnung siegen über alle Kräfte des Hasses und der Vergeltung. Mach, dass die Herzen sich auftun und die Waffen schweigen. Lass eine sichere Heimat für alle entstehen. Mach, dass alle Menschen guten Willens aus allen Religionen miteinander die Berge der Missverständnisse abtragen, die Gräben des Hasses zuschütten und Wege für eine gemeinsame Zukunft ebnen. Lass Frieden aus Gerechtigkeit wachsen, Schalom für alle ohne Unterschied. Und lass uns bei uns selber anfangen.

Herrmann Schalück OFM

Santiago de Compostela/Spanien, Apostelgrab

Jakobus

Nein, du lässt mich nicht in Stich,
Stehst mir bei und leitest mich,
Leuchtest strahlend mir ins Herz,
Teilst die Freude, fühlst den Schmerz.

Sterne sind dir wohl bekannt,
Bleibst mir nah im fremden Land,
Richtung gebend, hier und jetzt,
Heilend, was so sehr verletzt.

Wunden wandelst du in Wunder,
Schritt für Schritt, der Weg wird runder.
Und nach vielen Pilgertagen
Werden Dornen Rosen tragen.

O Jakobus, hochverehrt,
Pilgern lässt nie unversehrt.
Himmelwärts und abgrundtief
Zieht mich, der so machtvoll rief.

Kuni (Balthasar) Bahnen

O Gott, du hast deine Dienerin Sarah und deinen Diener Abraham aus der Stadt Ur in Chaldäa herausgeführt, du hast sie auf all ihren Pilgerwegen beschützt, du warst der Führer des hebräischen Volkes durch die Wüste. Wir bitten dich: Du mögest uns, deine Dienerinnen und Diener, die aus Liebe zu dir nach Santiago de Compostela pilgern, beschützen. Sei uns Begleiter auf dem Wege, Führer in den Scheidewegen, Kraft in der Müdigkeit, Schutz in den Gefahren, Herberge auf dem Weg, Schatten in der Hitze, Licht in der Finsternis, Trost in der Mutlosigkeit und Stärke in unseren Vorsätzen, damit wir unter deiner Führung gesund und wohlbehalten zum Endziel des Weges gelangen und bereichert mit Gnaden und Tugenden glücklich in unsere Heimat zurückkehren mit andauernder Freude, durch Christus unseren Herrn.

Kloster Andechs

Offene Muschel

Gott,
lass mich eine offene Muschel sein:
offen zum Empfangen,
offen zum Nehmen
offen zum Teilen,
offen zum Schenken.

Gott,
lass mich eine offene Muschel werden:
für den Pilgerweg meines Lebens,
für meine Mitmenschen daheim,
für ihre Zuneigung und Liebe,
für ihre Sorgen, Ängste und Nöte.

Gott,
lass mich als offene Muschel leben:
mit den Erfahrungen dieser Reise,
mit Santiago als Wegbegleiter,
mit deiner befreienden Botschaft,
mit deinem Segen.

Peter Müller

Assisi/Italien

WALLFAHRT NACH ASSISI

Heiliger Franz von Assisi,
du hast Christus den Menschen deiner Zeit nahe gebracht:
Hilf uns, diesen Christus
jetzt unserer Zeit nahe zu bringen,
dieser schwierigen und kritischen Zeit.
Hilf uns!
Unsere Zeit wartet mit großer Sehnsucht auf Christus,
auch wenn viele Menschen unserer Tage
sich dessen nicht bewusst sind.
Wir nähern uns dem Jahr 2000 nach Christus:
Könnte das nicht eine Zeit sein,
die uns auf eine neue Wiedergeburt in Christus vorbereitet,
auf einen neuen Advent?
Jeden Tag geben wir im Eucharistischen Hochgebet
dieser Erwartung Ausdruck,
die wir allein auf ihn richten,
unseren Erlöser und Heiland,
auf ihn, die Vollendung der Geschichte des Menschen und der Welt.
Hilf uns, heiliger Franz von Assisi,
Christus der Kirche und der Welt von heute nahe zu bringen!
Der du mit ganzer Seele
das Schicksal deiner Zeitgenossen miterlebt hast,
hilf uns mit dem Herzen,
das dem Herzen des Erlösers nahe ist,
das ganze Leben unserer Zeitgenossen
bereitwillig mitzutragen:
die schwierigen sozialen, wirtschaftlichen und politischen Probleme,
die Probleme der Kultur

und der zeitgenössischen Zivilisation,
alle Leiden des heutigen Menschen,
seine Zweifel, seine Ablehnungen,
seine Abweichungen, seine Spannungen und Komplexe,
seine Unruhe...
Hilf uns, all dies in die einfache und fruchtbare
Sprache des Evangeliums zu übersetzen.
Hilf uns, Lösungen für alles
aus dem Geiste der Frohen Botschaft herauszufinden,
damit Christus selbst
auch für die Menschen unserer Zeit
»Weg, Wahrheit und Leben« sein kann.
Von dir, dem heiligen Sohn der Kirche,
dem Sohn Italiens,
erbittet dies Papst Johannes Paul II.,
der Sohn Polens, in der Hoffnung,
dass du ihm diese Bitte nicht abschlägst,
sondern ihm deine Hilfe schenkst.
Du bist allzeit gütig gewesen
und hast allen schnelle Hilfe gebracht,
die sich an dich gewandt haben.
Johannes Paul II.

Padua/Italien

Heiliger Antonius von Padua

Gütiger und barmherziger Gott, du hast den heiligen Antonius als Zeugen des Evangeliums und als Friedensboten auserkoren. Heilige durch seine Fürsprache alle Familien. Hilf ihnen, im Glauben zu wachsen, bewahre in ihnen die Einheit, den Frieden und die Heiterkeit. Segne unsre Kinder und Jugendlichen. Stehe allen Kranken und Einsamen bei. Unterstütze uns in den täglichen Mühen. Schenke uns deine Liebe. Durch Christus unseren Herrn. Amen.

Sachseln-Flüeli-Rauft/Schweiz

Mein Herr und mein Gott,
nimm alles von mir,
was mich hindert zu dir.

Mein Herr und mein Gott,
gib alles mir,
was mich fördert zu dir.

Mein Herr und mein Gott,
nimm mich mir,
und gib mich ganz zu Eigen dir.
Bruder Klaus

Einsiedeln/Schweiz

Jungfrau und Gottesmutter Maria,
breite Deinen Mantel über alle,
die vertrauensvoll zu Dir pilgern oder
aus der Ferne auf Deinen Schutz vertrauen.

Tritt ein am Throne Gottes
für die Jungen und die Alten,
für die Kranken und Verzweifelnden,
für die Armen und Einsamen,
für uns Sünder.
Sei uns allen Vorbild und Mutter des Glaubens,
damit wir fest gegründet seien
in der Liebe des dreifaltigen Gottes,
des Vaters, des Sohnes und des Heiligen Geistes.

Gnadenmutter von Einsiedeln,
bitte für uns!

Ars/Frankreich

Ich liebe Dich, o mein Gott, und mein einziger Wunsch ist, Dich zu lieben bis zum letzten Seufzer meines Lebens.

Ich liebe Dich, o unendlich liebenswürdiger Gott, und ich möchte lieber aus Liebe sterben als einen einzigen Augenblick leben, ohne Dich zu lieben.

Ich liebe Dich, o mein Gott, und ich sehne mich nur nach dem Himmel, um das Glück zu haben, Dich vollkommen zu lieben.

Ich liebe Dich, o mein Gott, und ich fürchte mich vor der Hölle, nur weil man dort niemals den süßen Trost hat, Dich zu lieben.

Mein Gott, wenn meine Zunge nicht in jedem Augenblick sagen kann, dass ich Dich liebe, dann will ich, dass mein Herz es Dir wiederholt, sooft ich nur atme. Mein Gott, gib mir die Gnade zu leiden, indem ich liebe, und Dich zu lieben, indem ich leide, und zu sterben, indem ich Dich liebe, und zu fühlen, dass ich Dich liebe.

Mein Gott, im gleichen Maß, als ich mich meinem Ende nähere, erweise mir die Gnade, meine Liebe zu vermehren und zu vervollkommnen.

Amen.

Der Pfarrer von Ars Jean-Baptiste-Marie Vianney (1786–1859)

La Salette/Frankreich

Mutter von La Salette,
Schenk unsern Herzen Ruh.
An dieser Gnadenstätte
Führ Deinem Sohn uns zu,
Führ Deinem Sohn uns zu.

Mutter, voll des Lichts,
Geh den Weg mit uns,
Sei unsre Kraft, sei unsre Freud;
Schenke uns den Retter.

... Komm, lenk unsren Schritt
... Erleuchte unseren Weg
... Gib uns Deinen Sohn

Unsere Liebe Frau von La Salette,
Versöhnerin der Sünder,
Bitte für uns ohne Unterlass,
Die wir zu Dir unsere
Zuflucht nehmen.

Du, Maria, Mutter des Herrn,
Ehre Dir, Unsre Liebe Frau,
Königin, Mutter der Welt,
Dich preisen stets Deine Kinder,
Führe Du sie in Dein Licht!

...Wir kommen zu Dir.

Banneux/Belgien

Jungfrau Maria,
Du Morgenröte des Heiles,
durch Deine Anwesenheit und im Gebet
hast Du die werdende Kirche
zum Morgen des ersten Pfingstfestes begleitet.
Wir bitten Dich:
bete auch heute für uns und mit uns.

Jungfrau der Armen,
Du kennst alles, was unser Leben umfasst:
Angst und Freude,
Leiden und Heilung,
Gebrechlichkeit und Tapferkeit.
In der Zeit der Bedrängnis,
stärke Du unsere Hoffnung.

Königin des Friedens,
Du Stern der Neuevangelisierung,
lenke die Schritte der Kirche,
mache sie aufmerksam für die Not aller Menschen.
Begleite einen jeden von uns,
damit wir, in der Kraft des Heiligen Geistes
und in demütiger Freude,
der Frohbotschaft Deines Sohnes dienen.
Er ist der Weg zum Nächsten,
Er ist der Weg zum Vater,
in Ihm ist die Quelle des Lebens.

Mariazell/Österreich

GEBET ZU MARIA, DER SCHUTZFRAU ÖSTERREICHS

Maria, du erhabene Schutzfrau Österreichs,
breite deine Hände aus über unser Volk und Land.
Segne unsere Felder und Fluren,
segne alle Stätten unserer Arbeit,
segne unsere Dörfer und Städte,
segne alle Menschen, die darin wohnen.
Heilige unsere Familien.
Führe die Jugend zu Christus.
Erbitte den Regierenden Weisheit und Gerechtigkeit.
Schenke dem Volke Einigkeit und Liebe.
Bewahre unserem Land den Frieden und die Freiheit.
Gib der Kirche unserer Heimat apostolischen Eifer.
Lass alle Heimatlosen Heimat finden
Und führe unsere Toten zur ewigen Heimat.
Heiliger Josef, heiliger Leopold, heiliger Martin und heiliger Rupert,

lasst euch Land und Menschen empfohlen sein.
Amen.

Altötting/Deutschland

O Maria hilf! O Maria hilf!
O Maria hilf doch mir!
Ein armer Sünder kommt zu Dir.
Im Leben und im Sterben
Lass mich nicht verderben!
Lass mich in keiner Todsünd sterben!
Steh mir bei im letzten Streit,
o Mutter der Barmherzigkeit!

Kevelaer/Deutschland

Gebet Papst Johannes Pauls II. vor dem Gnadenbild der »Trösterin der Betrübten« am 2. Mai 1987

Vorbeter: Wir wollen uns mit dem Heiligen Vater im Gebet verbinden, wenn wir sprechen:

Alle: Sei gegrüßt, Jungfrau Maria, Mutter unseres Erlösers, Mutter der Kirche und unsere Mutter!

Vorbeter: Als Pilger zu diesem Gnadenort Kevelaer reihe ich mich ein in die Schar der ungezählten Gläubigen, die hier vor deinem Bild dein Lob gesungen haben. So erfüllt sich auch durch uns das Wort der Schrift: »Von nun an werden mich selig preisen alle Geschlechter.«

Alle: Mit dir preisen wir unseren Herrn und Gott, der auf die Niedrigkeit der Menschen schaut und Großes für uns getan hat durch den Tod und die Auferstehung seines Sohnes.

Vorbeter: Mit allen Pilgern, die sich mit meinem Gebet vereinen, rufe ich dich an als unsere Hoffnung und Quelle des Trostes. Maria, Trösterin der Betrübten, bitte für uns. Deiner mütterlichen Liebe und Fürsprache empfehle ich heute alle, die sich voll Zuversicht an dich wenden.

Alle: Zu dir kommen die Gesunden und Glücklichen; erhalte in ihnen Freude und Dankbarkeit und mache sie empfänglich und hilfsbereit für die Not ihrer Mitmenschen nah und fern.

Vorbeter: Zu dir kommen die Kranken, sie beten um Gesundheit der Seele und des Leibes. Hilf ihnen, ihr Leid tragen; lindere ihre Schmerzen und erbitte ihnen darin Trost und Heil.

Alle: Zu dir gehen die Blicke der Einsamen und Verlassenen, vor dir weinen die Trauernden. Lass sie erfahren, dass du unter dem Kreuz unsere Mutter geworden bist und vor allem denen mütterlich nahe bist, die deiner Hilfe besonders bedürfen.

Vorbeter: Vor dir stehen die jungen Menschen, die in das Leben hineingehen. Leuchte ihnen als heller Stern in den Dunkelheiten der Pilgerschaft, dass sie nicht abirren vom Weg des Glaubens.

Alle: Vor dir stehen die Menschen in der Mitte des Lebens, lass sie nicht mutlos werden, stärke sie in ihren täglichen Aufgaben und führe sie immer tiefer in die Nachfolge deines Sohnes.

Vorbeter: Vor dir stehen die Alten, die wissen, dass sich ihr Weg durch dieses Erdental dem Ende zuneigt. Mit ihnen beten wir: Heilige Maria, zeige uns nach diesem Elende Jesus, die gebenedeite Frucht deines Leibes. O gütige, o milde, o süße Jungfrau Maria.

Alle: Deinem mütterlichen Schutz empfehle ich zugleich die ganze Kirche in diesem Land und aller Welt, die Bischöfe, Priester und Ordensleute, die Alleinstehenden, die Familien und die Pfarrgemeinden.

Vorbeter: Mögen alle in Christus wachsen in Glaube, Hoffnung und Liebe. Mache sie zu glaubwürdigen Zeugen deines Sohnes, seiner befreienden Wahrheit und erlösenden Liebe, in der allen Menschen guten Willens ewiges Heil verheißen ist.

Alle: Mutter des ewigen Wortes, lehre uns, Christus entgegenzugehen, unserem wiederkommenden Herrn und Retter, in dessen seliger Gemeinschaft du lebst und für uns eintrittst jetzt und alle Tage und in Ewigkeit. Amen.

GEBET MUTTER TERESAS AM 19. SEPTEMBER 1987 IN KEVELAER

Maria, du Mutter Jesu.
Gib mir ein Herz wie das deine:
so schön, so rein, so unbefleckt.
Ein Herz voll Liebe und Demut.
Dann kann ich Jesus empfangen
im Brot des Lebens.
Dann kann ich ihn lieben,
wie du ihn liebst,
und ihm dienen
in der leidenden Gestalt der Armen.
Maria, mach mich zu einem Boten
der Liebe Gottes und seines Friedens.

Trier/Deutschland, Heilig-Rock-Wallfahrt

Christus, gib meinem Glauben die lebendige Kraft,
an Deinem Rock,
dem Glauben
Deiner Kirche
mitzuwirken,
meinen geringen Beitrag
beizusteuern,
um ihn weiterzugeben
an die,
die nach uns kommen.

Köln/Deutschland, Dreikönigenschrein

Pilgergebet zur Domwallfahrt 1998

Gott, unser Vater, wir preisen dich. Du hast uns ins Leben gerufen und gehst mit uns unseren Weg.

Immer wieder schenkst du uns deine Güte. Als der Mensch im Ungehorsam deine Freundschaft verlor und der Macht des Todes verfiel, hast du ihn dennoch nicht verlassen. Du hast mit deinem Volk Israel einen Bund geschlossen und es in das verheißene Land geführt. Auch heute führst du deine Kirche auf ihrem Weg durch die Zeit.

Gütiger Gott, wir danken dir. In deinem Mensch gewordenen Sohn Jesus Christus bist du selber zum Pilger auf den Straßen der Welt geworden. Du hast uns durch sein Kreuz und seine Auferstehung das Leben in Fülle erschlossen. Du hast uns berufen, ihm nachzufolgen. Er ist der Weg, der uns zu dir führt.

Herr, unser Gott, wir beten dich an. In der Kraft des Heiligen Geistes schenkst du uns deine Gnade. So wird dein pilgerndes Volk in der Kirche zu einem wirksamen Zeichen des Heils.

Allmächtiger, barmherziger Gott, als Pilger sind wir heute unterwegs zum Kölner Dom. Hier verehrt die Kirche in besonderer Weise die Heiligen Drei Könige. Auf ihrer Suche nach der Wahrheit des Lebens folgten sie deinem Stern, der sie zum Licht der Welt führte. Mit Gaben kamen sie zu Jesus und Maria, seiner Mutter. Beschenkt kehrten sie heim in ihr Land als Boten deines Lichts.

In Erinnerung an die drei Weisen pilgern wir dir heute entgegen. Geleite uns auf allen unseren Wegen, und mache uns zu Boten und Zeugen deiner Frohen Botschaft für alle, die der Wegbegleitung bedürfen: für die Christen in der Kirche von Köln, für die Gemeinden und Gemeinschaften, für unseren Erzbischof, unsere Bischöfe, Priester und Diakone, für alle, die zum Dienst in der Kirche bestellt sind; für alle, die Verantwortung tragen in unserer Gesellschaft, für die Familien, die jungen und die alten Menschen, für die Einsamen, Kranken und Sterbenden, für die Arbeitslosen und die Obdachlosen, für die Menschen, die Not leiden an Leib und Seele, und auch für die, die nicht an dich glauben. Hilf uns, dass sie in uns Zeugen deiner Güte finden.

Mit den Heiligen Drei Königen loben und preisen wir dich. Wir beten dich an und danken dir, dem ewigen, dreieinigen Gott, dem Vater und dem Sohn und dem Heiligen Geist. Amen.

Vierzehnheiligen/Deutschland

Zum viel gerühmten Heiligtum
ziehn Scharen stets hinauf.
Die Fahnen wehn voran im Wind,
und Lieder klingen auf.

Wallfahrer steigen aus dem Tal,
im Zuge Jung und Alt.
Von weither weht ihr Beten schon,
von fern ihr Singen hallt.

Was jeder auf dem Herzen hat,
was ihn an Kummer quält,
das trägt er mit auf diesem Weg
hin vor den Herrn der Welt.

Schon grüßt, von Grün und Wald bekränzt,
das Gotteshaus voll Pracht.
Es hat für alle Pilgernden
die Tore weit gemacht.

Hier ist der Vierzehn Heilgen Ort,
hier flehen sie vor Gott,
dass Hilfe er den Glaubenden
gewähre in der Not.

Wer voll Vertrauen hierher kommt
und niederkniet und fleht,
dem stehen vierzehn Helfer bei
in seinem Bittgebet.

Lob sei dir, Gott, der drei in eins
und eins in dreien ist,

der du der Zeugen Seligkeit
in deinem Reiche bist.
Amen.
Hymnus auf dem Wallfahrtsweg nach Vierzehnheiligen

Ettal/Deutschland

Ettaler Gebet

O gütigste Jungfrau Maria, schönste Lilie unseres Tales, die du aus deinem anmutsvollen Antlitz in deinem wunderschönen Bilde deine engelreine Unschuld, Demut und Liebe zu erkennen gibst, wodurch du alle Herzen an dich ziehest und zu deiner Nachfolge erweckest, die dich sehen und verehren; ich bitte dich, holde Mutter, dass du mich wie alle, die sich unter deinen Schutz begeben, in deinen Schoß aufnehmen, beim Scheiden aus diesem Tränentale mir beistehen und in die ewigen Wohnungen des Himmels mich einführen wollest, damit ich dort Jesus, deinen göttlichen Sohn, ewig sehen, lieben und loben könne.
Amen.

Habsberg (Oberpfalz)/Deutschland, Maria Heil der Kranken

Hoch auf deinem Gnadenthrone,
Frau vom Habsberg, sei gegrüßt.
Führe uns zu deinem Sohne,
unserm Heiland Jesus Christ.
Wenn der Leib beginnt zu schwanken,

ist die Seele voller Leid,
hilf, Maria, Heil der Kranken!
Hilf, Maria, allezeit!

Deiner Gnade Bild zu sehen,
Jahr für Jahr viel Pilger ziehn
Betend, voller Dank und Flehen,
zu dem Heiligtume hin.
Lass in diesem Bild erkennen,
die betrübt, die frohgemut,
dich das Heil der Kranken nennen,
wie von Gott kommt Heil und Gut.

Regensburg/Deutschland, Alte Kapelle

Es brausen die Wogen des Lebens
im Lärme der Stadt einher,
Du suchest Ruhe vergebens
in diesem brandenden Meer:
Doch mitten darin voller Frieden
da liegt einer Insel gleich
vom Treiben des Alltags gemieden
ein Stückchen vom Himmelreich.
Wir eilen zur heiligen Stelle
zur himmlischen Königin,
zur Mutter der Alten Kapelle,
zu Dir, o Maria, hin.

Ferd. Benz und Chr. Pollmann

Augsburg/Deutschland, St. Peter am Perlach, Maria Knotenlöserin

Maria vom Knoten,
wer hätt' es gedacht,
zum erstenmal heut'
wardst du mir gebracht.

Maria vom Knoten,
wer hörte nicht drauf –
der Knoten sind viel,
sie gehen nicht auf!

Maria vom Knoten,
wie tröstlich das klingt:
es gibt eine Hand,
die Knoten entschlingt.

Maria vom Knoten,
den Knäuel hier, schau!
ich bring ihn nicht auf –
hilf, heilige Frau!

Maria vom Knoten,
der Knäuel bin ich –
ins Letzte verwirrt,
o erbarme dich!

Josef Weiger

Maria vom Knoten

Maria, Schwester im Glauben, Knotenlöserin Du!
Dein heiliges, unwiderruflich gelungenes Leben spricht mich an.
Du kennst sie, die leidvollen Situationen,
wenn Ablehnung und Enttäuschung lähmen,
wenn gesteckte Ziele in weite Ferne rücken,
wenn Zuhören unmöglich wird,
wenn Unverständnis verletzt,
wenn Machtansprüche in unvermutete Fallen treiben,
wenn Zweifel übermächtig werden,
wenn Schuld belastet, Versagen lähmt,
wenn sich alles verkrampft und zuschnürt,
wenn nichts mehr gelingt,
wenn keine Lebensenergie mehr strömt.
Maria vom Knoten, dann mach mir Mut,
weck Hoffnung und zeige mir Wege,
heilende, erlösende, gute Wege,
Verworrenes zu entwirren,
Verschlungenes zu glätten,
Verknotetes zu lösen,
Verletzungen zu heilen, mit viel Geduld und Ausdauer,
mit Mut und Offenheit,
mit Fingerspitzengefühl,
mit Wohlwollen und Tatkraft,
mit Treue und Kreativität
und mit großem Vertrauen, dass alles gut wird.
Maria, eine von uns, steh zu uns!

Benedikta Hintersberger OP

Begegnung mit Heiligen und Dichtern

Wenn Heilige beten

Aurelius Augustinus (354–430)

»Groß bist Du, Herr, und hoch zu preisen«, »und groß ist Deine Macht und Deine Weisheit unermesslich«.
Und preisen will Dich der Mensch, ein kümmerlicher Abriss Deiner Schöpfung, ja der Mensch, der umherschleppt sein Sterbewesen, herumschleppt das Zeugnis seiner Sünde und das Zeugnis, dass Du »den Hochfährigen widerstehst«.
Und dennoch preisen will Dich der Mensch, ein kümmerlicher Abriss Deiner Schöpfung.
Du selber reizest an, dass Dich zu preisen Freude ist; denn geschaffen hast Du uns zu Dir, und ruhelos ist unser Herz, bis dass es seine Ruhe hat in Dir.

*

Was bist du mir? Erbarm Dich, dass ich reden kann! Und ich, was bin ich Dir, dass Du von mir geliebt sein willst und, tu ich's nicht, in Deinem Zorn mit Elend drohest ohne Maß? Als ob es dann nur kleines Elend wäre, wenn ich Dich nicht liebte! O, ich Armer! Bei Deinen Erbarmungen, Herr, mein Gott, sag es mir, was Du mir bist! »Sag meiner Seele: Dein Heil bin ich.« Und also sag es, dass ich's höre. Siehe, Herr, meines Herzens Ohr ist bei Dir; tu es auf und sag meiner Seele: »Dein Heil bin ich.« Ich will nachlaufen dieser Stimme, bis ich Dich fassen kann. Verbirg nicht Dein Angesicht vor mir: Ja sterben will ich daran, um nicht zu sterben – auf dass ich es schaue.

*

Gott der Güte, was geht da doch im Menschen vor, dass er mehr sich über die Rettung einer Seele freut, wenn er schon an ihr verzweifelt war und sie aus übergroßer Gefahr befreit worden ist, als wenn ihm immer noch Hoffnung geblieben oder weniger Gefahr für sie gewesen wäre? Freust doch auch Du Dich mehr, barmherziger Vater, »über einen, der Buße tut, als über neunundneunzig Gerechte, die der Buße nicht bedürfen«. Und wir hören es mit innigem Gefallen, wenn wir hören, wie auf des Hirten jubelnden Schultern das Schaf wird heimgetragen, das in die Irre gegangen war, und wie unter der Freude der Nachbarn allzusammen das Weib ihre Drachme, die es wiedergefunden hat, zu Deinem Schatze bringt. Und Tränen treibt uns die Freudenfeier »Deines Hauses« in die Augen, wenn man da vorliest in Deinem Hause [das Gleichnis] von Deinem jüngeren Sohn, »weil er ein Toter war und wieder zum Leben kam, verloren war und gefunden wurde«. Du freust Dich ja eben in uns und in Deinen Engeln, die heilig sind, weil sie heilig lieben; denn Du bist immer der Gleiche: das, was nicht immer und nicht in einerlei Weise ist, das weißt Du ewig in der gleichen Weise.

*

Spät habe ich Dich geliebt, Du Schönheit, ewig alt und ewig neu, spät habe ich Dich geliebt. Und siehe, Du warst innen und ich war draußen, und da suchte ich nach Dir, und auf das Schöngestalte, das Du geschaffen, warf ich mich, selber eine Missgestalt. Du warst bei mir, ich war nicht bei Dir. Was doch nicht wäre, wäre es nicht in Dir: Das eben zog mich weit von Dir. Du hast gerufen und geschrien und meine Taubheit zerrissen; Du hast geblitzt, geleuchtet und meine Blindheit verscheucht; Du hast Duft verbreitet, und ich zog den Hauch und schnaube jetzt nach Dir; ich habe gekostet, nun hungere ich und dürste; Du hast mich berührt, und ich brenne nach dem Frieden in Dir.

*

Gib Dich mir, mein Gott, und gib Dich mir zurück! Ja, ich liebe, und ist es zu wenig, ich möchte lieben aus vollerer Kraft. Messen kann ich's nicht, dass ich wüsste, wie viel an Liebe mir noch fehlt, bis ihrer genug wäre, dass mein Leben sich in deine Arme wirft und nimmer sich lösen lässt, bis es

»geborgen ist« »in der Heimlichkeit Deines Angesichts«; nur das eine weiß ich, dass ich, wenn ich Dich nicht habe, im Untrost bin, nicht allein bei allem außer mir, auch in mir selbst, und dass mir jegliche Fülle, die nicht mein Gott ist, tiefe Armut ist.

Bernhard von Clairvaux (1091–1153)

Voll Güte bist Du, Herr,
für die Seele, die Dich sucht.
Doch was erst bist Du für die,
welche Dich finden?
Doch darin besteht das Wunderbare,
dass niemand Dich suchen kann,
der Dich nicht schon gefunden hat.
Du willst also gefunden werden,
damit man Dich sucht,
und gesucht werden,
damit man Dich findet.
Du kannst also gesucht
und gefunden werden,
aber niemand kann Dir zuvorkommen.
Wenn wir auch sagen, »früh am Morgen
tritt mein Gebet vor Dich hin«,
so gibt es trotzdem keinen Zweifel,
dass jedes Gebet lau ist,
dem nicht Dein göttlicher Antrieb
zuvorkam.

*

Gerne, Herr Jesus,
will auch ich mich, wenn ich kann,
meiner Schwachheit rühmen,

der Lähmung meiner Sehne,
damit Deine Kraft, die Demut,
in mir vollkommen werde.
Denn Deine Gnade genügt mir,
wenn meine Kraft versagt.
Indem ich den Fuß der Gnade
fest aufsetze
und meinen Fuß, der schwach ist,
langsam nachziehe,
werde ich getrost
auf der Leiter der Demut
emporsteigen,
bis ich, mich fest
mit der Wahrheit verbindend,
zur Weite der Liebe gelange.
Dann will ich dankend singen und sprechen.
»Du hast meine Füße auf weiten Raum gestellt.«

*

Von welch großer Bitterkeit, guter Jesus,
hast Du mich doch oft durch Dein Kommen befreit!
Wie oft hast Du nach kummervollen Tränen,
nach unsäglichen Seufzern und Klagen
mein verwundetes Gewissen
mit dem Salböl Deines Erbarmens bestrichen
und mit dem Öl der Freude übergossen!
Wie oft hat mich das Gebet
fast verzweifelt gefunden,
und wie oft hat es mich dann
über die erlangte Verzeihung frohlocken
und darin Trost finden lassen!

*

Beides bist Du für mich, Herr Jesus:
Leidensvorbild und Leidenslohn.
Beides ist ein mächtiger Ansporn
und ein starker Anreiz.
Du lehrst meine Hände zu kämpfen
durch das Beispiel Deiner Stärke,
Du krönst mein Haupt nach dem Sieg
durch die Gegenwart Deiner Größe.
Ob ich auf Dich im Kampfe schaue
oder ob ich nach Dir ausschaue,
der Du nicht nur krönst,
sondern selbst die Krone bist,
Du lockst mich in beiden Fällen
wunderbar zu Dir hin,
bist bei beidem das stärkste Zugseil.
»Zieh mich her hinter Dir«,
es ist mir lieb, Dir zu folgen,
noch lieber, Dich zu genießen.
Wenn Du so gut bist, Herr,
zu denen, die Dir nachfolgen,
wie gut wirst Du dann erst zu denen sein,
die Dich erlangen?

*

»Heile mich, Herr,
und ich werde geheilt werden;
rette mich,
und ich werde gerettet sein«,
verherrliche mich,
und ich werde verherrlicht sein.
Denn so wird meine Seele
den Herrn preisen,
und alles, was in mir ist,
seinen heiligen Namen,
wenn Du, o Herr,

mir alle meine Schuld vergibst,
wenn Du alle meine Gebrechen heilst,
wenn Du mein Verlangen mit Gütern stillst.

*

Wann, o Herr, werde ich
durch das Erscheinen Deiner Herrlichkeit
gesättigt werden?
Wann werde ich mich berauschen
am Überfluss Deines Hauses?
Wann wirst Du mich
mit dem Strom Deiner Wonne tränken?

*

Wohin soll ich mich wenden,
um mich Dir zuzuwenden,
mein Herr und Gott?
»Stiege ich zum Himmel empor,
so bist Du da;
stiege ich in die Unterwelt hinab,
so bist Du da.«
Was befiehlst Du?
Wohin soll ich mich wenden,
um zu Dir zu gelangen?
Nach oben oder nach unten?
Nach rechts oder nach links?

*

»Du, o Herr, bist meine Hoffnung.«
Was immer zu tun, was immer zu meiden ist,
was immer man ertragen,
was immer man wünschen soll:
»Du, o Herr, bist meine Hoffnung.«
Das allein erscheint mir

als die Grundlage aller Verheißungen,
das der ganze Beweggrund für meine Erwartung.
Mag ein anderer sein Verdienst hervorheben,
mag er sich brüsten, dass er
der Last des Tages und der Hitze standhält,
mag er verkünden, dass er
zweimal in der Woche fastet,
mag er sich rühmen, nicht so zu sein
wie die anderen Menschen:
»Für mich aber ist es gut, Gott anzuhängen,
auf Gott, den Herrn, meine Hoffnung zu setzen.«
Andere mögen auf anderes hoffen;
dieser etwa auf seine Beschlagenheit
in den Wissenschaften,
dieser auf die Klugheit dieser Welt,
jener mag sein Vertrauen
auf irgendeine andere Torheit setzen;
um Deinetwillen habe ich alles aufgegeben
und halte es für Unrat,
»denn Du, o Herr, bist meine Hoffnung.«
Wer will, soll seine Hoffnung
auf den unsicheren Reichtum setzen;
ich aber erhoffe selbst das Nötigste
für meinen Lebensunterhalt nur von Dir,
denn ich vertraue auf Dein Wort,
auf das hin ich alles von mir geworfen habe:
»Sucht zuerst das Reich Gottes
und seine Gerechtigkeit,
und alles wird euch hinzugegeben werden.«
Denn »Dir ist der Arme anheim gegeben,
Du wirst Helfer sein für die Waisen«.
Wenn mir Lohn verheißen wird,
will ich hoffen, ihn durch Dich zu erlangen;
wenn sich Kämpfe gegen mich erheben,
wenn die Welt wütet, wenn der Böse tobt,

wenn das Fleisch selbst
gegen den Geist aufbegehrt:
ich will auf Dich hoffen.

*

Gut ist es für mich,
o Herr, betrübt zu sein,
wenn nur Du bei mir bist,
besser, als zu herrschen
ohne Dich,
Mahl zu halten
ohne Dich,
verherrlicht zu werden
ohne Dich.
Besser ist es für mich,
Dich in der Trübsal zu umfassen,
im Feuerofen Dich bei mir zu haben,
als ohne Dich sogar im Himmel zu sein.
»Denn was habe ich im Himmel,
und was will ich,
von Dir getrennt, auf Erden?«
»Das Gold prüft der Brennofen,
die gerechten Menschen aber
die Versuchung der Trübsal.«
Dort, ja dort
bist Du mit ihnen, Herr;
dort stehst Du in der Mitte derer,
die in Deinem Namen
versammelt sind.

*

Handle nun, Herr,
suche, den Du liebst,
damit Du auch ihn
zu einem Liebenden machst
und zu einem Suchenden.

»Gut bist Du, Herr,
zur Seele, die Dich sucht.«
Wenn Du schon zu der gut bist,
die Dich sucht,
wie viel mehr dann zu der,
die Dich findet?
Wenn schon der Gedanke an Dich
so süß ist,
wie wird dann erst
Deine Gegenwart sein?

Franz von Assisi (1181/82–1226)

Sonnengesang

Höchster, allmächtiger, guter Herr,
dein sind Lobpreis, Herrlichkeit,
Ehre und jegliche Benedeiung.
Dir allein, Höchster, gebühren sie,
und kein Mensch ist würdig, dich zu nennen.

Gelobt seist du, mein Herr,
mit allen deinen Geschöpfen,
zumal der Herrin, Schwester Sonne,
denn sie ist der Tag
und spendet das Licht uns durch sich.
Und sie ist schön und strahlend in großem Glanz.
Dein Sinnbild trägt sie, du Höchster.

Gelobt seist du, mein Herr,
durch Bruder Mond und die Sterne,
am Himmel hast du sie gebildet,
hell leuchtend und kostbar und schön.

Gelobt seist du, mein Herr,
durch Bruder Wind und durch Luft und Wolken
und heiteren Himmel und jegliches Wetter,
durch das du deinen Geschöpfen den Unterhalt gibst.

Gelobt seist du, mein Herr,
durch Schwester Wasser,
gar nützlich ist es
und demütig und kostbar und keusch.

Gelobt seist du, mein Herr,
durch Bruder Feuer,
durch das du die Nacht erleuchtest;
und es ist schön und liebenswürdig
und kraftvoll und stark.

Gelobt seist du, mein Herr,
durch unsere Schwester, Mutter Erde,
die uns ernährt und lenkt
und mannigfaltige Frucht hervorbringt
und bunte Blumen und Kräuter.

Gelobt seist du, mein Herr,
durch jene, die verzeihen um deiner Liebe willen
und Krankheit ertragen und Drangsal.
Selig jene, die solches ertragen in Frieden,
denn von dir, Höchster, werden sie gekrönt.

Gelobt seist du, mein Herr,
durch unseren Bruder, den leiblichen Tod;
ihm kann kein Mensch lebend entrinnen.
Wehe jenen, die in schwerer Sünde sterben.
Selig jene, die sich in deinem allheiligen Willen finden,
denn der zweite Tod wird ihnen kein Leid antun.

Lobet und preiset meinen Herrn
und erweist ihm Dank
und dient ihm mit großer Demut.

*

Höchster, glorreicher Gott,
erleuchte die Finsternis meines Herzens
und schenke mir rechten Glauben,
gefestigte Hoffnung und vollendete Liebe.
Gib mir, Herr, das rechte Empfinden und Erkennen,
damit ich deinen heiligen und wahrhaften Auftrag erfülle.
Amen.

*

Du bist der heilige Herr, der alleinige Gott,
der du Wunderwerke vollbringst.
Du bist der Starke.
Du bist der Große.
Du bist der Höchste.
Du bist der allmächtige König,
du heiliger Vater, König des Himmels und der Erde.
Du bist der dreifaltige und eine Herr, der Gott aller Götter.
Du bist das Gute, jegliches Gut, das höchste Gut, der Herr,
der lebendige und wahre Gott.

Du bist die Liebe, die Minne.
Du bist die Weisheit.
Du bist die Demut.
Du bist die Geduld.
Du bist die Schönheit.
Du bist die Milde.
Du bist die Sicherheit.
Du bist die Ruhe.
Du bist die Freude und Fröhlichkeit.
Du bist unsere Hoffnung.

Du bist die Gerechtigkeit.
Du bist das Maßhalten.
Du bist all unser Reichtum zur Genüge.

Du bist die Schönheit.
Du bist die Milde.
Du bist der Beschützer.
Du bist unser Wächter und Verteidiger.
Du bist die Stärke.
Du bist die Erquickung.
Du bist unsere Hoffnung.
Du bist unser Glaube.
Du bist unsere Liebe.
Du bist unsere ganze Wonne.
Du bist unser ewiges Leben: großer und wunderbarer Herr, allmächtiger Gott, barmherziger Retter.

*

Wir beten dich an, Herr Jesus Christus,
hier und in allen deinen Kirchen auf der ganzen Welt,
und wir preisen dich,
denn durch dein heiliges Kreuz hast du die Welt erlöst.

*

Wo Liebe ist und Weisheit,
da ist nicht Furcht noch Unwissenheit.

Wo Geduld ist und Demut,
da ist nicht Zorn noch Verwirrung.

Wo Armut ist mit Fröhlichkeit,
da ist nicht Habsucht noch Geiz.

Wo Ruhe ist und Betrachtung,
da ist nicht Aufregung und unsteter Geist.

Wo die Furcht des Herrn ist,
das Haus zu bewachen,
da kann der Feind keinen Ort zum Eindringen finden.

Wo Erbarmen ist und Besonnenheit,
da ist nicht Übermaß noch Verhärtung.

Teresa von Ávila (1515–1582)

Unendliche Güte meines Gottes! So erscheinst Du mir und so seh' ich mich. Was für eine Engelswonne! Alles liegt daran, dass Du den erträgst, der Dich erträgt. Ganz gewiss, wer Dich erträgt, den erträgst auch Du. Was für einen guten Freund gibst Du ab, mein Herr, und wie beschenkst und erträgst Du uns. Wie sehr wartest Du darauf, dass wir Deine Art annehmen, während Du so die unsere erträgst. Du zählst die Momente, in denen wir Dich lieben, und wegen ein bisschen Reue vergisst Du alles, wodurch wir Dir wehgetan haben.

*

Du mein Jesus und mein höchstes Gut, stärk erst meine Seele und verfüg über sie und weise sie, wie sie etwas für Dich tun kann. Denn es gibt niemand, der es aushalten kann, so viel zu bekommen und nichts dafür zu geben. Koste es, was es wolle, mein Herr, es sollte Dir nicht gefallen, dass ich vor Dir mit so leeren Händen erscheine, denn entsprechend der Werke muss die Belohnung ausfallen. Hier hast Du mein Leben, meine Ehre, meinen Willen. Alles hab' ich Dir jetzt gegeben, Dein bin ich, verfüg' über mich, wie Du willst. Ich weiß sehr gut, Herr, wie wenig ich vermag. Wenn ich diesen Wachturm erstiegen habe, von dem aus man die Wahrheit schaut, wenn ich einmal zu Dir gekommen bin, wenn nur Du Dich nicht von mir trennst, vermag ich alles. Aber wenn Du dich auch nur ein wenig von mir entfernst, stürze ich wieder dorthin zurück, wo ich war, in die Hölle.

Oh, mein Herr, was für ein großes Geschenk ist es für mich, dass Du es nicht zugelassen hast, das Erfüllen Deines Willens von so einem erbärmlichen Wollen wie dem meinigen abhängig zu machen. Gelobt seist Du auf ewig, und alle Geschöpfe sollen Dich preisen! Dein Name sei für immer verherrlicht. Da wäre ich schön bedient damit, mein Herr, wenn es in meinen Händen läge, ob sich Dein Wille erfüllt oder nicht! Den meinigen gebe ich Dir jetzt aus freiem Willen, obschon zu einem Zeitpunkt, an dem es nicht mehr ganz uneigennützig geschieht, denn ich habe es bereits ausprobiert und eine großartige Erfahrung damit gemacht: Der Gewinn besteht darin, aus freien Stücken meinen eigenen Willen ganz in Deinen zu versenken.

*

Oh, mein Herr, mein Erbarmer und mein Gut! Was erwarte ich noch Größeres in diesem Leben, als bei Dir zu sein, sodass es keine Trennung mehr gibt zwischen Dir und mir? Mit so einem Begleiter, was kann es da noch für Schwierigkeiten geben?
Was kann man nicht alles für Dich wagen, wenn Du so nahe bist? Was kann ich mir selber zugute halten, Herr? Was, als mich vielmals anzuklagen dafür, wo ich Dir nicht diene. Und so bitte ich Dich mit dem Heiligen Augustinus, mit aller Entschlossenheit, dass »Du mir schenkst, was Du mir befiehlst, und mir befiehlst, was Du willst.« Mit Deiner Gnade und Deiner Hilfe werde ich nie wieder davon abgehen.

*

Herr, schau doch, was Du tust! Vergiss nicht so schnell meine große Schlechtigkeit! Wenn Du es schon vergessen hast, um mir zu vergeben, bitte ich Dich wenigstens, dass Du Dich daran erinnerst, um mit Deinen Gnaden recht zu haushalten. Mein Schöpfer, gieß doch keinen so kostbaren Likör in so ein ramponiertes Glas, wenn Du schon bei anderen Gelegenheiten gesehen hast, dass ich ihn wieder und wieder verschütte. Vertrau doch so einen Schatz nicht jemandem an, der noch nicht so damit umgeht, wie es sein soll, sonst vergeudet er ihn und geht wegen der Gier nach den Tröstungen des Lebens ganz verloren. Was gibst Du auch die Sicherheit dieser Stadt und die Schlüssel zur Feste einem so feigen Bürgermeister, der schon beim ersten Kampf die Feinde eindringen lässt? So groß braucht Deine Liebe nun auch wieder nicht zu sein, ewiger König, dass du so kostbare Juwelen aufs Spiel setzt. Es würde so aussehen, mein Herr, als ob Du dazu verführst, dass man sie gering schätzt, wenn Du sie der Hand eines so schlechten, so niedrigen, so schwachen und so elenden Wesens anvertraust. Denn auch wenn ich mich schon anstrenge, sie nicht zu verlieren – mit Deiner Gnade, und davon ist nicht wenig nötig, so wie ich bin – ich kann damit auch niemanden gewinnen. Kurzum, ich bin ein Weib, und kein gutes, sondern ein schlechtes.

*

Herr meiner Seele, als Du noch auf Erden wandeltest, verachtetest Du nicht die Frauen, eher schon hast Du sie mit viel Erbarmen bevorzugt. Du fandest bei ihnen ebenso viel Liebe und noch mehr Glauben als bei Männern. Schließlich war ja auch Deine Heilige Mutter, deren Verdienste uns zukommen und deren Kleid wir tragen, unter ihnen, wenngleich wir das wegen unserer Sünden nicht verdienen. Reicht es etwa nicht, mein Herr, dass sie uns einsperren und unfähig halten, dass wir ja nicht irgendetwas von Wert in der Öffentlichkeit für Dich unternehmen und ja nicht wagen, öffentlich wahre Dinge auszusprechen, wegen deren wir im Stillen weinen, als dass Du nicht unsere gerechten Bitten erhören würdest? Herr, das glaub' ich nicht, bei Deiner Güte und Gerechtigkeit! Denn Du bist ein gerechter Richter, und nicht wie die Richter dieser Welt, die alle Söhne Adams sind und kurzum alle Männer, und es gibt nicht eine einzige Tugend einer Frau, die sie nicht für verdächtig halten. Ja, mein König, es muss einen Tag geben, an dem all das offenbar wird. Ich spreche nicht etwa für mich – denn die Welt kennt meine Schlechtigkeit, und es ist mir ganz recht, dass sie bekannt ist –, sondern weil ich die Zeiten so sehe. Es ist einfach nicht recht, starke und tugendhafte Seelen hinauszuwerfen, bloß, weil es sich um Frauen handelt.

*

Oh, mein Jesus, wie groß ist Deine Liebe zu den Menschenkindern, dass der größte Dienst, den man Dir erweisen kann, darin besteht, sich nicht Dir, sondern ihnen in Liebe zuzuwenden, um sie zu gewinnen. Dann ist man mit Dir am meisten verbunden. Denn auch wenn es die eigenen Wünsche nicht sehr befriedigt, die Seele umso mehr, und sie sieht, dass alle Freuden dieser Welt unsicher sind, auch wenn sie von Dir gegeben scheinen. Solange wir in diesem sterblichen Leib leben, ist das so, wenn es nicht von Nächstenliebe begleitet wird. Wer den Nächsten nicht liebt, der liebt auch Dich nicht, mein Herr, denn mit so viel Blut hast Du uns bezeugt, welch' große Liebe Du zu uns Adamskindern hast.

*

Mein Herr, beinahe lässt es mich erschrecken, wie sehr gemeinsam mit Deiner Majestät auch Deine Demut einhergeht und die Liebe, die Du so einer wie mir erweist. Wir können uns über alles mit Dir unterhalten, wie wir wollen, wenn wir einmal das erste Erschrecken und die Furcht vor Deiner großen Majestät verloren haben. Was bleibt, ist die größere Furcht, Dich zu beleidigen. Aber, mein Herr, nicht aus Angst vor Strafe, denn diese ist nichts im Vergleich dazu, Dich zu verlieren.

*

Nichts dich verwirre,
nichts dich erschrecke.
Alles vergeht,
Gott ändert sich nicht.
Geduld erreicht alles.
Wer Gott hat, dem wird nichts fehlen.
Gott nur genügt.

Franz von Sales (1567–1622)

Meine Seele unterwirft sich

Ja, mein Gott,
meine Seele unterwirft sich deinem Willen
und will für immer untrennbar
mit deiner Absicht vereinigt
und ihr unterworfen sein.
Herr, möge ich daher gerettet sein,
weil es so dein Wille ist.
Möge ich immer deinen Willen erfüllen,
nicht den meinen.
Du bist der Gott meines Herzens!
Möge mein Herz für immer
dem deinen ergeben und gehorsam sein,
mein Gott!

Jesus, mein Ein und Alles

O Jesus,
wer wird mir die Gnade schenken,
eines Geistes mit dir zu sein?
Herr, ich will nichts von all den Geschöpfen,
ich will nur mit dir eins sein.
O Gott, du bist der einzig Eine,
du bist der einzig Notwendige für meine Seele.
O treuer Freund meines Herzens,
vereinige meine arme einzige Seele
mit deiner ganz einzigen Güte.
Du bist ganz mein,
wann werde ich ganz dein sein?
Der Magnet zieht das Eisen an und hält es fest.

Herr Jesus, Liebhaber meiner Seele,
ziehe mein Herz an dich!
Drücke, presse und füge auf immer
meine Seele an dein väterliches Herz!
Ich bin doch für dich geschaffen.
Warum bin ich nicht in dir?
Versenke diesen Tropfen Geistes,
den du mir gegeben,
in das Meer deiner Güte,
aus dem er hervorgeht!
Herr, da doch dein Herz mich liebt,
warum reißt es mich nicht an sich,
da ich doch sehr darnach verlange?
Ziehe mich,
und ich werde deinen Lockungen folgen.
Ich werde laufen,
um mich in deine väterlichen Arme zu werfen,
und mich von dort nicht mehr wegrühren
in alle Ewigkeit. Amen.

Warum bin ich ausserhalb von dir?

Mein Gott, ich wundere mich,
dass ich noch immer so voll von mir selbst bin,
da ich doch so oft schon
die heilige Kommunion empfangen habe.
Ach, teurer Jesus,
sei auch das Kind unseres Herzens,
damit wir überall
nur dich atmen und empfinden.
Ach, du bist so oft in mir;
warum bin ich so selten in dir?
Du gehst in mich ein;
warum bin ich so sehr außerhalb von dir?

Du bist in meinem Inneren;
warum bin ich nicht in dem deinen,
um darin diese große Liebe,
die die Herzen berauscht,
zu suchen und zu sammeln?

Dank für die Schöpfung

Mein erhabener und gütiger Schöpfer,
wie viel Dank schulde ich dir,
dass du mich aus dem Nichts gezogen hast,
um mich durch deine Barmherzigkeit
zu dem zu machen, was ich bin.
Was kann ich nur tun,
um deinen Namen würdig zu preisen
und deiner unermesslichen Güte
gebührend zu danken?
Mein Schöpfer, statt dir meine Liebe
und meinen Dienst zu schenken,
habe ich mich gegen dich aufgelehnt.
Ich hing ungeordneten Neigungen an,
trennte und entfernte mich von dir,
um der Sünde nachzulaufen.
So wenig habe ich deine Güte geehrt,
als ob du gar nicht mein Schöpfer wärest.
Meine Seele, preise den Herrn
und mein Herz lobe seinen heiligen Namen,
denn seine Güte hat mich
aus dem Nichts gezogen,
seine Barmherzigkeit hat mich erschaffen.
Mein Gott, ich opfere dir das Sein auf,
das du mir gegeben;
ich schenke und weihe dir mein Herz.

Gott,
stärke meine Empfindungen und Entschlüsse.
Heilige Jungfrau,
empfiehl sie der Barmherzigkeit deines Sohnes,
wie auch alle, für die ich beten soll.

Ich will, was du willst

Ich will, was du willst.
Verfahre mit mir nach deinem Willen.
Vereinige mich mit dir!

Gebet um Nächstenliebe

Herr, ewiger Vater,
ich liebe sie, diese meine Nächsten,
weil du sie geliebt hast
und du sie mir
zu Brüdern und Schwestern gegeben hast,
und weil du willst,
dass auch ich sie liebe,
wie du sie liebst.

Ich glaube, dass mein Erlöser lebt

Ich glaube, dass mein Erlöser lebt
und dass ich am Jüngsten Tag auferstehen werde.
Herr, gib, dass es zum ewigen Leben sei;
diese Hoffnung ruht in meinem Herzen.
Herr, an jenem Tag wirst du mich rufen
und ich werde antworten:
Du wirst deine Rechte
dem Werk deiner Hände reichen,

Du hast alle meine Schritte gezählt;
aber vergib mir meine Sünden.

Ohne dich leben heisst sterben

Die Liebe zu dir,
die du mir gegeben hast,
ist so groß,
dass ohne dich leben
für mich sterben bedeutet;
deshalb lass mich sterben, Herr,
damit ich nicht sterbe,
denn dich sehen bedeutet für mich leben.
Ja, unser Leben besteht in der Tat darin,
das Angesicht Gottes zu schauen.

Freude am Lob Gottes

O mein Gott,
während ich dein freundliches Antlitz sehe,
das mir bezeugt,
dass dir der Gesang meiner Liebe gefällt,
ach, wie bin ich da getröstet!
Denn gibt es eine Freude,
die der Freude gleicht, seinem Gott zu gefallen?
Aber wenn du deine Augen von mir abwendest
und wenn ich nicht mehr
das gütig wohlwollende Gefallen wahrnehme,
das du an meinem Liede fandest,
wahrhaftiger Gott,
wie leidet da meine Seele!
Aber sie hört deswegen nicht auf,
dich treu zu lieben

und dir ohne Unterlass
den Hymnus ihrer Liebe zu singen.
Nicht wegen irgendeiner Freude,
die sie daran findet,
denn sie hat keine Freude daran,
sondern sie singt
aus reiner Liebe zu deinem Willen.

Du Gott meines Herzens

Barmherziger Gott!
Mein gütiger Gott!
Mein lieber, gütiger Jesus!
Du Gott meines Herzens!
Meine Freude, meine Hoffnung!
Geliebter meiner Seele!
Jesus, sei mir Jesus!
Es lebe Jesus,
und meine Seele wird leben.

Dein Wille geschehe

O Herr der Ewigkeit, lass es nicht zu!
Mache vielmehr,
dass niemals mein Wille geschehe,
sondern der deine.
Ach, wir sind nicht auf der Welt,
um unseren Willen zu tun,
sondern den Willen deiner Güte,
die uns in diese Welt gesetzt hat.
Von dir, o Erlöser meiner Seele,
steht geschrieben, dass du den Willen
deines ewigen Vaters getan hast

und mit dem ersten
menschlichen Wollen deiner Seele
im Augenblick deiner Empfängnis
dieses Gesetz des göttlichen Willens
voll Liebe umfangen
und mitten in dein Herz gelegt hast,
damit es dort ewig herrsche und regiere.
Ach, wer wird meiner Seele die Gnade erweisen,
dass sie keinen anderen Willen mehr habe
als den Willen Gottes?

In allem geschehe dein Wille

»Dein Wille geschehe,
wie im Himmel so auf der Erde.« (Mt 6,10)

Ja, Herr,
dein Wille geschehe auf Erden,
wo es keine Freuden
ohne Beimischung irgendeines Schmerzes gibt,
keine Rosen ohne Dornen,
keinen Tag ohne darauf folgende Nacht,
keinen Frühling ohne vorhergegangenen Winter;
auf Erden, Herr,
wo die Tröstungen selten,
die Mühsale aber unzählbar sind.
O Gott, trotzdem geschehe dein Wille,
nicht nur durch Ausführung deiner Gebote,
Räte und Eingebungen,
die von uns befolgt werden müssen,
sondern auch im Erleiden
der Trübsale und Beschwernisse,
die wir auf uns nehmen sollen,
damit dein Wille

durch uns, für uns, in uns und an uns
alles vollbringe,
was ihm wohlgefällig ist.

Herr, ich bin dein

Herr, ich bin dein, ganz, ganz, ganz dein,
ohne Vorbehalt dein.
Ach Herr, ich bin gewiss dein
und will es immer mehr sein.
Gütiger Jesus,
zieh mich immer tiefer in dein Herz hinein,
damit deine Liebe mich
ganz aufzehre und ich mich
in ihren Wonnen ganz verliere.

Ich muss dich lieben

Herr, ich bin dein und soll nur dir gehören.
Meine Seele ist dein
und soll nur durch dich leben.
Mein Wille ist dein und soll nur für dich lieben.
Meine Liebe ist dein
und soll nur nach dir streben.
Ich muss dich lieben als meinen ersten Ursprung,
denn von dir komme ich;
ich muss dich lieben als mein Ziel
und meine Ruhe,
denn für dich bin ich da.
Ich muss dich lieben mehr als mein eigenes Sein,
denn dieses besteht nur durch dich.
Ich muss dich lieben mehr als mich selbst,
weil ich ganz dir gehöre und in dir bin.

Ich bin fest entschlossen

Herr, ich bin entschlossen,
deine Gebote zu beobachten,
welcher Widerstand oder welche Versuchung
sich auch dem entgegenstellen mag.
Aber, o Herr, verlasse mich nicht ganz.
Ich sorge mich nicht,
wenn du mich einige Zeit verlässt,
um mich zu prüfen,
woferne es nicht so lange geschieht,
dass ich unterliege.
O Gott, du bist meine Hoffnung!
Ich bin recht schwach, aber ganz dein,
gestützt (auf dich)
und in Erwartung deiner Hilfe,
denn du bist ja dem Betrübten nahe.

Therese von Lisieux (1873–1897)

O mein Gott,
ich möchte dich gut verstehen.
Ich flehe dich an, antworte mir,
wenn ich dich demütig frage:
Was ist die Wahrheit?
Gib, dass ich die Dinge so sehe, wie sie sind,
dass ich mir durch nichts
Sand in die Augen streuen lasse.

*

Gute Mutter Gottes,
ich finde, dass ich glücklicher bin als du.

Denn ich habe dich zur Mutter,
und du hast keine Muttergottes,
die du lieben kannst.
Zwar bist du die Mutter Jesu,
aber diesen Jesus
hast du uns ganz und gar gegeben.
Und er hat am Kreuz dich uns zur Mutter gegeben.
So sind wir reicher als du,
denn wir besitzen Jesus,
und auch du gehörst uns.

*

Mein Gott, ich weihe dir alles,
was ich heute tue,
in deinen Anliegen
und zur Ehre des Herzens Jesu.
Jeden Schlag meines Herzens,
meine Gedanken und all mein Tun
möchte ich vereinen mit deinen Gaben;
ich möchte meine Fehler wieder gutmachen,
indem ich sie in den Feuerofen
deiner barmherzigen Liebe werfe.
O mein Gott, schenke mir
und denen, die mir nahe stehen, die Gnade,
dass wir aus Liebe zu dir
deinen göttlichen Willen vollkommen erfüllen.
Hilf uns, die Freuden und das Leid
dieses vergänglichen Lebens anzunehmen,
damit wir eines Tages für die ganze Ewigkeit
vereint sind mit dir in den Himmeln.

*

Mein Gott,
ich wähle alles.
Ich will keine halbe Heilige sein,

mir bangt nicht davor, für dich zu leiden;
nur eines fürchte ich,
meinen Willen zu behalten;
nimm du ihn, denn:
Ich wähle alles, was du willst.

*

Mein Leben ist wie ein Augenblick, der vergeht,
wie ein Tag, der verfliegt.
Mein Gott, du weißt, um dich auf der Erde
zu lieben, habe ich nur das Heute.

Ich liebe dich, Jesus, ich sehne mich nach dir,
sei für einen einzigen Tag meine Stütze.
Komm, sei der König meines Herzens,
schenke mir dein Lächeln!
Nur für heute.

Es macht mir nichts aus, Herr,
wenn die Zukunft im Dunkel liegt.
Dich für morgen zu bitten,
nein, das kann ich nicht.
Bewahre rein mein Herz,
dein Schatten bedecke mich.
Nur für heute.

Träume ich von morgen,
fürchte ich meine Unbeständigkeit,
fühle ich in mir Langeweile
und Traurigkeit aufkommen.
Doch ich will die Prüfung und das Leid:
nichts anderes für heute.

Ich werde dich bald sehen
an dem Ufer der Ewigkeit;

göttlicher Lenker, führe mich bei der Hand.
Auf bewegten Wogen lenke meinen Kahn,
nur heute.

In deinem Angesicht möchte ich mich verbergen,
dort höre ich nicht mehr den Lärm der Welt.
Gib mir deine Liebe,
bewahre mich in deiner Gnade,
nur für heute.

An deinem göttlichen Herzen
vergesse ich das Vergängliche,
in der Nacht fürchte ich mich nicht mehr.
Gib mir, Jesus, einen Platz in deinem Herzen,
nur für heute.

Lebendiges Himmelsbrot, göttliche Eucharistie,
heiliges Geheimnis deiner Liebe.
Komm, Jesus in der Eucharistie, bleibe in mir,
nur für heute.

Gewähre mir, Maria, mich zu vereinen mit dir,
und der zarte Zweig wird seine Frucht tragen.
So werde ich dir, Herr,
goldene Trauben darbringen
an diesem Heute.

Die Traube der Liebe,
deren Beeren die Menschen sind,
kann reifen nur an diesem vergänglichen Tag.
Gib mir, Jesus, das Feuer eines Apostels,
nur für heute.

Unbefleckte Jungfrau, du bist mein guter Stern,
du schenkst mir Jesus und vereinst mich mit ihm.

Mutter, lass mich Ruhe finden in deinem Schutz,
nur für heute.

Mein Schutzengel, beschütze mich,
erleuchte mit deinem Licht meinen Weg,
lenke meine Schritte, hilf mir, ich bitte dich,
nur für heute.

Herr, ich möchte dich sehen ohne Schleier,
noch bin ich im Exil, fern von dir,
zeige mir dein liebevolles Gesicht,
nur für heute.

Bald komme ich, um dich zu loben,
wenn aufgeht über mir der Tag ohne Ende,
dann will ich singen
und spielen auf der himmlischen Leier,
an jenem immer währenden Heute.

*

O mein Gott!
Ich liebe ihn, den lieben Gott!
Wenn das der Todeskampf ist,
was ist dann der Tod?!
Ah, guter Gott!
Ja, er ist gut, ich finde ihn sehr gut.

Mein Gott, hab Mitleid
mit deinem armen, kleinen Mädchen!
Hab Mitleid mit ihm!

Ja, mein Gott, alles, was du willst,
aber hab Mitleid mit mir!

Mein Gott, mein Gott!

Du, der du so gut bist!
O ja, du bist gut. Ich weiß es...

Mein Gott! ... Ich liebe dich!

Ja, mein Gott... ja!

Wenn Dichter beten

Else Lasker-Schüler (1869–1945)

Gebet

Oh, Gott, ich bin voll Traurigkeit...
Nimm mein Herz in deine Hände –
Bis der Abend geht zu Ende
In steter Wiederkehr der Zeit.

Oh, Gott, ich bin so müd, oh, Gott,
Der Wolkenmann und seine Frau
Sie spielen mit mir himmelblau
Im Sommer immer, lieber Gott.

Und glaube unserm Monde, Gott,
Denn er umhüllte mich mit Schein,
Als wär ich hilflos noch und klein,
– Ein Flämmchen Seele.

Oh, Gott, und ist sie auch voll Fehle –
Nimm sie still in deine Hände...
Damit sie leuchtend in dir ende.

An Gott

Du wehrst den guten und den bösen Sternen nicht;
All ihre Launen strömen.
In meiner Stirne schmerzt die Furche,
Die tiefe Krone mit dem düsteren Licht.

Und meine Welt ist still –
Du wehrtest meiner Laune nicht.
Gott, wo bist du?

Ich möchte nah an deinem Herzen lauschen,
Mit deiner fernsten Nähe mich vertauschen,
Wenn goldverklärt in deinem Reich
Aus tausendseligem Licht
Alle die guten und die bösen Brunnen rauschen.

Gebet

Ich suche allerlanden eine Stadt,
Die einen Engel vor der Pforte hat.
Ich trage seinen großen Flügel
Gebrochen schwer am Schulterblatt
Und in der Stirne seinen Stern als Siegel.

Und wandle immer in die Nacht…
Ich habe Liebe in die Welt gebracht –
Dass blau zu blühen jedes Herz vermag,
Und hab ein Leben müde mich gewacht,
In Gott gehüllt den dunklen Atemschlag.

O Gott, schließ um mich deinen Mantel fest;
Ich weiß, ich bin im Kugelglas der Rest,
Und wenn der letzte Mensch die Welt vergießt,

Du mich nicht wieder aus der Allmacht lässt
Und sich ein neuer Erdball um mich schließt.

GOTT, HÖR ...

Um meine Augen zieht die Nacht sich
Wie ein Ring zusammen.
Mein Puls verwandelte das Blut in Flammen
Und doch war alles grau und kalt um mich.

O Gott, und bei lebendigem Tage,
Träum ich vom Tod.
Im Wasser trink ich ihn und würge ihn im Brot.
Für meine Traurigkeit gibt es kein Maß auf deiner Waage.

Gott hör... In deiner blauen Lieblingsfarbe
Sang ich das Lied von deines Himmels Dach –
Und weckte doch in deinem ewigen Hauche nicht den Tag.
Mein Herz schämt sich vor dir fast seiner tauben Narbe.

Wo ende ich? – O Gott!! Denn in die Sterne,
Auch in den Mond sah ich, in alle deiner Früchte Tal.
Der rote Wein wird schon in seiner Beere schal...
Und überall – die Bitternis – in jedem Kerne.

O Gott, wie soll dich meine Klage rühren,
Da alle Menschen auf der Erde fast
In ihren Herzen tragen ihre tiefe Last
Und Kinder hungern hinter allen Türen.
Darum auch sollen meine Lippen schweigen.
Die Not ist groß. Ich weiß –

Rainer Maria Rilke (1875–1926)

Du, Nachbar Gott, wenn ich dich manches Mal
in langer Nacht mit hartem Klopfen störe –
so ists, weil ich dich selten atmen höre
und weiß: Du bist allein im Saal.
Und wenn du etwas brauchst, ist keiner da,
um deinem Tasten einen Trank zu reichen:
ich horche immer. Gib ein kleines Zeichen.
Ich bin ganz nah.

Nur eine schmale Wand ist zwischen uns,
durch Zufall; denn es könnte sein:
ein Rufen deines oder meines Munds –
und sie bricht ein
ganz ohne Lärm und Laut.
Aus deinen Bildern ist sie aufgebaut.

Und deine Bilder stehn vor dir wie Namen.
Und wenn einmal das Licht in mir entbrennt,
mit welchem meine Tiefe dich erkennt,
vergeudet sichs als Glanz auf ihren Rahmen.

Und meine Sinne, welche schnell erlahmen,
sind ohne Heimat und von dir getrennt.

*

Wenn es nur einmal so ganz stille wäre.
Wenn das Zufällige und Ungefähre
verstummte und das nachbarliche Lachen,
wenn das Geräusch, das meine Sinne machen,
mich nicht so sehr verhinderte am Wachen –:

Dann könnte ich in einem tausendfachen
Gedanken bis an deinen Rand dich denken

und dich besitzen (nur ein Lächeln lang),
um dich an alles Leben zu verschenken
wie einen Dank.

*

Ich lese es heraus aus deinem Wort,
aus der Geschichte der Gebärden,
mit welchen deine Hände um das Werden
sich ründeten, begrenzend, warm und weise.
Du sagtest *leben* laut und *sterben* leise
und wiederholtest immer wieder: *Sein.*
Doch vor dem ersten Tode kam der Mord.
Da ging ein Riss durch deine reifen Kreise
und ging ein Schrein
und riss die Stimmen fort,
die eben erst sich sammelten
um dich zu sagen,
um dich zu tragen
alles Abgrunds Brücke –

Und was sie seither stammelten,
sind Stücke
deines alten Namens.

*

Ich finde dich in allen Dingen,
denen ich gut und wie ein Bruder bin;
als Samen sonnst du dich in den Geringen
und in den Großen gibst du groß dich hin.

Das ist das wundersame Spiel der Kräfte,
dass sie so dienend durch die Dinge gehn:
in Wurzeln wachsend, schwindend in die Schäfte
und in den Wipfeln wie ein Auferstehn.

*

Ich bete nachts oft: Sei der Stumme,
der wachsend in Gebärden bleibt
und den der Geist im Traume treibt,
dass er des Schweigens schwere Summe
in Stirnen und Gebirge schreibt.

Sei du die Zuflucht vor dem Zorne,
der das Unsagbare verstieß.
Es wurde Nacht im Paradies:
sei du der Hüter mit dem Horne,
und man erzählt nur, dass er blies.

*

Du kommst und gehst. Die Türen fallen
viel sanfter zu, fast ohne Wehn.
Du bist der leiseste von allen,
die durch die leisen Häuser gehn.

Man kann sich so an dich gewöhnen,
dass man nicht aus dem Buche schaut,
wenn seine Bilder sich verschönen,
von deinem Schatten überblaut;
weil dich die Dinge immer tönen,
nur einmal leis und einmal laut.

Oft wenn ich dich in Sinnen sehe,
verteilt sich deine Allgestalt:
du gehst wie lauter lichte Rehe
und ich bin dunkel und bin Wald.

Du bist ein Rad, an dem ich stehe:
von deinen vielen dunklen Achsen
wird immer wieder eine schwer
und dreht sich näher zu mir her,

und meine willigen Werke wachsen
von Wiederkehr zu Wiederkehr.

*

Du bist der Tiefste, welcher ragte,
der Taucher und der Türme Neid.
Du bist der Sanfte, der sich sagte,
und doch: wenn dich ein Feiger fragte,
so schwelgtest du in Schweigsamkeit.

Du bist der Wald der Widersprüche.
Ich darf dich wiegen wie ein Kind,
und doch vollziehn sich deine Flüche,
die über Völkern fruchtbar sind.

Dir ward das erste Buch geschrieben,
das erste Bild versuchte dich,
du warst im Leiden und im Lieben,
dein Ernst war wie aus Erz getrieben
auf jeder Stirn, die mit den sieben
erfüllten Tagen dich verglich.

Du gingst in Tausenden verloren,
und alle Opfer wurden kalt;
bis du in hohen Kirchenchoren
dich rührtest hinter goldnen Toren;
und eine Bangnis, die geboren,
umgürtete dich mit Gestalt.

*

Alle, welche dich suchen, versuchen dich.
Und die, so dich finden, binden dich
an Bild und Gebärde.

Ich aber will dich begreifen
wie dich die Erde begreift;

mit meinem Reifen
reift
dein Reich.

Ich will von dir keine Eitelkeit,
die dich beweist.
Ich weiß, dass die Zeit
anders heißt
als du.

Tu mir kein Wunder zulieb.
Gib deinen Gesetzen recht,
die von Geschlecht zu Geschlecht
sichtbarer sind.

*

Du Gott, ich möchte viele Pilger sein,
um so, ein langer Zug, zu dir zu gehn,
und um ein großes Stück von dir zu sein:
du Garten mit den lebenden Alleen.
Wenn ich so gehe, wie ich bin, allein –
wer merkt es denn? Wer *sieht* mich zu dir gehn?
Wen reißt es hin? Wen regt es auf, und wen
bekehrt es dir?
Als wäre nichts geschehn,
– lachen sie weiter. Und da bin ich froh,
dass ich so gehe, wie ich bin; denn so
kann keiner von den Lachenden mich sehn.

*

Falle nicht, Gott, aus deinem Gleichgewicht.
Auch der dich liebt und der dein Angesicht
erkennt im Dunkel, wenn er wie ein Licht
in deinem Atem schwankt – besitzt dich nicht.
Und wenn dich einer in der Nacht erfasst,

sodass du kommen musst in sein Gebet:
Du bist der Gast
der wieder weitergeht.

Wer kann dich halten, Gott? Denn du bist dein,
von keines Eigentümers Hand gestört,
so wie der noch nicht ausgereifte Wein,
der immer süßer wird, sich selbst gehört.

Antoine de Saint-Exupéry (1900–1944)

Herr, ich weiß, dass jedes Streben schön ist. Das Streben nach Freiheit und das nach Zucht. Das Streben nach Brot für die Kinder und nach dem Opfer des Brotes. Das Streben nach der prüfenden Wissenschaft und nach der Ehrfurcht, die bejaht und erschafft. Das Streben nach der geheiligten Ordnung, die vergöttlicht, und nach der Aufspaltung, die ausgleicht. Das Streben nach der Zeit, die das Nachsinnen ermöglicht, und nach der Arbeit, die die Zeit ausfüllt. Das Streben nach der Liebe durch den Geist, der das Fleisch züchtigt und den Menschen wachsen lässt, und nach der Barmherzigkeit, die die Wunden verbindet. Das Streben nach der Zukunft, die es zu bauen, und nach der Vergangenheit, die es zu bewahren gilt. Das Streben nach dem Kriege, der die Samenkörner aussät, und nach dem Frieden, der die Ernte einbringt.
(…)
Herr, leihe mir ein Stück Deines Mantels, damit ich alle Menschen mit der Last ihrer großen Sehnsucht darunter berge! Ich bin es müde, aus Furcht, dass sie mein Werk zerstören, alle die zu erwürgen, die ich nicht zu bedecken vermag. Denn ich weiß, dass sie ihre Mitmenschen und die umstrittenen Wohltaten meiner vorläufigen Wahrheiten gefährden, aber ich weiß zugleich, dass auch sie edel sind und Wahrheiten zu künden haben.
Herr, ich will, dass meine Krieger edel werden, ich will die Schönheit meiner Tempel begründen, gegen die sich die Menschen austauschen kön-

nen und die ihrem Leben einen Sinn geben. Doch als ich heute Abend in der Einöde meiner Liebe einherging, begegnete ich einem kleinen Mädchen in Tränen. Ich bog seinen Kopf zurück, um in seinen Augen zu lesen. Und sein Kummer hat mich geblendet. Wenn ich es ablehne, Herr, ihn kennen zu lernen, lehne ich einen Teil der Welt ab und habe mein Werk nicht vollendet. Es geht nicht darum, dass ich mich von meinen großen Zielen abwende, aber es gilt, dieses kleine Mädchen zu trösten! Denn nur dann geht alles gut in der Welt. Auch das kleine Mädchen ist Sinnbild der Welt.

*

O Herr! Möchtest Du eines Tages, wenn Du unsere Schöpfung in die Scheuer einbringst, jenes große Tor für die geschwätzige Rasse der Menschen öffnen; möchtest Du ihnen im ewigen Stall ihren Platz weisen, wenn die Zeiten vollendet sind, und unseren Fragen ihren Sinn nehmen, wie man die Krankheiten heilt.

Denn es ist mir vergönnt zu begreifen, dass aller Fortschritt des Menschen in der Entdeckung besteht, wie seinen Fragen, einer nach der anderen, kein Sinn innewohnt; habe ich doch meine Weisen befragt, und sie haben nicht etwa einige Antworten auf die Fragen des letzten Jahres gefunden – nein, Herr, sie lächeln heute über sich selber, denn die Wahrheit kam ihnen als das Auslöschen einer Frage.

Ich weiß wohl, Herr, dass die Weisheit nicht in der Antwort besteht, sondern dass sie von der wetterwendischen Sprache erlöst. Und das gilt auch für die Liebenden, die auf der niedrigen Mauer vor der Orangenpflanzung sitzen, Schulter an Schulter mit baumelnden Beinen, und genau wissen, dass sie auf die Fragen keine Antwort erhielten, die sie gestern gestellt haben. Ich kenne aber die Liebe und weiß: Sie besteht darin, dass keine Frage mehr gestellt wird. Und ich überwinde Gegensatz um Gegensatz und schreite auf die Stille aller Fragen zu; so finde ich die Seligkeit.

O die Schwätzer! Wie sehr haben sie die Menschen verdorben.

(…)

Herr, wenn Du Deine Schöpfung eines Tages in die Scheuer einbringst, so öffne das doppelte Scheunentor und lass uns dort eintreten, wo nicht mehr geantwortet wird, denn dort gibt es keine Antwort mehr, aber die Seligkeit, die der Schlussstein der Fragen ist, und die Schau, die befriedigt.

*

Warum zwingst Du mich, Herr, zu dieser Durchquerung der Wüste? Ich plage mich inmitten der Dornen. Es bedarf nur eines Zeichens von Dir, damit sich die Wüste verwandelt, damit der blonde Sand und der Horizont und der große stille Wind nicht mehr nur eine unzusammenhängende Summe, sondern ein weites Reich bilden, an dem ich mich begeistere und durch das hindurch ich Dich erkenne.

Gebet der Einsamkeit

Erbarme Dich meiner, o Herr, denn meine Einsamkeit lastet auf mir. Es gibt nichts, auf das ich wartete. Hier bin ich in dieser Kammer, in der nichts zu mir spricht. Und doch wünsche ich nicht die Gegenwart der Menschen herbei, denn ich weiß mich noch verlorener, wenn ich in der Menge untertauche. Aber sieh jene andere, die mir gleicht und die sich in ebensolch einer Kammer befindet und sich doch glücklich fühlt, wenn die Menschen, denen ihre Zärtlichkeit gehört, anderswo im Hause geschäftig sind. Sie hört sie nicht und sieht sie nicht. Sie empfängt nichts von ihnen im Augenblick. Aber um glücklich zu sein, genügt es ihr zu wissen, dass ihr Haus bewohnt ist.
Herr, auch ich erwarte nicht etwas, das ich sehen oder hören könnte. Deine Wunder sind nicht für die Sinne. Doch um mich zu heilen, genügt es, wenn Du meinen Geist erleuchtest, sodass ich mein Heim verstehe.

Wenn der Wanderer in seiner Wüste einem bewohnten Hause angehört, Herr, so freut er sich dessen, obwohl er weiß, dass es am anderen Ende der Welt liegt. Keine Entfernung hält ihn davon ab, sich von ihm nähren zu lassen, und wenn er stirbt, stirbt er in der Liebe... Ich erwarte also nicht einmal, Herr, dass mir mein Heim nahe sei.
Sieh den Spaziergänger, dem in der Menge ein Gesicht auffällt. Er verwandelt sich, selbst wenn das Gesicht für ihn nicht bestimmt ist. So geht es je-

nem Soldaten, der in die Königin verliebt ist. Er wird Soldat einer Königin. Ich erwarte also nicht einmal, Herr, dass mir jenes Heim verheißen sei.

Auf den weiten Meeren gibt es glühende Schicksale, die sich einer gar nicht vorhandenen Insel geweiht haben. Sie singen, während sie auf dem Schiffe sind, die Hymne der Insel und fühlen sich glücklich dabei. Nicht die Insel ist es, die sie glücklich macht, sondern der Gesang. Ich erwarte also nicht einmal, Herr, dass jenes Heim überhaupt bestehe…

Die Einsamkeit, Herr, ist nur Frucht des Geistes, wenn er krank ist. Er bewohnt nur ein Vaterland, das der Sinn der Dinge ist. So ist es mit dem Tempel, wenn er Sinn der Steine ist. Nur für diesen Raum hat der Geist Flügel. Er freut sich nicht über die Dinge, sondern allein über das Gesicht, das man durch sie hindurch erkennt und das sie miteinander verknüpft. Gib nur, dass ich zu erkennen lerne.

Dann, Herr, wird meine Einsamkeit überstanden sein.

*

Und was soll ich mit einem Samenkorn anfangen, wenn es nicht nach dem Baume strebt? Und was soll ich mit einem Flusse anfangen, wenn er nicht nach dem Meere strebt? Und mit einem Lächeln, Herr, wenn es nicht nach der Liebe strebt?

*

Ich komme zu Dir nach Art des Baumes, der sich entwickelt, wie es den Kraftlinien eines Samenkorns entspricht. Der Blinde, Herr, weiß nichts vom Feuer. Aber es gibt beim Feuer Kraftlinien, die man mit den Handflächen spürt. Und er wandert durch Dornen hindurch, denn jede Wandlung ist schmerzlich. Herr, ich komme zu Dir, gemäß Deiner Gnade, auf dem Hange, der mir zum Werden verhilft.

Du steigst nicht hinab zu Deiner Schöpfung, und ich kann auf nichts anderes hoffen, mich zu belehren, als auf die Glut des Feuers oder die Spannkraft des Samenkorns. So ist es auch mit der Raupe, die nichts von den Flügeln weiß. Ich hoffe nicht, durch das Puppenspiel der Erzengelerscheinungen unterrichtet zu werden, denn es könnte mir nichts sagen, was der Mühe wert wäre. Es ist unnütz, der Raupe von Flügeln oder dem Nagelschmied vom Schiff zu sprechen. Es genügt, dass durch die Leidenschaft des Schiffbauers die Kraftlinien des Schiffes entstehen. Dass durch den Samen die Kraftlinien der Flügel entstehen. Dass durch das Samenkorn die Kraftlinien des Baumes entstehen. Es genügt einfach, o Herr, dass Du bist.

Eisig, o Herr, ist zuweilen meine Einsamkeit. Und ich begehre nach einem Zeichen in der Wüste meiner Verlassenheit. Doch im Laufe eines Traumes hast Du mich belehrt. Ich habe begriffen, dass jedes Zeichen eitel ist, denn gehörtest Du meiner Stufe an, so zwängest Du mich nicht zum Wachsen. Und was vermag ich anzufangen mit mir, o Herr, so wie ich bin?

Darum wandere ich und forme Gebete, auf die keine Antwort erteilt wird, und habe als Führung, so blind bin ich, nur eine schwache Wärme auf meinen zerschundenen Handflächen, und doch lobe ich Dich, Herr, weil Du mir nicht antwortest, denn wenn ich gefunden habe, was ich suche, Herr, wird mein Werden vollendet sein.

Wenn Du in all Deiner Gnade mit dem Schritt des Erzengels auf den Menschen zugingest, würde der Mensch vollendet sein. Er würde nicht mehr sägen, nicht mehr schmieden, nicht mehr kämpfen, nicht mehr die Kranken pflegen. Er würde nicht mehr seine Stube kehren und nicht mehr die Geliebte lieben. O Herr, würde er so weit abschweifen, dass er Dich durch den Nächsten hindurch mit seiner Liebe ehrte, wenn er Dich auch nur anschauen dürfte? Ist der Tempel einmal gebaut, so sehe ich den Tempel und keine Steine.

Mascha Kaléko (1912–1975)

Gebet

Herr: unser kleines Leben – ein Inzwischen,
Durch das wir aus dem Nichts ins Nichts enteilen.
Und unsre Jahre: Spuren, die verwischen,
Und unser ganzes Sein: nur ein Einstweilen.

Was weißt du, Blinder, von des Stummen Leiden!
Steckt nicht ein König oft in Bettlerschuhn?
Wer sind wir denn, um richtend zu entscheiden?
Uns ward bestimmt, zu glauben und zu tun.
– Lass du uns wissen, ohne viel zu fragen.
Lehr uns in Demut schuldlos zu verzeihn.
Gib uns die Kraft, dies alles zu ertragen,
Und lass uns einsam, nicht verlassen sein.

Fast ein Gebet

Nun weiß ichs, Liebster. Dieses ist das Glück.
Nach all dem Wirrsal und den irren Fahrten
Blieb uns zuletzt das Beste doch zurück:
Des Abends mit dem Kind auf dich zu warten

Und klein zu sein mit ihm im kleinen Spiel,
Und in sein Schweigen still hineinzulauschen,
Das Gestern in ein Morgen einzutauschen,
Die Brücke neu zu baun, da sie zerfiel.

Was sie auch nahmen, dieses Eine blieb.
Lass uns dies auch in grauen Stunden wissen.
Herr, gib du allen, die das Schwert vertrieb,
Ein Dach, ein Brot, ein Kind, ein eigen Kissen.

Gebet

Es wohnen drei in meinem Haus –
Das Ich, das Mich, das Mein.
Und will von draußen wer herein,
So stoßen Ich und Mich und Mein
Ihn grob zur Tür hinaus.

Stockfinster ist es in dem Haus,
Trüb flackert Kerzenschein.
Herr: lass dein Sonnenlicht herein!
Dann geht dem Ich, dem Mich, dem Mein
Das fahle Flämmchen aus.

Kurzer Dialog

Du und ich, lieber Gott,
Wir beide wissen es,
Dass deine Welt noch lange nicht
Fertig war, als der siebente Tag
Anbrach.

Du hattest dich dazumal
Darauf verlassen,
Dass deine Geschöpfe
Gehilfen dir würden.
O weh.

Leiden läutert uns nicht,
Und durch Schaden wird man nicht klug.
Nur gerissen.
– Herr, du gabst uns die Welt, wie sie ist.
Gib uns doch bitte dazu
Das seinerzeit leider
Nicht mitgelieferte
Weltgewissen!

Stilles Gebet

Ich dank dir Herr
In jeder stillen Stund
Ist auch mein Mund
Scheu und verschwiegen.
Ich stehe hier
An meines Kindes Wiegen
Und ohne Wort
Dankt es in mir.
Februar 1938

Kurzes Gebet

Herr, lass mich werden, der ich bin
In jedem Augenblick.
Und gib, dass ich von Anbeginn
Mich schick in mein Geschick.

Ich spür, dass eine Hand mich hält
Und führt – bin ich auch nur
Auf schwarzem oder weißem Feld
Die stumme Schachfigur.

Christine Lavant (1915–1973)

Ich möchte beten, Vater, du weißt es.
Vorbei an des liebsten Menschen Stirne
trachte ich oft in deine Nähe.
Gib mir, bitte, nicht nach!
Winke mir nie und verhalte deine Stimme.

Denn du bist die Sicherheit selbst und das Wohltun.
Dich kann niemand verraten.
Verlassenheit und Kränkung fließt von dir ab,
du Gipfel aller Erfahrung.
Aber die Stirne, Vater, die liebe Menschenstirne,
ist voll von dem Samen der Schwermut
und die Bleibe des Elends.
Deshalb, wenn ich bete,
dann nimm deine Nähe zurück!
Entschlag dich mir gänzlich,
verdüstre mein trachtendes Hoffen,
sooft es vorbei will
am Orte der Leiden.

*

Jesus Christus, ich bete und bete,
aber ich weiß, dass du abwarten musst
die Zeit meiner eigenen Heilung.
Jetzt liegt mir ja Gift im Blut herum
und mein Herz ist eine offene Falle,
auch meine Gedanken, wenn sie nicht beten,
sind solche grausame Schlingen.
So, wie ich bin, kann ich nicht verlangen,
dass du jetzt eingehst unter mein Dach,
denn selbst meine eigene Mutter würde
kaum noch bei mir übernachten.
Ich glaub nicht, dass ich mich reinigen kann,
ich finde in mir kein Bröselchen Würde,
und die Demut, wenn sie mich überkommt,
wird süchtig von allen Giften.
Auch ist mein Herz so nach Liebe aus,
nach der einfachen wärmenden Menschenliebe,
von der es meint, dass sie heilig macht
und den Zustand des Himmels bereitet.
Deshalb, Herr Christus, ist mein Gebet

vielleicht ein Köder, der gar nicht dich meint,
obwohl ich an deine Herrlichkeit glaube,
obwohl ich täglich schöner dich schaue
mit meinen unwürdigen Augen.

*

Vater, du gabst mir ein schwaches Gehör,
nun lässt du noch alle menschlichen Stimmen
sich hinter den knisternden Dornen verbergen,
die wortlos verbrennen.
Muss ich wirklich so ganz allein
über das bittere rote Meer?
Was hast du mit meinem Schutzgeist getan
und was mit allen starken Gebeten
meiner zarten, mutigen Mutter?
Ich habe dir schon als Kind nie getraut,
weil meine Ohren dich niemals hörten,
und hob meine Herzwärme restlos auf
für die näheren Menschenstimmen.
Eine solltest du mir wohl lassen!
Wenn ich die brennenden Dornen zerkaue,
wenn ich das bittere rote Meer
allein überquere, lässt du mich dann
drüben die Menschen verstehen?

*

Ja, Herr, ich bin ein verdorrter Baum,
und meine Knorren bellen wie Wölfe,
wenn ein Frierender herkommt.
Denke – ich will nicht für jeden verbrennen!
Ich weiß nicht, welche der toten Wurzeln
noch immer den Zorn von der Natter erhält
und den Mut, dir zu trotzen.
Komm selber vorbei – ich schlage jetzt niemanden mehr –
aber ich möchte von deinen Funken

den richtigen über mein Dach bekommen,
und dass du es weißt, ich möchte nicht jedermanns Hände
flüchtig erwärmen, dazu tut der Brand viel zu weh;
ein Herz soll es sein, ein einziges unter der Sonne!
Für das, wenn es friert, verbrenn ich auch noch meine Natter.

*

Christus, bist du wirklich auch in mir?
Wirst du alles können überdauern,
wenn ich einmal hinter jenen Mauern
eingesperrt so kreische wie ein Tier?
Wenn sie mich zu einem Bündel schnüren,
bis die Hände nimmermehr sich rühren,
und die ganze Wut im Mund gesammelt
nichts als ausweglose Flüche stammelt
rundherum um deinen hohen Namen.
Jesus – Bruder –, bleib in Gottes Namen
dennoch nahe – nein –, komm ganz in mich!
Heiland, Heiland, ich beschwöre dich,
komme! Bleibe! – Halt es bei mir aus.
Meine Angst umkreist das Irrenhaus
schon seit Jahren, denke! – schon seit Jahren.
Hast du wirklich auch die Qual erfahren
einst am Ölberg, dann – dann steh mir bei!
Schau, ich weiß, vielleicht den nächsten Schrei
hört der Nachbar schon und es geschieht,
dass ein Wärter auf der Brust mir kniet
und mich lachend in den Wagen schafft.
Ach, mein Jesu, gib mir etwas Kraft,
etwas Gnade für die ärgste Zeit,
dass mein Leib sich nicht noch selbst befreit,
um dem nächsten Zustand zu entfliehn.
Hilf mir, hilf mir, lass mich nicht so knien,
nicht umsonst mein Augenlicht verderben,
tu ein Wunder, lass mich heut noch sterben!

Das war mein Leben, Gott, vergiss das nicht!
ich werde niemals wieder eines haben –
du kannst's verzögern, dass sie mich begraben
und dass mein Herz an diesem Kummer bricht;
doch seither bin und bleib ich eine Leiche.
Sag nicht, so viele hätten schon das Gleiche
mit deiner Hilfe herrlich überstanden
und wären fromm und Heilige geworden.
Mein Leichnam tobt und will sich noch ermorden
und die dazu, die dich als Trost erfanden,
dort, wo du niemals wirklich wirksam bist.
An meinen Nerven zehrt ein Wolf und frisst –
bist das auch du? Und wühlt denn deine Hand
in meinem Häuflein glimmernden Verstands
so grob herum und hält mich überwach,
wenn alle schlafen? – Gott, sag das nicht nach,
sag keins der lauen Worte deiner Frommen!
Ich will ja nicht in ihren Himmel kommen!
Nur einmal noch – bevor sie mich begraben –
lass mich im Traum ein Fünklein Liebe haben.

*

HÖREN, hören! – O du mein Gott –
nur Taube wissen, wie Hören tut,
und warten im Eisblock des Schweigens
auf dein lebendiges Wort.
Auch Menschenstimmen warten sie ab
mit ihrem sanften gehorsamen Willen
und ihr Lächeln sagt zu den Lauten: Ja –
und gefriert dann wie Tau in Novembernächten.
Sie wissen, dass sie im Irrtum wohnen,
in einem Schuldturm aus Missverständnis,
und es zittert in allem, was sie bezeugen,
die Qual des Verwechselns.
Selten wagt sich ihr Herz herauf,

um eine Antwort beherzt zu machen,
wenn sie doch einmal sich angesprochen
wähnen und freudig erschrecken.
Aber ihr Leben – o du mein Gott –
ihr Leben ist dennoch erfüllt von Verheißung,
dass du in ihr Fleisch kommst als dauerndes Wort
und den Schuldturm zum Tempel verwandelst.

Christine Busta (1915–1987)

Nachts

Herr, ich kann nicht mehr beten!
Ich bin müde.
Was kann ich dir sagen,
das du nicht längst schon weißt?

Das Schöne ist schön
und das Schreckliche schrecklich,
das Wahre bleibt wahr,
doch schwer zu erkennen.
Ineinander gewirkt ist Gut und Böse,
es verflicht sich so leicht
und leichtfertig wird es getrennt
zu Glorie und Verdammnis,
das macht unsre Frömmigkeit unrein.

Herr, ich kann nicht mehr beten!
Ich bin müde vom Elend des Menschen,
vom Leiden der Kreatur.
Deine Schöpfung ist herrlich,
aber erbarmungslos.

Ich hab Dich gelobt, geliebt,
verteidigt gegen die andern,
gegen mich selbst und zuletzt
wider Dich, ganz verworfen
in mein menschliches Maß.

Ich kann nicht mehr! Lass mich schlafen
an den Wurzeln des Ölbaums
eine Gethsemanestunde.
Ich will den Engel nicht sehn,
der Deinem Sohn den Kelch bringt.

Aber lass ihn mich tränken,
dass ich mündig erwache
aus der Ohnmacht der Kindschaft
zur Brüderlichkeit unterm Kreuz.

Dem lieben Gott

Gib mir auf Erden, Herr, nur so viel Raum,
wie Liebende ihn brauchen, still zu ruhn,
und zeige Blumen mir und Tier und Baum,
in lautrer Demut Dein Gesetz zu tun.

Du weißt, der große Sang ist nicht mein Teil,
mein Lied steigt nicht auf in rauschendem Gefieder,
es fliegt nur wie ein leichter, goldner Pfeil
nach Deinem Licht und sinkt im Grase nieder:

Am Bach vielleicht, wo – wenn der Abend blinkt –
arglose Rehe ihn mit Staunen schaun,
oder ein Vogel ihn zum Busche bringt
wie einen Halm, damit sein Nest zu baun.

Stossgebet

Vergib,
ich wag es nicht,
Dich zu begreifen.

Ich habe oft Angst um
Deine Welt, Du könntest
untergehen mit ihr.
Sie ist so schön
und so schrecklich wie Du.

Und habe doch
die Verkündigung von der
alles erhaltenden Liebe
seit meinen Kindertagen
nicht aus dem Ohr verloren,

die Einzige
der ich glaube,
der ich noch immer vertraue
auch wider mein eigenes Unheil,
die ich verteidigen will
auch
gegen Deinen Zorn.

Gebet

Groß ist Deine List, o Herr,
mein Herz zu prüfen!

Dein Schrecken macht mich
zum Empörer,
am Rand des Kraters

werd ich Dich fliehn
und versuchen,
das Volk vor Dir zu erretten.

Dein Zaunkönig aber
macht mich knien,
und ich werbe ihm Untertanen
für Dich!

Ein Stundengebet

Schöner blüht heute der Phlox und süßer
duften im Baum die Jakobiäpfel.
Ringsum begegnet mir alles freundlich.

Wer hat vom Glück auf Erden, das nie
für alle gleichzeitig ausreicht,
mir diese Stunde geliehn?
Und wem wird sie fällig werden?

Lass mich sie dankbar entbehren,
wenn wieder ein andrer sie braucht.

Jan Twardowski (*1915)

Schenke uns Armut

Schenke uns Armut, doch keine Entsagung
Freude, dass man haben darf nicht viele Dinge
und dass wir »Mäuse« unser Geld nennen können

Und schenke uns Reinheit, die keine Askese
sondern nur Liebe ist – wie das ganze Leben
und auch Gehorsam, der nicht ist erzwungen
vielmehr Frieden der Sterne, die gleichfalls nicht wissen
weshalb sie über uns kreisen – allzeit im Dunkel

Und lass uns gut schlafen, mit Freuden essen
schenk Glauben ohne Stress, das heißt: ohne Hasten
lass winters mich noch an die Mutter denken –
im armen und reinen und duldsamen Schnee

Theorie

Ich erhebe DICH in der heiligen Messe
ungelenk mit beiden Händen
obschon sie sagen
DICH rechtfertige nur, dass es DICH nicht gibt
Nicht das erste und nicht das letzte Mal
schaue ich in DEINE Augen, HERR
obschon sie sagen
DICH haben die Juden erschlagen und jetzt die Christen
Aber alle unsere Theorien
aufgeschrieben oder nicht
sind zunächst unsinnig
dann gefährlich
und schließlich altbekannt

Also höre ich nur mit dem Herzen DEIN immer lebend Herz –
bis die Tränen Schlange stehen, dumme, echte Tränen

Welchen Weg

Welchen weg zu Dir
nur den durch das offizielle portal
den heiligen nach unablässig
im steifen kragen
in der hand das erforderliche papier mit stempel
vielleicht von einer anderen seite
querfeldein
ein wenig ringsum
von hinten
durch die auf alles neugierige verzweiflung
durch den wartesaal 2. und 3. klasse
mit einem fahrschein in eine andere richtung
ohne glauben allein mit güte als führe man schwarz
durch den noteingang für alle fälle
mit dem ersatzschlüssel der Mutter Gottes selbst
durch alle kleinen pforten grün vom haken gelöst
den unerwählten weg
die armseligen missgestalten pfade
von jedem ort von dem du rufst
über das niemals tote gewissen

Danksagung

Ich danke Dir dafür dass nicht alles nur schwarz oder weiß ist
dafür dass die Kühe gefleckt sind
das Borstengras blassgelb
die Kaulquappen unten olivgrün
die Buntspechte rot unter ihren Schwänzchen
die Forellen graublau
die Tollkirsche braunlila
dafür dass das Gold sich mit jeder anderen Farbe verbindet und
schattenlos ist

dass manche Wangen mit Sommersprossen besät sind
dass Schnäbel nicht einfach kurz oder lang sind
denn Gimpel haben sie dick und Wiedehopfe krumm
und dafür
dass Unbeständigkeit ihren Sinn hat
dass Liebende auch die Fehler ihrer Geliebten lieben
nur wir wir wollen alles entweder oder
und sind unentwegt wie zum Trotz kariert

*

Ich danke Dir einfach dafür, dass Du bist
dafür, dass Du in unseren Köpfen nicht Platz hast, denn sie sind zu logisch
dafür, dass Dich auch unsere Herzen nicht fassen, denn sie sind zu nervös
dafür, dass Du so nahe bist und so fern und in allem anders
dafür, dass Du schon entdeckt bist und noch unentdeckt
dass wir flüchten von Dir – zu Dir
dafür, dass wir nichts tun für Dich, aber alles dank Dir
dafür, dass, was ich nicht begreifen kann, dennoch nie eine Illusion ist
dafür, dass Du schweigst. Nur wir belesene Analphabeten
sind schnatternde Gänse

Gerechtigkeit

Für Prof. Anna Swiderkówna

Wenn alle je vier Äpfel hätten
wenn alle gesund und stark wären wie ein Ross
wenn alle gleich wehrlos wären in der Liebe
wenn jeder dasselbe hätte dann brauchte keiner den andern

Ich danke Dir, dass Deine Gerechtigkeit Ungleichheit ist
was ich habe und was ich nicht habe

sogar wofür es keine Abnehmer gibt
all das kann doch jemand nötig sein
es gibt die Nacht, damit es den Tag gibt
es ist dunkel, damit die Sterne leuchten
es gibt die letzte Begegnung und die erste Trennung
wir beten, weil andere nicht beten
wir glauben, weil andere nicht glauben
wir sterben für die, die nicht sterben wollen
wir lieben, weil anderen das Herz erkaltet ist
ein Brief nähert, weil ein anderer entfernt...
Ungleiche brauchen einander
sie verstehen am besten,
dass alle auf alle angewiesen sind
und ahnen das Ganze

Gott

Du Gott den ich nicht sehe
und den ich einst schaue
dann komme ich arbeitslos
reihe mich in die Schlange
und bitte Dich um Liebe
wie um eine schwere Arbeit

Vom Gebet ins Leben

Begegnung mit meiner Bestimmung und Berufung

Herr Jesus Christus,
in der Kraft des Heiligen Geistes
hast du mich berufen,
dir auf dem Weg zum Vater zu folgen.
Ich danke dir für meine Berufung.
Sie ist ein Geschenk deiner Gnade,
denn Gnade ist es, den Ruf zu hören.
Gnade ist es, auf den Ruf zu antworten
und die Berufung nach deinem Willen
im konkreten Alltag zu leben.
So bitte ich dich,
erneuere in mir und in allen Berufenen
die Freude an deinem Ruf
und gib du uns die Kraft,
dir in Treue und Dankbarkeit zu folgen.
Im Besonderen bitte ich dich
um den Schutz Mariens für alle Berufenen.
Sie möge uns Mutter und Wegbegleiterin sein
und uns in das Geheimnis ihrer leeren Hände einführen:
von Gott alles zu empfangen,
alles an die Menschen zu verschenken

und, wie sie es uns am Fest der Darstellung Jesu im Tempel
vorgelebt hat,
das Liebste Gott zu schenken,
und ganz für IHN zu leben.
Amen.

Gebet aus dem Kloster Cazis, Graubünden

Berufung – beim Namen gerufen

Herr Jesus Christus,
du Licht vom Lichte und Abglanz des ewigen Vaters,
in dir leuchtet der Name und die Herrlichkeit Gottes auf:
Immanuel – Gott mit uns!
Du hast uns befreit von den Todesmächten der Finsternis.
Du hast uns herausgeliebt aus dem Sklavenhaus
der Sinnlosigkeit und der Sünde
und uns hineingerufen in die Lebensgemeinschaft mit dir.
Du hast uns begnadet und beim Namen gerufen,
eine einmalige Würde und persönliche Berufung geschenkt.
Du willst uns liebesfähig und fruchtbar machen für viele.
Gieße aus deinen Geist der Weisheit und der Erkenntnis,
den Geist der Wahrheit und des Mutes,
damit wir uns heute neu einlassen auf deinen Ruf.
Gieße aus deinen Geist,
damit wir mit Maria unser persönliches Jawort geben
und ohne Zögern in der Kraft deines Rufes
den Weg der Hingabe gehen.
Gieße aus deinen Geist, damit wir in deinem Licht
zum Lobpreis deiner Herrlichkeit
und zum Heil der Menschen leben. Amen.

Schwester Lucida Schmieder OSB

Berufung

Es war der achte Mai in jenem schlimmen Jahr,
und ich war neunzehn Jahre alt.
Was da geschah, das wissen nur
wir beide, du und ich,
und sonst geht's niemand etwas an.

Ich heiße nicht Natanael und
lag nicht unterm Feigenbaum,
doch du hast mich gesehn
und hast gerufen ohne Worte: Komm!
Seitdem geh' ich den Weg.

Ich seh' dich nicht, nur
hin und wieder, selten, deine Spur
und fühl' mich manchmal sehr allein.
Du bist so weit voraus, verlier
mich bitte nicht aus deinen Augen!
Lothar Zenetti

Wie kamst du gerade auf mich

Auch heute wieder
frage ich mich,
wer Du warst oder bist,
was Du willst.

Viele
wissen das besser,
einige
folgen Dir nach.

Wie aber kamst Du

auch noch auf mich?
Bin doch nicht der,
den Du brauchst!

Dennoch,
dennoch
komm ich nicht los
von Dir.
Kurt Marti

Herr,
manchmal fällt es mir schwer,
meinen Weg zu gehen und zu sein wie ich bin.
Oft versuche ich herauszufinden,
wie andere mich gerne hätten.
Ich setze vieles ein,
täusche manches vor
und gebe mich dabei auf.

Herr,
ich bitte Dich,
lass mich erkennen,
dass ich einzigartig gedacht und von Dir gewollt bin –
so wie Du mich geschaffen hast.

Herr,
ich danke Dir für die Menschen,
die mich trotz meiner Schwächen und Fehler annehmen
und mir mit Achtung entgegentreten.
Sie helfen mir dabei zu lernen,
mich Stück um Stück annehmen zu können.
Katrin Koller

Mein Name

»Jesus sagte zu ihr: Maria! …«
(Joh 20,16)

Wer bin ich?
Andere haben mich einsortiert
nach Alter und Geschlecht,
Größe, Gewicht und Haarfarbe,
Wohnort und Konfession,
Herkunft, Vorbildung und Beruf,
nach Steuerklasse und Vorstrafen,
nach Aussehen und Auskommen und
Hobbys, wie sie das nennen.

Ich bin registriert,
festgehalten in Karteien,
meine Einkünfte sind erfasst,
meine Daten gespeichert,
meine Einstellung ist bekannt,
ich bin eingestuft,
ich lebe in Schubladen.

Du, Herr, weißt,
wer ich bin.
Du rufst mich leise
bei meinem Namen.
Lothar Zenetti

Du hast mich gemacht.
Deine Kunst soll an mir sichtbar werden.
Ganz und vollkommen bin ich
schon in Deinen Gedanken.
Aber halb und unentschieden

noch im Holz der Möglichkeiten.
Schnitze und grabe, Gott,
dass meine Gestalt hervortritt.
Deine Hand ist vollkommen sicher.
Sie bringt mich ans Licht.
Bernhard Meuser

Ob Du mich
für die großen
oder die kleinen Dinge bestimmt hast,
werde ich erst zuletzt wissen,
mein unerforschlicher Gott.
Aber hilf mir,
auch in den allerkleinsten Dingen
das Größte an Liebe und Treue
zu geben.
Bernhard Meuser

Wie schwer ist es, Herr,
an meinem roten Faden zu bleiben;
wie schwer ist es,
der zu bleiben, der ich bin.
Den du erschaffen hast.
Den du täglich von mir erwartest.
Durchschau mich, Herr, wenn ich
mich hinter fremden Berufungen verberge.
Führe mich auf den Weg,
den schmerzlich-schönen, einzig gangbaren
Weg meiner eigenen Berufung.
Bernhard Meuser

Begabt bin ich

Geworden bin ich
durch deine Liebe,
mit der du mich
geschaffen hast.

Gewachsen bin ich
durch alles hindurch,
auch den Schmerz,
den du mir nicht erspart hast

Gerufen bin ich
bei meinem Namen,
den du geschrieben hast
in die Fläche deiner Hand

Gehalten bin ich
von deiner Treue,
die du mir bewahrt hast
durch all die Jahre.

Geführt bin ich
von deiner Vorsehung,
die mich begleitet hat
auch in der Gefahr.

Gesegnet bin ich
mit deiner Gnade,
die du mir schenkst
mein Leben lang.

Paul Weismantel

Mein Licht in die Mitte stellen

Mein Licht
nicht mehr länger verstecken
es leuchten lassen
wie es die Kinder tun

Mein Licht
in die Mitte stellen
zu meinen Gaben stehen
darin meine Lebensaufgabe erkennen

Mein Licht
hineinscheinen lassen
in dunkle Situationen der Verzweiflung
und Ungerechtigkeit

Mein Licht
einfließen lassen
ins gemeinsame Spiel der Lichter
der weltweiten Verbundenheit

Mein Licht
ist nicht mein Licht
sondern Ausdruck
deines göttlichen Lichtes.

Pierre Stutz

Freunde Gottes

Gott, froh bin ich,
dass du eine so großartige und bunte Schar
von verschiedenen Originalen deine Freunde nennst.

Gott, froh bin ich,
dass deine Heiligen in all den dunklen Kapiteln der Kirchengeschichte unübersehbare Lichtblicke waren und sind.

Gott, froh bin ich,
dass neben den namhaften Frauen und Männern
des Heiligenkalenders an Allerheiligen
die unbekannten gefeiert werden.

Gott, froh bin ich,
dass deine Heiligen mir zeigen, auf welch unterschiedlichen Wegen
wir zu dir gelangen und dir dienen können.

Gott froh bin ich,
dass die heiligen Frauen und Männer mir auch
auf der Straße und am Krankenbett,
in Fabriken und Klöstern begegnen.

Gott, froh bin ich,
dass du zu deinen Heiligen Frohnaturen und Asketen,
Querdenker und Ungebildete jeden Alters zählst.

Gott, froh bin ich,
dass ich unter deinen Heiligen so viel Unbequeme,
aber auch Geduldige,
so Demütige und erfrischend Humorvolle finde.

Gott froh bin ich,
dass deine Heiligen mich erinnern,
Gebet und Arbeit, Einsatz und Besinnung zu verbinden.

Gott, froh bin ich,
dass deine Heiligen mich lehren,
Frucht zu bringen und nicht Leistung,
mehr auf deine Gnade zu bauen als auf meine Kraft.

Gott, froh bin ich,
dass der Chor deiner Heiligen ein so gemischter Chor ist,
von Profis und Amateuren aller Charaktere
und Mentalitäten, und dass ich darin eine Stimme habe,
die ich so singen will, wie du es von mir erwartest.
Paul Weismantel

Vor Deinem verborgenen Antlitz stehend,
von Deinem Atem ins Dasein gerufen,
von Deinem Wohlwollen geschützt,
von Deinen Händen getragen,
von Deinem Auge erkannt,
von Deinem Mund angerufen,
mit Deiner Stimme beim Namen genannt,
von Deiner Liebe gewärmt, wende ich mich Dir zu,
um Deinen Plan, den Du mit mir hast, zu erkennen.
Otto Betz

Gott,
der uns geschaffen hat und jeden Einzelnen
als einen originellen, einzigartigen Brief in diese Welt geschickt hat,
der uns gerufen hat, seine Botschaft
mit unseren Gaben, unserer Liebe und Freude
heute neu aufzugreifen,
der uns in der Taufe mit seinem
lebendig machenden Geist beschenkt hat,
er segne uns an diesem Tag, er umhülle uns mit seiner Liebe,
er halte das Feuer des Glaubens in uns lebendig,
er begleite uns auf unseren Wegen.
Er sei für uns der Erste und der Letzte und der Lebendige,
er, der Vater, der Sohn und der Heilige Geist.
Amen.
Weltgebetstag für geistliche Berufe 2001

Gebet um Berufungen

Herr Jesus Christus, du hast Männer und Frauen berufen,
Alte und Junge, Arme und Reiche,
dass sie dir nachfolgen und so das Leben gewinnen.

Durch dich danken wir dem Vater im Heiligen Geist:
dass immer neu Menschen in Taufe und Firmung
den Geist empfangen, dass sie als Kinder Gottes
gestärkt sind für ihre Aufgaben in Kirche und Welt.

Wir bitten dich für die Kirche von (Bistum):

Lass uns nicht unseren Auftrag vergessen,
die Gläubigen in ihrer Berufung zu fördern
und vor allem den jungen Menschen zu helfen,
deinen Ruf zu entdecken.

Du, Herr, kennst unsere Not.
Wir brauchen die Verkündigung deines Evangeliums,
die Erfahrung deiner Gegenwart in der Eucharistie
und in den anderen Sakramenten.

Herr, wir bitten dich von ganzem Herzen:

Schenke uns Priester, die unter der Führung des Heiligen Geistes
dein Wort verkündigen, die den Armen und Kranken, den Heimatlosen
und Notleidenden beistehen,
die Gemeinden leiten und das Volk Gottes heiligen.
Lass sie ihrer Berufung treu bleiben.

Denn du bist der Hirt deines Volkes,
du bist unsere Hoffnung in Ewigkeit.
Amen.

Bischof Franz Kamphaus

MINISTRANTENGEBET

Herr Jesus Christus,
Du hast uns zum Dienst am Altar gerufen.
Wir sind bereit, uns für Dich einzusetzen –
in diesem Dienst und in den Aufgaben
unseres Lebens.

Sei Du uns nahe zu jeder Zeit
und Stunde unseres Lebens.

Zeige einem jeden von uns, was Du mit ihm vorhast,
und hilf uns; Deinen Ruf zu hören
und Deinem Willen zu folgen.
Schenke uns Menschen,
die uns auf unserem Weg zu Dir begleiten,
denn Du bist die Quelle und das Ziel unseres Lebens.
Amen.

Ludwig Rug

Herr Jesus Christus,
nach deiner Heimkehr zum Vater
hast du uns nicht als Waisen zurückgelassen,
sondern uns deinen Beistand,
den Heiligen Geist,
geschenkt. (Joh 14,16f)
In ihm bleibst du in unserer Mitte.

Du gibst uns ein neues Gebot:

**»Liebt einander! Wie ich euch geliebt habe,
so sollt auch ihr einander lieben.«** (Joh 13,34)
Gib allen, die du als Söhne und Töchter in deine Kirche berufen hast, deinen Geist der Barmherzigkeit, damit sie sich für die Sorgen und Nöte der Menschen öffnen.

Du gibst uns die Zusage:
»Ich bin der Weg, die Wahrheit und das Leben.« (Joh 14,6)
Stärke alle, die dein Wort verkünden mit deinem Geist und lass sie von ihrer Hoffnung glaubwürdig Zeugnis geben.

Du schenkst uns eine neue Würde:
»Ich nenne euch nicht mehr Knechte,
sondern Freunde.« (Joh 15,15)
Lass viele junge Menschen deine Freundschaft erfahren und öffne sie für den Ruf deines Geistes.

Du hast deinen Jüngern die Füße gewaschen:

»Ein Beispiel habe ich euch gegeben,
damit auch ihr so handelt.« (Job 13,15)
Ermutige junge Frauen und Männer dir nachzufolgen und sei du die einigende Mitte ihrer vielfältigen Gaben und Talente.

Du schenkst dich uns in den Gaben von Brot und Wein:
»Das ist mein Leib. Das ist mein Blut.« (Mk 14,22f)
Wecke in jungen Männern die Bereitschaft für den priesterlichen Dienst.
Lass uns in der Feier der Eucharistie die wandelnde Kraft deines Geistes erfahren,
die uns ermutigt an der Verwandlung der Welt mitzuarbeiten.

Herr, du bist bei uns alle Tage bis zum Ende der Welt.
Dir sei Lobpreis, Ehre und Dank,
der du uns durch deinen Geist
die Einheit mit dir und dem Vater schenkst.
Amen.

Bischof Franz-Josef Bode

Herr, du hast mich gerufen
und die Sehnsucht nach dir geweckt.
Ich habe erfahren, dass es gut ist,
mit dir zu leben,
und ich möchte diese Erfahrung
an andere Menschen weitergeben.

Ich teile mein Leben mit vielen Menschen.
Gemeinsam sind wir auf dem Weg.
Ich danke dir für die vielen Begegnungen
und staune, wie du dich auch
in unscheinbaren Ereignissen zeigst.
In solchen Augenblicken freue ich mich
an meinem Beruf.
Er ist abenteuerlich und spannend,
voller Überraschungen und Herausforderungen.

Er hilft mir,
meine Fähigkeiten zu entdecken,
zu entfalten und einzusetzen.
Er zeigt mir aber auch meine Grenzen.
Lass mich an diesen Erfahrungen wachsen
und hilf mir,
das loszulassen, was mich einengt.

Berufe mich immer wieder neu,
sende mir deinen Heiligen Geist,
damit ich bei den Menschen etwas bewegen kann,
und so die Sehnsucht nach deinem Reich wächst.
Sei du die Mitte, um die sich alles dreht.

Segne mich,
damit ich zum Segen für andere werden kann.

Gebet der Gemeindereferentinnen und Gemeindereferenten
Herausgegeben vom Referat für Gemeindereferenten, 97070 Würzburg, aus Anlass des 50-jährigen Berufsjubiläums 1999. Text: Peter Kees und Peter Schott

Gott, unser Vater,
Du Schöpfer der Welt.
Du schenkst uns die Erde und ihre Gaben.
Auch unsere Begabungen und Talente
haben wir von dir.
Wir danken dir dafür und freuen uns,
den Menschen in deiner Kirche zu dienen.
Wecke in uns das Gespür
für das Wachstum des Lebens.

Jesus Christus, unser Herr,
du Bruder aller.
Du rufst Menschen in deine Nachfolge –
damals wie heute.

Als Wegbegleiter teilst du ihre Freuden und Leiden
und schenkst ihnen Heil.
Wir danken dir für deine Menschwerdung.
Hilf uns, unsere Berufung zu erkennen
und deine Menschenfreundlichkeit weiterzugeben.

Heiliger Geist, unser Beistand, du unsere Kraft.
Du begeisterst uns,
deine frohe Botschaft zu bezeugen.
Deine sanfte, starke Kraft
vermag verschlossene Türen und Herzen zu öffnen.
Wir danken dir für deine Begleitung und deine Hilfe.
Schenke uns jeden Tag neu das Vertrauen,
dass du uns stärkst und führst.

Amen

Text: Regionalgruppe Unterallgäu

Herausgegeben vom Diözesanvorstand der GemeindereferentInnen in der Diözese Augsburg aus Anlass des 25-jährigen Berufsjubiläums am 21. Juni 1999

Berufungslitanei

Vorbeter: Lebendiger Gott, als Getaufte und Gefirmte hast du uns reich beschenkt mit den vielfältigen Gaben deines Geistes. Du hast uns persönlich bei unserem Namen gerufen und deine Treue für immer versprochen. Wir können leben mit dieser großartigen Vorgabe und Zusage. Du wohnst und wirkst in einem jeden von uns. Oft vergessen wir dieses wunderbare Geheimnis. Hilf uns, tiefer und bewusster daraus zu leben.

Auf die folgenden Anrufungen antworten alle mit dem Ruf:
Alle: … danken wir dir.

Vorbeter: Für das Geschenk des Lebens
für die Gnade der Taufe
für die Kraft des Glaubens
für das Geheimnis der Berufung
für deine leise Stimme
für dein Schweigen
für dein Wort
für deine Fingerzeige
für deine Fügungen
für deine Nähe
für deine Treue
für die Gnadengaben, die du schenkst
für den Dienst der Priester
für die Stärkung in den Sakramenten
für die Verkündigung der Frohbotschaft
für die glaubwürdigen Zeugen
für das Zeichen der Ordensleute
für den Einsatz der Laienberufe
für das Wirken der Religionslehrerinnen und Religionslehrer
für gläubige Familien

Auf die folgenden Anrufungen antworten alle mit dem Ruf:
Alle: …weil du uns rufst.

Vorbeter: Unruhig ist unser Herz
wir sind Suchende und Fragende
wir sind angesprochen
wir sind persönlich gemeint
wir sind von dir geschätzt
wir sind herausgefordert
wir sind von dir begleitet
wir sind ernst genommen
wir sind erwählt
wir sind begnadet
wir sind gefragt
wir sind verunsichert
wir sind deine Jünger
wir sind deine Schülerinnen und Schüler
wir sind deine Freunde
wir suchen das Gespräch mit dir
wir suchen die Nähe zu dir
wir suchen dich
wir wollen mit dir leben
wir wollen dir folgen
wir wollen uns nach dir ausrichten
wir wollen von dir lernen

Auf die folgenden Anrufungen antworten alle mit dem Ruf:
Alle: …bitten wir dich.

Vorbeter: Um geistliche Berufe
um gute Mitarbeiter in der Pastoral
um christliche Eltern und Familien
um guten Nachwuchs für die Ordensgemeinschaften
um gläubige Erzieherinnen und Erzieher
um gläubige Lehrerinnen und Lehrer

um einen guten Geist in unseren Gemeinden
um ein Klima des Vertrauens in unserer Kirche
um eine Kultur des Evangeliums
um den Geist des Gebetes
um große Wertschätzung der Charismen
um gute Zusammenarbeit auf allen Ebenen
um neue geistliche Aufbrüche
um echte Erneuerung
um ein mutiges Zeugnis der Berufenen
um ein neues Pfingsten in unserer Kirche
um einen gelebten Glauben
um viel Geduld und Zuversicht um Freude an der eigenen Berufung
um Dankbarkeit für die Berufung der anderen
um deinen reichen Segen

Herr Jesus Christus, du bist auch heute der gute Hirte deiner Gemeinden. Stärke uns mit deinem Wort und in den Sakramenten der Versöhnung und der Eucharistie. Begleite das Wirken der Priester und aller, die als Haupt- und Ehrenamtliche sich einsetzen für dich und die Menschen. Segne du das Zusammenwirken aller in der Pastoral, damit die Menschen in unserer Zeit das finden, was du allein schenken kannst, Hoffnung, Trost und Lebensfreude. Amen.

Paul Weismantel

Für die jungen Menschen

Herr Jesus Christus,
der du nach deinem Willen
Menschen berufst,
rufe viele von uns,
für dich zu arbeiten,
mit dir zu arbeiten.
Du, der du mit deinem Wort
jene erleuchtest,
die du berufen hast,
erleuchte uns mit dem Geschenk
des Glaubens an dich.
Du, der du den Berufenen
in ihren Schwierigkeiten beistehst,
hilf den jungen Menschen von heute,
ihre Schwierigkeiten zu überwinden.
Und wenn du
einen von ihnen berufst,
sich ganz in deinen Dienst zu stellen,
dann möge deine Liebe
diese Berufung von Anbeginn an
begleiten,
damit sie wachse und durchhalte
bis zum Ende.
Ja, so sei es!
Johannes Paul II.

Nimm Dir, Herr, und übernimm meine ganze Freiheit, mein Gedächtnis, meinen Verstand und meinen ganzen Willen, mein ganzes Haben und Besitzen. Du hast es mir gegeben, zu Dir, Herr, wende ich es zurück; das Gesamte ist Dein; verfüge nach Deinem ganzen Willen, gib mir Deine Liebe und Gnade, das ist mir genug.
Ignatius von Loyola (1491–1556)

Mir geschehe nach deinem Wort

In dieser Antwort Marias auf die Botschaft des Engels liegt auch für uns ein Schlüssel zum tieferen Verstehen und Einüben unserer Beziehung zu Gott. Wenn wir in dieser Haltung dem begegnen, was uns täglich widerfährt, können wir vertrauensvoller leben.

Mir geschehe nach deinem Wort,
* nicht nach der Meinung der Leute
* nicht nach eigenem Gutdünken
* nicht nach meinen Selbstzweifeln
* nicht nach den Angriffen von außen
* nicht nach der üblen Nachrede
* nicht nach dem Urteil meiner Gegner
* nicht nach der Geringschätzung meiner selbst
* nicht nach meinen Selbsttäuschungen

Mir geschehe nach deinem Wort, denn
* dein Wort ruft alles ins Dasein,
* dein Wort ist Licht und Wahrheit
* dein Wort ist der Boden, auf dem ich stehe
* dein Wort erschließt Quellen der Kraft
* dein Wort schenkt mir einen neuen Anfang
* dein Wort rettet und befreit
* dein Wort verheißt Zukunft
* dein Wort ermutigt und befähigt zum Leben
* dein Wort schenkt Trost und Frieden
* dein Wort schafft Vertrauen und Treue
* dein Wort gibt meinem Herzen Ruhe und Erfüllung
* dein Wort teilt dich mir mit
* **dein Wort bleibt auf ewig.**

Paul Weismantel

Gebet der Lebenshingabe

Mein Herr und mein Gott,
ich danke dir für diesen heutigen Tag,
den ich zu deiner Ehre leben darf.
Ich nehme neu den Bund an, den du durch Jesus Christus
in der Taufe für immer mit mir geschlossen hast.

Ich überlasse dir all meine Sorgen,
denn du kümmerst dich um mich.
Ich übergebe dir alle meine Arbeiten,
alle Menschen, die mir begegnen und
alle meine Lieben.

Ich widersage dem Bösen,
besonders dem Misstrauen gegen Gott.
Ich stelle mich unter den Schutz deines heiligen Blutes
und unter die Kraft deiner Auferstehung.
Ich nehme heute auch meinen Tod aus deiner Hand an.

In allen Schwierigkeiten will ich **auf dich vertrauen.**
Ich preise dich, mein Herr und mein Gott,
dass du mich erwählt hast, Christ zu sein.

Schenke mir deinen Heiligen Geist,
damit ich Gabe werde für die anderen und
Zeuge deiner erbarmenden Liebe
durch mein Denken, Reden und Tun.

Nimm mich, wie ich bin, und verwandle mich so, wie du mich haben willst:
Dein bin ich!
Amen.

Schwester Lucida Schmieder OSB

Ich möchte wollen, Herr, wie Du willst.

Ich gehe meinen Weg durch die Tage,
durch unzählige Tore.
Aus einem armen, leeren Tag in die Ruhe der Nacht,
aus der Ruhelosigkeit einer Nacht in einen reichen Tag.
Abend und Morgen sind die Tore, durch die du mich führst.

Meinen Weg gehe ich
und begegne Menschen.
Ich finde ihr Geschick, ihre Wünsche,
ihr Leid und ihre Mühe.
Ich möchte, dass du mich führst,
wenn ich zu den Menschen komme,
damit ich dich finde in ihren Gesichtern.

Dich suche ich, mein Gott,
auf meinen vielen Wegen.
Ich finde dich nicht,
wohin ich mich auch wende,
wenn du mir nicht das Tor öffnest.
Du selbst bist das Tor.
Ich will es durchschreiten
und dich finden.

Mich selbst suche ich.
Aber ich finde keinen Weg zu mir.
Ich irre in mir selbst und bitte dich:
Führe mich durch den Irrgarten meiner Seele
und zeige mir die Tür,
durch die ich zu dir eintreten darf,
damit ich nicht bei mir, sondern bei dir wohne.

Gott, du willst, dass ich meinen Weg finde.
Du willst, dass ich glücklich bin

und an ein Ziel gelange.
Ich möchte wollen, wie du willst.
Jörg Zink

LEBEN

Gott,
wenn ich aus dir leben will, um wirklich zu leben
und nicht nur gelebt zu werden,
dann muss ich aus deiner Kraft leben,
darf mich nicht in die Dinge der Welt verlieren,
sondern muss in ihr deine Spuren suchen und finden.
Ich muss hören auf das,
was du mir sagst, was du von mir willst,
darf meine Ohren nicht voll stopfen
mit dem Geschwätz von Nichtigkeiten,
muss vielmehr versuchen zu hören und zu sehen,
ob du in Worten, Gesten, Bildern
etwas zu mir sagen willst.
Schenke mir dann die Kraft,
deine Zeichen zu erkennen und zu befolgen.
Irmela Mies-Suermann

Wo
dein
Wille
ist,
da
ist
auch
mein
Weg.
Bernhard Meuser

Die Menschen brauchen mich

Herr,
ich weiß,
du hast mich
in die Welt gesetzt,
um dich zu loben
und die anderen
zu deinem Lob anzuregen;
um die anderen
glücklich zu machen,
damit ich selber glücklich bin;
um mitzuhelfen
die menschliche Gesellschaft
vollkommener
und die Welt besser zu machen.

Ich bin klein, Herr.
Was werde ich
in einer so großen Welt
tun können?
Die Welt ist ein Gebäude,
und ich bin ein Teil davon.
Ich bin ein Stein
dieses großen Baues.
Niemand wird mich
an meinem Platz vertreten.
Ich bin unersetzbar beim Bau
der menschlichen Gesellschaft.

Hilf mir, Herr,
damit ich nicht
meine Talente vergrabe.
Ich bin die einzige Ausgabe
unter allen anderen Menschen.

Deshalb brauchen viele mich.
Gib mir, dass ich alles,
was du mir gabst, voll einsetze:
meine Talente,
meine guten Eigenschaften.
Die Menschen brauchen mich.
Aus Indien

Maria

Maria,
an deiner Berufung
sehe ich, wie reich
Gott Menschen
beschenkt und begnadet.

Maria,
durch deine Berufung
erkenne ich, wie stark
Gott Menschen
fordert und prüft.

Maria,
in deiner Berufung
erfahre ich, wie weit
Gott Menschen
führt und begleitet.

Maria,
von deiner Berufung
lerne ich, wie viel
Gott Menschen
anvertraut und zutraut.

Maria,
aus deiner Berufung
höre ich, wie ernst
Gott auch mich nimmt
und mir eindeutig sagt:
Fürchte dich nicht!

Paul Weismantel

Begegnung mit meiner Verantwortung in Kirche und Welt

Herr, mache mich zum Werkzeug deines Friedens:
dass ich Liebe übe da, wo man sich hasst,
dass ich verzeihe da, wo man sich beleidigt,
dass ich verbinde da, wo Streit ist,
dass ich die Wahrheit sage, wo der Irrtum herrscht,
dass ich den Glauben bringe, wo der Zweifel drückt,
dass ich die Hoffnung wecke, wo Verzweiflung quält,
dass ich dein Licht anzünde, wo die Finsternis regiert,
dass ich Freude bringe, wo der Kummer wohnt.
Ach Herr, lass du mich trachten,
nicht, dass ich getröstet werde, sondern dass ich tröste,
nicht, dass ich verstanden werde, sondern dass ich verstehe,
nicht, dass ich geliebt werde, sondern dass ich liebe.
Denn wer da hingibt, der empfängt,
wer sich selbst vergisst, der findet,
wer verzeiht, dem wird verziehen,
und wer da stirbt, der erwacht zum ewigen Leben.

Aus »Souvenir Normandie« um 1913

Was es heißt, »Kirche« zu sein

Herr,
mache deine Kirche zum Werkzeug deines Friedens
Wo Menschen sich befehden
ein jeder gegen jeden
hilf uns den Frieden schaffen
in einer Welt von Waffen

Herr,
mache deine Kirche zur Stimme deiner Wahrheit
Inmitten von Intrigen
Verdrehungen und Lügen
hilf uns die Wahrheit finden
und unbeirrt verkünden

Herr,
mache deine Kirche zum Anwalt aller Armen
Dass sie stets auf der Seite
der Unterdrückten streite
hilf uns das Recht verbreiten
auch für die Minderheiten

Herr,
mache deine Kirche zum Anfang deiner Zukunft
Dass alle in ihr sehen
die neue Welt entstehen
du kannst uns Menschen einen
Herr, lass dein Reich erscheinen

Lothar Zenetti

Herr, erwecke deine Kirche
und fange bei mir an.

Herr, baue deine Gemeinde
und fange bei mir an.

Herr, lass Frieden
überall auf Erden kommen
und fange bei mir an.

Herr, bring deine Liebe und Wahrheit
zu allen Menschen
und fange bei mir an.
Gebet eines chinesischen Christen

Gebet gegen die Kirche aus Papier

Täusche dich nicht, Jesus, kühner Mann!
Seit langem wird deine Kirche nicht mehr auf den Fels
des Glaubens, sondern auf Papiere gebaut:
Gesetze, Verordnungen, Reglemente, Register,
Statistiken, Budgets, Berichte, Protokolle,
Erlasse, Anweisungen, Verbote.
Verfasst wird das alles von kirchlichen Instanzen,
Ämtern, Stellen, die unablässig so viele Papiere
produzieren, dass wieder neue Amts- und
Stabsstellen geschaffen werden müssen, die
die Papiere lesen und auswerten.
Und wozu das?
Um noch mehr Papiere zu drucken, zu versenden …
(ach, ihr schönen Bäume, ihr armen Wälder!),
Du aber, mit wie wenigen Worten bist du ausgekommen damals
in der Bergpredigt, in den Gleichnissen!
Deshalb wirst du dir nur schlecht vorstellen können, dass

eine Kirche langsam absacken und ersaufen kann
in einem Ozean selbst fabrizierter Papiere.
Doch siehe!
Bislang noch Gutgewillte in den Gemeinden wenden sich ab,
enttäuscht, ermüdet.
Übrig bleiben erst recht der Apparat, die Apparatschiks
mit ihrer galoppierenden Papier-Diarrhöe –
die bürokratische Karikatur deiner Kirche.
Mann mit der Peitsche!
Der du die Händler, die Wechsler verjagt hast!
Bist du wirklich machtlos gegen die Amts- und Büropäpste,
die breit sitzenden Arsches in deiner Kirche regieren?
Lach sie doch aus, dass sie erbleichen!
Ziehe ihnen mit deinem Gelächter die Stühle unterm
Hintern weg!
Du, das wird ein Fest, wenn sie fassungslos purzeln, während
du in ihre Papierberge prustest und die Papiere
auf- und zu Fenstern hinausflattern, so
dass man auf der Straße meint, es habe zu
schneien begonnen.
Oder wird ein Konfetti-Karneval draus?

So oder anders – tu es!
Fege mit deinem Lachen die papierene Herrlichkeit fort
und lass deine Kirche aus ihrer
bürokratischen Verwesung auferstehen!
Kurt Marti

Herr,
es gibt viel Geschnatter
und Geschwätz in deiner Kirche!
Kirchennostalgie –
die die goldene Vergangenheit lobpreist
und die Chance der Gegenwart verdrängt.

Andererseits:
Da ist die Heerschau der Eitelkeiten:
viel Aktionismus
und Umtreiberei,
aber wenig Mystik
und Tiefgang des Glaubens.

Schenk uns die Gnade,
die Zeichen der Zeit zu verstehen
und Kirche für die Menschen zu sein,
wie du bei uns Menschen
um unseres Heiles willen
dich eingemischt hast
in unsere Geschichte,
als der »heruntergekommene« Gott.
Erleuchte uns durch deinen Geist,
damit wir uns einmischen
in die Geschichte dieser Erde,
wie der Sauerteig
deines Evangeliums
im großen Mehltrog der Welt,
bis das Ganze durchsäuert ist.
Bewahre uns vor einer
wohlstandssatten,
schläfrigen und selbstgerechten Kirche.

Lass uns Kirche sein
ganz nahe unseren Mitmenschen,
damit sie zu uns,
deiner Kirche
sagen können:
»Wir wollen mit euch gehen,
denn wir haben gehört: Gott ist mit euch!«

Amen.

Max Huber

Gebet

Deine Gegenwart,
o Gott,
gibt uns Mut zur Zukunft.
Deine Hoffnung stellt uns auf.
Gib uns, wir bitten Dich, mehr liebende Fantasie
füreinander, mehr liebende Fantasie für die
Schöpfung insgesamt.
Belebe Deine Kirche, hier in unserer Gemeinde
und überall in der Ökumene.
Lass uns nicht konfliktscheu werden im Kampf für
Deine Sache.
Verlass uns nicht im Leiden.
Denn Du bist das Leben auch unseres Lebens,
jetzt und in Ewigkeit.

Amen.
Kurt Marti

Gemeinschaft leben

Herr Jesus Christus,
König der Herrlichkeit und Haupt deiner Kirche!
Du hast uns die grenzenlose Liebe des Vaters geoffenbart
und uns Zugang geschenkt zum Quell des Lebens.
Befreie uns von allem Misstrauen und von Zwietracht.
Öffne uns für deinen heiligen Geist, der Leben spendet.
Öffne uns für deinen heilenden Geist, der Gemeinschaft stiftet.
Öffne uns für das unfassbare Geschenk deines Geistes, den Geist
der Einheit,
der uns teilhaben lässt an der Gemeinschaft des dreifaltigen Gottes.
Entzünde in uns das Feuer deiner Liebe,
damit wir als Brüder und Schwestern im Glauben

immer bewusster die Gemeinschaft im Geiste leben.
Stärke uns in der Kraft deiner Liebe,
damit wir als geschwisterliche Kirche
in unerschütterlichem Vertrauen miteinander glauben,
füreinander hoffen und einander lieben wie du uns liebst.
Amen.

Schwester Lucida Schmieder OSB

O Gott,
du hast die Menschen
in wunderbarer Vielfalt erschaffen.
Vielfältig
in ihrer Hautfarbe,
in ihren Sprachen,
in ihren Talenten und Fähigkeiten.

Sie alle zusammen sind
die eine Menschheit,
in die dein Sohn Jesus
eingetreten ist,
um allen alles zu werden.
Klein und demütig,
in einem winzigen
unbedeutenden Volk dieser Welt
wurde er geboren,
um die Menschheit
zusammenzufassen
als die von Gott Berufenen
im großen Leib deiner Kirche.
Er hat uns vorgelebt,
den Dienst der Hingabe,
die Treue im Kleinen,
damit das große Ganze
leben kann.

Bewahre uns
vor dem Ungeist
der Eigenbrötelei,
der Rücksichtslosigkeit,
der Passivität.

Schenk uns die Einsicht:
Wenn jeder etwas tut,
müssen Einzelne nicht alles tun.
Wenn jeder seine Stärke einbringt
in die Gemeinde,
entlastet er andere
und leistet einen Beitrag
zum Aufbau der Gemeinde,
zum lebenden Organismus,
dessen Haupt Jesus Christus ist.
Amen.
Max Huber

Sendung

»Ihr seid das Licht der Welt« (Mt 5,14)

Herr Jesus Christus,
Auferstandener und vom Vater Gesandter!
Du trittst auch heute durch die verschlossenen Türen
der Angst und des Zweifels in unsere Mitte.
Du hauchst uns an mit deinem Geist der Liebe,
Kraft und Glut.
Brich ein im Hauch deiner Liebe.
Brich ein in der Kraft deiner Versöhnung.
Brich ein in der Glut deines Lichtes.
Läutere und wandle unser Sein.
Erneuere uns in der Feuersglut deines Geistes.
Schaffe uns neu in deiner Liebe.

Binde uns neu an dich.
Verbinde uns miteinander.
Lass uns verbindlich leben und in deiner Liebe bleiben.
Präge uns zu Boten des Friedens und der Freude.
Sende uns als österliche Zeugen deiner heilenden
und neu schaffenden Gegenwart.
Sende uns als durchlässige Zeugen deines Lichtes,
damit die Menschen dich als das Licht der Welt erkennen
und an deine Liebe glauben. Amen.
Schwester Lucida Schmieder OSB

Wir bringen das Brot – Zeichen für alles,
was die Erde hervorbringt.
Wovon wir Menschen leben –
wonach wir Menschen hungern –
worum wir uns abmühen –
Brot, das alle Menschen der Welt ernähren soll.
Herr und Gott.
Wir bringen den Wein –
Zeichen für das,
was die Erde uns schenkt und bietet.
Zeichen für das Leben selbst –
wenn wir dürsten nach Leben.
Nach Lebenserfüllung, nach Lebensfreude –
Freude, die allen Menschen verheißen ist.
Herr und Gott.
Wir bringen uns selber –
nimm uns, wie wir sind –
wie wir sein möchten.
Bediene dich unserer Anstrengungen –
mach Brot und Wein, mach uns, deine Gemeinde –
zum Zeichen deiner Gegenwart –
in unserer Welt.

Darum bitten wir durch Christus, unseren Herrn.
Amen.
Andreas Lerch

Wir danken Dir, Du ewigreicher Gott, dass Du unser großzügiger Vater bist und uns zu reich beschenkten Kindern machst.
Erbarme Dich, Herr, unserer kranken Welt und mach der Krankheit zum Tode darin ein Ende.
In uns Schwachen bleib Du, Herr, stark!
Gib den Schatz neuen Lebens durch Deine angeschlagene Kirche weiter: an die Armen und Reichen, an die Verwahrlosten und Behüteten, an die Schwachsinnigen und Begabten, an die Verfolgten und Verfolger, dass sie schon auf Erden Deines Lebens froh werden.
Teile Trost aus in den Gefängnissen, Mut zur Gerechtigkeit bei den Regierenden, Mut zum Frieden in den Armeen, Mut zur Wahrheit in Schulen und Universitäten, Mut zur Liebe bei den Lieblosen und Mut zur Treue bei den Verliebten.
Höre nicht auf, Herr unser Gott, uns und aller Welt mit Deinem guten Wort zuzusetzen, dass der Glaube sich herumspreche bei allen Menschen und die Kraft Deiner Barmherzigkeit sich durchsetze, wo Bedrückte verzweifeln und Unterdrückte den Mut verlieren, wo die Mächtigen sich vergessen und die Ohnmächtigen vergessen werden, wo nach Leben geschrien und um Gnade gebettelt wird: Erbarm Dich, Herr!
Und wenn wir am Ende sind, dann bleib Du unser Anfang und unsere Zuflucht für und für. Amen.
Eberhard Jüngel

Herr Gott im Himmel, der Du auch auf Erden bist: Wir danken Dir, dass Du über uns regierst, der Du unter uns den Tod erlitten hast, um mit uns das Leben zu teilen. Teile Deine guten Gaben aus!

Die Lebenshungrigen, Herr, mach Du sie satt! Sättige sie mit Deinem unvergänglichen Leben.
Die Lebensmüden, Herr, mach Du sie hungrig! Gib ihnen Hunger nach Deinem Leben!
Lass uns, Herr, den Boden unter den Füßen nicht verlieren, damit wir in den Fußspuren Deines demütigen Sohnes die nötige Arbeit in und an unserer Welt verrichten.
Und wenn die harte Arbeit der Demut uns zu schwer zu werden droht, dann stärke und erquicke uns in der Tiefe mit Kraft aus der Höhe: dass wir mit neuem Mut die Ohren öffnen für Dein heilsames Wort und mit demselben neuen Mut die Augen öffnen für Deine heillose Menschenwelt.
Wehre, Herr, dem Unheil in aller Welt! Wehre dem grausamen Krieg in Vietnam und bring zur Vernunft, die im Töten kein Ende finden!
Erbarme Dich, Herr, des geteilten deutschen Vaterlandes und mach doch dem verzweifelten politischen Hochmut hier und dort ein Ende!
Gib den Politikern, die wieder miteinander reden wollen, Einsicht und Verstand für das, was nötig ist. Bewahre sie vor törichter Propaganda, damit sie in geduldigen Gesprächen ihre harte Arbeit tun zum Wohle unseres Volkes!
Segne Deine Kirche und leite sie im Geist der Demut, dass sie nicht hochfahrend, sondern dienstfertig ihre Arbeit in der Welt tue.
Gib den Lehrern der Kirche Verstand und Einsicht aus der Höhe für das, was auf Erden nötig ist!
Bewahre uns vor der Lust zur geistlichen Gewaltsamkeit und fördere die Liebe zur Wahrheit!
(…)
Gib den Geistlosen Deinen Geist, den Mutlosen Deinen Mut, den Herzlosen Deine Liebe, den Sterbenden Deine Zukunft und uns allen Deine Zuversicht, bis wir von Schuld und Fehl befreit Dich selber schaun in Ewigkeit. Amen.

Eberhard Jüngel

Unterwegs zu Dir

Aus den Dörfern und Städten
sind wir unterwegs zu dir.

Aus Tälern und Bergen
sind wir unterwegs zu dir.

Mit leidenden Brüdern und Schwestern
sind wir unterwegs zu dir.

Mit lachenden Kindern
sind wir unterwegs zu dir.

Als Bauleute des Friedens
sind wir unterwegs zu dir.

Als Boten der Gerechtigkeit
sind wir unterwegs zu dir.

Als Zeugen deiner Liebe
sind wir unterwegs zu dir.

Als Glieder deiner Kirche
sind wir unterwegs zu dir.

Wenn wir das Brot teilen,
sind wir unterwegs zu dir.

Wenn wir die Schwachen stützen,
sind wir unterwegs zu dir.

Wenn wir für die Verfolger beten,
sind wir unterwegs zu dir.

Wenn wir Gottesdienst feiern,
bist du bei deinem Volk.
Gebet aus Lateinamerika

Der Regenbogen

Hochgebet

1
In allen Farben des Regenbogens
Singen wir
Das Lied auf Deine große Liebe
Guter Gott

In der Farbe der Sonne
Rühmen Dich das Licht und die Wärme
Und Brot und Wein in unseren Händen
Tragen die Farben der Freude

Alle: Mit allen Farben des Regenbogens danken wir

2
In der Farbe der Liebe
Jubelt mit uns allen
Jesus, dein lieber Sohn
Und unser Freund

In der Farbe der Treue
Danken wir Dir
Für Deine gute Hand
In guten und schlechten Tagen

Alle: Mit allen Farben des Regenbogens danken wir

3
Wir loben und preisen dich
Mit den Worten
»Vergiss mein nicht!«
Und in der Farbe des Himmels und des Wassers

In der Farbe der Hoffnung
Tanzen wir vor dir den Tanz des Lebens
Und in der Farbe Deines ewigen Bundes
Reichen wir allen Geschöpfen die Hand
Zum Frieden

Alle: Mit allen Farben des Regenbogens danken wir

Sanktus

2
Gott
Lass uns doch das Zeichen sehen,
Das Du an den Himmel
Gesetzt hast:
Den Regenbogen und alle seine schönen Farben.

Alle: Lass uns die Farben des Regenbogens sehen

3
Ja, lass uns die Farben sehen,
Die Jesus, Dein geliebter Sohn, in unser Leben gebracht hat:
Die Liebe, die alles so schön macht
Den Geist, der alles so lebendig macht
Das Licht, das alles Dunkle vertreibt

Alle: Lass uns die Farben des Regenbogens sehen

1
Ja, lass uns die Farben sehen,
Die Jesus, Dein geliebter Sohn, in unser Leben gebracht hat:
Das Brot, das er gibt
Den Wein, den er schenkt
Die Liebe, die bei uns bleibt

Alle: Lass uns die Farben des Regenbogens sehen

1
Am Abend …

Geheimnis des Glaubens: Wir preisen Deinen …

Alle: Wir freuen uns an den Farben des Regenbogens

1
Jesus lebt – er ist wie die Sonne, die uns nie verlässt
Jesus ist da – in unseren Gebeten, in unseren Liedern
In unserer Kirche und in allen guten Beziehungen, die wir leben

Ja, Jesus lebt. Denn Gott ist stärker als der Tod
Und so bunt wie alle Farben des Regenbogens

Alle: Wir freuen uns an den Farben des Regenbogens

2
Jesus lebt – er ist Brot und Wein
Für alle, die ihn suchen
Für alle, die mit uns an seinen Tisch geladen sind
Für alle Frauen und Männer, die seine Kirche sind
Und so bunt wie alle Farben des Regenbogens

Alle: Wir freuen uns an den Farben des Regenbogens

3
Jesus lebt – er ist Brot und Wein
Für alle Menschen auf dem Erdenrund
Für alles, was lebt wie wir
Und für alle, die längst gestorben sind.
Und so bunt wie alle Farben des Regenbogens

Alle: Wir freuen uns an den Farben des Regenbogens

1
Zusammen
Mit der ganzen Schöpfung
Mit der weltumfassenden Kirche und mit allen, die in ihr
Verantwortung tragen,
Vor allem dem Papst und dem Bischof
Wollen wir Gott loben
In der Gemeinschaft der Heiligen
Und durch Jesus Christus, unsern Herrn.

Durch ihn und mit ihm und in ihm …
Anton Rotzetter

EINWEIHUNGSGEBETE

1. Der Raum

Anregung: Den Raum in Besitz nehmen, indem du und einige den Raum rund herum abschreiten und sieben Kerzen verstreut im Raum anzünden.

Kerze 1
Segne uns
und alle, die diesen Raum betreten,
mit dem Licht des Glaubens.
Der Boden trage, auf dem wir stehen.

Gott,
sei Du das Fundament, der Fels,
Zuflucht und Burg
durch Jesus unseren Herrn.

Kerze 2
Segne uns
und alle, die sich in diesem Raum aufhalten,
mit dem Licht der Hoffnung.
Der Horizont locke, vor dem wir stehen.

Gott,
sei Du unsere Zukunft und unser Himmel,
Verheißung und Ziel,
Orientierung und Perspektive hier und jetzt
und einmal das große Fest
durch Jesus unseren Herrn.

Kerze 3
Segne uns
und alle, die sich in diesem Raum begegnen,
mit dem Licht der Liebe.
Das Herz öffne sich für Dich und die anderen.

Gott,
sei Du die Liebe, die uns erfüllt,
Heimat und Herz,
Feuer und Flamme,
durch Jesus unseren Herrn.

Kerze 4
Segne uns
und alle, die sich in diesem Raum Gedanken machen,
mit dem Licht der Gerechtigkeit.
Das Elend finde Gehör bei Dir
und bei uns.

Gott,
sei Du der Anwalt und der Fürsprecher der Armen.
und lass uns in Deinem Namen aufstehen
gegen alles, was nicht recht ist
durch Jesus unseren Herrn.

Kerze 5
Segne uns
und alle, die sich in diesem Raum ein Urteil bilden wollen,
mit dem Licht der Klugheit.
Erleuchte unseren Verstand.

Gott,
sei Du Klarheit und Verstand,
Vernunft und Wille
durch Jesus unseren Herrn.

Kerze 6
Segne uns
und alle, die diesen Raum betreten,
mit dem Licht des Maßes
Entreiß uns der Maßlosigkeit.

Gott,
sei Du die Mitte, die sammelt,
und der Maßstab, der uns richtet,
durch Jesus unseren Herrn.

Kerze 7
Segne uns
und alle, die in diesem Raum Entscheidungen treffen,
mit dem Licht der Stärke.
Mach uns entschieden in der Erkenntnis
und kraftvoll in der Tat.

Gott,
sei Du unsere Lebenskraft und unsere Energie
durch Jesus unseren Herrn

2. Kreuz, Osterkerzenständer, Ambo und Altar

Hier würde ich goldgelbe Stoffstreifen schneiden und sie über die genannten Gegenstände legen

Das Kreuz

Gott,
Du gehst ein in Not und Tod der Menschen.
Lass uns erkennen,
dass Du die Liebe bist mitten im Hass,
das Licht in der dunkelsten Nacht,
das Leben mitten im Tod.
Lass uns Dich erkennen
in der Ohnmacht
als gekreuzigte Liebe, die uns rettet.

Der Kerzenständer

Gott,
Du bist nicht ein Gott der Toten,
sondern der Lebendigen.
So lass von hier aus das österliche Licht leuchten
In alle Dunkelheit der Welt
Durch Christus unseren Herrn.

Der Ambo

Gott,
sei gegenwärtig im Wort,
das von diesem Ort ausgeht.
Sei das Wort in unseren Worten
und der Sinn unserer Sprache.

Lass uns einander verstehen
durch Christus unseren Herrn.

Der Altar
Gott,
sei gegenwärtig hier
an diesem Tisch
im Brot, das wir teilen,
im Wein, den wir trinken.
Lass uns Deine Gemeinde sein,
Dein Volk,
Dein neuer Bund auf Erden
durch Christus unsern Herrn.

(Jemand zündet die Altarkerzen an.)
Gott,
Deine Gegenwart
sei Licht in der Nacht
durch Christus unseren Herrn.

(Blumen auf den Altar oder daneben)
Gott,
Deine Gegenwart
sei Freude den Augen,
Leben den Herzen
und Schönheit für die ganze Welt.

(Hostienschale)
Deine Gegenwart
sei uns willkommen,
Gott,
in dieser Schale,
und lass uns Schale sein
durch Christus unseren Herrn.

(Kelche)
Gott,
Deine Gegenwart sei uns köstlicher Trank.
Lass uns trinken, was Du uns gibst
durch Christus unseren Herrn.

(Messbuch)
Gott,
Deine Gegenwart
werde uns zum Fest
durch die Worte und Gesänge, die in diesem Buche sind.

(Lektionar)
Gott, Dein Wort ist
heilig.
Lass uns die Worte so lesen,
dass sie Gehör finden.

(Bibel)
Lass uns die Worte heiligen und feiern,
die Du zu uns sprichst
durch Christus unseren Herrn.

3. Die Leute im Raum

Stühle
Gott,
segne diese Stühle,
damit alle, die darauf sitzen,
die Würde erfahren, die Du ihnen schenkst.
Segne alle Gottesdienstbesucher,
die Kranken und Gesunden,
vor allem jene, die im Dienst der Kranken stehen,
durch Christus unseren Herrn.

Gesangbücher
Lass diesen Ort zum Ort des Festes werden.
So segne die Bücher, mit deren Hilfe wir unsere Würde besingen,
durch Christus unseren Herrn.
(Ein Lied daraus singen.)

4. Die Fenster
Gott,
Segne dieses Fenster,
damit, was draußen ist,
bei uns ist,
und was Du uns schenkst,
die ganze Welt erfüllt.
Es segne und die ganze Welt
der Vater,
der Sohn und der Heilige Geist!
Anton Rotzetter

Was es heißt, mit offenen Augen, Ohren, Händen und Herzen zu leben

Gebet um Vertrauen auf Gottes Fürsorge

O Herr,
du hast uns gesagt,
dass unser Vater im Himmel
für uns sorgen wird,
so wie er für die Lilien auf dem Felde
und die Vögel unter dem Himmel sorgt.

Du, der nicht einmal einen Platz hatte,
wohin er sein müdes Haupt legen konnte,
sei unser Lehrer.

Lehre uns, auf Gottes Vorsehung zu vertrauen,
und hilf uns, unsere menschliche Habgier zu überwinden.
Habgier hat nie jemanden glücklich gemacht.

Gib uns die Kraft, uns dir ganz zu ergeben,
damit wir ein Werkzeug sein können,
deinen Willen zu erfüllen.

Segne den Gebrauch des Geldes in der Welt,
damit die Hungernden gespeist,
die Nackten gekleidet,
die Armen beherbergt
und die Kranken gepflegt werden können.

Und Herr, gib uns deinen Heiligen Geist,
damit wir durch den Glauben,
den du uns verleihst, klar erkennen,
dass wir alle vor dir mehr gelten
als jede schöne Lilie
oder jede singende Lerche in der Luft.
Amen.
Mutter Teresa

Guter und lieber Vater,
ich rufe zu dir in meiner Ohnmacht. Was ist geschehen mit uns Menschen? Haben wir kein Herz in der Brust, keine Seele in unserem Wesen, keinen Glauben an das Gute?
Warum sprechen wir so wenig miteinander, warum fühlen wir nicht für den anderen mit?
O Vater, sprich du zu uns!
Öffne du unsere Ohren, sodass wir deine Stimme hören im Gedröhn der Maschinen, in der Unruhe unseres Alltags.

Lass uns dein Rufen wahrnehmen in den
Menschen und mit den Menschen und in uns
selbst.
Öffne du unsere Augen, sodass wir dich
erkennen in unserer Arbeit und unserer Freizeit.
Dass wir dich erkennen in unserer »hellen und
dunklen« Zeit. Dass wir dich sehen in den
Menschen und in uns selbst.
Öffne du unsere Hände, sodass wir deine
Taten fortsetzen. Gib uns Hände, die trösten
und festhalten, teilen und lieben, versöhnen
und segnen.
Öffne du unsere Herzen, sodass wir deine
Liebe weiterschenken. Dass wir barmherzig uns
begegnen in den Menschen, zu den Menschen
und in uns selbst.
»Mach uns zum Werkzeug deines Friedens.«
Danke, dass du immer bei uns bist,
auch wenn wir oft nicht so recht daran
glauben wollen!
Segne du uns alle.
Gebet zum 11. September 2001

Vertrauensvolles Handeln

Jeden Tag meine Hände meditieren
im dankbaren Staunen
erkennen wie sich in meinem Handeln
Dein Handeln ereignet

Jeden Tag im gegenseitigen Händedruck
Respekt und Wertschätzung erneuern
mitgestalten an einer Welt
der Toleranz und der Zärtlichkeit

Jeden Tag meinen Handlungsspielraum ausschöpfen
zupacken und loslassen
mich dabei kraftvoll erinnern
dass Du das Werk unserer Hände festigst
Nach Psalm 90,17
Pierre Stutz

Ein Auge gib mir

Ein Auge gib mir
lieber Gott
damit ich erkenne
wenn jemand leidet

Ein Ohr gib mir
lieber Gott
damit ich höre
wenn jemand schreit

Eine Hand gib mir
lieber Gott
damit ich helfe
wenn jemand mich braucht
Anton Rotzetter

Brich auf in mir, o Herr,
meine Ängste und Sorgen,
die mir den Weg zu dir versperren.

Brich auf in mir, o Herr,
die Blindheit meiner Augen,
dass ich dein Licht wieder sehe.

Brich auf in mir, o Herr,
die Taubheit meiner Ohren,
dass ich die Botschaft deiner Freude höre.

Brich auf in mir, o Herr,
die Lieblosigkeit meiner Gedanken,
dass ich die Not der anderen mittrage.

Brich auf in mir, o Herr,
die Müdigkeit meines Glaubens,
dass ich voll Hoffnung dir entgegengehe.

Brich auf in mir, o Herr,
mein Herz,
dass ich wach bin für DEIN KOMMEN.

Martin Thurner

HERR, ÖFFNE UNS

Herr, öffne uns die Augen
dass wir sehen, was zu sehen ist!

Ja, lass uns die Lage in unserer Welt,
den großen Zusammenhang kennen,
damit wir die Aufgaben, die uns gestellt
und das, was heut Not tut, benennen.

Herr, öffne uns die Ohren,
dass wir hören, was zu hören ist!

Wir stecken ja gerne den Kopf in den Sand
und lassen uns lenken und führen,
gib uns einen nüchternen, wachen Verstand,
dass wir, was vorgeht, erspüren.

Herr, öffne uns die Lippen,
dass wir sagen, was zu sagen ist!

Wir reden sehr gerne von dem, was nicht stimmt,
und wollen es »denen« schon zeigen.
Doch wenn es uns Ärger und Nachteile bringt,
dann pflegen wir weiter zu schweigen.

Herr, öffne uns die Hände,
dass wir ändern, was zu ändern ist.

Wir tun ja manch Gutes und spenden auch Geld
und lassen uns dann und wann rühren.
Nur ändert das wenig am Zustand der Welt,
an den Mächten, die da regieren.

Herr, öffne uns die Zukunft,
lass erscheinen in der Welt dein Reich!
Lothar Zenetti

Herr, öffne unsere Augen,
damit wir dich in unseren Brüdern
und Schwestern erkennen.

Herr, öffne unsere Ohren,
damit wir das Rufen der Hungrigen,
der Frierenden, der Verängstigten
und Unterdrückten hören.

Oh, Herr, öffne unsere Herzen,
damit wir einander so lieben, wie du uns liebst.

Erneuere in uns deinen Geist,
Herr, mach uns frei und eins.
Mutter Teresa

Bedarfst du meiner Hände, Herr,
damit sie an diesem Tag
den Kranken und Armen helfen, die sie brauchen?
Herr, dir geb ich heute meine Hände.

Bedarfst du meiner Füße, Herr,
damit sie an diesem Tag
mich zu jenen tragen, die einen Freund ersehnen?
Herr, dir geb ich heute meine Füße.

Bedarfst du meiner Stimme, Herr,
damit ich an diesem Tag
zu allen spreche, die dein Wort der Liebe brauchen?
Herr, dir geb ich heute meine Stimme.

Bedarfst du meines Herzens, damit ich an diesem Tag
einen jeden, ohne Ausnahme liebe?

Herr, dir geb ich heute mein Herz.
Gebet der Mitarbeiterinnen Mutter Teresas

Gebet bei den Töpfern in Taizé

Herr,
mache mich zu einer Schale,
offen zum Nehmen, offen zum Geben,
offen zum Geschenktwerden,
offen zum Gestohlenwerden.

Herr,
mache mich zu einer Schale für Dich,
aus der Du etwas nimmst,
in die Du etwas hineinlegen kannst.
Wirst Du bei mir etwas finden,

was Du nehmen könntest?
Bin ich wertvoll genug, sodass Du
in mich etwas hineinlegen wirst?

Herr,
mache mich zu einer Schale
für meine Mitmenschen,
offen für die Liebe, für das Schöne,
das sie verschenken wollen,
offen für ihre Sorgen und Nöte,
offen für ihre traurigen Augen
und ängstlichen Blicke,
die von mir etwas fordern.

Herr,
mache mich zu einer Schale!
Martin Thurner

Meine Augen, meine Hände, mein Mund sind dein.
Diese so traurige Frau mir gegenüber: Hier ist mein Mund, damit du ihr lächelst.
Dieses vor lauter Bleichsein fast graue Kinn: Hier meine Augen, damit du es anschaust.
Dieser so müde, so müde Mann: Hier ist mein ganzer Leib, damit du ihm meinen Platz gibst, und meine Stimme, damit du ihm leise sagst: »Setz dich.«
Dieser so dumme, eingebildete, harte Bursche, hier ist mein Herz, damit du ihn damit liebst, stärker, als er je geliebt wurde.
Madeleine Delbrêl

GEBET UM DEN SEGEN GOTTES

HERR, segne meine Augen, dass sie imstande sind,
die Welt um mich herum wahrzunehmen,
die Bedürftigkeit meines Nachbarn zu erkennen,
das Kleine, das Unscheinbare nicht zu übersehen,
das Vordergründige und die Prahlerei zu durchschauen,
dass mein Blick Güte und Wärme ausstrahlt.

HERR, segne meine Ohren, dass sie imstande sind,
Deine Stimme in allem Lauten dieser Welt zu vernehmen,
dass sie fähig werden,
die leisen Stimmen der Notleidenden wahrzunehmen,
das Unbequeme nicht zu überhören,
sich jedem Lärm und Geschwätz zu verschließen.

HERR, segne meinen Mund, dass er imstande ist,
DICH vor aller Welt zu bezeugen und DICH zu preisen,
Worte des Trostes und des Heiles zu sprechen,
das mir Anvertraute stets zu bewahren,
für andere zu sprechen,
die keine Rechte und keine Stimme mehr haben.

HERR, segne meine Hände, dass sie imstande sind,
Halt und Stütze zu sein, wo es erforderlich ist,
führen zu können, ohne zu Fesseln zu werden,
geben zu können, ohne auf Gegengabe zu setzen.
Zärtlichkeit auszudrücken, die Herzlichkeit ahnen lässt,
Segen zu spenden, wo Leid und Trauer ist.

HERR, segne mein Herz, dass es imstande ist,
Wohnstatt Deines Geistes und Deines Lichtes zu sein,
Wärme zu schenken und auch selbst zu empfangen,
verzeihen zu können, wo jemand schuldig geworden ist,
Stütze zu sein, wo jemand gescheitert ist,

Vertrauen zu wecken, wo keines mehr vorhanden,
Liebe zu schenken, ohne Gegenliebe zu erwarten.
Freud und Leid miteinander zu teilen.

HERR, komme so mit Deinem Segen über mich.
Lass mich Dir ganz verfügbar sein,
mit allem, was ich bin und was ich habe.
HERR, lass mich mit solchem Segen beschenkt
Segen für andere und für die Welt sein.
Heinz Pangels

Was das Prinzip »Liebe« gebietet

Gebote

Ich soll dich lieben, o Gott,
meinen Nächsten auch,
den Nahen und den Fremden.

Die Bibel ist voll von dem,
was ich tun soll,
warum heißt es nicht,
du darfst Gott lieben
und deinen Nächsten
und dich selbst.

Es ist ein Geschenk für mich,
wenn ich lieben kann,
mein Leben wird erfüllter,
wird lebenswert.
Irmela Mies-Suermann

Gott, Du darfst mir vieles nehmen,
aber entziehe mir nicht
die Gnade, lieben zu können.
Mit Haut und Haaren.
Mit Fehlern und Verirrungen.
In Schuld und Vergebung.
Denn in der Liebe bin ich
am Puls des Lebens.
In der Liebe bin ich lebendig.
In der Liebe fühle ich Dich.
Bernhard Meuser

Gib uns eine Liebe, Gott,
die unsere Vernunft beschämt.
Gib uns eine Liebe,
die unserer Berechnung zuvorkommt.
Gib uns eine Liebe,
die unsere Vorbehalte haltlos macht.
Gib uns eine Liebe,
die uns den Rückzug verbaut.
Gib uns eine Liebe, Gott,
nach Deiner Art.
Bernhard Meuser

Wir sprechen die Not unserer Zeit aus.
Wir wagen die Hoffnung,
dass unsere Sorge nicht ins Leere fällt:
Unter uns wächst der Hunger.
Menschen haben Häuser,
aber kein Dach über ihrer Seele.
Vergeblich warten viele auf Zuwendung und Anteilnahme.
Verlassenheit weckt Angst, macht stumpf und krank,
lässt sterben mitten im Leben.

Wir gewöhnen uns daran,
achtlos miteinander umzugehen.
Wir finden uns damit ab,
dass Menschen neben uns verstummen.
Es ist zum Gewohnheitsunrecht geworden,
dass einer den anderen für seine Zwecke benutzt.
Die Gleichgültigkeit zieht Kreise,
das Miteinander geht verloren.
Lass uns aufwachen.
Befreie uns aus der Vereisung.
Wärme uns, damit das Lebenshaus Erde
wieder bewohnbar werde.
Lass uns die Liebe wiederfinden,
die wir verloren haben.
Sabine Naegeli

Gebet in Sachen Nächstenliebe

Wenn ich
einem Menschen helfe,
der mich braucht,
der mein Nächster ist,
mir also zu nahe kommt,
näher meistens, als ich es will –

dann nicht, um meinen Grundsätzen treu zu bleiben
nicht, um mit mir selbst zufrieden zu sein,
nicht, um ein Gebot zu erfüllen,
nicht, um auf der Erde was zu bessern –

sondern bitte so, Herr,
dass meine linke Hand nicht weiß,
was die rechte tut,
dass ich morgen nicht mehr weiß,

was ich gestern tat,
dass ich nicht mir zuschreibe,
was du in mir
und durch mich tust –

und
dass ich diesem Menschen helfe
um seiner selbst willen,
wie du es tust,
ja dies erbitte ich am meisten
von dir.

Lothar Zenetti

Wir danken Dir, Du ewigreicher Gott, dass Du unser großzügiger und liebevoller Vater bist. Wir danken Dir für die Funken der Liebe, die Dein heilsames Wort in unsere heillose Welt schlägt. Diesen Funken lass uns folgen, damit wir von Deiner Liebe Gebrauch machen mit Gedanken, Worten und Werken. Gib uns den Mut, uns mit Deiner Liebe einzumischen, wenn die Gewalten aufeinander schlagen, wenn Hass und Hass sich begegnen, wenn die Feigheit auf List sinnt, wenn die Freiheit zerstört wird und das Unrecht sich ins Recht setzt. Lass Deine Christenheit auf Erden endlich zum Spiegel Deiner Liebe werden. Bewahre unsere Gemeinden vor Hochmut, vor Langeweile, vor Nörgelei, vor Verwirrung und vor Verzagtheit. Herr, lass uns liebevoll vorwärts kommen. Und wenn unser Ende kommt, dann misch Dich noch einmal mit Deiner Liebe ein, dass wir in Dir auch am Ende noch unseren Anfang finden, der Du mit dem Sohne und dem Heiligen Geist lebest und regierst von Ewigkeit zu Ewigkeit. Amen.

Eberhard Jüngel

LIEBT EINANDER!
(Joh 13,34)

Herr und Gott, alle Menschen suchen Liebe, auch ich. An vielen Stationen meines Lebens durfte ich erfahren, was Liebe bedeutet. Dafür bin ich dankbar. Ich habe aber auch Enttäuschungen hinnehmen müssen, bin abgewiesen worden, habe Undank erlebt.

Alle suchen Liebe, aber auf ganz unterschiedlichen Wegen. Viele verstehen Liebe nur als einen Wert, den sie für sich selbst erwarten, anstatt ihn selber zu geben. Der Begriff Liebe wird oft in den Schmutz gezogen durch ichsüchtige Weisen des Fehlverhaltens.

Jesus Christus gibt uns das neue Gebot: »Liebt einander! Wie ich euch geliebt habe, so sollt auch ihr einander lieben.«

Herr und Gott, die Liebe Jesu zu den Menschen ist Ausfluss deiner übergroßen Vaterliebe. Die absolute Liebe bist du selber. Alles menschliche Lieben bleibt hinter dem Anspruch Jesu zurück. In deinem ganzen Wesen selber bist du die Liebe.

Das Gebot Jesu zur Nächsten-, ja zur Feindesliebe ist schwer zu befolgen, besonders deshalb, weil dein Sohn auch sagt: »Wenn ihr nur die liebt, die euch lieben, was tut ihr dann Besonderes? Das tun auch die Heiden.« Natürlich fällt es mir leicht, gut zu Menschen zu sein, die gut zu mir sind; die anzunehmen, die mich annehmen. Die Liebe, die du von uns erwartest, muss aber weiter gehen und dort einmünden, dass wir versuchen, wie Jesus zu lieben. Diese Liebe ging hin bis zum Tod.

Herr und Gott, ich möchte gerne mehr von der Liebe Jesu lernen. Lass mich deswegen den ersten Schritt auf Menschen zu tun, auch wenn sie mir wenig sympathisch sind. Schenke mir Kraft bei denen, die meine Nerven strapazieren. Gib mir Geduld bei den Umständlichen und Betulichen, Festigkeit bei den Haltlosen und Zuversicht bei den Mutlosen.

Ich möchte ein Zeichen sein für die Liebe Jesu unserer Welt gegenüber nach seinem Wort: »Daran werden alle erkennen, dass ihr meine Jünger seid: wenn ihr einander liebt.«
Wolfgang Oberröder

Herr,
gib mir den Mut,
um in meiner Ängstlichkeit
Dein Zutrauen zu erfahren.

Herr,
gib mir die Hoffnung,
um in meiner Orientierungslosigkeit
Deinem Weg nachzufolgen.

Herr,
gib mir die Stille,
um in meinem lärmenden Inneren
Deine leise Stimme zu hören.

Herr,
gib mir die Wärme,
um in meiner Kälte
Deine Liebe weiter tragen zu können.
Katrin Koller

Gottes Liebe ausstrahlen

Lieber Jesus,
durchflute meine Seele mit deinem Geist und Leben,
durchdringe mein ganzes Sein
und mache es dir so völlig zu Eigen,
dass mein Leben ein Abglanz des deinen ist.

Leuchte durch mich,
sodass alle Menschen, mit denen ich in Berührung komme,
deine Gegenwart in meiner Seele spüren
und nicht mich sehen, sondern nur dich.
Bleibe in mir, und lass durch mich
dein Licht den Menschen leuchten,
die mir anvertraut sind.
So werde ich dich predigen,
nicht durch Worte, sondern durch mein Beispiel,
durch die Kraft und die Einfühlsamkeit meines Handelns,
durch die Fülle der Liebe,
die mein Herz dir entgegenbringt.
Amen.
Mutter Teresa

Lass uns in die Schule deiner Liebe gehen

Lehre uns,
zu lieben und geliebt zu werden.
Gib uns die Klarheit,
auch die dunklen Seiten
derjenigen, die wir lieben,
hell zu machen,
eine Klarheit, die es nicht zulässt,
dass eine falsch verstandene Liebe
in uns entsteht.
Eine Liebe,
die nicht von dir ausgeht,
nicht in dir gelebt wird
und nicht zu dir zurückführt,
ist keine Liebe.
Lehre uns,
jeden einzelnen Menschen
auf einzigartige Weise zu lieben.

Deine Art zu lieben
ist einzigartig, wahrhaftig und wirksam,
vollkommen in dir.
In uns,
in unserem begrenzten Menschsein,
schafft sie unglaubliche Probleme.
Dom Helder Camara

Was Taten des Gebets zu Gebeten der Tat macht

Aufrichtig nehmen wir jetzt
alle Gebete zurück,
in denen wir verlangen,
dass du uns Beine machst,
die wir längst haben,
um den Krüppeln
nachzugehen.
Gottfried Bachl

Das Aber-Gebet

Gott, eigentlich wollte ich beten,
aber ich hatte Wichtigeres zu tun.
Gott, eigentlich wollte ich Dich loben,
aber es gibt Tage, an denen mir ein Lob im Hals stecken bleibt.
Gott, eigentlich wollte ich fasten,
aber mein Hunger hat gesiegt.
Gott, eigentlich wollte ich meinen Nächsten lieben,
aber ich habe ihn nicht gesehen.
Gott, eigentlich wollte ich mich für etwas einsetzen,
aber ich hatte es mir gerade bequem gemacht.

Gott, eigentlich wollte ich aufstehen – den Aufstand proben,
aber ich saß irgendwie fest.
Gott, eigentlich wollte ich …,
aber …
Gott, eigentlich wollte ich das Aber nicht,
aber was soll ich tun?
Gott, hilf Du meinem Aber.

Elke Uhl

ANTWORT

Der kürzeste Weg,
dir zu begegnen, Gott?
Schiebe den Rollstuhl –
hat mir einer ohne Beine
gesagt.

Rudolf Otto Wiemer

Du, Herr,
in den
geringsten
meiner
Schwestern und Brüder?

Du verbirgst
Dich,
bis ich
Euch
nicht mehr unterscheiden kann.

Bernhard Meuser

So ist das

Denen wir lieber
aus dem Weg gehen
sind Dein Weg.

Die wir lieber
nicht sehen möchten
sind Dein Blick.

Die wir lieber
nicht hören möchten
sind Deine Stimme.

So ist das.
Und so:
bist Du.
Kurt Marti

Sohn Davids, erbarme dich meiner

Erbarme dich meiner Blindheit,
die mich nicht sehen lässt,
was du mir Gutes getan hast.
schielend auf andere, die sorgenfreier leben,
zu leben scheinen.

Erbarme dich meiner Blindheit,
die mich nicht sehen lässt,
wo ich zupacken kann trotz meiner Armut,
wo ich Ohr und Herz schenken kann
dem anderen Bruder, der Schwester in Not.

Erbarme dich meiner Blindheit,
die mich nicht sehen lässt,

worauf es wirklich ankommt im Leben,
dein Licht aufzunehmen und weiterzutragen
in die Dunkelheit der Herzen so vieler.

Erbarme dich meiner Müdigkeit,
mich immer wieder an den Straßenrand zu setzen,
die Hilfe anderer zu erflehen,
mich anzunehmen mit meiner Schwachheit
und alles von dir zu erhoffen.
Irmela Mies-Suermann

Kyrie eleison

Was wir denken ist eng
ist ärmlich
erbärmlich
    Herr, erbarme dich
    Herr, erbarme dich
    denke in uns deine Gedanken
    sprich zu uns dein Wort
    denn

Was wir reden ist schwach
ist ärmlich
erbärmlich
    Herr, erbarme dich
    Herr, erbarme dich
    sprich zu uns dein Wort
    vollbringe in uns dein Werk
    denn

Was wir tun ist gering
ist ärmlich
erbärmlich

Herr, erbarme dich
Herr, erbarme dich
vollbringe in uns dein Werk
vollziehe in uns deine Gedanken

Lothar Zenetti

Herr, schenke mir die Erkenntnis deines Willens
und gewähre mir die Gabe,
deinen und meinen Willen zu unterscheiden.
Gib mir den Mut,
mein Leben nach dir auszurichten
und mich nicht
vom Denken und Tun der anderen
verführen zu lassen.
Ich will mich so verhalten,
dass du jederzeit mit mir rechnen kannst,
auch wenn ich bei den Menschen
auf Unverständnis stoße.
Ich will den Streitenden Frieden bringen,
den Notleidenden beistehen,
die Verzweifelten auffangen,
die Suchenden zu dir führen.
Erfülle mich mit deinem Heiligen Geist,
dass ich dies alles in Klugheit tue,
demütigen Herzens
und im Vertrauen auf deinen Beistand.

Jörg Müller

Herr, ich stehe dir zur Verfügung
mit allen Fähigkeiten und Kräften,
die du mir gegeben hast.

Ich bin bereit, alles einzusetzen:
Mein Leben, meinen Tod,
wenn es dir Ehre macht und meiner Heiligung dient.
Dir verdanke ich alles. Dir gebe ich alles.
Lass mich deinen Willen erkennen und stets tun.
Forme und gebrauche mich
nach deinem Gutdünken;
denn du kennst mich durch und durch.

Deine Liebe ist größer, als ich zu fassen vermag,
und deine Sehnsucht nach mir
übersteigt meine Phantasie.

Hier bin ich, Herr.
Dein Wille geschehe.

Lass nicht zu, dass ich mich jemals von dir abwende.
Nichts soll mich fern halten von dir;
denn wer könnte mehr lieben als du?
Jörg Müller

Herr, es kommt weniger darauf an,
an einem Tag etwas Großes zu tun,
als an vielen kleinen Tagen
viele kleine Dinge gut zu tun.
Darum hilf mir
in der täglichen Einübung
einer Kultur der Aufmerksamkeit,
der Versöhnung und des Wohlwollens.
Lass mich einfach menschlicher werden,
um christlicher zu werden.
Bernhard Meuser

Erschüttere, Gott,
das Gefrorene in mir,
die vereisten Gefühle,
den Kälteschlaf meines Herzens!
Brich die Winterschale
um mein Gemüt!
Hole mich heraus
aus dem Fühllosen,
dass Frühling wird mit mir
und die Quellen der Güte wieder fließen.

Bernhard Meuser

Ich stelle mich auf die Seite des Friedens.
Ich stelle mich auf die Seite der Opfer.
Ich stelle mich nicht taub.
Ich stelle mich.
Herr, blicke auf mich.

Ich stelle mich zu denen,
die Halt suchen.
Ich stelle mich zu denen,
die anderer Ansicht sind.
Ich stelle mich bloß.
Ich stelle mich.
Herr, blicke auf mich.

Ich stelle mich zu denen,
die für die Zukunft kämpfen.
Ich stelle mich zu denen,
die den ersten Schritt tun.
Ich stelle mich ohne Scheu.
Ich stelle mich.
Herr, blicke auf mich.

Bernhard Lang

VERTRAUENSVOLLE ZUNEIGUNG

Ich hoffe auf Dich Gott
Du neigst Dich mir zu
und hörst mein Schreien

Auch in Zeiten der Oberflächlichkeit
und der Resignation
traue ich Dir Wundervolles zu

Du
durchbrichst unsere Gleichgültigkeit
Du
durchkreuzt unsere Kleinherzigkeit
Du
heilst unsere Lahmheit
holst uns heraus aus Sattheit und Langeweile
stiftest uns zum sinnvollen Handeln an
damit Wunderbares geschieht und
Menschen sich neu begegnen können
Türen und Herzen sich zur Gastfreundschaft öffnen

Dank
sei Dir immer gesungen
Nach Psalm 40,2
Pierre Stutz

Ewigreicher Gott! Du führst uns auf *allen* Wegen. Und *Du* führst es *herrlich* hinaus.
Wir bitten Dich: Wo immer wir gehen auf den Straßen dieser Stadt, in den Entscheidungen unseres Herzens, in den Überlegungen unseres Verstandes, im Umgang mit unseren Nächsten und im Umgang mit uns selbst – da führe Du uns auf den falschen Straßen zum rechten Ziel, durch Fehlentscheidungen hindurch, mitten im Versagen zu neuem Mut.

Herr, lehre uns, uns unseres Verstandes zu bedienen! Gib den Politikern Kraft zu menschlichen Entschlüssen und barmherzigen Befehlen, dass das Blutvergießen in aller Welt ein Ende nehme und die Freiheit unter den Völkern liebevoll herrsche.
Herr, öffne uns die Augen für Deinen himmlischen und irdischen Reichtum, dass wir nehmen mit dankbarem Herzen und geben mit offener Hand. Und tue unsere Lippen auf, dass unser Mund Deinen Ruhm verkündige.
Herr, führe uns weiter! Führe es herrlich hinaus! Amen.

Eberhard Jüngel

Herr Gott im Himmel, der Du auch auf Erden bist, wir danken Dir, dass Du unseren Bruder Jesus Christus im Tode heimgesucht hast, um Dein Leben mit ihm und mit uns zu teilen.
Lass uns den Spuren seiner Auferstehung folgen bis in den Tod. Und im Leben lass uns neue, gute Verhältnisse schaffen: zwischen den Völkern, den Staaten, den Rassen und Klassen.
Lass uns auch in Deutschland neue, gute Beziehungen schaffen. Gib zum Mut der Regierenden auch den Erfolg. Lass uns gute, menschliche Politik machen. Erneuere unsere Gesellschaft durch Mut zur Gerechtigkeit. Erneuere unsere Universitäten durch Liebe zur Wahrheit und unerschrockenen Gebrauch der Vernunft. Lass uns nicht verdummen! Erneuere uns alle durch Glaube, Hoffnung und Liebe. Die Lebenshungrigen – mach Du sie satt. Die Lebensmüden – mach Du sie hungrig. Gib den Herzlosen Deine Barmherzigkeit, den Geistlosen Deinen Geist, den Kranken Deinen Trost, den Sterbenden Deine Zukunft und uns allen Deine Zuversicht, bis wir von Schuld und Fehl befreit Dich selber sehn in Ewigkeit. Amen.

Eberhard Jüngel

Herr, unser Gott,
du kennst die Karte deiner Erde,
die Karte der Unmenschlichkeit.

Du liest die Namen der Länder und kennst die Namen der Opfer.
Menschen werden gefangen, gefoltert, ermordet.
Es sind unsere Mitmenschen. Sie leiden und sterben.
Herr, richte dein Recht auf und schaffe den Gefangenen Befreiung.

Herr, wir bitten für die Folterknechte.
Erbarme dich der Herrschenden, die zu diesem Mittel greifen.
Reiß sie aus ihrem Gefangensein in Angst und Machtstreben.
Herr, wir wissen um unsere Rat- und Hilflosigkeit.
Wir können die Qualen der Opfer nur ahnen,
denn wir sind satt und unverletzt.
Wir können die Angst der Machthaber nur ahnen, unsere Macht ist gering.
Manchmal möchten wir vor Zorn aufbrausen, manchmal resignieren.
Lass uns tun, was wir tun können.
Darum bitten wir, durch Christus, unsern Herrn.
Amen.

Andreas Lerch

Weltweiter Versöhnungsweg

Osttimor
nach langer Unterdrückung
nach himmelschreiender Empörung
nach schrecklicher Eskalation der Gewalt
bricht ein neuer Morgen der Würde
und der Eigenverantwortung an

Du führst dein Volk hinaus in Freude
Du erneuerst Deine Verheißungen
und ergreifst einmal mehr Partei
für die Entrechteten und Unterdrückten

Träume unaufhörlich mit uns
Deinen Traum der Mitmenschlichkeit
der Freiheit in Geborgenheit
Nach Psalm 105,43
Pierre Stutz

Fürbitte

Du hast den Glauben in uns erweckt, dein Evangelium
auf uns zu gesprochen. Du bist uns begegnet, Gott.
Wir haben Bedenken, uns mit dir einzulassen,
sind nicht mehr so sicher unser selbst und der Welt.
Wir bitten dich, bewahre diese Worte in deinem Herzen.

Mach uns arm im Geiste, offen für dich und selbstlos.
Mach uns ehrlich und reinen Herzens, dass wir die Zeichen
deiner Gegenwart verstehen. Lass uns hungern nach Frieden,
dürsten nach Recht und Gerechtigkeit, mach uns sanftmütig
und bereit zu verzeihen. Und sei du selbst uns barmherzig.
Lehre uns, einander zu entschuldigen.
Gib uns die Kraft, das Leid der anderen zu tragen.

Wir bitten dich für alle, die trauern und betrübt sind;
für die Gebrechlichen, Kranken und Sterbenden, für alle, die das
Leben enttäuscht hat: für die Eheleute, die nicht imstande waren,
einander festzuhalten,
für die Eltern, denen die Hoffnung auf ihre Kinder zerbrach.
Wir bitten dich für jene, denen das Glück nicht zugefallen ist;
für alle, die niemals einen Lebenspartner gefunden haben
und deren Sehnsucht und Zuneigung ohne Antwort geblieben
sind.

Wir bitten dich, Herr, für die Welt unserer Tage,
besonders für jene Menschen, die vom Krieg zerrüttet werden:

für alle, die von Grausamkeit und Einsamkeit verstümmelt sind:
für alle ausgebeuteten Völker, für die Armen und Rechtlosen,
Verachteten und Misshandelten um ihrer Hautfarbe willen.
Wir bitten dich für alle, die das Unrecht dulden müssen, aber auch für jene,
die es tun und vermehren.

Für alle, die in Armut und Entbehrung leben müssen, bitten wir dich.
Für die Millionen Armer in Indien und anderswo;
für alle überbevölkerten Länder,
für Mitmenschen in Slums und Flüchtlingslagern,
für die, die in ihrer Unterwelt gefangen sind.
Wecke auf in unserer Mitte
die Kräfte, mit denen wir die Armut bekämpfen können, sende aus über uns
deinen Heiligen Geist, der Licht und Weisheit ist, der lebendig macht,
damit wir in dieser Welt den Weg finden mögen,
um den Hunger auszutreiben und den Krieg zu löschen.

Du hast uns das Leben geschenkt.
Mache uns nun auch bereit, es mit anderen zu teilen,
damit unser Glück ebenso groß sei wie unser Wohlstand.
Beschütze uns vor unserer eigenen Hartherzigkeit. Halte uns offen.
So wollen wir versuchen, deine Kirche zu sein, dein auserwähltes Volk,
das du dir geschaffen hast und erhältst, das du kennst und begnadest
wie den einen Mann, deinen Sohn auf Erden bis in Ewigkeit.

Huub Oosterhuis

Segen

Herr, segne uns, lass uns dir dankbar sein
lass uns dich loben, solange wir leben
und mit den Gaben, die du uns gegeben
wollen wir tätig sein

Herr, geh mit uns und lass uns nicht allein
lass uns dein Wort und dein Beispiel bewahren
in der Gemeinde deine Kraft erfahren
lass uns wie Brüder sein

Herr, sende uns, lass uns dein Segen sein
lass uns versuchen, zu helfen, zu heilen
und unser Leben wie das Brot zu teilen
lass uns ein Segen sein

Lothar Zenetti

Was es heißt, Frieden zu schaffen

Ich bekenne, Herr,
ein Urheber von Krieg zu sein.
Ich bekenne
die kleinen Kriege meiner Ehe.
Ich bekenne
die Revierkämpfe an meinem Arbeitsplatz.
Ich bekenne die Waffen in meiner Hand.
Ich bekenne
mein friedloses Herz.

Ich kapituliere
vor mir.

Ich bitte um Frieden.
Und stelle keine Bedingungen.
Ich bitte Dich, Gott, um etwas,
das ich aus eigenen Kräften nicht schaffe:
eine Quelle des Friedens zu sein
im Kreis meiner Welt.

Bernhard Meuser

Ehre sei Dir, Gott in der Höhe, und Dank – der Du nicht nur in unendlicher Überlegenheit über uns regierst, sondern zugleich in unerschöpflicher Liebe und nicht endendem Erbarmen unter uns wirkst. Ehre sei Dir und Dank, dass Du in Jesus Christus zur Welt gekommen bist, ein menschlicher Gott unter gottlosen Menschen. Und nun bitten wir Dich, lieber Herr: Gib uns den Mut und die Kraft, menschliche Menschen zu sein, zu bleiben oder zu werden.

Gib uns die Ausdauer, trotz aller Fehlschläge und Enttäuschungen für eine menschliche Welt zu sorgen. Herr, lass Frieden werden auf Erden: in Vietnam, in Irland und überall, wo Menschen Krieg gegen Menschen führen und zu führen gezwungen werden. Gib uns Deinen Frieden auch in dieser festlichen Stunde, dass wir Dir von Herzen Lob singen, vertrauensvoll auf Dein Wort hören und uns Dir anvertrauen, indem wir Dich anrufen, Gott Vater, Sohn und Heiliger Geist…

Herr, Du hast uns gehört. Nun rede mit uns. Amen.

Eberhard Jüngel

Meinen Frieden gebe ich euch
(Joh 14,27)

Herr Jesus Christus, ich weiß, du bist der Friedensbringer. Mit deiner Frohen Botschaft versöhnst du die Menschheit mit Gott und bringst Frieden allen Menschen guten Willens. Doch höre ich auch dein Wort, dass du nicht gekommen bist, Frieden zu bringen, sondern um Feuer auf die Erde zu werfen.

Frieden und Unfrieden erfahre ich gleichermaßen in meinem Leben. Wie kann ich dies deuten? Wenn du sagst, dass du nicht gekommen bist, um Frieden zu bringen, so kann dies nur die Warnung vor einem falsch verstandenen Frieden sein. Um deines Namens willen werden sich Menschen entzweien, das zeigt mir deine Person selber, das zeigt mir der Verlauf der Geschichte unserer Kirche, dies sehe ich aus dem Leben unserer Heiligen. Du willst, dass das Recht bleibt, dass die Würde der Menschen nicht unterdrückt wird, dass die Freiheit des Glaubens gelebt werden darf. Wo dies nicht der Fall ist, dürfen wir nicht in falsch verstandener Friedenssehnsucht klein beigeben. Dann müssten wir aufstehen, da muss es Auseinandersetzungen um deines Namens willen geben.

Nur dort, wo Frieden seinen Halt in dir sucht, wird es mehr sein als ein trügerischer Friede. Du verheißt uns keinen Frieden, wie die Welt ihn gibt, keinen Scheinfrieden, faule Kompromisse, Waffenstillstände, kalte Kriege. »Frieden hinterlasse ich euch, meinen Frieden gebe ich euch«, bedeutet immer, zunächst nach deinem Willen zu fragen. Fest stehen in dir gibt innere Sicherheit und Gelassenheit im Umgang mit Menschen und den Mächten dieser Welt.

Der Friede, den alle Welt sucht und herbeireden möchte, entsteht nicht allein aus einem Schweigen der Waffen, sosehr wir dies brauchen. Der wahre Friede kommt von dir und ist nicht von dieser Welt. Solange dein Reich auf unserer Erde nicht vollendet ist, werden wir mit Unfrieden zu tun haben. Herr, lass mich keinen falschen Frieden schließen und dir gegenüber keine unrechten Zugeständnisse machen. Gib mir Frieden in mein Herz, damit ich ihn weitertragen kann. Wir alle brauchen dazu die Kraft deines Heiligen Geistes, des Trösters und Beistands, den du uns verheißen hast. Um den Heiligen Geist bitten wir, den der Vater in deinem Namen senden wird und der uns an alles erinnert, was du uns gesagt hast.

Wolfgang Oberröder

O Herr Jesus,
Sohn des Vaters,
sende jetzt
deinen Geist
über die Erde.

Lass den Heiligen Geist
wohnen
in den Herzen
aller Völker
damit sie
bewahrt bleiben
vor Verfall,
Unheil und Krieg.

Möge die
Frau aller Völker,
die einst
Maria war,
unsere Fürsprecherin
sein.

Jetzt
und in Ewigkeit
Friede.

Gebet zum 11. September 2001

Ökumenisches Friedensgebet 2003

Du einziger Gott aller Menschen.

Du hast die Erde und den Kosmos geschaffen,
in ihrer Vielfalt, ihrer Schönheit, ihrer Zerbrechlichkeit.
Auch die verschiedenen Kulturen und Religionen sind auf der Suche nach Dir, dem Ursprung von allem.
Du willst, dass alle füreinander nicht Bedrohung, sondern ein Segen sind.

Unsere Eine Welt soll nach Deinem Willen ein bewohnbares und friedliches Haus für alle sein.
Den Nahen Osten hast Du auserwählt, Deinen Namen und Deinen Weg mit uns an zahlreichen heiligen Orten bekannt zu machen.
Abraham, Vater des Glaubens für Juden, Muslime und Christen, hörte Deinen Ruf im Land zwischen Euphrat und Tigris, dem heutigen Irak.
Dem alten und neuen Volk Israel hast Du in besonderer Weise Leben und Zukunft zugesagt.
Als Christinnen und Christen danken wir Dir aber vor allem für unseren Herrn und Bruder Jesus Christus.
Er ist unser Friede.
Er ist gekommen, um Mauern niederzureißen und allen ohne Unterschied Leben und Zukunft zu schenken.

Wir wissen uns in Gemeinschaft mit den christlichen Kirchen des Nahes Ostens.
Sie legen Zeugnis ab für das Evangelium Jesu, für die Kraft der Gewaltfreiheit und die Gewissheit der Auferstehung.
Wir beten zu Dir aber auch in Verbundenheit mit allen Brüdern und Schwestern aus jenen Religionen, die im Nahen Osten ihren Ursprung haben.
Uns alle hast Du nach Deinem Bild und Gleichnis geschaffen, alle sind Dein Ebenbild.

Allen, die Dich in Wahrheit suchen, hast Du den Hunger und Durst nach Gerechtigkeit und die Sehnsucht nach Frieden eingegeben. Alle, Muslime, Christen und Mitglieder des Volkes Israel, sehnen sich nach Versöhnung. Alle trauern um die Opfer von Hass und Gewalt. Alle sind nach Deinem Plan auch berufen, an einer neuen Welt zu bauen.

So bitten wir Dich:
Erbarme Dich aller Opfer und aller Täter.
Beende die Spirale der Gewalt, der Feindbilder,
des Hasses, der Vergeltung.
Schenke allen, besonders den Verantwortlichen in der Politik,
die Einsicht, dass der Weg zum dauerhaften Frieden nicht der Krieg,
sondern der Einsatz für Frieden in Gerechtigkeit ist.
Erwecke in den abrahamitischen Religionen auch heute Werkzeuge,
Botinnen und Boten einer anderen Welt.
Mach, dass die Herzen sich auftun und der Krieg beendet ist, noch bevor er beginnt.
Schenke dem Nahen Osten einen dauerhaften Frieden. Lass eine sichere Heimat für alle entstehen.

Gib, Herr, dass alle Menschen guten Willens aus allen Religionen,
in Nord und Süd, Ost und West, in gemeinsamer Verantwortung,
die Berge der Missverständnisse abtragen,
die Gräben des Hasses zuschütten
und Wege für eine gemeinsame Zukunft ebnen.
Lass in der einen Welt die Waffen schweigen.
Lass dafür den Ruf nach Frieden lauter werden, für alle ohne Unterschied.

Herr, einziger Gott:
Mache alle zu Werkzeugen Deines Friedens.
Hermann Schalück ofm

Was es heißt, die Schöpfung zu bewahren

Manchmal fehlen mir die Worte,
um die Sorgen und Ängste,
die katastrophalen und apokalyptischen Stimmungen,
den Groll und die Wut,
die Ohnmacht und das Verzagen
aus meinem Herzen zu schütten,
einfach vor Dich hin, Gott.
Dann bin ich einfach nur da,
stumm, gleichzeitig Dir nah und fern,
ungewiss, ob wir einander
Gehör verschaffen können,
weil ich nicht fertig bin und werde
mit dem Widerspruch
zwischen Dir und dem,
was wir Menschen aus Deiner Schöpfung,
aus uns selbst
und aus Dir gemacht haben.
Norbert Copray

Tier und Mensch

Du hilfst Menschen und Tieren
eröffnest uns einen anderen Umgang miteinander
denn die Tiere zählen auch auf Dich
in ihren eingeengten Gefängnissen
sie schreien zu Dir
in den brutalen Schlachthöfen
sie hoffen auf Dich

Du hilfst Menschen und Tieren
wenn Du uns zum Umdenken bewegst

und uns erinnerst
wie die Tiere beseelt sind
und wir alle durch Deinen Schöpfungsatem leben

Du hilfst Menschen und Tieren
denn wir können lernen von den Tieren
von den Lilien auf dem Felde
vom Rauschen des Wassers
vom Wind in den Bäumen
darin begegnen wir Deinem Lebensatem
Nach Psalm 36,7
Pierre Stutz

Lobgesang der Schöpfung

Mein Gott,
wie schön ist deine Welt,
wie großartig ist deine Schöpfung,
wie wunderbar sind alle deine Werke.

Mein Gott,
wie überraschend bunt sind all die vielen Seiten
im großen Bilderbuch deiner Schöpfung.

Mein Gott,
wie geheimnisvoll ist das Wechselspiel
der von dir immer neu geschenkten Zeit
von Morgen und Abend, von Tag und Nacht.

Mein Gott,
wie zahlreich sind deine Fingerabdrücke
in den unterschiedlichsten Kunstwerken,
die du in der Natur geschaffen hast.

Mein Gott,
wie gewaltig und sanft sind die Kräfte
in den Schauspielen der Elemente von
Feuer und Wasser, Luft und Erde.

Mein Gott,
wie vielfältig und geistreich hast du
Farben und Formen
verteilt in Bäumen und Blumen,
Pflanzen und Tieren.

Mein Gott,
wie einzigartig und schön
hast du Gesicht und Wesen eines
jeden Menschen auf dieser Erde ersonnen.

Mein Gott,
ich stimme ein in die Sonnengesänge
und Loblieder aller deiner
Kreaturen in deiner schönen Welt.
Paul Weismantel

Lobpreis des Schöpfers

Dich,
o großer GOTT
preise ich.
Ich lobe Dich
mit allem,
was Du geschaffen hast –
und Deine Schöpfung
ist groß.
So umspannt mein Lob
den ganzen Erdball.

Alle Stämme und Völker
preisen Dich
und rühmen Deinen Namen.
Groß bist Du
und über alles erhaben.
Deine Natur
ist farbenreich,
die Kreaturen
sind vielfältig,
und ein Wunder
ist der Mensch,
dessen Gestalt,
Geist und Gemüt
alles übersteigt,
der Dich
auf vielfältige Weise
verherrlichen kann
und Dich rühmt in Ewigkeit.
Heinz Pangels

Umweltgebet

Einmal wirst du kommen
und uns fragen:
Was habt ihr mit den Lilien
auf dem Feld gemacht
und was mit den Zedern des Libanon?
Waren sie ein Hindernis
für eure Pläne,
standen sie den Autobahnen im Weg
und den Einflugschneisen?

Wo sind die Tiere,
die ich geschaffen habe,

die Vögel des Himmels?
Haben sie Scheunen gebaut
und euch die Ernte streitig gemacht?
Waren sie neidisch auf euren Überfluss?

Und wir werden lässig
auf die zoologischen Gärten verweisen,
auf die Gewächshäuser,
den Artenschutz,
die verschärften Abgasbestimmungen.
Und voll heimlichem Stolz
werden wir sagen:
Gibt es nicht überall
Apfelbäume in diesem Land
und wunderschöne Schlangen!
Wolfgang Poeplau

Die Erschaffung der Welt

O Gott, Deine Offenbarung ist ein Licht für unseren Geist, dass er verstehe, und ein Ruf an unser Herz, dass es höre und gehorche. So lehre uns, die Botschaft, dass Du den Menschen und mit ihm alle Dinge geschaffen hast, recht in uns aufzunehmen. Durch Dich sind wir geworden. Wir kommen nicht aus den stummen Elementen, sondern aus der freien Macht Deines herrscherlichen Wortes; nicht aus dem Urgrund der Welt, sondern aus Deiner lichten Wahrheit. Und durch Dich sind auch alle Dinge geworden.
Die Welt ist nicht im eigenen Geheimnis ruhende Natur, sondern Dein Werk. Du hast sie erdacht und hast bewirkt, dass sie sei. Aus Dir hat sie Wirklichkeit und Kraft, Wesen und Sinn, und Du hast über sie das Zeugnis abgelegt, dass sie »gut« ist und »sehr gut«. Ich glaube, dass alles von Dir geschaffen ist, o Gott. Lehre mich, diese Wahrheit zu verstehen. Sie ist die Wahrheit des Daseins. Wird sie vergessen, dann sinkt alles in Unrecht und Torheit. Mein Herz ist

einverstanden mit ihr. Ich will nicht aus eigenem Recht leben, sondern freigegeben durch Dich. Nichts habe ich von mir selbst; alles ist Gabe von Dir und wird erst mein, wenn ich es von Dir empfange. Immerfort empfange ich mich aus Deiner Hand. So ist es, und so soll es sein. Das ist meine Wahrheit und meine Freude. Immerfort blickt Dein Auge mich an, und ich lebe aus Deinem Blick, Du mein Schöpfer und mein Heil. Lehre mich, in der Stille Deiner Gegenwart das Geheimnis zu verstehen, dass ich bin. Und dass ich bin durch Dich, und vor Dir, und für Dich. Amen.

Romano Guardini

Wie der Himmel die Erde berührt

Begegnung mit den Engeln des Lebens

Um nichts anderes will ich bitten,
als um die Kraft weiterzugehen.
Ich schaue zurück
und verstricke mich im Ungelösten.
Ich schaue zurück
und werde eingeholt von nicht Verheiltem.
Ich schaue zurück
und mein Vertrauen wird brüchig.
Ich schaue zurück
und der heutige Tag entgleitet mir.
Meine Gedanken verirren sich
im Dunkel.
Ich frage und frage
und drehe mich doch nur im Kreis.
Komm, Engel,
wende mein Gesicht ins Licht.
Lass mich weitergehen an deiner Hand.

Sabine Naegeli

Wo bist du, mein Engel,
dass ich dich nicht mehr spüre?
Wo bist du, mein Gewissen,
dass du nicht mehr schlägst?
Wo seid ihr größeren Ideale,
dass ihr mich nicht mehr zieht?
Wo bist du, meine Liebe,
dass du mich nicht mehr verbrennst?
Wo bin ich, mein Engel?
An welcher Wegbiegung
Ging ich mir verloren?

Bernhard Meuser

Schutzengel

Leg noch einmal ein gutes Wort für mich ein,
wenn ich selbst zu hart mit mir ins Gericht gehe
und lass mich hören, dass ich freigesprochen bin
und leben darf ohne die Altlasten vergangener Tage.

Zeig mir noch einmal die Richtung,
wenn ich mir den Kopf habe verdrehen lassen
und zu wenig achtsam war für deine leisen
Winke und Hinweise, die du mir geschickt hast.

Streck noch einmal deine Hand aus und
fang mich auf, wenn der Abgrund so bodenlos,
all meine Mühe so hilflos erscheint,
und ich nicht weiß, wie weit meine Kraft noch reicht.

Erinnere mich noch einmal an die befreiende Wahrheit,
wenn ich mich verstrickt habe in Selbstvorwürfen,
dass vor dem menschenfreundlichen Gott
allein die Liebe zählt.

Sag mir noch einmal, dass du mitgehst,
wo immer der Weg auch hinführt,
damit ich es nie vergesse.
Paul Weismantel

Mein Engel

Wer bist Du?
Ich schaue ins Gegenlicht
und kann Deine Gestalt
kaum erkennen,
Dein ernstes Gesicht
nur erahnen...

Wer bist Du,
mein Engel?
Nie in meinem Leben
habe ich Dich gesehen,
Dich nur gespürt,
geahnt – sehr oft...

Und immer wieder
war es anders,
neu, wie Du mir
begegnet bist,
aber immer
so geheimnisvoll,
dass ich rätselte,
staunte...
Edda Uhlig und Martin Waas

Deine Engel sind,
wo ich verwundbar bin.
Deine Engel decken mich,
in allen meinen Blößen.
Deine Engel kämpfen,
wo ich nicht kämpfen will.
Deine Engel singen,
wo meine Stimme fehlt.
Deine Engel weinen,
jeden Tag in mir

Bernhard Meuser

Komm, hab Mut, Mensch zu sein, Mut zum Maß Gottes – du bist nicht allein! Jesus geht dir voran, Maria geht mit dir! Buchstabiere ihr Ja in den kleinen Augenblicken deines Lebens, und wenn dein Ja immer und immer wieder brüchig wird, vertraue auch die Scherben der Liebe des für dich gekreuzigten Jesus und seiner unter dem Kreuz stehenden »Mutter der Barmherzigkeit« an. Geben wir unser Herz frei an den Engel, der uns ruft. Hören wir seine Stimme: Fürchte dich nicht, fürchte auch du dich nicht. Denn du, auch du, hast Gnade gefunden bei Gott.

Bischof Klaus Hemmerle

Heiliger Schutzengel, Gottes liebende
Fürsorge hat dich mir zum Begleiter gegeben.
Du bist sein Anruf an mein Gewissen:
hilf mir zu klarer Entscheidung.
Du bist seine führende Hand:
Bleibe bei mir Tag und Nacht.
Du bist sein machtvoller Arm:
Kämpfe mit mir für sein Reich.

Gotteslob. Katholisches Gebet- und Gesangbuch

Zum Schutzengel

Heiliger Engel,
du wachst über meine Seele
und über mein unglückliches Leben;
vergiss mich armen Sünder nicht,
verlass mich nicht wegen meiner Schuld.
Nimm dem bösen Geist die Kraft,
lass nicht zu, dass er über mich herrsche
durch die Begierden meines sterblichen Leibes.
Nimm an meine armen und schwachen Hände,
und führe mich auf dem Weg des Lebens.
Du heiliger Engel Gottes,
du behütest Leib und Seele,
verzeih mir alles, was ich im Laufe meines Lebens
dir an Leid zugefügt habe –
auch die Sünden des heutigen Tages.
Beschütze mich in dieser Nacht,
und bewahre mich vor jeder Versuchung des Bösen,
damit ich nicht sündige
und der Strafe Gottes anheimfalle.
Sei mein Fürsprecher bei Gott, dem Herrn;
er möge mich mit heiliger Ehrfurcht erfüllen,
damit ich seiner Heiligkeit würdig werde
und ihm in Treue dienen kann.

Makarios der Ägypter (um 300–390)

Engel Gottes,
Beschützer und Wächter meiner Seele und meines Leibes!
Verlass mich nicht, beschütze mich vor allem Bösen,
bewege mich, Gutes zu tun, und führe mich auf den Weg des Heils.
Amen

Du in unserer Mitte. Ökumenisches Gebetbuch

Anrufung der Engel

Heilige Engel, unsere Fürsprecher,
bittet für uns.
Heilige Engel, unsere Brüder,
bittet für uns.
Heilige Engel, unsere Ratgeber,
bittet für uns.
Heilige Engel, unsere Beschützer,
bittet für uns.
Heilige Engel, unsere Erleuchter,
bittet für uns.
Heilige Engel, unsere Freunde,
bittet für uns.
Heilige Engel, unsere Führer,
bittet für uns.
Heilige Engel, unsere Helfer,
bittet für uns.
Heilige Engel, unsere Vermittler,
bittet für uns.

Amen.

Mutter Teresa

O heilige Engel,
Beschützer der Armen, die unserer
Obhut anvertraut sind,
wir erflehen eure Fürsprache
für sie und für uns.
Bittet Gott, dass er unseren Bemühungen
seinen Segen gebe,
damit wir zu seiner größeren Ehre
und zu seinem Ruhm das Heil
dieser Armen fördern können.
Durch Christus, unseren Herrn.

Amen.
Mutter Teresa

An meinen Schutzengel

Den Namen weiß ich nicht. Doch du bist einer
Der Engel aus dem himmlischen Quartett,
Das einstmals, als ich kleiner war und reiner,
Allnächtlich Wache hielt an meinem Bett.

Wie du auch heißt – seit vielen Jahren schon
Hältst du die Schwingen über mich gebreitet
Und hast, der Toren guter Schutzpatron,
Durch Wasser und durch Feuer mich geleitet.

Du halfst dem Taugenichts, als er zu spät
Das Einmaleins der Lebensschule lernte.
Und meine Saat, mit Bangen ausgesät,
Ging auf und wurde unverhofft zur Ernte.

Seit langem bin ich tief in deiner Schuld.
Verzeih mir noch die eine – letzte – Bitte:

Erstrecke deine himmlische Geduld
Auch auf mein Kind und lenke seine Schritte.

Er ist mein Sohn. Das heißt: Er ist gefährdet.
Sei um ihn tags, behüte seinen Schlaf.
Und füg es, dass mein liebes schwarzes Schaf
Sich dann und wann ein wenig weiß gebärdet.

Gib du dem kleinen Träumer das Geleit.
Hilf ihm vor Gott und vor der Welt bestehen.
Und bleibt dir dann noch etwas freie Zeit,
Magst du bei mir auch nach dem Rechten sehen.
Mascha Kaléko

Heiliger Engel,
mächtigster und treuester Freund,
Patron und Wächter unseres Hauses,
wir danken dir.

Mit großer Liebe umgibst du unser Haus
mit deinem beständigen Schutz
und nützest uns mehr
als ein ganzes Kriegsheer.

Bewahre, wir bitten dich, unser Haus
vor den Nachstellungen der bösen Geister,
vor bösen Menschen,
vor Feuer- und Wassergefahr,
vor Krankheit, Not und Elend.

Vertreibe daraus
den Geist der Zwietracht und Uneinigkeit,
der Hoffart, der Selbstsucht und jeder Sünde.

Pflanze darin Glaube und Liebe,
Friede und Freude,

Zufriedenheit und Heiligkeit,
Gehorsam und Demut.

Gestalte es nach dem Haus
der Heiligen Familie von Nazareth,
damit es ein Haus des Herrn
und eine Vorhalle des Paradieses werde.

Lass uns darin heilig und glücklich leben,
damit wir dereinst mit deiner Hilfe
sicher in die ewigen Wohnungen gelangen.

Darum bitten wir durch Christus, unsern Herrn.

Amen.
Gebet der Armen Schulschwestern zur Zeit der Stifterin, der seligen Mutter Theresia Gerhardinger, in den Häusern ihrer Kongregation

Engel Gottes,
wir brauchen euch,
weil wir sonst so ungeschützt,
fremd und verloren umherirren.
Engel Gottes,
wir brauchen euch,
weil wir sonst uns verlaufen
auf den Wegen unseres Lebens.
Engel Gottes,
wir brauchen euch,
weil wir sonst nicht aufgefangen werden,
wenn wir stürzen und fallen.
Engel Gottes,
wir brauchen euch,
weil wir sonst vergessen,
wo der Himmel ist, von dem ihr kommt.

Engel Gottes
  wir brauchen euch,
  weil wir sonst eure Spuren nicht finden,
  die uns die Richtung zeigen.
Engel Gottes,
  wir brauchen euch,
  weil wir sonst eure Stimme nicht hören,
  die uns wachrütteln will.
Engel Gottes,
  wir brauchen euch,
  weil wir sonst euren Gesang vermissen,
  der uns den Frieden verkündet.
Engel Gottes,
  wir brauchen euch,
  weil wir sonst die Botschaft nicht glauben,
  die uns erfülltes Leben verheißt.
Engel Gottes,
  wir brauchen euch,
  weil wir sonst den Auftrag nicht erfüllen,
  der uns zu Boten der Freude erwählt.
Engel Gottes,
  wir brauchen euch.

Paul Weismantel

Du Engel Gottes,
der himmlische Vater hat dich in seiner Gnade
für mich freigestellt.
Du bist gleichsam der Hüter
über die Hüter der Heiligen,
du machst deine Runde um mich diese Nacht.

Vertreibe alle Versuchung und Gefahr,
umgib mich mit deinem Schutz
auf dem Meere der Gottlosigkeit,

und schütze mein kleines Lebensschiff
in den Felsen, Untiefen und Strudeln,
ja, bewahre es allezeit.

Geh mir voraus als helles Licht,
sei ein Leitstern über mir,
sei ein sicherer Pfad unter meinen Füßen
und ein freundlicher Hirte hinter meiner Spur.
Heute, diesen Tag und diese Nacht und immerdar.

Ich bin müde und fremd in der Welt.
Geleite mich in das Land der Engel.
Es ist Zeit für mich, heimzukehren
an den Hof Christi, in den Frieden des Himmels.
Hermann Multhaupt

Mögen deine heiligen Engel, o Christus,
Sohn des lebendigen Gottes,
unsern Schlaf, unsere Ruhe,
unser schimmerndes Lager bewachen.

Mögen sie uns in unserem Schlummer
wahre Traumbilder zeigen,
o hoher Fürst des Weltalls,
großer, geheimnisvoller König!

Weder Dämonen
noch Unheil oder Verderben
noch böse Träume
mögen unsere Ruhe, unsern tiefen, festen Schlaf stören.

Heilig möge unser Erwachsen sein,
unsere Arbeit und unser Tagwerk,
wie unser Schlaf und unsere Rast,
ohne Störung und ohne Unterlass.
Irisch-keltischer Abendsegen

Behütet sein

Alle Engel des Himmels
mögen dich umgeben mit ihrem Glanz
und deine Dunkelheit erleuchten
mit lichten Gedanken.

Sie mögen dich tragen,
wo deine Schritte
weder Weg noch Ziel wissen
und du dich nur noch schleppend
fortbewegen kannst.

Sie mögen dich schützen und bewahren
vor allen Gefahren,
die in dieser Welt auf dich lauern,
und vor allem Dunklen,
was dir so ungewiss ist in dir selbst.

Sie mögen dir deine Last tragen helfen,
deine Schmerzen abklingen
und deine Wunden heilen lassen,
deine Schuld vergeben
und deine Angst auflösen in Freude,
dass alles in dir wieder heil wird
und leicht.

Christa Spilling-Nöker

Begegnung mit der Gottesmutter Maria

Ich denke an die Menschen,
die das Ave Maria vergessen haben,
die es für lächerlich halten, dich anzurufen.
Ich denke an die Menschen,
die gleichgültig und verächtlich
auf dein Bild schauen …
Sind sie unglücklich?
Du bist die Mutter der Unglücklichen.
Sind es Sünder? Du bist die Zuflucht der Sünder.
Haben sie Gott den Rücken gekehrt?
Du bist die Pforte des Himmels.

Dom Helder Camara

Magnifikat

Hochpreist meine Seele den Herrn,
und mein Geist frohlockt über Gott, meinen Heiland;
er schaute gnädig herab auf die Niedrigkeit seiner Magd;
denn siehe, von nun an werden mich selig preisen alle Geschlechter.
Großes tat an mir der Mächtige,
und heilig ist sein Name.
Sein Erbarmen gilt von Geschlecht zu Geschlecht denen, die ihn fürchten.
Er übte Macht aus mit seinem Arm;
er zerstreute, die hochmütig sind in ihres Herzens Sinnen.
Gewalthaber stürzte er vom Thron und erhöhte die Niedrigen.
Hungrige erfüllte er mit Gütern,

und Reiche schickte er leer von dannen.
Er nahm sich Israels an, seines Knechtes,
zu gedenken seines Erbarmens,
wie er zu unseren Vätern sprach,
für Abraham und seine Nachkommen auf ewig.
Lukasevangelium 1,46–55

Magnifikat (nach Lk 1,46–55)

Lobpreisen will ich den Herrn
und mich freuen über Gott, meinen Retter.

Er hat mich erkannt bis auf den Grund meines Herzens;
unter seinem Ansehen darf ich leben.

Weil er ja zu mir sagt,
kann auch ich ja sagen zu dem, was nicht »sehenswert« an mir ist.

Sein Handeln an mir lässt mich immer wieder staunen.
Sein Name ist: Ich bin da für euch.
Er schenkt sein Erbarmen allen, die ihm vertrauen.
Er kehrt die Maßstäbe dieser Welt um:
Die Hochmütigen zerstreut er,
die Machthaber entthront er
und hilft den Kleinen auf.
Denen, die sich nach ihm sehnen,
legt er sich in die leeren Hände;
die voll von sich selbst sind,
kann er nicht beschenken.
Er nimmt uns an, denn sein Erbarmen,
das er Abraham und allen Menschen
bis in Ewigkeit versprochen hat,
ist Mensch geworden
in unserem Erlöser Jesus Christus.
Theresa Handschuh

MAGNIFIKAT

Mein Herz wird laut,
weil Gott mich bewegt!
Mein Mund geht über,
weil Gott mich erfüllt!

Der alles bewegt,
wählt mich zum Weg!
Durch mich, die ihm dient,
bedient er die Welt!

Was mit mir vorgeht,
geht alle an!
Der Unbegreifliche
greift selber ein!

Gott bleibt nicht fern,
Gott wendet sich zu!
Wer zu ihm hält,
dem gibt er Halt!

Was Gott bestimmt, gilt!
Er bestimmt, was geschieht!
Den Unbeherrschten
zeigt er den Herrn!

Die Macht der Mächtigen
macht er zu nichts!
Und für die Ohnmächtigen
macht er sich stark!

Von ihm wird gestillt
der Hunger der Armen!
Den Hunger der Reichen
befriedigt er nicht!

Als echter Vater
nimmt er uns an!
Ihm entfällt nicht,
dass er uns liebt!

Er hält sein Wort
heute und immer!
Wie eh und je
bleibt er uns treu!
Josef Dirnbeck

MEINE SEELE PREIST DIE GRÖSSE DES HERRN

(nach dem Magnifikat)

Meine Seele preist die Größe des Herrn
Meine Gedanken sind voll Dank für die Nähe Gottes
Meine Glieder bewegen sich im Rhythmus des Himmels
Mein Herz überströmt von Jubel und Freude
Meine Lippen können nicht schweigen

Gott will alles neu machen
Ich bin gerufen und gesandt
Ich bin erwählt und ausgesucht
als Werkzeug des Friedens

Die ganze Kirche soll jubeln
Alle Menschen mögen tanzen
Alle Armen sollen essen und trinken
Alle Völker sollen sich vereinen zum Fest

Gott will alles neu machen
Wir sind gerufen und gesandt
Wir sind erwählt und ausgesucht
als Werkzeug des Friedens
Anton Rotzetter

Jungfrau, Mutter Gottes mein,
lass mich ganz dein Eigen sein.

Dein im Leben, dein im Tod,
dein in Unglück, Angst und Not,
dein in Kreuz und bittrem Leid,
dein für Zeit und Ewigkeit.

Jungfrau, Mutter Gottes mein,
lass mich ganz dein Eigen sein.

Mutter, auf dich hoff und baue ich,
Mutter, zu dir ruf und seufze ich,
Mutter, du Gütigste, steh mir bei,
Mutter, du Mächtigste, Schutz mir leih.

O Mutter, so komm, hilf beten mir.
O Mutter, so komm, hilf streiten mir.
O Mutter, so komm, hilf leiden mir.
O Mutter, so komm und bleib bei mir.

Du kannst mir ja helfen, o Mächtigste,
du wirst mir ja helfen, o Gütigste,
du musst mir nun helfen, o Treueste,
du wirst mir auch helfen, Barmherzigste.

O Mutter der Gnade, der Christen Hort.
Du Zuflucht der Sünder, des Heiles Port.
Du Hoffnung der Erde, des Himmels Zier.
Du Trost der Betrübten, ihr Schutzpanier.

Wer hat je umsonst deine Hilfe angefleht?
Wann hast du vergessen ein kindlich Gebet?
Drum ruf ich beharrlich in Kreuz und in Leid:
Maria hilft immer, sie hilft jederzeit.

Ich ruf voll Vertrauen in Leid und Tod:
Maria hilft immer in jeglicher Not.
So glaub ich und lebe und sterbe darauf:
Maria hilft mir in den Himmel hinauf.

Jungfrau, Mutter Gottes mein,
lass mich ganz dein Eigen sein.

*

O du selige Jungfrau und Mutter Gottes,
wie bist du so gar nichts
und gering geachtet gewesen,
und Gott hat dich dennoch so überaus gnädig
und reichlich angesehen und große Dinge an dir gewirkt.
Du bist ja deren keines wert gewesen
und weit und hoch über all dein Verdienst hinaus
ist die reiche, überschwängliche
Gnade Gottes in dir.
O wohl dir, selig bist du
von der Stund an bis in Ewigkeit,
die du einen solchen Gott gefunden hast!
Martin Luther (1483–1546)

Man wird dich anklagen …

Vorsicht, liebe Mutter,
mit dem Magnifikat,
deinem unvergleichlichen Hymnus
des Lobes und des Dankes.
Man wird einzelne Worte daraus
dir zu Last legen und dir nachweisen,
dass du subversiv bist,
eine Aufrührerin,
eine Kommunistin!
Dom Helder Camara

HEILIGE MARIA

Heilige Maria,
deine Erwählung erinnert mich daran,
dass Gott sich auch für mich entschieden hat
und auch mir seine Verheißung gilt.

Heilige Maria,
deine Berufung sagt mir,
dass Gott auch nach mir Sehnsucht hat
und mir seine Gnade leibhaftig schenkt.

Heilige Maria,
dein Vertrauen weckt in mir
die Hoffnung
auf das Erbarmen Gottes mit mir.

Heilige Maria,
dein Weg führt mich
aus den Tälern der Verzagtheit
auf die Höhen des Jubels.

Heilige Maria,
dein Magnifikat singt mir
das großartige Lied von der Vorliebe Gottes
für die kleinen Leute.

Heilige Maria,
dein starkes Herz zeigt mir,
dass einzig die Liebe
alles vermag.

Paul Weismantel

Der Rosenkranz

Eröffnung
Im Namen des Vaters und des Sohnes und des Heiligen Geistes.
Amen.

Ich glaube an Gott,
den Vater, den Allmächtigen,
den Schöpfer des Himmels und der Erde,
und an Jesus Christus,
seinen eingeborenen Sohn, unsern Herrn,
empfangen durch den Heiligen Geist,
geboren von der Jungfrau Maria,
gelitten unter Pontius Pilatus,
gekreuzigt, gestorben und begraben,
hinabgestiegen in das Reich des Todes,
am dritten Tage wieder auferstanden von den Toten,
aufgefahren in den Himmel.
Er sitzt zur Rechten Gottes,
des allmächtigen Vaters.
Von dort wird er kommen,
zu richten die Lebenden und die Toten.
Ich glaube an den Heiligen Geist,
die heilige katholische Kirche,
die Gemeinschaft der Heiligen,
Vergebung der Sünden,
Auferstehung der Toten
und das ewige Leben.
Amen.

Ehre sei dem Vater und dem Sohn
und dem Heiligen Geist
wie im Anfang so auch jetzt und alle Zeit
und in Ewigkeit.
Amen.

Bei der einzelnen Perle über dem Kreuz des Rosenkranzes wird gebetet:
Vater unser im Himmel,
geheiligt werde Dein Name,
Dein Reich komme,
Dein Wille geschehe,
wie im Himmel, so auf Erden.
Unser tägliches Brot gib uns heute.
Und vergib uns unsere Schuld,
wie auch wir vergeben unseren Schuldigern.
Und führe uns nicht in Versuchung,
sondern erlöse uns von dem Bösen.
Denn Dein ist das Reich und die Kraft
und die Herrlichkeit in Ewigkeit.
Amen

Bei den drei folgenden Perlen werden drei »Gegrüßet seist du, Maria« gebetet, wobei anstelle der drei Punkte jeweils einer der anschließend aufgeführten Nebensätze eingefügt wird:
Gegrüßest seist du, Maria,
voll der Gnade,
der Herr ist mit dir,
du bist gebenedeit unter den Frauen,
und gebenedeit ist die Frucht deines Leibes,
Jesus, …
Heilige Maria, Mutter Gottes,
bitte für uns Sünder
jetzt und in der Stunde unseres Todes.
Amen.

…, der den Glauben in uns vermehre.
…, der die Hoffnung in uns stärke.
…, der die Liebe in uns entzünde.

Die Reihe der drei einleitenden »Gegrüßet seist du, Maria« endet mit:
Ehre sei dem Vater und dem Sohn
und dem Heiligen Geist
wie im Anfang so auch jetzt und alle Zeit
und in Ewigkeit.
Amen.

Die letzte der fünf Perlen über dem Kreuz des Rosenkranzes steht wieder für ein Vaterunser.

Die eigentliche Rosenkranzkette gliedert sich in fünf Gruppen à zehn Perlen, zwischen denen jeweils eine einzelne Perle eingeknüpft ist. Eine Zehnergruppe wird als Gesätz bezeichnet. Jede Perle der Zehnergruppen steht für ein »Gegrüßet seist du, Maria« (siehe oben), wobei statt der Auslassungspunkte je Gesätz ein Geheimnis aus dem Leben Jesu eingefügt wird. Bei jeder einzeln eingeknüpften Perlen zwischen den Gesätzen wird ein Vaterunser gebetet.

Die freudenreichen Geheimnisse
…, den du, o Jungfrau, vom Heiligen Geist empfangen hast.
…, den du, o Jungfrau, zu Elisabeth getragen hast.
…, den du, o Jungfrau, (in Bethlehem) geboren hast.
…, den du, o Jungfrau, im Tempel aufgeopfert hast.
…, den du, o Jungfrau, im Tempel wiedergefunden hast.

Die schmerzhaften Geheimnisse
…, der für uns Blut geschwitzt hat.
…, der für uns gegeißelt worden ist.
…, der für uns mit Dornen gekrönt worden ist.
…, der für uns das schwere Kreuz getragen hat.
…, der für uns gekreuzigt worden ist.

Die glorreichen Geheimnisse

…, der von den Toten auferstanden ist.
…, der in den Himmel aufgefahren ist.
…, der uns den Heiligen Geist gesandt hat.
…, der dich, o Jungfrau, in den Himmel aufgenommen hat
…, der dich, o Jungfrau, im Himmel gekrönt hat.

Die lichtreichen Geheimnisse

…, der von Johannes getauft worden ist.
…, der sich bei der Hochzeit in Kana offenbart hat.
…, der uns das Reich Gottes verkündet hat.
…, der auf dem Berg verklärt worden ist.
…, der uns die Eucharistie geschenkt hat.

MARIA

(nach dem »Gegrüßet seist Du, Maria«)

Maria
ich grüße in Dir
  die Anmut der Frau
  das Geheimnis der Schwangerschaft
  das Lachen der Mutter

Ich preise in Dir
  die gute Hoffnung der Welt
  das Keimen des Lebens
  die Geburt des Menschen

Ich bete in Dir an
  das Wirken des Vaters
  die Kraft des Geistes
  die Gnade Gottes

Ich erbitte von Dir
  die Liebe der Mutter

das Zartgefühl der Frau
das Gebet der Geliebten
jetzt und in der Stunde meines Todes
Anton Rotzetter

Gegrüsset seist du, Maria

Gegrüßet seist du, Maria,
voll der Gnade.
Wir können nur staunen
über deine Einfachheit und Größe
im täglichen Umgang mit Gott und den Menschen.

Gegrüßet seist du, Maria,
voll der Freude an Gott deinem Retter
konntest du ihn loben und preisen
in deinen Liedern und Gebeten.

Gegrüßet seist du, Maria,
voll des Glaubens.
Wir schauen auf zu dir und bitten
um die Kraft deines Gottvertrauens auch im Schweren.

Gegrüßet seist du, Maria,
voll der Hoffnung auf den Gott deines Lebens konntest du
alle Wege mit ihm und für ihn auf dich nehmen.

Gegrüßet seist du, Maria,
voll der Liebe.
Wir danken dir für deine Treue und das Geschenk
der Erlösung in Jesus Christus,
deinem Sohn und unserem Bruder.

Gegrüßet seist du, Maria,
voll des Lobes über die Größe deines Gottes

stimmen wir ein in den Jubel,
der aus deinem Herzen kommt.

Gegrüßet seist du, Maria,
voll der Gnade.
Wir halten dich hoch in Ehren. Wir bitten um deine Hilfe.
Wir vertrauen dir unsere Lieben
und unsere Sorgen um sie an.
Paul Weismantel

Engel des Herrn

Der Engel des Herrn brachte Maria die Botschaft,
und sie empfing vom Heiligen Geist.

Gegrüßest seist du, Maria…

Maria sprach: Siehe, ich bin die Magd des Herrn,
mir geschehe nach deinem Wort.

Gegrüßest seist du, Maria…

Und das Wort ist Fleisch geworden
und hat unter uns gewohnt.

Gegrüßest seist du, Maria…

Bitte für uns, heilige Gottesmutter,
dass wir würdig werden der Verheißung Christi.

Lasset uns beten. –
Allmächtiger Gott, gieße deine Gnade in unsere Herzen ein.
Durch die Botschaft des Engels
haben wir die Menschwerdung Christi, deines Sohnes, erkannt.

Lass uns durch sein Leiden und Kreuz
zur Herrlichkeit der Auferstehung gelangen.
Darum bitten wir durch Christus, unsern Herrn.
Amen.

*

Unter deinen Schutz und Schirm fliehen wir, heilige Gottes-
mutter.
Verschmähe nicht unser Gebet in unseren Nöten,
sondern errette uns jederzeit aus allen Gefahren,
o glorwürdige und gebenedeite Jungfrau,
unsere Frau, unsere Mittlerin, unsere Fürsprecherin.
Führe uns zu deinem Sohne,
empfiehl uns deinem Sohne,
stelle uns vor deinem Sohne.
Bitte für uns, heilige Gottesmutter,
dass wir würdig werden
der Verheißungen Christi.
Mariengebet aus dem 3. Jahrhundert

Alma Redemptoris Mater

Erhabne Mutter des Erlösers,
du allezeit offne Pforte des Himmels
und Stern des Meeres,
komm, hilf deinem Volke,
das sich müht, vom Falle aufzustehn.
Du hast geboren, der Natur zum Staunen,
deinen heiligen Schöpfer.
Unversehrte Jungfrau,
die du aus Gabriels Munde
nahmst das selige Ave,
o erbarme dich der Sünder.

Ave Regina coelorum

Ave, du Himmelskönigin,
ave, der Engel Herrscherin.
Wurzel, der das Heil entsprossen,
Tür, die uns das Licht erschlossen:

Freu dich, Jungfrau, voll der Ehre,
über allen Seligen Hehre,
sei gegrüßt, des Himmels Krone,
bitt für uns bei deinem Sohne.

Regina coeli

O Himmelskönigin, frohlocke,
Halleluja.
Denn er, den du zu tragen würdig warst,
Halleluja,
ist erstanden, wie er sagte,
Halleluja.
Bitt Gott für uns, Maria.
Halleluja.

Salve Regina

Sei gegrüßt, o Königin,
Mutter der Barmherzigkeit
unser Leben, unsere Wonne
und unsere Hoffnung, sei gegrüßt!
Zu dir rufen wir, verbannte Kinder Evas,
zu dir seufzen wir trauernd und weinend
in diesem Tal der Tränen.
Wohlan denn, unsre Fürsprecherin,

wende deine barmherzigen Augen zu uns,
und nach diesem Elende zeige uns Jesus,
die gebenedeite Frucht deines Leibes.
O gütige, o milde, o süße Jungfrau Maria.

*

Gedenke, o gütigste Jungfrau Maria,
es ist noch nie gehört worden,
dass jemand, der zu dir seine Zuflucht nahm,
deinen Beistand anrief und um deine Fürbitte flehte,
von dir verlassen worden ist.
Von diesem Vertrauen beseelt, nehme ich
meine Zuflucht zu dir,
o Jungfrau der Jungfrauen,
meine Mutter, zu dir komme ich,
vor dir stehe ich als ein sündiger Mensch.
O Mutter des ewigen Wortes,
verschmähe nicht meine Worte,
sondern höre sie gnädig an und erhöre mich!
Amen.

Im 15. Jahrhundert aus Elementen einer Predigt des heiligen Bernhard von Clairvaux zum Fest der Aufnahme Mariens in den Himmel entstandenes Gebet

Hilf, Maria, es ist Zeit,
hilf, Mutter der Barmherzigkeit!

Du bist mächtig, uns aus Nöten
und Gefahren zu erretten;
denn wo Menschenhilf gebricht,
mangelt doch die deine nicht.

Nein, du kannst das heiße Flehen
deiner Kinder nicht verschmähen.
Zeige, dass du Mutter bist,
wo die Not am größten ist.

Hilf, Maria, es ist Zeit,
hilf, Mutter der Barmherzigkeit.
Amen.

Stabat mater

Christi Mutter stand mit Schmerzen
bei dem Kreuz und weint von Herzen,
als ihr lieber Sohn da hing.
Durch die Seele voller Trauer,
seufzend unter Todesschauer,
jetzt das Schwert des Leidens ging.

Welch ein Schmerz der Auserkornen,
da sie sah den Eingebornen,
wie er mit dem Tode rang!
Angst und Trauer, Qual und Bangen,
alles Leid hielt sie umfangen,
das nur je ein Herz durchdrang.

Wer könnt ohne Tränen sehen
Christi Mutter so dastehen
in so tiefen Jammers Not?
Wer nicht mit der Mutter weinen,
seinen Schmerz mit ihrem einen,
leiden bei des Sohnes Tod?

Ach, für seiner Brüder Schulden
sah sie ihn die Marter dulden,
Geißeln, Dornen, Spott und Hohn!
Sah ihn trostlos und verlassen
an dem blutgen Kreuz erblassen,
ihren lieben, einzgen Sohn.

Heilge Mutter, drück die Wunden,
die dein Sohn am Kreuz empfunden,
tief in meine Seele ein.
Ach, das Blut, das er vergossen,
ist für mich dahingeflossen;
lass mich teilen seine Pein.

Lass mich wahrhaft mit dir weinen,
mich mit Christi Leid vereinen,
solang mir das Leben währt.
Unterm Kreuz mit dir zu stehen,
unverwandt hinaufzusehen,
ist es, was mein Herz begehrt.

O du Jungfrau der Jungfrauen,
wollst in Liebe mich anschauen,
dass ich teile deinen Schmerz.
Dass ich Christi Tod und Leiden,
Marter, Angst und bittres Scheiden
fühle wie dein Mutterherz.

Lass mich tragen seine Peinen,
mich mit ihm am Kreuz vereinen,
trunken sein von seinem Blut.
Dass nicht zu der ewgen Flamme
der Gerichtstag mich verdamme,
steh, o Jungfrau, für mich gut.

Christus, um der Mutter Leiden
gib mir einst des Sieges Freuden
nach des Erdenlebens Streit.
Jesus, wann mein Leib wird sterben,
lass dann meine Seele erben
deines Himmels Seligkeit.

Jacopone da Todi (um 1230–1306)

O lichte Mutter der heiligen Heilkunst,
durch deinen heiligen Sohn hast Salböl du
gegossen in Wund und Wehe des Todes,
den Eva uns gebracht zu unserm Elend.
Du hast vernichtet den Tod
und aufgebaut neues Leben.
Bitte für uns bei deinem Sohn,
du Stern des Meeres, Maria!
Du Mittlerin des Lebens, du Freude voller Glanz,
du Süße aller Wonnen, an denen nichts dir fehlte.
Bitte für uns bei deinem Sohn,
du Stern des Meeres – Maria!

Liebste Mutter,
wollest schauen,
auf dein Volk,
das mit Vertrauen,
dich als seine Mutter ehrt,
von dir Hilf und Trost begehrt.

Segne uns
in deinem Herzen,
tröste uns
in unsern Schmerzen,
steh uns bei in aller Not,
zeig uns Jesus nach dem Tod.
Hildegard von Bingen (1098–1179)

Maria, breit den Mantel aus,
mach Schirm und Schild für uns daraus;
lass uns darunter sicher stehn,
bis alle Stürm vorübergehn.

Dein Mantel ist sehr weit und breit,
er deckt die ganze Christenheit,
er deckt die weite, weite Welt,
ist aller Zuflucht und Gezelt.

Maria, hilf der Christenheit,
dein Hilf erzeig uns allezeit;
komm uns zu Hilf in allem Streit,
verjag die Feind all von uns weit.

O Mutter der Barmherzigkeit,
den Mantel über uns ausbreit;
uns all darunter wohl bewahr
zu jeder Zeit in aller Gfahr.
Innsbruck 1640

Jungfrau Maria, Mutter Gottes und meine Mutter,
Fürsprecherin, Zuflucht
und Beschützerin meines Lebens,
in tiefer Demut wende ich mich an dich;
zu Gott und zu dir habe ich großes Vertrauen:
Begleite mein Gebet, nimm an meine Vorsätze
und meine Zuneigung.
Erflehe bei deinem göttlichen Sohn
die Gnaden, die ich brauche,
um meine Vorsätze ausführen zu können,
damit ich tugendhaft leben kann:
zur größeren Ehre Gottes,
zu deiner Ehre und für mein ewiges Heil.
Johann Baptist de La Salle (1651–1719)

Makellose Gottesmutter, Königin des Himmels! Du bist die Mutter der Barmherzigkeit, die Fürsprecherin und Zuflucht der Sünder. In deiner mütterlichen Liebe hast du mir so reiche Gnaden aus der Schatzkammer Gottes erfleht. Du hast mir Licht und Kraft gegeben. Ich möchte darum heute und allezeit mein Herz in deine Hände legen. Du sollst es Jesus weihen.
Unbefleckte Jungfrau! Im Angesicht der neun Engelchöre und aller Heiligen übergebe ich es dir. Du sollst es in meinem Namen Jesus weihen. Das kindliche Vertrauen, das ich zu dir trage, gibt mir die Gewissheit, dass du jetzt und allezeit, so gut du kannst, mir helfen wirst, dass mein Herz stets vollkommen Jesus angehört, dass ich die Heiligen getreulich nachahme, vor allem den heiligen Joseph, deinen reinsten Bräutigam. Amen.
Vinzenz Pallotti (1795–1850)

Ich sehe dich in tausend Bildern,
Maria, lieblich ausgedrückt,
Doch keines von allen kann dich schildern,
wie meine Seele dich erblickt.

Ich weiß nur, dass der Welt Getümmel
Seitdem mir wie ein Traum verweht
Und ein unnennbar süßer Himmel
Mir ewig im Gemüte steht.
Novalis (1772–1801)

Ach neige,
Du Schmerzenreiche,
Dein Antlitz gnädig meiner Not!

Das Schwert im Herzen
Mit tausend Schmerzen
Blickst auf zu deines Sohnes Tod.

Zum Vater blickst du,
Und Seufzer schickst du
Hinauf um sein' und deine Not.

(…)

Hilf! rette mich von Schmach und Tod!
Ach neige,
Du Schmerzenreiche,
Dein Antlitz gnädig meiner Not!
Johann Wolfgang von Goethe (1749–1832)

Kleines Nachtgebet zur böhmischen Madonna

In deinen Augen blüht das Licht
aus jungen Apfelbäumen,
du hast so viel Rundes im Gesicht,
davon die Kinder träumen.

Aus Nachtregen ist dein Haar gemacht
und dein Mund aus lächelnder Trauer.
Dich ruft, wer heimlich vor Kummer wacht,
es liebt dich der Knecht und der Bauer.

Die störrischen Tiere machst du fromm,
du stillst das Greisengejammer.
Wir möchten gut sein wie du. So komm
und segne auch unsere Kammer!
Christine Busta

Bitte

Heilige Jungfrau, in ein Heft gezeichnet
von Kinderhand –
schön wie ein einziger Strich
bitte für uns

dass es in den Kirchen keine gestickten Deckchen mehr gibt
keinen Katafalk mit schwarzer Decke
keine Engelchen mit Barockpatschhändchen
keine Fahnen mit Troddeln an den Fransen
kein Münzengeklapper
keinen Schmuckgegenstand mit Totenkopf
keine heilige Therese wie ein verhätschelter Filmstar
keine Heiligen, die sich selbst nicht gleichen
und nicht herauskönnen aus ihrem geborgten Gesicht –
vor allem aber –
nicht diesen sympathisch glatt gekämmten Jesus
nur für anständige Leute
Jan Twardowski

Gebet zu Maria

Vorbeter: Heilige Maria, Mutter Gottes, vom Heiligen Geist bewegt, hat einst Elisabeth dich selig gepriesen als die Gesegnete unter den Frauen, weil dein Glaube dem Herrn die Tür in diese Welt aufgetan hat. Wie du es unter dem Anhauch des gleichen Geistes vorhergesagt hast, preisen dich seither selig alle Geschlechter. Voll Freude treten wir in dieser Stunde ein in den Lobpreis, den der Geist deines Sohnes, unseres Herrn Jesus Christus, in allen Generationen erweckt hat.

Alle: Unsere Vorfahren haben dich als ihre Schutzherrin erwählt, als die Herzogin ihres Landes, deren mütterliche Güte über aller menschlichen Herrschaft als Zeichen der neuen, befreienden Herrschaft Jesu Christi steht.

Vorbeter: Die Wege unseres Landes kommen von dir und gehen durch dich zu ihm, der der Weg selber ist. So bitten wir dich in dieser Stunde:

Alle: Sei du die Patronin unseres Landes, unseres Bistums auch in dieser Zeit. In dem Streit der Parteien sei du Versöhnung und Friede; in den Weglosigkeiten unserer offenen Fragen zeige uns den Weg; die Streitenden versöhne, die Müden erwecke; gib den Misstrauischen ein offenes Herz, den Verbitterten Trost, den Selbstsicheren Demut, den Ängstlichen Zuversicht, den Vorwärtsdrängenden Besonnenheit, den Zaudernden Mut, uns allen aber die tröstende Zuversicht deines Glaubens.

Vorbeter: Stärke die Leidenden und die Kranken; erleuchte die Regierenden und führe uns zueinander im Frieden des Herrn.

Alle: Schenke uns, zu glauben, wie du geglaubt hast. Mutter Gottes, Patronin Bayerns, bitte für uns jetzt und in der Stunde unseres Todes. Amen.

Gebet von Joseph Kardinal Ratzinger, gesprochen an der Mariensäule in München nach seiner Bischofsweihe 1977

Wir grüssen dich, heilige Mutter des Herrn

Heilige Maria, Mutter des Herrn,
wir grüßen dich in dieser Stunde,
wie dich einst der Engel gegrüßt hat,
der dir die Botschaft
von Gottes frohmachender Gnade brachte.

Auf deinem Bild sehen wir
den Widerschein der Freude der Erlösung
inmitten der Traurigkeiten
und der Dunkelheiten dieser Welt.
Aus deinem Bild lesen wir immer wieder
die Nähe unseres Gottes ab:

Du trägst ihn als Kind auf den Händen
und hältst ihn uns hin,
damit auch wir ihn tragen
und uns tragen lassen von ihm.

In allen Jahrhunderten
bist du den Menschen
das tröstliche Zeichen dafür geworden,
dass Gott uns nicht vergessen hat.
Lass es auch uns in allen Zweifeln und Bedrängnissen
wieder und wieder erfahren.

»Dein Gehorsam ist uns Leben,
Jungfrau demutsvoll und keusch«,
so haben unsere Vorfahren gesungen und gebetet.
So beten auch wir und wissen,
dass die wahre Ehre des Menschen
aus solchem Gehorsam des Glaubens kommt,
wie du ihn uns vorgelebt hast,
du Mutter des Glaubens.

Wir grüßen dich,
heilige Mutter des Herrn,
und unser Grüßen ist ein Dank an den gütigen Gott,
dass er dich als Zeichen seiner Nähe
uns geschenkt hat.

Joseph Kardinal Ratzinger vor der Münchner Mariensäule mit dem Bild der Patrona Bavariae bei seinem Abschied von München und Bayern am 28. Februar 1982

In welcher Farbe kleidest du dich?

Ich entdecke dich
in jeder Rose, die sich öffnet...
Ich betrachte dich
und nehme teil
an deiner Freude
und an deinem Frieden.
Nun aber sage mir im Vertrauen:
Welches ist deine wirkliche Farbe?
Oder kleidest du dich
je nach den Umständen,
glücklich mit den Glücklichen,
traurig mit den Traurigen?

Dom Helder Camara

Bild und Wirklichkeit

Wozu schafft man Marienstatuen
aus Stein,
wo doch ihr Herz
alles Leid
so menschlich versteht
und so mütterlich begleitet?

Wozu schafft man Marienbilder
mit leeren Augen,
wo die Mutter doch so liebevoll
über uns wacht
und uns jederzeit begleitet?
Bist du nicht
unsere Hoffnung,
unser Trost
und unsere Freude?
Dom Helder Camara

Selig bist du, Maria

Selig bist du, Maria,
du bist groß im Zuhören
und so Ansprechpartnerin
für Gott und
viele Menschen.

Selig bist du, Maria,
du bist ganz und gar rein
und voll der Gnade,
weil Gott
dich von Uranfang an
erwählt hatte.

Selig bist du, Maria,
du bist erfahren
im langen Warten
und geduldigen Aushalten
das uns heutigen Menschen
oft so schwer fällt.

Selig bist du, Maria,
du bist vertraut
mit tiefer innerer Freude
und unfassbarem
schwerem Leid;
so teilst du beides
mit uns Menschen.

Selig bist du, Maria,
du bist geübt
im Beten im Alltag
und für viele
Lehrmeisterin
in der Not des eigenen Betens.

Selig bist du, Maria,
du bist Lichtblick
und Segen
deine Seele preist
mit uns und für uns
den lebendigen Gott,
der durch dich
Mensch geworden ist
und in uns
erneut Mensch werden will.

Paul Weismantel

Du hast zu Gott ja gesagt,
Maria.
Darum wollten sie aus allen Frauen
Jasagerinnen machen.

Du hast geweint,
Maria.
Darum sagten sie:
Frauen sollen ruhig weinen.

Du hast Lieder gesungen,
Maria.
Darum meinten sie,
alle Frauen haben Grund zur Freude.

So haben sie deinen Namen missbraucht,
Maria.
Bald werden sie nach deinem Lied
die Sprache verlieren.

Bernhard Lang

Maria,
Du Vorgeschmack,
Du zärtlicher Schein,
Du Morgenlied,
Du Heimatduft,
Du wärmende Hand,
Du Schwester,
Du Freundin,
Du Lächeln des Himmels.

Bernhard Meuser

Gebet zur Mutter Gottes

Maria, Mutter Jesu,
schenke mir dein Herz,
das so schön,
so rein,
so unbefleckt,
so voller Liebe und Demut ist,
damit ich würdig sein möge,
Jesus im Brot des Lebens zu empfangen,
damit ich ihn liebe, wie du ihn geliebt hast,
und ihm diene,
der sich unter der Elendsgestalt
der Ärmsten der Armen verbirgt.
Amen.

Mutter Teresa

GEBET UM EINBILDUNGSKRAFT

maria
mutter des wortes
nähre unser wort mit all dem
was du gehört hast
und was du
in deinem siebenmal durchbohrten herzen
bewahrt und erwogen hast
maria
mutter des wortes
lehre uns
deine kinder
deine kirche
das wort hören
lehre uns hören

lehre uns
sprechen
lehre uns neu sprechen
wie damals zu pfingsten
das angstfreie wort
das alle verstehen
über alle grenzen und schranken
und gräben hinweg

maria
mutter des wortes
lehre uns mit viel fantasie
die nähe des gottesreiches
zur sprache zu bringen

lehre uns sprechen
wie eine mutter
die mit ihrem säugling spricht
lehre uns sprechen
wie eine mutter
mit ihren kindern spricht
dass sie ihr ohr weit öffnen
ganz ohr sind
dass sie aufhorchen

maria
mutter des wortes
lehre uns sprechen
mit der einbildungskraft der propheten
das wort vom nahen gottesreich

maria
mutter des wortes
lehre uns hoffnung weitersagen
an die ärmsten der armen

die keine hoffnung haben
lehre uns sprechen
zu den sprachlosen
und
zu den wortgewandten
lehre uns sprechen
zu den unweisen
und weisen
dass sie stutzig werden

maria
mutter des wortes
lass unser wort
zu einer entscheidenden
herausforderung werden

maria
mutter des wortes
lehre uns sprechen
zu den fernen
und zu den nahen
zu den outsidern und insidern
lehre uns das wort
vom nahen gottesreich
so faszinierend sprechen
dass es wieder in erstaunen setzt
dass es neugierig macht

maria
mutter des wortes
lehre uns das wort vom anfang
als es noch bei gott war
lehre uns dieses ursprüngliche wort
wie eine quelle aufzuschließen
und es zu übersetzen

in all seinen vielen möglichkeiten
in seine vielen farben
in seine vielen muttersprachen
du maria
mutter des wortes

amen

Wilhelm Willms

Mutter Jesu,
Mutter, allen zugeneigt,
Mutter nach unserem Herzen,
Mutter von Generation zu Generation,
Mutter unserer Mütter,
Mutter jeder Sehnsucht,
Mutter aller Tränen,
Mutter der Gerechtigkeit,
Mutter der Armen,
Mutter der Menschheit,
Mutter des Erlösers,
Mutter der Kirche,
liebliche Jungfrau,
offenherzige Jungfrau,
schwesterliche Jungfrau,
zärtliche Jungfrau,
heitere Jungfrau,
freieste Jungfrau,
Spiegel der Frauen,
Hort des Erbarmens,
Wurzel der Zärtlichkeit,
stets Gegenwärtige,
Stimme des Lobes,
Blüte der Hoffnung,
Quelle der Stärke,

Herz aus Gold,
Arche der Heimatlosen,
Hafen des Himmels,
Stern der Einsamen,
Zuflucht in Not,
Trost der Hinterbliebenen,
Hilfe der Unschuldigen,
Dienerin des Heiligen Geistes,
Dienerin der Engel,
Dienerin deines Volkes,
Dienerin der Unterdrückten,
Dienerin der Märtyrer,
Dienerin der Behinderten,
Dienerin der Sterbenden,
Dienerin der verlorenen Seelen,
Dienerin der Versöhnung,
Dienerin des Friedens,
Dienerin deiner Diener,
Dienerin unseres Herrn Jesus Christus,
Dienerin Gottes, bitte für uns.

Frère Leónard aus Taizé

Gebet zu Maria, der Knotenlöserin

O Maria, Du hast Dich mit dem Gruß des Engels ganz auf Gott eingelassen. Du hast ihn eingelassen in Dein Leben. Dein Leben war von Stund' an ganz von ihm erfüllt und durchdrungen.

Du hast durch die Geburt Deines göttlichen Sohnes, unseres Herrn und Bruders Jesus Christus, so innigen Anteil an seiner Gottheit, dass er Dir kaum eine Bitte abschlagen kann.

Du kennst die Verwirrnisse und Verknotungen unserer Welt. Du hast sie in vielfacher Weise selbst durchlitten. Hilf uns, die unzähligen Verknotungen in unserem Leben zu entwirren und zu lösen, damit wir Schritt für Schritt an Deiner Hand zu Deinem Sohne finden und nicht fürchten müssen, in diesen Verstrickungen und Verknotungen hängen zu bleiben, zu stolpern oder gar zu fallen.

Wir bitten Dich, bleibe an unserer Seite und hilf uns, die vielen Probleme, die uns oft wie verworrene Stricke um den Hals liegen, zu lösen oder wenigstens Lösungen zu finden, die unser Leben erträglich machen. Amen.

Heinz Pangels

Wie du Maria

Wie konntest du nur so
auf Gott hören,
dass er bei dir solche Erhörung
gefunden hat?

Was hat dich bewogen,
dich so bedingungslos
auf seinen Plan mit dir
einzulassen?

Was hat dich befähigt,
ganz und gar für ihn
verfügbar zu sein und dabei
ganz Mensch zu bleiben?

Was hat dich beseelt,
solche Loblieder auf ihn
zu singen und ihn über
alle Maßen zu preisen?

Was hat dich erfüllt,
in der Armut der Krippe
und im Schmerz des Kreuzes
so treu und stark zu bleiben?

Die Gnade Gottes selbst,
sie hat dich erwählt,
sie hat dich durchdrungen,
sie hat dich gestärkt,
sie hat dich getragen
und niemals verlassen.
Paul Weismantel

MARIA

Zeige uns, Maria,
die verborgenen Geheimnisse
deines lebendigen Glaubens
und deines gläubigen Lebens.

Bringe uns, Maria,
die starke Hoffnung
und die herzliche Freude
deines lebendigen Glaubens.

Tröste uns, Maria,
mit der inneren Kraft
und der großen Ausstrahlung
deines lebendigen Glaubens.

Erbitte uns, Maria,
die Gnade der Treue
und die Gabe der Beharrlichkeit
deines lebendigen Glaubens.

Schenke uns, Maria,
die Liebe im Herzen
und den Mut zum Wagnis
deines lebendigen Glaubens.

Führe uns, Maria,
in die Tiefe des Schweigens
und in die Kunst des Hörens
deines lebendigen Glaubens.

Begleite uns, Maria,
in den freudenreichen
und schmerzhaften Erfahrungen
deines lebendigen Glaubens
und unseres gläubigen Lebens.
Paul Weismantel

Marienrufe

Vorbeter: Mutter Gottes, wir rufen zu dir.
Alle: Mutter Gottes, wir rufen zu dir.

Vorbeter: Dich preisen die Chöre der Engel.
Alle: Maria, wir rufen zu dir.
Vorbeter: Dich ehren die Heiligen im Himmel.
Dich loben die Menschen auf Erden.
Du Frau mit der Krone von Sternen.
Von Liebe durchglüht wie die Sonne.
Frau, rein wie der Lichtglanz des Mondes.
Herz, klar wie das Wasser der Quellen
Dein Lob künden Vögel und Blumen.
Dir huldigt die blühende Erde.

Vorbeter: Mutter Gottes, wir rufen zu dir.
Alle: Mutter Gottes, wir rufen zu dir.

Vorbeter: Du Tempel des Heiligen Geistes.
Alle: Maria, wir rufen zu dir.
Vorbeter: Du Mittlerin göttlicher Gnaden.
Du Pforte des himmlischen Reiches.
Du Mutter der heiligen Kirche.
Mach einig die Christen im Glauben.
Erleuchte den obersten Hirten.
Schenk Eintracht und Frieden den Völkern.
Gib Ehrfurcht den Eltern und Kindern.
Erhalte der Jugend den Glauben.

Vorbeter: Mutter Gottes, wir rufen zu dir.
Alle: Mutter Gottes, wir rufen zu dir.

Vorbeter: Du Mutter der helfenden Liebe.
Alle: Maria, wir rufen zu dir.
Vorbeter: Du Hoffnung und Heil aller Kranken.
Du Hilfe und Trost der Bedrängten.
Du weißt um die Sorgen des Lebens.
Erbarm dich der Not deiner Kinder.
Bewahr uns vor Leid und Gefahren.
Schenk allen den Frieden der Seele.
Gib Kraft uns zu tätiger Liebe.
Führ uns deinem Sohne entgegen.

Vorbeter: Mutter Gottes, wir rufen zu dir.
Alle: Mutter Gottes, wir rufen zu dir.

Segne du, Maria

Segne du, Maria,
segne mich, dein Kind,
dass ich hier den Frieden,
dort den Himmel find!
Segne all mein Denken,
segne all mein Tun,
lass in deinem Segen
Tag und Nacht mich ruhn!

Segne du, Maria,
alle, die mir lieb!
Deinen Muttersegen
ihnen täglich gib!
Deine Mutterhände
breit auf alle aus,
segne alle Herzen,
segne jedes Haus!

Segne du, Maria,
unsere letzte Stund',
süße Trostesworte,
flüstre dann dein Mund!
Deine Hand, die milde,
drück das Aug' uns zu,
bleib' in Tod und Leben
unser Segen du!

Begegnung mit dem Segen des Himmels

Der Herr segne dich und behüte dich.
Der Herr lasse sein Angesicht über dich leuchten
und sei dir gnädig.
Der Herr wende dein Angesicht dir zu und schenke dir Heil.
Numeri 6,24–26

GESEGNET

Der Herr
der Mächtige,
Ursprung und Vollender
aller Dinge,
segne dich,
gebe dir Gedeihen und Wachstum,
Gelingen deinen Hoffnungen,
Frucht deiner Mühe,
und behüte dich
vor allem Argen,

sei dir Schutz in Gefahr
und Zuflucht in Angst.
Der Herr lasse leuchten sein Angesicht über dir,
wie die Sonne über der Erde
Wärme gibt dem Erstarrten
und Freude gibt dem Lebendigen,
und sei dir gnädig,
wenn du verschlossen bist in Schuld,
erlöse dich von allem Bösen
und mache dich frei.
Der Herr erhebe sein Angesicht auf dich,
er sehe dein Leid
und höre deine Stimme,
er heile und tröste dich
und gebe dir Frieden,
das Wohl des Leibes
und das Wohl der Seele,
Liebe und Glück.
Amen.
So will es der Herr,
der von Ewigkeit zu Ewigkeit bleibt.
So steht es fest nach seinem Willen für dich.

Nach Numeri 6,24–26
Eleonore Beck und Gabriele Miller

Segen für den Lebensweg

Gott,
Schöpfer und Erhalterin
allen Lebens,

segne dich
auf deinem Weg ins Leben

und behüte dich,
bei allem, was du riskierst
und auszuprobieren wagst.

Gott lasse sein Angesicht leuchten über dir,
dass sich dir in allen Unsicherheiten
immer wieder eine Hand entgegenstreckt,
die dich hält,

und sei dir gnädig,
dass dich auch deine Verfehlungen
und Irrwege ans Ziel bringen.

Gott erhebe sein Angesicht auf dich,
dass dir vieles von dem, was du dir vornimmst,
gelingen möge,

und gebe dir Frieden,
dass dein Leben glücklich wird
und sich erfüllt.
Nach Numeri 6,24–26
Christa Spilling-Nöker

Segensspruch

Der Herr segne dich;
er mache dich frei
von allen inneren und äußeren Zwängen,
von allem »du musst«, »du sollst«,
von allen Erwartungshaltungen anderer:
»man tut«, »es wäre gut, wenn …«

Er gebe dir Mut und Kraft,
deinen eigenen Weg zu gehen,

den für dich bestimmten Weg
zu suchen und zu finden.

Er behüte dich –
und schütze dich vor allem Unheil.
Nie sollst du dich verlassen fühlen
und widrigen Umständen hilflos ausgesetzt sein.
Er stelle dir jederzeit einen guten Menschen zur Seite.

Er lasse sein Antlitz über dich leuchten,
sei dir gnädig
und schenke dir reichlich sein Erbarmen.
Er schenke dir offene Augen und Ohren,
auf dass du allezeit seine Taten und Wunder erkennst
in den unscheinbaren Dingen des Alltags.

Er schenke dir Frieden und Heil.
Lob und Tadel anderer sollen dich
weder beirren noch verwirren.
Er schenke dir innere Sicherheit und Zuversicht.
Ablehnung soll dich nicht erschrecken oder gar betäuben.
Angst soll nicht dein ständiger Begleiter sein.

Er schenke dir jeden Tag ein fröhliches Herz,
ein Lächeln auf deinen Lippen,
ein Lachen, das andere mitreißt und frei macht,
und die Gabe, dich selbst nicht zu ernst zu nehmen
und auch über dich selbst lachen zu können.
In dunklen Stunden sende er dir einen Stern,
der dich leitet,
in Traurigkeit einen Menschen, der dich tröstet.

Er schenke dir genügend Ruhe und Schlaf,
Herausforderungen sollen auch nicht fehlen,
zündende Ideen und funkelnde Überraschungen
gebe er dir als Zutaten.

Mit seinem Segen sei er dir alle Zeit nahe,
umgebe dich mit seinem Beistand,
auf dass du wachsen und reifen kannst
und deinen Weg findest.

So bewahre dich der Herr, dein Gott,
der dich ins Leben rief und will,
dass du lebst und glücklich bist.
Nach Numeri 6,24–26
Heinz Pangels

Segen zwischen den Jahren

Gesegnete Zeit zwischen den Jahren,
du erinnerst uns leise und sacht,
an welchen Orten wir waren,
eher nur zufällig oder sehr wohl bedacht,
welche Wege gegangen wir sind,
mit welchen Gefährten an der Seite,
wie klar sehend oder auch blind,
durch wie viel Enge, Bedrängnis
aber auch Weite gekommen wir sind.

Gesegnete Zeit zwischen den Jahren,
du sammelst Schätze und Scherben wohl ein,
was gelungen, geschafft oder auch verfahren,
aber auch den aus Wasser gewandelten Wein.
So vieles gibt es, dem Staunen und Dank gebührt,
so viel Bangen, Hoffen und Sehnen und Wagen,
durch so viele Wüsten hat der Weg uns geführt,
mit unzähligen Wundern, aber auch offenen Fragen.

Gesegnete Zeit zwischen den Jahren,
du schenkst uns Menschen den guten Beschluss

und willst uns im Herzen tief offenbaren,
wie geweiht unsere Not, wie ärmlich der Überfluss.
Deine Nächte werden besonders geehrt,
weil Christus, das Licht, in unsrer Nacht erschien,
und jedem Menschen die Gnade gewährt,
dein Leben hat Zukunft und Hoffnung und Sinn!
Paul Weismantel

Um den Segen bitten

Nur der Beschenkte
kann ein schenkender Mensch sein,
nur der Getröstete
ein tröstender,
nur der Gesegnete
ein segnender
Und was hätte unsere Welt nötiger
als schenkende, tröstende, segnende Menschen.

Herr, segne meine Hände,
dass sie behutsam seien,
dass sie halten können,
ohne zur Fessel zu werden,
dass sie geben können ohne Berechnung,
dass ihnen innewohne
die Kraft, zu trösten und zu segnen.

Herr, segne meine Augen,
dass sie Bedürftigkeit wahrnehmen,
dass sie das Unscheinbare nicht
übersehen,
dass sie hindurchschauen
durch das Vordergründige,
dass andere sich wohl fühlen können
unter meinem Blick.

Herr, segne meine Ohren,
dass sie deine Stimme
zu erhorchen vermögen,
dass sie hellhörig seien
für die Stimme der Not,
dass sie verschlossen seien
für den Lärm und das Geschwätz,
dass sie das Unbequeme nicht überhören.

Herr, segne meinen Mund,
dass er dich bezeuge,
dass nichts von ihm ausgehe,
was verletzt und zerstört,
dass er heilende Worte spreche,
dass er Anvertrautes bewahre.

Herr, segne mein Herz,
dass es Wohnstatt sei deinem Geist,
dass es Wärme schenken und bergen kann,
dass es reich sei an Verzeihung,
dass es Leid und Freude teilen kann.

Lass mich dir verfügbar sein, mein Gott,
mit allem, was ich habe und bin.
Sabine Naegeli

Segen für Allewelt

Im Übrigen meine ich
Dass Gott unser Herr
Uns einen großen Sommer schenke
Den Familien einen Korb voll Ruhe
Und viele hoffnungsvolle Blicke auf Grün und Blau
Wiesen und Wasser und weiße Strände –

Leise Monate
Dass er das Geschrei aus der Welt nimmt
Und Stille verordnet
Dazu gehört dass er den Kriegern das Handwerk
Aus den Händen nimmt
Und denen die ohne Arbeit sind die Hoffnungslosigkeit
Und die Mächtigen nicht zu Mafiosi werden lässt
Alle können wir daran mittun und daran arbeiten
Dass das Leben langsamer verläuft
Dass die Welt alle Aufregung verliert
Und die Menschen sich länger ansehen können
Um sich zu sagen: Wir lieben euch!
Gott unser Herr möge diese Stille segnen
Möge diese Stille denen überall in die Ohren blasen
Die unsere Zeit noch schneller machen möchten
Und damit noch kürzer noch atemloser

Gott unser Herr wir bitten dich: Mach es!
Auf dass unser Herz wieder Luft schnappen kann
Unser Auge aufhört zu zappeln
Und unser Ohr wieder richtig hört
Und nicht alles vergisst
Denen die uns dies alles austreiben möchten
Möge Gott der Herr einen Blitz ins Gesäß jagen
Damit sie ihr unmenschliches Tun einsehen
Und die Menschen seines Wohlgefallens in Ruhe lassen
Im wahrhaftigsten Sinn dieses Wortes in Ruhe lassen
Und wir wollen unseren Herrgott abermals bitten
Dieses Ansinnen von uns überall zu segnen
Und weil es sein muss sofort und immerdar!
Danke und Amen.

Hanns Dieter Hüsch

Segen für Allezeit

Im Übrigen meine ich
Dass Gott uns das Geleit geben möge
Immerdar
Auf unserem langen Weg zu unserer Menschwerdung
Auf dem endlos schmalen Pfad zwischen Gut und Böse
Herzenswünschen und niedrigen Spekulationen
Er möge uns ganz nahe sein in unserer Not
Wenn wir uns im dornigen Gestrüpp der Wirklichkeit
verlieren
Er möge uns in den großen anonymen Städten
Wieder an die Hand nehmen
Damit wir seiner Fantasie folgen können
Und auf dem weiten flachen Land
Wollen wir ihn auf unseren Wegen erkennen
Er möge uns vor falschen Horizonten und
Dunklen Abgründen bewahren
Sodass wir nicht in Richtungen wandern
Die uns im Kreise und an der Nase rumführen
Er möge unseren kleinen Alltag betrachten
Den wir mal recht und mal schlecht bestehen müssen
Die 12 Stunden Unrast und die 12 Stunden Ruhe vor
Dem Sturm
Er hat den Tag und die Nacht geschaffen
Hat auch den Alltag gemacht und den Schlaf
Die 12 Stunden eilen und kümmern und laufen
Und sorgen und streiten und ärgern und schweigen
Und die 12 Stunden ausruhen und nichts mehr sehen
Und hören
Und Er möge uns die vielen Streitigkeiten von morgens
Bis abends verzeihen
Das Hin- und Herlaufen zwischen den vielen Fronten

Und all die Vorwürfe
Die wir uns gegenseitig machen
Möge Er in herzhaftes Gelächter verwandeln
Und unsere Bosheiten in viele kleine Witze auflösen
Wir bitten ihn Zeichen zu setzen und Wunder zu tun
Dass wir von all unseren Schuldzuweisungen ablassen
Und jedwedem Gegner ein freier Gastgeber sind
Er möge uns von seiner Freiheit ein Lied singen
Auf dass wir alle gestrigen Vorurteile außer Kraft
Und alle Feindseligkeiten außer Gefecht setzen
Er möge uns von seiner großen zeitlosen Zeit
Ein paar Stunden abgeben
Und – Er kann gewiss nicht überall sein – Er möge in
Unsere Stuben kommen und unsere Habseligkeiten
Segnen unsere Tassen und Teller die Kanne die
Zuckerdose und den Salzstreuer die Essigflasche
Und den Brotkorb
Er möge vor allem die Kinder schützen und die Tiere
Vor jeglicher Willkür
Ja Er möge sich zu uns an den Tisch setzen und erkennen
Wie sehr wir ihn alle brauchen überall
Auf der ganzen Welt
Denn wer will uns erlösen von all unserem
Weltgeschichtlichen Wahn
Auch von unseren täglichen Lebenskonflikten
Gott unser Herr möge auch manchmal ein
Machtwort sprechen
Mit all jenen Herren die sich selber zu Göttern ernannt
Die Menschen durch Maschinen ersetzen und für
Geld Kriege führen
Und mit Drogen alle Zukunft zerstören
Er möge sich unser erbarmen
Am Tage und in der Nacht
In der großen Welt und in der kleinen Welt unseres Alltags

In den Parlamenten in den Chefetagen der Industrie
Und in unseren Küchen
Er möge uns unsere Krankheiten überstehen lassen
Und uns in der Jugend und im Alter seine Schulter
Geben damit wir uns von Zeit zu Zeit von Gegenwart zu
Gegenwart an ihn anlehnen können getröstet
Gestärkt und ermutigt.

Hanns Dieter Hüsch

Segensgebet

Der Herr sei vor dir:
um dir den rechten Weg zu zeigen.

Der Herr sei neben dir,
um dich in die Arme zu schließen
und dich zu schützen.

Der Herr sei hinter dir,
um dich zu bewahren
vor der Heimtücke böser Menschen.

Der Herr sei unter dir,
um dich aufzufangen, wenn du fällst,
und dich aus der Schlinge zu ziehen.

Der Herr sei in dir,
um dich zu trösten,
wenn du traurig bist.

Der Herr sei um dich herum,
um dich zu verteidigen,
wenn andere über dich herfallen.

Der Herr sei über dir,
um dich zu segnen.

So segne dich der gütige Gott.
Aus Irland

Herr,
sei über uns und segne uns,
sei unter uns und trage uns,
sei neben uns und stärke uns,
sei vor uns und führe uns.
Sei du die Freude, die uns belebt,
die Ruhe, die uns erfüllt,
das Vertrauen, das uns stärkt,
die Liebe, die uns begeistert,
der Mut, der uns beflügelt.
Du,
Gott-Vater,
Sohn
und Heiliger Geist.
Andreas Lerch

Gott sei dein Hirte,
der dir das geben möge,
was du zum Leben brauchst:
Wärme und Geborgenheit und Liebe,
Freiheit und Licht
und das Vertauen zu Ihm,
zu den Menschen und zu dir selbst.
Auch in dunklen und stürmischen Zeiten
und schmerzhaften Erfahrungen
möge Gott dir beistehen
und immer wieder Mut

und neue Hoffnung schenken.
In Situationen der Angst und Ohnmacht
möge er in dir Kräfte wecken,
die dir helfen, allem,
was du als bedrohlich erlebst,
standhalten zu können.

Gott möge dich
zu einem erfüllten Leben führen,
dass du sein und werden kannst,
was du bist.
Andreas Lerch

Gesegnet

Gesegnet der unsichtbare,
gesegnet der verborgene,
gesegnet der lebendige
Tag Liebe, der durstig macht.
Licht, das sehend macht.

Gesegnet Menschen, die gut sind,
die Hand, die nicht schlägt,
der Mund, der nicht verrät,
der Freund, der seinen Freund
nicht verleugnet.

Gesegnet die Barmherzigen,
die Offenen und Liebenswürdigen,
mit denen man gut auskommt.
Gesegnet, die einander bewahren,
trösten, weiterhelfen
und die sich miteinander vertragen.

Gesegnet sei die Frau für den Mann
und der Mann für die Frau
und Alt für Jung
und Stark für Schwach.

Gesegnet, der weiß,
was gut und böse ist,
und der treffsicher wählt,
der nicht zurückweicht – vor keiner Macht,
der nicht Angst hat – vor keinem Menschen.

Gesegnet, der unbefangen spricht
und unbefangen lieb hat
alles, was lebt.

Gesegnet ist der neue Mensch,
– vorüber der Tod –
der in uns spricht,
der in uns seufzt und stöhnt,
der in uns lebt,

Jesus Messias.

Der sich hingegeben hat,
sich nehmen ließ,
der gebrochen wurde,
ausgeteilt von Hand zu Hand,
als Brot gegessen.

Gesegnet du, der klein oder groß,
blind, ängstlich, tastend, nahezu
tut wie er. Gesegnet du,
der ungesehen und unbekannt
tut wie er.

Gesegnet wer,
durch Angst geläutert,
am Tod vorüber
Leben in Licht
wieder geboren wird.

Gesegnet der unsichtbare,
gesegnet der verborgene,
gesegnet der lebendige
Tag Liebe, der durstig macht.
Licht, das sehend macht.

Huub Oosterhuis

Segne mich, Gott

Segne mich, Gott,
wenn mir die Arbeit leicht von der Hand geht,
wenn die Vorhaben gelingen,
die Probleme gelöst werden,
damit ich nicht vergesse,
dass du die Quelle meiner Kraft bist.

Segne mich, Gott,
wenn ich müde und erschöpft bin,
wenn Sorgen auf mir lasten,
Schwierigkeiten sich türmen,
damit ich meine Grenzen annehme
und alle Hoffnung auf dich setze.

Segne mich, Gott,
wo mein Wort und mein Lachen
andere stärkt,
wo mein Tun aufrichtet, hilft,
damit die Menschen
durch mich hindurch dich erkennen.

Segne mich, Gott,
wo ich Hilferufe und Not
übersehen habe,
wo Leid mich nicht berührte,
damit ich mein Versagen
erkenne und daraus lerne.

Segne mich, Gott
und lass mich Segen sein für andere.
Irmela Mies-Suermann

Sei gesegnet

Sei gesegnet,
wo du anfängst und aufhörst,
wo du betest und arbeitest.

Sei gesegnet,
wo du Feinde hast und verkannt wirst,
wo du Ansehen genießt und geachtet wirst.

Sei gesegnet,
wo du den Kürzeren ziehst und verlierst,
wo du Erfolg hast und gewinnst.

Sei gesegnet,
wo du nachsiehst und übersiehst,
wo du nachgibst und vergibst.

Sei gesegnet,
wo du wachst und schläfst,
wo du bittest und dankst.

Sei gesegnet,
wo du deinen Gott suchst und vor ihm schwiegst,

wo du ihn vermisst und ihm begegnest,
wo er dich umarmt und auffängt.
Paul Weismantel

An deinem Segen ist alles gelegen

Großer Gott.
An deinem Segen ist alles gelegen.
Das erfuhren bereits die Menschen des Alten Bundes.
»Ich werde dich segnen …
Ein Segen sollst du sein.
Ich will segnen,
die dich segnen«,
so sprachst du einst zu Abraham (Gen 12,2 f).

»Segne auch mich, Vater!«,
flehte der betrogene Esau seinen Vater Isaak an.
»Hattest du denn nur
einen einzigen Segen?« (Gen 27,34.38).
Sein Leben ohne Segen
schien ihm sinnlos, ohne Zukunft.

»Ich lasse dich nicht los,
wenn du mich nicht segnest«,
sprach Jakob,
als er mit dir – im Dunkeln – rang (vgl. Gen 32,27).

Großer Gott.
Dein Sohn hat uns aufgefordert:
»Segnet, die euch verfluchen …« (Lk 6,28).
Und Petrus mahnt:
»Segnet, denn ihr seid dazu berufen,
Segen zu erlangen« (1 Petr 3,9).

Ja, Herr, an deinem Segen
ist auch mir alles gelegen.
Segne mein Denken, Reden und Tun.
Segne mich auf meinen Wegen
und lass mich –
ein wenig wie Abraham –
für andere ein Segen sein.

Amen.
Stephan Wisse

Der Herr segne uns und diese Welt mit seiner Güte.
Er bewahre uns vor allem Unheil –
vor Engstirnigkeit und Herzensverhärtung.
Er trage durch uns sein Licht in diese Welt:
So segne uns:
Gott, der Vater und der Sohn und der Heilige Geist.
Andreas Lerch

Gott sei mit dir

Gott sei mit dir
beim Anbruch eines neuen Morgens,
dass du gespannt und erwartungsvoll
dem entgegenblickst, was dir dieser Tag abverlangt
und was er dir schenken will.

Gott sei mit dir
in allem, was du tust,
dass deine Arbeit fruchtbar sei
und durch dein Wirken hindurch
etwas spürbar wird
von Gottes Frieden und Liebe.

Gott sei mit dir
in den Stunden deiner Muße,
dass du Ruhe und Frieden findest
in dir selbst
und dir neue Kräfte zuwachsen
für dein Tun.

Gott sei mit dir,
wenn die Nacht anbricht,
dass du dankbar zurückschauen kannst
auf die Last und die Lust
des vergangenen Tages
und gewiss sein kannst,
dass nichts vergeblich war.

Christa Spilling-Nöker

Segensspruch

Der HERR erfülle dich mit Seiner Liebe;
ER sende dir Seinen Geist und Sein Licht;
ER mache hell deine Wege,
mache klar deine Augen,
damit sie den Weg sehen,
den ER mit dir gehen will.

ER nehme dich an die Hand,
führe, begleite und halte dich,
dass du auch bei schweren Strecken
nicht strauchelst und zu Boden stürzt.

ER schenke dir Seine Gnade und Kraft,
damit du erkennen mögest,
dass ER dein Heil will.

ER hat dich nicht erschaffen,
um dich zu vernichten,
sondern ER will,
dass du lebst und glücklich bist.

Sein Segen komme über dich
und bleibe alle Zeit mit dir.
Sein Erbarmen werde reichlich dir zuteil.

Heinz Pangels

Der Herr segne

dein Gesicht und deine Augen,
deine Haut, dein Herz, dein Blut,
deine Beine, deine Arme,
deine Knochen und Organe.
Deine Gedanken und dein Wollen,
dein Gefühl und deinen Sinn,
dein Versuchen und Beginnen.
Deine Liebe und dein Können,
deine Schönheit, deine Stimme,
dein Gebet und deine Tat,
deine Wachheit und deinen Schlaf.

Der Herr segne dich.

Inis Mandl-Schmidt

Segen eines alten Menschen

Gesegnet seien, die verstehen,
dass meine Füße nicht mehr gut gehen.
Gesegnet seien, die begreifen,

dass ich schlecht höre, und die sich bemühen,
laut und deutlich zu sprechen.
Gesegnet seien, die wissen,
dass meine Augen nicht mehr viel sehen
und dass ich nicht gleich alles mitbekomme.

Gesegnet seien, die nicht schimpfen,
wenn ich etwas verschütte, umstoße oder fallen lasse.
Gesegnet seien, die mir helfen, meine Sachen zu finden.
Gesegnet seien, die mich anlachen und mit mir reden.
Gesegnet seien, die zuhören, wenn ich von früher erzähle.

Gesegnet seien, die meine Schmerzen lindern.
Gesegnet seien, die mich fühlen lassen,
dass sie mich mögen, und die mich freundlich behandeln.
Gesegnet seien, die mir den schweren Weg
in die Ewigkeit leichter machen.
Gesegnet seien alle, die gut zu mir sind
und die mich so an den guten Gott denken lassen.
Wenn ich einmal bei Gott bin,
werde ich auch bestimmt an sie denken.
Phil Bosmans

Segensgebet

Gottes reichster Segen gebe dir
seine siebenfältige Heilkraft und Hilfe.

Der Segen des Vertrauens
erfülle dich jeden Tag neu,
damit du an das Gute im Menschen
und in dir selbst glauben kannst.

Der Segen der Hoffnung
durchdringe dich immer tiefer,
damit du den langen Atem behältst
in der Atemnot unserer Zeit.

Der Segen der Liebe
wohne spürbar in deinem Herzen,
damit du fähig wirst
zur Hingabe an Gott und die Menschen.

Der Segen der Gerechtigkeit
erneuere deine Gedanken,
damit du die nicht vergisst,
die im Schatten stehen.

Der Segen der Klugheit
begleite deine Entscheidungen,
damit du sie rechtzeitig
und verantwortlich treffen kannst.

Der Segen der Stärke
ermutige dein Tun und Lassen,
damit du auch in der Schwachheit
der Gnade Gottes traust.

Der Segen des Maßes
beseele deine Pläne und Ziele,
damit du im Annehmen deiner Grenzen
den größeren Frieden findest.

So segne dich der lebendige und treue Gott,
Vater, Sohn und Heiliger Geist. Amen.
Paul Weismantel

Segenswünsche

In allem und vor allem
sei in diesem neuen Jahr
die segnende Hand Gottes
im Spiel deines Lebens am Werk,
um dir die immer noch größeren
Möglichkeiten und bisher ungeahnten
und unerkannten Wege zu zeigen,
die er für dich vorgesehen hat.

In allem und vor allem
sei in diesem neuen Jahr
die schöpferische Kraft Gottes
als nie versiegende Quelle,
um dich zu erfrischen und zu erquicken,
wenn die Durststrecken deines Weges
dir zu schaffen machen.

In allem und vor allem
sei in diesem neuen Jahr
die bergende Ruhe Gottes
in deiner eigenen Seele spürbar,
wenn dich Ungewisses belastet,
Schmerzen dich plagen, Sorgen dich bedrängen,
um dich zu stützen und zu schützen.

In allem und vor allem
sei in diesem neuen Jahr
die weitsichtige Vorsehung Gottes
auf deinem Weg in die Zukunft
wachsam und wirksam,
um dein Augenmerk himmelwärts zu lenken,
wenn der Anschein es trübt und dich trügt.

In allem und vor allem
sei in diesem neuen Jahr
die unermüdliche Gnade Gottes
in deinem Herzen stark und lebendig
bei all deinem Tun und Lassen,
in allem Werden und Vergehen,
um dich zu bewahren und zu segnen.

In allem und vor allem
sei in diesem neuen Jahr
der bleibende Trost Gottes
hautnah in deinen Gedanken und Plänen
als seine atmende Sehnsucht nach dir,
um dich zu beleben und zu erheben,
als sein immer währendes Wohlgefallen,
um dich zu erfreuen und zu beglücken.
Paul Weismantel

Gnade und Segen!

In allem und vor allem
sei der Segen Gottes mit dir!
Er umfange und erfülle dich,
er begleite und schütze dich,
er belebe und stärke dich!

In allem und vor allem
sei die Kraft Gottes in dir!
Sie erneuere und ermutige dich,
sie beruhige und bewahre dich,
sie stütze und tröste dich!

In allem und vor allem
sei die Langmut Gottes bei dir!

Sie befähige und entlaste dich,
sie beseele und durchdringe dich,
sie beflügle und beatme dich!

In allem und vor allem
sei die Gnade Gottes über dir!
Sie erleuchte und beschenke dich,
an jedem Tag des neuen Jahres.
Paul Weismantel

Der gute Gott sei mit dir.
Er halte Seine Hand über dich,
damit sie dich schütze
und du gewiss sein kannst:
Er hat mich gewollt seit Anbeginn.
Er liebt mich so, wie ich bin.
Meinen Namen hat Er eingeschrieben
in Sein Buch des Lebens.

Er lasse dich wachsen und deinen Weg finden.
Er halte fern von dir alle,
die dich nach ihrem Bild formen wollen –
Auch das Unvollkommene ist wertvoll
in Seinen Augen.

Er gebe dir immer wieder die Kraft,
weiterzugehen in deine Zukunft.
Er lasse dich finden,
wonach du dich sehnst und wohin Er dich ruft.
Er schenke dir Freude und Lust zu Leben –
und begleite dich in Stunden der Angst und Traurigkeit.

Das gewähre dir unser Gott,
der dich liebt:

Gott der Vater,
Jesus der Sohn
und ihr heilender Lebensgeist.
Amen.
Andreas Lerch

Es segne dich

Der liebende und gütige Gott segne dich!
Er erfülle dich mit seiner Kraft,
auf dass du mit Gelassenheit tragen kannst,
was er dir schickt.
Er begleite dich auf allen deinen Wegen,
auf dass du zuversichtlich
in die Zukunft schauen kannst.

Er segne deine Arbeit und deine Mühen,
auf dass du Freude an deinem Tun empfindest
und Zufriedenheit bei dir einkehre.

Er umgebe dich mit Menschen,
die dir nahe sind und dich mögen,
die dich so annehmen,
wie du geschaffen bist.

Er schenke dir die Gnade der Bescheidenheit,
auf dass du nicht jeden Verzicht
als Verlust empfindest.

Er gebe dir die Kraft,
loszulassen,
was Du nicht festzuhalten vermagst.

Er schenke dir ein waches Herz,
das die Spuren der Gegenwart erkennt,

offene Augen,
die sehen, was um dich herum geschieht,
offene Ohren,
die auch leise Stimmen vernehmen,
eine freie Nase,
die auch den Atem des Lebens spürt,
einen wachen Sinn,
Neues zu entdecken
und das Alte so zu bewahren,
dass es nicht fade wird,
zärtliche Hände,
die Geborgenheit vermitteln,
starke Arme,
die Halt bieten,
kräftige Füße,
die auch weite Wege gehen können.

So segne und bewahre dich der Herr,
dein Gott,
dass du immer bleibst,
was du bereits bist:
sein Ebenbild.

Er umfange dich mit seiner Liebe und
schenke dir Frieden und Heil.
Heinz Pangels

Segne, was meine Liebe braucht

Gott segne die Erde, auf der ich jetzt stehe.
Gott segne den Weg, auf dem ich jetzt gehe.
Gott segne das Ziel, für das ich jetzt lebe.

Du Ewiger, du Immerdar,
segne mich auch, wenn ich raste.

Segne, was mein Wille sucht,
segne, was meine Liebe braucht,
segne, worauf meine Hoffnung ruht.

Du König der Könige,
segne meinen Blick.
Irischer Segenswunsch

Gott, segne den Mond...

Gott, segne den Mond
hoch über mir.

Gott, segne die Erde
unter meinem Schritt.

Gott, segne Frau und Kinder
und alle, die bei mir wohnen.
Ja, segne mich selbst, du mein Gott.

Gott, segne alles,
worauf mein Blick ruht.

Gott, segne alles,
worauf meine Hoffnung baut.

Gott, segne meinen Verstand
und Willen.
Ja, du Gott des Lebens,
gib deinen Segen.
Irischer Segenswunsch

Christi Kreuz auf dieser Stirn,
Christi Kreuz auf meinen Ohren,
Christi Kreuz auf diesen Augen,
Christi Kreuz auf dieser Nase,
Christi Kreuz auf diesem Mund,
Christi Kreuz auf dieser Brust,
Christi Kreuz auf meinen Armen,
Christi Kreuz auf meinen Beinen,
Christi Kreuz auf meinem Leib,
Christi Kreuz auf meinem Herzen.

Christi Kreuz, komm mir von Osten entgegen
Christi Kreuz, mach mich vom Westen her stark,
Christi Kreuz, geleite mich allezeit im Norden und Süden.

Christi Kreuz hoch am Himmel,
Christi Kreuz tief in der Erde,
schütz Leib und Seele vor Schaden und Unheil.
Irisches Segensgebet aus dem 6. Jahrhundert

Nichts wächst ohne Segen

Möge der Schöpfer des Universums,
der dir das Leben gab,
sich von den Toren des Himmels
zu dir herabbeugen, um dich zu segnen.

Er segne deinen Tag
und deine Arbeit,
er segne deinen Kopf und deine Füße,
er segne dein Herz und deinen Mund,
er segne deine Familie und das Vieh.
Er lasse das Gras mit seinem Segen gedeihen
und das Korn.
Er segne auch deinen Nachbarn
und den Kranken, den du nicht kennst.
Er möge auch dein Alter segnen und deinen Tod.
Denn nichts wächst und reift und wird Frucht
ohne den Segen dessen,
der über dich wacht
und über die Welt.

Irischer Segenswunsch

Segne, o Gott

Segne, o Gott,
meine Seele und meinen Leib,
segne, o Gott,
meinen Glauben und was ich bin.

Segne, o Gott,
mein Herz und was ich sage,
segne, o Gott,
meiner Hände Arbeit.

Irischer Segenswunsch

Es segne uns
der Gott des Erbarmens:
der Vater, von dem alles Leben ausgeht
die Mutter, die alle in die Arme nimmt

Es segne uns
der Gott des Erbarmens:
der Gefährte, der uns begleitet
der Freund, der mit uns geht:
Jesus Christus: Gottes Sohn

Es segne uns
der Gott des Erbarmens:
die Lebenskraft, die uns innewohnt
der Geist, der unser Herz bestimmt:
der Heilige Geist Gottes

Er segne uns
in allen Höhen
in allen Tiefen
jetzt und in alle Ewigkeit. Amen
Anton Rotzetter

Segensgebet

Herr, wir brauchen neue Augen füreinander,
Augen, die tiefer sehen, die offen sind für die Menschen.
Herr, wandle du unsere Augen.
Herr, wir brauchen ein neues Herz füreinander,
ein Herz, bereit zu weltweiter Verbundenheit und Gemeinschaft.
Herr, wandle du unser Herz.
Herr, wir brauchen eine neue Brücke zueinander,
eine Brücke, auf der wir einander begegnen können.
Herr, sei du unsere Brücke.

Herr, wir brauchen einen neuen Weg zueinander,
einen Weg, der uns gemeinsam handeln lässt.
Herr, sei du unser Weg.
Segne du unser ganzes Leben,
segne unser Denken und Planen, unser Handeln und Schaffen.
So segne uns Gott, der Vater, der Sohn und der Heilige Geist.
Hermann-Josef Frisch

LEBENSKRAFT

Du
gabst meiner Seele große Kraft
spürbar im Auskosten des Augen-blicks
im erotischen Spiel der Liebenden
im engagierten Mitsein mit aller Kreatur

Du
gabst meiner Seele große Kraft
erfahrbar im schweigenden Dasein
im Aufstand für eine zärtliche Gerechtigkeit
im Fließenlassen der Tränen

Deine Segenskraft
erkenne ich im Essen und Trinken
im dankbaren Verweilen in der Schöpfung
im Genießen der Freundschaft

Du bist die schöpferische Lebenskraft
die verbindet mit allem
Nach Psalm 138,3
Pierre Stutz

Quellenverzeichnis

Die Gebete aus der Bibel werden zitiert nach:

DIE HEILIGE SCHRIFT des Alten und Neuen Testamentes nach den Grundtexten übersetzt und herausgegeben von Prof. Dr. Vinzenz Hamp, Prof. Dr. Meinrad Stenzel †, Prof. Dr. Josef Kürzinger, Aschaffenburg [15]1963 [Paul Pattloch Verlag].

Wie die Erde den Himmel berührt

Last und Lust des Betens

Bachl, Gottfried: Nun sind wir vollgebetet..., in: *Ders.:* Mailuft und Eisgang. 100 Gebete, Innsbruck – Wien 1998, 60. © Tyrolia Verlag.

Bohren, Rudolf: wie kann ich zu dir beten..., in: *Ders.:* Texte zum Weiterbeten, Neukirchen – Vluyn 1976, 41. © Neukirchener Verlag.

Erlenspiehl, Pater Eusebius: Gebet zum Betenlernen, in: *Ders.:* Heilende Gebete, München 2001, 23. © Verlagsgruppe Random House.

Griolet, Pierre: Lippengebete, in: *Ders.:* Zu jeder Zeit. Gebete. Aus dem Französischen übertragen von Johann Hoffmann-Herreros, Düsseldorf 1974, 107. © Patmos Verlag GmbH & Co. KG.

Guardini, Romano: Der Dienst des Gebetes, in: *Ders.:* Deutscher Psalter. Theologische Gebete (Romano Guardini: Werke. Herausgegeben von Franz Henrich im Auftrag des Sachverständigengremiums für den literarischen Nachlaß Romanos Guardinis bei der Katholischen Akademie in Bayern, Sachbereich Gebet und Meditation), Mainz und Paderborn 1998, 339–340. © Katholische Akademie in Bayern.

Guardini, Romano: Einsicht und Bereitschaft zum Gebet, in: *Ders.:* Deutscher Psalter. Theologische Gebete (Romano Guardini: Werke. Herausgegeben von Franz Henrich im Auftrag des Sachverständigengremiums für den literarischen Nachlaß Romanos Guardinis bei der Katholischen Akademie in Bayern, Sachbereich Gebet und Meditation), Mainz und Paderborn 1998, 338. © Katholische Akademie in Bayern.

Herr, lehre mich beten (aus Indien), in: *Vellguth, Klaus (Hrsg.):* Wo die Sehnsucht Heimat findet, Kevelaer 2002, 26–28.

Hümmer, Hanna: O heiliger Gott..., in: *Dies.:* Es ist ein Raum bei mir. Gebete, Selbitz [3]2004, 118. © Christusbruderschaft Selbitz, Buch- und Kunstverlag, 95152 Selbitz.

Hürlimann, Christoph: Gebet, in: *Ders.:* Mit der Bibel beten. Eine neue Ermutigung. Mit Bildern von Silja Walter, Freiburg (Schweiz) 1997, 93. © Paulusverlag.

Kalkbrenner, Philippa: GOTT wenn ich mit dir sprechen darf... © Philippa Kalkbrenner.

Liguori, Alfons von: Schenke mir die Gnade des rechten Betens, in: *Ders.:* Vertrauliche Zwiesprache mit Gott. Gebete (Meditation und Gebet). Herausgegeben von Bernhard Häring, München – Zürich – Wien 1989, 87.

Mandl-Schmidt, Inis: Anruf, in: *Dies.:* Schaff meinen Gedanken einen Weg, Gebete ins Konkrete, Mainz 2001, 10. © Matthias-Grünewald-Verlag.

Marti, Kurt: Gebet eines Berufsbeters, in: *Ders.:* Lachen Weinen Lieben. Ermutigungen zum Leben (Radius-Bücher), Stuttgart [3]1987. © Radius-Verlag GmbH.

Marti, Kurt: beten um beten zu können, in: *Ders.:* geduld und revolte. die gedichte am rand. Mit einem Vorwort von Ingeborg Drewitz (Dichtung im ausgehenden zwanzigsten Jahrhundert; Bd. 5), Stuttgart 1984, 18–19. © Radius-Verlag GmbH.

Martini, Carlo M.: Nicht plappern wie die Heiden, in: *Ders.:* Ich gehe mit euch. Wegbegleitung für alle Tage von Aschermittwoch bis Ostern. Herausgegeben von Luitgard Maly, Freiburg – Basel – Wien 1992, 24. © Herder Verlag.

Miller, Gabriele: Gott loben – in welcher Sprache?, in: *Dies.:* Ob du mich hörst? Gebete, Kösel-Verlag, München 2000, 46–47. © Verlagsgruppe Random House.

Mutter Teresa: Gebet für die Menschen, die nicht beten können, in: Die Weisheit der Mutter Teresa. Meine Gebete. Aus dem Englischen von Martin Schulte, München 1992, 26. © Verlagsgruppe Random House.

Naegeli, Sabine: Gott suchen, in: *Dies.:* Du hast mein Dunkel geteilt. Gebete an unerträglichen Tagen, Freiburg – Basel – Wien [5]2006, 58–59. © Herder Verlag.

Naegeli, Sabine: Sehnsucht nach Gott, in: *Dies.:* Du hast mein Dunkel geteilt. Gebete an unerträglichen Tagen, Freiburg – Basel – Wien [5]2006, 62–63. © Herder Verlag.

Oberröder, Wolfgang: Bittet und ihr werdet empfangen (Joh 16,24), in: *Ders.:* Hilf mir beten, Herr! Beten mit dem Johannesevangelium, Donauwörth 1987, 70–72. © Wolfgang Oberröder.

Oosterhuis, Huub: Schaff Raum deinem Wort..., in: *Ders.:* Ganz nah ist dein Wort. Gebete. Aus dem Niederländischen von Peter Pawlowsky, Wien – Freiburg – Basel [10]1973, 25. © Herder Verlag.

Osterwalder, Josef: Beten hat seine Zeit, in: *Ders.:* Beten wie mir zumute ist. Klage, Freude, Stille, Trauer, Dank (Topos Taschenbuch; Bd. 217), Mainz 1981, 24. © Matthias-Grünewald-Verlag.

Osterwalder, Josef: Gott, ich möchte beten..., in: *Ders.:* Stille die spricht. Gedanken und Gebete, Mainz 1982, 10–11. © Matthias-Grünewald-Verlag.

Osterwalder, Josef: Gott, unser Beten beginnt…, in: *Ders.:* Stille die spricht. Gedanken und Gebete, Mainz 1982, 26–27. © Matthias-Grünewald-Verlag.

Osterwalder, Josef: Herr, lehre uns beten, in: *Ders.:* Kleine Gebetsschule (Topos-Taschenbücher; Bd. 154), Mainz 1986, 30. © Matthias-Grünewald-Verlag.

Poeplau, Wolfgang: Kein Gebet, in: *Ders.:* Ich habe mir dir zu reden. Unerhörte Gebete, Freiburg im Breisgau 1989, 112. © Christophorus im Verlag Herder.

Rahner, Karl: Gott meiner Gebete, in: *Ders.:* Beten mit Karl Rahner. Band 1: Von der Not und dem Segen des Gebets. Mit einer Einführung von Rudolf Hubert und Roman A. Siebenrock, Band 2: Gebete des Lebens. Herausgegeben von Albert Raffelt. Mit einer Einführung von Karl Lehmannn, Freiburg im Breisgau 2004, Band 2, 35–41. © Herder Verlag.

Rahner, Karl: In einem Stück…, in: *Ders.:* Beten mit Karl Rahner. Band 1: Von der Not und dem Segen des Gebets. Mit einer Einführung von Rudolf Hubert und Roman A. Siebenrock, Band 2: Gebete des Lebens. Herausgegeben von Albert Raffelt. Mit einer Einführung von Karl Lehmannn, Freiburg im Breisgau 2004, Band 2, 109–110. © Herder Verlag.

Schott, Peter: Stoßgebet. © Peter Schott.

Uhl, Elke: Gebet der Sinne. © Elke Uhl.

Weismantel, Paul: Ich will hören. © Paul Weismantel.

Zulehner, Paul M.: Sehnsucht nach der Sehnsucht, in: *Ders.:* Jedem seinen eigenen Tod. Für die Freiheit des Sterbens, Ostfildern 2001, 49. © Schwabenverlag AG.

Vater unser – das Gebet der Gebete

Blyton, Enid: Was das Vaterunser bedeutet, in: *Dies.:* Before I go to sleep, dt.: Bevor ich schlafen gehe. Biblische Geschichten und Gebete für Kinder. Mit Illustrationen von Janusz Grabianski. Aus dem Englischen übersetzt von Barbara Bayer-Faber, Gütersloh 1982, 140.

Boff, Leonardo: – Vater, du bist nicht an erster Stelle unser Richter und Herr…, in: *Ders.:* O pai-nosso. A oraçâo da libertaçâo integral, Petrópolis 1979, dt.: Vater unser. Das Gebet umfassender Befreiung. Aus dem Portugiesischen übersetzt von Horst Goldstein, Düsseldorf 1981, 9. © Patmos Verlag GmbH & Co. KG.

Copray, Norbert: Vater unser, in: *Ders.:* Dem Leben zuliebe. Gebete, Düsseldorf 1989, 65–67. © Norbert Copray.

Coryllis, Peter: Vater unser, in: *Ders.:* Signale zwischen gestern und Morgen. Gedichte, Texte, Aphorismen. Eine Sammlung, Berlin 1979,16–17. © Kreis der Freunde um Peter Coryllis, Glück Auf Nr. 1, D-26907 Walchum-Hasselbrock.

Häring, Bernhard: Vater unser. Lobpreis, Bittgebet und Lebensprogramm, Freiburg / Schweiz [2]1997, 28; 36; 45–46; 57–58; 69; 86–87. © Münchener Provinz der Redemptoristen.

Hammarskjöld, Dag: Geheiligt werde dein Name…, in: *Ders.:* Vägmärken, 1963, dt.: Zeichen am Weg. Übertragen und eingeleitet von Anton Graf Knyphausen, München 1965, 78. © für die deutsche Ausgabe: 1965 Droemersche Verlagsanstalt Th. Knaur Nachf. GmbH & Co. KG, München.

Hemmerle, Klaus: Vater unseres Freundes Jesus, in: *Ders.:* Hirtenbriefe. Herausgegeben von Karlheinz Collas, Aachen 1994, 218. © Einhard-Verlag.

Franz von Assisi: O heiligster Vater unser…, in: *Lehmann, Leonhard (Hrsg.):* Das Testament eines Armen. Die Schriften des Franz von Assisi (Franziskanische Impulse), Werl 1999, 37–39.

Lohfink, Gerhard: Vater unser, in: Christ in der Gegenwart 36. Jg. – 6. Mai 1984 – Nr. 19, 159. © Gerhard Lohfink.

Luther, Martin: Vater unser im Himmelreich…, in: *Ders.:* Das Handwerkszeug des Christen. Gebete; München – Zürich – Wien und Stuttgart 1991, 133–134.

Marti, Kurt: Unser Vater, in: *Ders.:* Werkauswahl in 5 Bänden. Ausgewählt von Kurt Marti und Elsbeth Pulver, Band 5: Namenszug mit Mond. Gedichte, Zürich/Frauenfeld 1996, 232–234. © Nagel & Kimche im Carl Hanser Verlag.

Osterwalder, Josef: Vater unser im Himmel, in: *Ders.:* Beten wie mir zumute ist. Klage, Freude, Stille, Trauer, Dank, Mainz 1981, 28–29. © Matthias-Grünewald-Verlag.

Otto, Sabine – Reichert, Anita – Gehring, Schwester Franziska: Vater … © Sabine Otto – Anita Reichert – Schwester Franziska Gehring.

Pereira, Alfonso: Vater unser der Straße, in: *Ders.:* Jugend mit Gott. Gedanken und Gebete, Kevelaer 61979, 130. © Butzon & Bercker GmbH.

Rahner, Karl: Vater unser, der Du bist im Himmel meines Herzens…, in: *Ders.:* Beten mit Karl Rahner. Band 1: Von der Not und dem Segen des Gebets. Mit einer Einführung von Rudolf Hubert und Roman A. Siebenrock, Band 2: Gebete des Lebens. Herausgegeben von Albert Raffelt. Mit einer Einführung von Karl Lehmann, Freiburg im Breisgau 2004, Band 1, 63–64. © Herder Verlag.

Riebl, Maria: Vater, in: *Dies.:* Alte Gebete neu erfahren, Innsbruck – Wien 1984, 14–19. © Tyrolia Verlag.

Rotzetter, Anton: Vater unser im Himmel…, in: *Ders.:* Lichtgestalten, in: Christ in der Gegenwart 44. Jg. – 13. September 1992 – Nr. 37, 297–298. © Anton Rotzetter OFMCap.

Stier, Fridolin: Das Vaterunser. Illustrationen von Paul König, Kevelaer 1967. © Butzon & Bercker GmbH.

Süß, Schwester Maripetra: Vater unser, in: *Dies.:* Gebete zum Vatergott nach Texten von Pater Josef Kentenich. Gott-Vater-Jahr 1999, Schönstatt-Vallendar ^{2}1998, 11–15. © Schönstatt-Verlag.

Welte, Bernhard: Gedanken zum Vaterunser, in: Christ in der Gegenwart 26. Jg. – 15. Dezember 1974 – Nr. 50, 398. © Bernhard-Welte-Gesellschaft e.V., c/o AB Christliche Religionsphilosophie im Institut für Systematische Theologie der Albert-Ludwigs-Universität, D-79085 Freiburg i. Br. [Professor Dr. Bernhard Casper, 1. Vorsitzender].

Vom Leben ins Gebet

Begegnung mit der eigenen Biographie

Lebenslauf und Lebensphasen

Adolphsen, Helge: Segen für ein neugeborenes Kind, in: *Ders.:* Minutengebete, Stuttgart 2000, 117. © Helge Adolphsen.

Berndt, Barbara: Vater, manchmal habe ich Angst… © Barbara Berndt.

Erlenspiehl, Pater Eusebius: Die Schönheit des Alters, in: *Ders.:* Heilende Gebete, München 2001, 58. © Verlagsgruppe Random House.

Gebet der Eltern für das Kind, in: Katholisches Gesangbuch. Gesang- und Gebetbuch der deutschsprachigen Schweiz. Herausgegeben im Auftrag der Schweizer Bischofskonferenz, Verein für die Herausgabe des Katholischen Kirchengesangbuches der Schweiz, Zug 1998, Nr. 713, 3.

Greubel, Frank: Ein neues Leben, in: *Ders.:* Und überhaupt: Gebete. Gebete, Texte und Gedanken (KLB konkret. Spiritualität). Herausgeber: Katholische Landvolkbewegung Diözese Würzburg, Ottostraße 1, 97070 Würzburg, 34. © Frank Greubel.

Holzbach, Alexander: Jesus, niemand will den Tod…, in: ferment 1995, Heft 5 (September/Oktober): Beten in Salzburg, 24. © Alexander Holzbach SAC.

Hümmer, Hanna: Herr Jesus Christus, sei Du der Einende…, in: *Dies.:* Es ist ein Raum bei mir. Gebete, Selbitz [3]2004, 118. © Christusbruderschaft Selbitz, Buch- und Kunstverlag, 95152 Selbitz.

Hüsch, Hanns Dieter: In die Arme nehmen, in: *Blum, Michael – Hüsch, Hanns Dieter:* Das kleine Buch zum Segen, Düsseldorf [3]1999, 12. © tvd-Verlag.

Huub, Oosterhuis: Für alle Lebensalter, in: *Ders.:* Ganz nah ist dein Wort. Gebete. Aus dem Niederländischen von Peter Pawlowsky, Wien – Freiburg – Basel [10]1973, 62–66. © Herder Verlag.

Jüngel, Eberhard: Wir danken Dir, lieber Vater, …, in: *Ders.:* Geistesgegenwart. Predigten I und II, München 1979, 230. © Eberhard Jüngel.

Korczak, Janusz: Gebet eines Greises, in: *Ders.:* Allein mit Gott. Gebete eines Menschen, der nicht betet. Aus dem Polnischen übersetzt von Wolfgang Grycz. Mit einem Nachwort von Erich Dauzenroth und Adolf Hampel, Gütersloh [2]1981, 29–31. © Gütersloher Verlagshaus, in der Verlagsgruppe Random House GmbH, München.

Marti, Kurt: gebet einer alten gebrechlichen frau, in: *Ders.:* gott gerneklein. Gedichte, Stuttgart [2]1996, 68–69. © Radius-Verlag GmbH.

Multhaupt, Hermann: Wenn meine Kräfte schwinden. Nach Psalm 70, in: *Ders.:* Der Abend wirft sanfte Schatten. Gebete für die zweite Lebenshälfte, Mainz 1998, 81–82. © Hermann Multhaupt.

Mutter Teresa: Gebet für ein krankes Kind, in: Die Weisheit der Mutter Teresa. Meine Gebete. Aus dem Englischen von Martin Schulte, München 1992, 82. © Verlagsgruppe Random House.

Natus, Uwe Maria: Schön, dass es mich gibt. Kindergebet. © Uwe Maria Natus.

Pangels, Heinz: Gebet eines Großvaters zur Taufe seines Enkelkindes. © Heinz Pangels.

Rahner, Karl: Werde ich auch einmal sagen dürfen…, in: *Ders.:* Heilige Stunde und Passionsandacht, Freiburg – Basel – Wien ^{4}1966, 59–60. © Herder Verlag.

Spilling-Nöker, Christa: Gott, segne dieses Kind, in: *Schmeisser, Martin (Hrsg.):* Gesegneter Weg. Segenstexte und Segensgesten, Eschbach/Markgräflerland 1997, 41. © Verlag am Eschbach der Schwabenverlag AG.

Stutz, Pierre: Gebet mit älteren Menschen, in: *Ders.:* Gottesdienste ganzheitlich feiern. Modelle für Gruppen und Gemeinden. Mit Tänzen von Marlis Ott, Luzern – Stuttgart 1995, 97–98. © Rex Verlag.

Vater im Himmel, du hast uns unsere Kinder…, in: Du in unserer Mitte, ökumenisches Gebetbuch. Herausgegeben von Vincenz Reinhart in Verbindung mit der Arbeitsgemeinschaft Christlicher Kirchen im Lande Niedersachsen, Freiburg im Breisgau 1989, 101.

Walter, Silja: Lieber Gott, das ist doch so …, in: *Dies.:* Gesamtausgabe. Band 9: Spiritualität. Redaktion: Ulrike Wolitz, Freiburg Schweiz 2004, 381. © Paulusverlag.

Weismantel, Paul: Mit betenden Ohren … © Paul Weismantel.

Zenetti, Lothar: Segenslied über ein Kind, in: *Ders.:* Auf seiner Spur. Texte gläubiger Zuversicht (Topos plus Taschenbücher; Bd. 327), Ostfildern ^{4}2006, 90–91. © Matthias-Grünewald-Verlag der Schwabenverlag AG Ostfildern.

Zink, Heidi und Jörg: Herr, du allein weißt…, in: *Dies.:* Wie Sonne und Mond einander rufen. Gespräche und Gebete mit Kindern. Mit Bildern von Hans Deininger und Andrea Deininger-Bauer, Stuttgart 1980, 23. © Kreuz Verlag.

Zwei kleine Augen, dich zu sehen, mein Gott…, in: Du in unserer Mitte. Ökumenisches Gebetbuch. Herausgegeben von Vincenz Reinhart in Verbindung mit der Arbeitsgemeinschaft Christlicher Kirchen im Lande Niedersachsen, Freiburg im Breisgau 1989, 57.

Beglückende und bedrückende Dinge des Lebens

Albrecht, Alois: Gebet, in: *Ders.:* Sinn erfahren aus dem Wort. Neun Meditationsgottesdienste zu Bildern des Johannes, Stuttgart 1977, 10. © Alois Albrecht.

Albrecht, Alois: Gebet, in: *Ders.:* Sinn erfahren aus dem Wort. Neun Meditationsgottesdienste zu Bildern des Johannes, Stuttgart 1977, 42–44. © Alois Albrecht.

Albrecht, Alois: geblendet von vielen bildern, in: *Ders.:* Sinn erfahren aus dem Wort. Neun Meditationsgottesdienste zu Bildern des Johannes, Stuttgart 1977, 10. © Alois Albrecht.

Barth, Karl: Herr, unser Gott! Du bist groß, hoch und heilig über uns…, in: *Ders.:* Gebete, Zürich [6]1985, 16–17. © Theologischer Verlag Zürich.

Barth, Karl: Herr, unser Gott! Wenn wir Angst haben…, in: *Ders.:* Gebete, Zürich [6]1985, 20–21. © Theologischer Verlag Zürich.

Bukowski, Sylvia: Du kennst unsere verborgensten Ängste. Psalm 139, in: *Dies.:* Lass mich blühen unter deiner Liebe. Gebete zu den Wochenpsalmen, Neukirchen-Vluyn und Wuppertal 2001, 99. © Neukirchener Verlag.

Bukowski, Sylvia: Lass unsere Seele aufatmen. Psalm 31, in: *Dies.:* Lass mich blühen unter deiner Liebe. Gebete zu den Wochenpsalmen, Neukirchen-Vluyn und Wuppertal 2001, 47. © Neukirchener Verlag.

Bukowski, Sylvia: Sieh hinter die Masken, die wir tragen. Psalm 42, in: *Dies.:* Lass mich blühen unter deiner Liebe. Gebete zu den Wochenpsalmen, Neukirchen-Vluyn und Wuppertal 2001, 95. © Neukirchener Verlag.

Camara, Dom Helder: Welch großer Trost, Herr, …, in: *Ders.:* Em tuas mãos, Senhor!, São Paulo 1986, dt.: In deine Hände, Herr! Gedanken und Gebete. Übertragung ins Deutsche: P. Karl Kraut MSJ, München – Zürich – Wien 1987, 42. © Verlag Neue Stadt.

Erlenspiehl, Pater Eusebius: Mit Liebe will ich annehmen, in: *Ders.:* Heilende Gebete, München 2001, 54. © Verlagsgruppe Random House.

Ginsberg, Ernst: Choral, in: *Ders.:* Abschied. Erinnerungen, Theateraufsätze, Gedichte. Herausgegeben von Elisabeth Brock-Sulzer, Zürich 1991, 255–256. © Arche Literatur Verlag AG, Zürich – Hamburg.

Groß, Engelbert: Gott, es gibt Menschen…, in: *Ders.:* Den Stein erweichen möchte ich können … Meditation, Vision, Gebet. Texte für junge Leute, Kevelaer 1980, 53–54. © Engelbert Groß.

Hies, Christian: Auf dem Weg zu Dir. © Christian Hies.

Hies, Christian: Aus Dankbarkeit. © Christian Hies.

Hies, Christian: Du meine Sonne. © Christian Hies.

Hies, Christian: Heiterkeit. © Christian Hies.

Karban, Kathrin: Ich danke dir, mein Gott, … © Kathrin Karban.

Kalkbrenner, Philippa: O Herr. © Philippa Kalkbrenner.

Langner, Manfred: Wohin soll ich gehen, Herr?, in: *Ders.:* Wider die Resignation. Texte, Gebete und Gedanken, Regensburg 1977, 25–29. © Manfred Langner.

Lambert, Willi: Du Leben meines Lebens, in: *Hock, Gundikar (Hrsg.):* Ergriffen vom Feuer. Gebete aus dem Geist der Exerzitien (Ignatianische Impulse; Bd. 16), Würzburg 2006, 81. © Willi Lambert SJ.

Lerch, Andreas: Guter Gott, bei dir zur Ruhe kommen… © Andreas Lerch.

Lerch, Andreas: Guter Gott, du kennst unsere Sehnsucht… © Andreas Lerch.

Naegeli, Sabine: Sein, der ich bin, in: *Dies.:* Du hast mein Dunkel geteilt. Gebete an unerträglichen Tagen, Freiburg – Basel – Wien ^{5}2006, 78. © Herder Verlag.

Naegeli, Sabine: Wenn ich keinen Weg erkenne, in: *Dies.:* Du hast mein Dunkel geteilt. Gebete an unerträglichen Tagen, Freiburg – Basel – Wien ^{5}2006, 16–17. © Herder Verlag.

Noël, Marie: Die arme Kommunion, in: *Dies.:* Erfahrungen mit Gott. Eine Auswahl aus den Notes Intimes. Mit einem Vorwort von Karl Pfleger. Aus dem Französischen übersetzt von Agnes Heitzer (Topos-Taschenbücher; Bd. 12), Mainz ^{2}1979, 40. © Matthias-Grünewald-Verlag.

Noël, Marie: Kommunion, in: *Dies.:* Erfahrungen mit Gott. Eine Auswahl aus den Notes Intimes. Mit einem Vorwort von Karl Pfleger. Aus dem Französischen übersetzt von Agnes Heitzer (Topos-Taschenbücher; Bd. 12), Mainz ^{2}1979, 41–42. © Matthias-Grünewald-Verlag.

Oberröder, Wolfgang: Fürchtet euch nicht! (Joh 6,20), in: *Ders.:* Hilf mir beten, Herr! Beten mit dem Johannesevangelium, Donauwörth 1987, 37–39. © Wolfgang Oberröder.

Schaffer, Ulrich: stimme und stimmen, in: *Ders.:* umkehrungen, gedanken, gebete, gedichte, Witten ^{10}1988, 41. © SCM Collection Verlag.

Thurner, Martin: Herr, du weißt… © Martin Thurner.

Thurner, Martin: Danke, dass ich Dir begegnen darf, o Gott! © Martin Thurner.

Weismantel, Paul: Heute. © Paul Weismantel.

Weismantel, Paul: In Sehnsucht nach dir. © Paul Weismantel.

Weismantel, Paul: Tag und Nacht. © Paul Weismantel.

Weismantel, Paul: Ursprung des Lichtes! © Paul Weismantel.

Wiemer, Rudolf Otto: Anfrage wegen Glück, in: *Ders.:* Chance der Bärenraupe. Ausgewählte Gedichte, Freiburg – Heidelberg ^{2}1982, 119–122. © Rudolf Otto Wiemer Erben, c/o Uta und Joachim Zimmermann, Albertus Magnus-Straße 30, 31139 Hildesheim.

Willms, Wilhelm: ich habe meine angst verloren, in: *Ders.:* der geerdete himmel. wiederbelebungsversuche, collagen herta strauß, Kevelaer ^{7}1968, 9.5. © Butzon & Bercker GmbH.

Wisse, Stephan: Ich lebe, in: *Ders.:* Ich bete mein Leben. Anregungen zum Gebet im Alltag, Freiburg im Breisgau 1990, 12. © Herder Verlag.

Lebensbrüche

Ägyptische Gregoriosanaphora: Bitte um Sündenvergebung, in: *Heiser, Lothar:* Ägypten sei gesegnet! (Jesaja 19,25). Koptisches Christentum in Bildern und Gebeten (Schriftenreihe des Patristischen Zentrums Koinonia-Oriens; Bd. LI), St. Ottilien 2001, 269.

Bitte um Vollendung der Verstorbenen (Kyrillosliturgie), in: *Heiser, Lothar:* Ägypten sei gesegnet! (Jesaja 19,25). Koptisches Christentum in Bildern und Gebeten (Schriftenreihe des Patristischen Zentrums Koinonia-Oriens; Bd. LI), St. Ottilien 2001, 419.

Bittgebet für alle Bedrängten, in: *Heiser, Lothar:* Ägypten sei gesegnet! (Jesaja 19,25). Koptisches Christentum in Bildern und Gebeten (Schriftenreihe des Patristischen Zentrums Koinonia-Oriens, Bd. LI), St. Ottilien 2001, 329.

Boelte, Waltraud: Heilige Maria, Mutter Gottes ..., in: *Beck, Eleonore (Hrsg.):* Gebete meines Lebens, Ostfildern 1999, 42–43. © Waltraud Boelte.

Bohren, Rudolf: auf der intensivstation ..., in: *Ders.:* Texte zum Weiterbeten, Neukirchen-Vluyn 1976, 103. © Neukirchener Verlag.

Bonhoeffer, Dietrich: Gebet in besonderer Not, in: *Ders.:* Widerstand und Ergebung. Briefe und Aufzeichnungen aus der Haft. Herausgegeben von Eberhard Bethge, München 1951, 100–101. © Gütersloher Verlagshaus, in der Verlagsgruppe Random House GmbH, München.

Bours, Johannes: Mein Herr und mein Gott, ..., in: *Ders.:* Ich werde ihm den Morgenstern geben. Worte für den Lebensweg, Herausgegeben von Paul Deselaers, Freiburg im Breisgau [4]1991, 200. © Herder Verlag.

Bukowski, Sylvia: Dann bleibe du dennoch bei mir, in: *Dies.:* Lass mich blühen unter deiner Liebe. Gebete zu den Wochenpsalmen, Neukirchen-Vluyn und Wuppertal 2001, 97. © Neukirchener Verlag.

Bukowski, Sylvia: Halte aus, woran wir zerbrechen, in: *Dies.:* Lass mich blühen unter deiner Liebe. Gebete zu den Wochenpsalmen, Neukirchen-Vluyn und Wuppertal 2001, 63. © Neukirchener Verlag.

Busta, Christine: Gebet einer Sünderin zur heiligen Maria Magdalena, in: *Dies.:* Lampe und Delphin. Gedichte, Salzburg [3]1966,18. © Otto Müller Verlag.

Camara, Dom Helder: Soeben ist jemand gestorben, in: *Ders.:* Nossa Senhora no meu caminho, São Paulo 1983, dt.: Maria – eine Mutter auf meinem Weg. Betrachtungen und Gebete (Hilfen zum christlichen Leben). Übersetzung: Josef Schwind, S.A.C, München – Zürich – Wien 1985, 7. © Verlag Neue Stadt.

Cardenal, Ernesto: Psalm 21 (22), in: *Ders.:* Gebet für Marilyn Monroe und andere Gedichte. Herausgegeben und übertragen von Stephan Bacin. Mit einem Nachwort von Kurt Marti, Wuppertal [2]1973, 98. © Peter Hammer Verlag.

Canisius, Petrus: Um eine gute Todesstunde, in: *Hock, Gundikar (Hrsg.):* Ergriffen vom Feuer. Gebete aus dem Geist der Exerzitien (Ignatianische Impulse; Bd. 16), Würzburg 2006, 25.

Copray, Norbert: Schreien könnte ich, in: *Ders.:* Dem Leben zuliebe. Gebete, Düsseldorf 1989, 9. © Norbert Copray.

Copray, Norbert: Warum hilfst Du uns nicht, Gott, warum?, in: *Ders.:* Dem Leben zuliebe. Gebete, Düsseldorf 1989, 93. © Norbert Copray.

Dirnbeck Josef: Du wirst nicht allein sein, in: *Ders.:* Hymnen der Kirche. Lateinische Texte und deutsche Nachdichtungen, Graz – Wien – Köln 1978, 113. © Josef Dirnbeck.

Du hast um unsere Hände gebeten (Aus Südafrika), in: *Vellguth, Klaus (Hrsg):* Wo die Sehnsucht Heimat findet, Kevelaer 2002, 90–91.

Erlenspiehl, Pater Eusebius: Heile meine Schuld, in: *Ders.:* Heilende Gebete, München 2001, 34. © Verlagsgruppe Random House.

Für einen kürzlich Verstorbenen, in: Gebete aus St. Thomas. Geistliche Texte aus einer mittelalterlichen Zisterzienserinnenabtei des Trierer Landes. Übersetzt und zusammengestellt von Andreas Heinz. Herausgeber: Bischöfliches Priesterhaus St. Thomas (Eifel), Bildungsstätte für kirchliche Dienste 1980, 175.

Gebet für Kranke, in: Katholisches Gesangbuch. Gesang- und Gebetbuch der deutschsprachigen Schweiz. Herausgegeben im Auftrag der Schweizer Bischofskonferenz, Verein für die Herausgabe des Katholischen Kirchengesangbuches der Schweiz, Zug 1998, Nr. 78.

Ginsberg, Ernst: Tägliches Gebet in langer Krankheit, in: *Ders.:* Abschied. Erinnerungen, Theateraufsätze, Gedichte. Herausgegeben von Elisabeth Brock-Sulzer. Mit einem Photoporträt von Max Jacoby, Zürich 1991, 244. © Arche Literatur Verlag AG.

Gott geleite dich, in: Deine Güte umsorgt uns. Segen empfangen und weitergeben. Gedanken, Segenswünsche und Gebete, ausgewählt und herausgegeben von Martin Schmeisser, Eschbach/Markgräflerland ^{6}1995, 89. © Verlag am Eschbach der Schwabenverlag AG.

Guardini, Romano: Die gute Ewigkeit, in: *Ders.:* Deutscher Psalter. Theologische Gebete (Romano Guardini: Werke. Herausgegeben von Franz Henrich im Auftrag des Sachverständigengremiums für den literarischen Nachlaß Romanos Guardinis bei der Katholischen Akademie in Bayern, Sachbereich Gebet und Meditation), Mainz und Paderborn 1998, 342. © Katholische Akademie in Bayern.

Hauser, Theresia: Kommt der Engel…, in: *Dies.:* Von Dir berührt. Gebete und Gedanken, Ostfildern 1999, 117. © Theresia Hauser.

Hauser, Theresia: Wunden, in: *Dies.:* Von Dir berührt. Gebete und Gedanken, Ostfildern 1999, 20. © Theresia Hauser.

Hies, Christian: Ich falle. © Christian Hies.

Hürlimann, Christoph: Gebet, in: *Ders.:* Mit der Bibel beten. Eine neue Ermutigung. Mit Bildern von Silja Walter, Freiburg (Schweiz) 1997, 15. © Paulusverlag.

Hüsch, Hanns Dieter: August-Psalm, in: *Hüsch, Hanns Dieter – Seidel, Uwe:* Ich stehe unter Gottes Schutz. Psalmen für Alletage, Düsseldorf ^{4}1999, 77. © tvd-Verlag.

Hüsch, Hanns Dieter: Abschiedssegen für eine Freundin – einen Freund, in: *Blum, Michael – Hüsch, Hanns Dieter:* Das kleine Buch zum Segen, Düsseldorf ^{3}1999, 44. © tvd-Verlag.

Ich bin krank von Kopf bis Fuß (aus Indien), in: *Vellguth, Klaus (Hrsg.):* Wo die Sehnsucht Heimat findet, Kevelaer 2002, 54–55.

Jockwig, Klemens: Gebet, in: Wende dich zu mir. Gebete mit Sterbenden. Herausgegeben von Erhard Domay in Zusammenarbeit mit Ursel Heinz. Mit einem Nachwort von Franco Rest (Gütersloher Taschenbücher; 1310), Gütersloh 1995, 26. © Klemens Jockwig CSsR.

Johannes Paul II.: Für die Menschen, die Leid ertragen müssen (auf einem Friedhof gesprochen), in: Gebete zur Zeit. Aus dem Italienischen ins Deutsche übertragen von Josef Helmut Machowetz. Mit Grafiken von Teresa Stankiewicz, Graz – Wien – Köln 1994, 10–11.

Johannes Paul II.: Gebet für die Verstorbenen, in: *Ders.:* Gebete zur Zeit. Aus dem Italienischen ins Deutsche übertragen von Josef Helmut Machowetz. Mit Grafiken von Teresa Stankiewicz, Graz – Wien – Köln 1994, 170.

Jüngel, Eberhard: Herr, lehre uns bedenken ..., in: *Ders.:* Geistesgegenwart. Predigten I und II, München 1979, 185. © Eberhard Jüngel.

Kalkbrenner, Philippa: auf die ebbe der Verzweiflung folgt die flut ... © Philippa Kalkbrenner.

Kalkbrenner, Philippa: GOTT meines wunderbaren Weges ... © Philippa Kalkbrenner.

Karban, Kathrin: Bleibe hier bei uns, ... © Kathrin Karban.

Korczak, Janusz: Gebet der Klage, in: *Ders.:* Allein mit Gott. Gebete eines Menschen, der nicht betet. Aus dem Polnischen übersetzt von Wolfgang Grycz. Mit einem Nachwort von Erich Dauzenroth und Adolf Hampel (Gütersloher Taschenbücher Siebenstern; 1004), Gütersloh ^{2}1981, 46–48. © Gütersloher Verlagshaus.

Korczak, Janusz: Gebet der Trauer, in: *Ders.:* Allein mit Gott. Gebete eines Menschen, der nicht betet. Aus dem Polnischen übersetzt von Wolfgang Grycz. Mit einem Nachwort von Erich Dauzenroth und Adolf Hampel (Gütersloher Taschenbücher Siebenstern; 1004), Gütersloh ^{2}1981, 49–50. © Gütersloher Verlagshaus.

Landefeld, Yvonne: Psalm 102. © Yvonne Landefeld.

Lerch, Andreas: Der du gesagt hast ... © Andreas Lerch.

Lerch, Andreas: Herr, unser Gott, schuldbeladen stehen wir ... © Andreas Lerch.

Lerch, Andreas: Wenn es so weit ist, brauche ich einen Freund ... © Andreas Lerch.

Litanei, in: Gebete aus St. Thomas. Geistliche Texte aus einer mittelalterlichen Zisterzienserinnenabtei des Trierer Landes. Übersetzt und zusammengestellt von Andreas Heinz. Herausgeber: Bischöfliches Priesterhaus St. Thomas (Eifel), Bildungsstätte für kirchliche Dienste 1980, 31–34.

Lobpreis und Bitte, in: Gebete aus St. Thomas. Geistliche Texte aus einer mittelalterlichen Zisterzienserinnenabtei des Trierer Landes. Übersetzt und zusammengestellt von Andreas Heinz. Herausgeber: Bischöfliches Priesterhaus St. Thomas (Eifel), Bildungsstätte für kirchliche Dienste 1980, 22.

Lüke, Ulrich: Herr, die dich in ihrer Nähe wissen, in: *Ders.:* Mit anderen Worten ... Anstößige Gedanken im Kirchenjahr, Paderborn 2002, 62. © Ulrich Lüke.

Malmgren, Lena: Ein umgekehrtes Schuldbekenntnis. Aus einem Gottesdienst schwedischer Frauen, in: *Rosenstock, Heidi – Köhler, Hanne:* Du Freundin der Menschen. Neue Texte und Lieder für Andacht und Gottesdienst, Stuttgart – Zürich 1991, 63. © Kreuz Verlag.

Marti, Kurt: Offen für alles, in: *Ders.:* O Gott! Essays und Meditationen, Stuttgart ^{2}1987, 158. © Radius-Verlag GmbH.

Mayer, Rupert: Herr, wie du willst. © Oberdeutsche Provinz SJ.
Meuser, Bernhard: Der Tod hat ... © Bernhard Meuser.
Meuser, Bernhard: Herr, ich habe nicht gesehen ... © Bernhard Meuser.
Meuser, Bernhard: Herr, ich kenne den Maßstab nicht ... © Bernhard Meuser.
Meuser, Bernhard: Herr, wir gut wäre es ... © Bernhard Meuser.
Meuser, Bernhard: Nur einen Schritt dir entgegen ... © Bernhard Meuser.
Meuser, Bernhard: Wenn die einmal sterben, die mir lieb sind ... © Bernhard Meuser.
Meuser, Bernhard: Herr, ich habe meine Schuld ... © Bernhard Meuser.
Mies-Suermann, Irmela: Kreuzweg. © Irmela Mies-Suermann.
Mies-Suermann, Irmela: Herr, sieh an meine Schuld... © Irmela Mies-Suermann.
Miller, Gabriele: Totengedächtnis, in: *Dies.:* Ob du mich hörst? Gebete, Kösel-Verlag, München 2000, 144. © Verlagsgruppe Random House.
Mit den Auferstehenden lass sie auferstehn, in: Gebete aus St. Thomas. Geistliche Texte aus einer mittelalterlichen Zisterzienserinnenabtei des Trierer Landes. Übersetzt und zusammengestellt von Andreas Heinz. Herausgeber: Bischöfliches Priesterhaus St. Thomas (Eifel), Bildungsstätte für kirchliche Dienste 1980, 183.
Mörike, Eduard: Gebet, in: *Ders.:* Sämtliche Werke. Auf Grund der Originaldrucke herausgegeben von Herbert G. Göpfert. Nachwort von Georg Britting, München 1964, 127.
Morley, Janet: Bekenntnis der Schuld, in: *Dies.:* All desires known, 1988; dt.: Preisen will ich Gott, meine Geliebte (frauenforum). Aus dem Englischen von C. Amecke-Mönnighoff und A. Esser, Freiburg – Basel – Wien 1989, 69. © Herder Verlag.
Müller, Jörg: Herr, ich bitte um Vergebung, in: *Ders.:* Ich hab dir was zu sagen, Herr. Gebete für alle Zeiten, Stuttgart ^{2}1995, 16–17. © Betulius Verlag.
Müller, Jörg: Herr, ich danke dir für diesen Menschen, in: *Ders.:* Ich hab dir etwas zu sagen, Herr. Gebete für alle Zeiten, Stuttgart ^{2}1995, 58. © Betulius Verlag.
Müller, Jörg: Herr, steh mir bei im Sterben..., in: *Ders.:* Ich hab dir etwas zu sagen, Herr. Gebete für alle Zeiten, Stuttgart ^{2}1995, 56. © Betulius Verlag.
Müller, Jörg: Herr, vergib mir..., in: *Ders.:* Ich hab dir was zu sagen, Herr. Gebete für alle Zeiten, Stuttgart ^{2}1995, 12–13. © Betulius Verlag.
Multhaupt, Hermann: Das unaufschiebbare Ende, in: *Ders.:* Der Abend wirft sanfte Schatten. Gebete für die zweite Lebenshälfte, Mainz 1998, 118–119. © Hermann Multhaupt.
Naegeli, Sabine: Das Eingeschlossensein überdauern, in: *Dies.:* Du hast mein Dunkel geteilt. Gebete an unerträglichen Tagen, Freiburg – Basel – Wien ^{5}2006, 14–15. © Herder Verlag.
Naegeli, Sabine: Den Schmerzen ausgeliefert, in: *Dies.:* Du hast mein Dunkel geteilt. Gebete an unerträglichen Tagen, Freiburg – Basel – Wien ^{5}2006, 9. © Herder Verlag.
Naegeli, Sabine: Ich brauche innere Heilung, in: *Dies.:* Du hast mein Dunkel geteilt. Gebete an unerträglichen Tagen, Freiburg – Basel – Wien ^{5}2006, 30–32. © Herder Verlag.

Naegeli, Sabine: Ich will umkehren, in: *Dies.:* Du hast mein Dunkel geteilt. Gebete an unerträglichen Tagen, Freiburg – Basel – Wien [5]2006, 42–43. © Herder Verlag.

Naegeli, Sabine: Im Angesicht des Todes, in: *Dies.:* Du hast mein Dunkel geteilt. Gebete an unerträglichen Tagen, Freiburg – Basel – Wien [5]2006, 50–51. © Herder Verlag.

Naegeli, Sabine: Im Ringen um Verzeihenkönnen, in: *Dies.:* Du hast mein Dunkel geteilt. Gebete an unerträglichen Tagen, Freiburg – Basel – Wien [5]2006, 34–35. © Herder Verlag.

Naegeli, Sabine: In schlaflosen Nächten, in: *Dies.:* Du hast mein Dunkel geteilt. Gebete an unerträglichen Tagen, Freiburg – Basel – Wien [5]2006, 26–27. © Herder Verlag.

Naegeli, Sabine: Wenn die Last zu schwer wird, in: *Dies.:* Du hast mein Dunkel geteilt. Gebete an unerträglichen Tagen, Freiburg – Basel – Wien [5]2006, 12–13. © Herder Verlag.

Naegeli, Sabine: Wir hören das Trostversprechen … © Sabine Naegeli.

Naegeli, Sabine: Am Ende meiner Tage … © Sabine Naegeli.

Newman, John Henry: Litanei vom Leiden Jesu, in: *Ders.:* Betrachtungen und Gebete. Aus dem Englischen übertragen von Maria Knoepfler, München 1952, 129–132.

O'Donohue, John: Anam Cara. The Book of Celtic Wisdom, New York 1997, dt.: Anam Cara. Das Buch der keltischen Weisheit. Aus dem Englischen von Giovanni und Ditte Bandini, München 1997, 253. © Deutscher Taschenbuch Verlag GmbH & Co. KG.

Oberröder, Wolfgang: Euer Kummer wird sich in Freude verwandeln (Job 16,20), in: *Ders.:* Hilf mir beten, Herr! Beten mit dem Johannesevangelium, Donauwörth 1987, 68–69. © Wolfgang Oberröder.

Oberröder, Wolfgang: Herr, dein Freund ist krank (Job 11,3), in: *Ders.:* Hilf mir beten, Herr! Beten mit dem Johannesevangelium, Donauwörth 1987, 50–52. © Wolfgang Oberröder.

Oberröder, Wolfgang: Warum weinst du? (Joh 20,13), in: *Ders.:* Hilf mir beten, Herr! Beten mit dem Johannesevangelium, Donauwörth 1987, 78–80. © Wolfgang Oberröder.

Oischinger, Cornelia: Jede einzelne Träne … © Cornelia Oischinger.

Oosterhuis, Huub: Für einen Verstorbenen, in: *Ders.:* Ganz nah ist dein Wort. Gebete. Aus dem Niederländischen von Peter Pawlowsky, Wien – Freiburg – Basel [10]1973, 98–99. © Herder Verlag.

Oosterhuis, Huub: Gott, wir wachen bei diesem Toten, in: *Ders.:* Ganz nah ist dein Wort. Gebete. Aus dem Niederländischen von Peter Pawlowsky, Wien – Freiburg – Basel [10]1973, 102. © Herder Verlag.

Oosterhuis, Huub: Herr, unser Gott, …, in: *Ders.:* Ganz nah ist dein Wort. Gebete. Aus dem Niederländischen von Peter Pawlowsky, Wien – Freiburg – Basel [10]1973, 166–167. © Herder Verlag.

Oosterhuis, Huub: Tod und Liebe, in: *Ders.:* Dein Trost ist nah. Aus dem Niederländischen von Peter Pawlowsky, Wien – Freiburg – Basel 1978, 66. © Herder Verlag.

Osterwalder, Josef: Gott, Du vergibst, ..., in: *Ders.:* Stille die spricht. Gedanken und Gebete, Mainz 1982, 25. © Matthias-Grünewald-Verlag.

Osterwalder, Josef: Herr, hörst Du die Stimme der Sterbenden ..., in: *Ders.:* Beten wie mir zumute ist. Klage, Freude, Stille, Trauer, Dank (Topos Taschenbuch; Bd. 217), Mainz 1981, 15. © Matthias-Grünewald-Verlag.

Osterwalder, Josef: Herr, wir können den Tod nicht verstehen ..., in: *Ders.:* Beten wie mir zumute ist. Klage, Freude, Stille, Trauer, Dank (Topos Taschenbuch; Bd. 217), Mainz 1981, 15. © Matthias-Grünewald-Verlag.

Osterwalder, Josef: Trauern hat seine Zeit, in: *Ders.:* Beten wie mir zumute ist. Klage, Freude, Stille, Trauer, Dank (Topos Taschenbuch; Bd. 217), Mainz 1981, 71. © Matthias-Grünewald-Verlag.

Poeplau, Wolfgang: Lässliche Sünden, in: *Ders.:* Ich habe mir dir zu reden. Unerhörte Gebete, Freiburg im Breisgau 1989, 64. © Christophorus im Verlag Herder.

Rahner, Karl: Stiller Gott, Gott der stillen Toten ..., in: *Ders.:* Beten mit Karl Rahner. Band 1: Von der Not und dem Segen des Gebets. Mit einer Einführung von Rudolf Hubert und Roman A. Siebenrock, Band 2: Gebete des Lebens. Herausgegeben von Albert Raffelt. Mit einer Einführung von Karl Lehmann, Freiburg im Breisgau 2004, Band 2, 163–164. © Herder Verlag.

Rahner, Karl: Was soll ich dir sagen, mein Gott, ..., in: *Ders.:* Beten mit Karl Rahner. Band 1: Von der Not und dem Segen des Gebets. Mit einer Einführung von Rudolf Hubert und Roman A. Siebenrock, Band 2: Gebete des Lebens. Herausgegeben von Albert Raffelt. Mit einer Einführung von Karl Lehmann, Freiburg im Breisgau 2004, Band 2, 21. © Herder Verlag.

Rilke, Rainer Maria: O Herr, gib jedem seinen eigenen Tod, in: *Ders.:* Sämtliche Werke. Herausgegeben vom Rilke-Archiv in Verbindung mit Ruth Sieber-Rilke besorgt durch Ernst Zinn, 6 Bände, Frankfurt am Main 1987, Band I, 347 (»Das Stunden-Buch«, 249–366).

Ringseisen, Paul: Der leidende Christus im Leiden der Welt. Todesangst-Christi-Litanei, in: *Ders.:* Ruf und Anruf. Neue Litaneien, München ^{2}1982, 32–35. © Paul Ringseisen.

Ringseisen, Paul: Jesus – mein Arzt, in: *Ders.:* Ruf und Anruf. Neue Litaneien, München ^{2}1982, 36–38. © Paul Ringseisen.

Rotzetter, Anton: Warum?, in: *Ders.:* Gott, der mich atmen läßt. Gebete, Freiburg – Basel – Wien 17. Gesamtauflage 2002, 125. © Herder Verlag.

Sag ja zu mir ..., in: *Seidel, Max – Zils, Diethard:* Psalmen der Hoffnung. Texte für jeden Tag, Gladbeck 1982, 75. © Max Seidel – Diethard Zils.

Sailer, Johann Michael: Am Abend eines leidvollen Tages, in: *Ders.:* Gebete für Christen. Gebete und Meditationen. Auswahl und Einführung von Willibald Kammermeier. Geleitwort von Bischof Dr. Rudolf Graber, St. Augustin 1981, 58–59.

Saint-Exupéry, Antoine de: Wenn ich sterben werde., in: *Ders.:* Gesammelte Schriften in drei Bänden (dtv Dünndruck-Ausgabe), München 1978, Band 2, 377. © Karl Rauch Verlag AG.

Schaffer, Ulrich: verwoben, in: *Ders.:* umkehrungen, gedanken, gebete, gedichte, Witten [10]1988, 7. © SCM Collection Verlag.

Schnurre, Wolfdietrich: Gebet, in: *Ders.:* Kassiber und neue Gedichte, München 1979, 43. © Marina Schnurre.

Septembergebete. Aus Kondolenzbüchern zum 11. September 2001. Herausgegeben von Dr. Gebhard Fürst, Bischof der Diözese Rottenburg-Stuttgart, Ostfildern 2001. © Bischof Dr. Gebhard Fürst.

Stier, Fridolin: De profundis – das ist mein Gebet aus dieser Wahrheit, in: *Ders.:* Vielleicht ist irgendwo Tag. Die Aufzeichnungen und Erfahrungen eines großen Denkers, (Herder spektrum; Band 4234), Freiburg – Basel – Wien [3]1997, 220–221. © Herder Verlag.

Stutz, Pierre: Mitleidend, in: *Ders.:* Du hast mir Raum geschaffen. Inspiriert von den Psalmen (Herder spektrum; Bd. 5424), Freiburg im Breisgau 2003, 74. © Herder Verlag.

Stutz, Pierre: Sammle meine Tränen, in: *Ders.:* Du hast mir Raum geschaffen. Inspiriert von den Psalmen (Herder spektrum; Bd. 5424), Freiburg im Breisgau 2003, 64. © Herder Verlag.

Stutz, Pierre: Segen beim Abschiednehmen. © Pierre Stutz.

Stutz, Pierre: Sehnsucht nach Heilung. © Pierre Stutz.

Stutz, Pierre: Trauerräume. © Pierre Stutz.

Thurner, Martin: Gebet um eine gute Sterbestunde. © Martin Thurner.

Uhl, Elke: Herr, so bringe ich in meinem Gebet Menschen vor dich … © Elke Uhl.

Walter, Silja: Am Grab, in: *Dies.:* Gesamtausgabe. Band 10: Spiritualität II. Redaktion Ulrike Wolitz, Freiburg Schweiz 2005, 513. © Paulusverlag.

Weismantel, Paul: Bei dir. © Paul Weismantel.

Weismantel, Paul: Lass mich. © Paul Weismantel.

Wenn alles versandet, in: Katholisches Gesangbuch. Gesang- und Gebetbuch der deutschsprachigen Schweiz. Herausgegeben im Auftrag der Schweizer Bischofskonferenz, Verein für die Herausgabe des Katholischen Kirchengesangbuches der Schweiz, Zug 1998, Nr. 64.

Wiemer, Rudolf Otto: Anlässlich eines Todes, in: *Ders.:* Chance der Bärenraupe. Ausgewählte Gedichte, Freiburg – Heidelberg [2]1982, 111, bzw. in: *Ders.:* Wortwechsel, Berlin 1973, 21. © Wolfgang Fietkau Verlag.

Wiemer, Rudolf Otto: Gegen Ausflüchte, in: *Ders.:* Chance der Bärenraupe. Ausgewählte Gedichte, Freiburg – Heidelberg [2]1982, 109. © Rudolf Otto Wiemer Erben, c/o Uta und Joachim Zimmermann, Albertus Magnus-Straße 30, 31139 Hildesheim.

Wiemer, Rudolf Otto: Für eine unheilbare Kranke, in: *Ders.:* Chance der Bärenraupe. Ausgewählte Gedichte, Freiburg – Heidelberg [2]1982, 117. © Rudolf Otto Wiemer

Erben, c/o Uta und Joachim Zimmermann, Albertus Magnus-Straße 30, 31139 Hildesheim.

Wisse, Stephan: Verzeih mir, in: *Ders.:* Ich bete mein Leben. Anregungen zum Gebet im Alltag, Freiburg im Breisgau 1990, 67–68. © Herder Verlag.

Zenetti, Lothar: Bitte im Sterben, in: *Ders.:* Sieben Farben hat das Licht. Neue Texte für den einzelnen und die Gemeinde (Pfeiffer-Werkbücher Nr. 127), München 1975, 286. © Lothar Zenetti.

Zink, Jörg: Gott, der Ursprung und Vollender aller Dinge…, in: *Ders.:* Ich wünsche dir Genesung, Stuttgart 1990, 46. © Kreuz Verlag.

Zink, Jörg: Schuld, in: *Ders.:* Wie wir beten können, Stuttgart – Berlin ^{7}1975, 196–197. © Kreuz Verlag.

Zink Jörg: Unsere Schuld, in: *Ders.:* Wie wir beten können, Stuttgart – Berlin ^{7}1975, 246–247. © Kreuz Verlag.

Begegnung mit Gott als dem Geheimnis unseres Lebens

Albrecht, Alois: Gebet, in: *Ders.:* Neuwerden aus seinem Wort. Meditationsgottesdienste, Stuttgart 1976, 12. © Alois Albrecht.

Albus, Michael: Wirf ein Auge auf mich, in: Beck, Eleonore (Hrsg.): Gebete meines Lebens, Ostfildern 1999, 14. © Michael Albus.

Arens, Heribert: Gebet, in: *Ders.:* Suchst Du Gott, dann such ihn unten. Sieben Impulse zu einer geerdeten Spiritualität, Donauwörth 2003 (Erich Wewel Verlag), 36–37. © Sankt Ulrich Verlag GmbH.

Bachl, Gottfried: Bist du lieber im Hirn, in: *Ders.:* Mailuft und Eisgang. 100 Gebete, Innsbruck – Wien 1998, 10. © Tyrolia Verlag.

Bachl, Gottfried: Die Seele in uns, in: *Ders.:* Mailuft und Eisgang. 100 Gebete, Innsbruck – Wien 1998, 30. © Tyrolia Verlag.

Bachl, Gottfried: Du bist groß…, in: *Ders.:* Mailuft und Eisgang. 100 Gebete, Innsbruck –Wien 1998, 30. © Tyrolia Verlag.

Bachl, Gottfried: Du bist innen und außen…, in: *Ders.:* Mailuft und Eisgang. 100 Gebete, Innsbruck – Wien 1998, 31. © Tyrolia Verlag.

Bachl, Gottfried: Wir haben manchmal Gedanken…, in: *Ders.:* Mailuft und Eisgang. 100 Gebete, Innsbruck – Wien 1998, 90. © Tyrolia Verlag.

Berndt, Barbara: Gott, wohin gehörst Du? © Barbara Berndt.

Berndt, Barbara: Kann ich etwas einen Namen geben … © Barbara Berndt.

Betz, Otto: Du, Herr, bist das große Schweigen… © Otto Betz.

Biermann, Wolf: Zigeunergebet, in: *Ders.:* Alle Lieder, Köln 1991, 307–308. © Kiepenheuer & Witsch.

Bohren, Rudolf: du im geheimnis…, in: *Ders.:* Texte zum Weiterbeten, Neukirchen-Vluyn 1976, 18. © Neukirchener Verlag.

Bohren, Rudolf: du von erzengeln umgebener, in: *Ders.:* Texte zum Weiterbeten, Neukirchen-Vluyn 1976, 19. © Neukirchener Verlag.

Bohren, Rudolf: wie die vier himmelsrichtungen …, in: *Ders.:* Texte zum Weiterbeten, Neukirchen-Vluyn 1976, 20. © Neukirchener Verlag.

Buber, Martin: Das Lied »Du«, in: *Ders.:* Die Erzählungen der Chassidim (Manesse Bibliothek der Weltliteratur), Zürich 1949, 342.

Dein Wille geschehe (Aus Korea), in: *Vellguth, Klaus (Hrsg.):* Wo die Sehnsucht Heimat findet, Kevelaer 2002, 47–48.

Dirnbeck, Josef: Jesu, nostra redemptio, in: *Ders.:* Hymnen der Kirche. Lateinische Texte und deutsche Nachdichtungen, Graz – Wien – Köln 1978, 73. © Josef Dirnbeck.

Enzensberger, Hans Magnus: Empfänger unbekannt – Retour à l'expéditeur, in: *Ders.:* Kiosk. Neue Gedichte, Frankfurt am Main 1995, 124. © Suhrkamp Verlag.

Fahnroth, Corinna: Hallo, jemand da? © Corinna Fahnroth.

Fahnroth, Corinna: SMS an Gott. © Corinna Fahnroth.

Gerhardt, Alfons: Jesus, Heiland, Freund und Bruder, in: *Beck, Eleonore (Hrsg.):* Gebete meines Lebens, Ostfildern 1999, 169. © Alfons Gerhardt.

Gott in dir ruht mein Leben, in: Krankenbrief 2002. Caritas-Konferenzen im Erzbistum Paderborn e.V. Verband ehrenamtlicher Mitarbeiterinnen und Mitarbeiter in Gemeinden und Einrichtungen, Am Stadelhof 15, 33098 Paderborn.

Guardini, Romano: Das Kommen des Heiligen Geistes, in: *Ders.:* Deutscher Psalter. Theologische Gebete (Romano Guardini: Werke. Herausgegeben von Franz Henrich im Auftrag des Sachverständigengremiums für den literarischen Nachlaß Romanos Guardinis bei der Katholischen Akademie in Bayern, Sachbereich Gebet und Meditation), Mainz und Paderborn 1998, 330–331. © Katholische Akademie in Bayern.

Guardini, Romano: Gottes Heiligkeit, in: *Ders.:* Deutscher Psalter. Theologische Gebete (Romano Guardini: Werke. Herausgegeben von Franz Henrich im Auftrag des Sachverständigengremiums für den literarischen Nachlaß Romanos Guardinis bei der Katholischen Akademie in Bayern, Sachbereich Gebet und Meditation), Mainz und Paderborn 1998, 317–318. © Katholische Akademie in Bayern.

Hammarskjöld, Dag: Du, der über uns ist …, in: *Ders.:* Vägmärken, 1963, dt.: Zeichen am Weg. Übertragen und eingeleitet von Anton Graf Knyphausen, München 1965, 57–58. © für die deutsche Ausgabe: 1965 Droemersche Verlagsanstalt Th. Knaur Nachf. GmbH & Co. KG, München.

Hammarskjöld, Dag: Erbarme dich unser …, in: *Ders.:* Vägmärken, 1963, dt.: Zeichen am Weg. Übertragen und eingeleitet von Anton Graf Knyphausen, München 1965, 112. © Knaur Verlag. © für die deutsche Ausgabe: 1965 Droemersche Verlagsanstalt Th. Knaur Nachf. GmbH & Co. KG, München.

Häring, Bernhard: Komm, heiliger Geist. © Münchener Provinz der Redemptoristen.

Häring, Bernhard: Jedes Mal, wenn du uns rufen hörst …, in: *Ders.:* Ich bete, um zu leben. Einführung und Redaktion: V. Salvoldi, Graz – Wien – Köln 1996

[Aus dem Italienischen von Josef Helmut Machowetz. Der Titel der Originalausgabe lautet: B. Häring – V. Salvoldi, Prego perché vivo, vivo, perché prego, Assisi 1994], 68. © Münchener Provinz der Redemptoristen.

Hauser, Theresia: Gottesnot I, in: *Dies.:* Von Dir berührt. Gebete und Gedanken, Ostfildern 1999, 75. © Theresia Hauser.

Hauser, Theresia: Gottesnot II, in: *Dies.:* Von Dir berührt. Gebete und Gedanken, Ostfildern 1999, 76–77. © Theresia Hauser.

Hauser, Theresia: Manchmal bin ich verschlossen…, in: *Dies.:* Von Dir berührt. Gebete und Gedanken, Ostfildern 1999, 17. © Theresia Hauser.

Hauser, Theresia: Trockenzeit, in: *Dies.:* Von Dir berührt. Gebete und Gedanken, Ostfildern 1999, 33. © Theresia Hauser.

Hauser, Theresia: Ungenügen, in: *Dies.:* Von Dir berührt. Gebete und Gedanken, Ostfildern 1999, 22. © Theresia Hauser.

Herr, du bist wie die Radiowellen (Aus Papua-Neuguinea), in: *Vellguth, Klaus (Hrsg.):* Wo die Sehnsucht Heimat findet, Kevelaer 2002, 63–64.

Hies, Christian: Am Ufer des Meeres… © Christian Hies.

Hies, Christian: Deinem Wort vertrauen. © Christian Hies.

Hies, Christian: Du mein Leben. © Christian Hies.

Hies, Christian: Du meine Frühlingssonne. © Christian Hies.

Hies, Christian: Du meine Hoffnung. © Christian Hies.

Hies, Christian: Du Wasser des ewigen Lebens. © Christian Hies.

Hies, Christian: Geborgenheit bei Gott. © Christian Hies.

Hies, Christian: Heiliger Geist – Zärtlichkeit im Sturm der Zeit. © Christian Hies.

Hoffmeier, Dagmar: Ich denke an DICH… © Dagmar Hoffmeier.

Hümmer, Hanna: Dich möchte ich haben, o Jesu…, in: *Dies.:* Es ist ein Raum bei mir. Gebete, Selbitz ³2004, 191. © Christusbruderschaft Selbitz, Buch- und Kunstverlag, 95152 Selbitz.

Hümmer, Hanna: Habe Dank, Herr Jesus Christus, …, in: *Dies.:* Es ist ein Raum bei mir. Gebete, Selbitz ³2004, 125. © Christusbruderschaft Selbitz, Buch- und Kunstverlag, 95152 Selbitz.

Hümmer, Hanna: Herr Jesus Christus, wir kommen zu Dir…, in: *Dies.:* Es ist ein Raum bei mir. Gebete, Selbitz ³2004, 11. © Christusbruderschaft Selbitz, Buch- und Kunstverlag, 95152 Selbitz.

Johannes Paul II.: Herr, enthülle uns das Geheimnis Gottes, in: *Ders.:* Gebete zur Zeit. Aus dem Italienischen ins Deutsche übertragen von Josef Helmut Machowetz. Mit Grafiken von Teresa Stankiewicz, Graz – Wien – Köln 1994, 33.

Jüngel, Eberhard: Ja, komm Herr Heiliger Geist!, in: Ders: Geistesgegenwart. Predigten I und II, München 1979, 78–79. © Eberhard Jüngel.

Jüngel, Eberhard: Wir danken Dir, Herr, dass Du kein stummer Gott bist…, in: *Ders.:* Geistesgegenwart. Predigten I und II, München 1979, 206. © Eberhard Jüngel.

Kalkbrenner, Philippa: O Herr, könnte ich … © Philippa Kalkbrenner.

Kalkbrenner, Philippa: und plötzlich GOTT, … © Philippa Kalkbrenner.

Kammermeier, Simone: Dein Geist weht … © Simone Kammermeier.

Karban, Kathrin: Und staunend fasse ich, dass Du allezeit … © Kathrin Karban.

Kierkegaard, Sören: Du, o Gott, der uns mit Seiner Liebe zuvorgekommen ist …, in: *Ders.:* Gebete. Auswahl und Übertragung Willi Reich, Zürich 1963, 41–42.

Kierkegaard, Sören: Herr, beruhige die Wogen in dieser Brust, besänftige die Stürme!, in: *Ders.:* Gebete. Auswahl und Übertragung Willi Reich, Zürich 1963, 9.

Kierkegaard, Sören: Vater im Himmel! Auf viel Arten sprichst Du zu dem Menschen., in: *Ders.:* Gebete. Auswahl und Übertragung Willi Reich, Zürich 1963, 25.

Kirchgessner, Bernhard: Heilig-Geist-Litanei, in: *Ders.:* Wort-Gottes-Feiern. Modelle und Anregungen für Gemeinden mit und ohne Priester (Konkrete Liturgie), Regensburg 1997, 91–94. © Verlag Friedrich Pustet.

Komm, Heiliger Geist (aus Indien), in: *Vellguth, Klaus (Hrsg.):* Wo die Sehnsucht Heimat findet, Kevelaer 2002, 30–32.

Lambert, Willi: Gott, da bin ich! Wo bist du? …, in: *Ders.:* Gebet der liebenden Aufmerksamkeit (Deutsche Sendungen von Radio Vatikan), Leutesdorf [10]2003, 57. © Willi Lambert SJ.

Lang, Bernhard: Ich höre den Lärm der Straße, in: *Ders.:* Gib mir die Sprache wieder. Gebete, Stuttgart 1976, 16. © Bernhard Lang.

Lang, Bernhard: Ohne dich bleibt Freundschaft ungedeutet …, in: *Ders.:* Gib mir die Sprache wieder. Gebete, Stuttgart 1976, 17. © Bernhard Lang.

Langner, Manfred: Litanei vom Heiligen Geist, in: *Ders.:* Wider die Resignation. Texte, Gebete und Gedanken, Regensburg 1977, 18. © Manfred Langner.

Lerch, Andreas: Gebet um die Gaben des Heiligen Geistes. © Andreas Lerch.

Lerch, Andreas: Guter Gott, manche Ereignisse … © Andreas Lerch.

Lerch, Andreas: Ich glaube an Gott … © Andreas Lerch.

Lerch, Andreas: Ohne Dich Heiliger Geist … © Andreas Lerch.

Lohfink, Norbert: Du sprichst zu uns in allen Dingen, in: *Ders.:* Hinter den Dingen ein Gott. Meditationen, Freiburg – Basel – Wien 1978, 33–34. © Norbert Lohfink SJ.

Mandl-Schmidt, Inis: Superlativ, in: *Dies.:* Schaff meinen Gedanken einen Weg. Gebete ins Konkrete, Mainz 2001, 27. © Matthias-Grünewald-Verlag.

Marti, Kurt: großer gott klein, in: *Ders.:* Werkauswahl in 5 Bänden. Ausgewählt von Kurt Marti und Elsbeth Pulver, Band 5: Namenszug mit Mond. Gedichte, Zürich/Frauenfeld 1996, 243. © Nagel & Kimche im Carl Hanser Verlag.

Marti, Kurt: Klage, in: *Ders.:* Ungrund Liebe. Klagen, Wünsche, Lieder (Radius-Bücher), Stuttgart [2]1989, 13. © Radius-Verlag GmbH.

Marti, Kurt: Wessen ich bedarf, in: *Ders.:* O Gott! Essays und Meditationen, Stuttgart [2]1987, 32. © Radius-Verlag GmbH.

Meuser, Bernhard: Du – keine der Antworten …© Bernhard Meuser.

Meuser, Bernhard: Du bist das Lächeln … © Bernhard Meuser.

Meuser, Bernhard: Gott, ich suchte mich … © Bernhard Meuser.

Meuser, Bernhard: Gott, ich will Dir Stille halten … © Bernhard Meuser.

Meuser, Bernhard: Heiliger Geist, berühre meine Augen … © Bernhard Meuser.

Meuser, Bernhard: Heiliger Geist, wo Du nicht zwischen uns bist... © Bernhard Meuser.

Meuser, Bernhard: Herr, ich habe Schulden bei Dir... © Bernhard Meuser.

Meuser, Bernhard: Herr, wenn du anklopfst bei mir... © Bernhard Meuser.

Meuser, Bernhard: Ich lege meine Hände in Deine Hände... © Bernhard Meuser.

Meuser, Bernhard: Ich weiß nicht, wer du bist... © Bernhard Meuser.

Meuser, Bernhard: Keine Sekunde, o Gott, ... © Bernhard Meuser.

Meuser, Bernhard: Mein Himmel, Gott, ist Deine Hand ... © Bernhard Meuser.

Meuser, Bernhard: Wann, Herr, habe ich zu lesen verlernt ...© Bernhard Meuser.

Mies-Suermann, Irmela: Credo. © Irmela Mies-Suermann.

Mies-Suermann, Irmela: Pfingsten. © Irmela Mies-Suermann.

Mies-Suermann, Irmela: Wo bist du, Gott? © Irmela Mies-Suermann.

Naegeli, Sabine: Verschüttet du, begraben unter der Last der Fragen. © Sabine Naegeli.

Nikolaus von Kues: Du, o Gott bist die Wahrheit und das Urbild, in: *Ders.:* Vom Sehen Gottes. Ein Buch mystischer Betrachtung. Aus dem Lateinischen übertragen von Dietlind und Wilhelm Dupré. Mit einem Nachwort von Alois M. Haas (Unbekanntes Christentum), Zürich – München 1987, 34–36 [VII Der Ertrag der Antlitz-Schau und wie man ihn erlangt, 32–36].

Oberröder, Wolfgang: Euer Herz lasse sich nicht verwirren! (Joh 14,1), in: *Ders.:* Hilf mir beten, Herr! Beten mit dem Johannesevangelium, Donauwörth 1987, 57–59. © Wolfgang Oberröder.

Oberröder, Wolfgang: Der Geist weht, wo er will (Joh 3,8), in: *Ders.:* Hilf mir beten, Herr! Beten mit dem Johannesevangelium, Donauwörth 1987, 26–27. © Wolfgang Oberröder.

Oberröder, Wolfgang: Folge mir nach! (Joh 1,43), in: *Ders.:* Hilf mir beten, Herr! Beten mit dem Johannesevangelium, Donauwörth 1987, 19–20. © Wolfgang Oberröder.

Oberröder, Wolfgang: Ich bin der Weg und die Wahrheit und das Leben (Joh 14,6), in: *Ders.:* Hilf mir beten, Herr! Beten mit dem Johannesevangelium, Donauwörth 1987, 59–61. © Wolfgang Oberröder.

Oberröder, Wolfgang: Kommt und seht! (Joh 1,39), in: *Ders.:* Hilf mir beten, Herr! Beten mit dem Johannesevangelium, Donauwörth 1987, 15–17. © Wolfgang Oberröder.

Oosterhuis, Huub: Du bist die Antwort nicht, in: *Ders.:* Ganz nah ist dein Wort. Gebete. Aus dem Niederländischen von Peter Pawlowsky, Wien – Freiburg – Basel ^{10}1973, 53. © Herder Verlag.

Oosterhuis, Huub: Gott, schon immer hat dein Name..., in: *Ders.:* Ganz nah ist dein Wort. Gebete. Aus dem Niederländischen von Peter Pawlowsky, Wien – Freiburg – Basel ^{10}1973, 57. © Herder Verlag.

Peikert-Flaspöhler, Christa: Entzugserscheinung, in: *Dies.:* Wie kann ich dich finden? Gebete junger Menschen, Limburg 1981, 8. © Christa Peikert-Flaspöhler.

Poeplau, Wolfgang: Ich bin bei euch alle Tage, in: *Ders.:* Ich habe mir dir zu reden. Unerhörte Gebete, Freiburg im Breisgau 1989, 11. © Christophorus im Verlag Herder.

Poeplau, Wolfgang: Zeitungsgebet, in: *Ders.:* Ich habe mir dir zu reden. Unerhörte Gebete, Freiburg im Breisgau 1989, 106. © Christophorus im Verlag Herder.

Rahner, Karl: Herr Jesus Christus, Du selbst hast mir einen Weg ..., in: *Ders.:* Beten mit Karl Rahner. Band 1: Von der Not und dem Segen des Gebets. Mit einer Einführung von Rudolf Hubert und Roman A. Siebenrock, Band 2: Gebete des Lebens. Herausgegeben von Albert Raffelt. Mit einer Einführung von Karl Lehmann, Freiburg im Breisgau 2004, Band 2, 92. © Herder Verlag.

Rahner, Karl: Vor Gott, in: *Ders.:* Betrachtungen zum ignatianischen Exerzitienbuch, Kösel-Verlag, München 1965, 286–288. © Verlagsgruppe Random House.

Ringseisen, Paul: Anregungen zu einem persönlichen Jesus-Gebet, in: *Ders.:* Ruf und Anruf. Neue Litaneien, München [2]1982, 48–50. © Paul Ringseisen.

Ringseisen, Paul: Erfüllt von Gottes Geist, in: *Ders.:* Ruf und Anruf. Neue Litaneien, München 21982, 25–28. © Paul Ringseisen.

Ringseisen, Paul: Jesus – Zeuge der Wahrheit, in: *Ders.:* Ruf und Anruf. Neue Litaneien, München [2]1982, 29–31. © Paul Ringseisen.

Ringseisen, Paul: Litanei von der Herzlichkeit Gottes, in: *Ders.:* Ruf und Anruf. Neue Litaneien, München [2]1982, 20–24. © Paul Ringseisen.

Ringseisen, Paul: Litanei von der Treue Gottes, in: *Ders.:* Ruf und Anruf. Neue Litaneien, München [2]1982, 9–14. © Paul Ringseisen.

Rotzetter, Anton: Du in mir und ich in Dir, in: *Ders.:* Gott, der mich atmen läßt. Gebete, Freiburg – Basel – Wien 17. Gesamtauflage 2002, 118. © Herder Verlag.

Rotzetter, Anton: Brenn in unseren Herzen, in: *Ders.:* Gott, der mich atmen läßt. Gebete, Freiburg – Basel – Wien 17. Gesamtauflage 2002, 89. © Herder Verlag.

Rotzetter, Anton: Sei Du die Kraft, in: *Ders.:* Gott, der mich atmen lässt. Gebete, Freiburg – Basel – Wien 17. Gesamtauflage 2002, 92. © Herder Verlag,

Rotzetter, Anton: Ich wende meine Augen nach innen, in: *Ders.:* Gott, der mich atmen läßt. Gebete, Freiburg – Basel – Wien 17. Gesamtauflage 2002, 62. © Herder Verlag.

Rotzetter, Anton: Gott Du sagst ...© Anton Rotzetter OFMCap.

Rotzetter, Anton: Gott Du bist ein Gott des Weges ...© Anton Rotzetter OFMCap..

Rotzetter, Anton: Gottes Geist ...© Anton Rotzetter OFMCap..

Schaffer, Ulrich: deine ruhe, in: *Ders.:* umkehrungen, gedanken, gebete, gedichte, Witten [10]1988, 9. © SCM Collection Verlag.

Schmieder, Lucida: Komm, Heiliger Geist, erleuchte unser Denken ... © Lucida Schmieder OSB.

Schott, Peter: (An-)Klagepsalm. © Peter Schott

Schott, Peter: Nachtaktiv. © Peter Schott.

Schott, Peter: Versteckspiel. © Peter Schott.

Schott, Peter: Einfach so. © Peter Schott.

Schott, Peter: Glaubensbekenntnis. © Peter Schott.

Schott, Peter: www.Gott.de. © Peter Schott.

Schott, Peter: Glaubensfrage. © Peter Schott.

Schreib, Andreas: Wieder und wieder ... © Andreas Schreib.

Stablo, Isabelle: Du Andersartiger … © Isabelle Stablo.

Stutz, Pierre: Befreiende Selbsterkenntnis, in: *Ders.:* Du hast mir Raum geschaffen. Inspiriert von den Psalmen (Herder spektrum; Bd. 5424), Freiburg im Breisgau 2003, 26. © Herder Verlag.

Stutz, Pierre: Deine Nähe suchen wir, in: *Ders.:* Du hast mir Raum geschaffen. Inspiriert von den Psalmen (Herder spektrum; Bd. 5424), Freiburg im Breisgau 2003, 21. © Herder Verlag.

Stutz, Pierre: Grund meiner Hoffnung, in: *Ders.:* Du hast mir Raum geschaffen. Inspiriert von den Psalmen (Herder spektrum; Bd. 5424), Freiburg im Breisgau 2003, 31. © Herder Verlag.

Sudbrack, Josef: Wer bist du, Heiliger Geist? © Josef Sudbrack SJ.

Süß, Schwester Maripetra: Lass mich dein Antlitz schauen, in: *Dies.:* Christusgebete. Zu Texten von Pater Josef Kentenich. Christus-Jahr 1997, Vallendar 1997, 3–4. © Schönstatt-Verlag.

Süß, Schwester Maripetra: Meine Mitte, in: *Dies.:* Christusgebete. Zu Texten von Pater Josef Kentenich. Christus-Jahr 1997, Vallendar 1997, 26–29. © Schönstatt-Verlag.

Süß, Schwester Maripetra: Wer bist du, Gott?, in: *Dies.:* Gebete zum Vatergott. Nach Texten von Pater Josef Kentenich. Gott-Vater-Jahr 1999, Vallendar-Schönstatt ^{2}1998, 3–6. © Schönstatt-Verlag.

Thurner, Martin: Rufe uns, du heiliger Geist, … © Martin Thurner.

Twardowski, Jan: Ich glaube, in: *Ders.:* Gott fleht um Liebe. Ausgewählt und bearbeitet von Aleksandra Iwanowska. Mit einem Nachwort des Autors. Übertragen von Karl Dedecius, Karin Wolff und Rudolf Bohren, Ursula Kiermeier, Alfred Loepfle, Krakow 1998 (Wydawnictow Literackie), 43.

Uhl, Elke: Das Schattengebet. © Elke Uhl.

Uhl, Elke: Der Psalm vom Gottsucher. © Elke Uhl.

Uhl, Elke: Geist Gottes, wir suchen Dich … © Elke Uhl.

Uhl, Elke: Ich glaube … © Elke Uhl.

Weismantel, Paul: Aus dem Dunkel ins Licht. © Paul Weismantel.

Weismantel, Paul: Bist Du ein König? © Paul Weismantel.

Weismantel, Paul: Credo. © Paul Weismantel.

Weismantel, Paul: Du bist Gott. © Paul Weismantel.

Weismantel, Paul: Du bist mein Gott. © Paul Weismantel.

Weismantel, Paul: Du. © Paul Weismantel.

Weismantel, Paul: Ewiger Gott, mit neuen und alten Namen … © Paul Weismantel.

Weismantel, Paul: Ewiges Geheimnis. © Paul Weismantel.

Weismantel, Paul: Gabe und Geber zugleich bist du, mein Gott. © Paul Weismantel.

Weismantel, Paul: Gott, der ist. © Paul Weismantel.

Weismantel, Paul: Heiliger Geist. © Paul Weismantel.

Weismantel, Paul: Komm uns zu Hilfe. © Paul Weismantel.

Weismantel, Paul: Treuer Gott. © Paul Weismantel.

Weismantel, Paul: Wer bist du, Gott? © Paul Weismantel.

Weismantel, Paul: Wo bleibst du? © Paul Weismantel.

Westerbarkei, Andreas: Ein Credo. © Andreas Westerbarkei.

Wiemer, Rudolf Otto: Dich loben im Abfall, in: *Ders.:* Chance der Bärenraupe. Ausgewählte Gedichte, Freiburg – Heidelberg ²1982, 108. © Wolfgang Fietkau Verlag.

Wiemer, Rudolf Otto: Frage des Wegwerfers, in: *Ders.:* Ungewaschene Gebete, Düsseldorf 1987, 67. © Rudolf Otto Wiemer Erben.

Wiemer, Rudolf Otto: Spuren im Sand, in: *Ders.:* Der Augenblick ist noch nicht vorüber, Stuttgart 2001, 59. © Rudolf Otto Wiemer Erben.

Willms, Wilhelm: lebendiger gott, in: *Ders.:* der geerdete himmel. Wiederbelebungsversuche, collagen herta strauß, Kevelaer ⁷1968, 11.3. © Butzon & Bercker GmbH.

Willms, Wilhelm: wir danken dir verborgener gott…, in: *Ders.:* der geerdete himmel. Wiederbelebungsversuche, collagen herta strauß, Kevelaer ⁷1968, 11.6. © Butzon & Bercker GmbH.

Wisse, Stephan: Jesus Christus – dein Wort in meinem Wort, in: *Ders.:* Ich bete mein Leben. Anregungen zum Gebet im Alltag, Freiburg im Breisgau 1990, 28–30. © Herder Verlag.

Wisse, Stephan: Jesus Christus – du Wort des Lebens, in: *Ders.:* Ich bete mein Leben. Anregungen zum Gebet im Alltag, Freiburg im Breisgau 1990, 26–27. © Herder Verlag.

Zenetti, Lothar: Pfingstlied, in: *Ders.:* Die wunderbare Zeitvermehrung. Variationen zum Evangelium, (Erich Wewel Verlag) Donauwörth ⁵2000, 244–245. © Sankt Ulrich Verlag.

Zenetti, Lothar: Du…, in: *Ders.:* Texte der Zuversicht. Für den einzelnen und die Gemeinde (Pfeiffer-Werkbücher Nr. 105), München ³1976, 303. © Lothar Zenetti.

Zenetti, Lothar: Geheimnis…, in: *Ders.:* Auf seiner Spur. Texte gläubiger Zuversicht (Topos plus Taschenbücher; Bd. 327), Ostfildern ⁴2006, 78. © Matthias-Grünewald-Verlag der Schwabenverlag AG Ostfildern.

Zenetti, Lothar: Ohne dich, in: *Ders.:* In seiner Nähe. Texte des Vertrauens (Topos plus Taschenbücher; Bd. 431), Mainz 2002, 32. © Matthias-Grünewald-Verlag.

Zulehner, Paul M.: Ansehen, in: *Ders.:* Jedem seinen eigenen Tod. Für die Freiheit des Sterbens, Ostfildern 2001, 50. © Schwabenverlag AG.

Begegnung von Mensch zu Mensch

Bukowski, Sylvia: Fülle unsere ängstliche Seele. Psalm 112, in: *Dies.:* Lass mich blühen unter deiner Liebe. Gebete zu den Wochenpsalmen, Neukirchen-Vluyn und Wuppertal 2001, 113. © Neukirchener Verlag.

Bukowski, Sylvia: Lass uns deine Nähe spüren. Psalm 34, in: *Dies.:* Lass mich blühen unter deiner Liebe. Gebete zu den Wochenpsalmen, Neukirchen-Vluyn und Wuppertal 2001, 53. © Neukirchener Verlag.

Gebet von Partnern, in: Katholisches Gesangbuch. Gesang- und Gebetbuch der deutschsprachigen Schweiz. Herausgegeben im Auftrag der Schweizer Bischofskonferenz, Verein für die Herausgabe des Katholischen Kirchengesangbuches der Schweiz, Zug 1998, 664, 1.

In schweren Stunden der Ehe, in: Katholisches Gesangbuch. Gesang- und Gebetbuch der deutschsprachigen Schweiz. Herausgegeben im Auftrag der Schweizer Bischofskonferenz, Verein für die Herausgabe des Katholischen Kirchengesangbuches der Schweiz, Zug 1998, 664, 2.

Lang, Bernhard: Wenn es läutet…, in: *Ders.:* Gib mir die Sprache wieder. Gebete, Stuttgart 1976, 39. © Bernhard Lang.

Liebende, in: Katholisches Gesangbuch. Gesang- und Gebetbuch der deutschsprachigen Schweiz. Herausgegeben im Auftrag der Schweizer Bischofskonferenz, Verein für die Herausgabe des Katholischen Kirchengesangbuches der Schweiz, Zug 1998, 666, 2.

Marti, Kurt: Dein Reich komme, in: *Ders.:* Ungrund Liebe. Klagen, Wünsche, Lieder, (Radius-Bücher), Stuttgart ²1989, 41. © Radius-Verlag GmbH.

Marti, Kurt: Lied für Trauungen, in: *Ders.:* Ungrund Liebe. Klagen, Wünsche, Lieder (Radius-Bücher), Stuttgart ²1989, 52–53. © Radius-Verlag GmbH.

Mutter Teresa: Gebet für das junge Paar, das heiraten will, in: Die Weisheit der Mutter Teresa. Meine Gebete. Aus dem Englischen von Martin Schulte, München 1992, 78. © Verlagsgruppe Random House.

Oberröder, Wolfgang: Herr, ich habe keinen Menschen (Job 5,7), in: *Ders.:* Hilf mir beten, Herr! Beten mit dem Johannesevangelium, Donauwörth 1987, 34–35. © Wolfgang Oberröder.

Pangels, Heinz: Herr, schenke uns offene Augen… © Heinz Pangels.

Spilling-Nöker, Christa: Segenswort, das sich die Brautleute gegenseitig bei der Trauung zusprechen, in: *Schmeisser, Martin (Hrsg.):* Gesegneter Weg. Segenstexte und Segensgesten, Eschbach/Markgräflerland 1997, 55. © Verlag am Eschbach der Schwabenverlag AG.

Willms, Wilhelm: der geerdete himmel. wiederbelebungsversuche, collagen herta Strauß, Kevelaer ⁷1968, 8.14. © Butzon & Bercker GmbH.

Willms, Wilhelm: segen, in: Mitgift: eine Gabe, mitgegeben in die Ehe. Herausgegeben von Wilhelm Willms unter Mitarbeit von Ruth Gildemeier, Peter Neysters, Conrad M. Siegers, Kevelaer ⁶1987, 48–49. © Butzon & Bercker GmbH.

Zulehner, Paul M.: Es sind zu viele, Herr!, in: *Stroppel, Clemens (Hrsg.):* Eingezeichnet in deine Hände. Gebete. Mit Bildern von Sieger Köder, Ostfildern ²2005, 27. © Schwabenverlag AG.

Begegnung mit der Zeit

Abeln, Reinhard – Kner, Anton: Du erhältst unser Leben, in: *Dies.:* Neue Tischgebete, Kevelaer 2001, 4. © Butzon & Bercker GmbH.

Abeln, Reinhard – Kner, Anton: Du Schöpfer aller Gaben, in: *Dies.:* Neue Tischgebete, Kevelaer 2001, 4. © Butzon & Bercker GmbH.

Barth, Karl: Lass es Tag werden, in: *Ders.:* Gebete, Zürich ^{6}1985, 47–48. © Theologischer Verlag Zürich.

Bonhoeffer, Dietrich: Herr, mein Gott, ich danke Dir, ..., in: *Ders.:* Widerstand und Ergebung. Briefe und Aufzeichnungen aus der Haft. Herausgegeben von Eberhard Bethge, München 1951, 99–100. © Gütersloher Verlagshaus, in der Verlagsgruppe Random House GmbH, München.

Bonhoeffer, Dietrich: Morgengebet, in: *Ders.:* Widerstand und Ergebung. Briefe und Aufzeichnungen aus der Haft. Herausgegeben von Eberhard Bethge, München 1951, 96–98. © Gütersloher Verlagshaus, in der Verlagsgruppe Random House GmbH, München.

Bonhoeffer, Dietrich: Von guten Mächten wunderbar geborgen, in: *Ders.:* Widerstand und Ergebung. Briefe und Aufzeichnungen aus der Haft. Herausgegeben von Eberhard Bethge, München ^{14}1990, 219. © Gütersloher Verlagshaus, in der Verlagsgruppe Random House GmbH, München.

Breitenbach, Roland: Morgensegen, in: *Ders.:* Segen für Dich. Dein Begleiter durch das Jahr, Stuttgart 2005, 61. © Verlag Katholisches Bibelwerk GmbH, Stuttgart.

Busta, Christine: Stoßgebete für die Nacht, in: *Dies.:* Unterwegs zu älteren Feuern. Gedichte, Salzburg ^{2}1978, 90–91. © Otto Müller Verlag

Copray, Norbert: Zum Abend, in: *Ders.:* Dem Leben zuliebe. Gebete, Düsseldorf 1989, 49. © Norbert Copray.

Gerhardt, Alfons: Herr, ich möchte vertrauen können ..., in: *Beck, Eleonore (Hrsg.):* Gebete meines Lebens, Ostfildern 1999, 32. © Alfons Gerhardt.

Gregor von Nazianz: Gott, am Beginn dieses Tages reiche ich dir meine Hände ..., in: *Borgagno, C. – Gandolfo, G. (Hrsg.):* Gebete der Kirchenväter. Die schönsten Gebete der ungeteilten Christenheit, München – Zürich – Wien 1984, 52.

Gregor von Nazianz: Mein Herr und mein Gott ..., in: *Borgagno, C. – Gandolfo, G. (Hrsg.):* Gebete der Kirchenväter. Die schönsten Gebete der ungeteilten Christenheit, München – Zürich – Wien 1984, 52–53.

Grün, Anselm: Herr, ich halte dir meine Hände hin, in: *Ders.:* Jeder Tag hat seinen Segen. Morgen- und Abendgebete für die sieben Tage der Woche, Freiburg im Breisgau ^{4}2006, 31. © Herder Verlag.

Haneberg, Almut: Abendgebet, in: *Dies.:* Weil uns der Himmel blüht. Gedichte und Gebete für junge Erwachsene, München 2004, 88. © Don Bosco Verlag.

Hellmich-Brixner, Olga – Brixner, Wolf: Senke den Frieden, in: Gebete. Brevier für jeden Tag. Herausgegeben von Olga Hellmich-Brixner und Wolf Brixner, Augsburg 1989, 3.1. © Pattloch Verlag.

Hies, Christian: Jeden Morgen. © Christian Hies.

Hies, Christian: Abendlob. © Christian Hies.

Hies, Christian: Vom Himmel. © Christian Hies.

Hümmer, Hanna: Du hast den Tag für uns anbrechen lassen…, in: *Dies.:* Lass leuchten mir Dein Angesicht. Gebete, Selbitz ^{3}1995, 179. © Christusbruderschaft Selbitz, Buch- und Kunstverlag, 95152 Selbitz.

Hümmer, Hanna: Herr, wir wissen…, in: *Dies.:* Lass leuchten mir Dein Angesicht. Gebete, Selbitz ^{3}1995, 182. © Christusbruderschaft Selbitz, Buch- und Kunstverlag, 95152 Selbitz.

Hümmer, Hanna: Hier bin ich, Vater, in: *Dies.:* Es ist ein Raum bei mir. Gebete, Selbitz ^{3}2004, 27. © Christusbruderschaft Selbitz, Buch- und Kunstverlag, 95152 Selbitz.

Im täglichen Mahl, o Herr, erkennen wir deine Güte, in: Auf dem Weg. Lieder und Texte für Gottesdienste unterwegs. Bayerisches Pilgerbüro, Dachauer Straße 9, 80335 München.

Kalkbrenner, Philippa: auch wenn ich schlafe… © Philippa Kalkbrenner.

Kunze, Reiner: Fast ein Gebet, in: *Ders.:* Wohin der Schlaf sich schlafen legt. Gedichte für Kinder – für die Größeren die einen, die andern für die Kleinen. Mit neuen Bildern von Karel Franta, Frankfurt am Main 1991, 28. © S. Fischer Verlag GmbH.

Marti, Kurt: Abendlied, in: *Ders.:* Ungrund Liebe. Klagen, Wünsche, Lieder (Radius-Bücher), Stuttgart 1989, 50. © Radius-Verlag GmbH.

Marti, Kurt: Bitte um Erhaltung der Genussfähigkeit, in: *Ders.:* Lachen Weinen Lieben. Ermutigungen zum Leben (Radius-Bücher), Stuttgart ^{3}1987, 36–37. © Radius-Verlag GmbH.

Marti, Kurt: Morgengebet vor dem Badezimmerspiegel, in: *Ders.:* Lachen Weinen Lieben. Ermutigungen zum Leben (Radius-Bücher), Stuttgart ^{3}1987, 34–38. © Radius-Verlag GmbH.

Meuser, Bernhard: Mein Gott und Herr… © Bernhard Meuser.

Mies-Suermann, Irmela: Unser tägliches Brot. © Irmela Mies-Suermann.

Morgengebet der Ordensgemeinschaft von Mutter Teresa, in: Gebete. Brevier für jeden Tag. Herausgegeben von Olga Hellmich-Brixner und Wolf Brixner, Augsburg 1989, 10.12.

Oosterhuis, Huub: Morgengebet, in: *Ders.:* Um Recht und Frieden. Gebete im Jahreskreis, Düsseldorf 1989, 21. © Huub Oosterhuis.

Pabst, Veronika: Unter Deinem Blick… © Veronika Pabst.

Perne, Heinz: Tausend Dinge sind es, in: *Stelzer, Karl (Hrsg.):* Gebete der Freude. Texte ausgewählt von Schwester M. Lucia OCD, Karmel Weiden, München – Luzern 1978, 129–130. © Heinz Perne SAC.

Perne, Heinz: Wenn der Morgen graut…, in: *Stelzer, Karl (Hrsg.):* Gebete der Freude. Texte ausgewählt von Schwester M. Lucia OCD, Karmel Weiden, München – Luzern 1978, 131. © Heinz Perne SAC.

Plattig, Michael: Am Morgen, in: Ich rufe täglich zu dir. Morgen- und Abendgebete. Ausgewählt von Johannes Hasselborn. Mit einem Vorwort von Landesbischof i. R. Theo Sorg. Herausgegeben von Maria Jepsen, Walter Kasper, Walter Klaiber, Eduard Lohse, Paul Werner Scheele, Theodor Schober, Theo Sorg, Kreuz Verlag und Verlag Katholisches Bibelwerk, Stuttgart 1997, 64. © Michael Plattig O. Carm..

Plattig, Michael: Am Abend, in: Ich rufe täglich zu dir. Morgen- und Abendgebete. Ausgewählt von Johannes Hasselborn. Mit einem Vorwort von Landesbischof i. R. Theo Sorg. Herausgegeben von Maria Jepsen, Walter Kasper, Walter Klaiber, Eduard Lohse, Paul Werner Scheele, Theodor Schober, Theo Sorg, Kreuz Verlag und Verlag Katholisches Bibelwerk, Stuttgart 1997, 65. © Michael Plattig O. Carm.

Roth, Eugen: Gebet, in: *Ders.:* Sämtliche Werke, Frankfurt am Main 1995, Band 3: Gedichte, 225. © Dr. Thomas Roth.

Rotzetter, Anton: Nimm alles zurück, in: *Ders.:* Gott, der mich atmen lässt. Gebete, Freiburg – Basel – Wien 17. Gesamtauflage 2002, 25–26. © Herder Verlag.

Sailer, Johann Michael: Beim Schlafengehen, in: *Ders.:* Gebete für Christen. Gebete und Meditationen. Auswahl und Einführung von Willibald Kammermeier. Geleitwort von Bischof Dr. Rudolf Graber, St. Augustin 1981, 201.

Schaube, Werner: Wir bitten dich, Gott und Vater …, in: *Ders.:* Neue Tischgebete. Worte zum täglichen Brot, Donauwörth 1976, 13. © Werner Schaube.

Stablo, Isabelle: Wecke mein Ohr … © Isabelle Stablo.

Stutz, Pierre: Komm zur Ruhe. © Pierre Stutz.

Thurner, Martin: Segne, Herr, in Deinem Kreuz alle Menschen unserer Erde! © Martin Thurner.

Tilmann, Klemens: Heiliger Gott, gütiger Vater!, in: *Stelzer, Karl (Hrsg.):* Gebete der Freude. Texte ausgewählt von Schwester M. Lucia OCD, Karmel Weiden, München – Luzern 1978, 113. © Patmos e.V. [Vorsitzender: Pfarrer Arnold Wilmsen] Nürnberger Straße 54, 80637 München.

Walter, Silja: Abend, in: *Dies.:* Gesamtausgabe. Band 10: Spiritualität II. Redaktion Ulrike Wolitz, Freiburg Schweiz 2005, 519. © Paulusverlag.

Walter, Silja: Morgen, in: *Ders.:* Gesamtausgabe. Band 10: Spiritualität II. Redaktion Ulrike Wolitz, Freiburg Schweiz 2005, 517. © Paulusverlag.

Weismantel, Paul: Abend-Segen. © Paul Weismantel.

Weismantel, Paul: Am Abend dieses Tages. © Paul Weismantel.

Weismantel, Paul: Beschenkt. © Paul Weismantel.

Weismantel, Paul: Gott, du hast am Anfang gesprochen … © Paul Weismantel.

Weismantel, Paul: Heute Abend (»Mit der Schwere meines Herzens …«). © Paul Weismantel.

Weismantel, Paul: Heute Abend. © Paul Weismantel.

Weismantel, Paul: Jeden Tag. © Paul Weismantel.

Weismantel, Paul: Morgen-Segen. © Paul Weismantel.

Weismantel, Paul: Tag wie jeder andere. © Paul Weismantel.

Weismantel, Paul: Tisch-Segen. © Paul Weismantel.

Wir danken dir, Herr, Gott, himmlischer Vater, dass du uns…, in: Auf dem Weg. Lieder und Texte für Gottesdienste unterwegs. Bayerisches Pilgerbüro, Dachauer Straße 9, 80335 München.

Zenetti, Lothar: Am Abend, in: *Ders.:* Wir sind noch zu retten. Neue Texte der Zuversicht (pfeiffer-präsent), München 1989, 72. © Lothar Zenetti.

Zulehner, Paul M.: Schutz in der Nacht, in: *Ders.:* Jedem seinen eigenen Tod. Für die Freiheit des Sterbens, Ostfildern 2001, 51. © Schwabenverlag AG.

Zulehner, Paul M.: Todesübung, in: *Ders.:* Jedem seinen eigenen Tod. Für die Freiheit des Sterbens, Ostfildern 2001, 53. © Schwabenverlag AG.

Begegnung mit Wegen und Orten der Kraft

Bachl, Gottfried: Auf tausend Wegen…, in: *Ders.:* Mailuft und Eisgang. 100 Gebete, Innsbruck – Wien 1998, 7. © Tyrolia Verlag.

Benz, Ferd. – Pollmann, Chr.: Es brausen die Wogen des Lebens… © Ferd. Benz – Chr. Pollmann.

Camara, Dom Helder: Unsere liebe Frau vom Wege, in: *Ders.:* Nossa Senhora no meu caminho, Sâo Paulo 1983, dt.: Maria – eine Mutter auf meinem Weg. Betrachtungen und Gebete. Übersetzung Josef Schwind S.A.C, München – Zürich – Wien 1989, 42–43. © Verlag Neue Stadt.

Camara, Dom Helder: Wallfahrt nach Aparecida, in: *Ders.:* Nossa Senhora no meu caminho, Sâo Paulo, dt.: Maria – eine Mutter auf meinem Weg. Betrachtungen und Gebete. Übersetzung: Josef Schwind S.A.C, München – Zürich – Wien 1989, 65. © Verlag Neue Stadt.

Camara, Dom Helder: Wer dich am meisten braucht…, in: *Ders.:* Nossa Senhora no meu caminho, Sâo Paulo, dt.: Maria – eine Mutter auf meinem Weg. Betrachtungen und Gebete. Übersetzung: Josef Schwind S.A.C, München – Zürich – Wien 1989, 17. © Verlag Neue Stadt.

Clotz, Paul Martin: Brich auf… © Paul Martin Clotz.

Clotz, Paul Martin: Langsam! © Paul Martin Clotz.

Clotz, Paul Martin: Einsam. © Paul Martin Clotz.

Der Name des Herrn sei gepriesen von nun an bis in Ewigkeit, in: Auf dem Weg. Lieder und Texte für Gottesdienste unterwegs. Bayerisches Pilgerbüro, Dachauer Straße 9, 80335 München.

Haneberg, Almut: Guter Abschied – gesegnete Zukunft oder: Gebet um einen guten Abschied. © Almut Haneberg

Hauser, Theresia: Aufbrechen, in: *Dies.:* Von Dir berührt. Gebete und Gedanken, Ostfildern 1999, 83. © Theresia Hauser.

Herr, geh mit uns auf die Reise, in: Auf dem Weg. Lieder und Texte für Gottesdienste unterwegs. Bayerisches Pilgerbüro, Dachauer Straße 9, 80335 München.

Hies, Christian: Liebe. © Christian Hies.

Hintersberger, Benedikta: Maria vom Knoten, in: Du bist der Atem meines Lebens. Das Frauengebetbuch. Herausgegeben von Bendikta Hintersberger OP – Andrea Kett – Hildegund Keul – Aurelia Spendel OP, Ostfildern 2006, 72–73. © Schwabenverlag AG.

Hümmer, Hanna: Gott, heiliger Vater, …, in: *Dies.:* Es ist ein Raum bei mir. Gebete, Selbitz [3]2004, 1. © Christusbruderschaft Selbitz, Buch- und Kunstverlag, 95152 Selbitz.

Hümmer, Hanna: Herr Jesus Christus, Du hast wahrhaft …, in: *Dies.:* Es ist ein Raum bei mir. Gebete, Selbitz [3]2004, 176–177. © Christusbruderschaft Selbitz, Buch- und Kunstverlag, 95152 Selbitz.

Hümmer, Hanna: Herr, wenn Du redest …, in: *Dies.:* Es ist ein Raum bei mir. Gebete, Selbitz [3]2004, 197. © Christusbruderschaft Selbitz, Buch- und Kunstverlag, 95152 Selbitz.

Hürlimann, Christoph: Gott, du, die Mitte., in: *Ders.:* Mit der Bibel beten. Eine neue Ermutigung. Mit Bildern von Silja Walter, Freiburg (Schweiz) 1997, 52–53. © Paulusverlag.

Johannes Paul II.: Wallfahrt nach Assisi, in: *Sudbrack, Josef (Hrsg.):* Johannes Paul II. Gebete. Aus den Jahren seines Pontifikats, München – Zürich – Wien 1982, 116–117. © Verlag Neue Stadt.

Karban, Kathrin: Dich suchen, auf dem Weg sein,… © Kathrin Karban.

Karban, Kathrin: Unterwegs mit dir, bin ich auf meinem Weg … © Kathrin Karban.

Meuser, Bernhard: Millionen Wege, Gott, gibt es … © Bernhard Meuser.

Müller, Peter: Offene Muschel, in: *Ders.:* Wer aufbricht, kommt auch heim. Vom Unterwegssein auf dem Jakobsweg. In Zusammenarbeit mit P. Angel F. de Aránguiz SAC, Eschbach/Markgräflerland 1993, 138. © Verlag am Eschbach der Schwabenverlag AG.

Multhaupt, Hermann: Unterwegs, in: *Multhaupt, Hermann und Traute:* Auf dem Weg nach Hause. Ein Pilger-Brevier, Aachen 1993, 12. © Hermann Multhaupt.

Naegeli, Sabine: Möge Vergangenes dich nicht mehr berühren … © Sabine Naegeli.

Oberröder, Wolfgang: Ich bin der Weg und die Wahrheit und das Leben (Joh 14,6), in: *Ders.:* Hilf mir beten, Herr! Beten mit dem Johannesevangelium, Donauwörth 1987, 59–61. © Wolfgang Oberröder.

Oosterhuis, Huub: Behüte meinen Weg, in: *Ders.:* Um Recht und Frieden. Gebete im Jahreskreis, Düsseldorf 1989, 52. © Huub Oosterhuis.

Osterwalder, Josef: Gott, wir möchten auf den Weg gehen zu Dir …, in: *Ders.:* Stille die spricht. Gedanken und Gebete, Mainz 1982, 53. © Matthias-Grünewald-Verlag.

Osterwalder, Josef: Nähe, in: *Ders.:* Kleine Gebetsschule (Topos-Taschenbücher; Bd. 154), Mainz 1986, 53. © Matthias-Grünewald-Verlag.

Pilgergebet zur Domwallfahrt 1998, in: Wir haben seinen Stern gesehen. DOMWALLFAHRT 1998. PILGERBUCH. Herausgeber: Erzbistum Köln, Hauptabteilung Seelsorge. Verantwortlich: Prälat Dr. Heiner Koch, Köln 1998.

Pangels, Heinz: Gebet um Gottes Führung. © Heinz Pangels.

Rahner, Karl: Siehe, ich lege meine Hände in deine Hände, mein Gott., in: *Ders.:* Beten mit Karl Rahner. Band 1: Von der Not und dem Segen des Gebets. Mit einer Einführung von Rudolf Hubert und Roman A. Siebenrock, Band 2: Gebete des Lebens. Herausgegeben von Albert Raffelt. Mit einer Einführung von Karl Lehmann, Freiburg im Breisgau 2004, Band 2, 137–138. © Herder Verlag.

Ringseisen, Paul: Österliche Weg-Litanei, in: *Ders.:* Ruf und Anruf. Neue Litaneien, München ²1982, 15–19. © Paul Ringseisen.

Schalück, Hermann: Shalom. Gebet für Frieden und Versöhnung im Heiligen Land. © Hermann Schalück OFM.

Segne uns, Gott, und segne die Erde, in: *Bonin, Konrad von – Gidion, Anne (Hrsg.):* Deutscher Evangelischer Kirchentag Stuttgart 1999. Dokumente, Gütersloh 1999, 439.

Unterwegs zu Dir, in: *Multhaupt, Traute und Hermann:* Auf dem Weg nach Hause. Ein Pilger-Brevier, Aachen 1993, 34. © Hermann Multhaupt.

Weiger, Josef: Maria vom Knoten … © Josef Weiger.

Weismantel, Paul: Du bist bei mir. © Paul Weismantel.

Begegnung mit Heiligen und Dichtern

Augustinus: Bekenntnisse: Lateinisch und Deutsch. Eingeleitet, übersetzt und erläutert von Joseph Bernhart. Mit einem Vorwort von Ernst Ludwig Grasmück, (insel taschenbuch 1002), Frankfurt am Main 1987.

Busta, Christine: Dem lieben Gott, in: *Dies.:* Der Regenbaum. Gedichte, Salzburg – Wien ²1995, 18. © Otto Müller Verlag.

Busta, Christine: Gebet; Ein Stundengebet, in: *Dies.:* Unterwegs zu älteren Feuern. Gedichte, Salzburg – Wien ³1995, 45; 90–91. © Otto Müller Verlag.

Busta, Christine: Nachts, in: *Dies.:* Salzgärten. Gedichte, Salzburg 1975, 26–27. © Otto Müller Verlag.

Busta, Christine: Stoßgebet, in: *Dies.:* Der Atem des Wortes. Gedichte. Aus dem Nachlass herausgegeben von Anton Gruber, Salzburg – Wien 1995, 53. © Otto Müller Verlag.

Franz von Sales: Du bist der Gott meines Herzens. Gebete. Herausgegeben von Herber-Winklehner OSFS. Mit einer Einführung von Gottfried Prinz OSFS, Eichstätt 1998. © Franz Sales Verlag.

Franziskus-Gebete. Zusammengestellt und eingeleitet von Leonhard Lehmann. Im Auftrag der Interfranziskanischen Arbeitsgemeinschaft (INFAG), Werl/Westf. 1997.

Kaléko, Mascha: Gebet; Fast ein Gebet; Gebet, in: *Dies.:* Verse für Zeitgenossen. Herausgegeben und mit einem Nachwort versehen von Gisela Zoch-Westphal, Reinbek bei Hamburg 1980, 11; 43; 31. © Gisela Zoch-Westphal.

Kaléko, Mascha: Kurzer Dialog; Stilles Gebet; Kurzes Gebet; Im Volkston, in: *Dies.:* In meinen Träumen läutet es Sturm. Gedichte und Epigramme aus dem Nachlaß. Herausgegeben und eingeleitet von Gisela Zoch-Westphal, München 1997, 111; 41; 85; 32. © Deutscher Taschenbuch Verlag GmbH & Co. KG.

Lasker-Schüler, Else: Gebet [»O Gott, ich bin voll Traurigkeit ...«]; An Gott; Gott hör..., in: *Dies.:* Gedichte 1902–1943, Frankfurt am Main 1996, 338; 171; 321. © Suhrkamp Verlag.

Lavant, Christine: Ich möchte beten...; Jesus Christus...; Vater, du gabst...; Ja, Herr...; Christus, bist du wirklich...; Das war mein Leben...; HÖREN, hören!, in: *Dies.:* Die Bettlerschale. Gedichte, Salzburg 1956, 126; 145; 127; 131; 91; 133; 140. © Otto Müller Verlag.

Ohse, Traugott: Voll Güte bist Du, Herr. Beten mit Bernhard von Clairvaux, Wilhering 2001. © Stift Wilhering.

Rilke, Rainer Maria: Das Stundenbuch, in: *Ders.:* Sämtliche Werke. Herausgegeben vom Rilke-Archiv in Verbindung mit Ruth Sieber-Rilke besorgt durch Ernst Zinn, 6 Bände, Frankfurt am Main 1987, Band 1, 249–366.

Saint-Exupéry, Antoine de: Die Stadt in der Wüste, in: *Ders.:* Gesammelte Schriften in drei Bänden (dtv Dünndruck-Ausgabe), München 1978, Band 2. © Karl Rauch Verlag AG.

Teresa von Avila: Die Texte werden geboten in der Übersetzung von Frau Dr. theol. Elisabeth Jahrstorfer.

Therese von Lisieux: Gebete der Liebe. Mit einer Einführung von Waltraud Herbstrith (Meditation und Gebet), München – Zürich – Wien 1990, 108; 40; 62; 25; 43–45; 118. © Verlag Neue Stadt.

Twardowski, Jan: Schenke uns Armut, Theorie, in: *Ders.:* Geheimnis des Lächelns. Auswahl, Übertragung, Herausgabe Karin Wolf. Mit einer Nachbemerkung der Herausgeberin, Graz – Wien – Köln 1982, 43. © Styria Buchverlag.

Twardowski, Jan: Welchen Weg; Danksagung; Ich danke Dir einfach dafür...; Gerechtigkeit; Gott, in: *Ders.:* Gott fleht um Liebe. Ausgewählt und bearbeitet von Aleksandra Iwanowska. Mit einem Nachwort des Autors. Übertragen von Karl Dedecius, Karin Wolff und Rudolf Bohren, Ursula Kiermeier, Alfred Loepfe, Kraków 1998, 55; 51; 15; 63; 199.

Vom Gebet ins Leben

Begegnung mit meiner Bestimmung und Berufung

Betz, Otto: Vor Deinem verborgenen Antlitz stehend, … © Otto Betz.

Bode, Bischof Franz-Josef: Herr Jesus Christus, nach deiner Heimkehr zum Vater… © Bischof Dr. Franz-Josef Bode.

Die Menschen brauchen mich (aus Indien), in: *Vellguth, Klaus (Hrsg.):* Wo die Sehnsucht Heimat findet, Kevelaer 2002, 53–54.

Gott, der uns geschaffen hat…, in: Alle sind Berufene: Werkheft zum Weltgebetstag für geistliche Berufe 2001. Erstellt von Msgr. Franz Grabenwöger, Mag. Doris Fürsatz, Wien, 25. © Canisiuswerk. Zentrum für geistliche Berufe, Stephanplatz 6, A-1010 Wien.

Gott, unser Vater, … . Text: Regionalgruppe Unterallgäu. Herausgegeben vom Diözesanvorstand der GemeindereferentInnen in der Diözese Augsburg aus Anlass des 25-jährigen Berufsjubiläums am 21. Juni 1999.

Ignatius von Loyola: Nimm Dir, Herr, und übernimm meine ganze Freiheit…, in: *Ders.:* Die Exerzitien. Übertragen von Hans Urs von Balthasar (Sigillum), Einsiedeln [10]1990, 59–60.

Johannes Paul II.: Für die jungen Menschen, in: *Ders.:* Gebete zur Zeit. Aus dem Italienischen ins Deutsche übertragen von Josef Helmut Machowetz. Mit Grafiken von Teresa Stankiewicz, Graz – Wien – Köln 1994, 9.

Kamphaus, Bischof Franz: Gebet um Berufungen. Gebetszettel des Bistums Limburg zum Tag der geistlichen Berufe, 2001. © Bischof Dr. Franz Kamphaus.

Kees, Peter – Schott, Peter: Gebet der Gemeindereferentinnen und Gemeindereferenten. Herausgegeben vom Referat für Gemeindereferenten, 97070 Würzburg, aus Anlass des 50-jährigen Berufsjubiläums 1999. © Peter Kees – Peter Schott.

Koller, Katrin: Herr, manchmal fällt es mir schwer, … © Katrin Koller.

Marti, Kurt: Wie kamst du gerade auf mich?, in: *Ders.:* Ungrund Liebe. Klagen, Wünsche, Lieder, (Radius-Bücher), Stuttgart [2]1989, 40. © Radius-Verlag GmbH.

Meuser, Bernhard: Du hast mich gemacht. © Bernhard Meuser.

Meuser, Bernhard: Ob du mich für die großen oder die kleinen Dinge bestimmt hast… © Bernhard Meuser.

Meuser, Bernhard: Wie schwer ist es, Herr, an meinem roten Faden zu bleiben… © Bernhard Meuser.

Meuser, Bernhard: Wo dein Wille ist… © Bernhard Meuser.

Mies-Suermann, Irmela: Leben. © Irmela Mies-Suermann.

Rug, Ludwig: Ministrantengebet. © Ludwig Rug.

Schmieder, Lucida: Berufung – beim Namen gerufen. © Lucida Schmieder OSB.
Schmieder, Lucida: Gebet der Lebenshingabe. © Lucida Schmieder OSB.
Stutz, Pierre: Mein Licht in die Mitte stellen. © Pierre Stutz.
Weismantel, Paul: Begabt bin ich. © Paul Weismantel.
Weismantel, Paul: Berufungslitanei. © Paul Weismantel.
Weismantel, Paul: Maria. © Paul Weismantel.
Weismantel, Paul: Mir geschehe nach Deinem Wort. © Paul Weismantel.
Weismantel, Paul: Freunde Gottes. © Paul Weismantel.
Zenetti, Lothar: Berufung, in: *Ders.:* Sieben Farben hat das Licht. Neue Texte für den einzelnen und die Gemeinde (Pfeiffer-Werkbücher Nr. 127), München 1975, 119. © Lothar Zenetti.
Zenetti, Lothar: Mein Name, in: *Ders.:* Die wunderbare Zeitvermehrung. Variationen zum Evangelium, (Erich Wewel Verlag) Donauwörth [5]2000, 74. © Sankt Ulrich Verlag.
Zink, Jörg: Ich möchte wollen, Herr, wie Du willst, in: *Ders.:* Wie wir beten können, Stuttgart – Berlin [7]1975, 179. © Kreuz Verlag.

Begegnung mit meiner Verantwortung in Kirche und Welt

Bachl, Gottfried: Aufrichtig nehmen wir jetzt…, in: *Ders.:* Mailuft und Eisgang. 100 Gebete, Innsbruck – Wien 1998, 6. © Tyrolia Verlag.
Bedarfst du meiner Hände, Herr, …, in: Aus der Stille des Herzens. Beten mit Mutter Teresa. Herausgegeben von Kathryn Spink. Übersetzung von Zeno Meier, Freiburg – Basel – Wien [3]1986, 47 [Mitarbeiterinnen-Text].
Camara, Dom Helder: Lass uns in die Schule deiner Liebe gehen, in: *Ders.:* Em tuas mâos, Senhor!, São Paulo 1986, dt.: In deine Hände, Herr! Gedanken und Gebete. Übertragung ins Deutsche P. Karl Kraut MSJ, München – Zürich – Wien 1987, 15. © Verlag Neue Stadt.
Copray, Norbert: Manchmal fehlen mir die Worte…, in: *Ders:* Dem Leben zuliebe. Gebete, Düsseldorf 1989, 11. © Norbert Copray.
Delbrêl, Madeleine: Meine Augen, meine Hände, mein Mund…, in: *Dies.:* Nous autres, gens des rues. Textes missionnaires, Paris 1966, dt.: Wir Nachbarn der Kommunisten. Diagnosen. Einführung von Jacques Loew (Theologia Romanica; VII), Einsiedeln 1975, 55–56. © Johannes Verlag.
Guardini, Romano: Die Erschaffung der Welt, in: *Ders.:* Deutscher Psalter. Theologische Gebete (Romano Guardini: Werke. Herausgegeben von Franz Henrich im Auftrag des Sachverständigengremiums für den literarischen Nachlaß Romanos Guardinis bei der Katholischen Akademie in Bayern, Sachbereich Gebet und Meditation), Mainz und Paderborn 1998, 310. © Katholische Akademie in Bayern.
Guter und lieber Vater…, in: Septembergebete. Aus Kondolenzbüchern zum 11. September 2001. Herausgegeben von Dr. Gebhard Fürst, Bischof der Diözese Rottenburg-Stuttgart, Ostfildern 2001, 27. © Bischof Dr. Gebhard Fürst.

Huber, Max: Herr, Es gibt viel Geschnatter…, in: *Ders.:* Wer glaubt hat Zukunft. Geschichten, Meditationen, Gebete, München 1992, 47. © Max Huber.

Huber, Max: O Gott, du hast die Menschen…, in: *Ders.:* Wer glaubt hat Zukunft. Geschichten, Meditationen, Gebete, München 1992, 70. © Max Huber.

Jüngel, Eberhard: Ehre sei Dir, Gott in der Höhe, und Dank…, in: *Ders.:* Geistesgegenwart. Predigten I und II, München 1979, 175. © Eberhard Jüngel.

Jüngel, Eberhard: Ewigreicher Gott! Du führst uns auf allen Wegen, in: *Ders.:* Geistesgegenwart. Predigten I und II, München 1979, 15. © Eberhard Jüngel.

Jüngel, Eberhard: Herr Gott im Himmel, der Du auch auf Erden bist…, in: *Ders.:* Geistesgegenwart. Predigten I und II, München 1979, 124–125. © Eberhard Jüngel.

Jüngel, Eberhard: Herr Gott im Himmel, der Du auch auf Erden bist…, in: *Ders.:* Geistesgegenwart. Predigten I und II, München 1979, 234. © Eberhard Jüngel.

Jüngel, Eberhard: Wir danken Dir, Du ewigreicher Gott, …, in: *Ders.:* Geistesgegenwart. Predigten I und II, München 1979, 108. © Eberhard Jüngel.

Jüngel, Eberhard: Wir danken Dir, Du ewigreicher Gott, …, in: *Ders.:* Geistesgegenwart. Predigten I und II, München 1979, 247. © Eberhard Jüngel.

Koller, Katrin: Herr, gib mir den Mut, … © Katrin Koller.

Lang, Bernhard: Ich stelle mich auf die Seite des Friedens, in: *Ders.:* Gib mir die Sprache wieder. Gebete, Stuttgart 1976, 65. © Bernhard Lang.

Lerch, Andreas: Herr, unser Gott, du kennst die Karte deiner Erde… © Andreas Lerch.

Lerch, Andreas: Wir bringen das Brot… © Andreas Lerch.

Marti, Kurt: Gebet gegen die Kirche aus Papier, in: *Ders.:* Lachen Weinen Lieben. Ermutigungen zum Leben, Stuttgart 1985, 34–38. © Radius-Verlag GmbH.

Marti, Kurt: Gebet, in: *Ders.:* Der Heilige Geist ist keine Zimmerlinde. Achtzig ausgewählte Texte. Mit einem Vorwort von Eberhard Jüngel, Stuttgart 2000, 223. © Radius-Verlag GmbH.

Marti, Kurt: So ist das, in: *Ders.:* Ungrund Liebe. Klagen, Wünsche, Lieder (Radius-Bücher), Stuttgart 21989, 29. © Radius-Verlag GmbH.

Meuser, Bernhard: Du, Herr, in den geringsten meiner Schwestern… © Bernhard Meuser.

Meuser, Bernhard: Erschüttere, Gott, das Gefrorene in mir… © Bernhard Meuser.

Meuser, Bernhard: Gib uns deine Liebe, Gott,… © Bernhard Meuser.

Meuser, Bernhard: Gott, du darfst mir vieles nehmen… © Bernhard Meuser.

Meuser, Bernhard: Herr, es kommt weniger darauf an… © Bernhard Meuser.

Meuser, Bernhard: Ich bekenne, Herr, … © Bernhard Meuser.

Mies-Suermann, Irmela: Gebote. © Irmela Mies-Suermann.

Mies-Suermann, Irmela: Sohn Davids, erbarme dich meiner. © Irmela Mies-Suermann.

Müller, Jörg: Herr, ich stehe dir zur Verfügung, in: *Ders.:* Ich hab dir was zu sagen, Herr. Gebete für alle Zeiten, Stuttgart ^{2}1995, 88. © Betulius Verlag.

Müller, Jörg: Herr, schenke mir die Erkenntnis deines Willens, in: *Ders.:* Ich hab dir was zu sagen, Herr. Gebete für alle Zeiten, Stuttgart ^{2}1995, 51. © Betulius Verlag.

Mutter Teresa: Gebet um Vertrauen auf Gottes Fürsorge, in: Die Weisheit der Mutter Teresa. Meine Gebete. Aus dem Englischen von Martin Schulte, München 1992, 13. © Verlagsgruppe Random House.

Mutter Teresa: Gottes Liebe ausstrahlen, in: Die Weisheit der Mutter Teresa. Meine Gebete. Aus dem Englischen von Martin Schulte, München 1992, 93. © Verlagsgruppe Random House.

Mutter Teresa: Herr, öffne unsere Augen ..., in: Aus der Stille des Herzens. Beten mit Mutter Teresa. Herausgegeben von Kathryn Spink, Freiburg – Basel – Wien [3]1986, 16.

Naegeli, Sabine: Wir sprechen die Not unserer Zeit aus. © Sabine Naegeli.

O Herr Jesus, Sohn des Vaters ..., in: Septembergebete. Aus Kondolenzbüchern zum 11. September 2001. Herausgegeben von Dr. Gebhard Fürst, Bischof der Diözese Rottenburg-Stuttgart, Ostfildern 2001, 28. © Bischof Dr. Gebhard Fürst.

Oberröder, Wolfgang: Liebt einander! (Joh. 13,34), in: *Ders.:* Hilf mir beten, Herr! Beten mit dem Johannesevangelium, Donauwörth 1987, 55–56. © Wolfgang Oberröder.

Oberröder, Wolfgang: Meinen Frieden gebe ich euch (Joh 14,27), in: *Ders.:* Hilf mir beten, Herr! Beten mit dem Johannesevangelium, Donauwörth 1987, 61–62. © Wolfgang Oberröder.

Oosterhuis, Huub: Fürbitte, in: *Ders.:* Ganz nah ist dein Wort. Gebete. Aus dem Niederländischen von Peter Pawlowsky, Wien – Freiburg – Basel [10]1973, 47–48. © Herder Verlag.

Pangels, Heinz: Gebet um den Segen Gottes. © Heinz Pangels.

Pangels, Heinz: Lobpreis des Schöpfers. © Heinz Pangels.

Poeplau, Wolfgang: Umweltgebet, in: *Ders.:* Ich habe mit dir zu reden. Unerhörte Gebete, Freiburg im Breisgau 1989, 85. © Christophorus im Verlag Herder.

Rotzetter, Anton: Der Regenbogen. Hochgebet. © Anton Rotzetter OFMCap.

Rotzetter, Anton: Einweihungsgebete. © Anton Rotzetter OFMCap.

Rotzetter, Anton: Ein Auge gib mir, in: *Ders.:* Gott, der mich atmen läßt. Gebete, Freiburg – Basel – Wien 17. Gesamtauflage 2002, 217. © Herder Verlag.

Schalück, Hermann: Ökumenisches Friedensgebet 2003. © Hermann Schalück OFM.

Schmieder, Lucida: Gemeinschaft leben. © Lucida Schmieder OSB.

Schmieder, Lucida: Sendung – »Ihr seid das Licht der Welt« (Mt 5,14). © Lucida Schmieder OSB.

Stutz, Pierre: Vertrauensvolle Zuneigung, in: *Ders.:* Du hast mir Raum geschaffen. Inspiriert von den Psalmen (Herder spektrum; Bd. 5424), Freiburg im Breisgau 2003, 48. © Herder Verlag.

Stutz, Pierre: Vertrauensvolles Handeln. © Pierre Stutz.

Stutz, Pierre: Tier und Mensch. © Pierre Stutz.

Stutz, Pierre: Weltweiter Versöhnungsweg. © Pierre Stutz.

Thurner, Martin: Brich auf in mir, o Herr, ... © Martin Thurner.

Thurner, Martin: Gebet bei den Töpfern in Taizé. © Martin Thurner.

Uhl, Elke: Das Aber-Gebet. © Elke Uhl.

Unterwegs zu Dir, in: *Stehle, Emil L. (Hrsg.):* Du, unsere Befreiung. Lateinamerikanische Gebete, Freiburg – Basel – Wien 1986, 94–95. © ADVENIAT. Partner für die Kirche in Lateinamerika, Postfach 10 01 52, 45001 Essen.

Weismantel, Paul: Lobgesang der Schöpfung. © Paul Weismantel.

Wiemer, Rudolf Otto: Antwort, in: *Ders.:* Der Augenblick ist noch nicht vorüber, Stuttgart 2001, 87. © Rudolf Otto Wiemer Erben.

Zenetti, Lothar: Gebet in Sachen Nächstenliebe, in: *Ders.:* Sieben Farben hat das Licht. Neue Texte für den einzelnen und die Gemeinde (Pfeiffer-Werkbücher Nr. 127), München 1975, 117. © Lothar Zenetti.

Zenetti, Lothar: Herr, mache deine Kirche zum Werkzeug deines Friedens…, in: *Ders.:* In seiner Nähe. Texte des Vertrauens (Topos plus Taschenbücher; Bd. 431), Mainz 2002, 64. © Matthias-Grünewald-Verlag.

Zenetti, Lothar: Herr, öffne uns, in: *Ders.:* Texte der Zuversicht. Für den einzelnen und die Gemeinde (Pfeiffer-Werkbücher Nr. 105), München [3]1976, 47. © Lothar Zenetti.

Zenetti, Lothar: Kyrie eleison, in: *Ders.:* In seiner Nähe. Texte des Vertrauens (Topos plus Taschenbücher; Bd. 431), Mainz 2002, 96. © Matthias-Grünewald-Verlag.

Zenetti, Lothar: Segen, in: *Ders.:* Auf seiner Spur. Texte gläubiger Zuversicht (Topos plus Taschenbücher; Bd. 327), Ostfildern [4]2006, 165. © Matthias-Grünewald-Verlag der Schwabenverlag AG Ostfildern.

Wie der Himmel die Erde berührt

Begegnung mit den Engeln des Lebens

Engel Gottes, Beschützer und Wächter meiner Seele und meines Leibes!, in: Du in unserer Mitte. Ökumenisches Gebetbuch. Herausgegeben von Vincenz Reinhart in Verbindung mit der Arbeitsgemeinschaft Christlicher Kirchen im Lande Niedersachsen, Freiburg im Breisgau 1989, 35.

Heiliger Schutzengel…, in: Gotteslob. Katholisches Gebet- und Gesangbuch, Herausgegeben von den Bischöfen Deutschlands und Österreichs und der Bistümer Bozen-Brixen und Lüttich, Stuttgart 1975, Nr. 34, 1.

Hemmerle, Klaus: Komm, hab Mut, Mensch zu sein…, in: *Ders.:* Sicht-Kontakt. Mit Maria im Gespräch. Herausgegeben von Rudolf Ammann, Michael Jutkowiak und Harald Schiffl, Kevelaer 1988, 31–32. © Butzon & Bercker GmbH.

Kaléko, Mascha: An meinen Schutzengel, in: *Dies.:* In meinen Träumen läutet es Sturm. Gedichte und Epigramme aus dem Nachlass. Herausgegeben und eingeleitet von Gisela Zoch-Westphal, München 1997, 45. © Deutscher Taschenbuch Verlag GmbH & Co. KG.

Lasker-Schüler, Else: Gebet [»Ich suche allerlanden eine Stadt«], in: *Dies.:* Gedichte 1902–1943, Frankfurt am Main 1996, 288. © Suhrkamp Verlag.

Makarius der Ägypter: Zum Schutzengel, in: *Borgagno, C. – Gandolfo, G. (Hrsg.):* Gebete der Kirchenväter. Die schönsten Gebete der ungeteilten Christenheit, München – Zürich – Wien 1984, 63–64.

Meuser, Bernhard: Deine Engel sind, wo ich ... © Bernhard Meuser.

Meuser, Bernhard: Wo bist du, mein Engel, ...© Bernhard Meuser.

Multhaupt, Hermann: Du Engel Gottes ..., in: *Ders.:* Möge der Wind immer in deinem Rücken sein. Alte irische Segenswünsche, Aachen [7]1992. © Hermann Multhaupt.

Mutter Teresa: Anrufung der Engel, in: Die Weisheit der Mutter Teresa. Meine Gebete. Aus dem Englischen von Martin Schulte, München 1992, 70. © Verlagsgruppe Random House.

Mutter Teresa: O heilige Engel, in: Die Weisheit der Mutter Teresa. Meine Gebete. Aus dem Englischen von Martin Schulte, München 1992, 71. © Verlagsgruppe Random House.

Naegeli, Sabine: Um nichts anderes will ich dich bitten ... © Sabine Naegeli.

Spilling-Nöker, Christa: Behütet sein, in: *Dies.:* Deine Güte umsorgt uns. Segen empfangen und weitergeben. Gedanken, Segenswünsche und Gebete ausgewählt und herausgegeben von Martin Schmeisser, Eschbach/Markgräfler Land [7]2001, 68. © Verlag am Eschbach der Schwabenverlag AG.

Uhlig, Edda – Waas, Martin: Mein Engel, in: *Dies.:* An meinen Engel, Wörthsee bei München 1998, 10. © Edda Uhlig – Martin Waas.

Weismantel, Paul: Engel Gottes, wir brauchen euch ... © Paul Weismantel.

Weismantel, Paul: schutzengel. © Paul Weismantel.

Begegnung mit der Gottesmutter Maria

Busta, Christine: Kleines Nachtgebet zur Böhmischen Madonna, in: *Dies.:* Lampe und Delphin. Gedichte, Salzburg [3]1966, 82. © Otto Müller Verlag.

Camara, Dom Helder: Bild und Wirklichkeit, in: *Ders.:* Nossa Senhora no meu caminho, São Paulo, dt.: Maria – eine Mutter auf meinem Weg. Betrachtungen und Gebete. Übersetzung: Josef Schwind S.A.C., München – Zürich – Wien 1989, 85. © Verlag Neue Stadt.

Camara, Dom Helder: Die Dornen gehören zur Rose, in: *Ders.:* Nossa Senhora no meu caminho, São Paulo, dt.: Maria – eine Mutter auf meinem Weg. Betrachtungen und Gebete. Übersetzung: Josef Schwind S.A.C, München – Zürich – Wien 1989, 79. © Verlag Neue Stadt.

Camara, Dom Helder: Ich denke an die Menschen, ..., in: *Ders.:* Nossa Senhora no meu caminho, São Paulo, dt.: Maria – eine Mutter auf meinem Weg. Betrachtungen und Gebete. Übersetzung: Josef Schwind S.A.C, München – Zürich – Wien 1989, 29. © Verlag Neue Stadt.

Camara, Dom Helder: In welcher Farbe kleidest Du Dich?, in: *Ders.:* Nossa Senhora no meu caminho, São Paulo, dt.: Maria – eine Mutter auf meinem Weg. Betrachtungen und Gebete. Übersetzung: Josef Schwind S.A.C, München – Zürich – Wien 1989, 25. © Verlag Neue Stadt.

Camara, Dom Helder: Man wird dich anklagen..., in: *Ders.:* Nossa Senhora no meu caminho, São Paulo, dt.: Maria – eine Mutter auf meinem Weg. Betrachtungen und Gebete. Übersetzung: Josef Schwind S.A.C, München – Zürich – Wien 1989, 23. © Verlag Neue Stadt.

Dirnbeck, Josef: Magnifikat, in: *Ders.:* Hymnen der Kirche. Lateinische Texte und deutsche Nachdichtungen, Graz – Wien – Köln 1978, 11 und 13. © Josef Dirnbeck.

Frère Leonard: Mutter Jesu..., in: *Ders.:* Mit Augen, die sehen. Übersetzung von Ursula Schottelius, Freiburg – Basel – Wien 1989, 42–43. © Herder Verlag.

Handschuh, Theresa: Magnificat (nach Lk 1,46–55). © Theresa Handschuh.

Lang, Bernhard: Du hast zu Gott ja gesagt..., in: *Ders.:* Gib mir die Sprache wieder. Gebete, Stuttgart 1976, 63. © Bernhard Lang.

Meuser, Bernhard: Maria, Du Vorgeschmack, ... © Bernhard Meuser.

Mutter Teresa: Gebet zur Mutter Gottes, in: Die Weisheit der Mutter Teresa. Meine Gebete. Aus dem Englischen von Martin Schulte, München 1992, 66. © Verlagsgruppe Random House.

Pangels, Heinz: Gebet zu Maria, der Knotenlöserin. © Heinz Pangels.

Ratzinger, Joseph Kardinal: Gebet zu Maria. © Libreria Editrice Vaticana, 00120 Città des Vaticano, per il testo del Card. Joseph Ratzinger ora Benedetto XVI.

Ratzinger, Joseph Kardinal: Wir grüßen dich, heilige Mutter des Herrn. © Libreria Editrice Vaticana, 00120 Città des Vaticano, per il testo del Card. Joseph Ratzinger ora Benedetto XVI.

Rotzetter, Anton: Maria: (nach dem »Gegrüßet seist Du, Maria«), in: *Ders.:* Gott, der mich atmen läßt. Gebete, Freiburg – Basel – Wien 17. Gesamtauflage 2002, 63. © Herder Verlag.

Rotzetter, Anton: Meine Seele preist die Größe des Herrn (nach dem Magnifikat), in: *Ders.:* Gott, der mich atmen läßt. Gebete, Freiburg – Basel – Wien 17. Gesamtauflage 2002, 43–44. © Herder Verlag.

Twardowski, Jan: Bitte, in: *Ders.:* Geheimnis des Lächelns. Auswahl, Übertragung, Herausgabe Karin Wolf. Mit einer Nachbemerkung der Herausgeberin, Graz – Wien – Köln 1982, 85.

Weismantel, Paul: Gegrüßet seist du, Maria. © Paul Weismantel.

Weismantel, Paul: Heilige Maria. © Paul Weismantel.

Weismantel, Paul: Maria (»Zeige uns, Maria...«). © Paul Weismantel.

Weismantel, Paul: Selig bist du, Maria. © Paul Weismantel.

Willms, Wilhelm: gebet um einbildungskraft, in: *Ders.:* von Perle zu Perle, rosenkranz als Schrittmacher, Kevelaer 1978, 24–25. © Butzon & Bercker GmbH.

Begegnung mit dem Segen des Himmels

Beck, Eleonore – Miller, Gabriele: gesegnet, in: *Dies.:* Frauen und Gott. Gedanken und Gebete, Kevelaer und Düsseldorf 1992, 331–332. © Butzon & Bercker GmbH.

Bosmans, Phil: Segen eines alten Menschen, in: *Ders.:* Ich hab' dich gern. Aus dem Niederländischen übertragen und bearbeitet von Ulrich Schütz, Freiburg – Basel – Wien 2003, 67. © Herder Verlag.

Frisch, Hermann-Josef: Segensgebet, in: „Jetzt ist die Zeit – Gemeinsam anders handeln." Liturgische Hilfen zur Misereor-Fastenaktion 2000. Herausgeber: Bischöfliches Hilfswerk Misereor e.V., Mozartstraße 9, 52064 Aachen, 11. © MVG Medienproduktion, Aachen 2000.

Gott segne den Mond…, in: *Multhaupt, Hermann:* Möge Gottes Wille hundertmal willkommen sein. Alte irische Segenswünsche II, Aachen o. J. © Hermann Multhaupt.

Hüsch, Hanns Dieter: Segen für Allewelt, in: *Blum, Michael – Hüsch, Hanns Dieter:* Das kleine Buch zum Segen, Düsseldorf [3]1999, 34. © tvd-Verlag.

Hüsch, Hanns Dieter: Segen für Allezeit, in: *Blum, Michael – Husch, Hanns Dieter:* Das kleine Buch zum Segen, Düsseldorf [3]1999, 4–6. © tvd-Verlag.

Lerch, Andreas: Der gute Gott sei mit Dir. © Andreas Lerch.

Lerch, Andreas: Der Herr segne uns und diese Welt… © Andreas Lerch.

Lerch, Andreas: Gott sei dein Hirte, … © Andreas Lerch.

Lerch, Andreas: Herr, sei über uns und segne uns… © Andreas Lerch.

Mandl-Schmidt, Inis: Der Herr segne, in: *Dies.:* Schaff meinen Gedanken einen Weg. Gebete ins Konkrete, Mainz 2001, 100. © Matthias-Grünewald-Verlag.

Mies-Suermann, Irmela: Segne mich Gott. © Irmela Mies-Suermann.

Naegeli, Sabine: Um den Segen bitten, in: *Dies.:* Du hast mein Dunkel geteilt. Gebete an unerträglichen Tagen, Freiburg – Basel – Wien [5]2006, 104–105. © Herder Verlag.

Nichts wächst ohne Segen, in: *Multhaupt, Hermann:* Möge dein Glück rund wie der Vollmond sein. Alte irische Segenswünsche IV, Aachen 1999, 36. © Hermann Multhaupt.

Oosterhuis, Huub: Gesegnet, in: *Ders.:* Auf halbem Weg. Aus dem Niederländischen von Peter Pawlowsky, Wien – Freiburg – Basel 1976, 70–72. © Herder Verlag.

Oosterhuis, Huub: Segen, in: *Ders.:* Im Vorübergehen. Aus dem Niederländischen von Nikolaus Greitemann und Peter Pawlowsky, Wien – Freiburg – Basel [2]1971, 355. © Herder Verlag.

Pangels, Heinz: Es segne dich. © Heinz Pangels.

Pangels, Heinz: Segensspruch (»Der HERR erfülle Dich mit Seiner Liebe…«). © Heinz Pangels.

Pangels, Heinz: Segensspruch (»Der Herr segne dich; er mache dich frei.«). © Heinz Pangels.

Rotzetter, Anton: Es segne uns… © Anton Rotzetter OFMCap.

Segne, o Gott, in: *Multhaupt, Hermann:* Möge dein Glück rund wie der Vollmond sein. Alte irische Segenswünsche IV, Aachen 1999, 30. © Hermann Multhaupt.

Segne, was meine Liebe braucht, in: *Multhaupt, Hermann:* Möge der Wind immer in deinem Rücken sein. Alte irische Segenswünsche, Aachen [7]1992. © Hermann Multhaupt.

Spilling-Nöker, Christa: Gott sei mit dir, in: Deine Güte umsorgt uns. Segen empfangen und weitergeben. Gedanken, Segenswünsche und Gebete ausgewählt und herausgegeben von Martin Schmeisser, Eschbach/Markgräfler Land [7]2001, 9. © Verlag am Eschbach der Schwabenverlag AG.

Spilling-Nöker, Christa: Segen für den Lebensweg, in: *Schmeisser, Martin (Hrsg.):* Gesegneter Weg. Segenstexte und Segensgesten, Eschbach/Markgräfler Land 1997, 48. © Verlag am Eschbach der Schwabenverlag AG.

Stutz, Pierre: Lebenskraft. © Pierre Stutz.

Weismantel, Paul: Gnade und Segen! © Paul Weismantel.

Weismantel, Paul: Segen zwischen den Jahren. © Paul Weismantel.

Weismantel, Paul: Segensgebet. © Paul Weismantel.

Weismantel, Paul: Segenswünsche. © Paul Weismantel.

Weismantel, Paul: Sei gesegnet. © Paul Weismantel.

Wisse, Stephan: An deinem Segen ist alles gelegen, in: *Ders.:* Ich bete mein Leben. Anregungen zum Gebet im Alltag, Freiburg im Breisgau 1990, 16–17. © Herder Verlag.

Register

Verzeichnis der Beterinnen und Beter

A

B

C

D

E

F

G

H

I

J

K

L

M

N

T

U

V

W

Z

Verzeichnis der Gebetsanfänge

A

B

C

D

E

F

G

H

I

J

K

L

M

N

O

P

R

S

T

U

V

W

Z